Farbkodierte
Duplexsonographie

Farbkodierte Duplexsonographie

Grundlagen und klinische Anwendung

Herausgegeben von
Karl-Jürgen Wolf
und Franz Fobbe

Mit Beiträgen von
F. Fobbe, P.-M. Klews
R. Kubale, P. Landwehr
J. Siegert

268 meist farbige Abbildungen
in 467 Einzeldarstellungen
31 Tabellen

1993
Georg Thieme Verlag
Stuttgart · New York

Einbandentwurf: *Renate Stockinger*

Die Deutsche Bibliothek – CIP-Einheitsaufnahme

Farbkodierte Duplexsonographie : Grundlagen und klinische Anwendung ; Tabellen / hrsg. von Karl-Jürgen Wolf und Franz Fobbe. Mit Beitr. von F. Fobbe ... – Stuttgart ; New York : Thieme, 1993
NE: Wolf, Karl-Jürgen [Hrsg.]; Fobbe, Franz

Satz: Druckhaus Götz GmbH
D-71636 Ludwigsburg
Gesetzt auf CCS Textline (Linotronic 630)

Druck: Appl, D-86650 Wemding

ISBN 3-13-113601-4

3 4 5 6

Wichtiger Hinweis:

Wie jede Wissenschaft ist die Medizin ständigen Entwicklungen unterworfen. Forschung und klinische Erfahrung erweitern unsere Erkenntnisse, insbesondere was Behandlung und medikamentöse Therapie anbelangt. Soweit in diesem Werk eine Dosierung oder eine Applikation erwähnt wird, darf der Leser zwar darauf vertrauen, daß Autoren, Herausgeber und Verlag große Sorgfalt darauf verwandt haben, daß diese Angabe dem Wissensstand bei Fertigstellung des Werkes entspricht.

Für Angaben über Dosierungsanweisungen und Applikationsformen kann vom Verlag jedoch keine Gewähr übernommen werden. Jeder Benutzer ist angehalten, durch sorgfältige Prüfung der Beipackzettel der verwendeten Präparate und gegebenenfalls nach Konsultation eines Spezialisten festzustellen, ob die dort gegebene Empfehlung für Dosierungen oder die Beachtung von Kontraindikationen gegenüber der Angabe in diesem Buch abweicht. Eine solche Prüfung ist besonders wichtig bei selten verwendeten Präparaten oder solchen, die neu auf den Markt gebracht worden sind. Jede Dosierung oder Applikation erfolgt auf eigene Gefahr des Benutzers. Autoren und Verlag appellieren an jeden Benutzer, ihm etwa auffallende Ungenauigkeiten dem Verlag mitzuteilen.

Geleitwort

Die bildgebende Diagnostik beinhaltet mit der Sonographie ein Verfahren, das zur Erarbeitung der Diagnose den aktiven Untersuchungsvorgang durch den Arzt einschließt. Die Bestimmung der von der Indikation abhängigen Untersuchungsstrategie, die Durchführung der Untersuchung sowie der Einsatz verschiedener Hilfsmittel, wie z. B. die Nachverarbeitung zur Verbesserung der diagnostischen Aussage, bedürfen der ständigen Präsenz des Arztes. Erfahrungen in der Gerätetechnologie und nicht zuletzt das Verständnis für die physikalischen Aspekte der Bilderzeugung sind unverzichtbar.

Dies gilt in zunehmendem Maße für die gesamte moderne bildgebende Diagnostik. Klassische Röntgenaufnahmen werden durch die digitale Radiographie, die Computertomographie, Kernspintomographie und durch die Sonographie ersetzt oder ergänzt.

Der diagnostisch tätige Radiologe kann ohne Kenntnis des Krankheitsbildes, also von Anamnese und klinischem Befund, die in seine Arbeit gesetzten Erwartungen nicht erfüllen. Dies gilt uneingeschränkt für die Sonographie, deren großer diagnostischer Gewinn nur dann erreicht wird, wenn der erfahrene Untersucher weiß, welche differentialdiagnostischen Überlegungen dem Einsatz dieses Verfahrens zugrunde liegen.

Die Entwicklung der Ultraschalldiagnostik hat zur farbkodierten Duplexsonographie geführt, mit deren Hilfe Gewebemorphologie und Blutfluß dargestellt werden können. Diese Möglichkeit entspricht den Bestrebungen der modernen Diagnostik, die durch dynamische Studien, z. B. in der Computertomographie und Kernspintomographie, eine wesentliche Bereicherung erfahren hat. Das Ziel dieser Bemühungen liegt in einer besseren diagnostischen Aussage bei gleichzeitiger Verringerung der Zahl oder dem Ersatz der invasiven Methoden. Beispiele hierfür sind die CT- und MR-Angiographie sowie nicht zuletzt die farbkodierte Duplexsonographie.

Mit diesen drei Verfahren sind wesentliche Aussagen möglich, die bei bestimmten Indikationen eine Angiographie nicht mehr erforderlich machen.

Der Arzt, der Ultraschalluntersuchungen durchführt, sollte die farbkodierte Duplexsonographie dann erlernen und einsetzen, wenn dies durch die Indikationen und Zahl der zu erwartenden Untersuchungen gerechtfertigt ist. Große ärztliche Erfahrung und eine gute technische Ausstattung werden dann für den Patienten nutzbringend sein.

Das vorliegende Buch über die farbkodierte Duplexsonographie macht deutlich, welche Fortschritte auf dem Gebiet der Ultraschalldiagnostik erzielt wurden und was aus heutiger Sicht an Erwartungen für weitere Verbesserungen gerechtfertigt ist.

Die umfassende Darstellung in diesem Buch beinhaltet zu den jeweiligen Kapiteln alle wesentlichen Voraussetzungen für die Sonographie, die Erörterung des Untersuchungsvorganges, differentialdiagnostische Überlegungen und die Grenzen des Verfahrens.

In flüssigem Stil werden die mit der farbkodierten Duplexsonographie nachweisbaren Krankheitsbilder beschrieben. Der sich wiederholende Aufbau der einzelnen Kapitel ist ein großer Vorteil. Vorzügliche Abbildungen, meistens farbig dargestellt, erleichtern das Verständnis für die Diagnostik sehr.

Herausgebern und Autoren ist für das Buch zu danken, das ein weiterer Mosaikstein des Fortschrittsbildes unserer modernen Diagnostik ist. Dem gelungenen Werk ist eine große Verbreitung zu wünschen, da dem Lernenden wie dem Erfahrenen hiermit eine wesentliche Hilfe für die tägliche Arbeit gewährleistet wird.

München, im Juni 1993 — Paul Gerhardt

Vorwort

Die farbkodierte Duplexsonographie ist ein relativ neues Verfahren, das in Europa seit 1987 verfügbar ist. Die Methode verknüpft zwei unterschiedliche Ultraschallverfahren: die „Doppler-Sonographie" und die „Grauwertsonographie". Durch diese Verknüpfung ist im Idealfall die simultane Erfassung von Weichteilstrukturen und Blutfluß über die gesamte Bildfläche in Echtzeit möglich. Für den Untersucher bedeutet dies, daß er wesentlich mehr Informationen als beim Einsatz konventioneller Ultraschallverfahren in kürzerer Zeit verarbeiten muß. Zur richtigen Interpretation dieser Informationen sind neben Kenntnissen der Pathologie und Pathophysiologie Basiskenntnisse der technischen Grundlagen der farbkodierten Duplexsonographie notwendig. Das Buch ist deshalb in drei Teile gegliedert: Im ersten Teil (Kapitel 1–4) werden Elementarwissen der farbkodierten Duplexsonographie und der biologischen Wirkungen des Ultraschalls beschrieben. Es folgen Kapitel über hämodynamische Grundlagen und allgemeine Probleme zur Geräteeinstellung und Untersuchungstechnik. Im zweiten Teil (Kapitel 5–15) werden jeweils getrennt nach Organen die wesentlichen Einsatzbereiche der farbkodierten Duplexsonographie beschrieben (ohne Kardiologie). Diese Kapitel wurden alle gleich strukturiert: – Einleitung – normale Anatomie – häufigste pathologische Veränderungen und – Diskussion des Stellenwertes der farbkodierten Duplexsonographie im Vergleich zu anderen Verfahren. Bei der Diskussion des Stellenwertes wird vor allem besprochen, daß die farbkodierte Duplexsonographie nicht eine weitere additive Untersuchungsmethode ist, sondern aufwendigere und/oder invasive Verfahren ersetzen kann. Im letzten Teil (Kapitel 16–18) werden Ultraschallkontrastmittel vorgestellt und die ersten klinischen Erfahrungen der kombinierten Anwendung von farbkodierter Duplexsonographie und Ultraschallkontrastmitteln diskutiert. Dieses Kapitel wurde unter der Vorstellung aufgenommen, daß Ultraschallkontrastmittel in Zukunft mit großer Wahrscheinlichkeit das diagnostische Spektrum des Ultraschalls wesentlich erweitern werden. Zum Schluß folgt ein ausführliches Kapitel über die physikalischen Grundlagen des Ultraschalls sowie ein Glossar. Diese ausführliche Beschreibung der Physik ist ein Angebot, die im ersten Kapitel gewonnenen Kenntnisse zu vertiefen.

Die farbkodierte Duplexsonographie ist ein junges diagnostisches Verfahren, und die Bewertung dieser Methode ist sicherlich noch nicht abgeschlossen. Das vorliegende Buch beschreibt den aktuellen Diskussionsstand, der sich auf die Erfahrungen der Autoren und Literaturmitteilungen stützt.

Berlin, im September 1993

Karl-Jürgen Wolf
Franz Fobbe

Anschriften

Fobbe, F., PD, Dr.,
Freie Universität Berlin, Klinikum Steglitz,
Radiologische Klinik und Poliklinik,
Hindenburgdamm 30,
12200 Berlin

Klews, P.-M., Dr.,
Philips Medizin Systeme, Röntgenstr. 24,
22335 Hamburg

Kubale, R., Dr.,
Universitätsklinik Homburg/Saar, Radiodiagnostik,
Oscar-Orth-Str.,
66424 Homburg/Saar

Landwehr, P., Dr.,
Universitätsklinikum Köln, Institut und Poliklinik
für Radiologische Diagnostik,
Joseph-Stelzmann-Str. 9,
50931 Köln

Siegert, J., Dr.,
Schering AG, Institut für Kontrastmittelforschung,
Müllerstr. 170–178,
13353 Berlin

Wolf, K.-J., Prof. Dr.,
Freie Universität Berlin, Klinikum Steglitz,
Radiologische Klinik und Poliklinik,
Hindenburgdamm 30,
12200 Berlin

Inhaltsverzeichnis

10 Viszerale Arterien ... 145

R. Kubale

11 Abdominelle Venen, portalvenöses System und Leber ... 158

R. Kubale

12 Transplantatniere ... 186

F. Fobbe

1 Einführung in die farbkodierte Duplexsonographie (FKDS)

P.-M. Klews

Die farbkodierte Duplexsonographie (FKDS), auch Color Flow Mapping oder technisch nicht korrekt „Farb-Doppler"-Sonographie genannt, ist heute aus dem Bereich der Kardiologie und der Gefäßdiagnostik nicht mehr wegzudenken. Zur Interpretation der gewonnenen Bilder ist es zwingend notwendig, ein Basiswissen über die allgemeine Ultraschallbilderzeugung sowie den Doppler-Effekt zu besitzen.

In diesem Kapitel sollen dem Leser die notwendigen technischen Grundlagen der FKDS vermittelt werden. In Kapitel 17 am Ende dieses Buches wird eine wesentlich umfangreichere und tiefergehende Einführung in die Physik und Technik der farbkodierten Duplexsonographie angeboten. Besonders interessierte Leser, die mehr über das „Wie und Warum" erfahren möchten, seien auf dieses Kapitel verwiesen.

1.1 Einleitung

Ein FKDS-Bild besitzt einen Grauwert- und einen Farbanteil. Aus dem Grauwertbild können Aussagen zur Morphologie des betrachteten Objekts gewonnen werden. Die Farbkodierung kennzeichnet Bewegungen innerhalb des Bildfelds. Es wird im allgemeinen der Blutfluß untersucht. Farbig kodiert werden die Bewegungen sämtlicher korpuskulären Strukturen sowie die Dichteschwankungen der Flüssigkeit. Die Flußinformation und die Strukturinformation wird auf völlig unterschiedlichen Wegen gewonnen. Beide Teile des FKDS-Bilds unterliegen unterschiedlichen Gesetzmäßigkeiten. Nach einer allgemeinen physikalischen und technischen Betrachtung soll auf die Einzelheiten der jeweiligen Verfahren näher eingegangen werden. Es wird ebenfalls die Doppler-Spektralanalyse erläutert, da dieses Verfahren häufig angewandt wird. Ein Verständnis der Doppler-Frequenzanalyse ermöglicht auch einen besseren Umgang mit der farbkodierten Duplexsonographie.

Zur Erkennung der Blutflußdynamik ist ein statisches Bild nur wenig aussagekräftig. Die FKDS lebt von der Fähigkeit, den Blutfluß annähernd in Echtzeit darstellen zu können. Vorgänge sollen also, während sie ablaufen, zeitgleich abgebildet werden. Die als konstant angenommene geringe Schallgeschwindigkeit von 1540 m/s führt zu einigen Beschränkungen, deren sich der medizinische Anwender bewußt sein sollte. Oft bewirkt eine Verbesserung an einer Stelle eine Verschlechterung an einer anderen. Z. B. bewirkt eine höhere Frequenzauflösung eine proportional schlechtere Zeitauflösung oder, als weiteres Beispiel, führt eine höhere Liniendichte zwangsweise zu einer Verringerung der Bildwiederholfrequenz.

1.2 Allgemeine physikalische Effekte

Die Schallausbreitung ist an Materie gebunden. Teilchen werden zu mechanischen Schwingungen um ihre Ruhelage herum angeregt. Diese Schwingungen pflanzen sich in einem Medium zeitlich periodisch fort (Abb. 1.**1**). Dabei wird die Bewegungsenergie von einem Teilchen an das nächste weitergeleitet. Das eine Teilchen gibt seinen Impuls an das in Ausbreitungsrichtung benachbarte Teilchen weiter. Die schwingungsfähigen Gebilde wandern keinesfalls mit dem Energietransport mit. Es wird nur der Bewegungszustand von einem Teilchen an das nächste weitergeleitet. Man nennt die sich örtlich ausbreitende, zeitlich periodische Veränderung eines Zustands eine Wellenbewegung. Es kommt somit zu einer abwechselnden Kompression und Dekompression des Materials. Die Schallwelle entspricht also einer zeitlich periodischen Druckänderung (Dichteänderung). Je stärker die Bindung zwischen den Teilchen, desto höher ist die Fortpflanzungsgeschwindigkeit des Bewegungszustands, d. h. desto höher ist die Schallgeschwindigkeit in dem betreffenden Medium. Eine Welle transportiert somit Energie und Impuls. Beim

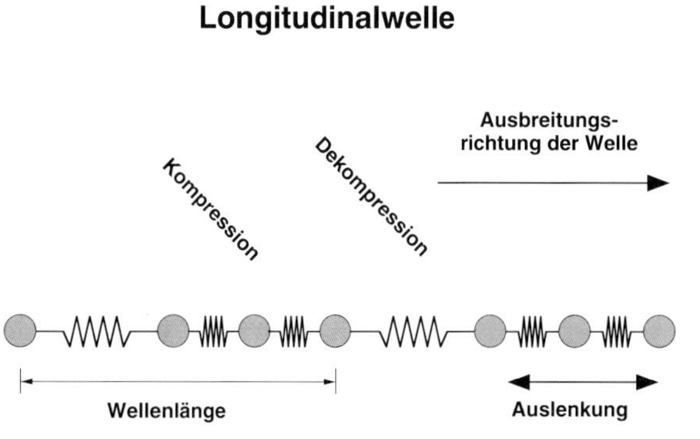

Abb. 1.**1** Wellenausbreitung am Beispiel einer Longitudinalwelle

Schall schwingen die Teilchen parallel zur Ausbreitungsrichtung der Welle. Man nennt eine solche Welle eine Longitudinalwelle.

Schwingen die Teilchen 20 000- bis 1 Mrd.-mal pro Sekunde um ihre Ruhelage herum, so befindet man sich im Frequenzbereich des Ultraschalls. Die Maßeinheit der Frequenz f ist Hertz, Hz = 1/s. In der medizinischen Diagnostik wird zur Bildgebung der Frequenzbereich von ca. 2 MHz bis 10 MHz und neuerdings bis 30 MHz herangezogen.

Es gilt das Weg-Zeit-Gesetz auch für die Wellenausbreitung, d. h. der Quotient aus dem zurückgelegten Weg λ und der Zeit t ist eine Konstante c. Die Wellenlänge λ ist der räumliche Abstand zweier Teilchen im gleichen Erregungszustand. Diese Konstante c ist die Schallgeschwindigkeit. Eine andere Form des Weg-Zeit-Gesetzes lautet: Das Produkt aus der Wellenlänge λ und der Frequenz f ist gleich der Schallgeschwindigkeit. Sie wird in der medizinischen Ultraschalldiagnostik als gewebeunabhängig zu 1540 m/s angenommen. Hieraus kann man sofort bei gegebener Frequenz die Wellenlänge der Ultraschallwelle berechnen. In Tab. 1.**1** sind verschiedene Kombinationen aufgeführt.

Alle gebräuchlichen bildgebenden Verfahren in der Ultraschalldiagnostik beruhen auf dem Aussenden eines kurzen Ultraschallpulses und dem kontinuierlichen Empfang der zurückkommenden Ultraschallechos. Echos entstehen an der Grenzfläche zweier unterschiedlicher Medien. Die Stärke (Amplitude, Intensität) der Echos ist abhängig von dem Übergangswiderstand der Medien. Man verwendet hier den Begriff der Impedanz. Die Impedanz ist gleich dem Produkt aus der tatsächlichen Schallgeschwindigkeit im Medium und der Dichte des Mediums. Sind die Impedanzen der beiden angrenzenden Medien unterschiedlich, so kommt es zu einem Echo. Je größer der Impedanzsprung, desto stärker ist das zurückkommende Echo und desto geringer ist die Transmission in das 2. Medium. Hieraus kann man sofort folgern, daß jede Ultraschallabbildung nur die Grenzübergänge im Bildfeld darstellt. Ohne Grenzübergänge gibt es keine Echos. Demzufolge ist die Ultraschallabbildung eines Behälters mit stehendem, entgastem Wasser ein schwarzer Bildschirm, da keine Grenzübergänge vorhanden sind.

Tabelle 1.**1** Frequenzen und Wellenlängen bei einer Schallgeschwindigkeit c = 1540 m/s

Frequenz (MHz)	Wellenlänge (mm)
2,0	0,77
3,5	0,44
5,0	0,31
6,5	0,24
7,5	0,21
10,0	0,15

Die Gesetze der Optik gelten grundsätzlich auch für den Schall. In beiden Fällen handelt es sich um Wellenausbreitungen. Es gibt also auch beim Ultraschall Reflexion, Streuung, Brechung, Interferenz, Beugung und Absorption.

Reflexion und Streuung treten gemäß Abb. 1.**2** beim Grenzübergang (zwischen zwei unterschiedlichen Medien) der Schallwelle auf. Sind die Strukturen kleiner als die Wellenlänge, so tritt vermehrt Streuung auf. Im umgekehrten Fall bei Grenzflächen, die wesentlich größer als die Wellenlänge sind, tritt im wesentlichen Reflexion auf. Die Reflexion ist gerichtet und die Streuung nicht. Der Einfallswinkel zwischen

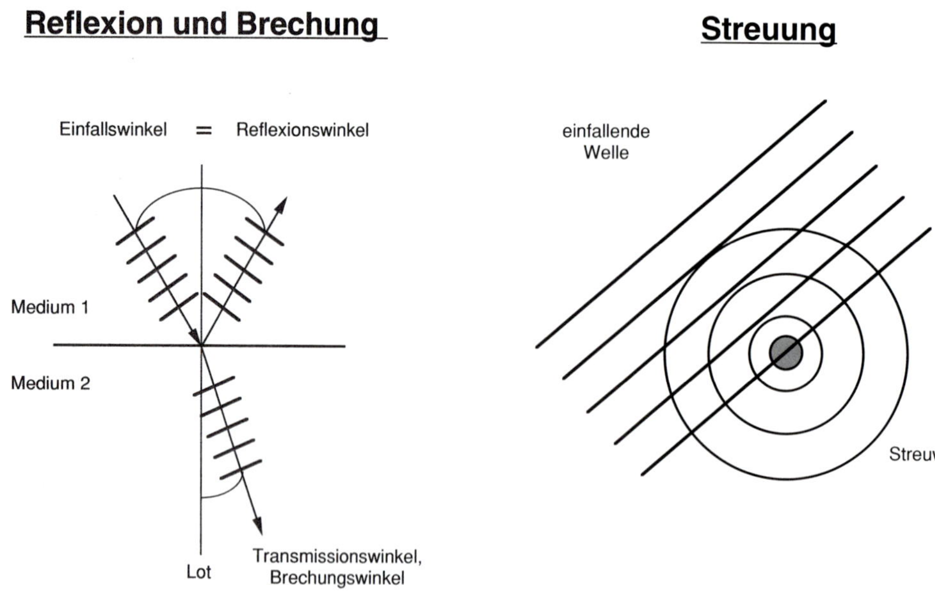

Abb. 1.**2** Vergleich Reflexion und Streuung

der Ausbreitungsrichtung der einfallenden Welle und dem Lot senkrecht zum Grenzübergang und der Reflexionswinkel zwischen der Ausbreitungsrichtung der reflektierten Welle und dem Lot sind gleich. Aus diesem Grund sind die senkrecht getroffenen Gefäßwände besonders hell im Ultraschallbild. Die gesamte reflektierte Intensität kommt in diesem Sonderfall zum Schallkopf zurück. Die gestreute Welle breitet sich jedoch in alle Richtungen vom Streuzentrum ausgehend mit einer leichten Betonung der Rückstreuung aus.

Die in das 2. Medium transmittierte Welle wird an der Grenzfläche gebrochen. Je nach dem Verhältnis der Schallgeschwindigkeiten erfolgt eine Brechung zum Lot hin oder vom Lot weg.

Die Wechselwirkung zweier oder mehrerer Wellen miteinander bezeichnet man als Interferenz. Je nach dem momentanen Zustand (Phasenlage) kommt es zu einer Verstärkung oder Abschwächung des Summensignals. Die lokale Interferenz der Wellen bestimmt zu einem großen Teil den Bildeindruck eines Grauwertultraschallbilds.

Die Beugung an Objektkanten, d. h. die nicht geradlinige Wellenausbreitung, sorgt dafür, daß auch hinter einem Objekt noch ein Ultraschallsignal auftritt.

Schließlich unterliegen die Ultraschallwellen einer Absorption beim Durchgang durch das Gewebe. Die Absorption bewirkt eine exponentielle Verminderung der Anfangsintensität mit steigender Bildtiefe. Als Daumenregel gilt für das Puls-Echo-System eine Absorption von 1 dB/(MHz cm). Dieser Intensitätsverlust muß durch eine tiefenabhängige Verstärkung ausgeglichen werden, da gleichartige Impedanzsprünge in allen Tiefen die gleiche Bildhelligkeit besitzen sollen.

Die Absorption ist frequenzabhängig. Sie steigt etwa linear mit der Frequenz. Die Streuung hingegen steigt etwa mit der vierten Potenz der Frequenz. Aus diesem Grund ist die Eindringtiefe bei Verwendung hochfrequenter Schallköpfe größer als unter der bloßen Annahme der Absorption zu erwarten wäre.

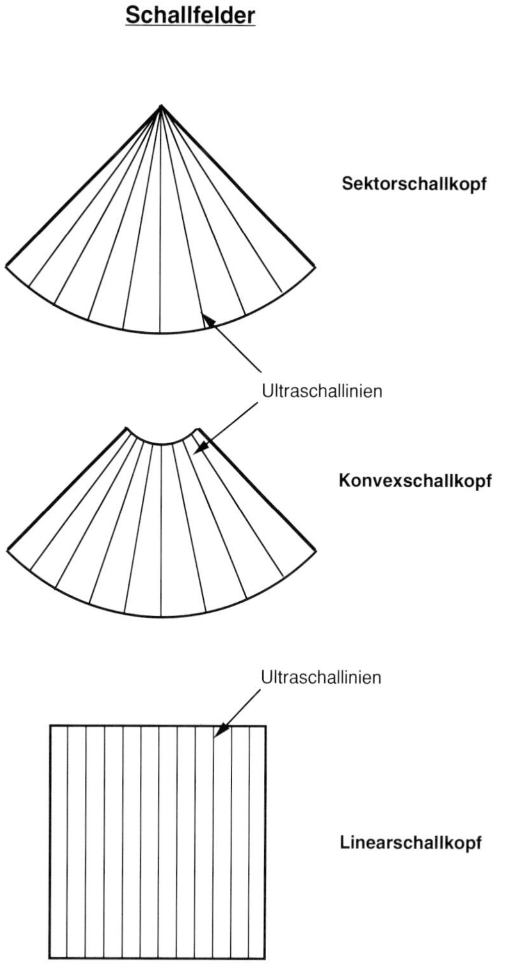

Abb. 1.**3** Unterschiedliche Bildfelder beim Sektor-, Konvex-(CA-) und Linear-(LA-)Schallkopf. Die Ultraschalllinien verlaufen im allgemeinen radial zum Schallkopf

1.3 Allgemeine Bildgebung mit Ultraschall

Sämtliche heute üblichen Ultraschallabbildungsverfahren beruhen auf der Aussendung eines kurzen Schallpulses und dem Empfang der zurückkommenden Echos. Man spricht von einem Puls-Echo-System. Ein Puls-Echo-Zyklus oder mehrere Puls-Echo-Zyklen bilden eine Ultraschallinie. Viele einzelne nebeneinanderliegende Ultraschallinien bilden ein zweidimensionales Ultraschallbild (Abb. 1.**3**).

Außer den mechanischen Sektorschallköpfen bestehen sämtliche gebräuchlichen Schallköpfe aus einer linearen Anordnung von Piezoelementen. Durch Anlegen einer elektrischen Wechselspannung werden diese Elemente zu mechanischen Schwingungen angeregt. Dadurch entsteht im umliegenden Raum eine proportionale Druckänderung. Diese Druckänderung pflanzt sich vom Schallkopf ausgehend in das Gewebe fort.

Beim Empfang der Echos wirken die Piezoelemente als Drucksensoren. Durch Änderung des Drucks auf die Piezoelemente entsteht an den Elementen eine elektrische Spannung, die über eine geeignete elektrische Schaltung abgegriffen wird.

Die zeitrichtige Auftragung der Echoamplituden einer Ultraschallinie längs einer Zeitachse bezeichnet man als ein A-(Amplituden-)-Mode-Bild. Da die Schallgeschwindigkeit im Gewebe annähernd konstant ist, kann man aus der Laufzeit des Puls-Echo-Systems auf die Tiefe schließen, aus der die Echos kommen. Die gemessene Laufzeit wird in einen Abstand vom Schallkopf umgerechnet.

Beim B-Mode-Bild (Brightness, Helligkeit) werden viele nebeneinanderliegende A-Mode-Linien verwandt. Dabei werden die Amplituden in Grauwer-

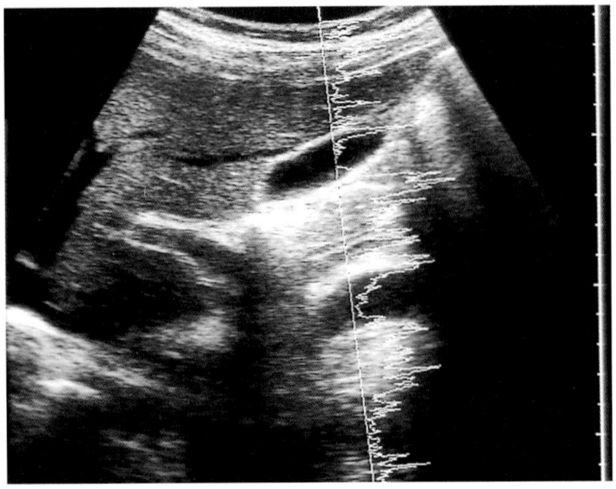

Abb. 1.**4** B-Bild der Leber mit der Gallenblase. Eine Ultraschallinie wird als A-Mode-Linie angezeigt

te übersetzt. Je höher die Amplitude, desto heller wird die Stelle im Bild dargestellt. Da der laterale Linienabstand bekannt ist und gleichzeitig aus der Puls-Echo-Laufzeit die Entfernung der echogebenden Strukturen vom Schallkopf bekannt ist, kann man ein geometrisch korrektes zweidimensionales Bild auf dem Bildschirm erzeugen. Abb. 1.**4** zeigt das B-Bild der Leber und Gallenblase. Eine Linie aus diesem Bild wurde als A-Mode-Linie aufgezeichnet.

Neben dem A-Mode-Bild und dem B-Bild gibt es noch als weiteres Grauwertbild das M-Mode-Bild (Motion, Bewegung). Beim M-Mode-Bild werden sämtliche Pulse nur in eine vom Anwender festgelegte Richtung abgegeben. Es wird also stets dieselbe Ultraschallinie verwandt. Dabei werden die zeitlich nacheinander gewonnenen Ultraschallinien örtlich nebeneinander angeordnet. Diese Abbildungsform wird im wesentlichen zur Erkennung dynamischer Prozesse im Herzen, wie z. B. der Herzklappenbewegung, verwandt.

Die Ultraschallinien gehen außer beim Phased-Array und bei „Beam Steering" stets radial vom Schallkopf aus. Dadurch entsteht zwangsläufig eine von der Form des Schallkopfs abhängige Bildfeldform (Abb. 1.**3**).

Ein Phased-Array-Schallkopf besteht aus einer linearen, planen Anordnung von Piezoelementen. Diese Elemente werden zeitversetzt angeregt. Das Summensignal aller Elementarwellen sämtlicher Piezoelemente ist durch eine präzise Zeitsteuerung in unterschiedlichen Richtungen ablenkbar. Dadurch entsteht ein sektorförmiges Bild.

Eine ähnliche Ansteuerung wie im eben beschriebenen Fall des Phased-Arrays bewirkt das „Beam Steering", zu deutsch Strahlablenkung. Beam Steering wird bei Linear-Array-Schallköpfen angewandt. Man verwendet dieses Verfahren zur Erzeugung eines günstigeren Einfallswinkels für die Doppler-Analyse sowohl beim Spektral-Doppler wie auch bei der Farbkodierung.

Die mechanischen Sektorschallköpfe unterteilen sich in Fix-Fokus-Schallköpfe mit einem Piezoelement und Annular-Array-Schallköpfe mit einer bestimmten Anzahl von konzentrischen, ringförmigen Piezoelementen. Durch unterschiedliche mechanische Drehung der Piezoelemente für jeden Puls-Echo-Zyklus kommt es zu einem sektorförmigen Bild. Im Rahmen der Farbkodierung kommen die mechanischen Schallköpfe nur im beschränkten Maße zum Einsatz.

Aufgrund der relativ niedrigen Schallgeschwindigkeit von 1540 m/s im Gewebe und des gleichzeitigen Wunsches nach einer Echtzeitfähigkeit mdes Verfahrens muß man sich auf eine geringe Zahl von echten Ultraschallinien beschränken. Bevor der Puls für die nächste Ultraschallinie vom Schallkopf abgegeben werden kann, muß die Ankunft des aus der größtmöglichen Tiefe kommenden Echos des letzten Pulses abgewartet werden. Sonst würde man die Eindeutigkeit der Zuordnung der Echos zu den jeweiligen Pulsen verlieren.

Bei der Farbkodierung müssen mehrere Puls-Echo-Zyklen pro Ultraschallinie verwandt werden (s. 1.5). Deshalb wird es dem Anwender häufig überlassen, die Breite des farbkodierten Anteils des Bilds selbst zu bestimmen.

Ein weiteres Problem in dieser Hinsicht stellt auch die Verwendung mehrerer, auf unterschiedliche Tiefen fokussierter Sendepulse dar. Da jeder vom Schallkopf abgegebene Puls nur einen Sendefokuspunkt besitzt, besteht nur in einer bestimmten Tiefe eine optimale Ortsauflösung. Um dies zu kompensieren, verwendet man häufig mehrere Puls-Echo-Zyklen mit in unterschiedlichen Tiefen fokussierten Sendepulsen. Jede einzelne Ultraschallinie ist somit gestückelt. Im einfachsten Fall vervielfacht sich die Zeit, die zum Erzeugen eines Bilds benötigt wird, um die Anzahl der benutzten Sendefokusse.

Bei elektronischen Schallköpfen erfolgt die Sende- bzw. Empfangsfokussierung in Richtung längs zum Schallkopf durch eine präzise Zeitsteuerung der Anregung bzw. der Summation der Signale der einzelnen Elemente einer Sende- oder Empfangsgruppe. In der Richtung quer zum Schallkopf wird die Fokussierung von einer Linse bewerkstelligt. Die Fokusposition ist in dieser Richtung unveränderbar.

Die Ortsauflösung, d. h. die Größe der noch im Bild erkennbaren Strukturen, hängt unter anderem von der Position des Objekts im Bildfeld ab. Wie in der Abb. 1.**5** am Beispiel eines Linear-Array-Schallkopfs zu erkennen, ist die Auflösung in x-, y- und z-Richtung unterschiedlich. Die Ortsauflösung in z-Richtung hängt direkt von der Pulslänge ab. Die Ortsauflösung in y-Richtung hängt von der elektronischen Fokussierung und von der jeweiligen Position im Bildfeld ab. Die räumliche Auflösung in x-Richtung hängt von der fokussierenden Wirkung der akustischen Linse sowie von dem betrachteten Ort im Bildfeld ab. Die Ortsauflösung in x-Richtung wird auch Schichtdickenauflösung genannt.

Die Empfangsfokussierung ist bei fast allen modernen Ultraschallgeräten dynamisch, d. h. die Empfangsfokussierung ändert sich kontinuierlich mit

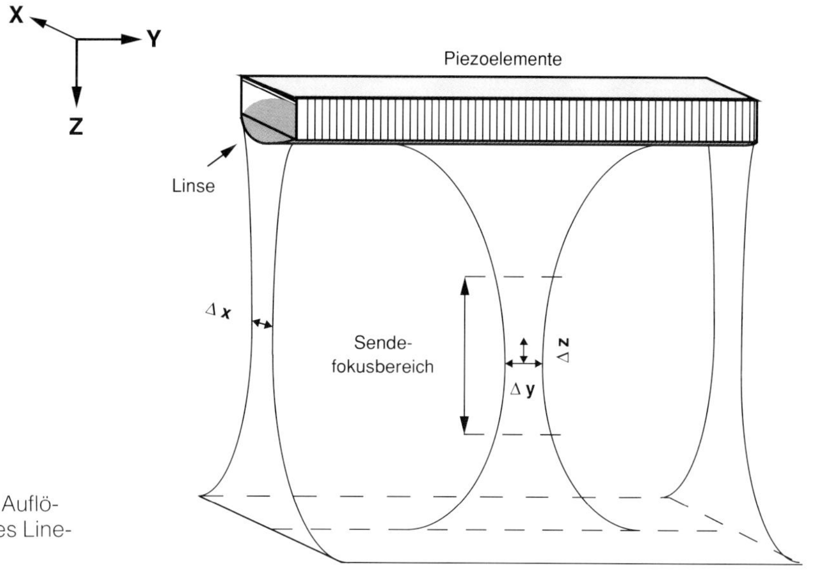

Abb. 1.5 Schallfeld und räumliche Auflösung Δx, Δy und Δz am Beispiel eines Linear-Array-Schallkopfs

der Laufzeit des Pulses. Hierbei entstehen keine Zeitverluste.

1.4 Doppler-Effekt

Er geht zurück auf Untersuchungen von C. Doppler aus dem Jahre 1843. Hiernach ist die beobachtete Wellenlänge des Schalls abhängig von der Bewegung von Quelle und Beobachter relativ zueinander.

Zum besseren Verständnis nehme man z. B. einen in einem fahrenden Pkw mitreisenden Marienkäfer. Der Marienkäfer hält sich selbst und den Fahrer in seinem Wagen für ortsfest und glaubt, die in einer Richtung vorbeirasenden Menschen bewegen sich mit einer Geschwindigkeit v. Ein am Straßenrand stehender Mensch meint, er selbst sei ortsfest, aber der Wagen mit dem Marienkäfer bewege sich mit der Geschwindigkeit v in genau der entgegengesetzten Richtung. Die Angabe einer Geschwindigkeit und Bewegungsrichtung ist somit abhängig vom Bezugspunkt.

Dieses Beispiel soll auf die Blutflußgeschwindigkeitsanalyse erweitert werden. Der Schallkopf sendet einen Schallpuls aus, der auf bewegte Streukörper im Blut trifft. Die Blutkörperchen sollen sich mit konstanter Geschwindigkeit auf den Schallkopf zubewegen. Die Wellenlänge wurde im Abschnitt 1.1 als der kürzeste Abstand zweier gleichartiger Bewegungszustände der schwingenden Teilchen bezeichnet. Damit die Welle sich um eine Strecke entsprechend seiner Wellenlänge ausbreitet, benötigt sie eine gewisse Zeit. Die Streukörper bewegen sich aber in entgegengesetzter Richtung zur Wellenausbreitung. Die Zeit, die die Streukörper zum Durchqueren der Wellenlänge benötigen, ist kleiner als die Zeit, die ein stationäres Objekt mißt, bis die Welle sich um eine Wellenlänge an ihm vorbeibewegt hat. Nach dem Weg-Zeit-Gesetz ist aber das Produkt aus der Zeit und der Geschwindigkeit gleich dem zurückgelegten Weg. Da die Schallgeschwindigkeit konstant ist, müssen die Wege unterschiedlich sein. Der bewegte Körper mißt eine kürzere Wellenlänge als das stationäre Objekt. Anders ausgedrückt: die Frequenz, die das bewegte Objekt feststellt, ist höher als die Frequenz, die das ruhende Objekt mißt. Die Frequenz ist also in diesem Fall verschoben hin zu einer höheren Frequenz.

Entfernen sich Blutkörperchen und Schallkopf voneinander, so ist die Frequenz zu niedrigeren Frequenzen hin verschoben. Man kann also aus der gemessenen Frequenz bei bekannter Sendefrequenz auf die Bewegungsgeschwindigkeit und -richtung der Objekte relativ zueinander schließen.

Bei der Ultraschallanwendung tritt der Effekt quasi zweimal auf. Der Schallkopf sendet eine bestimmte Schallfrequenz aus. Die bewegten Blutkörperchen „messen" eine andere Frequenz und senden diese zurück. Der Schallkopf empfängt nun ein Signal (Echo) von einem bewegten Streuer (Sender) und mißt wiederum eine je nach Bewegungsrichtung noch niedrigere oder noch höhere Frequenz.

Die mathematische Ausformung dieser Aussage ist die Doppler-Gleichung:

$$f_d = 2f_0 \frac{v}{c} \cos(\alpha)$$

oder nach v aufgelöst:

$$v = \frac{f_d}{2f_0} \frac{c}{\cos(\alpha)}$$

mit:
- v = Bewegungsgeschwindigkeit des Bluts,
- f_d = Doppler-Frequenzverschiebung,
- f_0 = wahre abgegebene Frequenz (hier Mittenfrequenz des Schallkopfs),
- c = Schallgeschwindigkeit,
- α = Winkel zwischen der Ausbreitungsrichtung des Schalls und der Richtung des Blutflusses.

Die Doppler-Frequenzverschiebung wird im allgemeinen kurz Doppler-Verschiebung und der Winkel α kurz Doppler-Winkel genannt. Zur Interpretation der Doppler-Spektren und der FKDS-Bilder ist die Kenntnis dieser Gleichung unerläßlich. In der medizinischen Ultraschalldiagnostik ist der Schallkopf bzw. die Einstrahlrichtung des Schalls stets der Bezugspunkt für sämtliche Aussagen zur Blutflußrichtung und -geschwindigkeit.

Man sieht aus der Gleichung, daß unter einem Winkel von 90° keine Doppler-Verschiebung auftritt, da unter diesem Winkel der Abstand Blut-Schallkopf konstant ist. Das Blut fließt genau parallel zum Schallkopf und nicht auf ihn zu oder von ihm weg. Überhaupt kann nur die Geschwindigkeitskomponente parallel zur Ausbreitungsrichtung des Schalls direkt gemessen werden. Die gesamte Geschwindigkeit kann nur mit der Angabe des Doppler-Winkels berechnet werden.

Am Beispiel eines 5,0-MHz-Schallkopfs soll die Problematik bei der praktischen Interpretation des Doppler-Signals erläutert werden. In der Abb. 1.**6** ist die Doppler-Verschiebung als Funktion der Blutflußgeschwindigkeit aufgetragen worden. Man erkennt sofort, daß bei konstanter Geschwindigkeit die Doppler-Verschiebung um so größer wird, je kleiner der Doppler-Winkel ist. Eine Nichtbeachtung der Winkelabhängigkeit kann insbesondere bei der farbkodierten Duplexsonographie zu entscheidenden diagnostischen Fehlern führen.

Jedes Gerät kann nur bestimmte Frequenzen auflösen. Mit Hilfe eines vom Anwender einstellbaren Hochpaßfilters, in der Medizin Wandfilter genannt, kann man die unterste noch darstellbare Doppler-Frequenz bestimmen. In der Abb. 1. **7** ist die Doppler-Verschiebung noch einmal gegen die Blutflußgeschwindigkeit aufgetragen worden, diesmal unter dem Aspekt der noch erkennbaren Flußgeschwindigkeit bei unterschiedlichen Einstellungen des Wandfilters. Je niedriger der Wandfilter gewählt wird, desto niedriger sind die noch meßbaren Flußgeschwindigkeiten. Je direkter der Blutfluß zum Schallkopf hin oder von ihm weg fließt, desto besser ist bei gegebenem Wandfilter die Erkennung niedriger Flußgeschwindigkeiten.

Aus der Abb. 1.**8** wird deutlich, daß die Erkennung niedriger Flußgeschwindigkeiten besser mit hochfrequenten Schallköpfen gelingt. Bei gleicher Geschwindigkeit ist die Doppler-Verschiebung bei hochfrequenten Schallköpfen höher als bei niederfrequenten Schallköpfen. Andererseits kann man mit niederfrequenten Schallköpfen bei gleicher Doppler-Verschiebung höhere Flußgeschwindigkeiten messen.

Aus dem oben gesagten wird deutlich, daß die bloße Angabe einer Doppler-Verschiebung für sich genommen nichts aussagt über das Blutflußverhalten. Erst durch die weitere Angabe des Doppler-Winkels und der Mittenfrequenz des Schallkopfs erhalten die Aussagen einen Wert. Die Angabe der Blutflußgeschwindigkeit allein ist aber durchaus eine relevante Aussage. Relative Größen wie der Pulsatilitäts-Index (PI) und der Widerstands-Index (RI) (s. Kapitel 3) sind zumindest theoretisch winkelunabhängig.

Der oft genannte „magische" Doppler-Winkel von 60°, unter dem eine Untersuchung stattfinden soll, hebt sich durch nichts hervor. Einen einzigen Vorteil besitzt der 60°-Winkel: Der Kosinus von 60° ist 0,5. Es läßt sich damit gut rechnen. Um einen Meßfehler durch eine ungenaue Winkelangabe zu minimieren, sollte man den Winkel so nahe wie möglich bei 0° halten.

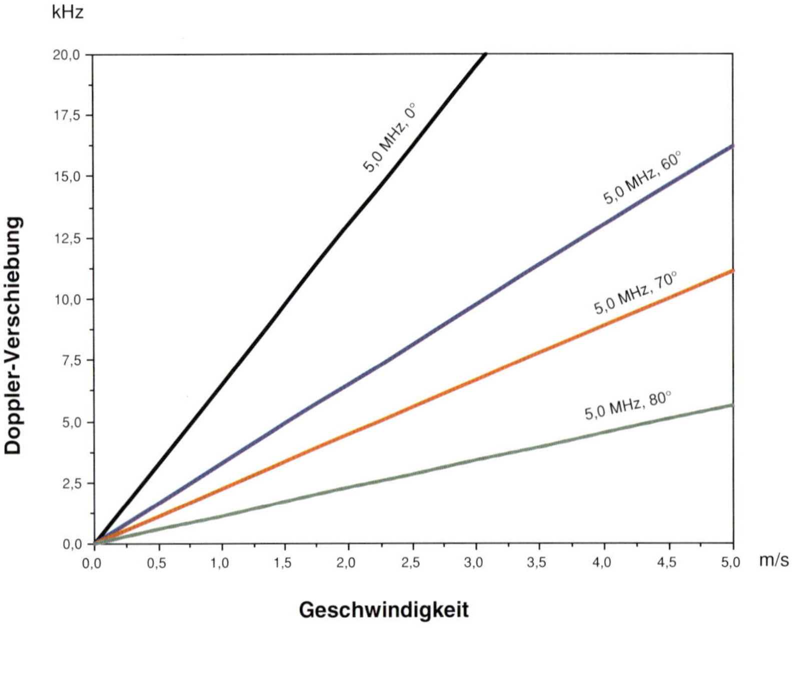

Abb. 1.**6** Doppler-Verschiebung gegenüber der Blutflußgeschwindigkeit bei unterschiedlichen Doppler-Winkeln im Fall eines 5,0-MHz-Schallkopfs

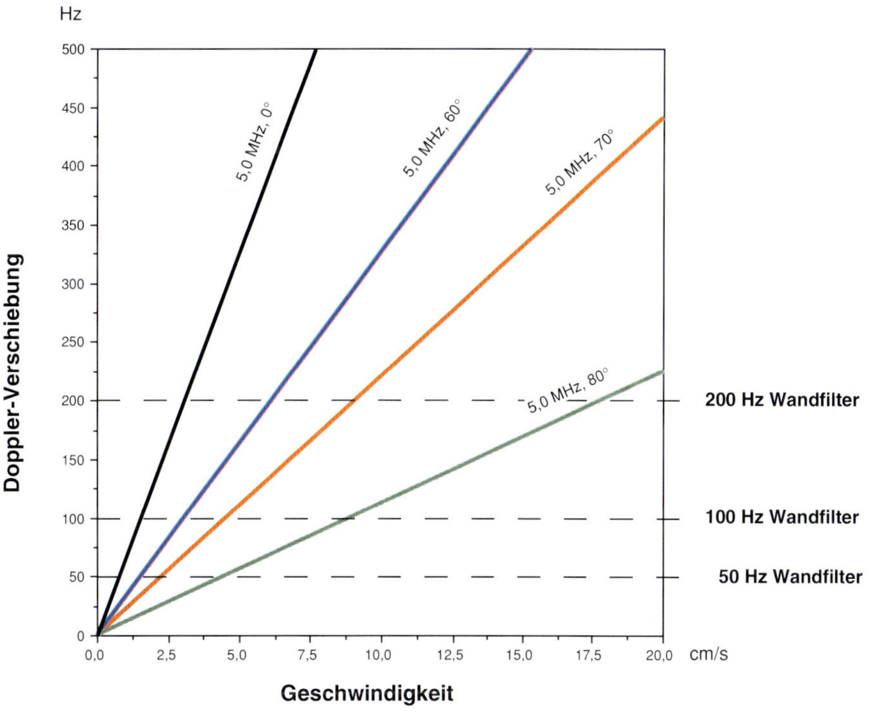

Abb. 1.**7** Erkennung niedriger Doppler-Verschiebungen bei unterschiedlichen Doppler-Winkeln und Wandfiltern im Falle eines 5,0-MHz-Schallkopfs

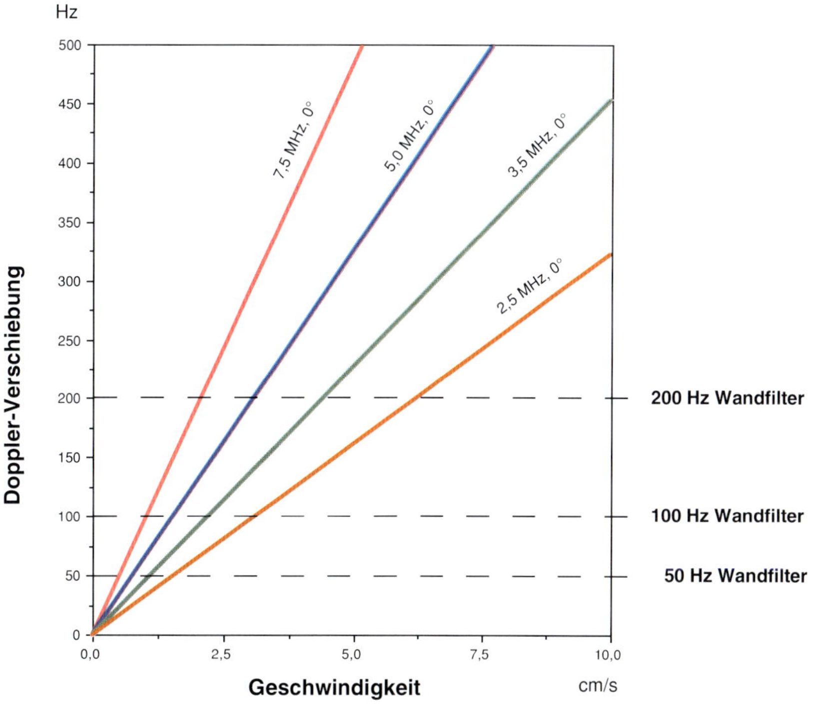

Abb. 1.**8** Erkennung niedriger Doppler-Verschiebungen bei einem konstanten Doppler-Winkel von 0° und bei unterschiedlichen Wandfiltern und Schallkopffrequenzen

1.5 Doppler-Frequenz-spektrum

Die erste Frage, die einem bei diesem Thema in den Sinn kommt, ist: Was ist eigentlich ein Spektrum? Hierzu betrachte man die Abb. 1.**9**. Es werden eine Handvoll Kugeln über einen Fußboden gerollt. Es sei angenommen, daß die Kugeln zuerst zum Zeitpunkt t_0 alle mit der gleichen Geschwindigkeit rollen. Etwas später, zum Zeitpunkt t_1, wird die Geschwindigkeitsverteilung der Kugeln gemessen. Die Geschwindigkeiten der Kugeln sind reibungsbedingt jetzt nicht mehr gleich. Der mögliche Geschwindigkeitsbereich wird in gleich große Geschwindigkeitsinkremente aufgeteilt. Es wird gezählt, wie viele Kugeln gemäß ihren jeweiligen Geschwindigkeiten in die einzelnen Geschwindigkeitsinkremente fallen. Die Verteilung der Kugeln auf die einzelnen Geschwindigkeitsinkremente liefert das Geschwindigkeitsspektrum der Kugeln zum Zeitpunkt t_1. Zum Zeitpunkt t_2 wird die Messung wiederholt. Man erhält wieder ein anderes Geschwindigkeitsspektrum.

Würde man die Geschwindigkeit der Kugeln mit Ultraschall messen, so könnte man die Doppler-Verschiebungen messen, die von den Kugeln verursacht werden. Die Doppler-Frequenzverteilungen zu den jeweiligen Zeitpunkten sind die Doppler-(Frequenz-)Spektren der Geschwindigkeitsverteilung der rollenden Kugeln. Dieses Modell gilt völlig analog im Falle der Geschwindigkeitsverteilung der Erythrozyten des Bluts.

In der Medizin besitzt das Doppler-Spektrum „umgangssprachlich" eine etwas andere Bedeutung als in der Physik. Die Aneinanderreihung vieler einzelner Spektren, jeweils um ein Zeitinkrement versetzt, stellt das medizinische Doppler-Spektrum dar. In der Abb. 1.**10** ist ein solches Spektrum zum besseren Verständnis in einer ungewöhnlichen Art und Weise dargestellt worden. Die Zeitinkremente entsprechen der Zeit, die zum Sammeln der Information für ein Spektrum benötigt wird. Beim gepulsten Doppler werden im allgemeinen 32, 64 oder 128 Puls-Echo-Zyklen verwandt. Die Größe der Zeitinkremente ist also abhängig von der Bildtiefe, aus der das Spektrum gewonnen wird. Die Größe der Frequenzinkremente ist gleich der Pulswiederholfrequenz geteilt durch die Anzahl der Puls-Echo-Zyklen pro Spektrum (s. 17.3.3). Die einzelnen Kästchen sind die Amplituden der einzelnen Doppler-Frequenzen des jeweiligen Spektrums. Üblicherweise werden die Amplituden in unterschiedlichen Helligkeitsstufen angezeigt. Je heller, desto größer ist die Amplitude der jeweiligen Doppler-Frequenz.

Man kann aus dem eben gesagten für das medizinische Doppler-Spektrum folgern (auf die Methode der Scrolling FFT [Fast Fourier Transformation] wird nicht eingegangen):

- Die Frequenzauflösung des Doppler-Spektrums ist gleich der Pulswiederholfrequenz geteilt durch die Anzahl der verwandten Puls-Echo-Zyklen.
- Die zeitliche Auflösung ist abhängig von der Anzahl der Puls-Echo-Zyklen, die für ein physikalisches Spektrum verwandt werden, und somit von der Bildtiefe.
- Eine Verbesserung der Frequenzauflösung verursacht automatisch eine Verschlechterung der zeitlichen Auflösung und umgekehrt.
- Durch eine Reduktion der Pulswiederholfrequenz kann man die Frequenzauflösung im Bereich niedriger Doppler-Frequenzen verbessern.
- Die gern gestellte Frage nach der Rechnergeschwindigkeit ist bei gepulsten Systemen für den Anwender sinnlos, da die Rechnergeschwindigkeit bei modernen Systemen nicht in die Zeit- oder Frequenzauflösung eingeht. Ob der Rechner nun 90% der Zeit oder nur 10% der Zeit auf Meßdaten wartet, ist unerheblich.

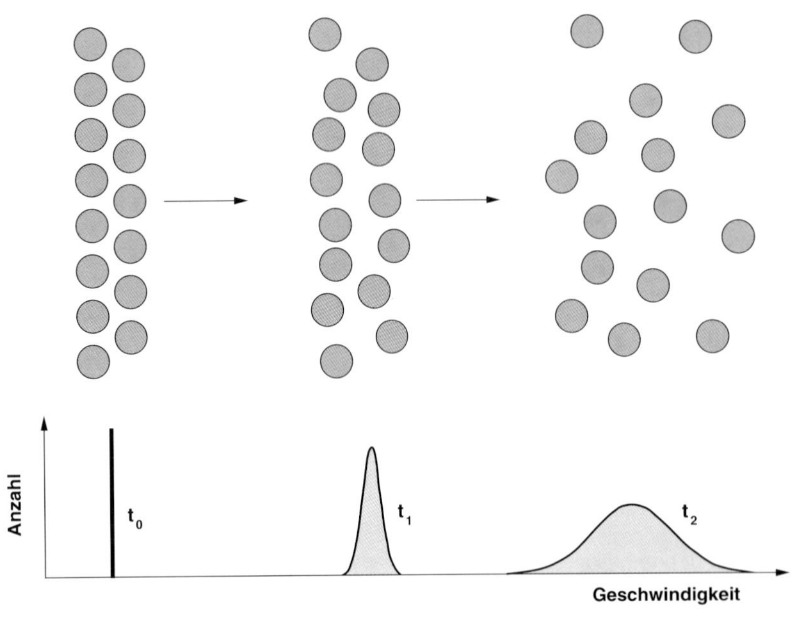

Abb. 1.**9** Erklärung des Begriffs Spektrum am Beispiel der Geschwindigkeitsverteilung rollender Kugeln zu unterschiedlichen Zeitpunkten t_0, t_1 und t_2

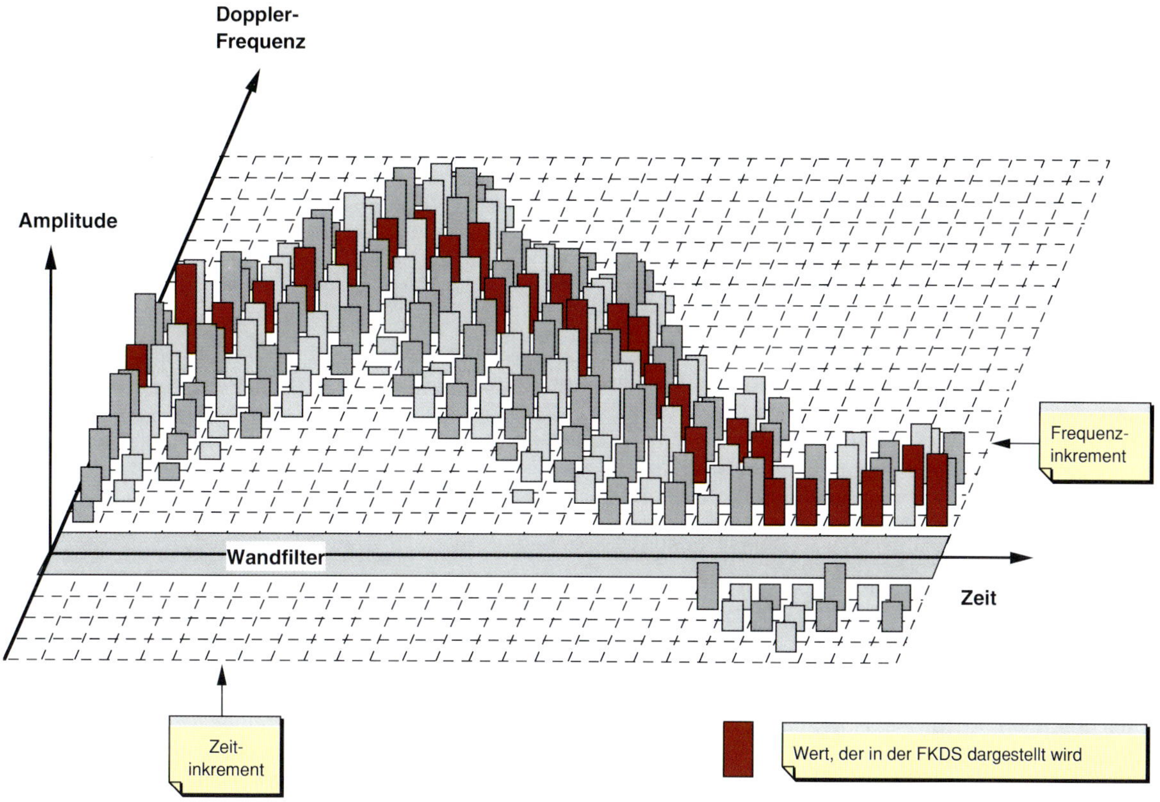

Abb. 1.**10** Ein medizinisches Doppler-Spektrum entspricht vielen einzelnen Spektren nacheinander aufgetragen. Die Kästchen entsprechen in ihrer Höhe den Amplituden der jeweiligen Doppler-Frequenz. Üblicherweise werden die Amplituden in unterschiedlichen Helligkeitsstufen angezeigt. Die roten Kästchen sind die Werte, die im FKDS-Bild farbig kodiert sind

1.5.1 Gewinnung des Doppler-Spektrums

Die gemessene Geschwindigkeit ist gemäß der Doppler-Gleichung von der Frequenzverschiebung des ausgesandten Signals abhängig. Die Frequenzverschiebung kann je nach Blutflußrichtung positiv oder negativ sein. Die Verschiebungen liegen in der Größenordnung Hertz bis einige Kilohertz. Die Frequenzverschiebungen liegen also im Hörbereich des menschlichen Ohrs. Die Mittenfrequenz des ausgesandten Signals liegt aber im Bereich von Megahertz. Die Aufgabe der Technik ist es, die Frequenzverschiebungen um die Frequenz des ausgesandten Signals herum zu isolieren und in irgendeiner Form darzustellen oder hörbar zu machen.

Im Bereich des täglichen Lebens existiert schon lange ein Gerät, das dies sehr zuverlässig bewerkstelligt: das Radio. Es empfängt Radiosender mit einer Sendefrequenz (Trägerwelle) im Bereich von Megahertz und gibt über die Lautsprecher Signale im Bereich der hörbaren Frequenzen ab. Der Radiosender prägt der Trägerfrequenz (MHz) eine Frequenzverschiebung (Musik) auf. Jeder kennt im Zusammenhang mit einem Radiosender den Begriff FM (Frequenzmodulation). Genau dieser Fall liegt beim Doppler-Signal vor. Die Ultraschallwelle ist frequenzmoduliert. Es bedarf also einer Demodulation des Signals zur Gewinnung des Doppler-Signals, d. h. die Trägerwelle muß aus dem Signal (Echo) entfernt werden. Wie dies technisch bewerkstelligt wird, ist im Abschnitt 17.3.4 zu lesen.

Nachdem die Trägerwelle entfernt und einige weitere Manipulationen durchgeführt wurden, liegt das Doppler-Signal vor. Man kann es direkt auf einen Lautsprecher geben. Das Ohr kann Frequenzen über 4 Zehnerpotenzen hören. Es ist also, wovon jeder sich durch Hören eines Musikkonzerts überzeugen kann, ein hervorragender Spektralanalysator. Im allgemeinen möchte man jedoch das Doppler-Frequenzspektrum dokumentieren und vielleicht noch in der einen oder anderen Weise graphisch oder mathematisch auswerten. Das Spektrum muß also auf den Monitor gebracht werden, oder in der farbkodierten Duplexsonographie soll ein farbig kodierter Wert für die Blutflußgeschwindigkeit/Doppler-Verschiebung angegeben werden.

Das gewonnene Doppler-Signal muß auf seine spektrale (Frequenz-)Zusammensetzung hin untersucht werden. Es wird angenommen, daß die Zusammensetzung des Doppler-Signals aus einzelnen Frequenzen mit unterschiedlichen Amplituden der Geschwindigkeitsverteilung des Blutflusses entspricht.

Als Methode der Wahl für die Frequenzanalyse wird ein Rechenalgorithmus mit dem Namen „Fast-Fourier-Transformation", kurz FFT genannt, verwandt. Hierzu muß das Doppler-Signal digitalisiert werden. Für diskrete Frequenzwerte werden mit dieser Methode die zugehörigen Amplituden berechnet. Diese Amplituden werden als Grauwerte in der graphischen Auftragung des Doppler-Spektrums auf dem Monitor dargestellt. Bei der FKDS geht man andere Wege (s. 1.5).

An dieser Stelle muß zwischen dem CW(Continuous-Wave)-Doppler und dem PW(Pulse-Wave)-Doppler unterschieden werden.

Der CW-Doppler kommt dem Radio am nächsten. Beim CW-Doppler wird kontinuierlich gesendet und empfangen. Infolgedessen besitzt der CW-Doppler keine Tiefenauflösung, d. h. man weiß nicht, aus welcher Bildtiefe das Signal kommt. Man kann jedoch theoretisch beliebig hohe Doppler-Frequenzen messen. Da jedoch auch bei diesem System eine digitale Frequenzanalyse (FFT) zur Gewinnung des Frequenzspektrums zur Gewinnung des Frequenzspektrums durchgeführt wird, existiert auch hier technisch eine maximale eindeutig bestimmbare Doppler-Frequenz (Analoge Zero-Crossing-Detektoren sind nicht Thema dieses Buches). Die Begründung hierfür findet man im nächsten Abschnitt und genauer im Abschnitt 17.3.1. Auf den CW-Doppler wird nicht weiter eingegangen, da für die Farbkodierung ein gepulstes Signal notwendig ist. Eine Tiefenauflösung ist für die FKDS unverzichtbar.

Der PW-Doppler besitzt eine Tiefenauflösung. Die Demodulation erfolgt pulsweise. Jeder Puls liefert nach der Demodulation die Phase des Doppler-Signals zum jeweiligen Zeitpunkt. Die Phase ist der momentane (Schwingungs-)Zustand eines Signals (s. 17.3.2). Das gesamte Doppler-Signal wird also Punkt für Punkt konstruiert. Was zwischen den einzelnen Messungen geschieht, bleibt unbekannt. Dies ist gleichbedeutend mit der Aussage, daß hohe Frequenzen oberhalb eines bestimmten Maximums mit einer schnellen Änderung der Phasenlage nicht gemessen werden können. Dieses stückweise konstruierte Doppler-Signal wird mit Hilfe der FFT-Analyse auf seine Amplituden und Frequenzzusammensetzung untersucht. Das Ergebnis ist das Doppler-Spektrum.

1.6 Problem der gepulsten Abtastung – Aliasing –

Sowohl die FKDS als auch der PW-Doppler sind ortsaufgelöste Verfahren. Die Axialauflösung beruht auf dem Aussenden kurzer Ultraschallpulse. Die Pulslänge definiert die Axialauflösung. Dies bringt jedoch bei der Gewinnung der Doppler-Signale Nachteile mit sich. Das Doppler-Signal ist dadurch kein kontinuierliches Signal, sondern setzt sich zusammen aus einzelnen Meßpunkten (Samples). Der zeitliche Abstand der Meßpunkte ist der zeitliche Pulsabstand. Dieser ist gleich dem Kehrwert der Pulswiederholfrequenz. Dadurch ist es nicht möglich, beliebig hohe Frequenzen zu messen (Abb. 1.**11**). Das niederfrequente Signal setzt sich aus vielen einzelnen Meßwerten zusammen. Der Kurvenverlauf zwischen den Meßwerten ist interpoliert. Der tatsächliche Verlauf ist nicht bekannt.

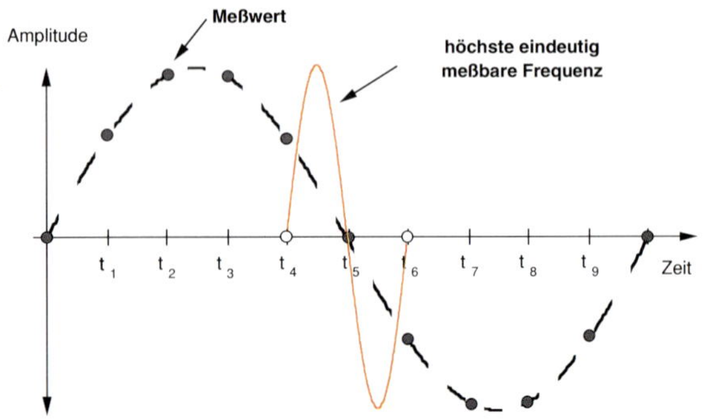

Abb. 1.**11** Das Doppler-Signal setzt sich zusammen aus einzelnen Meßpunkten (Samples). Der zeitliche Abstand der Meßpunkte ist der zeitliche Pulsabstand. Dieser ist gleich dem Kehrwert der Pulswiederholfrequenz

Die höchste eindeutig meßbare Frequenz ist geringfügig kleiner als die halbe Pulswiederholfrequenz. Höhere Frequenzen besitzen zu wenige Meßwerte, um korrekt rekonstruiert zu werden. Wäre die in der Abb. 1.**11** gezeigte Frequenz doppelt oder viermal so hoch wie die dargestellte höchste eindeutig meßbare Frequenz, würde die Kurve dieselben Meßwerte besitzen. Man könnte sie somit nicht unterscheiden, und es gibt keinen Grund, anzunehmen, die Frequenz wäre höher als die halbe Pulswiederholfrequenz.

Die Doppler-Verschiebung kann positiv oder negativ sein. Beide Fälle werden elektronisch getrennt und einzeln analysiert. Aus diesem Grund erstreckt sich der Eindeutigkeitsbereich über die volle Pulswiederholfrequenz f_{PRF}. Der Meßbereich reicht von $-f_{PRF}/2$ bis $+f_{PRF}/2$.

In der Abb. 1.**12a** wird angenommen, daß ein Teilchen gleichmäßig schneller, also konstant, beschleunigt wird. Die Doppler-Verschiebung steigt linear mit der Zeit an. In der Abb. 1.**12b** ist die mit einem Puls-Echo-System tatsächlich gemessene Doppler-Verschiebung über die Zeit aufgetragen worden. Es soll zuerst die nicht nullpunktverschobene Kurve mit der tatsächlichen Doppler-Verschiebung verglichen werden.

Von Beginn bis zum Erreichen der halben Pulswiederholfrequenz nimmt die Doppler-Frequenz in beiden Fällen den gleichen Verlauf. Nach Erreichen von $f_{PRF}/2$ springt die gemessene Doppler-Frequenz auf die größte darstellbare negative Doppler-Verschiebung – $f_{PRF}/2$. Sie steigt dann zeitlich parallel zur tatsächlichen Doppler-Verschiebung bis zum nochmali-

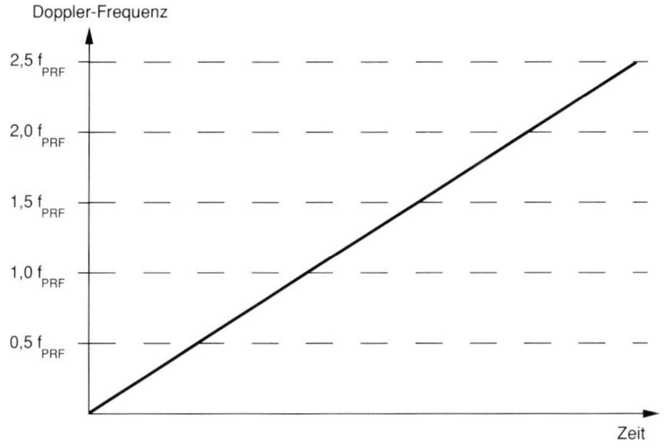

Abb. 1.**12a** Doppler-Signal eines gleichmäßig beschleunigten Teilchens

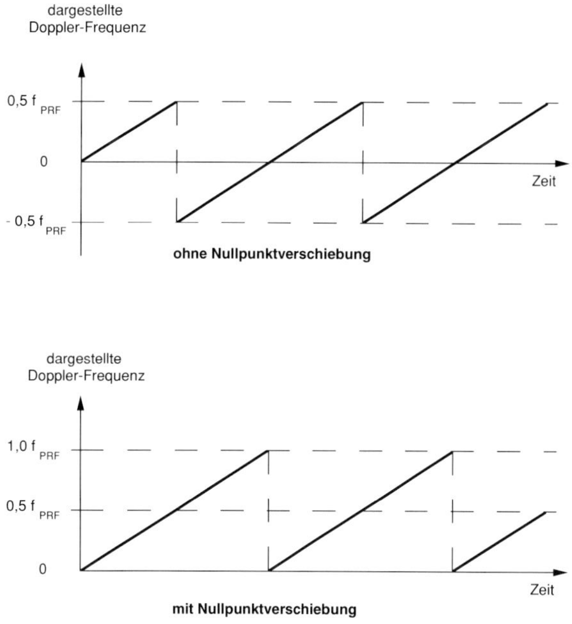

Abb. 1.**12b** Die mit einem Puls-Echo-System tatsächlich gemessene Doppler-Verschiebung über die Zeit aufgetragen. Im zweiten Fall nach Durchführung einer Nullpunktverschiebung

gen Erreichen von $f_{PRF}/2$ an, um dann wieder auf den Wert $-f_{PRF}/2$ zu springen. Diese falsche Darstellung der Doppler-Frequenz wird Aliasing genannt. Die Sprünge sind eine Folge der zu geringen Abtastfrequenz. Zur Wahrung der eindeutigen Ortszuordnung des Doppler-Signals ist die Pulswiederholfrequenz aber nicht beliebig steigerbar.

Eine hilfreiche, aber begrenzte Abhilfe gibt es. Der Anwender kann annehmen, daß in diesem speziellen Fall keine negativen Doppler-Verschiebungen vorkommen können, und dann eine Nullpunktverschiebung durchführen. Die Größe des gesamten Eindeutigkeitsbereichs ändert sich nicht, aber die Verteilung in einen positiven und negativen Bereich kann beliebig vorgenommen werden. Dadurch sind je nach Wahl höhere positive oder negative Doppler-Frequenzen und somit höhere Geschwindigkeiten in der jeweiligen Flußrichtung bestimmbar. In der anderen Richtung können aber gleichzeitig nur proportional niedrigere Flußgeschwindigkeiten gemessen werden.

Das eben Geschriebene gilt im gleichen Maß für die Farbkodierung, da diese Systeme alle auf der Auswertung multipler Puls-Echo-Zyklen beruhen. Auch bei dem Verfahren der Laufzeitanalyse, bei dem keine Demodulation durchgeführt wird, tritt Aliasing auf. Die Begründung ist eine völlig andere, aber der Effekt und die Folgen für die Anwendung sind die gleichen.

1.7 Methoden der Farbkodierung

Es werden zur Zeit in kommerziellen Ultraschallsystemen drei unterschiedliche Verfahren zur Berechnung der Farbkodierung angewandt. Sie unterscheiden sich alle deutlich von dem FFT-Verfahren für die Spektralanalyse.

Bei der oben beschriebenen Methode zur Doppler-Frequenzanalyse werden im allgemeinen 64 oder 128 Puls-Echo-Zyklen pro Ultraschallinie verwandt. Man erhält aus der Frequenzanalyse 64 oder 128 Werte pro Zeitintervall. Der Zeitaufwand für die Datenakquisition eines gesamten Bildfelds, bestehend aus 128 echten Ultraschallinien, würde einen Echtzeitbetrieb ausschließen. Man muß also die Anzahl der Messungen pro Linie verringern, um echtzeitfähig zu bleiben. Die Frequenzauflösung bei der FFT-Analyse war aber: die Pulswiederholfrequenz geteilt durch die Anzahl der Messungen. Eine Reduktion auf z. B. 10 Messungen pro Linie würde eine nicht ausreichende Frequenzauflösung zur Folge haben. Es wird bei der FKDS nur ein Geschwindigkeitswert pro Bildpunkt gesucht. Damit ist es nicht notwendig, eine vollständige Spektralanalyse durchzuführen. Man kann Verfahren anwenden, die nur einen Wert möglichst genau liefern.

Allen FKDS-Verfahren gemeinsam ist die Verwendung einer gegenüber dem B-Bild geringeren Zahl von Ultraschallinien für die Farbkodierung. Teilweise wird nur jede 4. Ultraschallinie für die Ermittlung der Farbkodierung herangezogen. Die dazwischenliegenden Werte werden durch Interpolation gewonnen.

In der technischen Literatur wurden zwei der gebräuchlichsten Verfahren zur Berechnung der Farbkodierung veröffentlicht. Es ist das in Japan zuerst entwickelte Autokorrelationsverfahren (3, 4) und das in Paris entwickelte Kreuzkorrelationsverfahren (Laufzeitanalyse, Time-Domain-Processing) (1, 2). Das in den USA entwickelte Verfahren mittels der diskreten Fourier Transformation wurde bisher nicht explizit veröffentlicht und kann somit hier nicht beschrieben werden. Die beiden erstgenannten Verfahren werden im Abschnitt 17.4 ausführlich beschrieben.

Das Autokorrelationsverfahren beruht auf dem Vergleich des demodulierten Doppler-Signals über verschiedene Zeitintervalle. Je konstanter der Blutfluß, desto genauer arbeitet das Verfahren. Ein Vorteil des Verfahrens, das zuerst in der Kardiologie angewandt wurde, besteht in der quasi automatischen Ermittlung der Varianz. Die Varianz ist das Quadrat der Standardabweichung, also der Fehler der Messung. Dies wird der roten und blauen Farbkodierung als Grün beigemischt. Je stärker der Grünanteil, desto größer ist der Meßfehler. Dies wird häufig als Turbulenz gedeutet.

Das Laufzeitanalyseverfahren beruht auf der Ermittlung der Laufzeitunterschiede zweier Puls-Echo-Zyklen. Durch die Bewegung des Bluts sind die Signallaufzeiten zweier Puls-Echo-Folgen unterschiedlich.

Die Laufzeitdifferenz ist proportional zur Bewegungsgeschwindigkeit des Bluts. Der Vorteil dieses technisch aufwendigen Verfahrens beruht in der direkten Bearbeitung des Hochfrequenzsignals ohne Demodulation. Man erhält direkt die Blutflußgeschwindigkeit und nicht die Doppler-Frequenzverschiebung. Man kann dieses Verfahren grob als eine Art Mustererkennungsverfahren bezeichnen. Die Berechnung der Standardabweichung ist kein integraler Bestandteil des Verfahrens.

Die mit den Farbverfahren ermittelte Doppler-Verschiebung bzw. Blutflußgeschwindigkeit ist nur schwer aus dem Doppler-Spektrum zu ermitteln. Dies liegt zum einen daran, daß über völlig unterschiedliche Zeitintervalle gemessen wird. Weiterhin fließt das Blut innerhalb eines Meßvolumens nicht mit überall gleicher Geschwindigkeit (Abb. 1.**9**). Die Geschwindigkeitsverteilung geht in den ermittelten Wert ein. Die dargestellte Flußgeschwindigkeit kann als die intensitätsgewichtete mittlere Blutflußgeschwindigkeit bezeichnet werden. Sie hängt also von der Breite und den Amplitudenwerten der Geschwindigkeitsverteilung im Meßvolumen ab (Abb. 1.**10**).

1.8 Interpretation des FKDS-Bildes

Ein FKDS-Bild besitzt einen Grauwert- und einen Farbanteil. Das Grauwertbild ist das gewöhnliche B-Bild. Es dient der Untersuchung von strukturellen Eigenschaften des Gewebes. Die hellen und dunklen Bereiche kennzeichnen die Organe und die Blutgefäße sowie flüssigkeitsgefüllte Räume wie die Blase oder die Gallenblase. Strukturelle Veränderungen wie

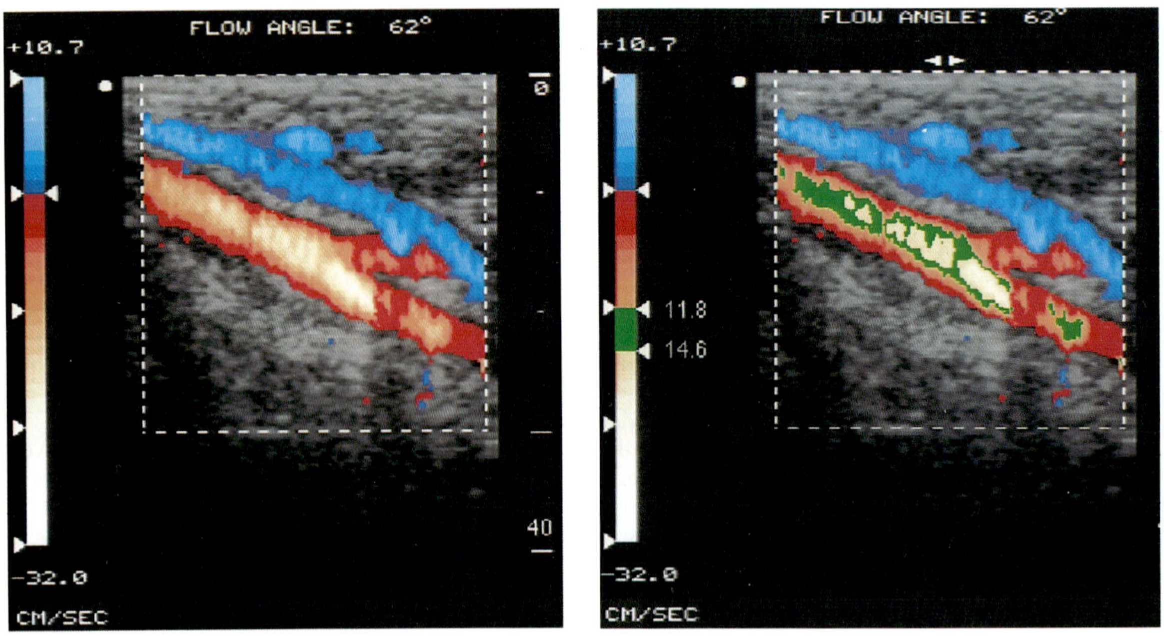

a b

Abb. 1.**13a, b** Distaler Abschnitt und Aufteilung einer normalen A. brachialis („Rot"-kodiert) mit Begleitvenen („Blau") in der FKDS:
a Die Farben „Rot" und „Blau" geben jeweils eine Flußrichtung bezüglich des Schallkopfs an (auf den Schallkopf zu oder vom Schallkopf weg). Je höher die Frequenzverschiebung, desto heller (in der Gefäßmitte), und je niedriger, um so dunkler (am Gefäßrand) ist der Farbton
b Bei bekanntem Winkel („Flow angle") kann ein bestimmter Geschwindigkeitsbereich durch die zusätzliche Kodierung mit einer dritten Farbe (hier mit „Grün") im Echtzeitbild markiert werden (im Beispiel zwischen 11,8 und 14,6 cm/s, s. Farbbalken am linken Bildrand)

Zysten und solide Raumforderungen können durch typische Verteilungen der Grauwerte erkannt werden.

Die Farbkodierung kennzeichnet Bewegung im Bildfeld. Im allgemeinen wird der Blutfluß untersucht. Die Farbe wird über das Grauwertbild gelegt. Ein Bildpunkt kann entweder mit einem Farbwert oder einem Grauwert belegt werden. Wird an einem Ort im Bild eine Bewegung detektiert, so wird der dazugehörige Bildpunkt farbig kodiert. Der Grauwert an dieser Stelle wird nicht angezeigt.

Die meisten Geräte verwenden für den Blutfluß eine rot-blaue Kodierung. Je heller der Farbwert, desto höher ist an dieser Stelle im Bild die Doppler-Verschiebung oder nach einer Winkelkorrektur die Blutflußgeschwindigkeit. Eine Farbe kennzeichnet einen Fluß zum Schallkopf hin und die andere Farbe einen Fluß vom Schallkopf weg. Die Farbzuordnung wird meistens dem Anwender überlassen. Wie in der Abb. 1.**13** befindet sich an einer Seite des Ultraschallbilds ein farbiger Referenzbalken. Hier werden alle möglichen Farbwerte aufgeführt. Oberhalb und unterhalb des Farbbalkens sind die maximal meßbaren Doppler-Verschiebungen oder bei Angabe eines Flußwinkels die höchste meßbare Geschwindigkeit je Richtung aufgeführt. Addiert man die angezeigten Doppler-Frequenzwerte, erhält man die Pulswiederholfrequenz.

Teilweise wird den Rot- und Blautönen zur qualitativen Angabe der Varianz, d. h. des quadratischen Fehlers der Messung, noch Grün beigemischt. Ein rein grüner Wert entspricht einem möglicherweise großen Meßfehler. Es wird angenommen, daß die Grüneinfärbung ein Maß für die Turbulenz ist.

Die Grüneinfärbung wird auch zur Markierung einzelner Flußgeschwindigkeiten oder Geschwindigkeitsbereiche herangezogen. Hierbei wird der grün markierte Geschwindigkeitsbereich vom Anwender manuell festgelegt. Der numerische Wert des grünkodierten Bereichs wird im Bild angezeigt.

1.9 Literatur

1 Bonnefous, O., P. Pasqué: Time Domain Formulation of Pulse-Doppler Ultrasound and Blood Velocity Estimation by Cross Correlation, Ultrasonic Imaging, Vol. 8. Academic Press Inc., 1986 (73–85)

2 Bonnefous, O., P. Pasqué, X. Bernard: A New Velocity Estimator for Color Flow Mapping. IEEE Ultrasonics Symposium (1986) (855–860)

3 Kasai, C., K. Namekawa: Real-Time Two-Dimensional Blood Flow Imaging using an Autocorrelation Technique. IEEE Ultrasonics Symposium 1985 (953–985)

4 Kasai, C., K. Namekawa, A. Koyano, R. Omoto: Real-Time Two-Dimensional Blood Flow Imaging using an Autocorrelation Technique. IEEE Trans. on Sonics and Ultrasonics, Vol. SU-32. (1985) 458–463

2 Biologische Wirkung des Ultraschalls

P.-M. Klews

2.1 Einführung

In diesem Kapitel sollen einige allgemeine Aspekte der Wirkung von Ultraschall auf biologische Materie erläutert werden. Es sollen nur Ultraschalleistungen in der Größenordnung gebräuchlicher Ultraschalldiagnosegeräte betrachtet werden. Therapeutische Schallintensitäten, wie z. B. die Schallintensität bei der Stoßwellenlithotripsie, liegen deutlich höher.

Bei der Ultraschalldiagnostik wird Energie in der Form eines Druckpulses in den Körper ausgesandt und die zurückkommenden Echos, die wiederum ebenfalls Druckwellen sind, nach unterschiedlichen Kriterien ausgewertet. Ein Teil der Energie, der nicht als Echo den Körper wieder verläßt, wird dabei vom Körper absorbiert. Nun kann man nicht einfach die gesamte applizierte Energie messen und daraus ein Maß für die biologische Wirksamkeit gewinnen. Sollten Sie z. B. eine Stunde lang mit der flachen Hand einen Hund streicheln, so führt die gesamte absorbierte Energie sicherlich zu keiner Schädigung des Tiers. Würde die gleiche Energie innerhalb einer Millisekunde über eine kleine Fläche absorbiert, könnte die „Wirkung" aber unter Umständen tödlich sein. Die Energie eines leichten Streichelns, mit einer scharfen Klinge verabreicht, ist ebenfalls traumatisierend. Diese ungewöhnlichen Beispiele sollen verdeutlichen, daß sehr viele Einzelaspekte berücksichtigt werden müssen, bevor man eine Aussage über Schädlichkeit oder Unschädlichkeit eines Verfahrens machen kann.

2.2 Definitionen der Intensität

Der Begriff Intensität wird häufig verwandt. Er soll hier bezüglich des Ultraschalls definiert werden. Es werden nur harmonische, longitudinale Schallwellen betrachtet. Vorher soll noch kurz auf die Schallwelle eingegangen werden.

Was pflanzt sich eigentlich in einer Schallwelle fort? Teilchen (Atome oder Moleküle) schwingen um ihre Ruhelage herum. Im zeitlichen Mittel bleiben die Teilchen jedoch in ihrer Ruhe-(Gleichgewichts-)Lage. Sie wandern also nicht mit der Welle mit. Es pflanzt sich nur ein Bewegungszustand mit der Welle fort. Es propagieren somit nur Energie und Impuls von einem Ort zum nächsten und nicht Materie. Schallwellen stellen durch die Teilchenbewegung eine mechanische Energie- und Impulsübertragung dar.

Eine Druckänderung (der Druckgradient) führt zu einer Beschleunigung der Teilchen. Der Druck schwankt im Fall einer harmonischen Welle gleichmäßig um einen Mittelwert. Im Fall der Kompression herrscht an dem betreffenden Ort zur betreffenden Zeit ein Überdruck. Entsprechend umgekehrt im Fall der Dekompression herrscht an dem betreffenden Ort zur betreffenden Zeit ein Unterdruck. Dieser mit der Zeit wechselnde Druck wird naheliegenderweise als Schallwechseldruck p(t) bezeichnet. Der Schallwechseldruck wird auch als Schalldruck bezeichnet. Er entspricht der Differenz des momentan herrschenden Drucks und dem normalerweise vorhandenen statischen Druck. Diese Differenz entspricht dem vom Schallkopf abgegebenen Druckpuls.

Im Abschnitt 17.3.2 wird die Auslenkung der schwingungsfähigen Teilchen aus ihrer Ruhelage als Amplitude bezeichnet. Diese Amplitude A(t) ändert sich mit der Zeit. Die Auslenkung kann positiv oder negativ sein. Die größte Auslenkung wird als A_0 bezeichnet.

Die Teilchen bewegen sich relativ zu ihrer Ruhelage mit einer bestimmten Geschwindigkeit v. Die Geschwindigkeit v, mit der sich die Teilchen in der Schallwelle bewegen, entspricht der zeitlichen Änderung der Amplitude ($v = \frac{dA}{dt}$) und wird als Schallschnelle bezeichnet. Die Schallschnelle selbst ändert sich ebenfalls mit der Zeit, da die Teilchen um die Ruhelage hin und her schwingen und damit abwechselnd beschleunigt und anschließend abgebremst werden. Im Fall der harmonischen Welle beträgt die maximale Schallschnelle $v_0 = 2\pi f A_0$ (f = Frequenz). Hiermit ist nicht die Schallgeschwindigkeit c gemeint, denn die Schallgeschwindigkeit c bezeichnet die Ausbreitungsgeschwindigkeit der Welle in dem betreffenden Medium. Sie entspricht der Phasengeschwindigkeit der Welle und ist eine Materialkonstante. Die Schallgeschwindigkeit c ist gleich dem Produkt aus der Wellenlänge λ und der Frequenz f. Auf die Gruppen- oder Signalgeschwindigkeit soll hier nicht eingegangen werden (s. 2).

Es soll nun versucht werden, den Begriff der Schallintensität ohne explizite Rechnung durch einige Überlegungen zu erklären. (Die genaue Rechnung findet man bei 3 und 8.) Am Schallkopf wird ein Schall-(Druck-)Puls erzeugt. Hierdurch wird eine Kraft auf ein Medium ausgeübt. Dies führt zu einer Auslenkung der Teilchen. Die Teilchen bewegen sich mit der Schallschnelle v(t). Die aufgebrachte momentane Energie pro Einheitsfläche, auch momentane Energiestromdichte genannt, ist das Produkt aus der Schallschnelle und dem ausgeübten Schalldruck p(t). Es soll angenommen werden, daß die Teilchenbewegung (Schallschnelle) und der ausgeübte Druck in Phase sind. Die mittlere Schallintensität I_{ave} ist der zeitliche Mittelwert der momentanen Energiestromdichte. Die Mittelwertbildung über die Zeit führt zu der Gleichung:

$$I_{ave} = 2\varrho c\pi^2 f^2 A_0^2 = \frac{1}{2}\varrho c v_0^2 = \frac{p_0^2}{2\varrho c} \qquad (2.1)$$

mit:
- ϱ = spezifische Dichte des Mediums,
- f = Mittenfrequenz des Schallkopfs,
- A_0 = Maximalauslenkung der Teilchen,
- v_0 = maximale Schallschnelle,
- p_0 = maximaler Schalldruck.

Die Schallintensität wächst also mit dem Quadrat der Mittenfrequenz des Schallkopfs und mit dem Quadrat der maximalen Auslenkung der Teilchen. Die momentane maximale Schallintensität ist doppelt so groß wie die oben angegebene zeitlich gemittelte Schallintensität.

2.3 Häufig angewandte Intensitätsbegriffe

Der interessierte Ultraschallanwender sollte sich zumindest oberflächlich über die unterschiedlichen Intensitätsbegriffe informieren. Da sie in den Bedienungsanweisungen der Gerätehersteller und -vertreiber zumindest teilweise zu finden sind, werden sie hier erwähnt. Bei der Definition der folgenden Begriffe wird auf die FDA (amerikanische Food and Drug Administration) (6) Bezug genommen. Es sind Begriffe, die für die Bestimmung der vom Schallkopf abgegebenen Ultraschalleistung von Bedeutung sind. In der Abb. 2.**1** sind einige dieser Begriffe aufgeführt. Zur besseren Veranschaulichung wurde in der Abbildung nicht das Intensitäts-, sondern das Amplitudenverhalten als Funktion der Zeit aufgetragen. Die Intensität ist natürlich immer positiv und gemäß der Gleichung 2.1 proportional zum Quadrat der Amplitude.

Die maximale Schallintensität I_m ist definiert als die höchste Intensität des Schallpulses zeitlich gemittelt über eine halbe Wellenlänge („Pulse Half-Cycle"). Gemessen wird am Ort höchster Schallintensität. Dieser Ort dürfte im allgemeinen im Fokus liegen. Die maximale lokale Intensität zum Zeitpunkt der höchsten Amplitude I_{SPTP} (Spatial Peak Temporal Peak) entspricht der höchsten Druckamplitude im Schallfeld. Der räumliche Spitzenwert der Intensität über die Zeit t_{PRF} gemittelt wird als I_{SPTA} (Spatial Peak Temporal Average) bezeichnet. Dieser Wert wird am häufigsten genannt und wird auch von der Kassenärztlichen Bundesvereinigung in den Ultraschall-Apparate-Richtlinien verwandt (10). Der räumliche Mittelwert der Intensität über die Zeit t_{PRF} gemittelt wird als I_{SATA}(Spatial Average Temporal Average) bezeichnet. Dieser Wert ist der niedrigste Wert im Vergleich zu den Werten der anderen Leistungsdefinitionen. Räumlich gemittelt wird über die Querschnittsfläche des Schallpulses. Hierbei wird die Fläche genommen, innerhalb der die einzelnen lokalen Intensitäten noch 25% der Maximalintensität betragen. Der räumliche Spitzenwert der Intensität über die Zeit eines Pulses gemittelt wird als I_{SPPA} (Spatial Peak Pulse Average) bezeichnet. Die Pulsdauer ist definiert als das 1,25fache der Zeitdauer, in der das zeitliche Integral über die

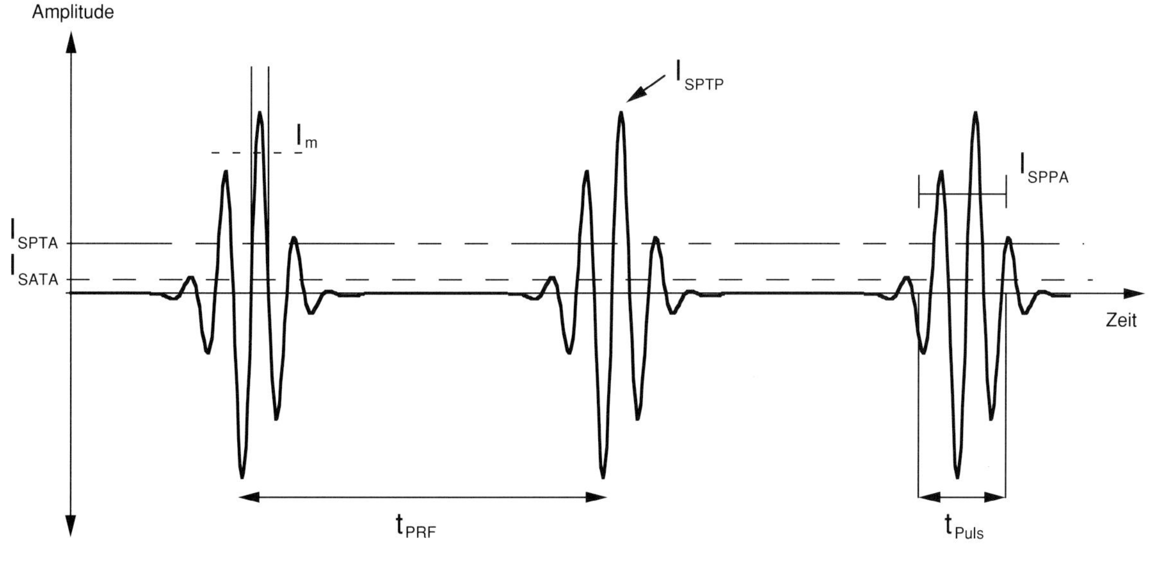

Abb. 2.**1** Zur Erklärung der unterschiedlichen Intensitätsbegriffe s. Text. Die Beträge der einzelnen Intensitäten sowie die Länge von t_{Puls} sind nur angedeutet und nicht maßstabsgetreu eingezeichnet worden

Intensität zwischen 10% und 90% des Gesamtwerts beträgt. Als letzter Begriff soll noch der „Arbeitsfaktor“ (Duty Factor) definiert werden. Er ist gleich dem Quotienten aus der Pulsdauer und dem zeitlichen Pulsabstand (t_{Puls}/t_{PRF}).

Die Pulswiederholfrequenz an einem betreffenden Ort kann bei reinen Grauwertgeräten sehr niedrig sein, da teilweise nur ein Puls pro Ultraschallinie benötigt wird. Sie kann dann gleich der Bildwiederholfrequenz sein. Schon aus diesem Grund ist die SPTA-Leistung bei Doppler-Systemen bei gleicher Maximalamplitude wesentlich höher. Dort wird bei Wahrung der Eindeutigkeit am physikalischen Maximum der Pulswiederholfrequenz gearbeitet.

Diese Messungen können alle im Wasser mit Hilfe eines Hydrophons durchgeführt werden. Die Wasserwerte I_{Wasser} sind natürlich aufgrund der höheren Absorption im Gewebe wesentlich höher als die In-situ-Werte. Leider können die In-situ-Werte nicht direkt gemessen werden. Die In-situ-Ultraschalleistungswerte $I_{in\ situ}$ sind aber die eigentlich relevanten und werden mit Hilfe der folgenden Formel (6) aus den gemessenen Wasserwerten berechnet:

$$I_{in\ situ} = I_{Wasser} e^{-0{,}23afz}$$

mit: a = Dämpfungskoeffizient bezogen auf eine Frequenz von 1 MHz ($^{dB}/_{MHz\ cm}$),
f = Mittenfrequenz des Schallkopfs in MHz,
z = Abstand zum Schallkopf.

Als Dämpfungskoeffizienten in $^{dB}/_{MHz\ cm}$ werden angenommen:

Gehirn	0,53 ± 0,3,
Herz	0,66 ± 0,26,
Niere	0,79 ± 0,15,
Leber	0,43,
Muskeln	0,55.

Angaben zu den Methoden der Intensitätsmessung und weitere Meßdaten findet man bei Duck (7).

In der Tab. 2.**1** sind gemessene Intensitätswerte in Wasser unterschiedlicher Ultraschallgeräte aufgeführt (6, 12).

2.4 Aussagen zur biologischen Sicherheit in der Ultraschalldiagnostik

Die biologische Sicherheit des Ultraschalls ist von zentraler Bedeutung. Aus diesem Grund werden einige wesentliche Aussagen direkt in der Originalsprache zitiert, da jede Übersetzung immer eine Interpretation durch den Übersetzer beinhaltet.

Die Annahme, daß die Anwendung von Ultraschall im Bereich der Diagnostik nicht schädlich sei, beruht zum großen Teil auf der Aussage des AIUM Biological Effects Committee vom Oktober 1978 (AIUM = American Institute of Ultrasound in Medicine). Die Aussage lautet wörtlich (1):

> „Statement of Mammalian in Vivo Ultrasonic Biological Effects
> October 1978
>
> In the low megahertz frequency range there have been as of October, 1978, no confirmed significant effects in mammalian tissues exposed to intensities* below 100 mW/cm². Furthermore, for ultrasonic exposure times** less than 500 seconds and greater than one second, such effects have not been demonstrated even at higher intensities, when the product on intensity* and exposure time** is less than 50 joules/cm².
>
> * Spatial peak, temporal average as measured in free field in water.
> ** Total time: this includes off-time as well as on-time for a repeated-pulse regime.“

In der obigen Formulierung wird festgehalten, daß die I_{SPTA}-Ultraschalleistung über 100 mW/cm² liegen darf. Das Einstrahlen einer Ultraschalleistung von 100 mW/cm² über 500 Sekunden ergibt 50 Ws/cm²(Joules = Ws). Sollte somit die ausgesandte Ultraschalleistung eines Schallkopfs z. B. 500 mW/cm² betragen, so darf hiernach die Untersuchungsdauer maximal 100 Sekunden betragen. Dies ist also eine Forderung an den Untersucher einerseits, die Untersuchungsdauer zu minimieren, und grenzt andererseits den technischen Fortschritt nicht ein.

	$I_{SPTA\ max}$ (mW/cm²)		$I_{SPPA\ max}$ (W/cm²)		$I_{M\ max}$ (W/cm²)
(6)					
Echokardiographie	730		240		600
Periphere Gefäße	1500		240		600
Ophthalmologie	68		110		200
Fetal, Abdominal	170		240		600
	min	max	min	max	
(2)					
B-Mode-Geräte	0,07	37	0,360	1100	–
Duplexgeräte (Doppler-Betrieb)	21	740	0,280	150	–

Tabelle 2.**1** Gemessene Ultraschallintensitäten in Wasser an unterschiedlichen Geräten und bei unterschiedlichen Anwendungen. Die FDA-Werte (6) und die britischen Werte (2) weichen deutlich voneinander ab

Eine weitere wichtige Aussage bezüglich der klinischen Sicherheit wurde 1983 vom AIUM herausgegeben (12):

> „Statement on Clinical Safety
> No confirmed biological effects on patients or instrument operators caused by exposure at intensities typical of present diagnostic ultrasound instruments have ever been reported. Although the possibility exists that such biological effects may be identified in the future, current data indicate that the benefits to patients of the prudent use of diagnostic ultrasound outweigh the risks, if any, that may be present."

Die obigen Zitate beinhalten eine gewisse Unsicherheit bezüglich der biologischen Sicherheit des diagnostischen Ultraschalls. Es ist praktisch nicht möglich, dem Verfahren mit absoluter Sicherheit eine völlige Unschädlichkeit zu attestieren. Trotzdem überwiegen die Vorteile für den Patienten die möglicherweise existierenden Risiken. Aus diesem Grunde sollte bei allen Untersuchungen das **ALARA-Prinzip** (*A*s *L*ow *A*s *R*easonably *A*chievable) vom Untersucher **stets angewandt werden**. Dies beinhaltet, bei der Untersuchung stets die niedrigste für die Diagnose noch ausreichende Ultraschalleistung zu verwenden und die Untersuchung so kurz wie zwingend notwendig zu halten. Eine sorgfältige Indikationsstellung ist deshalb auch für eine Ultraschalluntersuchung selbstverständlich. Dies gilt insbesondere für Doppler-Untersuchungen.

Abschließend muß noch festgehalten werden, daß weltweit noch niemals eine biologische Schädigung durch die Verwendung von Ultraschall im Rahmen der Diagnostik registiert wurde.

2.5 Kavitation und Temperaturerhöhung

Die beiden zur Zeit in der Diskussion befindlichen Effekte über die biologische Wirkung des Ultraschalls sind die Kavitation und eine lokale Temperaturerhöhung. Es sollen hier einige physikalische Aspekte der beiden Effekte erläutert werden. Ein Anspruch auf Vollständigkeit wird keinesfalls erhoben.

Mit Kavitation meint man allgemein das Entstehen oder Wachsen von Gasblasen in einer Flüssigkeit. Wie kann ein gasgefüllter Raum in einer Flüssigkeit entstehen? Die Antwort hierauf liefert die Thermodynamik. Es soll im Folgenden nur auf allgemeine thermodynamische Prinzipien eingegangen werden (9). Es werden zum besseren Verständnis einige Analoga aus dem täglichen Erfahrungsbereich angegeben, statt die thermodynamischen Größen exakt zu definieren.

Es handelt sich um einen Phasenübergang von flüssig zu gasförmig (Abb. 2.2). In der Abbildung ist das Druck-Temperatur-Phasendiagramm eines Stoffs aufgezeichnet worden. Eine Substanz befindet sich in einem bestimmten Aggregatzustand: fest, flüssig oder

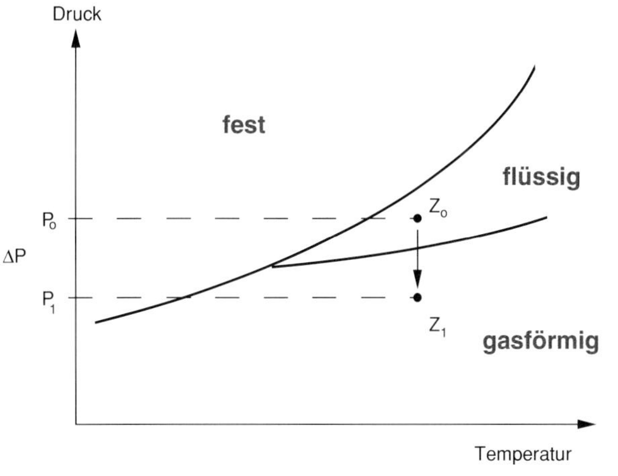

Abb. 2.**2** Druck-Temperatur-Phasendiagramm: Ein Phasenübergang von flüssig (Zustand Z_0) zu gasförmig (Zustand Z_1) ist ohne eine äußere Temperaturerhöhung möglich

gasförmig. Diese Substanz kann z. B. durch Erniedrigung des äußeren Drucks bei konstanter Temperatur vom flüssigen in den gasförmigen Zustand übergehen. Ein Ultraschallpuls ist ein Druckpuls und stellt eine Störung des Gleichgewichts dar. In der Dekompressionsphase des Druckpulses entsteht ein beträchtlicher Unterdruck. Dieser kann ausreichen, um den Phasenübergang von flüssig zu gasförmig zu bewirken. Der Druckpuls fügt dem System Energie zu. Diese Energie bewirkt den Phasenübergang. Hierbei kommt es noch zu keiner Temperaturänderung. Man spricht von einem isothermischen Wachstum. Nebenbei bemerkt kann man aus dem Phasendiagramm auch ersehen, daß gewaschene und gefrorene Wäsche durchaus im Winter bei Minustemperaturen trocknen kann. Bei Temperaturen, bei denen Wasser nicht als Flüssigkeit vorkommt, kann Wasser (Eis) direkt von der festen in die gasförmige Phase überwechseln.

Je nach Größe der Gasblase kann sie weiterwachsen oder wieder zerfallen. Dies hängt von verschiedenen Parametern ab. Hierzu zählen neben der Dauer des Einwirkens des Ultraschalls, d. h. die Länge des Ultraschallpulses, die Größe der entstehenden Oberflächen und das Volumen der Teilchen. Es existiert eine kritische Größe, ab der die Blasen eher weiterwachsen als zerfallen. Die entscheidende thermodynamische Größe ist die freie Energie. Sie besitzt einen Volumenanteil und einen Oberflächenanteil. Jedes Objekt strebt an, seine Oberfläche bei gegebenem Volumen zu minimieren, d. h. die Objekte versuchen, ihre freie Energie zu minimieren. Aus diesem Grund sind z. B. Seifenblasen rund. Ist der Oberflächenterm größer als der Volumenterm, kollabiert die Gasblase, im anderen Fall ist sie stabil.

Stabile Gasblasen sind unproblematisch. Sollten die Gasblasen kollabieren, wird die gesamte Energie am Ort der Blase frei, und es kommt zu einer starken lokalen Temperaturerhöhung. Apfel et al. (10) haben in einem solchen Fall eine beträchtliche Temperaturerhöhung errechnet. Sie geben weiterhin die Größe der Gasblasen mit bis zu 3 μm an.

Spricht man von einer Temperaturerhöhung durch die Einwirkung von Ultraschall, so meint man nicht die durch die Kavitation unter Umständen erzeugte Temperaturerhöhung. Hier ist die Temperaturerhöhung bedingt durch Absorption der vom Ultraschallpuls in den Körper gebrachten Energie gemeint. Nur ein geringer Teil der eingebrachten Energie verläßt den Körper wieder in Form eines Echos. Der größte Teil geht durch Absorption verloren. Die Druckwelle führt zu einer Teilchenbewegung um ihre Ruhelage. Nachdem die Druckwelle vorübergegangen ist, gehen die Teilchen wieder in ihre Ruhelage zurück. Die Bewegungsenergie wird in Form von Wärme an die Umgebung abgegeben. Unter extremen Bedingungen konnten Carnes et al. (5) bei fetalen Mäusen Temperaturerhöhungen um 1° bis 4 °C beobachten.

Eine gute Übersicht über biologische Effekte findet man bei Wells (11). In "Ultrasound in Medicine and Biology" werden laufend Artikel zu diesem Thema veröffentlicht.

2.6 Literatur

1 Safety Standard for Diagnostic Ultrasound Equipment, AIUM/NEMA Standards Pub. No. UL1-1981, J. Ultrasound Med. Suppl. 2 (1983) 20
2 Alonso, M., E. Finn: Fundamental University Physics, Bd. 2. Addison-Wesley Pub. Co., Reading (1975) 704–706
3 Alonso, M., E. Finn: Fundamental University Physics, Bd. 2. Addison-Wesley Pub. Co., Reading (1975) 694–697
4 Apfel, R. E., C. K. Holland: Gauging the Likelihood of Cavitation from Short-Pulse, Low-Duty Cycle Diagnostic Ultrasound. Ultrasound Med. Biol. 17 (1991) 179–185
5 Carnes, K. I., J. L. Drewniak, F. Dunn: In Utero Measurement of Ultrasonically Induced Fetal Mouse Temperature Increases, Ultrasound Med. Biol. 17 (1991) 373–382
6 510(k) Guide for Measuring and Reporting Acoustic Output of Diagnostic Ultrasound Medical Devices, Dec. 1985, Center for Devices and Radiological Health
7 Duck, F. A.: The Measurement of Exposure to Ultrasound and its Application to Estimates of Ultrasound „Dose", Phys. Med. Biol. 12 (1987) 303–325
8 Gerthsen, C., H. O. Kneser, H. Vogel: Physik, 12. Aufl. Springer, Berlin (1974) 187–188
9 Huang, K.: Statistische Mechanik, Bd. 1, Bibliographisches Institut, Mannheim 1964
10 Kassenärztliche Bundesvereinigung, Ultraschall-Richtlinien, 1. 10. 87
11 Wells, P. N. T.: Biomedical Ultrasonics. Academic Press, London 1977
12 Wells, P. N. T. (Ed.): The Safety of Diagnostic Ultrasound. Brit. J. Radiol. Suppl. 20 (1987) 26

3 Hämodynamische Grundlagen

P. Landwehr

3.1 Einführung

Das Strömungsverhalten von Flüssigkeiten wird durch die Gesetze der Hydrodynamik beschrieben; die Hämodynamik beschäftigt sich dabei mit dem Fließverhalten von Blut. Blut ist ein Gemisch aus Plasma und zellulären Bestandteilen, wobei die Erythrozyten den größten Anteil ausmachen. Die hydrodynamischen Gesetzmäßigkeiten sind im Bereich der Gefäße, die üblicherweise einer Duplexsonographie zugänglich sind (Durchmesser von mehr als 1 mm), anwendbar (11).

Wie alle Flüssigkeiten besitzt auch Blut eine bestimmte Zähigkeit. Diese Eigenschaft einer Flüssigkeit heißt auch Koeffizient der inneren Reibung oder Viskosität und bestimmt die Kraft, die aufgewendet werden muß, um benachbarte Flüssigkeitsschichten gegeneinander zu verschieben. Die Viskosität des Bluts wird vor allem vom Hämatokrit beeinflußt. Bis zu einem Hämatokrit von 10 bleibt die Viskosität etwa konstant, oberhalb dieses Wertes steigt sie gemäß einer empirisch ermittelten Exponentialfunktion (7) an. Die Viskosität des Bluts ist jedoch nicht nur vom Volumenanteil der hämoglobingefüllten Erythrozyten, sondern auch von der Plasmaviskosität und vom Gefäßdurchmesser abhängig. In der kapillären Endstrombahn sinkt bei Umformung der Erythrozyten die Viskosität signifikant ab.

3.2 Kontinuierlicher Fluß

3.2.1 Vorbemerkungen

Die idealen Bedingungen kontinuierlichen, laminaren (siehe 3.2.3) Flusses sind im Organismus nur ausnahmsweise zu finden. Elastizität der Gefäßwand, Pulsatilität des Flusses, Gefäßkrümmungen und -aufzweigungen führen zu unterschiedlichen, über die Zeit wechselnden Flußprofilen, d. h. Geschwindigkeitsverteilungen der einzelnen Flüssigkeitsschichten. Die Analyse der physikalischen Gesetzmäßigkeiten kontinuierlichen Flusses ist jedoch für das Verständnis der Flußphänomene bei pulsatilem Fluß und bei stenosierenden Gefäßveränderungen sowie deren Darstellung mittels farbkodierter Duplexsonographie hilfreich.

3.2.2 Physikalische Komponenten

Bei kontinuierlicher Strömung ändert sich die Flußgeschwindigkeit mit der Zeit nicht. Fluß kann nur dann zustandekommen, wenn eine Kraft auf die Flüssigkeit einwirkt. Der Zusammenhang zwischen Volumen pro Zeiteinheit (Stromzeitvolumen) q, Viskosität η, Länge eines Gefäßsegments l, dem Radius des Gefäßes r und der Druckdifferenz P_2-P_1 entlang des betrachteten Gefäßabschnitts wird durch die Gleichung

$$P_2 - P_1 = \frac{8 \cdot l \cdot \eta \cdot q}{\pi \cdot r^4}$$

beschrieben (Hagen-Poiseulle-Gesetz). In Analogie zum Ohm-Gesetz der Elektrizitätslehre

$$U = R \cdot I$$

mit U = Spannung (entspricht $P_2 - P_1$),
R = Widerstand,
I = Stromstärke (entspricht q)

kann der dem Fluß entgegengebrachte Widerstand berechnet werden zu (Hagen-Poiseulle-Formel)

$$R = \frac{8 \cdot l \cdot \eta}{\pi \cdot r^4}$$

Dies bedeutet, daß der Widerstand z. B. auf das 16fache ansteigt, wenn der Radius des Gefäßes halbiert wird. Den größten Anteil am integralen Widerstand des Gefäßsystems haben die Arteriolen (3), d. h. der Abschnitt des arteriellen Gefäßbaums, in dem die größte vasomotorische Regulationskapazität besteht (Abb. 3.**1**). Diese Tatsache muß bei allen Doppler-Untersuchungen bedacht werden, weil sämtliche Strömungsphänomene, die durch die Registrierung von Doppler-Spektren oder die farbkodierte Flußdarstellung beobachtet werden, vom peripheren Gefäßwiderstand beeinflußt werden können.

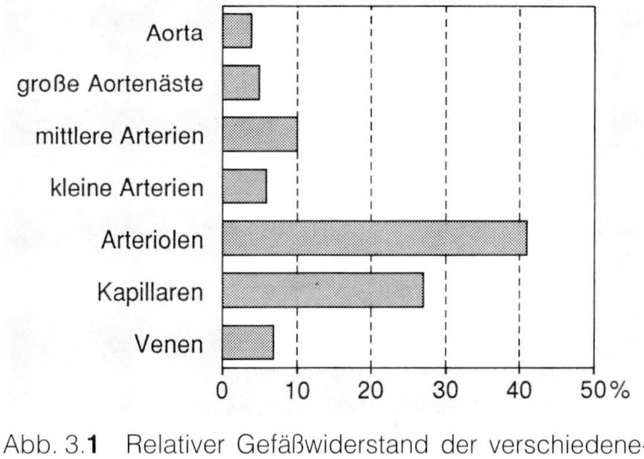

Abb. 3.**1** Relativer Gefäßwiderstand der verschiedenene Anteile des Gefäßsystems (nach 3)

3.2.3 Strömungsprofil im geradlinigen Gefäß mit konstantem Querschnitt

Bei in allen Abschnitten gleichem, kreisförmigem Gefäßquerschnitt bildet sich im Längsschnitt eines starren Gefäßes ein paraboloides Geschwindigkeitsprofil aus. Im Zentrum des Gefäßes werden die höchsten Strömungsgeschwindigkeiten beobachtet, während die Flüssigkeitsschicht, die mit der Gefäßwand in Kontakt steht, eine Geschwindigkeit = 0 aufweist. Vereinfacht dargestellt wird dieses, als laminar bezeichnete Flußverhalten durch zahlreiche, ineinandergesteckte Hohlzylinder (Laminae) verschiedener Flußgeschwindigkeiten (2) (Abb. 3.**2a, b**); Radius und Flußgeschwindigkeit eines jeden Hohlzylinders verhalten sich reziprok. Der Strömungsgeschwindigkeitsgradient zwischen benachbarten Laminae hängt von der inneren Reibung ab. Die Form dieses Flußprofils wird von der inneren Reibung (Viskosität), der Kohäsion (Anziehungskräfte zwischen benachbarten Molekülen) und der Adhäsion der Flüssigkeit an der Gefäßwand (äußere Reibung) beeinflußt. Man spricht von laminarer Strömung, wenn die Flußrichtung aller Teilchen bzw. Hohlzylinder parallel oder antiparallel zur Gefäßwand verläuft.

Bei der farbkodierten Flußdarstellung ist ein solches Flußprofil daran zu erkennen, daß im Gefäßzentrum die relativ größte Farbhelligkeit vorliegt (d. h. die relativ höchste Flußgeschwindigkeit), während gefäßwandnah dunklere Farbtöne die niedrigeren Flußgeschwindigkeiten anzeigen (Abb. 3.**4b, c**).

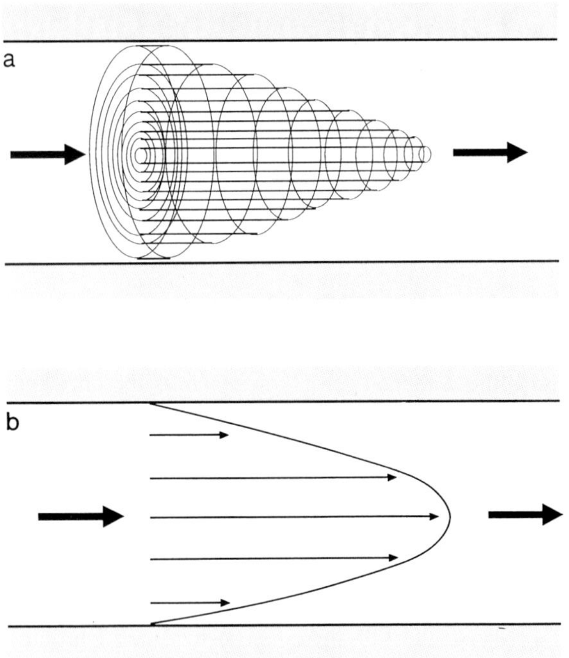

Abb. 3.**2a** u. **b** Prinzip laminaren Flusses in einem Gefäß mit kreisrundem Querschnitt.
a Die Flußgeschwindigkeit der einzelnen Laminae (Hohlzylinder) nimmt mit dem Abstand von der Gefäßwand zu
b Laminares Strömungsprofil im Längsschnitt. Die Spitze der einzelnen Geschwindigkeitsvektoren beschreiben eine Parabel. Im Gefäßzentrum herrschen die höchsten Flußgeschwindigkeiten

3.2.4 Strömungsprofil bei Gefäßquerschnittsänderung

Stammt die Flüssigkeit aus einem Reservoir oder aus einem Gefäßabschnitt mit größerem Durchmesser im Vergleich zur nachfolgenden Gefäßstrecke, kommt es zwar wegen der Querschnittsflächenreduktion und der Gültigkeit des Kontinuitätsgesetzes zu einer Erhöhung der mittleren Flußgeschwindigkeit, das Geschwindigkeitsprofil im Anfangsteil des dem Reservoir nachgeschalteten Gefäßabschnitts ist jedoch sehr flach (Einlaßeffekt). Bis zur Ausbildung eines paraboloiden Geschwindigkeitsprofils muß die Flüssigkeit eine gewisse Strecke zurücklegen. Umgekehrt ist die Entwicklung des Strömungsprofils bei Zunahme des Gefäßquerdurchmessers (Auslaßeffekt). Das Strömungsprofil wird verlängert, d. h. der Geschwindigkeitsgradient zwischen zentralen und peripheren, wandnahen Laminae nimmt zu. Je drastischer der Gefäßquerdurchmesser zunimmt, desto eher kann es zu randständigen Flußseparationen kommen; darunter versteht man lokalisierte Flußumkehrungen („Flow Reversal"), die in sich laminare Wirbel darstellen und von der Turbulenz unterschieden werden müssen (s. 3.2.5). Diese Situation lokalisierter Flußseparationen findet man z. B. physiologischerweise im Bulbus der A.carotis mit der Aufzweigung in A.carotis interna und externa. Auch distal einer Gefäßstenose kommt es vor allem bei abrupter Zunahme des Gefäßquerdurchmessers häufig zu derartigen Flußseparationen (Abb. 3.**9**). Lokale Flußumkehrungen sind in der FKDS an randständigen, in der Gegenfarbe der Hauptflußrichtung kodierten Pixeln erkennbar.

3.2.5 Gestörter Fluß und Turbulenz

In einem von Viskosität und Dichte der Flüssigkeit sowie vom Gefäßquerschnitt abhängigen Bereich nimmt das Stromzeitvolumen (bzw. bei konstantem Gefäßquerschnitt die Flußgeschwindigkeit) durch Steigerung der Druckdifferenz im betrachteten Gefäßabschnitt nach dem Hagen-Poiseuille-Gesetz zu. Erhöht man jedoch die Strömungsgeschwindigkeit über einen bestimmten Wert hinaus, wird der ursprünglich laminare Fluß destabilisiert. Zunächst entstehen wellenartige Bewegungen der einzelnen Laminae, sogenannter gestörter Fluß („Disturbed Flow"). Steigert man die Geschwindigkeit weiter, kommt es zu gefäßwandnahen Wirbelbildungen. Da die Doppler-Winkel der einzelnen Flüssigkeitsteilchen nun nicht mehr gleich sind, kann sich im FKDS-Bild zunächst eine inhomogene Farbhelligkeitsverteilung einstellen. Je nachdem, wie groß der Winkel zwischen Gesamtflußvektor (vektorielle Summe aller Flußvektoren) und Schallausbreitungsrichtung ist, kann auch schon bei gestörtem Fluß ein Teil der Pixel in der Gegenfarbe dargestellt sein; dies gilt aber nur dann, wenn der Winkel zwischen Gesamtflußvektor und Schallausbreitungsrichtung nahe bei 90 Grad liegt, ein Wert, der für alle winkelabhängigen Ultraschallverfahren ungünstig ist und – wenn möglich – durch entsprechende Positionsänderung des Schallkopfs oder Adjustierung der elektronischen Ablenkung des Doppler-Schallstrahls vermieden werden sollte.

Oberhalb einer kritischen Strömungsgeschwindigkeit wird dann das gesamte Gefäß von Flüssigkeitsbestandteilen ausgefüllt, deren einzelne Geschwindigkeitsvektoren zufällig in allen drei Raumrichtungen verteilt sind. Dieses „chaotische" Flußmuster wird als Turbulenz (2) bezeichnet (Abb. 3.**9**). Der Gesamtvektor der Flußgeschwindigkeit bewegt sich jedoch weiterhin entlang der Hauptflußrichtung. Das Geschwindigkeitsprofil im Bereich turbulenter Strömung ist sehr flach, so daß ein hoher gefäßwandnaher Geschwindigkeitsgradient entsteht. Turbulenter Fluß ist in der FKDS an einem wechselnden Nebeneinander unterschiedlicher Farben der beiden gegenläufigen Flußrichtungen erkennbar.

Die Entstehung von turbulentem Fluß ist abhängig vom Gefäßdurchmesser $d = 2 \cdot r$, der über den Gefäßquerschnitt gemittelten Strömungsgeschwindigkeit v, der Dichte der Flüssigkeit ρ und der Viskosität der Flüssigkeit η. Hieraus läßt sich nach dem Erstbeschreiber dieses Phänomens die sogenannte Reynold-Zahl errechnen:

$$Re = \frac{v \cdot 2 \cdot r \cdot \rho}{\eta}$$

Die Reynold-Zahl ist dimensionslos. Ein Wert von etwa 2000 wird als kritischer Wert für das Auftreten turbulenten Blutflusses angesehen (12). Bei Vorliegen stenosierender Gefäßveränderungen kann der kritische Wert für Re jedoch deutlich niedriger liegen. Dabei ist es für das Verständnis der hämodynamischen Veränderungen im Bereich von Stenosen und deren Abbildung mit der farbkodierten Duplexsonographie im Einzelfall nicht wichtig, die Reynold-Zahl zu kennen; die Kenntnis der Einflußfaktoren für die Entstehung turbulenten Flusses erleichtert es jedoch, in bestimmten Situationen hämodynamische Phänomene zu erklären (s. 3.4.3).

Eine empfindlichere Detektion gestörten Flusses soll mit einer zusätzlichen Gerätefunktion, die die Streuung bzw. Varianz um die in einem Pixel gemittelte Strömungsgeschwindigkeit in einer zusätzlichen Farbe kodiert und im Bild anzeigt (Geschwindigkeits-Varianz-Funktion) (17), gelingen (Abb. 3.**10**, s. auch Kapitel 4).

3.3 Pulsatiler Fluß

3.3.1 Vorbemerkungen

Die Analyse diskontinuierlichen, pulsatilen Flusses ist erheblich komplexer im Vergleich mit den Verhältnissen bei kontinuierlichem Fluß. Um den thematischen Rahmen des vorliegenden Buches nicht zu sprengen, wird auf die ausführliche Darstellung der Rahmenbedingungen pulsatilen Flusses im Buch von McDonald (13) verwiesen. Einige Aspekte sollen hier jedoch kurz angesprochen werden.

3.3.2 Entstehung pulsatiler Flußkurven

Fluß im arteriellen Gefäßsystem ist durch abwechselnde Akzelerations- und Dezelerationsphasen gekennzeichnet. Diese sind bedingt durch die pulsatile Pumpleistung des Herzens. Das Herz leistet dabei sowohl Druck- als auch Volumenarbeit. Anatomische und physikalische Bedingungen führen zur Modifikation der ursprünglichen, intraventrikulären Druck- bzw. Stromzeitvolumenkurven. Während im linken Ventrikel große Druckamplituden während eines Herzzyklus entstehen, wird bei suffizienter Aortenklappe durch die Windkesselfunktion der Aorta und der großen Gefäße die Druckamplitude reduziert. Die großen Gefäße dienen dabei als Reservoir mit vorgegebener Dehnbarkeit (compliance), speichern also einen Teil der pulsatilen Energie des Herzens und gewährleisten prinzipiell einen kontinuierlicheren Fluß als dies vom linken Ventrikel vorgegeben wird. Das Ausmaß dieses kontinuierlichen Anteils am pulsatilen Fluß hängt nun ab vom peripheren Gefäßwiderstand, da in Abhängigkeit vom Widerstand unterschiedlich starke Reflexionen die Puls- bzw. Geschwindigkeitswellenform beeinflussen. Diese wird vor allem vom Zustand der Arteriolen beeinflußt.

Grundsätzlich lassen sich als Resultat dieser unterschiedlichen Rahmenbedingungen zwei verschiedene Wellenformen pulsatilen Flusses unterscheiden: Hochwiderstandsfluß und Niedrigwiderstandsfluß (High Resistance Flow und Low Resistance Flow).

Die klassische Wellenform bei hohem peripheren Widerstand liegt in den Extremitätenarterien unter Ruhebedingungen vor (Abb. 3.**3a**, Abb. 3.**4a–g**). Da hier nur ein geringer Erhaltungsfluß erforderlich ist, kommt es zur Vasokonstriktion der Arteriolen. Die Zeit-Geschwindigkeit-Kurve bzw. das Doppler-Spektrum sind durch einen steilen systolischen Anstieg und einen kurz nach dem systolischen Gipfel stattfindenden, raschen Abfall der Strömungsgeschwindigkeit gekennzeichnet. In der frühen und mittleren Diastole kommt es zu einem signifikanten Rückfluß, während in der späten Diastole ein zweiter kleiner Vorwärtsflußanteil beobachtet werden kann (sogenannte triphasische Flußkurve). Zu diesem Flußmuster vom Typ „Extremitätenarterie" gehören unter physiologischen Ruhebedingungen alle Arterien, die nicht über-

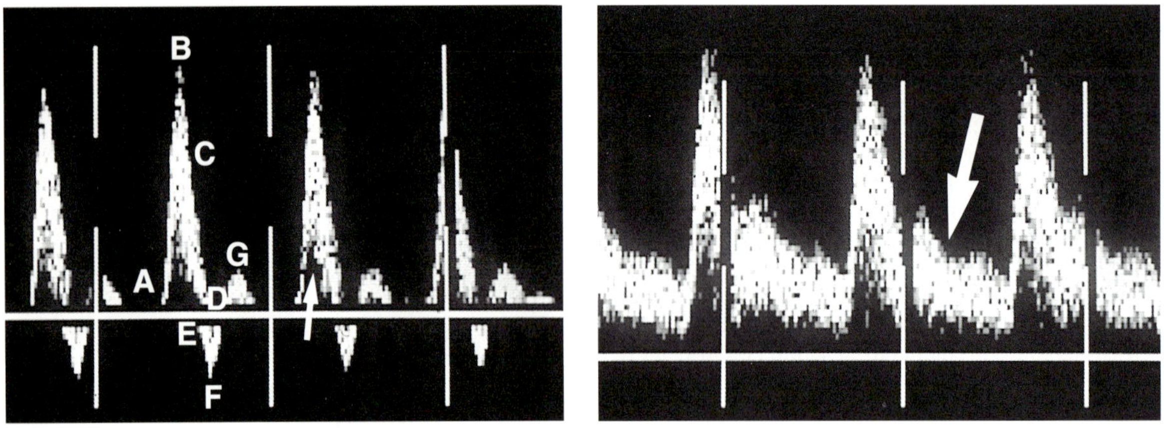

a b

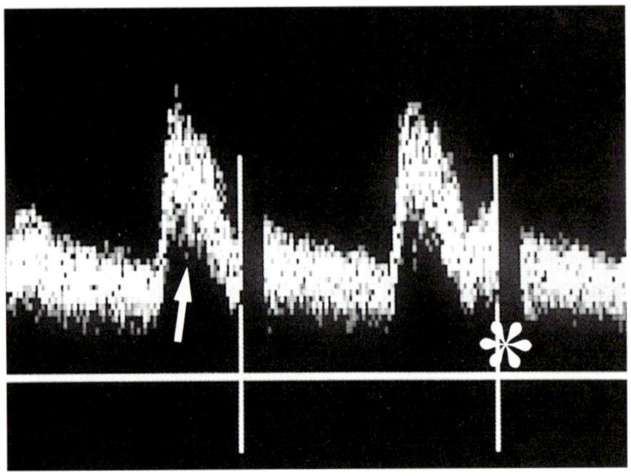

c

Abb. 3.**3a–c** Einfluß des peripheren Gefäßwiderstands auf die Form des Dopplerspektrums in der A. brachialis (**a, b**) und in der A. carotis interna (**c**) eines gesunden Probanden.

a In Ruhe triphasisches Spektrum. Hoher peripherer Gefäßwiderstand (Typ Extremitätenarterie) mit steilem systolischen Geschwindigkeitsanstieg (A - B), raschem Abfall in der späten Systole (C - D), diastolischem Rückflußanteil (E - F) und spätdiastolischem Vorwärtsfluß (G). Freies spektrales Fenster unter der Kurve (weißer Pfeil)

b Nach Belastung (10 kräftige Faustschlußbewegungen). Der periphere Widerstand sinkt, und es kommt zu einem starken diastolischen Vorwärtsflußanteil (weißer Pfeil). Die Form des Spektrums entspricht einer Mischform von **a** und **c**

c In der normalen A. carotis interna niedriger peripherer Gefäßwiderstand (Typ Parenchymarterie) mit hohem diastolischem Vorwärtsflußanteil, deutlich niedrigere Pulsatilität im Vergleich mit a und c. Freies spektrales Fenster unter der Kurve (Pfeil) als Zeichen des ungestörten Flusses. Während der kurzen, intermittierenden Unterbrechung des Kurvenzugs (*) wird das FKDS-Bild aktualisiert

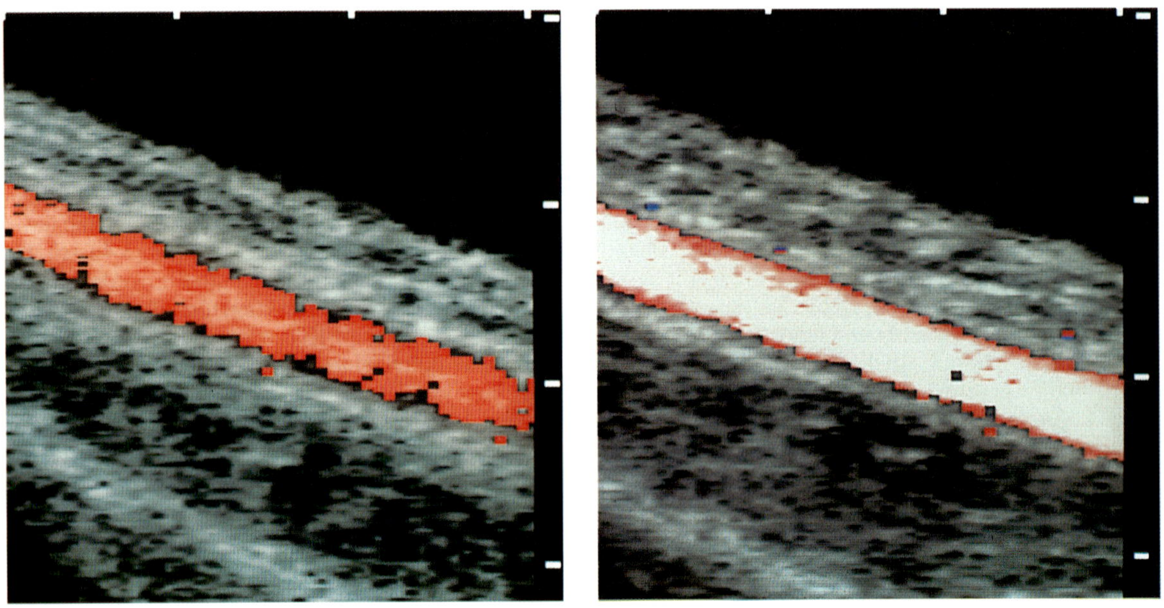

a b

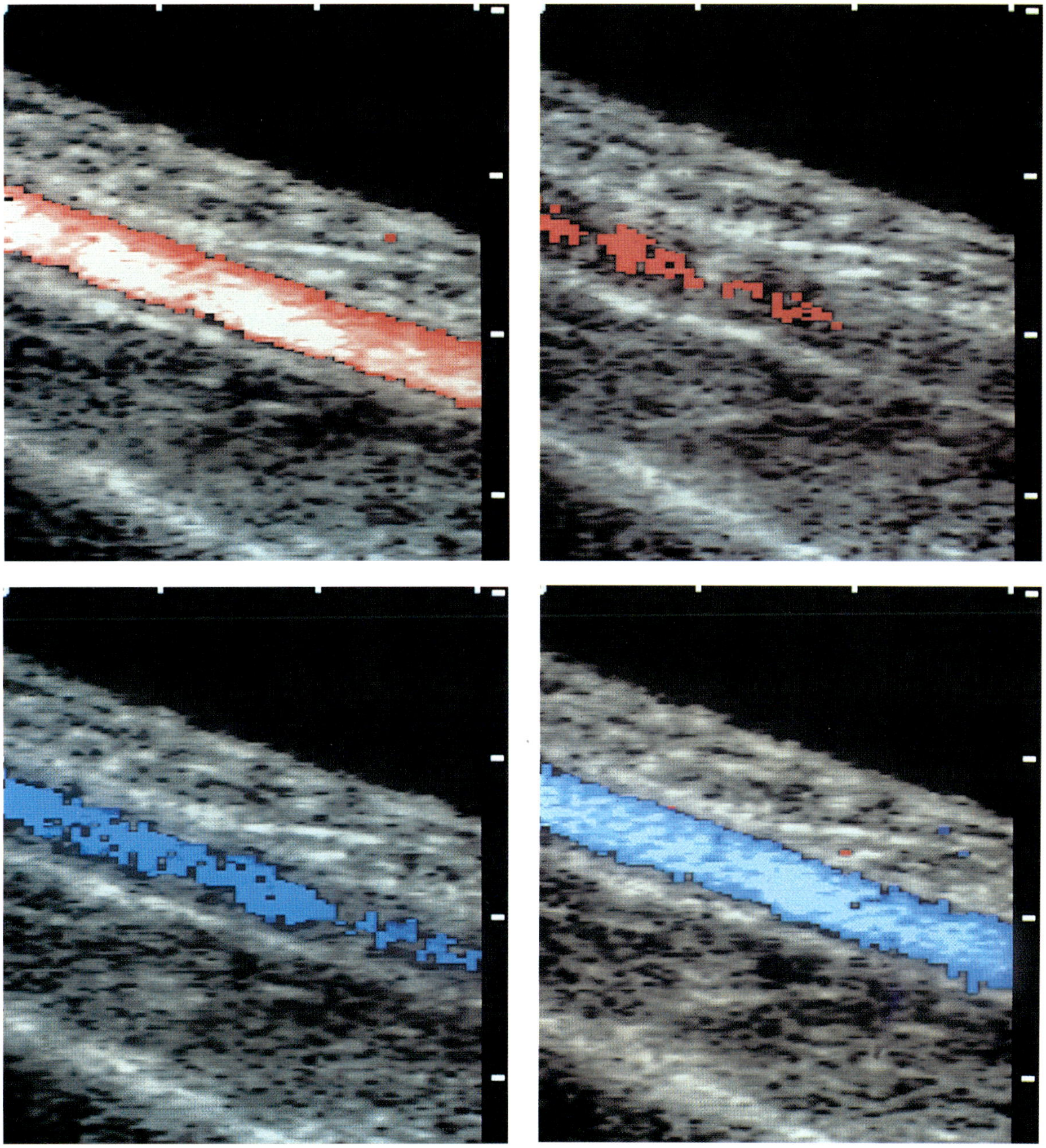

c d e f

Abb. 3.**4a–g** Darstellung des pulsatilen Flusses in der A. brachialis mit der FKDS. Die Phasen A - G entsprechen denjenigen, die im Spektrum von Abb. 3.**3a** gekennzeichnet sind. Flußrichtung von links nach rechts:

◀ **a** Frühe Systole. Insgesamt langsamer Fluß (dunkles „Rot")

◀ **b** Systolischer Gipfel. Hohe Strömungsgeschwindigkeiten vor allem im Gefäßzentrum (Farbkodierung = hellrot/weiß)

c Mittlere Systole. Abfallen der Strömungsgeschwindigkeit (Farbkodierung = dunkleres „Rot")

d Annähernd „Nullfluß" in der späten Systole und nur vereinzelt farbig kodierte Signale

e Beginn des Rückflußanteils in der frühen Diastole mit diffus im Gefäß verteilten, aber das Lumen nicht vollständig ausfüllenden Signalen ("Blau")

f Deutlicher diastolischer Rückfluß, das Gefäßlumen ist vollständig mit „blauen" Signalen gefüllt

Abb. 3.**4g** ▶

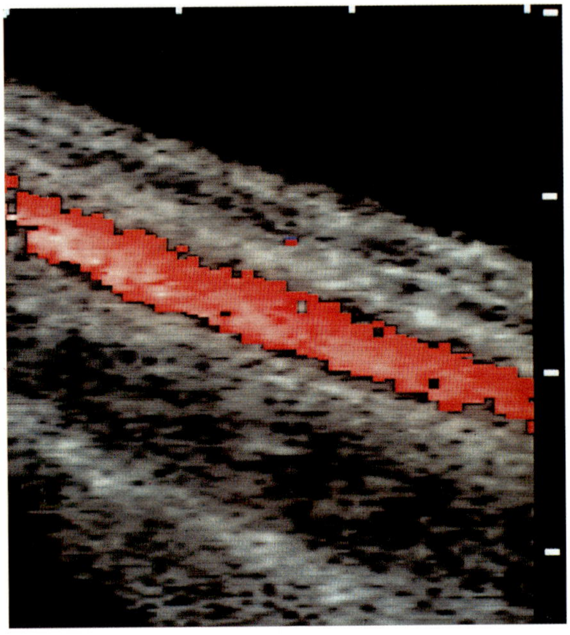

g In der späteren Diastole dritte Flußphase mit wieder antegradem Fluß ("Rot" kodiert)

wiegend organversorgend sind, sondern vor allem der Muskulatur und Haut Blut zuführen (z. B. Arm- und Beinarterien, A.carotis externa, Penisarterien, mit Einschränkungen auch A.mesenterica). Bei steigender, physiologischer Anforderung der Peripherie (z. B. Muskelarbeit, Tumeszenz, Verdauung), aber auch unter pathologischen Bedingungen (z. B. lokale Entzündungen, Sepsis) wird neben zentralen Regulationsmechanismen (Steigerung von Herzfrequenz, Schlagvolumen und Blutdruck) durch Vasodilatation insbesondere der Arteriolen der periphere Widerstand herabgesetzt. Dies führt insbesondere durch Erhöhung des diastolischen Flußvolumens zu einer erheblichen Steigerung der integralen Flußrate (Abb. 3.**3**). In der Zeit-Geschwindigkeit-Kurve bzw. im Doppler-Spektrum wird dies daran erkennbar, daß auch in der Diastole ein signifikanter Vorwärtsfluß erkennbar wird, d. h. die Geschwindigkeitsamplitude wird erheblich verringert. Der zeitabhängige Geschwindigkeitsverlauf nähert sich demjenigen der parenchymversorgenden Arterien an.

Dem Flußmuster vom Typ „Parenchymarterie" gehören diejenigen Arterien an, die parenchymatöse Organe oder Organsysteme versorgen, deren Tätigkeit kontinuierlicher ist als diejenige der Muskulatur (vor allem Nieren, Leber, Milz, Gehirn). Zur Gewährleistung permanenter Perfusion liegt hier ein niedriger peripherer Widerstand des arteriellen Gefäßsystems vor. Auch in Diastole wird ein signifikanter positiver Fluß beobachtet, der ein hohes integrales Flußvolumen sicherstellt (Abb. 3.**3**).

Je nach Anteil des Zustromvolumens zu Parenchym- bzw. Extremitätenarterien am Gesamtflußvolumen sind fließende Übergänge der Form der Geschwindigkeitskurven bzw. Doppler-Spektren möglich. So kann z. B. unter pathologischen Bedingungen auch in einer parenchymversorgenden Arterie ein Doppler-Spektrum entstehen, das sich demjenigen einer Extremitätenarterie annähert. Als Beispiel soll hier lediglich die Veränderung des Doppler-Spektrums in den Arterien eines Nierentransplantats im Rahmen einer Abstoßung erwähnt werden. Die unterschiedliche Morphologie der Dopplerspektren erlaubt also unter anderem einen diagnostisch in vielen Fällen wichtigen Rückschluß auf den peripheren Gefäßwiderstand und damit auf mögliche pathologische Veränderungen. Diagnostische Anwendungen sind den speziellen klinischen Kapiteln zu entnehmen.

3.3.3 Indizes des peripheren Gefäßwiderstands

Die morphologische Beschreibung eines Doppler-Spektrums kann durch die Bestimmung eines Widerstandsindex semiquantitativ untermauert werden. Ein solcher Index beschreibt die Pulsatilität des Blutflusses. Diese ist – wie schon erwähnt – zwar auch von anderen Faktoren abhängig, in der Praxis werden die hier abgehandelten Indizes jedoch überwiegend zur Abschätzung des peripheren Gefäßwiderstands eingesetzt.

In der Literatur wurden unterschiedliche Indizes definiert; sie setzen sich in verschiedener Weise aus Strömungsgeschwindigkeiten bzw. Doppler-Frequenzverschiebungen zusammen, die aus dem Doppler-Spektrum ermittelt werden können. Allen Indizes gemeinsam ist ihre Unabhängigkeit vom Winkel zwischen Schallstrahl und Gefäßachse, so daß zu ihrer Bestimmung lediglich ein Doppler-Spektrum guter Qualität vorliegen muß. Im allgemeinen wird der Berechnung der Indizes die Wellenform der oberen Hüllkurve (s. 3.4.5.2) eines Doppler-Spektrums zugrundegelegt.

Die gebräuchlichsten Indizes sind:

a) **Pulsatilitätsindex** (PI) (5)

$$PI = \frac{V_{max} - V_{min}}{V_{avg}}$$

V_{max}: maximale systolische Geschwindigkeit/Frequenzverschiebung

V_{min}: minimale, während eines Herzzyklus auftretende Geschwindigkeit/Frequenzverschiebung

V_{avg}: über einen Herzzyklus gemittelte Geschwindigkeit/Frequenzverschiebung

b) **Widerstandsindex** (Resistanceindex [RI], Pourcelot-Index) (16)

$$RI = \frac{V_{max} - V_{min}}{V_{max}}$$

Im Gegensatz zum Widerstandsindex nach Pourcelot geht die Form des Spektrums über die Mittelung der Frequenzverschiebungen in den Pulsatilitätsindex ein. Dies bedeutet einerseits einen theoretischen Vorteil des Pulsatilitätsindex, in der praktischen Anwendung ist der Pourcelot-Index jedoch andererseits rascher zu berechnen und weniger artefaktanfällig als der PI, für den eine computerisierte Integralbildung der Frequenzverschiebungen erforderlich ist. In der klinischen Anwendung ist es vor allem wichtig, bei intraindividuellen oder interindividuellen Vergleichen der Untersuchungsresultate immer denselben Index zu verwenden.

3.3.4 Strömungsprofil bei pulsatilem Fluß

Grundsätzlich ist auch pulsatiler Fluß laminar. Allerdings ist das Flußprofil bei pulsatiler Strömung ausgedehnten Schwankungen unterlaufen, da die Flüssigkeit „Blut" aufgrund der Massenträgheit der pulsatilen Bewegung einen Widerstand entgegensetzt. In der Beschleunigungsphase ist das Profil flach und nähert sich nur dann einem paraboloiden Profil an, solange nach der Akzeleration noch eine Zeitlang ein Vorwärtsfluß besteht. Kommt es (vor allem in Extremitätenarterien) zum vorübergehenden Rückwärtsfluß, so beginnt dieser in den gefäßwandnahen Anteilen, d. h. in den Abschnitten, in denen vorher die geringsten Strömungsgeschwindigkeiten vorherrschten. Der retrograde Fluß setzt sich dann zunehmend bis ins Gefäßzentrum fort (15). In dieser Phase ist der Fluß besonders labil, so daß auch schon bei sehr viel kleineren Reynold-Zahlen Turbulenz entstehen kann (14).

3.3.5 Turbulenz

Ebenso wie bei kontinuierlichem Fluß ist der Übergang von laminarem zu turbulentem Fluß durch Übergangsphänomene (sogenannter gestörter Fluß; s. 3.2.5) gekennzeichnet. Im Gegensatz zu den Verhältnissen bei kontinuierlicher Strömung ändert sich jedoch bei Pulsatilität die Reynold-Zahl während eines Herzzyklus aufgrund der Änderung von Strömungsgeschwindigkeit und Gefäßweite, was schon unter physiologischen Bedingungen zum Entstehen periodischer Turbulenzen in bestimmten Abschnitten des Zyklus führen kann. Zusätzlich wird die Entstehung turbulenten Flusses bei pulsatiler Strömung von der Form des Flußprofils und der Pulsfrequenz beeinflußt.

3.4 Hämodynamik an Stenosen

3.4.1 Vorbemerkungen

Das Verständnis der hämodynamischen Vorgänge an Stenosen ist für die korrekte Interpretation der meisten Phänomene der Doppler-Sonographie des arteriellen Gefäßsystems unverzichtbar. Absolute und relative Änderungen der Strömungsgeschwindigkeit sowie stenosebedingte Änderungen des Flußmusters prä-, intra-, und poststenotisch sind diejenigen Parameter, die – unabhängig von der verwendeten Doppler-Technologie – zur korrekten Diagnose führen und

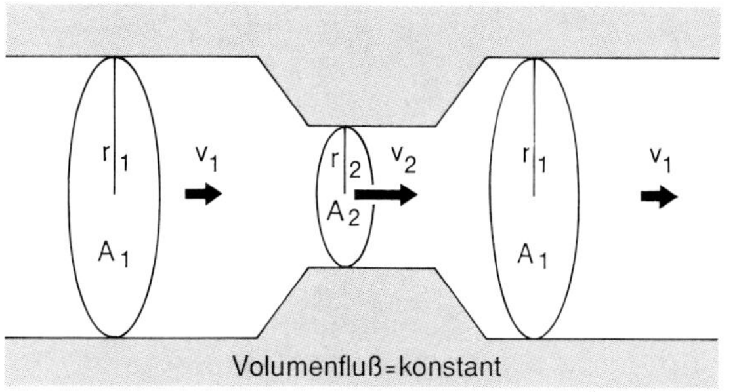

Abb. 3.5 Prinzip des Kontinuitätsgesetzes. Durch Variation der Flußgeschwindigkeit (v) bleibt bei Änderung der Gefäßquerschnittsfläche (A) der Volumenfluß an jedem Punkt des Gefäßes gleich. Es kann daher aus der Zunahme der Strömungsgeschwindigkeit auf das Ausmaß der Flächenreduktion geschlossen und ein Stenosegrad berechnet werden (s. Text)

eine quantitative Einschätzung pathologischer Befunde erlauben.

3.4.2 Kontinuitätsgesetz und Stenosegradbestimmung

Das Stromzeitvolumen (Flußvolumen pro Zeiteinheit) in einem betrachteten Gefäß ist in jedem beliebigen Gefäßabschnitt prinzipiell konstant (Abb. 3.5), es sei denn, daß im Bereich von Gefäßverzweigungen ein Teil der Flüssigkeit aus dem Ursprungsgefäß abgeführt wird. Es gilt:

$$q = A \cdot v$$

mit q = Stromzeitvolumen,
A = Gefäßquerschnittsfläche,
v = mittlere Flußgeschwindigkeit im jeweiligen Querschnitt

bzw. für ein Gefäß mit kreisförmigem Querschnitt

$$q = \pi \cdot r^2 \cdot v$$

mit r = Gefäßradius.

Es gilt dabei die Kontinuitätsgleichung

$$q_1 = q_2$$
$$q = A_1 \cdot v_1 = A_2 \cdot v_2$$

bzw.

$$\frac{A_1}{A_2} = \frac{v_2}{v_1}$$

Die Reduktion des Gefäßdurchmessers muß also zwangsläufig zu einer Erhöhung der Strömungsgeschwindigkeit führen (z. B. führt eine 50%ige Durchmesserreduktion entsprechend einer 75%igen Flächenreduktion zu einer Erhöhung der Flußgeschwindigkeit auf das 4fache). Aus der relativen Erhöhung der Strömungsgeschwindigkeit kann daher bei Gültigkeit der Kontinuitätsgleichung der Stenosegrad errechnet werden als

$$X = 100 \cdot (1 - \frac{100}{Y})$$

mit X = Stenosegrad in Prozent (relative Flächenreduktion),
Y = relative Geschwindigkeitserhöhung in Prozent

bzw.

$$X = 100 \cdot (1 - \frac{v_1}{v_2})$$

mit v_1 = prästenotische Geschwindigkeit
v_2 = intrastenotische Geschwindigkeit.

Die Erkennung und Quantifizierung von Gefäßstenosen mit der Doppler-Sonographie beruht somit auf der Registrierung der stenosebedingten, relativen Geschwindigkeitserhöhung bzw. Doppler-Frequenzverschiebung. Es ist also sinnlos, absolute Werte maximaler intrastenotischer Frequenzverschiebungen bzw. Flußgeschwindigkeiten der Berechnung eines Stenosegrades zugrundezulegen, denn absolute Geschwindigkeiten hängen nicht nur vom Stenosegrad, sondern auch von der prästenotischen Strömungsgeschwindigkeit ab. Diese kann bei sehr hochgradigen, stromzeitvolumenreduzierenden Stenosen schon so weit reduziert sein, daß die absolute intrastenotische Strömungsgeschwindigkeit niedriger ist als bei einer noch nicht flußreduzierenden, mittelgradigen Stenose. Die absolute intrastenotische Geschwindigkeit würde im Falle der hochgradigen Stenose somit zu einer Unterschätzung des Stenosegrads führen. Bei Errechnung des relativen Geschwindigkeitsanstiegs kann eine solche Fehleinschätzung nicht eintreten.

Abb. 3.**6** zeigt die Abhängigkeit der intrastenotischen Geschwindigkeitserhöhung vom Stenosegrad in einem Stenosemodell. Dabei werden bei der Messung mit der Doppler-Frequenzanalyse die theoretisch zu erwartenden Werte mit zunehmendem Stenosegrad unterschätzt, da es intrastenotisch zu Energieverlusten durch Reibung kommt.

Die Stenosegradbestimmung mittels Duplexsonographie setzt voraus, daß der infragekommende Gefäßabschnitt sonographisch im Längsschnitt dargestellt werden kann. Dabei ist es erforderlich, die sonographische Schnittebene durch das Zentrum des prästenotischen und intrastenotischen Gefäßbereichs zu legen, um der Berechnung die maximalen Strömungsgeschwindigkeiten zugrundelegen zu können. Ausgeprägte Gefäßverkalkungen, Gas- oder Knochenüberlagerungen sowie Adipositas stellen physikalische Hindernisse dar, die eine direkte Darstellung des Stenosebereichs verhindern können. In diesen Fällen ist eine grobe dopplersonographische Abschätzung der Schwere der Gefäßobstrukton nur indirekt möglich (s. 3.4.5). Auch das Auftreten von Aliasing macht eine Quantifizierung der Strömungsgeschwindigkeit und damit des Stenosegrads unmöglich; allerdings kann nach der vom Gerät angezeigten Farbhelligkeitsskalierung bzw. der maximal spektralanalytisch ermittelbaren Geschwindigkeit (obere Grenze der Frequenz-/Geschwindigkeitsachse) diejenige Geschwindigkeit angegeben werden, die bei Auftreten von Aliasing sicher überschritten worden ist. Damit kann errechnet werden, welcher Stenosegrad mindestens erreicht wurde.

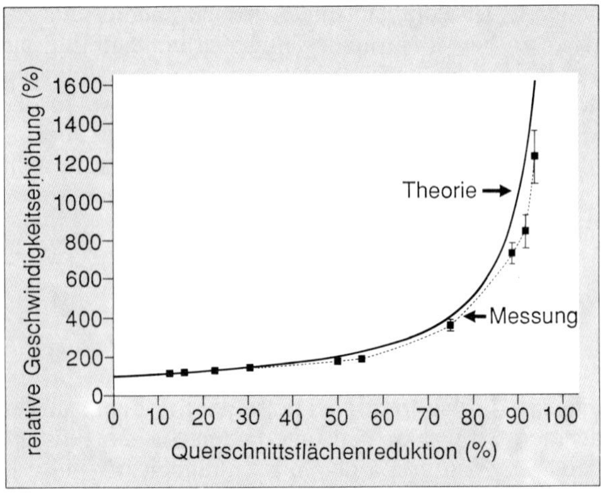

Abb. 3.**6** Relative Erhöhung der Strömungsgeschwindigkeit in Abhängigkeit vom Stenosegrad. Theoretische Werte nach dem Kontinuitätsgesetz errechnet. Duplexsonographische In-vitro-Messung an Modellstenosen unterschiedlichen Schweregrades (nach 6). Bei hochgradigen Stenosen liegt aufgrund der Umwandlung von Reibungsenergie in Wärme der gemessene Wert unter dem erwarteten

Zur Quantifizierung von Stenosegraden sollte bei Gefäßen, bei denen in Nachbarschaft der Stenose keine größere Aufzweigung liegt, direkt prästenotisch und intrastenotisch gemessen werden. Bei im Aufzweigungsbereich liegenden Stenosen (z. B. Karotis-interna-Abgang) gilt das Kontinuitätsgesetz zwar weiterhin, bei Abzweigung von Gefäßseitenästen (z. B. A.carotis externa) kommt es jedoch zu einer vom Ausmaß her nicht vorhersehbaren Aufteilung der Volumenflüsse auf die beiden Gefäße, so daß eine Stenosegradbestimmung aufgrund von Geschwindigkeitsmessungen nur dann möglich ist, wenn neben dem intrastenotischen Wert deutlich distal der Stenose – entfernt von Stenosejet oder Turbulenz – die Geschwindigkeit im normal weiten Lumen registriert werden kann. Alternativ erlauben im Falle von Karotis-interna-Abgangsstenosen empirisch ermittelte Quotienten der systolischen Maximalgeschwindigkeiten von prä- zu intrastenotisch eine Abschätzung des Stenosegrades (s. Kapitel 5).

Prinzipiell kann die Messung der Strömungsgeschwindigkeit zur Stenosegradbestimmung mit der Duplexsonographie auf zwei Wegen erfolgen (10):

1. Durch Registrierung des Doppler-Spektrums (Abb. 3.**7 c, d, e**),
2. Durch die Erfassung der farbkodierten Strömungsgeschwindigkeit im B-Bild (Abb. 3.**7 a, b**).

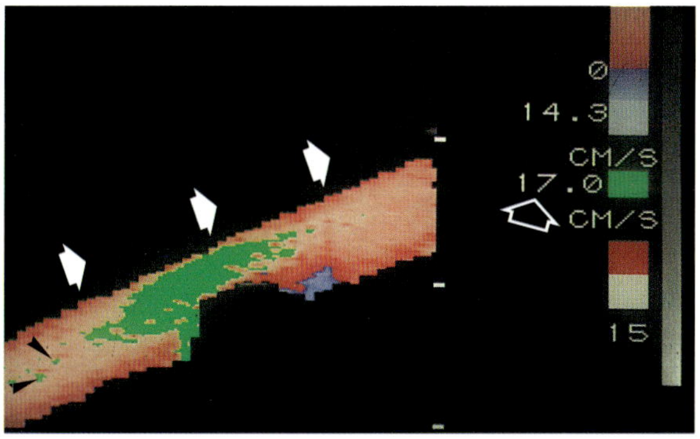

a

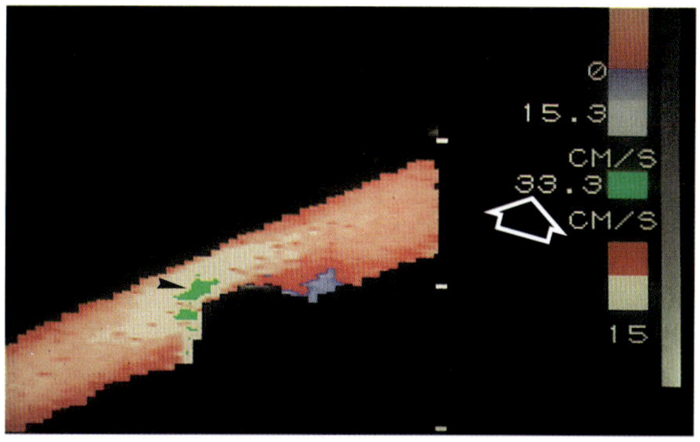

b

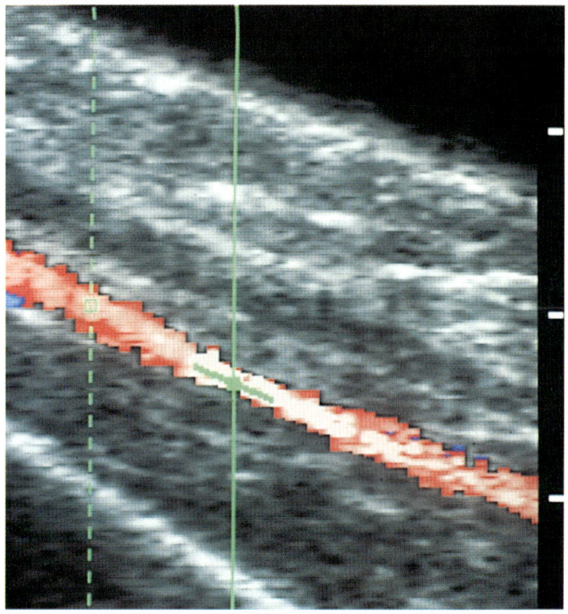

c

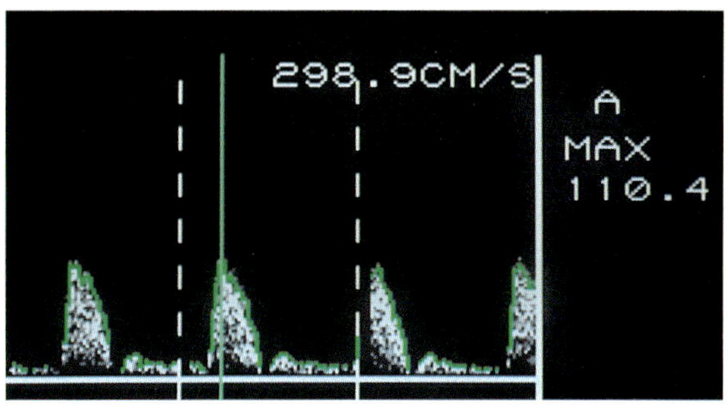

d

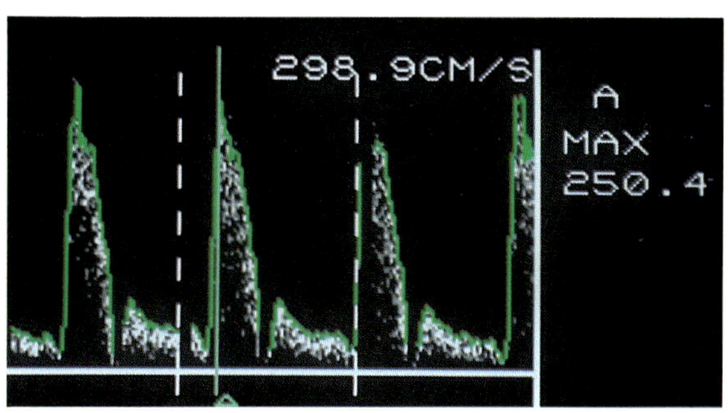

e

Abb. 3.**7a–e** Messung des Schweregrads einer Gefäßstenose mit der FKDS in einem Wasserbadphantom (**a, b**) und in einer A. femoralis superficialis (**c–e**):
a Exzentrische Stenose mit 50% Querschnittsflächenreduktion. Aufnahme zum Zeitpunkt der maximalen Systole. Flußrichtung von links nach rechts. Die Winkelkorrektur wurde durchgeführt. Maximale prästenotische Strömungsgeschwindigkeit (offener Pfeil) (➧) = 17 cm/s (bei der gewählten Einstellung wird jeder Bereich mit einer Geschwindigkeit von mindestens 17 cm/s mit der Farbe „Grün" unterlegt). Blaue Pixel unmittelbar poststenotisch = randständige Flußumkehrung
b Identischer Aufnahmezeitpunkt wie bei **a**, jedoch jetzt grüne Markierung erst ab der maximalen intrastenotischen (Pfeilspitze) Strömungsgeschwindigkeit = 33.3 cm/s (offener Pfeil). Nach dem Kontinuitätsgesetz errechnet sich ein Stenosegrad von 49%
c Konzentrische Stenose der A. femoralis superficialis. Flußrichtung von links nach rechts. Intra- und poststenotisch erhöhte Strömungsgeschwindigkeit (helle Farbkodierung), gestrichelte grüne Linie = prästenotisch und durchgängige grüne Linie = intrastenotisch plaziertes Meßvolumen für die Doppler-Frequenzanalyse (**d, e**). Winkelkorrektur entsprechend der Gefäßlängsachse im Meßbereich (= grüner Balken intrastenotisch)
d Prästenotisches Doppler-Spektrum. Die maximale systolische Geschwindigkeit (senkrechte grüne Meßlinie auf dem systolischen Gipfel) wird aus der äußeren Hüllkurve (grün) mit 110,4 cm/s gemessen
e Intrastenotisches Doppler-Spektrum. Geschwindigkeitserhöhung auf 250,4 cm/s; dies entspricht einem Stenosegrad (Flächenreduktion) von 56%. Bei dieser mäßiggradigen Stenose kommt es intrastenotisch weder zu einer Reduktion des freien spektralen Fensters noch zu einer wesentlichen Abnahme der Pulsatilität

Grundsätzlich muß die Messung der jeweils maximalen Strömungsgeschwindigkeit im Gefäßquerschnitt zum Zeitpunkt des maximalen systolischen Vorwärtsflusses erfolgen. Die größte angezeigte Geschwindigkeit wird dabei aus dem Spektrum ermittelt oder unter Zuhilfenahme einer zusätzlichen Farbmarkierung aus dem FKDS-Bild bestimmt (10). Die Benutzung maximaler systolischer Geschwindigkeiten erlaubt dabei die genaueste Stenosegradbestimmung (10). Über die Zeit gemittelte Geschwindigkeiten führen aufgrund von Änderungen des Flußprofils im Pulszyklus und wegen Einlaßeffekten zur Unterschätzung des Ausmasses der Läsion.

Wichtig ist es, an dieser Stelle nochmals auf die Notwendigkeit hinzuweisen, eine Winkel-Korrektur durchzuführen, wenn aus Doppler-Frequenzverschiebungen Strömungsgeschwindigkeiten errechnet werden sollen (Doppler-Gleichung!) (s. Kapitel 1.7 und 4). Werden zur Stenosegradquantifizierung nur die Frequenzverschiebungen benutzt, so ist dies nur dann erlaubt, wenn die Gefäßlängsachse an beiden Meßpunkten in demselben Winkel zur Schallausbreitungsrichtung steht.

3.4.3 Intra- und poststenotische Flußveränderungen

Intrastenotisch kommt es durch die Erhöhung der Strömungsgeschwindigkeit zu einem, bei höhergradigen Stenosen zum Teil drastischen Anstieg der Reynold-Zahl. Dies kann schon hier zu gestörtem oder sogar turbulentem Fluß führen. Poststenotisch bleibt zumindestens in bestimmten Abschnitten des Gefäßquerschnitts über eine bestimmte Distanz die maximale Geschwindigkeit erhöht (poststenotischer Jet) (Abb. 3.**8,** 3.**11**), wobei „Auslaßeffekte" eine wesentliche Rolle spielen. Distal einer Stenose kann es in gefäßwandnahen Regionen zu rückwärts gerichteten, in sich laminaren Strömungen (Flußseparationen; „Flow Reversal") (Abb. 3.**9a–e,** 3.**11a, b**) kommen. Diese konstanten, wandständigen Wirbel pflanzen sich in Abhängigkeit von der Flußgeschwindigkeit und dem Stenosegrad nach distal fort (1, 18). Die Reynold-Zahl kann poststenotisch wegen der zum Teil abrupten Erweiterung des Gefäßlumens bei zunächst fortbestehender, erhöhter Flußgeschwindigkeit weit über den intrastenotischen Wert ansteigen, so daß neben den beschriebenen randständigen Flußumkehrungen in den poststenostischen Abschnitten ausgeprägte Turbulenzen entstehen können (Abb. 3.**9,** 3.**11**). Diese können sich über eine Strecke nach distal fortsetzen, die ein Mehrfaches des regulären Gefäßquerdurchmessers ausmacht (6). Neben dem Druckabfall über der Stenose sind diese Turbulenzen mitverantwortlich für den stenosebedingten Energieverlust und damit die Reduktion des Stromzeitvolumens bei hochgradigen Stenosen.

Turbulenz und Flußumkehrungen sind in der FKDS einfach erkennbar (s. 3.2.5) (Abb. 3.**11**). In der Doppler-Frequenzanalyse bewirkt turbulente Strömung eine Verbreiterung des Doppler-Spektrums (Zunahme des Anteils niedriger Frequenzverschiebungen bis zum Verschwinden des freien, spektralen Fensters [s. 1.4.5.3] unter der systolischen Kurve) und das synchrone Auftreten positiver und negativer Doppler-Frequenzverschiebungen (gleichzeitig Vor- und Rückflußanteile im Meßvolumen).

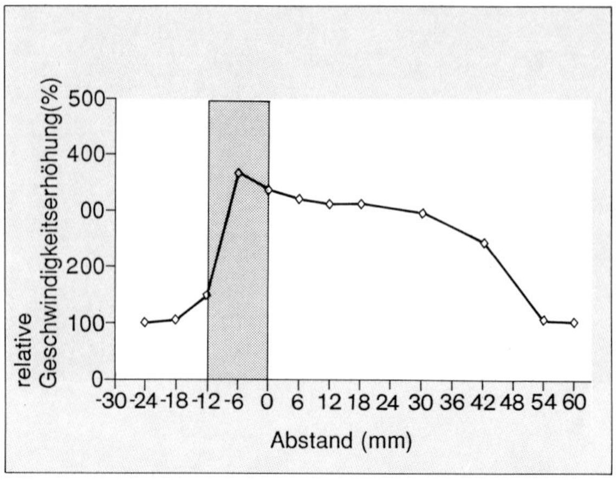

Abb. 3.**8** Messung der Strömungsgeschwindigkeiten im Verlauf einer Stenose mit 75%iger konzentrischer Flächenverkleinerung (d. h. 50%iger Durchmesserreduktion) in einem Gefäßphantom. Gefäßweite vor und nach der Stenose = 6 mm. Stenoselänge = 12 mm. Der Stenose-Meßbereich ist durch den offenen Kasten (–12 mm–0 mm) markiert. Messung im Gefäßzentrum, Berechnung der Flußgeschwindigeiten mittels Doppler-Spektrum (systolische Maximalgeschwindigkeit). Typischer Verlauf der Geschwindigkeitsänderung in der Stenose (bezogen auf den prästenotischen Wert). Die relative Geschwindigkeitserhöhung erreicht aufgrund von Reibungsverlusten nicht exakt den theoretisch zu erwartenden Wert von 400%. Der poststenotische Jet reicht mehrere Zentimeter nach distal über den stenosierten Abschnitt hinaus

Ort und Ausmaß von lokaler Flußumkehr und Turbulenz sind in komplexer Weise von der Stenosegeometrie, dem Stenosegrad, der Gefäßwandoberfläche, der prästenotischen Strömungsgeschwindigkeit, der Viskosität des Bluts und der Pulsatilität abhängig. Allgemeingültige Regeln zur Ermittlung des Stenosegrads aus Länge und Ausbreitung von „Flow Reversal" und Turbulenz existieren nicht. Der diagnostische Wert der farbkodierten Darstellung dieser Flußphänomene liegt vor allem darin, daß Gefäßstenosen auch dann identifiziert werden können, wenn der stenosierte Bereich selbst durch Gefäßwand- oder Plaqueverkalkungen sonographisch nicht eingesehen werden kann.

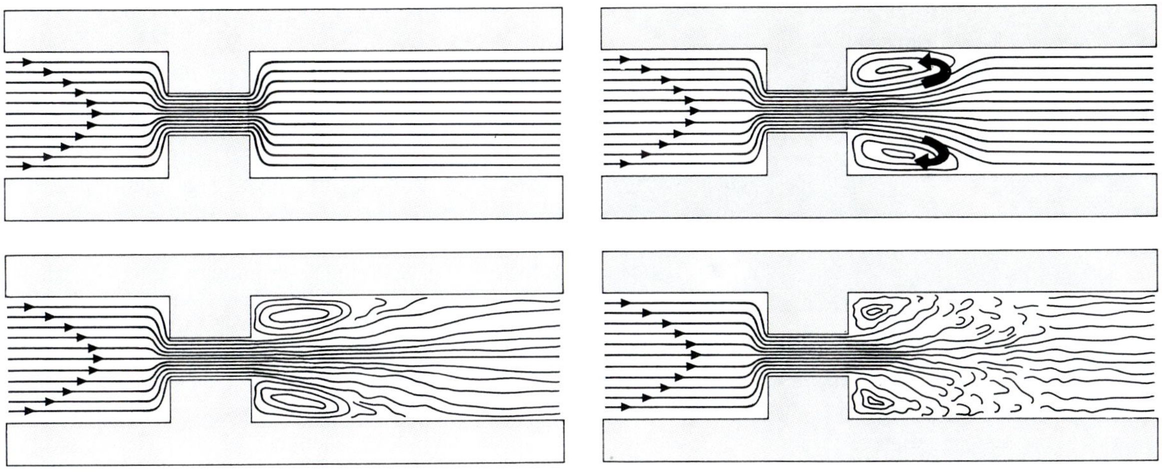

a b c d

Abb. 3.**9a–e** Schematische Darstellung der poststenotischen Flußveränderungen in Abhängigkeit von den physikalischen Randbedingungen. In der vorliegenden Zeichnung wurde bei gleichem Stenosegrad lediglich eine prästenotisch jeweils höhere Strömungsgeschwindigkeit angenommen. Prinzipiell gilt die Zunahme der Veränderungen (**a–e**) jedoch für alle Faktoren, die zu einer Zunahme der Reynold-Zahl führen.

a Niedriger prästenotischer Flow. Keine poststenotischen Flußstörungen

b Bei Zunahme des prästenotischen Flusses Ausbildung poststenotischer randständiger Flußumkehrungen (gebogener Pfeil). Insgesamt aber noch laminarer Strömungscharakter, keine Turbulenz

c Bei weiterer Zunahme der prästenotischen Strömungsgeschwindigkeit entstehen poststenotisch neben der Flußumkehr wellenförmige Inhomogenitäten der Laminae (gestörter Fluß)

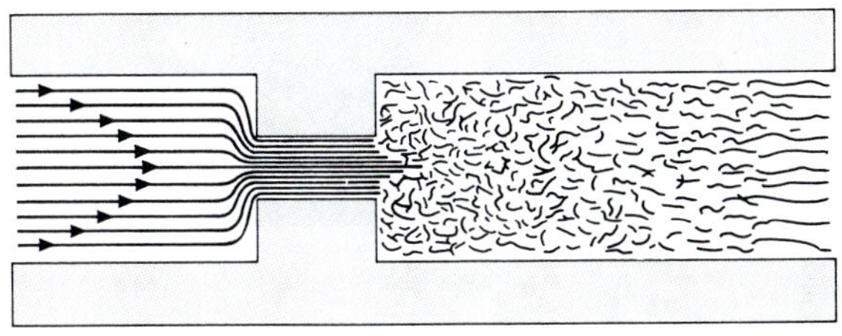

e

d Hohe prästenotische Geschwindigkeit. Poststenotisch entwickeln sich distal aus den Flußumkehrungen Turbulenzen. Auch in größerer Distanz von der Stenose findet sich noch ein gestörter Fluß

e Sehr hohe prästenotische Geschwindigkeit. Ausgeprägte poststenotische Turbulenzen

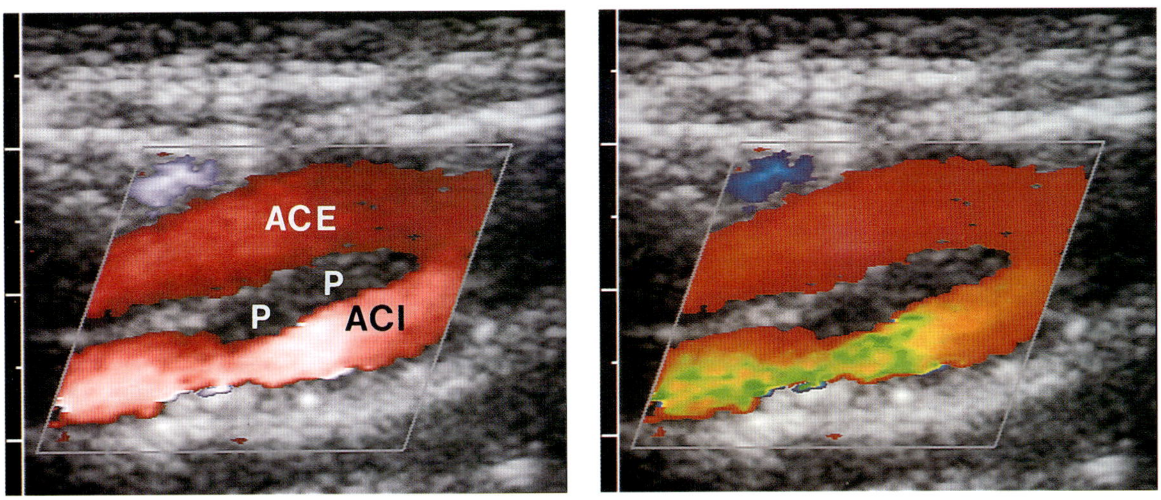

a b

Abb. 3.**10a** u. **b** Farbkodierte Flußdarstellung in einer Stenose der A. carotis interna ohne und mit „Geschwindigkeits-Varianz-Modus":

a In der „normalen" Farbkodierung wird der Blutfluß im Bereich der Stenose infolge der dort hohen Geschwindigkeit „hellrot" kodiert. Turbulenzen (Wechsel „rot"/"blau") sind bei dieser Darstellung nicht vorhanden. ACI = A. carotis interna, ACE = A. carotis externa, P = Plaque

b Der „Geschwindigkeits-Varianz-Modus" soll auch schon geringe Flußinhomogenitäten durch Überlagerung mit der Farbe „Grün" nachweisen. Im vorliegenden Beispiel weist dies auf einen gestörten Fluß sowohl in der Stenose als auch poststenotisch hin

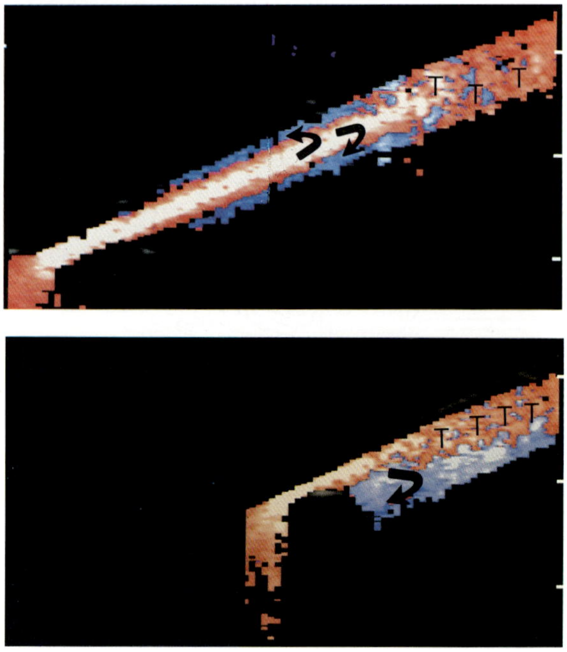

a

b

Abb. 3.**11a** u. **b** Darstellung stenosebedingter Flußveränderungen mit der FKDS an Stenosemodellen im Wasserbad. Flußrichtung von links nach rechts. Durchmesser des Phantomgefäßes im nichtstenosierten Abschnitt = 6 mm:
a Konzentrische Stenose mit 88% Querschnittsflächenreduktion. Deutliche intra- und poststenotische Geschwindigkeitserhöhung (hellrot/weiß). Poststenotisch stellen sich zunächst randständige Flußumkehrungen dar (blau, gebogener Pfeil), die weiter distal in Turbulenzen (T) übergehen. Sämtliche poststenotischen Veränderungen sind annähernd konzentrisch, entsprechend der Stenosegeometrie
b Exzentrische Stenose mit 92% Querschnittsflächenreduktion. Ausgeprägte exzentrische, poststenotische Flußumkehrungen (gebogener Pfeil) und Turbulenzen (T)

3.4.4 Hämodynamische Relevanz

Bei strenger Betrachtung ist gemäß obiger Ausführungen jegliche Art von Stenose ‚hämodynamisch signifikant', da sie zu einer meßbaren Änderung der lokalen Hämodynamik führt. Aus klinischer Sicht ist „hämodynamische Relevanz" jedoch erst dann gegeben, wenn eine Stenose zu einer Reduktion der Flußrate und damit zu einer peripheren Minderperfusion unter Ruhe- oder Belastungsbedingungen führt. Je höhergradiger und je länger eine Stenose ist, desto größer ist der Druckabfall über den stenosierten Gefäßbereich. Oberhalb eines kritischen Stenosegrads kommt es zur Reduktion des Flußvolumens im gesamten Gefäß; dieser kritische Wert hängt entscheidend von den Anforderungen der nachgeschalteten Gefäßperipherie ab, sprich vom peripheren Gefäßwiderstand. Bei Dilatation der Peripherie, z. B. bei Muskelarbeit, kann der Perfusionsdruck aufgrund einer vorliegenden Stenose so stark abfallen, daß eine relative oder absolute Ischämie eintritt. Im allgemeinen wird eine 50%ige Durchmesserreduktion (d. h. 75%ige Flächenreduktion) einer Extremitätenarterie als kritischer Wert angenommen. Dieser empirische Grenzwert stellt jedoch lediglich eine orientierende Schwelle dar, die im Einzelfall von der vor- und nachgeschalteten Gefäßstrecke, der Herz-Kreislauf-Leistung und dem Kollateralisierungsgrad abhängt.

3.4.5 Interpretation des Doppler-Spektrums bei Stenosen und Verschlüssen

Ein wesentlicher Vorteil der farbkodierten Duplexsonographie gegenüber der konventionellen, einkanaligen Duplexsonographie besteht darin, daß das Auffinden der Gefäße und deren pathologischer Veränderungen erheblich erleichtert wird. Stenosierende Plaques können an der Einengung des durchströmten Gefäßlumens und an den oben beschriebenen, stenosetypischen Flußveränderungen leicht erkannt werden; komplette Gefäßverschlüsse sind durch völliges Fehlen des farbkodierten Flußsignals charakterisiert. Die Quantifizierung von Gefäßstenosen kann allein aus dem farbkodierten Bild über die relative intrastenotische Geschwindigkeitserhöhung erfolgen. Wie schon erwähnt liegen jedoch nicht immer ideale Bedingungen (komplette Einsehbarkeit des Stenosebereichs, kein Aliasing, kein größerer Gefäßabgang direkt prästenotisch) vor. In diesen Fällen muß mittels Doppler-Frequenzanalyse eine grobe Einschätzung des Ausmaßes der Läsion angestrebt werden.

3.4.5.1 Geräteeinstellung

Bei der Ableitung des Doppler-Spektrums müssen wie bei der Einstellung des farbkodierten Bilds eine ausreichend hohe Pulsrepetitionsfrequenz (PRF) sowie eine korrekte Position der Nullinie gewählt werden, um Aliasingphänomene (s. Kapitel 1 und 4) zu vermeiden. Da bei Einsatz des gepulsten Dopplers zur

Spektralanalyse erheblich höhere Schallenergien auf das Gewebe einwirken (s. Kapitel 2), muß die Ultraschallsendeleistung (Power) so niedrig eingestellt werden, wie es zur Erlangung eines aussagekräftigen Doppler-Spektrums ausreicht. Die Empfangsempfindlichkeit (Gain) muß so gewählt werden, daß das verstärkungsbedingte Rauschen minimiert wird. Am besten kann dies durch Ableitung eines Spektrums in einem gesunden Gefäßabschnitt erreicht werden; Ziel muß es sein, ein klares Spektrum mit freiem, spektralen Fenster zu erhalten. Aus den Ausführungen über die Geschwindigkeitsprofile ergibt sich die Notwendigkeit, das Meßvolumen für das Doppler-Spektrum möglichst in das Gefäßzentrum zu legen, es sei denn, im Rahmen exzentrischer Stenosen kommt es zur Ausbildung eines exzentrischen Jets, der dann auch in der FKDS erkennbar ist.

3.4.5.2 Hüllkurven des Doppler-Spektrums

Zur vereinfachten Beschreibung der Form der Flußkurve und zur Messung von Strömungsgeschwindigkeiten werden häufig sogenannte Hüllkurven verwendet, die entweder vom Gerät selbst ermittelt oder manuell in das Spektrum eingezeichnet werden können. Man versteht darunter diejenigen Kurven, die sich ergeben, wenn man im Spektrum Frequenzverschiebungen, die einer festgelegten Definition genügen, miteinander zu einer Zeit-Frequenzverschiebungs-Kurve verbindet. Am gebräuchlichsten sind Hüllkurven der maximalen und der mittleren Geschwindigkeit. Im einzelnen gelten folgende Definitionen:

- Maximale Frequenzverschiebung (F_{max}): größte Frequenzverschiebung zu jedem Zeitpunkt des Doppler-Spektrums; wegen der Anwesenheit eines gewissen Rauschens wird in der Regel diejenige Frequenz angenommen, unterhalb derer ein fixer Prozentsatz (z. B. 95%) aller gemessenen Frequenzverschiebungen liegt (Abb. 3.**7d, e**).
- Mittlere Frequenzverschiebung (F_{mean}): arithmetisch mittlere aller am Spektrum beteiligten Frequenzverschiebungen.
- Modale Frequenzverschiebung (F_{mod}): diejenige Frequenzverschiebung mit jeweils der größten Intensität im Spektrum.
- Minimale Frequenzverschiebung (F_{min}): niedrigste Frequenzverschiebung zu jedem Zeitpunkt des Doppler-Spektrums.

3.4.5.3 Spektrales Fenster

Unter dem sogenannten „Fenster“ des Doppler-Spektrums versteht man den Frequenzbereich unterhalb der jeweils minimalen Doppler-Frequenzverschiebung. Bei graphischer Darstellung des Doppler-Spektrums werden im Bereich des „Fensters“ keine Frequenzverschiebungen markiert, in der üblichen Grauwertdarstellung bleibt dieser Bereich dann „Schwarz“, das „Fenster“ wird als „offen“ bezeichnet. Die Fläche des Fensters ist bei kleinem Meßvolumen ein Maß für die Laminarität des Flusses. Je größer die Bandbreite der gemessenen Frequenzverschiebungen, desto kleiner ist das spektrale Fenster. Die Zunahme der Bandbreite der Frequenzverschiebungen charakterisiert einen zunehmend gestörten Fluß aufgrund der nicht mehr gleichen Geschwindigkeitsvektoren der einzelnen Elemente im Meßvolumen. Das Fenster kann vor allem im poststenotischen Gefäßabschnitt völlig durch niedrige Frequenzen ausgefüllt sein (Abb. 3.**12a–d**). Die Größe des Fensters kann entweder zum Zeitpunkt des maximalen systolischen Vorwärtsflusses oder (in Form einer Flächenberechnung) integral während der gesamten Systole quantitativ ausgedrückt werden als

$$\text{Fenster} = \frac{F_{min}}{F_{max}} \cdot 100\,[\%].$$

Eine Reduktion des spektralen Fensters (häufig als „Spektralverbreiterung“ bzw. „Spectral Broadening“ bezeichnet) kann – wie schon gesagt – vor allem im poststenotischen Abschnitt erwartet werden. Aus diesem Grund wurden in der Literatur Versuche publiziert, über Indizes der Spektralverbreiterung den Stenosegrad zu berechnen (z. B. über den SBI = Spectral Broadening Index, s. Kapitel 4). Zwar korrelieren Stenosegrad und derartige Indizes gut miteinander, das Problem ist jedoch die Definition des optimalen poststenotischen Meßpunktes, da die der Messung zugrundeliegenden Flußveränderungen eine sehr komplexe räumliche Verteilung aufweisen (8).

3.4.5.4 Analyse der Form des Doppler-Frequenzspektrums

Über den Einfluß des peripheren Gefäßwiderstands auf die grundsätzlichen Formen des Doppler-Spektrums und deren Beschreibung mittels winkelunabhängiger Indizes wurde schon in den Abschnitten 3.3.2 und 3.3.3 berichtet. In diesem Abschnitt soll auf die wesentlichen, obstruktionsbedingten Formänderungen des Doppler-Spektrums eingegangen werden. Dabei muß berücksichtigt werden, daß es zahlreiche Einflußfaktoren gibt, die sich auf die Form der Spektren auswirken und die in Abhängigkeit vom Ableitungsort Berücksichtigung finden müssen: Pumpfunktion des Herzens (z. B. Reduktion der systolischen Spektrumamplitude bei Herzinsuffizienz), Funktion der Aortenklappe (z. B. reduzierte systolische Anstiegssteilheit bei Aortenklappenstenose, vergrößerte systolisch-diastolische Amplitude bei Aortenklappeninsuffizienz), Funktionstüchtigkeit der Windkesseleigenschaft der Aorta, Verlauf des Gefäßes (z. B. Spektralverbreiterung bei ausgeprägter Gefäßschlängelung), Oberflächenbeschaffenheit der Intima (z. B. Verstärkung des gestörten Flusses im Stenosebereich bei unregelmäßiger Oberfläche), Ausmaß der Lumeneinengung, Ausmaß bestehender Kollateralgefäße und peripherer Gefäßwiderstand. Es ist daher nicht

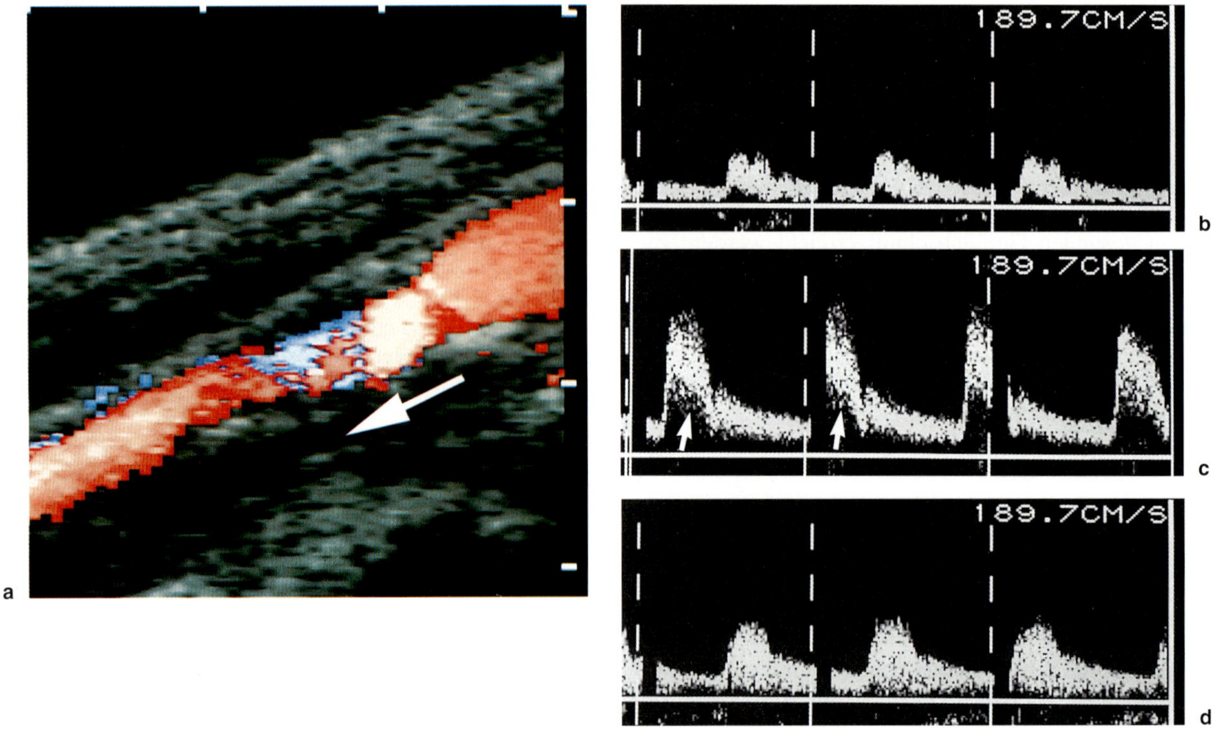

Abb. 3.**12a–d** Veränderungen des Doppler-Spektrums im Verlauf einer abgangsnahen Stenose einer A. carotis interna:
a Darstellung des Gefäßes und der Stenose in der FKDS (Flußrichtung von rechts nach links). Intrastenotische Geschwindigkeitserhöhung (hellrot/weiß), poststenotische Flußumkehrungen und geringe Turbulenzen
b Prästenotisches Spektrum aus der A. carotis communis
c Intrastenotisches Spektrum. Deutliche Erhöhung der Geschwindigkeit, jedoch weiterhin offenes spektrales Fenster (Pfeile)
d Poststenotisch geschlossenes spektrales Fenster (= höherer Anteil niedrigerer Frequenzverschiebungen aufgrund der Flußstörungen). Abgerundeter systolischer Gipfel und Reduktion der systolischen Anstiegssteilheit im Vergleich zu **b** und **c**

möglich, allgemeingültige Regeln zur Formanalyse des Doppler-Spektrums aufzustellen. Im Einzelfall müssen möglichst alle genannten Einflußgrößen auf ihre Relevanz hin überprüft werden. Dazu ist es erforderlich, vergleichend an mehreren, proximalen und distalen Punkten des Gefäßsystems Doppler-Spektren abzuleiten.

Proximal einer Gefäßobstruktion sind spektrale Veränderungen erst bei hochgradigen Veränderungen (hämodynamisch relevante Stenose oder Verschluß, in der Regel über 75%ige Querschnittsflächenreduktion) morphologisch erkennbar, und zwar umso mehr, je schlechter die Kollateralisation und je kürzer die Distanz zwischen Meßort und Gefäßläsion ist. Es kommt zu einer Erhöhung der Pulsatilität aufgrund des hohen Widerstands, die die Gefäßobstruktion ausübt. Die Reduktion des Stromzeitvolumens resultiert in einer Reduktion der systolischen Amplitude, während die Anstiegssteilheit des systolischen Teils des Spektrums in der Regel unbeeinflußt bleibt. Nach Erreichen des systolischen Gipfels kommt es zum raschen Abfall auf die Nullinie oder zum diastolischen Rückfluß. Bei Gefäßverschlüssen kann die – frustrane – Pulsation des präokklusiven Gefäßabschnitts sich auf den Verschlußbereich fortsetzen, so daß hier gelegentlich sehr schmale, fast strichförmige Doppler-Signale mit sehr niedriger Amplitude abgeleitet werden können, die keinem echten Flußsignal entsprechen.

Zu den wichtigsten, intrastenotischen Veränderungen der Form des ursprünglich bi- oder triphasischen arteriellen Spektrums einer extremitätenversorgenden Arterie gehört – neben der hohen Amplitude bis hin zum Überschreiten der maximal eindeutig detektierbaren Frequenzverschiebung mit der Folge des Aliasing – die Reduktion der Pulsatilität des Flusses in und direkt distal einer hämodynamisch wirksamen Stenose. Für diese Formänderung ist vor allem der hohe Druckgradient über die relativ kurze Distanz der Lumeneinengung verantwortlich. Wie schon beschrieben kommt es zusätzlich zu einer Reduktion des systolischen Spektralfensters, und zwar zunächst poststenotisch, gegebenenfalls auch intrastenotisch bei sehr hochgradigen Stenosen. Entstehen zusätzlich Turbulenzen, so werden auch unterhalb der Nullinie Doppler-Frequenzen ohne freies Fenster nachgewiesen.

Die Fensterreduktion kann sich sehr weit nach distal fortsetzen und ist ein diagnostisches Hilfsmittel zur Erkennung proximal gelegener Stenosen, die nicht direkt dargestellt werden können. In dieser Situation sind zwei weitere Formkriterien typisch, die auf ein vorgeschaltetes Strombahnhindernis hinweisen. Ähnlich wie bei einer Aortenklappenstenose ist der systolische Druckaufbau distal einer Gefäßstenose verlangsamt, was zu einer Abnahme der Beschleunigung des Blutflusses in der Systole und im Spektrum zu einer Abnahme der systolischen Anstiegssteilheit führt (Abb. 3.**13a–c**). Neben der Messung der Zeit vom Beginn des systolischen Vorwärtsflusses bis zum systolischen Gipfel kann diese spektrale Formveränderung leicht durch Vergleich von proximalen und distalen Spektren herausgearbeitet werden. Ein weiterer Hinweis auf eine relevante proximale Obstruktion ist die reduzierte Pulsatilität aufgrund der Abnahme des peripheren Gefäßwiderstands als Reaktion auf die Durchflußminderung (Abb. 3.**14**).

Bei sehr schweren, vorgeschalteten Strombahnhindernissen kann man eine starke Abflachung der Spektralform mit Abrundung des sytolischen Gipfels beobachten. Diese Form des Doppler-Spektrums wird – zusätzlich zu den oben erwähnten Faktoren – durch die Kollateralversorgung der Gefäßperipherie geprägt. Aufgrund unterschiedlicher Längen der einzelnen Kollateralen resultieren differente Laufstrekken der einzelen Pulswellen. Münden die Kollateralen distal der Stenose oder des Verschlusses wieder in das Hauptgefäß ein, sind die einzelnen systolischen Maxima der Pulswellen zeitversetzt und führen zu der Abrundung des systolischen Gipfels im Doppler-Spektrum (Abb. 3.**14**).

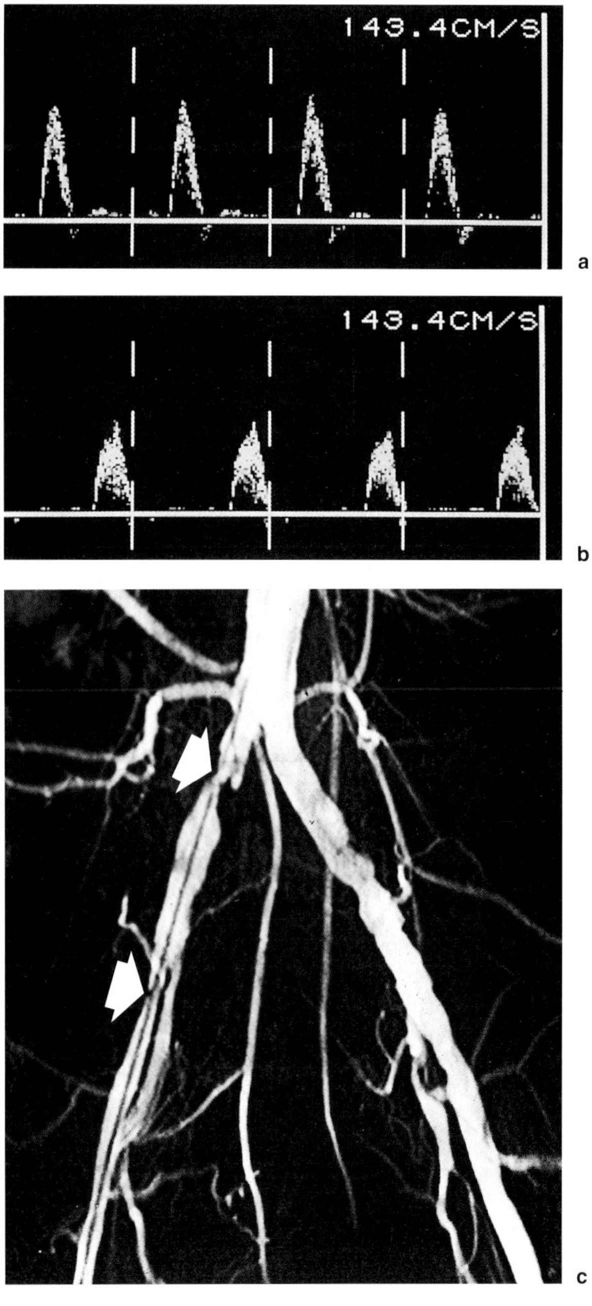

a

b

c

Abb. 3.**13a–c** Indirekter Nachweis hämodynamisch relevanter Stenosen der rechten Beckenarterien durch ver gleichende Ableitung von Doppler-Spektren in beiden Aa. femorales communes:

a Normales dreiphasisches Spektrum aus der linken A. femoralis communis

b Spektrum aus der rechten A. femoralis communis: In der Spätphase der Systole Abflachung der Anstiegsgeschwindigkeit, niedrigere systolische Spitzengeschwindigkeit im Vergleich zur Gegenseite, Reduktion der Pulsatilität (Fehlen der diastolischen Rückflußkomponente), Reduktion des spektralen Fensters im Seitenvergleich

c Intraarterielle DSA: Relevante Stenosen in der Aa. iliacae communis et externa rechts (Pfeile) bei insgesamt ausgeprägter Arteriosklerose

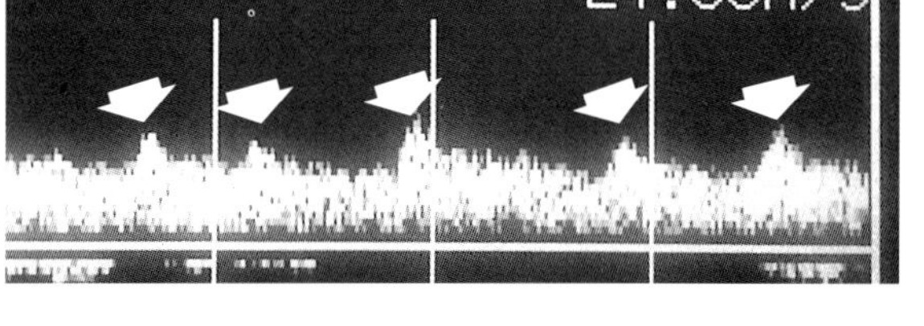

Abb. 3.**14** Doppler-Frequenzanalyse aus der A. tibialis posterior bei einem Patienten mit frischem, schlecht kollateralisierten Verschluß der A. femoralis superficialis. Fast vollständige Aufhebung des pulsatilen Flußcharakters, es sind lediglich kleine systolische Spitzen abgrenzbar (Pfeile). Arrhythmie

Obige Ausführungen kennzeichnen die Unmöglichkeit, aufgrund der unterschiedlichen Einflußgrößen eine Quantifizierung einer Gefäßläsion allein aufgrund proximaler und distaler Spektren durchzuführen. Diese helfen lediglich in einer groben Befundabschätzung. Pauschal kann gesagt werden, daß die hämodynamische Relevanz einer Gefäßläsion um so wahrscheinlicher wird, je mehr der oben genannten pathologischen Formkriterien der Doppler-Frequenzanalyse vorliegen, je ausgeprägter sie sind und je größer die Distanz zwischen der Läsion und dem Meßort ist, an dem morphologisch veränderte Spektren abgeleitet werden können. Bleibt im Gefäßverlauf die Form des Spektrums völlig unverändert, so schließt dies eine hämodynamisch relevante Läsion weitgehend aus.

3.4.6 Praktische Empfehlungen zu quantitativen Einschätzung arterieller Gefäßstenosen

Nicht immer ist eine – meist zeitraubende – Quantifizierung einer Gefäßstenose erforderlich. Z. B. genügt für die Indikationsstellung zu einer Angioplastie im allgemeinen die Korrelation von Klinik, Doppler-Verschlußdruckquotient und der Nachweis einer lokalisierten, hämodynamisch relevanten Stenose. Ein grundsätzliches, nicht unbedingt meßmethodenspezifisches Problem der Stenosegradmessung besteht in der Festlegung des nicht stenosierten Gefäßabschnitts bei abgangsnahen Stenosen (z. B. Bezugpunkt für die Berechnung einer Abgangsstenose der A.carotis interna: Karotisbulbus? Präbulbärer Abschnitt der A.carotis communis? Poststenotischer Abschnitt der A.carotis interna? Lokale Weite der Gefäßaußenwand im Stenosebereich?). Eine einheitliche Sprachregelung zwecks Vergleichbarkeit von Studienresultaten existiert leider nicht; es ist nicht die Aufgabe dieses Buchs, hier eine Festlegung durchzuführen. Entscheidend ist aber, daß sich Untersucher und Therapeut auf ein einheitliches Meßverfahren einigen und dieses bei Verlaufskontrollen immer beibehalten. Auch muß festgelegt werden, ob als Stenosegrad die prozentuale Durchmesser- oder Flächenreduktion bezeichnet wird.

Grundsätzlich gilt, daß zur Quantifizierung einer Stenose mit der farbkodierten Duplexsonographie die direkte Darstellung des Stenosebereichs angestrebt werden muß. Gemäß oben genannter Prinzipien sollte eine Stenosegradbestimmung durch Bestimmung des relativen Geschwindigkeitsanstiegs von prä- zu intrastenotisch durchgeführt werden. Diese führt zu Ermittlung der prozentualen Flächenreduktion. Ist die eindeutige Ermittlung der prästenotischen Geschwindigkeit gemäß des Kontinuitätsgesetzes nicht möglich, kann ersatzweise poststenotisch gemessen werden, sofern keine Zeichen fortgeleiteter Turbulenzen bestehen und keine größeren Gefäßabgänge zwischen Stenose und Meßort liegen.

Ist der Stenosebereich sonographisch darstellbar, kann zusätzlich zu der Bestimmung nach hämodynamischen Kriterien auch eine geometrische Messung erfolgen. Hierzu wird der Stenosebereich im Querschnitt eingestellt; mittels geräteeigener Auswerteprogramme werden die Fläche des durchströmten Lumens und die Fläche des Gesamtquerschnitts (Gefäßaußenkontur) planimetriert und zueinander ins Verhältnis gesetzt. Prinzipiell stellt die farbkodierte Duplexsonographie für diese Meßmethode eine ideale Basis dar, da farbliche Flußdarstellung und Grauwertbild den echten, lokalen Stenosegrad anzeigen. Das Problem dieses Verfahrens zur Stenosegradbestimmung liegt darin, daß von runden Querschnittsflächen ausgegangen wird, bei exakter Einstellung im Querschnitt jedoch der Doppler-Winkel bei 90 Grad liegt und damit die Flußdarstellung erschwert wird. Dennoch sollte man – wenn möglich – die Plausibilität der hämodynamischen Stenosegradbestimmung durch eine geometrische Abschätzung überprüfen. In der Regel wird die geometrische Methode den Stenosegrad höher einschätzen als die dopplersonographische, da bei der Flächenmessung der absolute Gefäßaußendurchmesser zugrundegelegt wird und damit die physiologische Gefäßwanddicke vernachlässigt wird.

Neben der beschriebenen, auf hämodynamischen Gesetzen basierenden Stenosegradbestimmung wurden für die Anwendung an den Karotiden und den Extremitätenarterien grobe Einteilungen des Stenosegrads in verschiedene Klassen nach empirischen Studien empfohlen. Diese werden in den jeweiligen Kapiteln dargestellt. Insbesondere bei der Berechnung des Schweregrads von Abgangsstenosen der A.carotis interna muß auf empirische Daten zurückgegriffen werden, da im Bereich von Gefäßaufzweigungen die einfache Verwendung der Kontinuitätsgleichung zur Stenosegradberechnung nicht möglich ist (s. 3.4.2).

Liegt eine Gefäßstenose ohne benachbarten, relevanten Gefäßabgang vor, so kann eine grobe Klasseneinteilung des Stenosegrads anhand des Indexes „maximal dargestellte systolische Geschwindigkeit prästenotisch zu intrastenotisch" vorgenommen werden (Tab. 3.**1**). Berücksichtigt wurde dabei einerseits der Sollwert (nach Kontinuitätsgleichung), andererseits die im Stenosemodell beobachteten Werte (6,10), die den intrastenotischen Reibungsverlusten Rechnung tragen (Tab. 3.**2**).

Gelingt die Gefäßdarstellung im Stenosebereich nicht, ist man auf die indirekten Stenosezeichen der Doppler-Frequenzanalyse angewiesen, die unter 3.4.5.3 dargestellt wurden.

Tabelle 3.**1** Duplexsonographische Klasseneinteilung der Schweregrade arterieller Gefäßstenosen auf der Basis der Kontinuitätsgleichung und experimenteller Untersuchungen. Diese Tab. ist für alle arteriellen Stenosen verwendbar, die nicht in einem Aufzweigungsbereich liegen. Die Korrelation von Flächen- und Durchmesserreduktion gilt unter der Annahme einer konzentrischen Stenose. Unberücksichtigt bleibt bei hochgradigen Stenosen eventuell auftretendes Aliasing

Stenosegrad Flächenreduktion	Durchmesserreduktion	V_{max}(prae)/V_{max}(intra) Theorie	in vitro
≥ 50%	≥ ca. 30%	≥ 2	≥ ca. 1,8
≥ 75%	≥ 50%	≥ 4	≥ ca. 3,6
≥ 85%	≥ ca. 60%	≥ 6,66	≥ ca. 6,3
≥ 95%	≥ ca. 80%	≥ 20	≥ ca. 15

Tabelle 3.**2** Duplexsonographische Klasseneinteilung der Schweregrade abgangsnaher Stenosen der A. carotis interna (Einzelheiten s. 5.4.3.1). Die angegebenen Werte gelten nur bei nichtstenosierter A. carotis externa

Stenosegrad Flächenreduktion	Durchmesserreduktion	V_{max}(A.C.C)/V_{max}(A.C.I)
≥ 75%	= 50%	≥ 1,5
≥ 85%	≥ ca. 60%	≥ 1,8
≥ 90%	≥ ca. 70%	≥ ca. 2,5
≥ 95%	≥ ca. 80%	≥ 3,7

3.5 Integrale Strömungsgeschwindigkeits- und Flußvolumenmessung

Die FKDS erlaubt aufgrund der dem Verfahren zugrundeliegenden, gleichzeitigen Messung von Flußgeschwindigkeiten in jedem Pixel eine Quantifizierung der integralen, d. h. über den Gefäßquerschnitt gemittelten Strömungsgeschwindigkeit. Die konventionelle Duplexsonographie, bei der nur in einem einzigen, größenvariablen Meßvolumen Strömungsgeschwindigkeiten auf dem Wege der Doppler-Frequenzanalyse ermittelt werden können, wird dagegen dem vorliegenden Strömungsprofil nicht optimal gerecht.

Die Bestimmung der integralen Strömungsgeschwindigkeit mit der FKDS erfolgt nicht über die Spektralanalyse, sondern über das farbkodierte Bild. Entlang einer vom Untersucher festzulegenden Meßlinie werden alle Frequenzverschiebungen, die in den von der Meßlinie erfaßten Pixeln farbkodiert dargestellt sind, integriert (Abb. 3.**15a, b**). So ergibt sich nach Winkelkorrektur eine – der Form nach an eine Spektrum-Hüllkurve erinnernde – Zeit-Geschwindigkeits-Kurve, aus der die über die Zeit gemittelte, integrale Geschwindigkeit (V_{avg}) berechnet werden kann. Wird zusätzlich der Gefäßradius (r) bestimmt, kann über die Formel

$$q_{avg} = V_{avg} \cdot \pi \cdot r^2$$

das über den Gefäßquerschnitt und die Zeit gemittelte Stromzeitvolumen (q_{avg}) berechnet werden.

Zur Zeit bietet nur ein Teil der Hersteller von FKDS-Geräten eine Software zur Berechnung integraler Flußvolumina nach oben erwähntem Verfahren an. Steht eine solche Möglichkeit nicht zur Verfügung, kann eine näherungsweise Messung der integralen Flußgeschwindigkeit mittels Doppler-Frequenzanalyse auf zwei verschiedenen Wegen erfolgen:

- großes Doppler-Meßvolumen (Größe muß dem Gefäßquerdurchmesser entsprechen); Bestimmung der über die Zeit gemittelten F_{mean} (s. 3.4.5.2) bzw. (nach Winkelkorrektur) V_{mean},
- kleines Doppler-Meßvolumen, Positionierung exakt in Gefäßmitte; Bestimmung der über die Zeit gemittelten F_{max} (s. 3.4.5.2) bzw. (nach Winkelkorrektur) V_{max}; die integrale Strömungsgeschwindigkeit entspricht dann etwa der Hälfte der in Gefäßmitte gemessenen Geschwindigkeit.

Die Quantifizierung der integralen Strömungsgeschwindigkeit ist besonders störanfällig und setzt optimale Untersuchungsbedingungen voraus. Hierzu gehören:

- die Verwendung eines möglichst hochfrequenten Schallkopfs (5, besser 7–7,5 MHz), um eine hohe räumliche Auflösung zu erzielen,
- die optimale Einstellung des Farbbilds ohne Aliasing sowie ohne Über- oder Untersteuerungsartefakte,
- ein relativ kleiner Doppler-Winkel (wenn möglich: 65 Grad oder kleiner) und ein geradliniger Gefäßverlauf, um die Auswirkungen fehlerhafter Winkelbestimmungen zu minimieren (s. Kapitel 1 und 4),
- ein geringer Aufsetzdruck des Schallkopfs, um das Gefäß nicht in Richtung eines ovalären Querschnitts zu deformieren (Flußvolumenformel gilt nur für runden Querschnitt),
- die optimale Schnittebene in der Längsachse des Gefäßes im maximalen Querdurchmesser (paraaxiale Schichtführung führt zur Unterschätzung),
- turbulenz-/wirbelfreier Fluß (Winkelkorrektur muß für alle Pixel auf der Meßlinie zu jedem Zeitpunkt gelten),

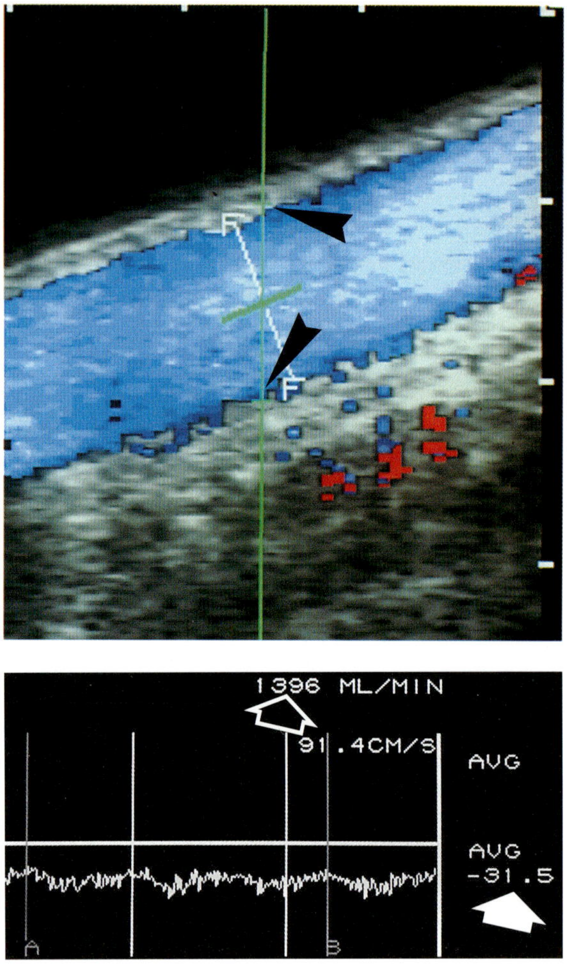

Abb. 3.**15** Prinzip der integralen Flußvolumenmessung mit der FKDS an einem Brescia-Cimino-Hämodialyseshunt am Oberarm:
a Plazierung der beiden Begrenzungs-Marker an der Gefäßwand (Pfeilspitzen). Winkelkorrektur (grüner Balken = parallel zur Gefäßlängsachse). Messung des Gefäßquerdurchmessers (weiße Meßlinie): 9,7 mm
b Integrierte Flußgeschwindigkeitskurve. Mittlere integrale Strömungsgeschwindigkeit über dem gesamten Gefäßquerschnitt bei Mittelung mehrerer Pulszyklen (zwischen den Meßpunkten A und B): 31,5 cm/s (geschlossener Pfeil). Nach der Formel in Kapitel 3.5 errechnet sich ein integrales Stromzeitvolumen von 1396 ml/min (offener Pfeil)

- exakte Bestimmung des Querdurchmessers (ideal ist die zeitgemittelte Messung über M-Mode-Funktion; wenn nicht vorhanden: elektronische Distanzmessung im Bereich der Geschwindigkeitsmesslinie, bei grundsätzlicher Messung des systolischen Maximaldurchmessers ergibt sich zwar ein kleiner systematischer Fehler, die Messung ist jedoch am besten reproduzierbar),
- bei Verwendung der Doppler-Technik Messung in oberflächennahen Gefäßen; die reflektierte Frequenz ist nicht nur von der Strömungsgeschwindigkeit und vom Winkel, sondern auch vom Abstand zwischen Schallkopf und rückstreuendem Teilchen abhängig (s. Kapitel 1).

Unter idealen Laborbedingungen sind die Ergebnisse der Flußmessungen sehr genau ($r > 0{,}99$, Regressionsgerade nahe der Identitätslinie) (9). Wegen der erforderlichen Optimierung der Untersuchungsbedingungen erfordert die integrale Volumenflußmessung beim Patienten eine besondere Sorgfalt des Untersuchers. Unter Beachtung der oben erwähnten Voraussetzungen ist die Flußmessung lediglich in oberflächennahen Gefäßen durchführbar. Klinische Relevanz hat dabei vor allem die Messung des Stromzeitvolumens in Hämodialyseshunts (s. Kapitel 7) (Abb. 3.**15**) erlangt. Auch die Quantifizierung des Shuntvolumens bei traumatisch entstandenen AV-Fisteln ist von klinischer Bedeutung (s. Kapitel 6).

3.6 Literatur

1 Azuma, T., Fukushima, T.: Flow patterns in stenotic blood vessel models. Biorheology 13 (1976) 337–355
2 Burns, P.N.: Hemodynamics. In Taylor, K.J.W., P.N. Burns, P.N.T. Wells: Clinical Applications of Doppler Ultrasound. Raven Press, New York 1988 (46–75)
3 Burton, A.C.: Physiology and Biophysics of the Circulation. 2nd ed. Yearbook Medical Publishers, Chicago 1972
4 Douville, Y., K.W.Johnston, M.Kassam: Determination of hemodynamic factors which influence the carotid Doppler spectral broadening. Ultrasound Med. Biol. 11 (1985) 417–423
5 Gosling, G., D. King: Arterial assessment by Doppler-shift ultrasound. Proc. roy. Soc. Med. 67 (1974) 447–449
6 Heinrich, U.: In-vitro-Untersuchungen an Gefäßstenosen mit der farbkodierten Duplexsonographie unter besonderer Berücksichtigung der Stenosegradbestimmung. Dissertationsschrift, Würzburg 1993
7 Hutchison, K.J., E. Karpinski: Stability of flow patterns in the in vivo poststenotic velocity field. Ultrasound Med. Biol. 14 (1988) 269–275
8 Khalifa, A.M.A., D.P.Giddens: Characterization and evolution of poststenotic flow disturbances. J. Biomech. 14 (1981) 279–296
9 Landwehr, P., W.Dölken, K.Lackner: In-vitro-Messung des intravasalen Blutflusses mit der Farb-Doppler-Sonographie. Fortschr. Röntgenstr. 150 (1989) 192–197
10 Landwehr, P., R. Schindler, U. Heinrich, W. Dölken, Th. Krahe, K. Lackner: Quantification of vascular stenoses with color Doppler flow imaging: in vitro investigations. Radiology 178 (1991) 701–704
11 McDonald, D.A.: The viscous properties of blood. In McDonald D.A.: Blood Flow in Arteries, 2nd ed. Edward Arnold Publishers, London 1974 (55–70)
12 McDonald, D.A.: Steady flow of a liquid in cylindrical tubes. In McDonald, D.A.: Blood Flow in Arteries, 2nd ed. Edward Arnold Publishers, 2nd ed., London 1974 (17–54)
13 McDonald, D.A.: Blood Flow in Arteries, 2nd ed. Edward Arnold Publishers, London 1974
14 McDonald, D.A.: Turbulence and disturbed flow patterns in the circulation. In: McDonald DA: Blood flow in arteries, 2nd ed. Edward Arnold Publishers, London 1974 (71–100)
15 McDonald, D.A.: The velocity profile in pulsatile flow. In McDonald, D.A.: Blood Flow in Arteries, 2nd ed. Edward Arnold Publishers, London 1974 (101–117)
16 Pourcelot, L: Applications cliniques de l'examen Doppler transcutané. Les Colloques de l'Institut National de la Santé et de la Recherche médicale. INSERM 34 (1974) 213–240
17 Trattnig, S., B. Schwaighofer, P. Hübsch, F. Kainberger, D. Pötzleitner: Velocity-Variance-Funktion: Zusatzinformation in der farbkodierten Doppler-Sonographie der Karotiden. Fortschr. Röntgenstr. 153 (1990) 663–668
18 Yongchareon, W., Young, D.F.: Initiation of turbulence in models of arterial stenoses. J. Biomech. 12 (1979) 185–196

4 Geräteeinstellung und Untersuchungstechnik

F. Fobbe, P.-M. Klews, R. Kubale, P. Landwehr

Neben der Anamnese sind die optimale Einstellung des Ultraschallgeräts und die der jeweiligen Hauptfragestellung angepasste Untersuchungstechnik Grundlage der Diagnose. Ultraschallgeräte verschiedener Hersteller haben unterschiedliche Stärken und Schwächen, die Untersuchung jedes Organs bedarf jeweils einer abgewandelten Technik. Zusätzlich muß bedacht werden, daß neben der Darstellung der Weichteilstrukturen die FKDS zusätzlich simultan die Durchblutung erfaßt. Damit sind für den Untersucher wesentlich mehr Informationen aufzunehmen als in der Grauwertsonographie. Die Beurteilung der in der FKDS dargestellten Signale muß im wesentlichen auch schon während der Untersuchung erfolgen. An den Untersucher und seine Ausbildung werden somit erhöhte Anforderungen gestellt.

Eine allgemein gültige Empfehlung zur Geräteeinstellung, Untersuchungstechnik und Beurteilung ist nicht möglich. Wichtig ist aber, auf prinzipielle Probleme hinzuweisen. In diesem Abschnitt sollen deshalb nur die Grundlagen der Geräteeinstellung, der Untersuchungstechnik und häufig auftretende Fehlermöglichkeiten besprochen werden. Einzelheiten zur Untersuchung finden sich in den jeweiligen Kapiteln.

Zu Beginn der Untersuchung sollte – wie bei jeder Ultraschalluntersuchung – eine optimale Aussteuerung des Grauwertbilds erfolgen. Neben der Positionierung des (der) Fokus(se) auf die zu untersuchende Tiefe sind insbesondere die Anpassung der Sendeenergie (soweit möglich) und die tiefenabhängige Verstärkung der reflektierten Schallwellen an den jeweiligen Patienten wichtig. Die Sendeenergie sollte auf den niedrigsten möglichen Wert eingestellt werden. Danach wird das Bild über die tiefenabhängigen Verstärkungsregeler (TGC) ausgeglichen. Erst wenn damit ein optimales Bild nicht möglich ist, wird die Sendeenergie erhöht. Die Farbkodierung verführt zu einer Vernachlässigung des Grauwertbilds. Das B-Bild ist aber die Basis der Untersuchung und die Farbkodierung nur eine – wenn auch wichtige – Zusatzinformation.

Die Sendeenergie wirkt sich nicht nur auf die Qualität des Grauwertbilds, sondern auch auf die Qualität der Farbkodierung aus. Nach optimaler Abstim-

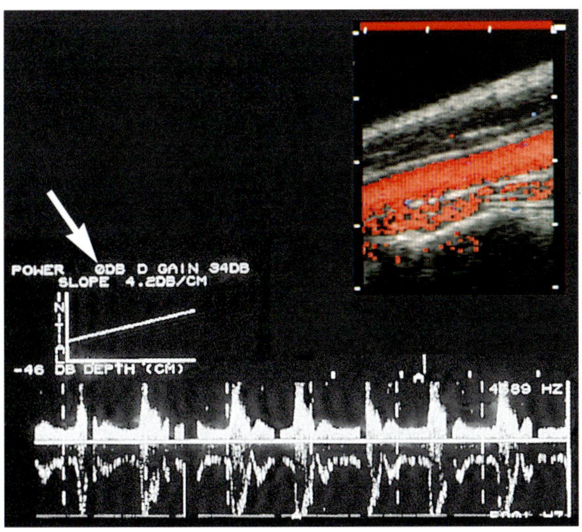

a

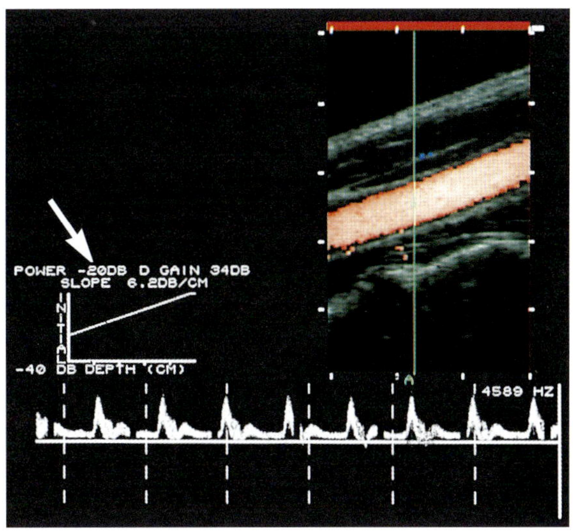

b

Abb. 4.**1a u. b** Einfluß der Sendeenergie auf die Qualität der Farbkodierung und des Spektrums (normale A. carotis communis):
a Sendeenergie (Power = 0, Pfeil) zu hoch eingestellt: In der Systole finden sich zwischen den mehrheitlich „roten" Farbsignalen diffus verteilt einzelne „blaue" Signale, zusätzlich überschreiten dorsal die Farbpunkte das Gefäßlumen. Im Spektrum ist der Kurvenzug diffus, das spektrale Fenster ist geschlossen und es kommt zu einer Spiegelung der Kurve um die Nullachse
b Nach Korrektur der Sendeenergie (Power = –20, Pfeil) verschwinden die Artefakte, die Farbkodierung ist homogen und beschränkt sich auf das Gefäßlumen, das Spektrum ist sauber, das spektrale Fenster offen und die Spiegelung um die Nullinie ist nicht mehr nachweisbar

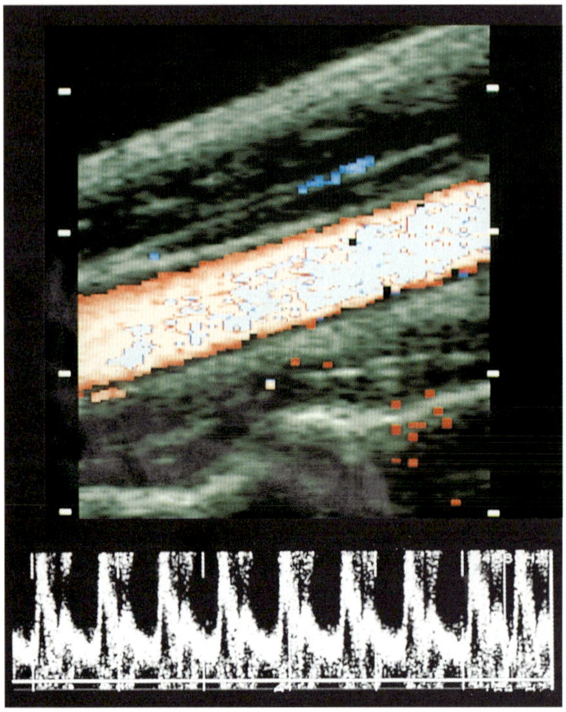

a

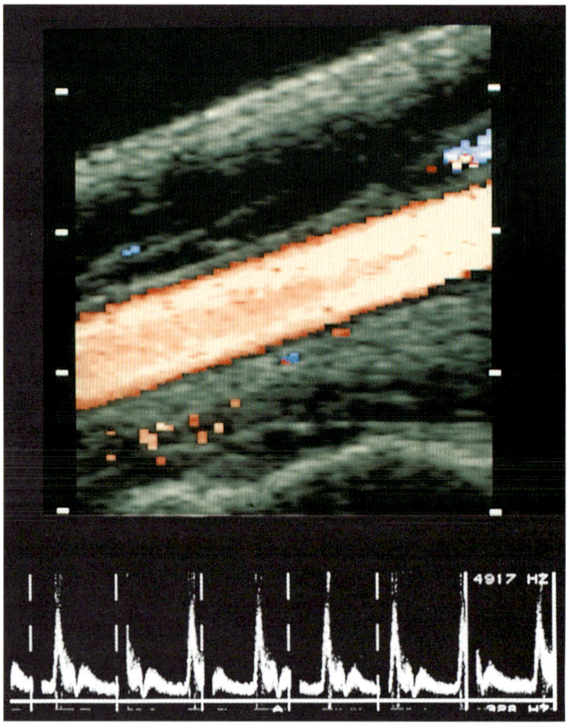

b

Abb. 4.**2a u. b** Einfluß der Pulsrepetitionsfrequenz (PRF) auf die Qualität der Farbkodierung und des Spektrums (normale A. carotis communis):
a PRF zu niedrig eingestellt: Während der Systole umschriebener Farbumschlag von „rot" nach „blau" in der Gefäßmitte (= „Aliasing"), im Spektrum überschreitet die Spitze des Kurvenzugs den Abbildungsraum und erscheint unterhalb der Nullinie („Überfaltung"), die maximale Frequenzverschiebung ist nicht zu bestimmen
b PRF korrekt eingestellt: Regelrechte Kodierung auch während der Systole nur in einer Farbe („Rot"), am rechten Bildrand mit einem sehr hellen Rot liegt eine höhere Geschwindigkeit vor (Systole) als am linken (noch Diastole) mit einer dunkleren Farbe. Regelrechter Kurvenzug der Frequenzanalyse

mung des Geräts ist in einem normalen Gefäß in der Systole das Lumen vollständig mit Farbsignalen gefüllt. Bei laminarem Fluß ist die Farbkodierung in der Mitte des Gefäßes heller (höhere Geschwindigkeit) als am Rand (niedrigere Geschwindigkeit). Die Farbsignale sollen das Gefäßlumen nicht überschreiten. Ist die Sendeenergie zu hoch eingestellt, treten auch in einem Gefäß mit laminarem, z. B. „rot" kodierten Fluß einzelne diffus verteilte „blaue" Punkte auf. Zusätzlich überschreiten die Farbsignale das Gefäßlumen (meist nach dorsal), im Spektrum (Frequenzanalyse) findet sich ein verwischter Kurvenzug mit geschlossenem spektralen Fenster und eine Spiegelung der Kurve um die Zeitachse. Bei korrekter Einstellung des Geräts treten solche Phänomene nicht auf (Abb. 4.**1a, b**). Diese Veränderungen können mit „Aliasing" oder mit durch Wandunregelmäßigkeiten verursachten geringen Wirbelbildungen verwechselt werden. Beim „Aliasing" (Abb. 4.**2a, b**) tritt die Farbänderung aber in der Regel nur während der Systole und dann zusammenhängend in der Mitte des Gefäßes auf, Wandunregelmäßigkeiten (Abb. 4.**3a, b**) führen zu wandständigen umschriebenen Farbänderungen.

Zur Anpassung der Farbkodierung sind bei den meisten Geräten drei Parameter einzustellen: 1. Die „Intensitätsschwelle" (threshold), 2. die untere Grenze der farbkodierten Frequenzverschiebung („Wandfilter", s. Abschnitt 1.3.1) und 3. die obere ohne Aliasing noch zu erfassende Frequenzverschiebung. Die Intensitätsschwelle (1.) legt den Bereich fest, oberhalb dessen die Echosignale für die farbkodierte Bearbeitung berücksichtigt werden. Diese Einstellung dient der Rauschunterdrückung und entspricht dem TGC beim Grauwertbild. Sie sollte so justiert werden, daß bei ruhig gehaltenen Schallkopf gerade keine Farbpixel außerhalb von Gefäßen auftreten. Die Grenzen für die farbig kodierten Frequenzverschiebungen (Punkt 2 und 3) sind in Abhängigkeit von der zu erwartenden Blutflußgeschwindigkeit so zu verschieben, daß alle relevanten Bewegungen erfaßt werden und möglichst wenig Artefakte (Aliasing) auftreten (Abb. 4.**2a, b**). Bei einigen Geräten können die untere und die obere Grenze getrennt und bei einigen nur zusammen eingestellt werden. Wird ein Organ mit langsamem Blutfluß untersucht (z. B. Venen), ist die Grenze so zu verschieben, daß die relativ langsame Blutbewegung in dem Zielorgan erfaßt wird, andererseits aber Signale aus benachbarten Strukturen mit höherer Geschwindigkeit (z. B. Begleitarterie) nicht stören (Venen: 5-MHz-Schallkopf, Kodierung ab 50 Hz, Hoden: 7,5-MHz-Schallkopf Kodierung ab 40 Hz). Bei der Untersuchung von Arterien mit schneller Blutflußgeschwindigkeit (Karotiden, Extremitätenarterien) sollte eine Frequenzverschiebung bis 10 kHz (5-MHz-Schallkopf) ohne Aliasing erfaßbar sein. Im einzelnen sollte unbedingt die Bedienungsanleitung des jeweiligen Geräts zu Rate gezogen werden.

Ist der Schallkopf der Untersuchungssituation angepaßt und das Gerät richtig eingestellt, weist eine Farbänderung in einem Gefäß auf einen pathologischen Befund hin. Distal einer hämodynamisch wirksamen Stenose kommt es zu Verwirbelungen, die über die Farbkodierung im Echtzeitbild erkannt werden können. Im typischen Fall ist in der FKDS die erhöhte Geschwindigkeit in der Stenose fast „weiß" kodiert, und die poststenotischen Veränderungen zeigen sich als eine Mischung aus „Rot" und „Blau". Der Nachweis der poststenotischen Wirbelbildung über die Farbkodierung kann auch zur indirekten Beurteilung von Gefäßabschnitten herangezogen werden, die wegen ausgeprägten Gefäßwandverkalkungen nicht direkt erfaßt werden können (Abb. 4.**4a–c**).

Einige Geräte verfügen über einen sogenannten „Turbulenzindikator" (Abb. 3.**10a, b**). Hiermit soll die Störung eines konstanten Flusses einfacher erkannt werden (in der normalen Darstellung Farbänderung von „Rot" nach „Blau" oder umgekehrt). Eine Turbulenz wird im Bild dann mit einer anderen Farbe, z. B. „Grün", angezeigt. Die „grüne" Farbbeimischung ist proportional zum Quadrat der Standardabweichung der gemessenen Frequenzverschiebungen. Je mehr „Grün" angezeigt wird, um so größer ist der mögliche Meßfehler; ein rein „grüner" Punkt sagt aus, daß dort jede Frequenzverschiebung möglich ist. Die Beurteilung über die Wertigkeit dieses „Turbulenzindikators" ist individuell sehr verschieden. Sie dürfte auch von der Empfindlichkeit (Ortsauflösung) des Geräts für die normale Farbkodierung abhängen und von der Konstanz der Blutströmung während der Meßzeit.

Für die meisten Geräte stehen Schallköpfe zu Verfügung, deren Applikationsfläche entweder geradlinig (linear) oder konvex geformt ist. Mit den konvexen Schallköpfen ist insbesondere bei adipösen Patienten die Weichteilkompression einfacher möglich. Der Nachteil dieser Schallköpfe ist aber, daß es im Scheitelpunkt des Bogens zu einem Farbumschlag kommt (Richtungsänderung und damit Farbänderung). Bei der Untersuchung parallel zum Längsverlauf der Gefäße ist dieser Farbumschlag irritierend und kann zu Fehldiagnosen führen (Abb. 17.**39a**, **b**, Abb. 4.**5a, b**). Für die Untersuchung der peripheren Gefäße empfehlen wir deshalb den Einsatz von linearen Schallköpfen.

Die großen Gefäße der Extremitäten und des Halses verlaufen im wesentlichen parallel zur Haut. Damit ergibt sich bei Verwendung eines linearen Schallkopfs zwischen der Blutbewegung und den ein-

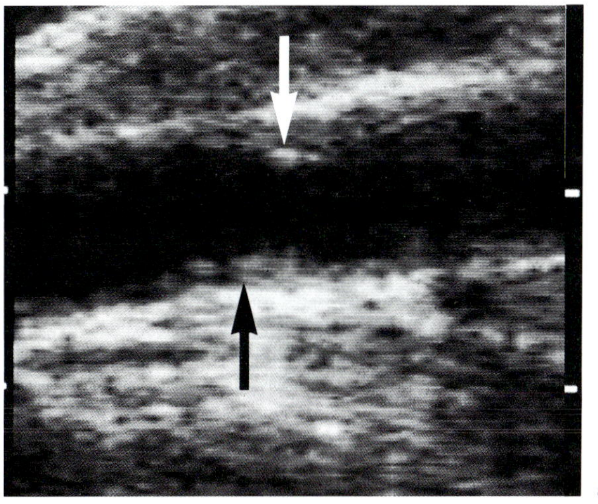

a

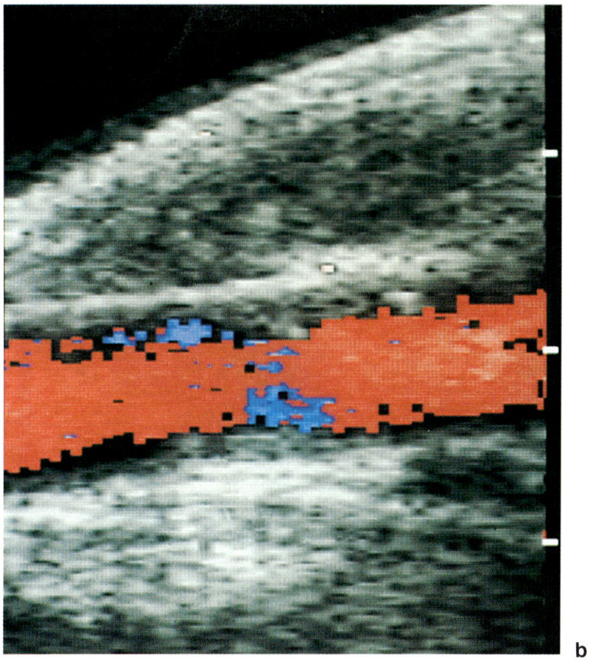

b

Abb. 4.**3a u. b** Wandunregelmäßigkeiten in der A. carotis communis:
a Im Grauwertbild hyperreflexive bandförmige Auflagerungen an der Gefäßwand (Pfeil) mit nur geringer Einengung des Lumens
b In der FKDS Nachweis einer durch die Wandunregelmäßigkeiten verursachten Aufhebung der laminaren Strömung (zusammenhängende flächenhafte Änderung der Farbe von „Rot" nach „Blau")

fallenden Schallwellen ein Winkel von 90 Grad. Nach der „Doppler-Formel" kann für diese Bedingung keine Frequenzverschiebung gemessen werden. Die Gerätehersteller bieten für diese Situation zwei Lösungen an: Eine keilförmige Wasservorlaufstrecke oder die elektronische Ablenkung der Schallwellen im Schallkopf (sogenannten „Beam Steering", Abb. 4.**6a–c**). Der Nachteil der Wasservorlaufstrecke ist die gering verschlechterte Qualität des Grauwertbilds (wegen des schrägen Auftreffens der Schallwellen

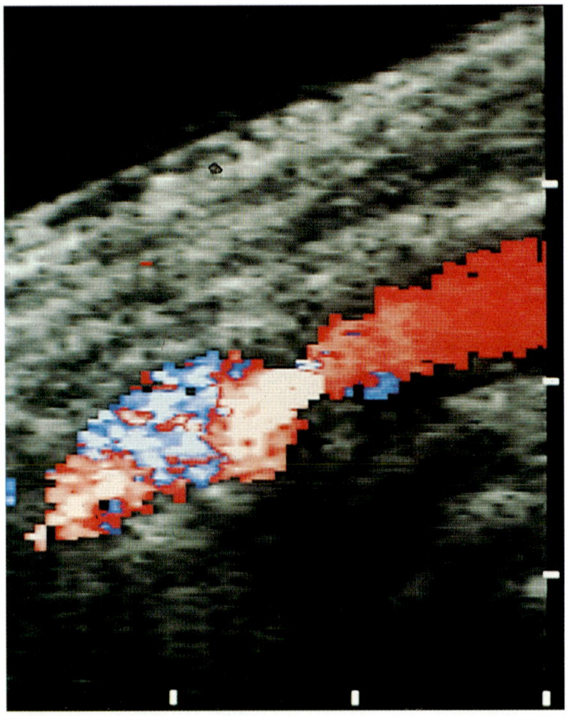
a

Abb. 4.**4a–c** Gefäßlumeneinengung und postenotische Wirbelbildung:
a Mehr als 50%ige Lumeneinengung in einer A. carotis communis: In der Stenose nahezu „weiße" Kodierung (hohe Geschwindigkeit), poststenotische Gefäßerweiterung mit Verwirbelung (Mischung aus „Rot" und „Blau")
b Zirkuläre ausgeprägte Gefäßwandverkalkung mit dosaler Schallauslöschung, kranial der Verkalkung (links im Bild) verwirbelter Blutstrom (Mischung aus „Rot" und „Blau") – im Bereich der Wandverkalkung muß eine hämodynamisch wirksame Stenose vorliegen
c Zirkuläre ausgeprägte Gefäßwandverkalkung mit dosaler Schallauslöschung, kranial und kaudal der Verkalkung aber laminare Blutströmung (homogen „rote" Farbkodierung) – die Wandverkalkung verursacht keine hämodynamisch wirksame Einengung

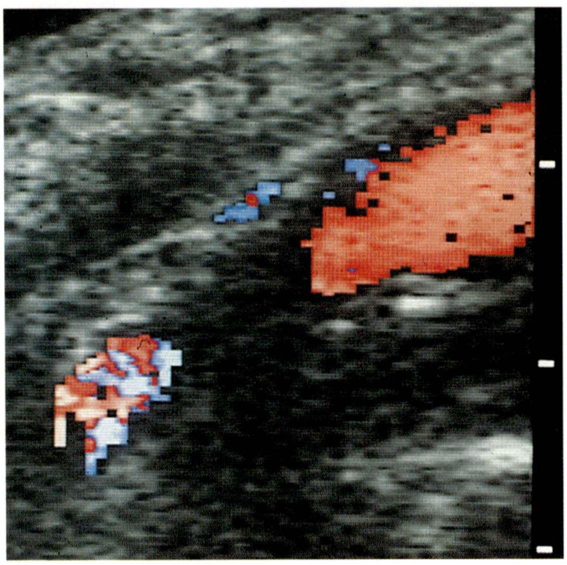
b

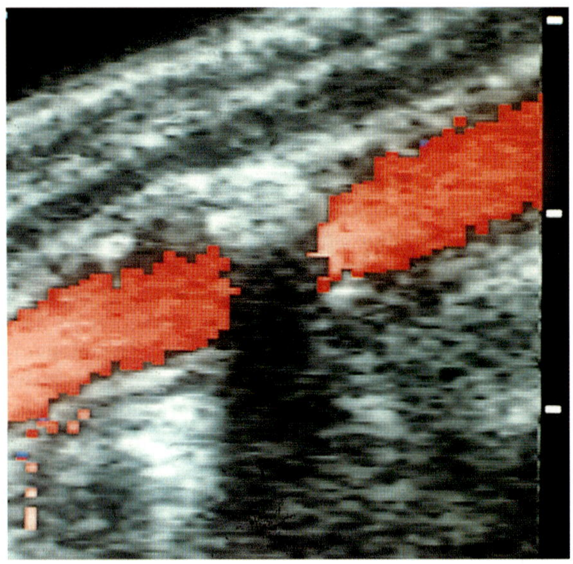
c

auf die Haut). Der Vorteil dieses Verfahrens ist aber, daß die Farbkodierung über die ganze Fläche des B-Bilds zur Verfügung steht. Beim „Beam Steering" wird in Abhängigkeit von dem gewählten Winkel und vom Abstand zwischen Haut und Gefäß die Fläche des farbkodierten Areals um bis zur Hälfte eingeengt. Nach unseren Erfahrungen ist für die Untersuchung der peripheren Gefäße die Wasservorlaufstrecke dem „Beam Steering" vorzuziehen. Die Farbkodierung über die gesamte Bildfläche ermöglicht die Beurteilung eines größeren Areals und verkürzt damit die Untersuchungszeit. Zusätzlich wird die Darstellung im Nahfeld verbessert. Unmittelbar subkutan liegende Gefäße können besser beurteilt werden.

Werden Gefäße im Querschnitt untersucht, ist ebenfalls an den „Doppler-Winkel" zu denken. Läuft das Gefäß parallel zur Haut und wird der Schallkopf senkrecht aufgesetzt, ist der Winkel zwischen Blutbewegungsrichtung und Schallwelle 90 Grad und eine Frequenzverschiebung nicht meßbar. Der Schallkopf muß deshalb leicht (am einfachsten nach kranial) gekippt werden. In der Regel sind 10–15 Grad ausrei-

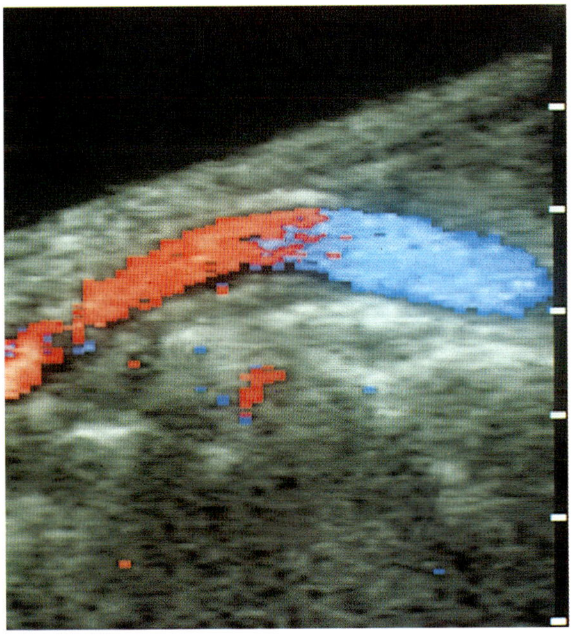

a

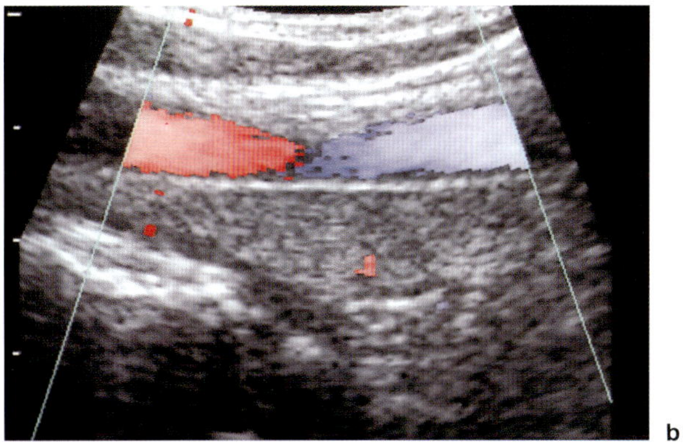

b

Abb. 4.**5a u. b** Richtungsabhängigkeit der Farbkodierung:
a Geschwungener Verlauf der A. carotis communis, Untersuchung mit einem *linearen Schallkopf* mit keilförmigem Wasservorlauf: Im Scheitelpunkt des Bogens des Gefäßes Farbumschlag von „Blau“ nach „Rot“ (auch Abb. 17.**39a, b**)
b Geradliniger Verlauf der A. carotis communis, Untersuchung mit einem *konvexen Schallkopf:* Im Scheitelpunkt des Bogens der Schallkopfoberfläche Farbumschlag von „Rot“ nach „Blau“ genau wie bei Abb. 4.**4a**

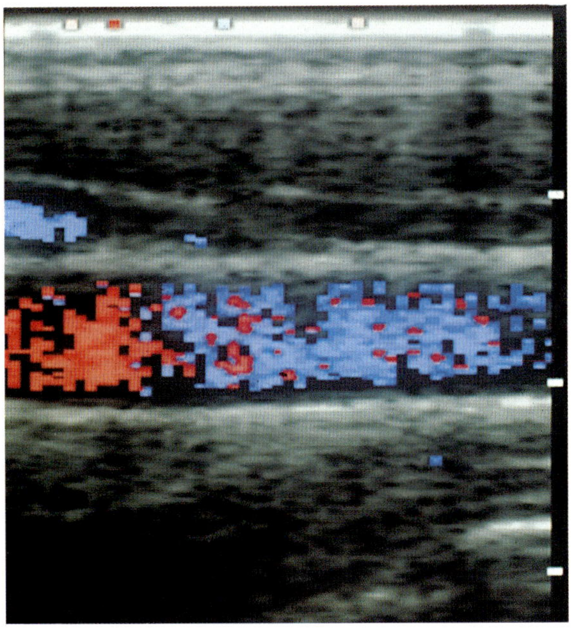

a

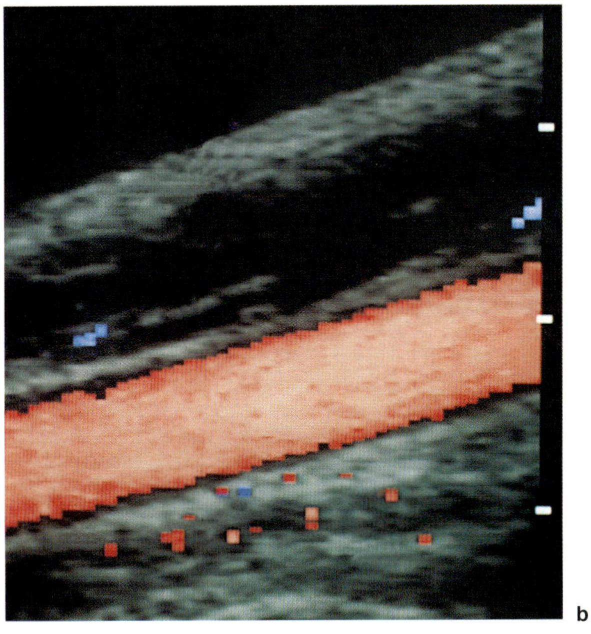

b

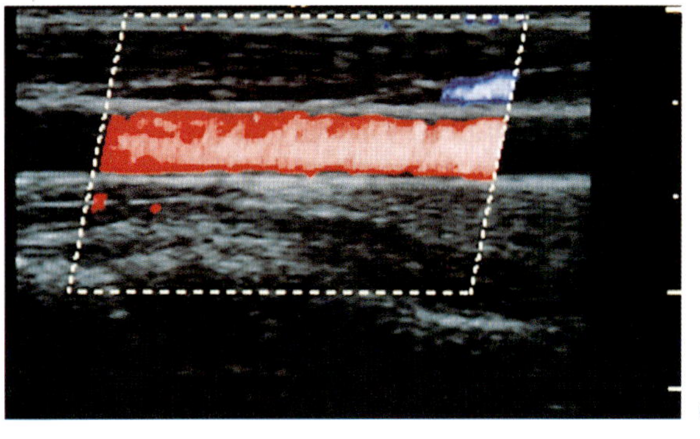

c

Abb. 4.**6a–c** Untersuchung eines parallel zur Haut verlaufenden Gefäßes (normale A. carotis communis):
a Ohne keilförmigen Wasservorlauf sind nur vereinzelt ungerichtete („rote“ und „blaue“) Bewegungssignale aus dem Gefäßlumen („Doppler-Winkel“ = 90 Grad) dargestellt
b Mit keilförmiger Wasservorlaufstrecke (Doppler-Winkel ungleich 90 Grad) homogene Füllung des gesamten Gefäßlumens mit gerichteten Bewegungssignalen (nur „Rot“)
c Mit „Beam Steering“ (elektronische Ablenkung der Schallwellen) ebenfalls gute Füllung des Gefäßlumens mit Flußsignalen, am linken und rechten Bildrand ist aber eine Messung der Frequenzverschiebung nicht möglich

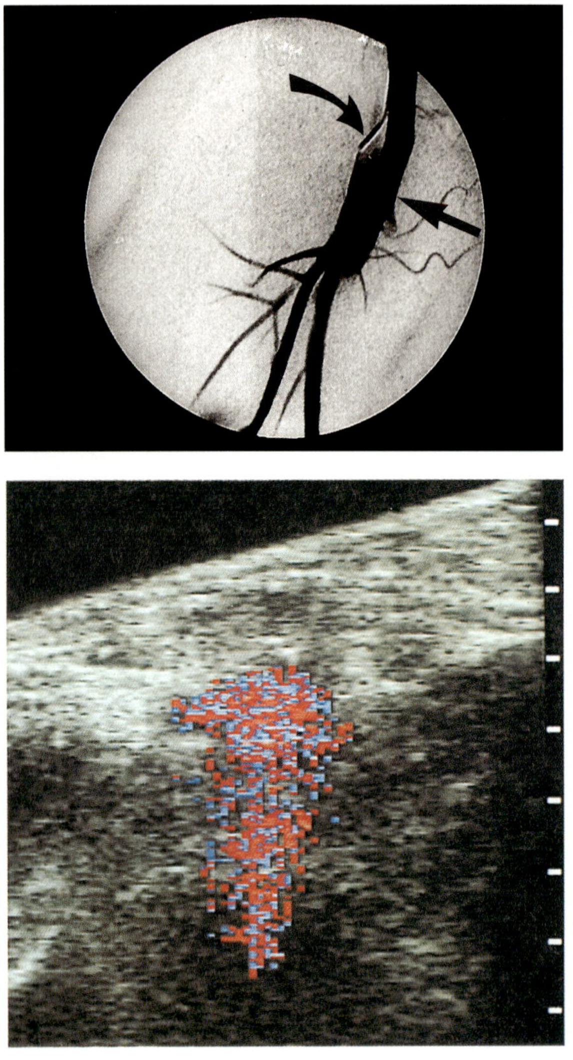

a

b

Abb. 4.**7a u. b** Fistel zwischen der rechten A. und V. femoralis communis nach arterieller Punktion:
a Angiographie: Punktion der kontralateralen A. femoralis, Katheterspitze (gebogener Pfeil) in der distalen A. iliaca externa. Sofort nach der Kontrastmittelinjektion kontrastiert sich neben der A. profunda femoris und der A. femoralis superficialis die V. femoralis (gerader Pfeil)
b FKDS: Typische flächenhafte umschriebene („nebelartige") Mischung aus „Rot" und „Blau", die Gefäße und die Fistel sind von diesem „Farbnebel" verdeckt und nicht darstellbar. Die hohe Geschwindigkeit in der Fistel führt zu Schwingungen des Gewebes die vom Gerät erfaßt und farbig kodiert werden

chend. Wird der Schallkopf zu sehr aus der Senkrechten geschwenkt, kommt es zu einer erheblichen Verschlechterung des B-Bilds.

Auch bei der Untersuchung parenchymatöser Organe können Gefäße parallel zur Schallkopfoberfläche verlaufen. Wegen der in diesem Gebiet nicht meßbaren Frequenzverschiebung kann dies zur Fehldiagnose einer umschriebenen Perfusionsstörung führen. Das entsprechende Areal sollte deshalb immer mit unterschiedlichen Schallkopfpositionen (anderes Schallfenster, Kippen des Schallkopfs) untersucht werden. Kann in einem Organ insgesamt keine Perfusion erfaßt werden, ist auch an eine Fehleinstellung oder einen Defekt des Geräts zu denken (Kontrolle an einem benachbarten Gefäß).

Die Breite des farbkodierten Areals bestimmt die Bildwechselfrequenz. Bei den schmalen, hochfrequenten Schallköpfen für oberflächliche Organe ist dies meist kein Problem. Wird aber ein Schallkopf mit einer großen Abbildungsfläche benutzt (z. B. 3-MHz-Schallkopf für die Untersuchung des Abdomens), kann es bei einer Farbkodierung in der gesamten Bildfläche zu einer erheblichen Reduzierung der Bildwechselfrequenz kommen. Dies hängt mit dem Bildaufbau und den physikalischen Eigenschaften der Schallwellen zusammen (s. 1.2) zusammen. Je breiter und tiefer das dargestellte Areal ist, um so mehr Zeit wird für den Bildaufbau benötigt. Reduziert man insbesondere die Breite des farbkodierten Areals, erhöht sich die Bildwechselfrequenz. Diese Möglichkeit der Reduzierung wird von allen Herstellern angeboten und „Farbfenster" genannt. Nach Möglichkeit sollte diese Option vor allem bei der Untersuchung abdomineller Organe benutzt werden. Die Bildwechselfrequenz großflächiger Schallköpfe mit hoher Eindringtiefe und Farbkodierung über die ganze Bildfläche ist sehr niedrig (2–3 Bilder pro Sekunde). Mit einer solchen Bildwechselfrequenz ist eine vernünftige Untersuchung nicht möglich. Wird das „Farbfenster" z. B. auf die Hälfte der Bildfeldbreite verkleinert, kann die Bildwechselfrequenz bis auf das Doppelte erhöht werden.

Bei manchen Geräten kommt es mit dem Einschalten der Farbkodierung zu einer teilweise erheblichen Reduzierung der Qualität des Grauwertbilds. Hier wird auf Kosten der Grauwertdarstellung die Auflösung der Farbkodierung verbessert. Muß mit einem solchen Gerät gearbeitet werden, sollte zuerst das zu untersuchende Organ vollständig im reinen B-Bild dargestellt und im zweiten Schritt dasselbe mit Farbkodierung erfolgen.

Für die Dokumentation gelten die gleichen Grundsätze der reinen Grauwertsonographie: das entsprechende Organ bzw. Gefäß soll in zwei Ebenen erfaßt werden. Zusätzlich sind pathologische Befunde festzuhalten. Diese Regel ist insbesondere bei der Untersuchung der peripheren Gefäße nicht umzusetzen. Hier muß die Bilddokumentation durch eine ausführliche Beschreibung des Befundes und Übertragung auf vorgefertigte Schemazeichnungen ergänzt werden. Mehr noch als für die B-Bild-Sonographie gilt aber

Tabelle 4.**1** Häufige Ursachen für Farbartefakte

Erscheinungsform	Ursachen	Abhilfen
1. Im B-Bild glatt begrenztes und normal weites Gefäß, in der Farbkodierung Mischung aus „Rot" und „Blau", die Farbkodierung überschreitet das Gefäßlumen	a) Sendeenergie zu hoch b) PRF zu niedrig (= Aliasing) c) Grenze für minimal farbig kodierte Frequenzverschiebung (Wandfilter) zu niedrig	a) Sendeenergie erniedrigen b) PRF erhöhen (wenn möglich) oder Nullinie verschieben oder Beschallungsrichtung ändern (Winkel zwischen Blutbewegung und einfallender Schallwelle näher 90 Grad) oder Schallkopf mit niedrigerer Sendefrequenz verwenden c) Wandfilter höher einstellen
2. Keine oder nur spärliche Farbkodierung	a) Sendeenergie zu niedrig b) PRF zu hoch c) Wandfilter zu hoch d) Doppler-Winkel nahe 90 Grad e) Gerät defekt	a) Sendeenergie erhöhen b) PRF erniedrigen c) Wandfilter niedriger einstellen d) keilförmige Vorlaufstrecke oder „Beam Steering" verwenden
3. Konstanter oder wechselnd auftretender „Farbnebel" (Mischung aus „Rot" und „Blau") im Gefäßlumen und in der Umgebung (Abb. 4.**7**)	a) Vibration der Weichteilstrukturen in der Nähe einer hochgradigen Stenose oder einer A-V-Fistel b) sehr hoher Blutfluß (Dialyseshunt) c) „Pseudostenose" durch zu hohen Druck mit dem Schallkopf d) Umgebungsgeräusche (Darmperistaltik, Herzpulsationen, Muskelzittern	a, b) Blutfluß durch manuelle Kompression der zuführenden Arterie proximal der Untersuchungsstelle verringern c) Druck mit dem Schallkopf verringern d) Darmmotilität blockieren (z. B. Buscopan), farbkodierte Fläche einengen („Farbfenster"), anderes Schallfenster suchen

für die FKDS, daß die Beurteilung während der Untersuchung im Echtzeitbild erfolgen muß und die Dokumentation nur das Ergebnis der während der Untersuchung gestellten Diagnose ist. Am Standbild sind viele hämodynamische Vorgänge nicht hinreichend beurteilbar.

Eine häufige Ursache von Fehldiagnosen ist die Mißachtung des Winkels in der „Doppler-Formel". Nach dieser Formel entspricht die gemessene Frequenzverschiebung erst nach der Multiplikation mit dem Kosinuswert des Winkels zwischen Bewegungsrichtung und Schallwelle der Blutflußgeschwindigkeit. Zusätzlich muß die Sendefrequenz des Schallkopfs mit berücksichtigt werden. Um die Bedeutung dieser Größen für die Berechnung der Geschwindigkeit mit Hilfe des Ultraschalls zu unterstreichen, werden hier einige Beispiele berechnet (s. Kapitel 17.3):

$$\text{„Doppler-Formel"} = F_B - \frac{2 \cdot F_o \cdot \cos\alpha \cdot v}{c} \rightarrow$$

$$v = \frac{F_B \cdot c}{2 \cdot F_o \cdot \cos a} = \frac{Hz \cdot cm}{Hz \cdot s} \, cm/s$$

$$c = 1540 \, m/s = 154000 \, cm/s$$

Für die ersten drei Beispiele wird ein Schallkopf mit einer Sendefrequenz (F_o) von 3 MHz und einer gemessenen Frequenzverschiebung (F_B) von 4000 Hz angenommen.

Beispiel 1: Winkel zwischen einfallender Schallwelle und Bewegungsrichtung (α) = 0 Grad → cos α = 1

$$v = \frac{4000 \cdot 154000}{2 \cdot 3000000 \cdot 1} = \frac{616}{6} = \mathbf{103\ cm/s}$$

Beispiel 2: Winkel (α) = 40 Grad → cos α = 0,7660

$$v = \frac{4000 \cdot 154000}{2 \cdot 3000000 \cdot 0{,}766} = \frac{616}{4{,}6} = \mathbf{134\ cm/s}$$

Beispiel 3: Winkel (α) = 80 Grad → cos α = 0,1736

$$v = \frac{4000 \cdot 154000}{2 \cdot 3000000 \cdot 0{,}1736} = \frac{616}{1{,}0416} = \mathbf{591\ cm/s}$$

Beispiel 4: Winkel wie in Beispiel 3 (80 Grad) aber für einen Schallkopf mit der Sendefrequenz (F_o) von 5 MHz

$$v = \frac{4000 \cdot 154000}{2 \cdot 5000000 \cdot 0{,}1736} = \frac{616}{1{,}736} = \mathbf{355\ cm/s}$$

An den Beispielen 1–3 ist erkennbar, daß sich bei gleichbleibender Frequenzverschiebung und einer Winkeländerung zwischen 0 Grad und 80 Grad die errechnete Geschwindigkeit um fast das 6fache ändert ! Je mehr sich der Winkel zu 90 Grad nähert, um größer wird auch bei kleiner Winkeländerung die Geschwindigkeitsdifferenz (Abb. 17.**41**). Die alleinige Änderung der Frequenz des Schallkopfs von 3 MHz (Beispiel 3) zu 5 MHz (Beispiel 4) ergibt fast eine Halbierung der Geschwindigkeit. Hieraus läßt sich ableiten, daß die Angabe einer Frequenzverschiebung ohne Berücksichtigung von Winkel und Sendefrequenz (in der Regel) ohne Wert ist. Weiterhin kann die Änderung der Helligkeit der Farbkodierung auch nur durch eine Richtungsänderung des Gefäßes verursacht sein (Abb. 17.**40a, b**). Eine Beurteilung sollte deshalb immer erst nach entsprechender Korrektur des Winkels erfolgen.

Absolute Messungen im Ultraschall – seien es Geschwindigkeiten, Volumina oder Entfernungen – sollten immer vor ihrer Verwendung auf ihre Plausibilität untersucht werden. Auf die Bedeutung des Winkels zur Geschwindigkeitsmessung wurde schon hingewiesen. Es gibt aber noch eine Reihe anderer Faktoren, die absolute Messungen im Ultraschall beeinflussen. Nur drei sollen hier noch genannt werden. 1. Eine Distanz wird im Ultraschall über die Laufzeit der Schallwelle berechnet. Hierbei geht man von einer fixen Schallausbreitungsgeschwindigkeit im Gewebe aus. In den unterschiedlichen Strukturen des Körpers ergeben sich aber auch unterschiedliche Schallgeschwindigkeiten. Für oberflächennahe Messungen kann dies vernachlässigt werden. Je weiter aber der Messpunkt von dem Schallkopf entfernt ist, um so größer wird der Meßfehler. 2. Die Energie der Schallwellen wird beim Durchlaufen des Gewebes zum Teil absorbiert. Die Absorption ist aber frequenzabhängig und höhere Frequenzen werden stärker geschwächt als niedrigere. Dies führt zu einer Fehlberechnung der Flußgeschwindigkeit: der Fluß vom Schallkopf weg wird überschätzt und der Fluß zum Schallkopf hin wird unterschätzt. Dieser Fehler gewinnt damit vor allem bei der Untersuchung tief liegender Strukturen im Abdomen Bedeutung. 3. Die Genauigkeit der Messung hängt direkt mit der genauen Plazierung des Meßpunkts bzw. des Meßfensters und des Gefäßverlaufs (Winkel zwischen Bewegungsrichtung und Schallwelle) ab. Je größer die Entfernung zwischen dem Schallkopf und dem untersuchten Gefäß und je niedriger die Sendefrequenz des Schallkopfs (geringere Ortsauflösung) ist, um so schwieriger wird eine sichere Messung. Die Abweichung von z. B. 1 Grad bei der Festlegung des Meßpunkts in 10 cm Tiefe führt zu einer Entfernungsdifferenz von 1,7 mm). Werden Quotienten berechnet (z. B. Pulsatilitätsindex), ist daran zu denken, daß bei einer Multiplikation und Division der Meßfehler ebenfalls multipliziert (und nicht nur addiert) wird. Die Angabe von zwei Stellen hinter dem Komma bei der Berechnung von Quotienten täuscht damit eine Genauigkeit vor, die weder von der Meßmethode noch vom Untersucher zu erwarten ist. Unter Berücksichtigung der – durch die Schallphysik bedingten – Probleme sind aber durchaus Messungen mit dem Ultraschall möglich. Dies gilt insbesondere für den interindividuellen Vergleich und für Verlaufskontrollen.

Der Ultraschall und insbesondere die FKDS ist eine faszinierende diagnostische Methode. Für den optimalen Einsatz des Verfahrens müssen aber die Leistungsfähigkeit und die Limitationen der Methode bekannt sein.

5 Extrakranielle hirnversorgende Arterien

P. Landwehr

5.1 Allgemeine Bemerkungen

Die zerebrale Apoplexie stellt – trotz einer signifikanten Abnahme der Häufigkeit in den letzten Jahren (10, 24) – noch immer eine der häufigsten Todesursachen in den industrialisierten Ländern dar. Etwa ein Drittel der akuten Erkrankungen endet tödlich. Wird der Schlaganfall überlebt, resultiert in vielen Fällen eine langdauernde, zum Teil irreversible Invalidisierung. Lähmungen führen dabei nicht selten zur völligen Pflegebedürftigkeit, verbleibende Sprachstörungen beeinträchtigen die Kommunikationsfähigkeit.

Das Risiko eines unbehandelten Patienten, nach einer transitorisch-ischämischen Attacke (TIA) oder nach einem Apoplex mit verbleibenden neurologischen Defiziten ein erneutes zerebro-vaskuläres Ereignis zu erleben, ist gegenüber einem asymptomatischen Patienten um den Faktor 15–20 erhöht (28, 52). Das spontane Risiko eines Schlaganfalls nach früher durchgemachter TIA liegt bei 4–10% pro Jahr.

Ein Fünftel der vorübergehenden oder permanenten Hirnischämien gehen auf Embolien aus dem Herzen zurück, während vier Fünftel der ischämischen Ereignisse auf dem Boden einer Arteriosklerose entstehen. Die große Mehrzahl der pathologischen Veränderungen liegt dabei im extrakraniellen Verlauf der hirnversorgenden Arterien unter Bevorzugung der Karotisbifurkation. Dies ermöglicht eine operative Korrektur arteriosklerotischer Gefäßläsionen. Dabei stellt die offene Thrombendarteriektomie (TEA) mit oder ohne Venen- bzw. Kunststoff-Patch-Plastik die chirurgische Therapie der Wahl dar. Während im Karotisgabelbereich und in der A. carotis interna eine interventionell-radiologische Behandlung nicht ulzerierender Stenosen durch Ballondilatation nur in Ausnahmefällen möglich ist (34), stellen vor allem Stenosen der A. subclavia und des Truncus brachiocephalicus gute Indikationen zur perkutanen transluminalen Angioplastie (PTA) dar (13).

Die Diskussion über den Stellenwert der operativen Korrektur von Karotisstenosen ist in Anbetracht einer signifikanten Operationsmorbidität und -mortalität, der Möglichkeit einer konservativen Therapie mit Thrombozytenaggregationshemmern bzw. Cumarinen sowie der im Langzeitverlauf signifikanten Häufung myokardialer Infarkte noch nicht abgeschlossen (3, 33). Es ist jedoch gesichert, daß symptomatische Patienten von einer Operation profitieren: Die Schlaganfallrate kann gegenüber dem nichtoperierten Kollektiv deutlich reduziert werden (16, 55). Die beiden aktuellen randomisierten Studien zur Effizienz der Karotis-TEA (55, 56) beweisen bei symptomatischen, höhergradigen Stenosen der A. carotis (70–99% Durchmesserreduktion) den Nutzen für den operierten Patienten im Vergleich mit dem konservativ behandelten Krankengut, während Patienten mit niedriggradigen Stenosen (< 30% Durchmessereduktion) nicht von der Operation profitieren (55). Ob auch bei mittelgradigen Karotis-Stenosen (30–69% Durchmessereduktion) und bei asymptomatischen Patienten eine operative Behandlung der medikamentösen Therapie mit Thrombozytenaggregationshemmern vorzuziehen ist, muß erst in weiteren Langzeitstudien geklärt werden (15, 55, 56).

Die Lage der Mehrzahl der Gefäßläsionen im extrakraniellen Verlauf der Hirnarterien ermöglicht ihre sonographische Darstellbarkeit. Dabei müssen Fragen nach Art, Lokalisation und Ausmaß der Gefäßläsion beantwortet werden. Das Karotisstromgebiet stellt ein klassisches diagnostisches Feld der Doppler-Sonographie dar. Vor der Einführung der Duplexverfahren beruhte die Diagnostik auf der Analyse CW-dopplersonographisch abgeleiteter Strompulskurven bei direkter Beschallung der A. carotis und bei indirekter Beschallung der periorbitalen Arterien unter Verwendung von Kompressionstests (23). Mit der farbkodierten Duplexsonographie ist eine integrale Darstellung der pathologischen Gefäßveränderungen im Grauwertbild (Plaque, Stenose, Verschluß) und der konsekutiven Flußveränderungen im farbkodierten Bild (Geschwindigkeitserhöhung in der Stenose, poststenotische Flußveränderungen, fehlendes Flußsignal bei Verschluß) möglich. Es muß dabei das Ziel sein, auf der Grundlage der Resultate des bildgebenden Verfahrens eine klinisch orientierte Diagnose zu stellen. Die im Rahmen dieses Kapitels vorgenommene Abhandlung anatomischer, pathologischer, pathophysiologischer und klinischer Grundlagen beschränkt sich dabei auf das zum Verständnis der Befunde in der FKDS notwendige Maß.

5.2 Normale Anatomie, häufige Varianten und Untersuchungstechnik

5.2.1 Vorbemerkungen

Hirngewebe ist gegenüber einer Ischämie und damit Hypoxie besonders empfindlich. Die besondere Art der arteriellen Gefäßversorgung des Gehirns über 4 Hauptarterien wird dieser geringen Ischämietoleranz gerecht. Unter bestimmten Umständen kann bei Wegfall einer Hauptarterie die Blutzufuhr über die übrigen Zuflüsse gesichert werden, ohne daß neurologische Schäden eintreten.

5.2.2 Aortenbogenabgänge

Die arterielle Versorgung des Gehirns geschieht im Normalfall über jeweils zwei Aa. carotes bzw. vertebrales, wobei sich die Vertebralarterien am Unterrand der Pons zur A. basilaris vereinigen. Die Versorgung ist nicht ganz symmetrisch, da die linke A.carotis communis und die linke A. subclavia im Regelfall isoliert aus dem Aortenbogen abgehen, während die rechte A. carotis communis mit der A. subclavia dextra einen gemeinsamen Abgang aus dem Aortenbogen, den Truncus brachiocephalicus, aufweist (Abb. 5.**1**). Die klassische Anatomie des Aortenbogens kommt bei 70% der Menschen vor. Variationen der – aus den Kiemenbögen stammenden – supraaortalen Arterien sind häufig und betreffen vor allem die Gefäßabgänge aus dem Aortenbogen. Prinzipiell reicht die Spannbreite der Variationen vom isolierten Abgang aller Arkusarterien (auch der A. vertebralis) bis zum solitären Trunkus unter Erfassung aller Aortenbogenabgänge (31).

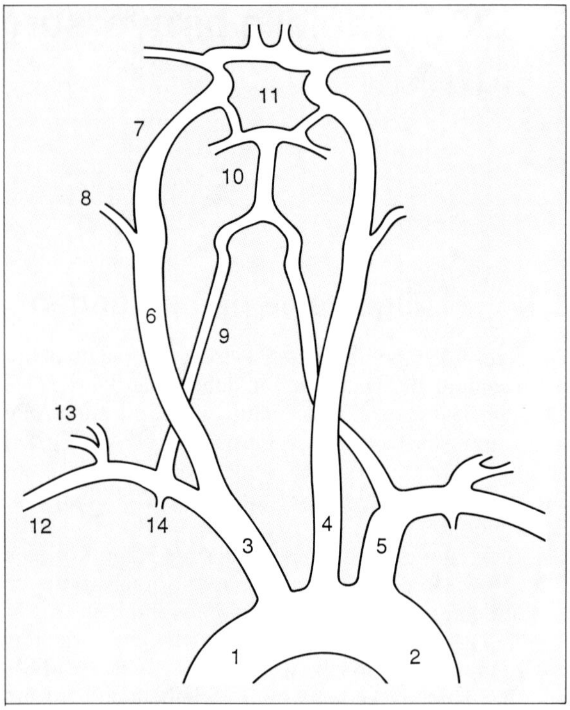

Abb. 5.**1** Schematische Darstellung der normalen Anatomie der Abgänge der Aortenbogenäste und deren großer Verzweigungen: 1 = Aorta thoracalis ascendens, 2 = Aorta thoracalis descendens, 3 = Truncus brachiocephalicus, 4 = A. carotis communis sinistra, 5 = A. subclavia sinistra, 6 = A. carotis communis dextra, 7 = A. carotis interna dextra, 8 = A. carotis externa dextra. 9 = A. vertebralis dextra, 10 = A. basilaris, 11= Circulus Willisii, 12 = A. subclavia dextra, 13 = Truncus thyrocervicalis, 14 = A. thoracica interna

5.2.3 A. carotis communis und Karotisbifurkation

Die A. carotis communis rechts entspringt dorsal des Sternoklavikulargelenks aus dem Truncus brachiocephalicus bzw. links deutlich weiter dorsal direkt aus dem Aortenbogen. Sie erreicht dorsal des medialen Klavikuladrittels unter dem Schutz des M.sternocleidomastoideus die Halsregion und verläuft – zusammen mit dem N. vagus und der lateroventral liegenden V. jugularis interna – im unteren Halsbereich lateral des dorsalen Anteils der Schilddrüse. Der obere Anteil der A. carotis communis und die Karotisbifurkation liegen im Trigonum caroticum, das durch den M. sternocleidomastoideus, den hinteren Bauch des M. digastricus und den oberen Bauch des M. omohyoideus begrenzt wird. Der Gefäßnervenstrang verläuft somit jetzt am Vorderrand des M. sternocleidomastoideus. Die A. carotis communis teilt sich im zervikalen Verlauf in die A.carotis interna und die A. carotis externa auf (Abb. 5.**2**). Die Lage der Karotisbifurkation kann deutlich variieren, im allgemeinen liegt sie jedoch auf der Höhe von HWK 4–6. Mit zunehmendem Alter verlagert sich die Karotisbifurkation nach kaudal. Innerhalb der Karotisgabel liegt das Glomus caroticum, ein Chemorezeptor, der aufgrund seiner geringen Größe im Normalfall sonographisch nicht darstellbar ist.

5.2.4 A.carotis interna und A. carotis externa

Die A. carotis interna liegt in ca. 90% der Fälle dorsal der Externa mit geringer Medial- oder Lateralabweichung. In etwa 10% wird die Interna auf gleicher Höhe medial der Externa nachgewiesen, während die ventromediale Lage der A.carotis interna sehr selten ist (41). Der Aufzweigungsbereich ist typischerweise im Vergleich zum vorgeschalteten Abschnitt der A.carotis communis deutlich dilatiert (Karotisbulbus), wobei diese Dilatation üblicherweise den Abgang der A.carotis interna vor allem im dorsalen Anteil miteinbezieht. Während die A. carotis interna in 98% der Fälle ohne Abgabe von Seitenästen über den Canalis caroticus der Schädelbasis nach intrakraniell zieht (19), teilt sich die A. carotis externa früh in zahlreiche Äste auf (Abb. 5.**2**), die die äußeren Hirnschädelweichteile sowie Gesicht und Halsweichteile versorgen.

5.2.5 Kollateralverbindungen zwischen A. carotis interna und A. carotis externa

Zwischen dem Stromgebiet der A. carotis interna und der A. carotis externa bestehen mehrere Kollateralverbindungen. Die wichtigste Verknüpfung der beiden Systeme wird über die A. ophthalmica (Internaabgang) und die A. facialis (Externaabgang) erreicht, wobei periorbitale Arterien und die A. angularis den Kontakt der erwähnten Gefäße sicherstellen (Abb. 5.**2**). Dieser angelegte, bei pathologischen Gefäßveränderungen gegebenenfalls aktivierbare Kollateralkreislauf war die diagnostische Basis der ersten Anwendungen der CW-Doppler-Sonographie der A. carotis (26).

5.2.6 A. vertebralis

Die beiden Vertebralarterien sind Äste der jeweiligen A. subclavia. Sie verlaufen vom 6. Halswirbel an bis zum Atlas teilweise intraossär in den Foramina transversaria der entsprechenden Halswirbel (Abb. 5.**2**). Dieser Verlauf bedingt die nur abschnittsweise sonographische Darstellbarkeit der Vertebralarterien. Die Aa. vertebrales zeigen wesentlich häufiger Variationen des Gefäßkalibers als die Karotiden; einseitige Hypoplasien oder Aplasien werden in der Regel durch eine kompensatorische Hypertrophie des kontralateralen Gefäßes begleitet, so daß die basiläre Versorgung sichergestellt ist. Der isolierte Abgang der A. vertebralis aus dem Aortenbogen wurde schon unter den Variationen der Abgänge der Arkusarterien erwähnt.

5.2.7 Circulus Willisii

Die besondere Situation der zerebralen Blutversorgung wird an der Existenz des an der Hirnbasis gelegenen Circulus arteriosus cerebri „Willisii" deutlich, einer im Prinzip ringförmigen Verbindung aller hirnversorgenden Arterien. Über vordere und hintere Aa. communicantes ist bei vollständiger Ausbildung des Circulus Willisii auch eine gekreuzte Kollateralisierung möglich. Allerdings sind mehr oder weniger starke Hypoplasien von Anteilen des Circulus Willisii häufig (ca. 80%) (25), so daß schon beim Gesunden Abweichungen der Versorgung der einzelnen Hirnabschnitte entstehen (z. B. atypische Versorgung des Stromgebiets der A.cerebri posterior aus der A.carotis interna) bzw. im Falle von pathologischen Gefäßveränderungen bestimmte Kollateralisierungswege ausfallen können.

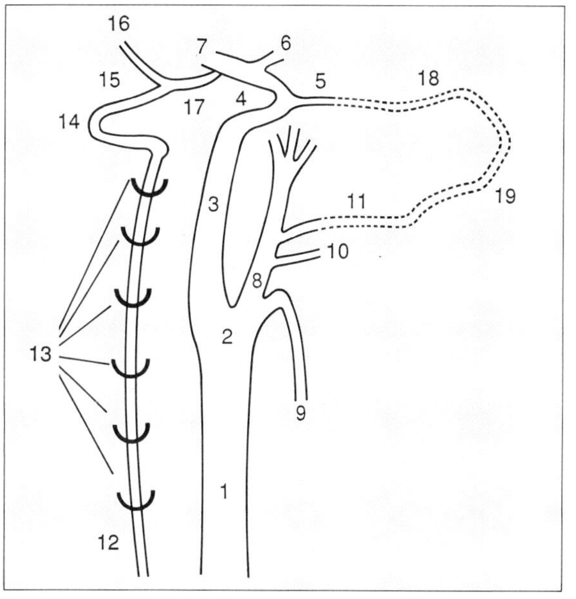

Abb. 5.**2** Schematische Darstellung der normalen Anatomie der extrakraniellen hirnversorgenden Arterien der rechten Seite:
1 = A. carotis communis, 2 = Bulbus caroticus, 3 = A. carotis interna, 4 = Karotissyphon, 5 = A. ophthalmica, 6 = A. cerebri anterior, 7 = A. cerebri media, 8 = A. carotis externa, 9 = A. thyroidea superior, 10 = A. lingualis, 11 = A. facialis, 12 = A. vertebralis, 13 = Foramina transversaria der HWS, 14 = Atlasschleife der A. vertebralis, 15 = A. basilaris, 16 = A. cerebri posterior, 17 = A. communicans posterior, 18 = Äste der A. ophthalmica (z.B. A. supraorbitalis, A. supratrochlearis), 19 = A. angularis

5.2.8 Untersuchungstechnik

5.2.8.1 Voruntersuchungen

Der FKDS der hirnversorgenden Arterien sollte neben einer ausführlichen Anamnese die Messung des arteriellen Blutdrucks vorausgehen. Seitendifferenzen des systolischen Blutdrucks bis zu 10 mm Hg sind physiologisch (21). Größere Unterschiede können auf hämodynamisch relevante Hindernisse im Truncus brachiocephalicus, in der A. subclavia oder in der Aorta thoracalis zwischen den Abgängen des Truncus brachiocephalicus und der A. subclavia sinistra hinweisen und für Beschwerden im Sinne eines Anzapfsyndroms und/oder einer Claudicatio brachii verantwortlich sein.

5.2.8.2 Apparative Voraussetzungen

Für die Untersuchung der Halsarterien sollten grundsätzlich nur Linearschallköpfe eingesetzt werden. Zur Erzielung eines ausreichenden Doppler-Winkels ist entweder eine keilförmige Vorlaufstrecke zu verwenden, oder die Schallwellen werden elektronisch um einen bestimmten Winkel abgelenkt („Beam Steering"). Unbedingt erforderlich ist ein 5-MHz-Schallkopf, der auch bei adipösen Patienten meist eine ausreichende Darstellung der Halsarterien erlaubt. Ein 7,5-MHz-Schallkopf ist als Ergänzung sinnvoll, wenn pathologische Befunde mit noch höherer Auflösung abgebildet und sehr schlanke Patienten oder Kinder untersucht werden sollen (s. Kapitel 4).

Die Geräteeinstellung beginnt mit der Optimierung des Grauwertbilds und der Farbkodierung. Prinzipiell sollte das zu untersuchende Gefäß zumindest in der Systole komplett mit Farbpixeln ausgefüllt sein, und außerhalb des Gefäßes sollten keine Farbartefakte auftreten. Die Flußdarstellung sollte frei von Aliasing sein (kein Farbumschlag von „Rot" nach „Blau"). Zur rascheren Orientierung sollte die Untersuchung primär im farbkodierten Duplexmodus vorgenommen werden, dies ist insbesondere für die Beurteilung der Karotisbifurkation hilfreich. Lediglich wenn ein Gerät zur Verfügung steht, dessen Grauwertbildqualität bei gleichzeitigem Farbmodus deutlich schlechter ist als das alleinige Grauwertbild, empfiehlt sich der alternierende Einsatz beider Modi.

5.2.8.3 Patientenlagerung und Position des Untersuchers

Die Untersuchung wird in Rückenlage des Patienten durchgeführt. Der Oberkörper kann hierzu etwas erhöht gelagert werden. Wichtig ist eine Überstreckung des Kopfes mit Hilfe eines in den Nacken gelegten kleinen Kissens oder einer Nackenrolle, damit die Weichteile im Kieferwinkel möglichst gut eingesehen werden können. Eine dem Patienten unbequeme Lagerung muß jedoch vermieden werden, insbesondere sollte der Kopf auf der Unterlage aufliegen (bei frei hängendem Kopf Anspannung der Halsmuskulatur und damit schlechtere Penetration der Schallwellen). Die Arme des Patienten liegen gestreckt neben dem Körper, die Schultern sollten entspannt sein. Der Untersucher kann entweder – wie bei der Abdominalsonographie – neben der rechten Patientenseite sitzen oder eine sitzende Position hinter dem Patientenkopf einnehmen. Die seitliche Untersucherposition hat den Vorteil, daß die räumliche Orientierung identisch ist mit derjenigen der meisten anderen sonographischen Untersuchungstechniken; ferner ist sie auch unter beengteren räumlichen Verhältnissen durchführbar.

Zur Untersuchung der einzelnen Gefäße wendet der Patient den Kopf entspannt zur Gegenseite. Man sollte mit der Darstellung der linken Halsseite beginnen, da der Patient so dem ersten Teil der Untersuchung auf dem Monitor folgen kann. Der Patient sollte nicht sprechen, gleichmäßig flach atmen und möglichst wenig schlucken, da ansonsten zum Teil erhebliche Artefakte durch die Bewegung des Kehlskeletts und der Weichteile entstehen. Der mit dem Schallkopf auf die Haut ausgeübte Druck soll so gering wie möglich sein, da die Halsweichteile und der Kehlkopfbereich druckempfindlich sind; zudem kann eine zu starke Druckausübung auf die Karotisgabel durch Reizung der Karotissinusrezeptoren eine vagale Reaktion auslösen (Karotissinussyndrom).

5.2.8.4 Untersuchungsablauf

Die Untersuchung der Karotiden beginnt mit der Darstellung der A. carotis communis und der Karotisgabel im Querschnitt (Abb. 5.**3 a–c**). Je nach Lagebeziehung der Arterien zum M. sternocleidomastoideus wird der Schallkopf mehr von medioventral oder von lateral des Muskels aufgesetzt. Auch durch den Muskel hindurch können die Gefäße gut dargestellt werden (Abb. 5.**3, Abb. 5.4a–e**). In der Regel wird man die kaudalen Abschnitte besser von medial, die kranialen Abschnitte und vor allem die A. carotis interna besser von ventrolateral oder von dorsolateral darstellen können. Bei der Abbildung im Querschnitt muß der Schallkopf leicht gekippt werden, um einen ausreichenden Doppler-Winkel zu erzielen. Um einen raschen Überblick über die individuelle Anatomie und Topographie zu erhalten, sollten die Halsarterien kontinuierlich von kaudal nach kranial im Querschnitt dargestellt werden. Die meisten pathologischen Befunde sind schon in dieser Schichtorientierung erfaßbar. Meist gelingt es, auf der rechten Seite die Aufzweigung des Truncus brachiocephalicus in die A. carotis communis und die A. subclavia zu erfassen (Abb. 5.**5**), die Abbildung der Abgänge der Arkusarterien gelingt dagegen nur in Ausnahmefällen bei sehr ektatischem oder elongiertem Aortenbogen.

Im Querschnitt werden die Aa. carotes interna et externa gleichzeitig erfaßt (Abb. 5.**3b,c**, Abb. 5.**4 a–e**) und die A. carotis interna soweit wie möglich in Richtung Schädelbasis verfolgt, um für die anschließende Darstellung im Längsschnitt den individuellen Verlauf zu kennen (geradlinig, s-förmig, Schlingen-/Schlaufenbildung). Anschließend werden A. carotis communis, Karotisbifurkation, A. carotis interna und A. carotis externa im Längsschnitt dargestellt. Stets muß auf einen für die Farbkodierung ausreichenden Winkel zwischen Schallstrahl und Gefäßlängsachse geachtet werden (im allgemeinen 50 Grad–70 Grad). Diagnostisch relevant ist die synchrone Darstellung von Gefäßaußen- und -innenwand sowie perfundiertem Lumen, was die Notwendigkeit der Optimierung von Grauwertbild und Farbbild unterstreicht. Gleichzeitig wird auf Veränderungen des farbkodierten Flußmusters geachtet. Die Ableitung von Doppler-Frequenzspektren dient bei übersichtlichem, in zwei Ebenen erhobenen Gefäßstatus lediglich zur Bestätigung der farbkodierten Befunde.

Liegen z. B. verkalkte Plaques vor, kommt es zur Totalreflexion der auftreffenden Ultraschallwellen (Abb. 5.**7a**). Durch Änderung der Schallkopfposition muß versucht werden, die Verkalkung im schallkopffernen Anteil der Gefäßwand darzustellen, damit eine Beurteilung des perfundierten Gefäßlumens möglich bleibt. Dies gelingt jedoch nur bei nicht zirkulären Verkalkungen. Ist die Flußbeurteilung wegen der Verkalkungen in dem betroffenen Segment unmöglich, muß sich die Diagnostik auf die farbkodierte Flußdarstellung und das Doppler-Spektrum unmittelbar proximal und distal dieses Abschnitts stützen (Abb. 5.**7a, b**).

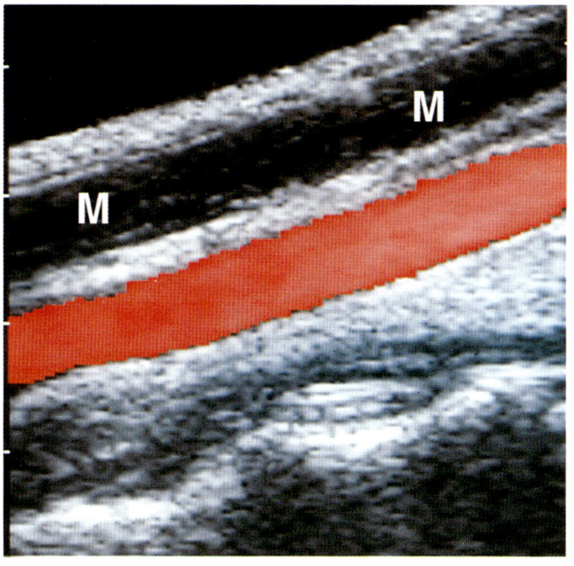

a

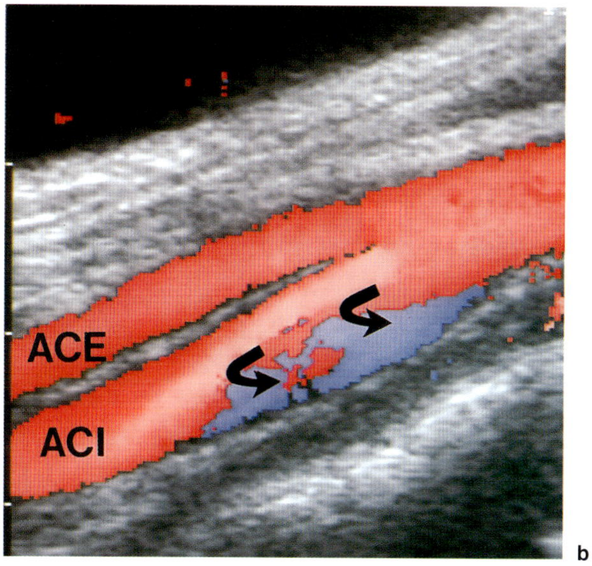

b

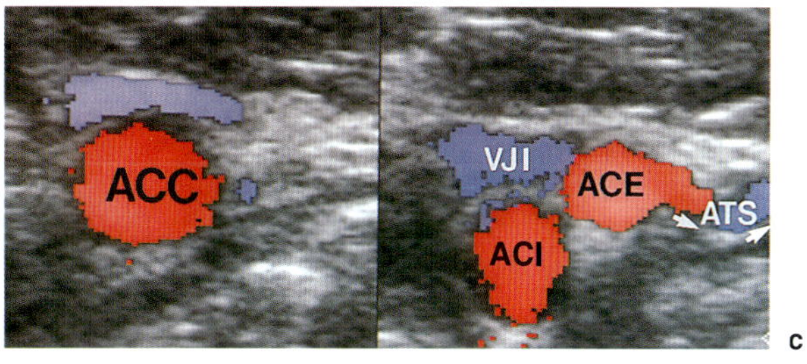

c

Abb. 5.**3a–c** Normalbefunde der rechten A. carotis. ACC = A.carotis communis, ACI = A.carotis interna, ACE = A. carotis externa, VJI = V. jugularis interna:
a Normale A. carotis communis im Längsschnitt, Flußrichtung von rechts nach links. Homogene Farbsättigung entsprechend dem laminaren Fluß, helleres „Rot" (höhere Geschwindigkeit) in der Mitte und dunkleres „Rot" am Rand des Gefäßes. M = M. sternocleidomastoideus
b Normale Karotisbifurkation im Längsschnitt. Physiologische Flußumkehrungen im Abgangsbereich der A. carotis interna (Pfeile)
c Normale rechte Karotisbifurkation im Querschnitt. Schnittebene auf Höhe des Bulbus (linke Bildhälfte) und im Abgangsbereich der A. thyroidea superior (ATS, Pfeile) (rechte Bildhälfte). Die V. jugularis interna liegt ventral der A. carotis communis und A. carotis interna, kranial der Bifurkation verläuft die A. carotis interna nach lateral. Die „blaue" Kodierung in der A. thyroidea superior ist durch die Richtungsänderung zu erklären

Während die CW-Doppler-Sonographie auf die Darstellung der Interna-Externa-Verbindungen (vor allem periorbitale Arterien) unter Verwendung von Kompressionstests angewiesen ist (26), haben diese bei der farbkodierten Duplexsonographie nur eine sehr untergeordnete Bedeutung. Die A. ophthalmica kann in ihrem retrobulbären Verlauf durch Aufsetzen des Schallkopfs auf das geschlossene Auge dargestellt werden. Damit der Schallkopf ruhig geführt und der Druck auf das Auge reduziert werden kann, sollte er dabei mit einer Kante auf der Glabella abgestützt werden.

Die Darstellung der Vertebralarterien erfolgt wegen des geringeren Gefäßkalibers und des für die Sonographie ungünstigeren Verlaufs primär im Längsschnitt. Die im Vergleich zur A. carotis communis tiefere Lage des Gefäßes sowie die etwas niedrigeren Flußgeschwindigkeiten erfordern eine andere Geräteeinstellung als bei der Untersuchung der Karotiden. Gesamt- und Tiefenverstärkung sowie die Geräteparameter des Farbbilds müssen entsprechend angepaßt werden. Zur Abbildung der A. vertebralis wird zunächst die A. carotis communis von ventrolateral im Längsschnitt eingestellt; durch eine geringe parallele Schallkopfverschiebung nach lateral und leichte Kippung nach medial und dorsal erreicht man die Darstellung der Querfortsätze der Halswirbelkörper und der intertransversalen Portionen der A. vertebralis (Abb. 5.**5**). Nicht selten wird gleichzeitig die V. vertebralis mit abgebildet. Durch Kaudalverschiebung des Schallkopfs können der proximale Abschnitt des Gefäßes, gelegentlich einschließlich des Abgangs aus der

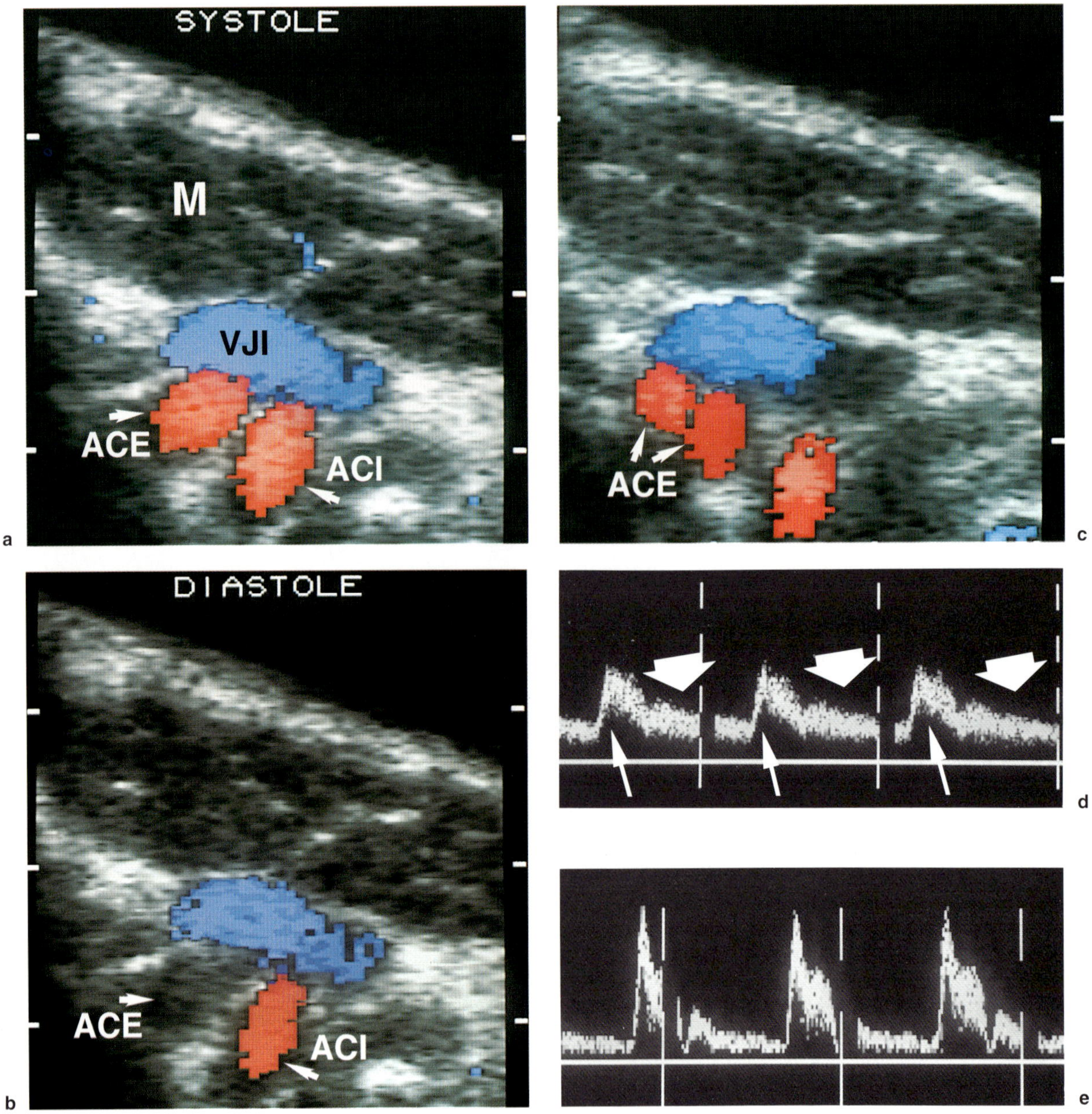

Abb. 5.**4a–e** Differenzierung zwischen einer normalen A. carotis interna und A. carotis externa (linke Seite) in der FKDS. ACI = A.carotis interna, ACE = A. carotis externa, VJI = V. jugularis interna, M = M. sternocleidomastoideus:
a Querschnitt knapp oberhalb der Karotisbifurkation. In der Systole farbkodierte Signale sowohl in der A. carotis interna als auch in der A. carotis externa
b Schnittebene wie in **a**. In der Diastole weiterhin Flußsignale aus der A. carotis interna, aber keine Signale aus der A. carotis ext. (hoher peripherer Widerstand im Stromgebiet der A. carotis externa)
c Schnittebene 1 cm kranial von **a** bzw. **b**. Die A. carotis externa ist aufgrund der dargestellten Aufzweigung (Abgang der A.lingualis = Pfeile) eindeutig identifizierbar
d Doppler-Spektrum aus der A. carotis interna: Antegrader Blutfluß auch in der Diastole (breite Pfeile) (Typ 'Parenchymarterie'). Offenes spektrales Fenster (schmale Pfeile)
e Doppler-Spektrum aus der A. carotis externa. Im Vergleich zur A. carotis interna (**d**) nur geringer diastolischer Fluß (Typ 'Extremitätenarterie')

Abb. 5.**6a, b** Flache arteriosklerotische Plaque im Bulbus der linken A. carotis ohne hämodynamisch relevante Stenosierung. ACI = A. carotis interna. ACE = A. carotis externa, VJI = V. jugularis interna:
a In der FKDS inhomogen echogene, flache Gefäßwandverdickung (Pfeile). Die normalerweise vorhandene Flußumkehrung im Abgangsbereich der A. carotis interna fehlt; keine stenosetypischen Flußveränderungen
b Intraarterielle DSA (Aortenbogeninjektion) desselben Befundes mit Darstellung der Wandplaques (Pfeile) ▶

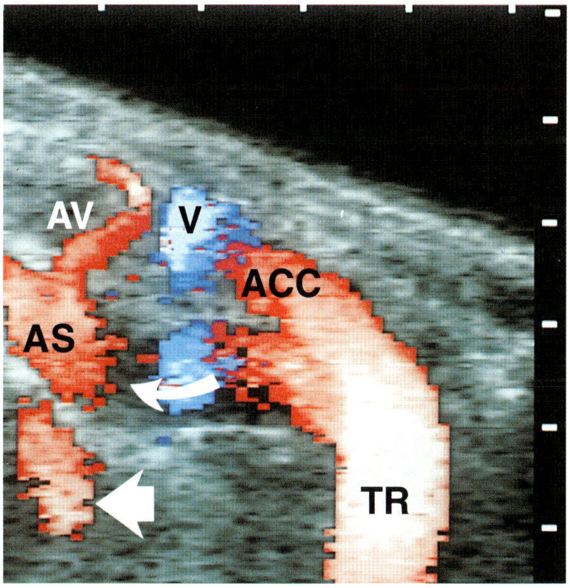

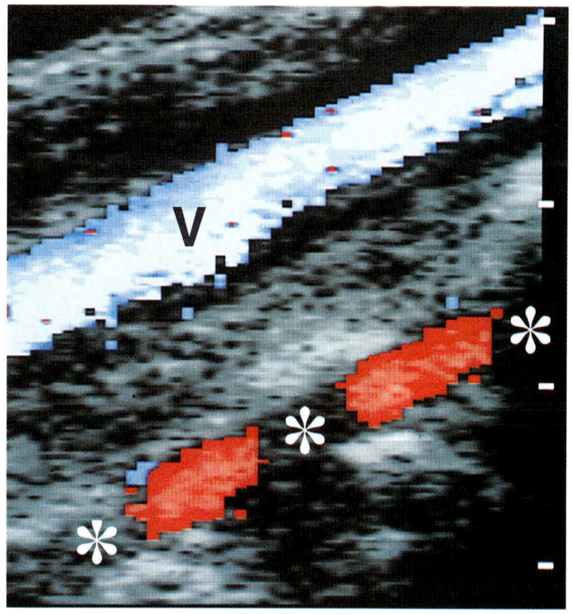

Abb. 5.**5a–c** Normalbefunde der A. vertebralis:
a Abgangsbereich der A. vertebralis (AV) rechts. Der Blutfluß in der A. subclavia (gebogener Pfeil) ist abgangsnah blau kodiert, da er sich in diesem Areal vom Schallkopf wegbewegt. Artefakt durch Spiegelung der A.subclavia an der Pleura (kurzer Pfeil). TR = Truncus brachiocephalicus, ACC = A. carotis communis, AS = A. subclavia, V = V. jugularis interna
b A. vertebralis im Längsschnitt im zervikalen Verlauf. Schallauslöschung hinter den Querfortsätzen (Sternchen). V = V. jugularis interna
c Normales Doppler-Spektrum aus der A. vertebralis. Relativ hoher antegrader diastolischer Fluß, vergleichbar mit der A.carotis interna ('Parenchymtyp')

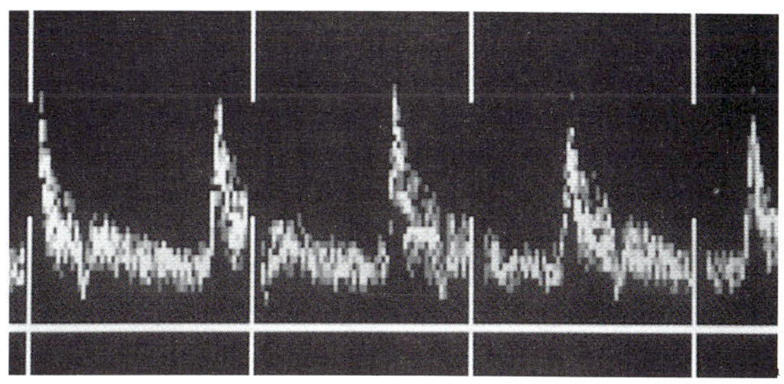

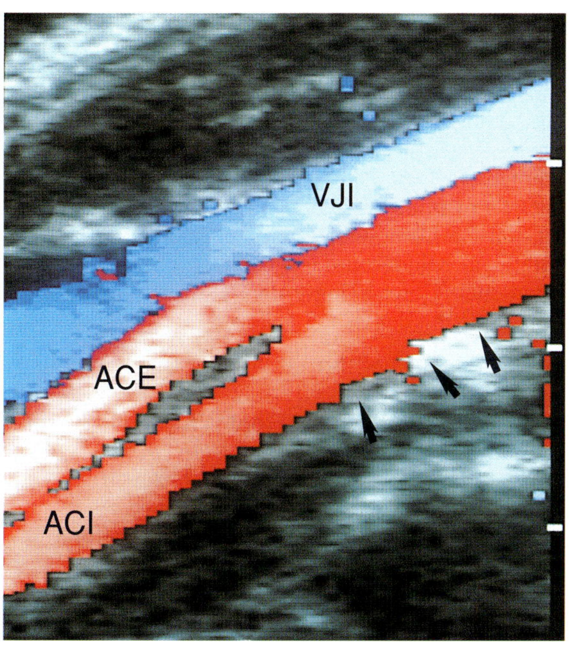

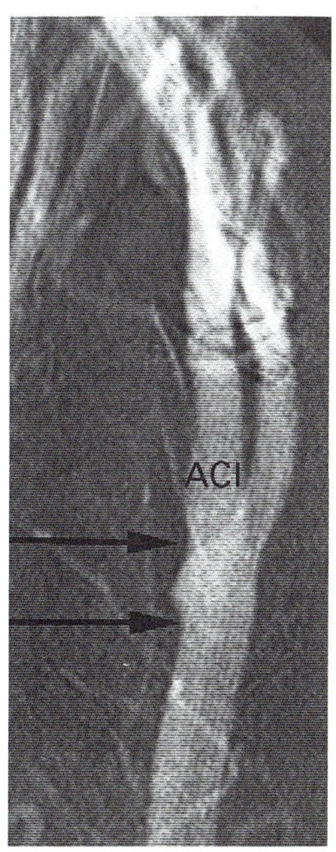

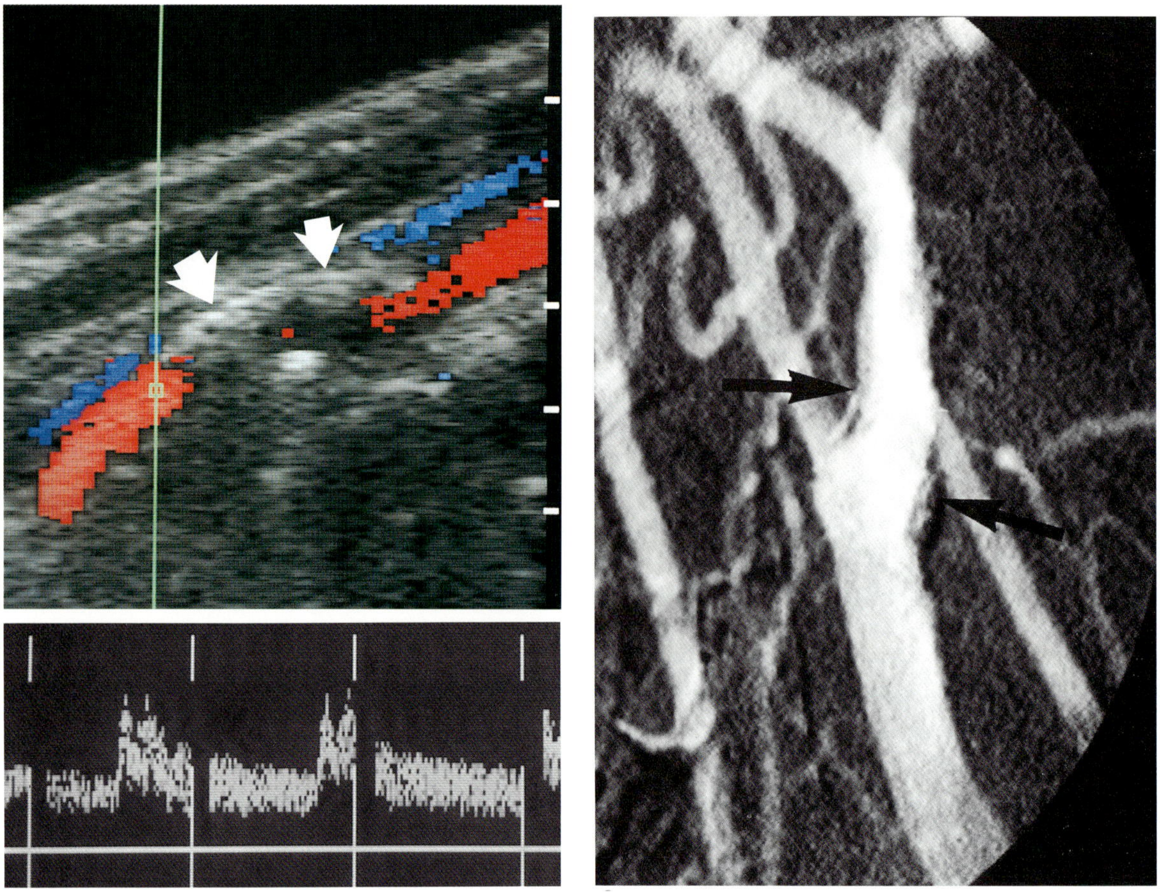

a b

Abb. 5.7 **a, b** Ausgeprägte Wandverkalkung im Abgangsbereich der A. carotis interna links:
a FKDS: Schallauslöschung hinter der Wandverkalkung (Pfeile). Der Blutfluß ist über eine Distanz von etwa 2 cm nicht zu beurteilen. Unmittelbar kranial regelrechte homogene farbkodierte Flußdarstellung, normales Doppler-Spektrum, keine indirekten Stenosekriterien
b Intraarterielle DSA: Bestätigung der längerstreckigen Wandverkalkung im Internaabgang (Subtraktionsartefakte durch Pulsation der verkalkten Wand). Keine Stenose

A. subclavia (Abb. 5.5 **a–c**), durch Kranialverschiebung und Schrägstellung des Schallkopfs die Atlasschleife sichtbar gemacht werden.

Zum Nachweis eines belastungsinduzierten Subklavia-Anzapf-Syndroms bei in Ruhe antegradem Vertebralisfluß kann es erforderlich sein, die klassische klinische Situation zu provozieren. Dazu wird unter kontinuierlicher Darstellung der ipsilateralen A. vertebralis eine Blutdruckmanschette am Oberarm suprasystolisch aufgepumpt. Wird nach 3 Minuten der Manschettendruck abgelassen, entsteht in der Peripherie des Armes eine reaktive Hyperämie. Bei hämodynamisch relevantem Hindernis in A. subclavia oder Truncus brachiocephalicus kommt es zur Strömungsumkehr in der ipsilateralen A. vertebralis, gegebenenfalls auch zu Symptomen der vertebrobasilären Insuffizienz.

Neben der Darstellung der Gefäße sollten die nichtvaskulären Weichteile nach relevanten Nebenbefunden untersucht werden, wobei vor allem auf hyperperfundierte fokale (Verdacht auf Schilddrüsenadenom) oder diffuse Schilddrüsenveränderungen (Verdacht auf Hyperthyreose) (s. Kapitel 15) zu achten ist.

5.2.8.5 Dokumentation

Die Dokumentation der Befunde sollte sowohl in Form repräsentativer Untersuchungsszenen in Echtzeit (digitale Aufzeichnung oder analoge Videoregistrierung) als auch mittels repräsentativer Einzelaufnahmen erfolgen. Dabei ist auf eine unmißverständliche Beschriftung der Szenen bzw. Einzelbilder zu achten, um die Demonstrabilität der Befunde zu verbessern. Zum Mindestumfang der Dokumentation einer kompletten Untersuchung der A. carotis und der A. vertebralis mit der FKDS gehören:

- Längsschnitt und Spektrum A. carotis communis beidseits,
- Längsschnitt und Querschnitt Karotisbifurkation beidseits,
- Längsschnitt und Spektrum A. carotis interna, A. carotis externa und A. vertebralis,
- bei pathologischen Befunden: Längsschnitt mit befundorientiert abgeleiteten Spektren.

Zusätzlich muß ein schriftlicher Befund erstellt werden; dieser kann entweder in deskriptiver Form mit anschließender Festlegung der Diagnose oder durch schematische Markierung der pathologischen Befunde in einem Schema (analog Abb. 5.**1** und 5.**2**) erfolgen.

5.3 Normalbefunde

Bis zum Erreichen des Karotisbulbus ist die Lumenweite der A. carotis communis konstant (Abb. 5.**3a**). Das Flußmuster entspricht normalerweise dem sogenannten „Mischtyp" (s. Kapitel 3), da das Gefäß sowohl parenchymversorgend (Gehirn, Schilddrüse, Speicheldrüsen) als auch muskulatur-/hautversorgend ist. Dies ist sowohl im farbkodierten Bild (identische Farbe in Systole und Diastole mit Schwankung der Farbhelligkeit in Abhängigkeit von der Phase des Pulszyklus) als auch im Doppler-Spektrum an einer deutlichen Pulsatilität mit mäßigem diastolischen Vorwärtsflußanteil zu erkennen.

Der Karotisbulbus mit Übergang in die Bifurkation der A. carotis communis ist physiologischerweise kolbenförmig erweitert. Diese Erweiterung führt einerseits zu einer Verlangsamung des Blutflusses, welche sowohl farbkodiert an der abnehmenden Farbhelligkeit als auch im Spektrum an einer Reduktion der systolischen Spitzengeschwindigkeit zu erkennen ist. Andererseits kommt es im Karotisbulbus zu randständigen Flußseparationen aufgrund des Auslaßeffektes (s. Kapitel 3). Diese stellen sich in der Gegenfarbe der Hauptflußrichtung (d. h. „Blau" bei Rotkodierung der Hauptströmungsrichtung) dar und sind sowohl im Längs- als auch im Querschnitt erkennbar. Die Flußseparationen liegen fast immer auf der Seite des Bulbus, die dem Abgang der A. carotis externa gegenüberliegt, d. h. in der Regel dorsal. Meist erstrekken sie sich über den Bifurkationsbereich hinaus in den abgangsnahen Teil der A. carotis interna (Abb. 5.**3b**); dabei kann sich die retrograd durchströmte Zone entweder direkt auf die dorsalen Anteile der A. carotis interna fortsetzen oder sich von der dorsalen Bulbuswand ablösen und zum oberflächlichen Wandabschnitt der A. carotis interna ziehen. Auch beide Lokalisationen sind gleichzeitig möglich. Die Flußseparationen sind vor allem in der frühen und mittleren (Peak) Systole, gelegentlich jedoch auch noch bis in die frühe Diastole hinein nachweisbar. Der prozentuale Anteil eines Pulszyklus, in dem normalerweise Flußumkehrungen im Bulbus-/Bifurkationsbereich nachgewiesen werden können, variiert stark. Nach einer Untersuchung von Middleton (37) beträgt die mittlere Dauer der Flußseparation 22% der Zyklusdauer mit einem Schwankungsbereich von 8 bis 80%. Auch die im Longitudinalschnitt gemessene Länge (Mittelwert = 14 mm [6,1–22 mm]) und der im Transversalschnitt planimetrierte, prozentuale Anteil der Flußseparation an der Gesamtfläche des Bulbus (MW=33% [8–64%]) zeigen große interindividuelle Schwankungen. Wesentlich ist jedoch, daß bei adäquater Untersuchungstechnik beim Gesunden eine bulbäre Flußseparation nachweisbar sein muß. Ein Fehlen dieses Flußverhaltens ist ein Frühindikator für das Vorliegen einer arteriosklerotischen Plaque im Karotisbulbus; der Ort der physiologischen Flußseparation ist Prädilektionsort für das Auftreten von Plaquematerial, wobei die pathophysiologischen Zusammenhänge noch nicht eindeutig geklärt sind (vermehrte Thombozytenaggregation? Veränderter Stoffaustausch zwischen dem langsam strömenden Blut und der Gefäßwand?).

A. carotis interna und A. carotis externa sind im Normalfall leicht voneinander zu differenzieren. Meist gelingt dies schon im farbkodierten Flußbild durch das unterschiedliche Flußmuster aufgrund der differenten Widerstandsverhältnisse (s. Kapitel 3, Abb. 3.**4a–g**). Während die A. carotis interna eine mehr kontinuierliche Strömung mit deutlichem, orthograden Fluß in Diastole aufweist, kommt es in der A. carotis externa in Diastole fast zum Nullfluß oder sogar zu einem kurzdauernden Rückfluß. Die Unterscheidung der beiden Gefäße kann durch die Ableitung von Doppler-Spektren noch erhärtet werden. Typische Doppler-Spektren sind in Abb. 5.**4d–e** dargestellt. Durch rhythmisches Beklopfen des ipsilateralen M. temporalis kann anhand der druckschwankungsbedingten Modulationen des Doppler-Spektrums die A. carotis externa identifiziert werden. Weitere Unterscheidungskriterien sind die Gefäßweite, der Gefäßverlauf sowie die Darstellung von Gefäßabgängen (s. Tab. 5.**1**).

Die gleichzeitige longitudinale Darstellung von Karotisbulbus, Aa. carotes interna et externa gelingt nicht immer und muß auch nicht zwingend angestrebt werden, da diese anatomisch übersichtlichere Schichtführung nicht selten einen Kompromiß dar-

Tabelle 5.**1** Unterscheidung von A. carotis interna und externa mit der FKDS (Normalfall)

	A. carotis interna	A. carotis externa
Flußmuster	mehr kontinuierlich	mehr pulsatil
Abgänge	keine bis zur Schädelbasis	A. thyroidea superior, A. facialis, A. maxillaris etc.
Lumenweite	größer als A. carotis externa	kleiner al A. carotis interna
Beziehung zur V. jugularis interna	läuft meistens neben der V. jugularis interna (unsicheres Kriterium)	Distanz zur V. jugularis interna

stellt, bei dem keines der beiden Gefäße exakt in der Längsachse erfaßt wird. Es ist völlig ausreichend, wenn beide Gefäße mit dem vorgeschalteten bulbären Segment der A. carotis communis einzeln im Längsschnitt eingestellt und nach pathologischen Veränderungen untersucht werden. Dabei kann die A. carotis interna je nach Höhe der Bifurkation und Dicke der Halsweichteile zum Teil nur 1–2 Zentimeter, zum Teil jedoch wesentlich weiter kranial des Abgangs dargestellt werden. Aufgrund des Einlaßeffekts (s. Kapitel 3) kann sich die Form des Doppler-Spektrums in der A. carotis interna vom Abgang des Gefäßes bis zum kranialsten Punkt, der sonographisch einsehbar ist, etwas verändern, so daß das voll ausgebildete, typische Internaspektrum erst 1–2 Zentimeter kranial des Abgangs des Gefäßes zu erwarten ist.

Die A. carotis externa verjüngt sich in ihrem Verlauf aufgrund des Abgangs ihrer zahlreichen Seitenäste; manchmal ist ihr Hauptstamm nur sehr kurz und läßt sich über etwa 1 Zentimeter darstellen.

Die A. vertebralis ist aufgrund des teilweise knöchern gedeckten Verlaufs nicht kontinuierlich sonographisch erfaßbar. Bei Normalpersonen kann der Verlauf des Gefäßes auf beiden Seiten zwischen den Querfortsätzen immer dargestellt werden (47) (Abb. 5.**5b**). Weniger häufig gelingt die Abbildung des Abgangs des Gefäßes (ca. 90 % rechts, ca. 67 % links) (47) (Abb. 5.**5a**). Die Atlasschleife kann nur in ca. 75% der Fälle visualisiert werden. Die A. vertebralis weist ein der A. carotis interna ähnliches Flußmuster auf (ähnliche periphere Widerstandsverhältnisse).

5.4 Pathologische Befunde

5.4.1 Vorbemerkungen

Zerebrale Ischämien können prinzipiell durch Reduktion des Blutflusses in Teilen des versorgenden Gefäßsystems oder durch embolische Verschleppung thrombotischen Materials bedingt sein. Während Embolien in aller Regel aufgrund des Verschlusses der betroffenen Gefäße passager oder permanent neurologische Symptome auslösen, hängt die klinische Relevanz regional reduzierten Blutflusses (z. B. bei einer Karotisstenose) von der Funktionstüchtigkeit anatomischer (Circulus Willisii, Externa-Interna-Kollateralen) und physiologischer (Autoregulation der Hirnperfusion durch Gefäßdilatation und Erhöhung des diastolischen Flußanteils) Kompensationsmechanismen ab.

5.4.2 Klinik der zerebrovaskulären Insuffizienz

Trotz ausgeprägter pathologischer Veränderungen (Stenose, Verschluß, Emboliequelle) kann sich eine ischämische Hirngefäßerkrankung lange im asymptomatischen Stadium I befinden. Treten Symptome zerebraler Durchblutungsstörungen auf, so werden diese durch die Lokalisation der minderversorgten Hirnareale bestimmt. Ischämien im Stromgebiet der A. carotis interna führen vor allem zu einseitigen Sehstörungen, Sprachstörungen (bei Befall der dominanten Hirnhemisphäre), Bewußtseinsstörungen, Gesichtsparästhesien, Hemiparesen und Hemiplegien. Durchblutungsstörungen im Versorgungsgebiet der A. vertebralis / A. basilaris bewirken u.a. binokuläre Sehstörungen, Schwindel, alternierende Hemiparesen, Tetraparesen und Tetraplegien, Parästhesien und Ataxie.

Die neurologischen Ausfälle können passager, progredient oder permanent sein. Das Stadium II der Erkrankung ist durch intermittierende zerebrovaskuläre Insuffizienzsymptome gekennzeichnet. Je nach Dauer unterscheidet man TIA (transitorische ischämische Attacke, Dauer maximal 24 Stunden, meist Sekunden bis wenige Minuten) und PRIND (progressives reversibles ischämisches neurologisches Defizit, Dauer maximal 3 Wochen). Die komplette Rückbildung der Symptome entspricht einem Stadium II a, bei Verbleiben geringer neurologischer Defekte wird vom Stadium II b gesprochen. Das Stadium III wird bei einem in Entwicklung befindlichen Schlaganfall (Progressive Stroke), das Stadium IV bei etabliertem, stabilem Apoplex (Completed Stroke) erreicht. Teilweise oder fast vollständige Rückbildungen der Symptome nach komplettem Schlaganfall im Verlauf von Wochen und Monaten sind möglich.

5.4.3 Ischämie durch nichtembolische, arterielle Obstruktion

Die häufigste Ursache nichtembolischer Durchblutungsstörungen ist die arteriosklerotische Reduktion des freien Gefäßlumens im Rahmen von Stenosen oder Verschlüssen. Die Arteriosklerose wird durch Risikofaktoren wie arterielle Hypertonie, Diabetes mellitus, Hypercholesterinämie und Nikotinkonsum sowie genetische Prädisposition gefördert. Dabei überlappen sich die Risikoprofile zerebrovaskulär-ischämischer und myokardial-ischämischer Erkrankungen (53). Zwar können arteriosklerotische Gefäßveränderungen der hirnversorgenden Arterien überall entstehen, besonders häufig sind sie jedoch an Stellen erhöhten Gefäßwandstresses nachweisbar, d. h. an Gefäßaufzweigungen – die Karotisbifurkation ist Prädilektionsort arteriosklerotischer Stenosen – und in stark gekrümmten Gefäßabschnitten. Schon mäßiggradige Lumeneinengungen führen zu hämodynamischen Veränderungen (z. B. Anstieg der Strömungsgeschwindigkeit, poststenotische Wirbelbildungen). Die hämodynamische Relevanz einer Stenose ist jedoch erst dann gegeben, wenn das Restlumen so klein ist, daß es zu einer Reduktion des Flußvolumens kommt. Im allgemeinen wird dies ab einer 75%igen Querschnittsflächenreduktion angenommen (35). Dabei ist eine Korrelation von Stenosegrad und Schlaganfallshäufigkeit gegeben (7). Die klinische Relevanz einer Stenose, z. B. im Karotisstromgebiet, wird erst bei Versagen der schon erwähnten Kompensationsmechanismen erreicht, z. B. wenn weitere Stenosen kontralateral oder im Verlauf der intrazerebralen Zirkulation vorliegen. Allerdings können auch bei funktionierendem Kollateralkreislauf eine zunächst kompensierte Stenose oder ein Verschluß dann zu neurologischen Ausfällen führen, wenn es aufgrund von Blutdruckschwankungen oder Herzrhythmusstörungen zu einer passageren Reduktion der Herzauswurfleistung kommt (8, 18, 43). Eine hämodynamisch irrelevante Stenose kann im Verlauf der Zeit durch Progredienz der Arteriosklerose, durch Einblutung in arteriosklerotisches Plaquematerial oder durch lokale Thrombosierung in eine Stenose mit Flußvolumenreduktion bis hin zum vollständigen Verschluß übergehen.

Seltene Ursachen arterieller Lumeneinengungen mit konsekutiver zerebraler Ischämie sind zum Beispiel Arteriitiden der verschiedensten Genese, die Moya-Moya-Erkrankung (6), spontane und traumatische Dissektionen (27, 40), Bestrahlungsfolgen (29), die fibromuskuläre Dysplasie (30) und gefäßkomprimierende bzw. -infiltrierende Tumoren.

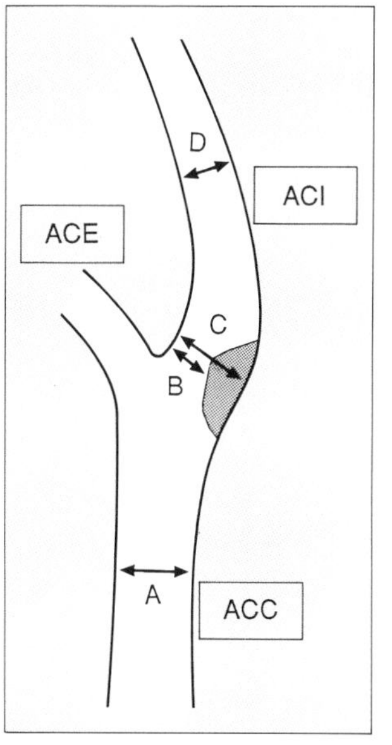

Abb. 5.**8** Problematik der Stenosegradbestimmung im Bereich der Karotisbifurkation, am Beispiel der Durchmesserreduktion dargestellt. Die Definition des 'normalen' Gefäßdurchmessers bestimmt den Stenosegrad mit. Ideal wäre die Angabe des *lokalen Stenosegrads* [(1-B/C) · 100%] (geometrische Bestimmung). Eine auf hämodynamischen Überlegungen basierende Messung des lokalen Stenosegrads ist jedoch prinzipell nicht möglich. Mittels dopplersonographischer Kriterien sind lediglich der *proximale Stenosegrad* [(1-B/A) · 100%] und (bei Fehlen von Turbulenzen im poststenotischen Meßbereich) der *distale Stenosegrad* [(1-B/D) · 100%] zu errechnen

5.4.3.1 Stenosen und Verschlüsse der A. carotis

Die hämodynamische Konsequenz einer Karotisstenose hängt weniger von deren Genese als vielmehr vom lokalen Ausmaß und eventuellen Zweitläsionen ab. Insofern sind die Ausführungen über das Erscheinungsbild arteriosklerotischer Stenosen und Verschlüsse in der FKDS auf die viel selteneren, sonstigen Ursachen einer Gefäßobstruktion übertragbar.

Die Erkennung von Stenosen und Verschlüssen im Karotisstromgebiet mit der farbkodierten Duplexsonographie beruht wegen der überwiegend gut einsehbaren Gefäßabschnitte vor allem auf der Kombination aus Grauwert- und Farbbild. Der große Vorteil des Verfahrens besteht darin, daß sowohl die äußere Begrenzung der Gefäßwand als auch das lumeneinengende Material im B-Bild und die perfundierten Anteile im farbkodierten Flußbild synchron dargestellt werden (Abb. 5.**9**). Die Doppler-Frequenzanalyse ist nur noch zur Befundbestätigung und eventuell zur Quantifizierung erforderlich, außerdem ist sie in den Fällen hilfreich, in denen bestimmte Gefäßanteile nicht eindeutig mit der FKDS dargestellt werden können.

Die Mehrzahl der Stenosen kann im Bereich des Karotis-interna-Abgangs nachgewiesen werden. Häufig beziehen die arteriosklerotischen Veränderungen jedoch auch den Karotisbulbus und den Abgang der A. carotis externa mit ein, so daß regelrechte Bifurkationsstenosen entstehen. Auch isolierte Stenosen der A. carotis externa sind möglich; wegen der im allgemeinen klinischen Irrelevanz isolierter Externastenosen ist in jedem Fall eine eindeutige Gefäßidentifikation erforderlich.

Die geringste Ausprägung einer arteriosklerotischen Gefäßläsion besteht in einer umschriebenen Plaquebildung mit glatter Oberfläche und stufenlosem Übergang zum gesunden Wandabschnitt. Diese Frühveränderungen können z. B. im dorsalen Abschnitt des Karotisbulbus beobachtet werden (36). Charakteristisch ist die geringe Wandverdickung und das Fehlen der physiologischen wandständigen Flußumkehrungen (Abb. 5.**6a, b**). Wegen der geringfügigen Lumeneinengung ist zwar theoretisch eine lokale Geschwindigkeitserhöhung zu erwarten, diese fällt jedoch meist so gering aus, daß sie im Bereich der im Karotisbulbus physiologischen Schwankungen der systolischen Spitzengeschwindigkeit liegt. Flußveränderungen distal einer solchen flachen Plaque wie Turbulenzen oder umschriebene Flußumkehrungen sind nicht zu erwarten.

Höhergradige Lumeneinengungen führen zu den typischen Flußveränderungen: intrastenotische Geschwindigkeitserhöhung, poststenotische Flußseparation/-umkehrung, poststenotischer gestörter Fluß und Turbulenz (14, 36, 45, 51). Die Diagnose einer Stenose in der FKDS basiert dabei in der Regel auf der einfach erkennbaren Reduktion des perfundierten Lumens und den beschriebenen Flußveränderungen (Abb. 5.**9**, 5.**11**–5.**13**). Durch Darstellung in Längs- und Querschnitt können die Position der Stenose, die Längenausdehnung und die Geometrie (überwiegend exzentrisch oder konzentrisch) beschrieben werden. Zusätzlich gelingt – ähnlich der subjektiven Beurteilung angiographischer Bilder – eine grobe Abschätzung des Ausmaßes der Lumeneinengung.

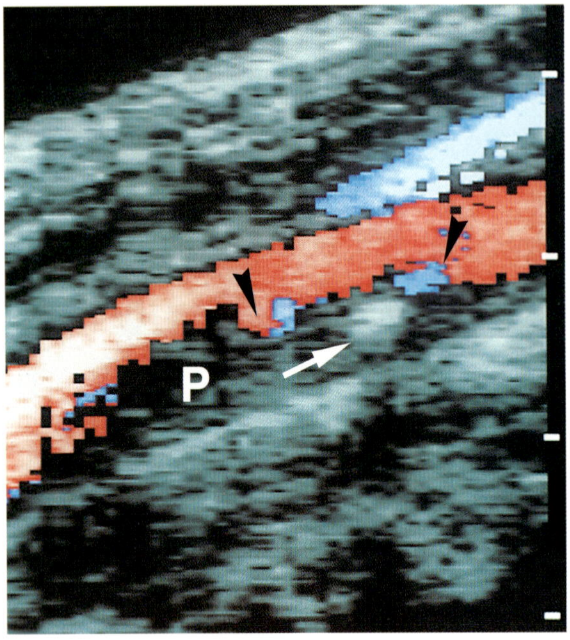

Abb. 5.**9** Hämodynamisch relevante, exzentrische Stenose der A. carotis communis mit über 75% Flächenreduktion. Echoarme Plaque (P) mit kleiner Verkalkung (weißer Pfeil). Oberflächliche Plaqueulzerationen (Pfeilspitze)

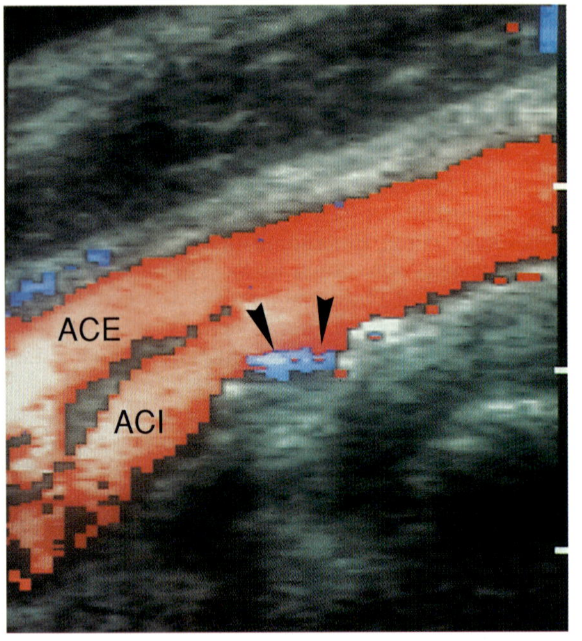

Abb. 5.**10** Exulzerierte Plaque im Abgangsbereich der A.carotis interna (operativ bestätigt) bei rezidivierenden TIA's. Schüsselförmiger Defekt in der Plaque (Pfeilspitzen). ACE = A. carotis externa, ACI = A. carotis interna

Zur Quantifizierung des Stenosegrads wird auf die grundsätzlichen Ausführungen in Kapitel 3 verwiesen. Das Problem der Festlegung eines „normalen" Bezugspunktes besteht vor allem im Bereich der Karotisbifurkation (Abb. 5.**8**). Wird eine geometrische Bestimmung (Flächenmessung im Querschnitt) des Schweregrads einer Abgangsstenose der A. carotis interna vorgenommen, so sollten entweder der lokale Stenosegrad oder der Stenosegrad in Bezug zur A. carotis communis errechnet werden. Bei der hämodynamischen Stenosegradberechnung unter der prinzipiellen Annahme der Kontinuitätsgleichung sollten die maximalen systolischen Geschwindigkeiten in der A. carotis präbulbär sowie intrastenotisch gemessen werden. Duplexsonographische Untersuchungen haben die prinzipielle Gültigkeit dieses Vorgehens für das Karotisstromgebiet belegt (2, 4, 11, 54). Dabei konnte gezeigt werden, daß systolische Geschwindigkeitsindizes auch im Bereich niedriggradiger und mittelgradiger Stenosen (< 75 % Flächenreduktion) mit dem Stenosegrad korrelieren (2), während die Detektion poststenotischer Flußphänomene (Spektralverbreiterung, Ausfüllung des spektralen Fensters, Spectral Broadening Index) nicht geeignet ist, niedriggradige Stenosen zu identifizieren (44, 54). Auch im Bereich höhergradiger Stenosen (›75% Flächenreduktion) ist die Korrelation relativer Geschwindigkeitsindizes mit dem Stenosegrad höher als bei Auswertung poststenotischer Spektralveränderungen (11). Dies entspricht den Erfahrungen, die an Modellstenosen gewonnen wurden (17).

Wegen des schon geschilderten Problems der Aufzweigung des Flusses in der Karotisbifurkation sind für die Quantifizierung einer Karotis-Interna-Abgangsstenose Korrekturen der vereinfachten Annahme der Kontinuitätsgleichung erforderlich. Zudem ist für den klinischen Gebrauch eine grobe Klassifizierung des Stenosegrads in der Regel ausreichend. Vergleiche zwischen Angiographie und Duplexsonographie ergaben, daß ein Quotient ≥ 1,5 (maximale systolische Geschwindigkeit in der A. carotis interna/maximale systische Geschwindigkeit in der präbulbären A. carotis communis) eine Karotis-interna-Stenose von 75% Flächenreduktion (50% Durchmesserreduktion) entspricht (Treffsicherheit 90%) (11). Ein Index ≥ 1,8 kennzeichnet Stenosen über ca. 85% Flächenreduktion (Durchmesserreduktion um 60%), ein Index ≥ 3,7 eine Stenose der A. carotis interna mit über ca. 95% Flächenreduktion (Durchmesserreduktion um 80%) (54). Die Berechnung eines solchen Index ist jedoch bei hochgradigen Stenosen immer dann unmöglich, wenn ein Aliasing vorliegt. In diesen Fällen wäre durch den Einsatz eines bildgesteuerten CW-Dopplers, bei dem prinzipiell kein Aliasing entsteht, eine Stenosequantifizierung noch möglich; allerdings gehört diese Technik nicht zur Standardausstattung der meisten FKDS-Geräte.

Die Verwendung der beschriebenen Geschwindigkeitsindizes gilt jedoch nur für Abgangsstenosen der A. carotis interna. Bei höherliegenden Internastenosen sowie infrabulbären A. carotis-communis-Stenosen steht in der Regel ein ausreichend langer, prästenotischer Abschnitt desselben Gefäßes zur Ge-

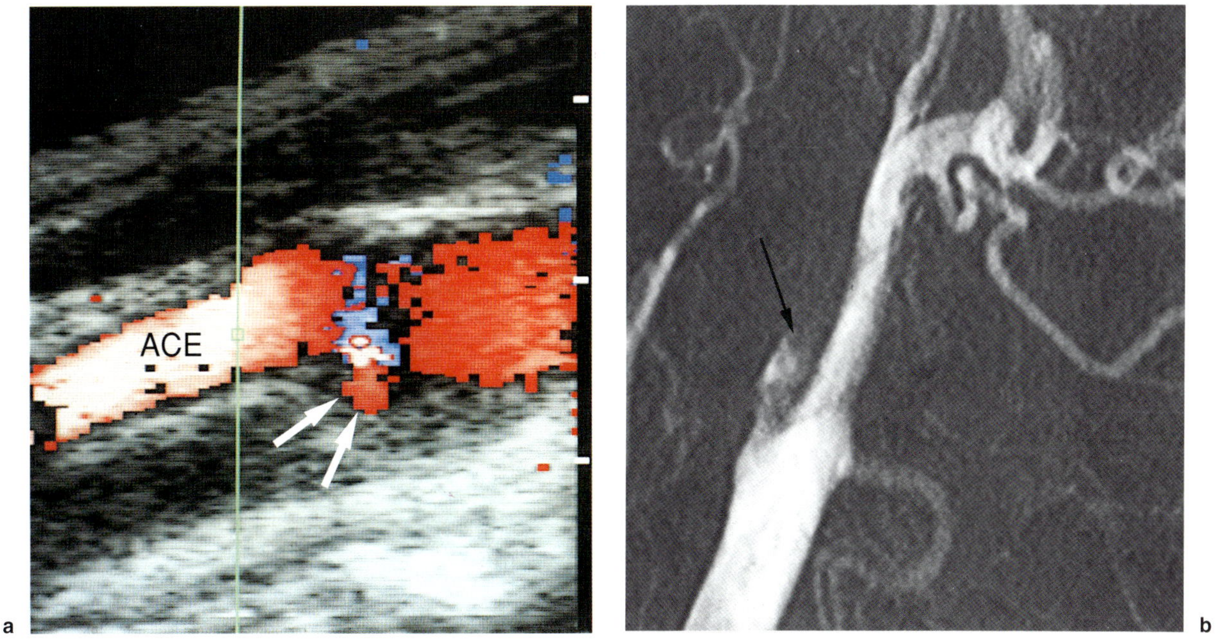

Abb. 5.**14 a, b** Verschluß der A. carotis interna rechts:
a FKDS: Bis auf einen kurzen, noch perfundierten Stumpf am Abgang (Pfeile) vollständiger Verschluß des Gefäßes mit echoarmer Textur. Kräftige A. carotis externa (ACE)
b Intraarterielle DSA: Der abgangsnahe Verschluß und der kleine noch perfundierte Stumpf (Pfeil) des Gefäßes stellen sich angiographisch ebenfalls dar

Ein kompletter Gefäßverschluß ist durch das Fehlen des Flußsignals im meist echoarmen, thrombotisch ausgefüllten Lumen charakterisiert (Abb. 5.**14 a, b,** 5.**15 a–c**). Wegen der fehlenden Gefäßabgänge reicht die proximale Ausdehnung einer Okklusion der A. carotis interna immer bis zum Abgang aus dem Karotisbulbus. Vor allem bei frischen Verschlüssen ist häufig – wie in der Angiographie – ein wenige Millimeter langer, offener Gefäßstumpf nachweisbar (Abb. 5.**14 a, b**). Meist gelingt es, auch bei älteren Verschlüssen das okkludierte Lumen längerstreckig sonographisch darzustellen. Bei sehr alten Verschlüssen kann dies aufgrund der narbigen Schrumpfung des Gefäßes schwierig sein, in diesen Fällen ist häufig der Nachweis von Verkalkungen im Gefäßverlauf hilfreich. Sehr wichtig ist es, eine eindeutige Differenzierung des verschlossenen und des verbliebenen, perfundierten Gefäßes durchzuführen. Dabei kann sich bei einem Karotis-interna-Verschluß und suffizienten Externa-Interna-Kollateralen die Morphologie des Externaspektrums aufgrund der geänderten peripheren Widerstandsverhältnisse sehr an das üblicherweise in der Interna nachweisbare Spektrum annähern („Internalisierung"). Die sichere Identifikation der A. carotis externa gelingt dann nur über den Nachweis von Gefäßabgängen oder über den Temporalis-Klopftest.

Während Verschlüsse der A. carotis interna entweder über den Circulus Willisii oder über ipsilaterale Externa-Interna-Kollateralen funktionell überbrückt werden, können Karotis-kommunis-Okklusionen auch über Externa-Externa-Verbindungen von kontralateral kollateralisiert werden. In diesem Fall resultiert aus einem Karotis-kommunis-Verschluß nicht zwingend auch ein Verschluß der Interna, wenn diese über die retrograd gefüllte, gleichseitige A.carotis externa gespeist wird (Abb. 5.**15 a–c**) (46). Da bei einer solchen Konstellation eine chirurgische Intervention sinnvoll sein kann, muß bei Nachweis eines Verschlusses der A. carotis communis mit der höchsten Geräteempfindlichkeit nach einem Wiederanschluß auf Höhe des Karotisbulbus gesucht werden.

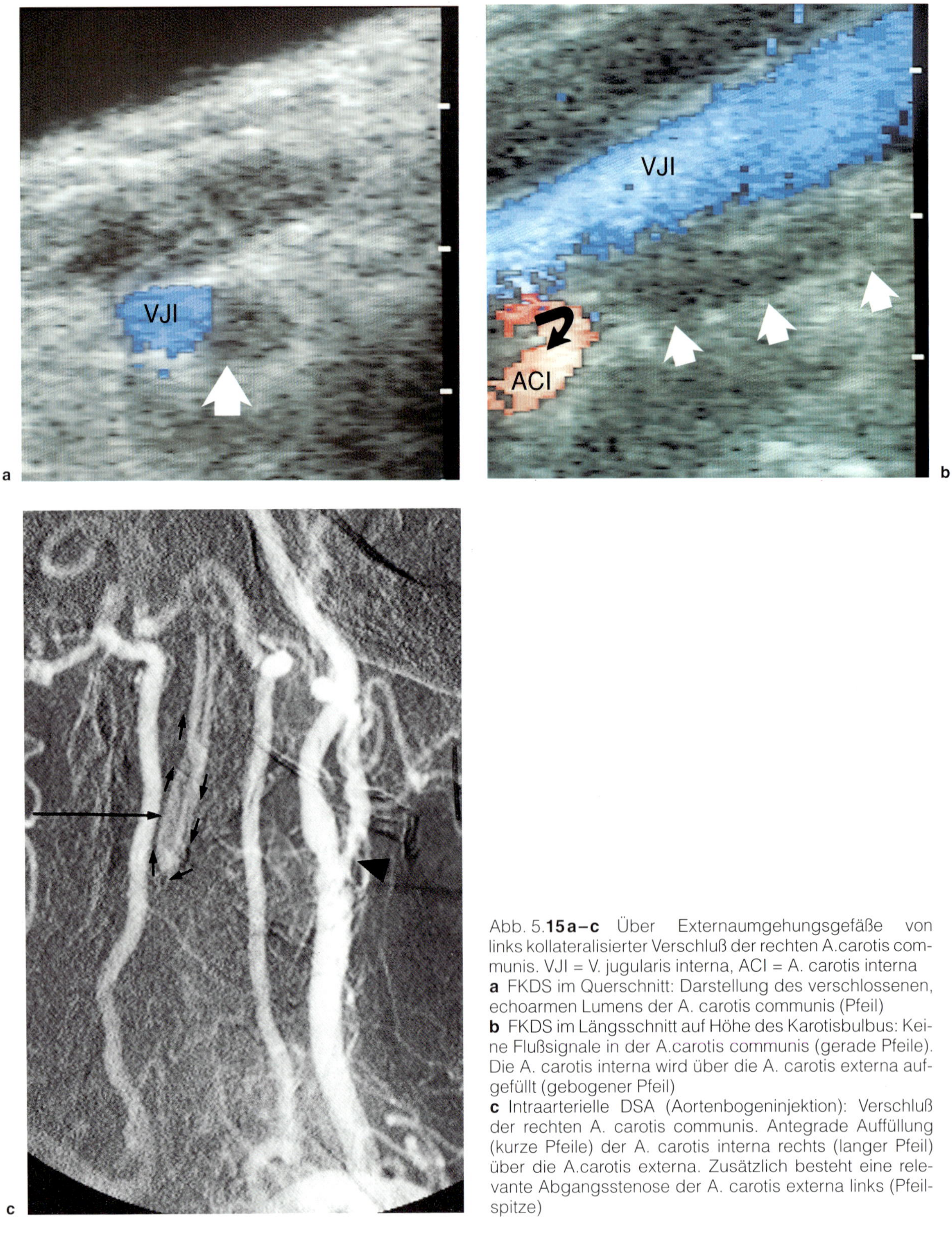

Abb. 5.**15a–c** Über Externaumgehungsgefäße von links kollateralisierter Verschluß der rechten A.carotis communis. VJI = V. jugularis interna, ACI = A. carotis interna

a FKDS im Querschnitt: Darstellung des verschlossenen, echoarmen Lumens der A. carotis communis (Pfeil)

b FKDS im Längsschnitt auf Höhe des Karotisbulbus: Keine Flußsignale in der A.carotis communis (gerade Pfeile). Die A. carotis interna wird über die A. carotis externa aufgefüllt (gebogener Pfeil)

c Intraarterielle DSA (Aortenbogeninjektion): Verschluß der rechten A. carotis communis. Antegrade Auffüllung (kurze Pfeile) der A. carotis interna rechts (langer Pfeil) über die A.carotis externa. Zusätzlich besteht eine relevante Abgangsstenose der A. carotis externa links (Pfeilspitze)

Tabelle 5.**2** Wichtige indirekte Stenosekriterien

Stenosegrad (Flächenreduktion)	FKDS
< 50%	- gegebenenfalls Fehlen der physiologischen Flußumkehr im Karotisbulbus - poststenotische randständige Flußumkehrungen
< 75%	- poststenotische Flußumkehrungen - kurzer poststenotischer Jet - geringe Verbreiterung des direkt poststenotischen Spektrums (geringe Ausfüllung des Fensters)
> 75%	- deutliche poststenotische Flußseparationen, Jets und Turbulenzen - Fenster im poststenotischen Spektrum zu mehr als 50% ausgefüllt
> 95%	- massive Turbulenz, gegebenenfalls perivaskuläre Vibrationsartefakte - Fenster des poststenotischen Spektrums vollständig ausgefüllt
subtotaler Verschluß	- Reduktion des poststenotischen Flusses im Vergleich zur gesunden Gegenseite - mäßige poststenotische Turbulenzen
Verschluß	- kein Flußsignal; bei frischer Okklusion gegebenenfalls vorgetäuschter minimaler Pendelfluß durch mitgeteilte Pulsationen des Thrombusmaterials

5.4.3.2 Knick- und Schleifenbildungen der A.carotis interna, Knickstenosen

Neben der Plaquebildung sind auch die Dilatation und die Elongation eines Gefäßes morphologische Zeichen einer Arteriosklerose. Gerade bei älteren Patienten liegt häufig ein geschlängelter Verlauf der A. carotis interna vor. Hämodynamisch relevant können komplette Gefäßschlaufen (Abb. 5.**17a, b**) und Knickstenosen sein. Derartige Gefäßverläufe können durch die farbkodierte Darstellung in mehreren Schnittebenen meist gut analysiert werden. Es muß dabei jeder Abschnitt einer solchen Schlaufe nach pathologischen Flußmustern abgesucht werden. Ob der Nachweis oder Ausschluß gestörten oder turbulenten Flusses in einer harmonisch geformten Gefäßschlaufe mit der spontanen Prognose bezüglich klinischer Auswirkungen korreliert und damit gegebenenfalls die Operationsindikation beeinflußt, ist bis zum Zeitpunkt der Entstehung dieses Buchs nicht systematisch untersucht worden.

5.4.3.3 Stenosen und Verschlüsse der A. vertebralis

Prinzipiell gelten für den Nachweis von Stenosen und Verschlüssen der A. vertebralis dieselben Überlegungen wie im Karotissystem. Wegen der nicht vollständigen Einsehbarkeit des Gefäßes und der Häufung von Stenosen im Abgangsbereich aus der A. subclavia beruht die Diagnostik jedoch wesentlich häufiger auf den indirekten Stenosekriterien (Abb. 5.**16a, b**). Wegen der größeren Häufigkeit anatomischer Varianten im Vertebralisstromgebiet muß gelegentlich bei seitendifferenter Durchströmung die Differentialdiagnose „proximale Stenose" oder „Hypoplasie" geklärt werden. Zeichen der Hypoplasie sind die erhaltene Spektralform (eventuell Reduktion des diastolischen Vorwärtsflußanteils) bei freiem Spektralfenster, fehlender Turbulenznachweis im gesamten Verlauf und die deutliche Dilatation des kontralateralen Gefäßes. Die Differentialdiagnose „Aplasie" oder „Verschluß" läßt sich mit der FKDS klären, wenn im Grauwertbild eindeutig die Gefäßwände der A. vertebralis erkennbar sind, jedoch kein Flußnachweis gelingt (50). Ein weiteres Indiz für einen Vertebralisverschluß ist der Nachweis eines kleinen, von der A.subclavia abzweigenden, frustran perfundierten Gefäßstumpfs. Sicher ist die Diagnose „Verschluß" immer dann zu stellen, wenn nach initialem, eindeutigem Gefäßnachweis im Verlauf die Gefäßokklusion eingetreten ist.

5.4.4 Ischämie durch arterielle Embolie

Arterielle Embolien können prinzipiell zwei verschiedene Ursprünge haben. Kardiale Thromben können bei Klappenvitien (z. B. Mitralstenose), bei Myokardinfarkten mit oder ohne Aneurysmabildung, bei Herzrhythmusstörungen oder im Rahmen einer Endokarditis entstehen. Die embolische Verschleppung kann alle arteriellen Gefäße betreffen. Treten gleichzeitig oder in kurzem Zeitabstand zerebrale Ischämiesymptome und periphere Embolien (Extremitätenarterien, Nierenarterien, Mesenterikastromgebiet) auf, so ist der kardiale Ursprung wahrscheinlich. Eine Sonderform nimmt dabei die gekreuzte Embolie bei venöser Thrombose (offenes Foramen ovale) ein. Ähnliche klinische Bilder sind auch bei Embolien aus Aorta-ascendens-Aneurysmen bzw. -Dissektionen denkbar. Auch Aortendissektionen ohne Embolie können durch Verlegung von Gefäßabgängen in unterschiedlicher Lokalisation zu vergleichbaren Bildern führen.

Die zweite, für das zerebrovaskuläre System wichtige Emboliequelle stellen arteriosklerotische Stenosen dar, die aufgrund ihrer Oberflächenbeschaffenheit oder Geometrie zu rezidivierenden Embolien führen. Hierbei können auch Stenosen klinisch relevant werden, die nach rein hämodynamischen Kriterien als 'irrelevant', d. h. nicht flußvolumenmindernd eingestuft werden. Subintimale Einblutungen in arteriosklerotische, B-Bild-sonographisch sich heterogen

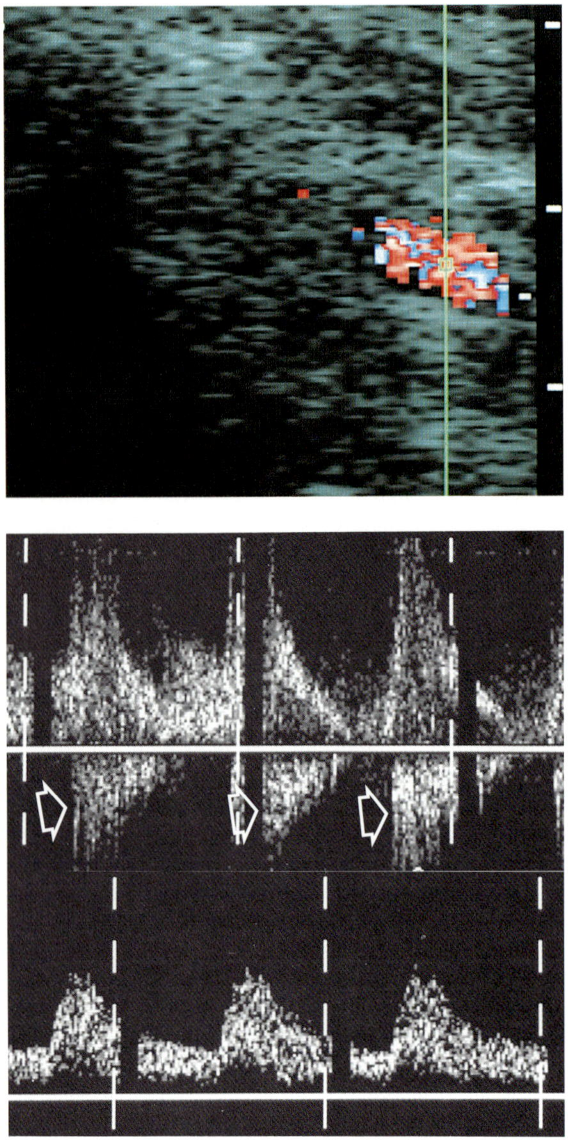

a

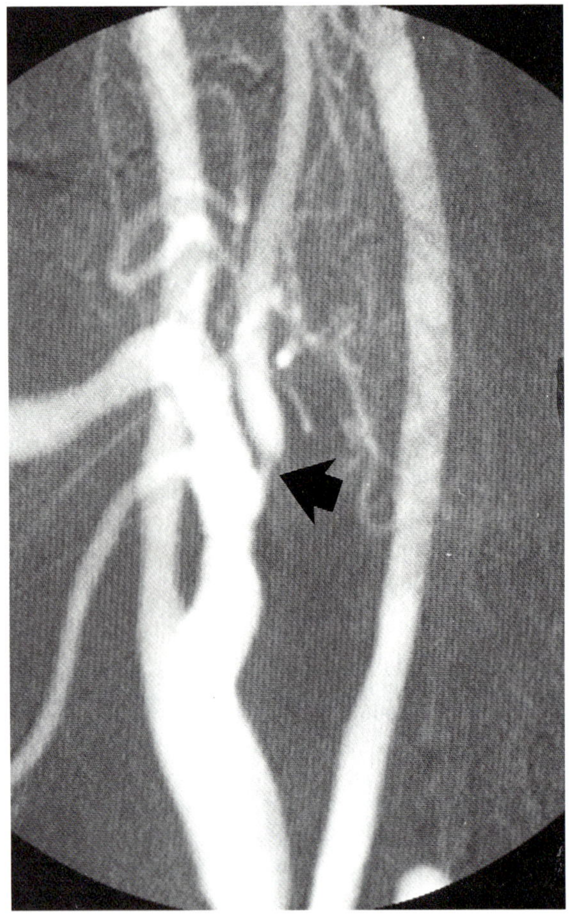

b

Abb. 5.**16a–c** Hochgradige Abgangsstenose der A. vertebralis rechts (identischer Patient wie in Abb. 5.**18**):
a Indirekter Nachweis mit der FKDS: Der Abgangsbereich der A. vertebralis ist nicht darstellbar, unmittelbar kranial finden sich jedoch im farbkodierten Bild deutliche Turbulenzen (Mischung aus „Rot" und „Blau"). Die Frequenzanalyse (Mitte) bestätigt die Turbulenzen (Verteilung der Werte oberhalb und unterhalb [Pfeile] der Nulllinie, geschlossenes spektrales Fenster). Im kranialen Anteil des Gefäßes wieder offenes spektrales Fenster (unteres Bild), aber weiterhin abgerundeter systolischer Gipfel (vgl. Abb. 5.**5**) als indirekter Hinweis für eine kaudal davon liegende Stenose
b Intraarterielle DSA. Hochgradige Vertebralisabgangsstenose (Pfeil). Verschluß der A. subclavia links (siehe Abb. 5.**18**)

darstellende Plaques können zu Defekten in der Plaque (ulzerierte Plaque) (Abb. 5.**9**, 5.**10**) und zu Abschwemmungen arteriosklerotischen Materials führen (9, 20). Lokale Thrombozytenaggregationen entstehen vor allem an irregulären Plaqueoberflächen, Plaqueulzerationen und im Bereich poststenotischer „Totwasserzonen", d. h. in Arealen konstanter Verwirbelungen (Flow Reversal) mit erniedrigter Flußgeschwindigkeit; werden diese kleinen Thromben nicht von der körpereigenen Lyse erfaßt, können sie von der Wand abgelöst werden und ebenfalls embolisieren. Erhöhung der Koagulabilität, pathologisch gesteigerte Thrombozytenaggregation und Hämatokriterhöhungen steigern das Risiko einer lokalen Thrombosierung, während medikamentöse Therapien mit Thrombozytenaggregationshemmern oder Cumarinen dieses Risiko senken können.

Prospektive Untersuchungen über Zusammenhänge zwischen bestimmten, mit der FKDS erfaßbaren Flußmustern (z. B. poststenotische, isolierte Fluß-

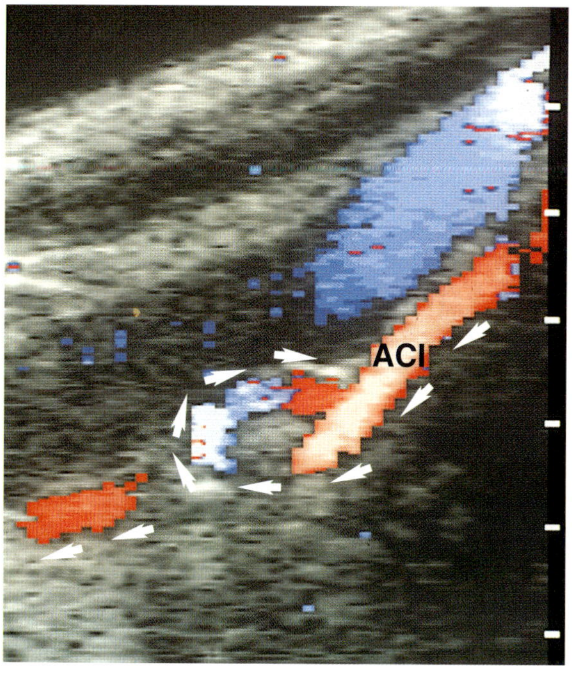

a

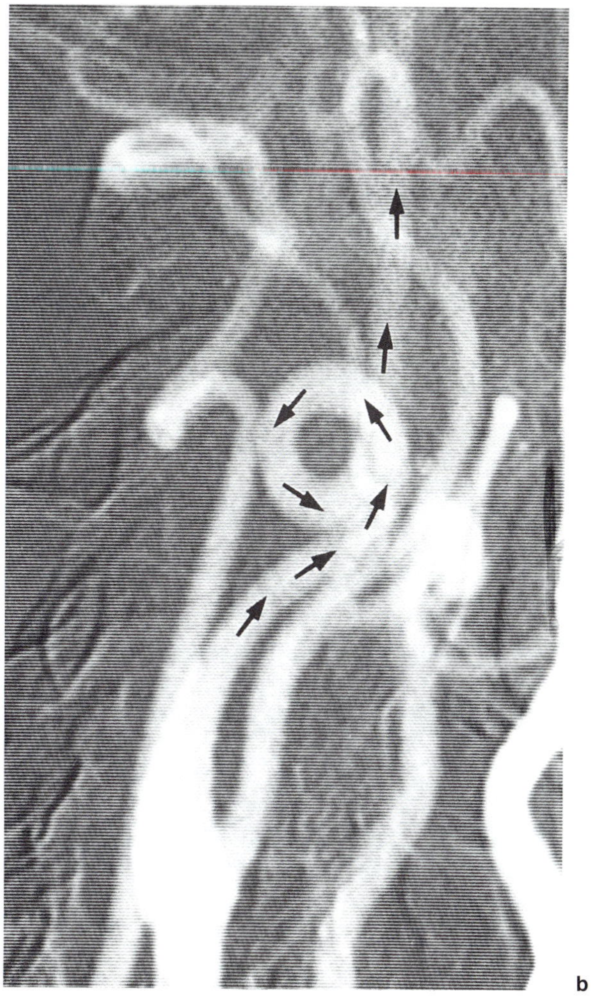

b

Abb. 5.**17 a, b** Schleifenbildung (coiling) der A. carotis interna rechts:
a FKDS: In der Gefäßschlaufe blaue Kodierung des Blutflusses (Fluß auf den Schallkopf zu). Abschnittsweise kein intravaskuläres Flußsignal bei zur Schallkopfoberfläche parallelem Gefäßverlauf
b Die intraarterielle DSA bestätigt die 360 Grad-Schleifenbildung in der A. carotis interna rechts

separationen) und dem zerebralen Embolierisiko existieren bisher nicht. Ein direkter Nachweis emboliegefährdeter Thromben ist mit allen sonographischen Verfahren nicht zu erwarten, da auch Thrombemboli im Millimeter-oder Submillimeterbereich klinisch erhebliche Auswirkungen haben können.

5.4.4.1 Plaqueulzerationen

Prinzipiell sind Plaqueulzera sonographisch als kraterförmige Defekte erfaßbar. Die Sensitivität ist jedoch unbefriedigend (33% bzw. 58% bei Ulzera kleiner/größer 2 mm) (22). Ob der Nachweis von Plaquedefekten mit der farbkodierten Duplexsonographie (Abb. 5.**9**, 5.**10**) eine größere Treffsicherheit aufweist, ist ebenso ungeklärt wie die eindeutige klinische Korrelation zwischen Ulkusgröße/Ulkuslokalisation und Embolieneigung.

5.4.5 Subklavia-Anzapf-Syndrom

Eine Sonderform der zerebrovaskulären Durchblutungsstörung stellt das Subklavia-Anzapf-Syndrom (Subclavian-steal-Syndrom) dar. Hierbei kommt es bei Stenosen oder Verschlüssen der A. subclavia proximal des Abgangs der A. vertebralis (gleiches gilt auch für Stenosen des Truncus brachiocephalicus) zu Ischämien im Vertebralis-/Basilarisstromgebiet, wenn die ipsilaterale obere Extremität Muskelarbeit leistet. Entweder schon in Ruhe oder erst bei Mehranforderung der Gefäßperipherie des Arms sinkt der poststenotische Perfusionsdruck in der der Läsion nachgeschalteten A. subclavia, so daß es zu einer Strömungsumkehr in der ipsilateralen A. vertebralis kommt. Die obere Extremität wird dabei je nach Zustand des Circulus Willisii über Anteile der hirnversorgenden Arterien versorgt, was zu neurologischen Ausfällen führen kann. Je nach Zustromgefäß werden nach Vollmer ein vertebro-vertebraler Typ (Typ I, ca. 66 %), ein karoti-

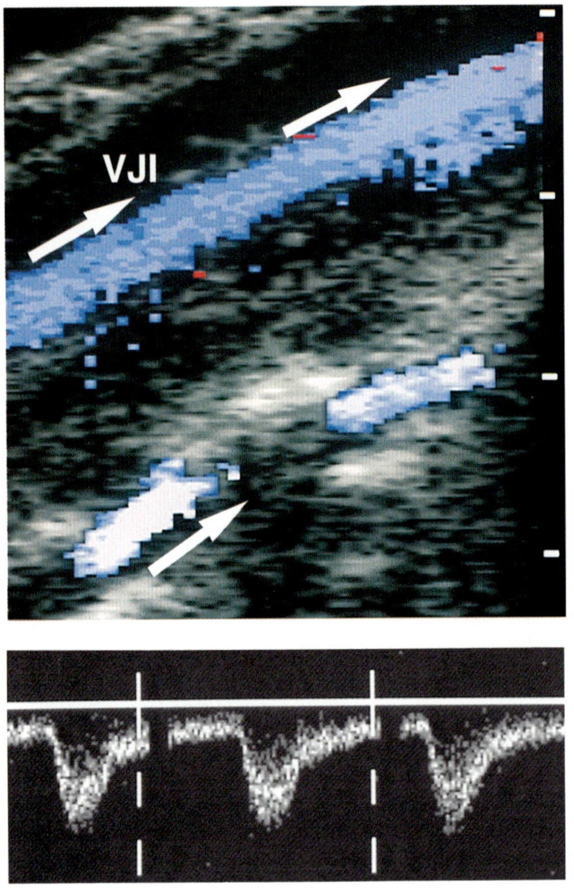

a

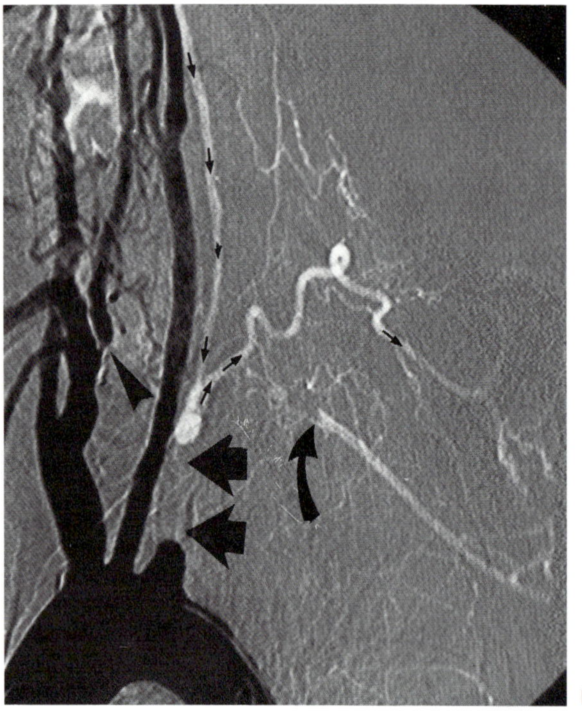

b

Abb. 5.**18a, b** Subclavian-steal-Syndrom bei Verschluß der A. subclavia links (identischer Patient wie in Abb. 5.**16**):

a FKDS: Die A.vertebralis links ist retrograd durchströmt. Identische Flußrichtung („blaue" Farbkodierung) wie in der V. jugularis interna

b Intraarterielle DSA: Retrograde Perfusion der A. vertebralis (kleine Pfeile) links bei proximalem, langstreckigen Verschluß der ipsilateralen A. subclavia (breite Pfeile). Die A. subclavia wird über Äste des Truncus thyrocervicalis (kleine Pfeile lateral) im mittleren Drittel aufgefüllt (gebogener Pfeil). Vertebralisabgangsstenose rechts (Pfeilspitze) (s. Abb. 5.**16**)

do-basilärer Typ (Typ II, ca. 26 %), ein externo-vertebraler Typ (Typ III, ca. 6%) und ein karotido-subklavialer Typ (Typ IV, ca. 2 %, bei Läsion des Truncus brachiocephalicus) unterschieden.

Ebenso wie die Obstruktionen an der A. carotis und der A. vertebralis muß auch das Subclaviansteal-Phenomen nicht zwangsläufig zu klinischen Beschwerden führen. Kommt es aufgrund der geschilderten Pathologie und Pathophysiologie zu einer (im klassischen Fall) relevanten Minderperfusion im Basilarisstromgebiet, so treten vor allem bei Belastung der betroffenen Extremität Schwindelanfälle, beidseitige Sehstörungen, Kopfschmerzen und gegebenenfalls Innenohrschwerhörigkeit auf. Die Beschwerden bilden sich meist nach Beendigung der Belastung des Arms zurück.

Die Diagnose eines Subklavia-Anzapf-Syndroms in der FKDS beruht auf dem Nachweis des retrograden Flusses in der A. vertebralis der betroffenen Seite (Abb. 5.**18a, b**). Gestützt wird diese Diagnose durch die Ableitung poststenotischer / postokklusiver Doppler-Spektren in der A. axillaris oder A. brachialis distal der stenosierten oder verschlossenen A. subclavia. Bei mäßiggradigen Subklaviastenosen kann der stenosebedingte Druckabfall in Ruhe so gering sein, daß erst bei Muskelarbeit des betroffenen Arms ein retrograder Fluß der ipsilateralen A. vertebralis zustande kommt. In Ruhe ist in diesen Fällen entweder ein Pendelfluß oder ein gegenüber der Gegenseite deutlich abgeschwächter, orthograder Vertebralisfluß nachweisbar. Durch entsprechende Provokationstests (s. 5.3.4) kann die Diagnose eines belastungsinduzierten Subklavia-Anzapf-Syndroms gesichert werden.

5.4.6 Postoperative Befundkontrolle

Ebenso wie im Nachweis primärer Stenosen und Verschlüsse können auch nach Karotisdesobliteration, Patchplastik und Bypass-Operation Rezidive nachgewiesen oder ausgeschlossen werden (49). Auch ohne ergänzende Patchplastik kann in etwa einem Viertel der desobliterierten Karotisbifurkationen eine deutliche bulbäre Dilatation mit zum Teil erheblichen Flußseparationen nachgewiesen werden (49). Die prognostische Bedeutung dieser Beobachtung hinsichtlich der Entwicklung von Rezidivstenosen ist noch nicht geklärt. Nach Gefäßtransposition bzw. -bypass (z. B.Karotis-Subklavia-Transposition/-bypass) können im allgemeinen die Anastomosen sowie das Bypassmaterial gut beurteilt und nach Lumeneinengungen und hämodynamischen Auffälligkeiten untersucht werden.

5.4.7 Sonstige Befunde

Traumatisch bedingte Karotis- oder Vertebralisstenosen/-verschlüsse zeigen prinzipiell die gleichen bild- und flußmorphologischen Kriterien wie arteriosklerotische Läsionen. Der Wert der farbkodierten Duplexsonographie liegt dabei vor allem beim polytraumatisierten Patienten in einer raschen, nichtinvasiven und sicheren Diagnostik.

Spontane, traumatische und vom Aortenbogen ausgehende Dissektionen können mit dem Ultraschallgrauwertbild erfaßt werden. Die Dissektionsmembran läßt sich bei adäquater Schichtführung als echoreiche, gegebenenfalls pulssynchron bewegte Trennlinie im Lumen abgrenzen. Mit der FKDS kann versucht werden, über vergleichende Analyse der Flußmuster falsches (häufig langsamer perfundiertes) und korrektes Lumen zu differenzieren. Bei Dissektionen der A. carotis communis muß darauf geachtet werden, ob sich die Lumentrennung auf die A. carotis interna fortsetzt. Die Thrombosierung eines der beiden Lumina ist mit der FKDS durch den fehlenden Flußnachweis erkennbar.

Wahre und falsche Aneurysmen sind durch die umschriebene Gefäßdilatation und durch den Flußnachweis im Aneurysma leicht mit der FKDS nachweisbar (48). Ein echoarmer Randsaum ohne Flußsignal kennzeichnet eine randständige Thombosierung.

AV-Fisteln, die meist traumatischer Genese sind, können in den einsehbaren Halspartien direkt nachgewiesen werden. Durch die hohe Flußgeschwindigkeit im Fistelbereich kommt es oft zu einer starken Vibration der Gefäßwände und der angrenzenden Weichteile. Diese Vibrationen, die auch palpatorisch und auskultatorisch faßbar sind, erzeugen ein kräftiges Doppler-Signal und werden in der FKDS als ausgeprägte mosaikartige „Farbwolke“ im Fistelbereich sichtbar (Abb. 4.**7a, b**). Die „Farbwolke“ überschreitet das Gefäßlumen und verdeckt die eigentliche Fistelverbindung. Selten können derartige Artefakte auch im Rahmen hochgradiger arterieller Gefäßstenosen entstehen. Die Differenzierung der AV-Fistel zur Stenose gelingt in diesem Fall jedoch immer mit dem proximal abgeleiteten Doppler-Spektrum. Bei einer AV-Fistel nimmt die Pulsatilität des Blutflusses aufgrund des herabgesetzten peripheren Gefäßwiderstands ab, während sie proximal einer hochgradigen Stenose zunimmt. Prinzipiell gelten die beschriebe-

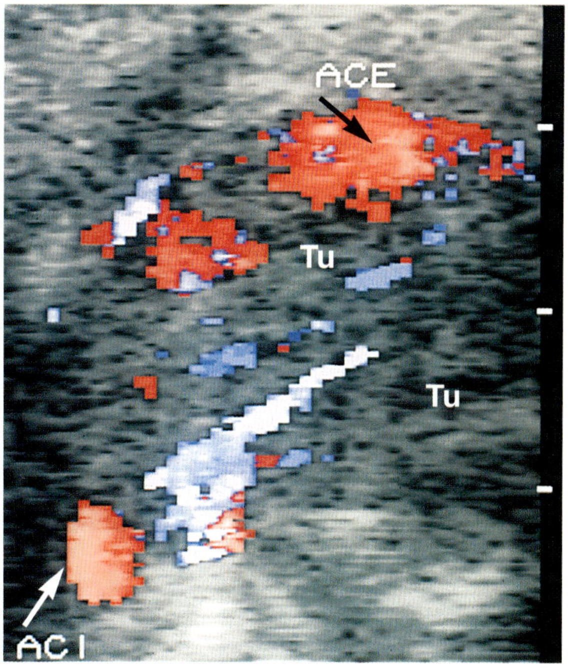

a

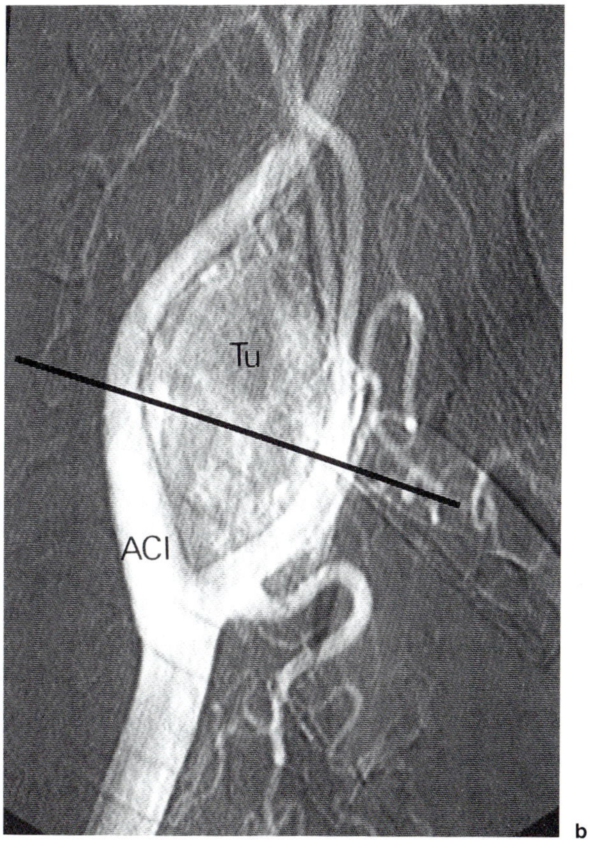

b

Abb. 5.**19** Glomus caroticum-Tumor rechts:
a FKDS: Querschnitt oberhalb der Karotisbifurkation (Schnittebene s. **b**). Distanzierung von Aa. carotis interna und externa durch einen echoarmen, stark perfundierten Tumor (Tu)
b Intraarterielle DSA: Bestätigung der hypervaskularisierten Raumforderung im Karotisgabelbereich. Schwarze Linie: Schnittebene in **a**

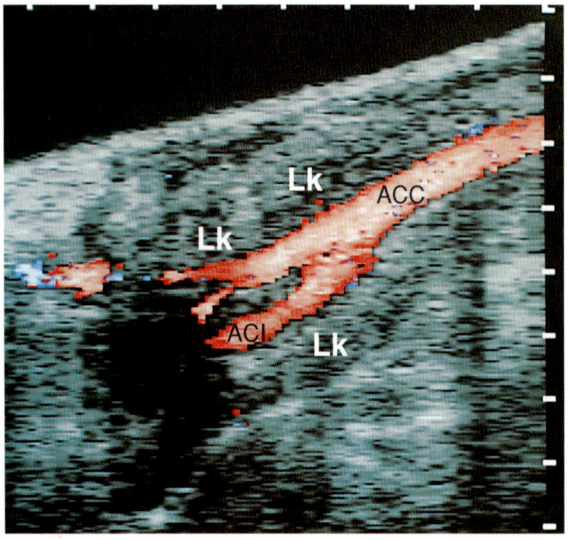

Abb. 5.**20** Ummauerung der Karotisgabel durch ausgedehnte Lymphknotenmetastasen (Lk) eines Plattenepithelkarzinoms. ACC = A.carotis communis, ACI = A.carotis interna

nen Kriterien auch für die angeborenen AV-Malformationen.

Die häufigsten zervikalen Tumoren, die zu einer arteriellen Gefäßaffektion führen können, sind Lymphknotenmetastasen von Kopf-/Halstumoren. Die Darstellung der räumlichen Beziehung des Tumors zum Gefäß und die Gefäßidentifikation werden durch die FKDS erleichtert (Abb. 5.**20**). Tumorbedingte arterielle Gefäßstenosen oder Verschlüsse sind im Gegensatz zu Thrombosen der V. jugularis interna sehr selten. Die geschilderten Kriterien arterieller Gefäßstenosen gelten auch hier in gleicher Weise. Eine tumorbedingte Beeinträchtigung des Blutflusses kann durch Kompression und Infiltration entstehen. Inwieweit durch die farbkodierte Duplexsonographie Zusatzinformationen über das Ausmaß einer Gefäßwandinfiltration zu erwarten sind, wurde bisher nicht untersucht.

Glomus-caroticum-Tumoren sind stark vaskularisierte Raumforderungen des in der Karotisgabel gelegenen Chemorezeptors. Sie führen aufgrund ihrer Lokalisation zu einer Aufspreizung der Karotisgabel, die mit der FKDS ebenso sichtbar gemacht werden kann wie die multiplen kleinen Tumorgefäße (48), die sowohl von der A.carotis externa als auch von der A.carotis interna ausgehen können (Abb. 5.**19 a, b**).

5.4.8 Fehlermöglichkeiten

Der häufigste Fehler bei der Karotisuntersuchung ist die inkorrekte Zuordnung einer Stenose oder eines Verschlusses zur A. carotis interna oder externa. Durch systematische Analyse aller beschriebenen Unterscheidungskriterien ist die klinisch wichtige Gefäßdifferenzierung jedoch nahezu immer möglich.

Ein zweiter, klinisch ebenso relevanter Fehler betrifft die Überinterpretation einer subtotalen Stenose als Verschluß. Auf die Untersuchung jedes verschlußverdächtigen Befundes mit höchster Geräteempfindlichkeit soll hier nochmals hingewiesen werden.

In der Untersuchung operierter Karotisbifurkationen kann es unmittelbar postoperativ aufgrund von Hämatomen oder Lufteinschlüssen zu Schallabschwächungen kommen, die bei Nichtbeachtung dieses Problems zu falsch-positiven Resultaten führen können.

Bei der Darstellung der A. vertebralis können kleine Äste des Truncus thyreocervicalis abschnittsweise einen Verlauf nahe der A. vertebralis nehmen und dürfen nicht mit dieser verwechselt werden. Die Ableitung von Doppler-Spektren und die Verfolgung des dargestellten Gefäßes nach proximal und kranial sind hier hilfreich.

5.5 Diagnostischer Stellenwert der farbkodierten Duplexsonographie im Vergleich mit anderen Verfahren

Der Standard, an dem sich alle nichtinvasiven Verfahren der Diagnostik der Halsarterien messen lassen müssen, ist die selektive Angiographie (39), wobei jedoch berücksichtigt werden muß, daß auch angiographische Methoden Probleme bei der Definition des Stenosegrads aufweisen, da mit ihnen nur das perfundierte Lumen, nicht jedoch die Gefäßwand abgebildet wird. Dieser methodenbedingte Vorteil der farbkodierten Duplexsonographie sollte im Einzelfall auch zur kritischen Wertung angiographischer Aufnahmen führen.

Ein prinzipieller Vorteil des Übersichtsverfahrens Angiographie gegenüber dem Schnittbildverfahren Sonographie besteht in der kontinuierlichen und damit deutlich besser demonstrablen Darstellung der Gefäße. Wie bei allen sonographischen Methoden ist das Ergebnis der Ultraschalluntersuchung in besonders hohem Maße von der Sorgfalt und Erfahrung des Untersuchers abhängig.

Vergleichsstudien „FKDS versus Angiographie" berichten über eine Sensitivität des sonographischen Verfahrens von 91–95% sowie eine Spezifität von 86–97% im Nachweis von Karotisverschlüssen und Karotisstenosen über 40% bzw. 50% Durchmesserreduktion (45, 51). Diese Treffsicherheit liegt über derjenigen der konventionellen Duplexsonographie bei gleichzeitigem Vorteil der erheblich rascheren Untersuchung. Insbesondere die Sensitivität des Verfahrens liegt auch über derjenigen der transvenös durchgeführten digitalen Subtraktionsangiographie (DSA) (12). Bei der Klassifizierung des Stenosegrads stimmen FKDS und intraarterielle DSA in knapp 90% der Fälle überein (51). Die intravenöse DSA der extrakraniellen Hirngefäße sollte daher zugunsten der farbkodierten Duplexsonographie abgelöst werden. Die FKDS eignet sich zum primären Screening bei Verdacht auf das Vorliegen obstruierender Veränderungen des Karotisstromgebiets.

Eine suffiziente Diagnostik der Karotiden ist – allerdings ohne die ergänzende Bildinformation – auch mit der relativ weit verbreiteten direkten und indirekten CW-Doppler-Sonographie (23) möglich. Im Nachweis höhergradiger Stenosen sind die Ergebnisse dieses Verfahrens vergleichbar gut. Es wird über Treffsicherheiten von über 90% berichtet (38). Die Differenzierung „subtotale Stenose / Verschluß" und der Nachweis niedriggradiger Stenosen ist jedoch CW-Doppler-sonographisch schwieriger als mit den zur Verfügung stehenden FKDS-Geräten, die in diesen Fällen aufgrund ihrer hohen Empfindlichkeit eine bessere Aussage zulassen (51). Bei Knick- und Schleifenbildungen der A. carotis interna kann es in der CW-Doppler-Sonographie zu falschen Befunden kommen, da wegen der stark schwankenden Doppler-Winkel auf engem Raum unterschiedliche Doppler-Frequenzverschiebungen gemessen und gegebenenfalls fehlinterpretiert werden können.

Deutliche Vorteile der Angiographie gegenüber allen dopplersonographischen Verfahren bestehen im Nachweis aortenbogennaher, schädelbasisnaher und intrakranieller Stenosen. Besteht der Verdacht auf ein Strombahnhindernis in diesen Lokalisationen, muß eine arterielle Angiographie durchgeführt werden. Dies gilt ebenso immer dann, wenn aufgrund ausgedehnter Gefäßverkalkungen, einer hochsitzenden Karotisbifurkation oder einer Adipositas die Beurteilung erheblich erschwert wird, der klinisch dringende Verdacht auf eine Stenose besteht und eine grundsätzliche Operationsbereitschaft vorliegt. Die transkranielle Doppler-Sonographie (1, 42) stellt dabei eine Bereicherung der nichtinvasiven Diagnostik dar, der Stellenwert dieses Verfahrens hinsichtlich der Indikationsstellung zur Karotisoperation muß jedoch noch festgelegt werden.

Im Nachweis von Vertebralisstenosen und -verschlüssen können durch die farbkodierte Flußdarstellung die Ergebnisse der konventionellen Duplexsonographie zwar deutlich verbessert werden (50). Während jedoch im Vergleich mit der Angiographie die Spezifität der FKDS bei 88%–93% liegt, konnte nur eine mäßige Sensitivität von 65%–77% ermittelt werden (51), was durch die nicht vollständige Darstellbarkeit der A. vertebralis begründet ist. Die Angiographie bleibt somit das überlegene Verfahren bei Obstruktionen im Vertebralisstromgebiet. Nach den bisherigen Erfahrungen ist die FKDS jedoch ideal im Nachweis eines Subklavia-Anzapf-Syndromes (50).

5.6 Literatur

1 Becker, G., J. Winkler, U. Bogdahn: Die transkranielle farbkodierte Real-Time-Sonographie des Erwachsenen. Ultraschall in Med. 12 (1991) 74–79

2 Bendick, P.J., J.L.Glover, R.S.Dilley: Transcutaneous detection of subcritical arterial stenoses by Doppler signal spectrum analysis. J Ultrasound Med 2 (1983) 445–449

3 Berlit,P., W.Storz: Indikation und Stellenwert der Thrombendarteriektomie der A.carotis interna. Dtsch. med. Wschr. 114 (1989) 471

4 Blackshear,W.M., D.J.Phillips, P.M.Chikos, J.D.Harley, B.L.Thiele, D.E.Strandness: Carotid artery velocity patterns in normal and stenotic vessels. Stroke 11 (1980) 67–71

5 Brown, P.M., K.W.Johnston, M.Kassam, R.S.C.Cobold: A critical study of ultrasound Doppler spectral analysis for detecting carotid disease. Ultrasound Med Biol 8 (1982) 515–523

6 Bruno,A., H.P.Adams, J.Biller, K.Rezai, S.Cornell, C.Aschenbrenner: Cerebral infarction due to Moyamoya disease in young adults. Stroke 19 (1988) 826–833

7 Busuttil,R.W., J.D.Baker, R.K.Davidson, H.I.Machleder. Carotid artery stenosis – hemodynamic significance and clinical course. J. Amer. med. Ass. 245 (1981) 1438–1441

8 Dobkin,B.H.: Orthostatic hypotension as a risk factor for symptomatic occlusive cerebrovascular disease. Neurology 38 (1989) 30–34

9 Fisher,M., A.M.Blumenfeld, T.W.Smith. The importance of carotid plaque disruption and hemorrhage. Arch. Neurol. 44 (1987) 1086–1089

10 Garraway,W.M., J.P.Whisnant, I.Drury: The continuing decline in the incidence of stroke. Mayo Clin.Proc. 58 (1983) 520–523

11 Garth, K.E., B.A.Carroll, F.G.Sommer, D.A.Oppenheimer: Duplex ultrasound scanning of the carotid arteries with velocity spectrum analysis. Radiology 147 (1983) 823–827

12 Gmelin,E., I.P.Arlart: Digitale Subtraktionsangiographie. Thieme, Stuttgart (1987) 59

13 Gross-Fengels,W., W.Steinbrich, H.Erasmi, K.F.R.Neufang, H.Lanfermann, F.E.Zanella: Die perkutane transluminale Angioplastie (PTA) der A.subclavia: Technik, Ergebnisse, Risiken. Röntgen-Bl. 43 (1990) 203–212

14 Hallam,M.J., J.M.Reid, P.L.Copperberg: Color-flow Doppler and conventional Duplex scanning of the carotid bifurcation: Prospective, double-blind, correlative study. Amer. J. Roentgenol. 152 (1989) 1101–1105

15 Hamann,H., S.Cyba-Altunbay, H.Schäfer, J.F.Vollmar: Asymptomatic carotid artery stenosis. Surgery versus medical treatment (Casanova-Study). In Maurer,P.C., H.M.Becker, H.Heidrich, G.Hoffmann, A.Kriessmann, H.Müller-Wiefel (eds.): What is new in Angiology? Zuckschwerdt, München 1986 (305 ff.)

16 Hamann,H., J.F.Vollmar: Asymptomatische und symptomatische Karotisstenosen und -verschlüsse: So geht man heute operativ vor. Therapiewoche 41 (1991) 1853–1859

17 Heinrich,U.: In-vitro-Untersuchungen an Gefäßstenosen mit der farbkodierten Duplexsonographie unter besonderer Berücksichtigung der Stenosegradbestimmung. Dissertationsschrift, Universität Würzburg (1993)

18 Howard,R., P.Trend, R.W.Russel: Clinical features of ischemia in cerebral arterial border zones after periods of reduced cerebral blood flow. Arch.Neurol. 44 (1987) 934–940

19 Hüls,A.: Zur Anatomie, Variabilität und Kalibrierung der A.carotis externa und ihrer Äste. Dissertationsschrift, Universität Ulm (1983)

20 Imperato,A.M., T.S.Riles, F.G.Baumann: The importance of hemorrhage in the relationship between gross morphologic characteristics and cerebral symptoms in 376 carotid artery plaques. Ann.Surg. 197 (1983) 195–203

21 Kappert,A.: Lehrbuch und Atlas der Angiologie. Hans Huber, Bern 1987 (73)

22 Katz, M.L., M.Johnson, M.J.Pomajzl, A.J.Comerota, D.Ahrensfield, L.Mandel, W.Hayden, T.Fogarty: The sensitivity of real-time B-mode carotid imaging in the detection of ulcerated plaques. Bruit 8 (1983) 13–16

23 Keller,H.M.: Doppler-Sonographie (kontinuierliche Emission) bei extrakraniellen Arterienkrankheiten. In Kriessmann, A., A.Bollinger, H.M.Keller (Hrsg.): Praxis der Doppler-Sonographie, 2. Aufl. Thieme, Stuttgart 1990 (161–263)

24 Klag,M.J., P.K.Whelton, A.J.Seidler: Decline in US stroke mortality. Demographic trends and antihypertensive treatment. Stroke 20 (1989) 14–21

25 Krayenbühl,H., M.G.Yasargil: Zerebrale Angiographie für Klinik und Praxis, 3. Aufl. Thieme, Stuttgart 1979
26 Kriessmann,A., A.Bollinger, H.M.Keller: Praxis der Doppler-Sonographie. Thieme, Stuttgart 1990
27 Lattera, J., S.Gebarski, J.C.Sackellares: Transient amnesia resulting from vertebral artery dissection. Stroke 19 (1988) 98–101
28 Leonberg,S.C., F.A.Elliot: Prevention of recurrent stroke. Stroke 12 (1981)731–735
29 Loftus, C.M., J.Biller, M.N.Hart: Management of radiation-induced accelerated carotid atherosclerosis. Arch.Neurol. 44 (1987) 711–714
30 Lüscher,T.F., J.T.Lie, A.W.Stanson, O.W.Houser, L.H. Hollier, S.G.Sheps: Arterial fibromuscular dysplasia. Mayo Clin Proc 62 (1987) 931–952
31 Lippert, H., R. Pabst: Arterial variations in man. Classifications and frequency. Bergmann, München 1985 (3–9)
32 Marshall, M.: Praktische Doppler-Sonographie. Springer, Berlin 1984 (11–18)
33 Marx,P.: Karotis-Endarteriektomie – ein vertretbares Risiko? Dtsch. Ärztebl. 88 (1991) 38–39
34 Mathias,K.: Katheterbehandlung der arteriellen Verschlußkrankheit supraaortaler Gefäße. Radiologe 27 (1987) 547–554
35 May,A.G., L.Van de Berg, J.A.De Weese, G.G.Rob: Critical arterial stenosis. Surgery 70 (1963) 250
36 Middleton,W.D., W.D.Foley, T.L.Lawson: Color-flow Doppler imaging of carotid artery abnormalities. Amer. J. Roentgenol. 150 (1988) 419–425
37 Middleton,W.D., W.D.Foley, T.L.Lawson: Flow reversal in the normal carotid bifurcation: Color Doppler flow imaging analysis. Radiology 167 (1988) 207–210
38 Neuerburg-Heusler,D.: Dopplersonographische Diagnostik der extrakraniellen Verschlußkrankheit. Vasa Suppl. 12 (1984) 59–70
39 Neufang,K.F.R., D.Dolars, W.Gross-Fengels: Einfluß der Geometrie arteriosklerotischer Karotisläsionen auf deren angiographische Darstellbarkeit – eine arteriographische Studie. Röntgen-Bl. 43 (1990) 11–15
40 Petro,G.R., G.A.Witwer, E.D.Cacayorin, C.J.Hodge, C.E. Bredenberg, M.S.Jastremski, S.A.Kieffer: Spontaneous dissection of the cervical internal carotid artery: Correlation of angiography, CT and pathology. Amer. J. Neuroradiol. 7 (1986) 1053–1058
41 Prendes,J.L., W.M.McKinney, F.S.Buonanno, A.M.Jones: Anatomic variations of the carotid bifurcation affecting Doppler scan interpretation. J. clin. Ultrasound 8 (1980) 147–150
42 Rosenkranz,K., R.Langer, M.Cordes, R.Felix: Transkranielle Doppler-Sonographie bei zerebrovaskulären Erkrankungen. Fortschr. Röntgenstr 155 (1991) 72–79
43 Ruff,R.F., W.T.Talman, F.Petito: Transient ischemic attacks associated with hypotension in hypertensive patients with carotid artery stenosis. Stroke 12 (1981) 353–355
44 Sillesen,H., K.Bitsch, H.J.Steenberg, T.Schroeder, L.Hansen, H.J.B.Hansen: The clinical use of objective quantification of flow disturbance in carotid artery disease: correlation between spectral broadening index and arteriography. Ultrasound Med. Biol. 13 (1987) 519–525
45 Steinke,W., C.Kloetzsch, M.Hennerici: Carotid artery disease assessed by color Doppler flow imaging: Correlation with standard Doppler sonography and angiography. Amer. J. Roentgenol. 154 (1990) 1061–1068
46 Trattnig,S., P.Hübsch, P.Barton, F.Karnel, Th.Sautner, B.Schwaighofer, G.Kretschmer: Durchgängigkeit der Carotis externa und interna bei Patienten mit Carotis-communis-Okklusion: Nachweis in der farbkodierten Doppler-Sonographie. Fortschr. Röntgenstr. 154 (1991) 44–48
47 Trattnig,S., P.Hübsch, H.Schuster, D.Pötzleitner: Color-coded Doppler imaging of normal vertebral arteries. Stroke 21 (1990) 1222–1225
48 Trattnig, S., P. Hübsch, B. Schwaighofer, F. Karnel, M. Eilenberger: Vaskuläre Raumforderungen der Arteria carotis- Nachweis mit der farbkodierten Dopplersonographie. Ultraschall in Med. 12 (1991) 70–73
49 Trattnig, S., D. Pötzleitner, P. Hübsch, K. Daha, Ch. Matula, H. Magometschnigg: Nicht-invasive Verlaufskontrolle mittels farbkodierter Doppler-Sonographie nach operativen Eingriffen an den extrakraniellen hirnversorgenden Arterien. Fortschr. Röntgenstr. 156 (1992) 224–227
50 Trattnig, S., B. Schwaighofer, P. Hübsch, M. Schwarz, F. Kainberger: Color-coded Doppler sonography of veretbral arteries. J. Ultrasound Med. 10 (1991) 221–226
51 Tschammler, A., P. Landwehr, M. Höhmann, R. Moll, G. Wittenberg, K. Lackner: Farbkodierte Duplexsonographie der extrakraniellen hirnversorgenden Arterien: diagnostische Aussagekraft und Fehlerquellen im Vergleich zur i.a.DSA. Fortschr.Röntgenstr. 155 (1991) 452–459
52 Wiebers, D.O., J.P. Whisnant, W.M. O'Fallon: Reversible ischemic neurologic deficit (RIND) in a community: Rochester/Minnesota, 1955–1974. Neurology 32 (1982) 459–465
53 Wolf, P.A., T.R. Dawber, W.B. Kannel: Heart disease as a precursor of stroke. In: B.S.Schoenberg (ed.): Advances in Neurology 19. Raven, New York 1978 (567–576)
54 Zwiebel, W.J.: Spectrum analysis in carotid Doppeler sonography. Ultrasound Med. Biol. 13 (1987) 625–636
55 (European Carotid Surgery Trialists Collaborative Group) MRC European Carotid Surgery Trial: interim results for symptomatic patients with severe (70–99%) or with mild (0–29%) carotid stenosis. Lancet 337 (1991) 1235–1243
56 (North American Symptomatic Carotid Endarterectomy Trial Collaborators) Beneficial effect of carotid endarterectomy in symptomatic patients with high-grade carotid stenosis. New Engl. J. Med. 325 (1991) 445–453

6 Extremitätenarterien

P. Landwehr

6.1 Allgemeine Bemerkungen

Die Lebenserwartung eines Patienten mit einer arteriellen Verschlußerkrankung (AVK) der Extremitäten ist um etwa 10 Jahre gegenüber einem Vergleichspatienten ohne AVK reduziert (35). Aufgrund der Daten der Basler Studie und neuerer Untersuchungen (25) ist dies vor allem auf die hohe Rate begleitender Obstruktionen der Koronarien und der Karotiden zurückzuführen (z. B. haben etwa 50% der Patienten mit einer symptomatischen AVK relevante Koronarstenosen). Die 5-Jahres-Inzidenz von AVK-Neuerkrankungen liegt im asymptomatischen Stadium – in Abhängigkeit vom Lebensalter – bei 3,2 – 13,9%, im symptomatischen Stadium bei 1 – 4,6% (34). Klassische Risikofaktoren für die Entwicklung einer AVK sind das Zigarettenrauchen, Diabetes mellitus, arterielle Hypertonie und Hyperlipidämie. Mit steigender Zahl der Risikofaktoren steigt auch die Inzidenz der AVK.

Aufgrund der zunehmenden Möglichkeiten nichtoperativer Behandlungsmaßnahmen (perkutane transluminale Angioplastie [PTA], konservative Behandlung) ist in den letzten Jahren der Bedarf für nichtinvasive bildgebende Verfahren in der arteriellen Gefäßdiagnostik gestiegen, um einerseits eine effiziente, risikoarme Primärdiagnostik anzubieten, andererseits um den Erfolg der verschiedenen Therapiemaßnahmen bzw. deren mögliche Komplikationen zu objektivieren. Dieses Kapitel beschreibt Möglichkeiten und Grenzen der farbkodierten Duplexsonographie der Extremitätenarterien.

6.2 Normale Anatomie, häufige Varianten und Untersuchungstechnik

6.2.1 Vorbemerkungen

Das arterielle Gefäßsystem der Extremitäten zeichnet sich dadurch aus, daß im Gegensatz zu der zerebralen Situation jeweils nur einzelne Hauptarterien bestimmte Extremitätenabschnitte mit Blut versorgen. Allerdings kommt es bei Verschlußprozessen in Abhängigkeit von der Entstehungsdauer der Erkrankung zur Entwicklung zum Teil ausgedehnter Kollateralgefäßsysteme, die nicht selten zu einer deutlichen Kompensation der Minderdurchblutung auch bei stärkerer Belastung beitragen. Stenose oder Verschluß einzelner Arterien bedeuten somit noch nicht unbedingt, daß eine invasive Therapie erforderlich ist.

Eine weitere Besonderheit der Extremitätenarterien liegt insbesondere im Vergleich mit den abdominellen Arterien darin, daß sie starken mechanischen Belastungen ausgesetzt sind. Dies gilt vor allem für die Beinarterien. Besonderheiten des Verlaufs (z. B. der A. femoralis superficialis im Canalis adductorius; atypische Lage der A. poplitea beim „Entrapment-Syndrom") können dabei für gehäuft auftretende Gefäßwandläsionen mitverantwortlich sein.

6.2.2 Arterien der unteren Extremität

Die arterielle Versorgung des Beckens und der Beine wird im Retroperitoneum durch die Aorta abdominalis sichergestellt. Sie gibt in ihrem infrarenalen Abschnitt neben der A. mesenterica inferior die paarigen Aa. lumbales sowie im Iliakalgabelbereich die A. sacralis mediana ab und teilt sich meist auf Höhe des vierten Lendenwirbelkörpers in die beiden Aa. iliacae communes auf. Die A. iliaca communis ist – bedingt durch die Sinistroposition der Aorta – auf der rechten Seite meist etwas länger als auf der linken. Die Länge der Aa. iliacae communes variiert von 3,5 – 7,5 cm, es sind jedoch auch längere und deutlich kürzere Gefäße bis hin zum direkten Abgang der A. iliaca externa aus der Aorta beobachtet worden (6). Die A. iliaca communis trennt sich dann auf Höhe des Iliosakralgelenks in die A. iliaca interna, die die Versorgung von Beckeneingeweiden, Beckenwand, Gesäßgegend und Dammregion übernimmt, und in die A. iliaca externa auf, die bis kurz vor dem Durchtritt unter dem Leistenband keine größeren Äste abgibt. Die A. iliaca externa verläuft im Becken entlang der Medialseite des M. iliopsoas bis zum Leistenband; kurz zuvor gibt sie zwei Äste ab, die A. epigastrica inferior (zur vorderen Bauchwand) und die A. circumflexa ilium profunda.

Ab dem Durchtritt unter dem Leistenband durch die Lacuna vasorum (medial der Lacuna musculorum) heißt das Gefäß A. femoralis (Abb. 6.**1**), sie verläuft lateral der gleichnamigen Vene und ventral des Hüftgelenks. In Abweichung von der „Nomina anatomica" wird diese Arterie im klinischen Sprachgebrauch bis zum Abgang der A. profunda femoris „A. femoralis communis" (entsprechend auch „V. femoralis communis", s. Kapitel 8) genannt. Die A. profunda femoris zweigt nach dorsolateral von der A. femoralis communis ab und ist für die Versorgung des Oberschenkels verantwortlich. Der Abgang der A.

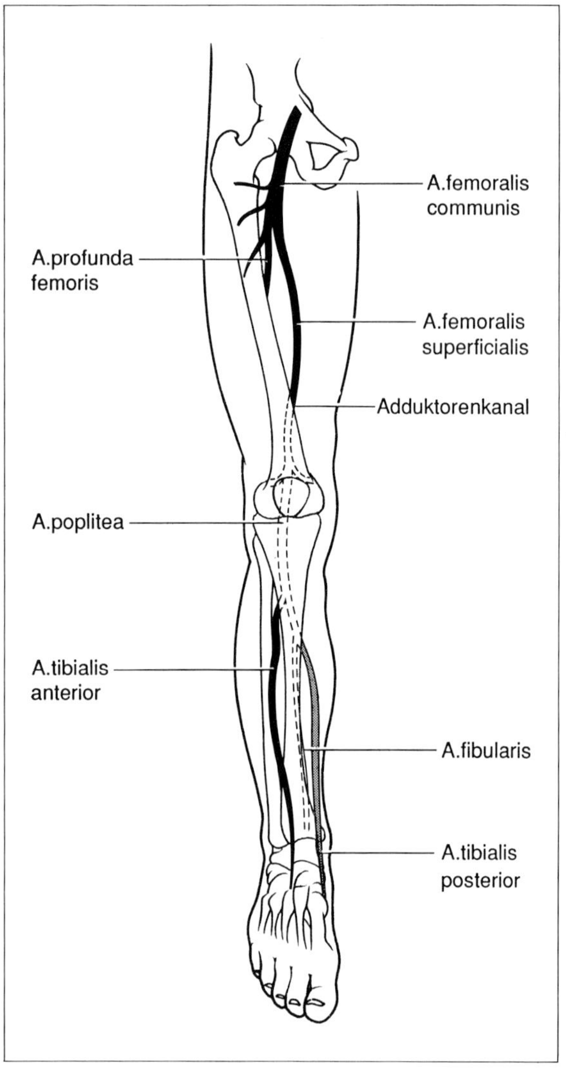

Abb. 6.**1** Schematische Darstellung der Anatomie der Beinarterien

profunda femoris liegt im allgemeinen 2 – 5 Zentimeter distal des Leistenbandes. Es sind jedoch auch weiter proximal gelegene Gefäßaufzweigungen bis auf Höhe des Leistenbandes beschrieben worden.

Vom Abgang der A. profunda femoris an wird die A. femoralis im klinischen Sprachgebrauch „A. femoralis superficialis" genannt. Sie verläuft zunächst medioventral, dann medial im Bereich des Oberschenkels und nähert sich im mittleren und distalen Verlauf von medial dem Femurschaft an. Sie wird von der dorsal anliegenden V. femoralis superficialis begleitet. Am Übergang vom mittleren zum distalen Oberschenkeldrittel tritt die A. femoralis superficialis mit der begleitenden Vene und dem N. saphenus in den Canalis adductorius (Hunter-Kanal) ein und wendet sich nach dorsal. Der Adduktorenkanal wird aus einer ventral liegenden Aponeurose aus Fasern der Mm. adductores longus et magnus (Membrana vastoadductoria) sowie den dorsal gelegenen Anteilen der beiden genannten Muskeln gebildet. Die A. femoralis superficialis gibt in ihrem Verlauf keine größeren Äste ab und tritt im Hiatus adductorius (tendineus) aus dem distalen Ende des Adduktorenkanals wieder aus; von dort an wird sie A. poplitea genannt.

Die A. poplitea verläuft durch die Fossa poplitea medial der sie begleitenden Vene bis zum Sehnenbogen des M.soleus. Sie gibt vor allem Äste zum Rete articulare genus ab. Die Aufzweigung der A. poplitea ist sehr variabel. Üblicherweise teilt sie sich distal des Kniegelenks in die Aa. tibiales anterior et posterior auf, aus letzterer entspringt dann als erster Ast die A. fibularis (der Gefäßabschnitt zwischen den Abgängen der A. tibialis anterior und A. fibularis wird auch Truncus tibiofibularis genannt). Die Aufzweigungsstelle der A. poplitea kann jedoch auch proximal des Sehnenbogens des M. soleus liegen, manchmal sogar auf Höhe des Kniegelenks. Auch eine direkte Aufteilung in die A. tibialis anterior und A. fibularis bei Fehlen oder Hypoplasie der A. tibialis posterior ist möglich.

Üblicherweise liegen drei Unterschenkelarterien vor, die jedoch in ihrer Lumenweite deutlichen Variationsmöglichkeiten unterliegen. Die A. tibialis anterior durchbohrt am Unterrand des M. popliteus die Membrana interossea und verläuft in der Extensorenmuskulatur bis zum Fußrücken, wo sie unter dem Lig. cruciforme in die A. dorsalis pedis übergeht. Die A. tibialis posterior ist üblicherweise kräftiger als die A. tibialis anterior und verläuft an der Unterschenkeldorsalseite zwischen den oberflächlichen und tiefen Beugemuskeln, am Sprunggelenk hinter dem Malleolus internus tibiae und von dort als A. plantaris zur Fußsohle. Die A. peronea (fibularis) verläuft an der Dorsalfläche der Fibula in einem von Fibula, M. flexor hallucis longus und M. tibialis posterior gebildeten Kanal bis zum Malleolus externus fibulae.

Die Aa. tibiales anterior et posterior können in unterschiedlicher Ausprägung hypoplastisch sein oder sogar vollständig fehlen. In solchen Fällen übernimmt die jeweils andere Unterschenkelarterie oder die A. fibularis, bei der Hypoplasien seltener beschrieben sind, die arterielle Versorgung. Eine spezielle Variation der A. tibialis anterior besteht im fibularen Verlauf des Gefäßes im distalen Unterschenkeldrittel.

Die drei Unterschenkelarterien bilden auf Höhe des oberen Sprunggelenks das Rete malleolare, das bei Hypoplasie, Fehlen oder Ausfall eines oder zweier Gefäße eine ausreichende Kollateralisation gewährleistet.

Die Versorgung des Fußes erfolgt durch die A. dorsalis pedis (aus der A. tibialis anterior) und die Aa. plantares medialis et lateralis (aus der A. tibialis posterior). Letztgenannte Arterie bildet den Arcus plantaris, der mit dem R. plantaris profundus (aus der A. arcuata der A. dorsalis pedis) anastomosiert. Das Stromgebiet der A. dorsalis pedis speist die Aa. metatarsales und Aa. digitales dorsales, während die plantaren Mittelfuß- und Zehenarterien aus dem Stromgebiet der A.tibialis posterior entspringen (Aa. plantares). Ebenso wie auf Knöchelebene sorgt auch im Bereich des Fußes die Verknüpfung mehrerer arterieller Stromgebiete für eine gute Kollateralisation.

6.2.3 Arterien der oberen Extremität

Die Armarterien entspringen beidseits aus den supraaortalen Hauptstämmen, wobei in der Regel rechts die A.subclavia dorsal des Sternoklavikulargelenks aus dem Truncus brachiocephalicus, links direkt aus dem Aortenbogen entspringt. Die Abgänge der Arkusarterien unterliegen dabei einer großen Variationsbreite (s. 5.2).

Die A. subclavia verläuft bogenförmig über die Pleurakuppel und zieht, gemeinsam mit dem Plexus brachialis, durch die sogenannte Skalenuslücke, die von dem Mm. scaleni anterior et medius gebildet wird. Anschließend zieht sie über die erste Rippe nach retroklavikulär und von dort ventral der Skapula und dorsal des M. pectoralis minor als A. axillaris in die Achselhöhle. Im Verlauf gibt die A. subclavia als wichtigste Äste die A.vertebralis (s. Kapitel 5), den Truncus thyreocervicalis und die A. thoracica (mammaria) interna ab.

Die Äste der A. axillaris, die zum Teil ausgedehnte Kollateralverbindungen mit Ästen der A. subclavia eingehen, versorgen den Bereich des Schultergürtels. Ab dem Unterrand des M. pectoralis major wird die Fortsetzung der Achselhöhlenarterie A. brachialis genannt.

Die A. brachialis verläuft im Sulcus bicipitalis medialis bis zur Ellenbeuge, wo sie sich auf Höhe des Gelenkspalts in die Unterarmarterien aufzweigt. Sie gibt in ihrem Verlauf neben Muskelästen die A. profunda brachii am proximalen Oberarm sowie die Aa. collaterales ulnares superior et inferior ab. Diese Äste der A. brachialis bilden mit proximalen Ästen der Unterarmarterien das Rete articulare cubiti, welches im Falle eines distalen Brachialisverschlusses meist eine ausreichende Kollateralversorgung von Unterarm und Hand gewährleistet. Eine häufige Variation der Oberarmarterie ist die hohe Aufteilung in die Unterarmarterien, wobei die A. radialis häufiger als die A. ulnaris atypisch im Bereich des Oberarms entspringt (1 von 8 Fällen im Gegensatz zu 1 von 13 Fällen)(6); der jeweils verbliebene Schenkel gibt dann am proximalen Unterarm die A. interossea ab, die ansonsten in der Regel aus der A. ulnaris entspringt.

Die A. radialis setzt am Unterarm den Verlauf der A.brachialis entlang des Radius fort, verläuft im Handwurzelbereich durch die Tabatière und bildet mit dem tiefen Ast der A. ulnaris den tiefen Hohlhandbogen. Dieser bildet die Aa.metacarpae palmares, die mit den Aa. digitales palmares communes anastomosieren.

Die A. ulnaris zieht nach ihrem Abgang unter dem Pronator teres und zwischen oberflächlichen und tiefen Beugemuskeln in die Tiefe zur Ulnarseite des Unterarms. Sie gibt am proximalen Unterarm die A. interossea communis ab und verläuft entlang des M.flexor carpi ulnaris zur Handwurzel. Sie bildet den Hauptanteil des oberflächlichen Hohlhandbogens und gibt die drei Aa. digitales palmares communes ab, die sich in je zwei Aa. digitales palmares propriae (zu den Fingern II-IV) aufteilen. Die arterielle Versorgung des Daumens erfolgt direkt aus dem tiefen, diejenige des 5. Fingers aus dem oberflächlichen Hohlhandbogen. Insgesamt erfolgt die arterielle Fingerversorgung in der Regel über vier Digitalarterien, wobei neben den erwähnten palmaren Gefäßen dorsale Digitalarterien aus dem R. carpeus dorsalis der A. radialis stammen.

6.2.4 Untersuchungstechnik

6.2.4.1 Voruntersuchungen

Neben der Anamnese (unter anderem Risikofaktoren, Ruhe-/Belastungsischämie, Ischämielokalisation, Gangrän, Vorbehandlungen, arterielle Gefäßerkrankungen in anderen Stromgebieten) und den klinischen Untersuchungen gehören zur klinischen Vordiagnostik bei der Suche nach einer arteriellen Verschlußerkrankung unter anderem die Ratschow-Lagerungsprobe (untere Extremität) und die Faustschlußprobe sowie der Allen-Test (obere Extremität) (12). In der Diagnostik der Engpaßsyndrome der oberen Thoraxapertur sind die seitengetrennte Arterienpalpation und Blutdruckmessung bei unterschiedlichen Provokationsmanövern hilfreich. Zur Abschätzung der Schwere einer AVK an der unteren Extremität sollte eine standardisierte Belastung mittels Laufbandergometrie oder Gehen in der Ebene mit Begleitung in festgelegter Taktfrequenz einer alleinigen Ermittlung der anamnestischen freien Gehstrecke vorgezogen werden, allerdings gibt letztere wichtige Hinweise auf den individuellen Leidensdruck des Patienten.

Unabdingbare Voruntersuchung bei jedem AVK-Patienten ist die Messung des systolischen Blutdrucks mit der Doppler-Verschlußdruckmessung. Mindestprogramm ist dabei die vergleichende Messung des Verschlußdrucks an beiden Armen und einer Fußarterie der betroffenen Extremität in Ruhe mit Bildung des Doppler-Verschlußdruckquotienten (Knöchel-Arm-Index) (20). Durch differenzierte Indexmessung in unterschiedlichen Etagen (segmentale Verschlußdruckmessung) sowie Messung nach Belastung ist in den meisten Fällen eine reproduzierbare und für das Screening diagnostisch effiziente Diagnostik möglich, mit der ausreichend sicher eine AVK ausgeschlossen sowie im positiven Fall eine AVK semiquantitativ eingeschätzt und die Hauptläsionen grob lokalisiert werden können (2,11,18). Diese nichtinvasive Untersuchungsmethode hat den Vorteil der leichten Erlernbarkeit, der weiten Verbreitung und der geringen Kosten.

Liegt eine differenzierte Doppler-Verschlußdruckmessung nicht vor, sollte der Untersucher vor Durchführung der FKDS in jedem Fall selbst zumindestens den Knöchel-Arm-Index nach mindestens 15minütiger Ruhezeit des Patienten (liegende Position) bestimmen. Dies kann – wenn kein tragbares CW-Doppler-Gerät zur Verfügung steht – auch mit der FKDS erfolgen. Nach Anlegen der Blutdruckmanschette werden unter Einstellung der A. dorsalis pedis bzw. der A. tibialis posterior das Wiedereinsetzen der arteriellen Durchströmung nach Unterschreiten des systolischen Druckwerts nachgewiesen (niedrige PRF und niedrige Wandfilter zur Empfindlichkeitssteigerung einsetzen) und die ermittelten Werte mit denen, die in der A. brachialis gemessen wurden, verglichen.

6.2.4.2 Apparative Voraussetzungen

Bezüglich der gerätetechnischen Bedingungen wird auf die grundsätzlichen Bemerkungen in Kapitel 4 verwiesen. Bei der Untersuchung der Beinarterien empfiehlt sich der 5-MHz-Linear-Schallkopf; je nach Dikke des Weichteilmantels kann zur genaueren Befunddarstellung auch ein 7.5-MHz-Schallkopf verwendet werden, der im Bereich der Armarterien meist der Schallkopf der ersten Wahl ist. Bei der Abbildung der Beckenarterien sollte zunächst geprüft werden, ob die Eindringtiefe des 5-MHz-Schallkopfs ausreicht, ansonsten sollte ein 3.5-MHz-Konvex-Schallkopf mit großem Radius zum Einsatz kommen.

Wegen der relativ großen Untersuchungsstrekke sollte gerade bei der Darstellung der Extremitätenarterien aus Praktikabilitätsgründen die Untersuchung sofort im farbkodierten Duplexmodus durchgeführt werden, da dieser die anatomische Übersicht und das Auffinden der pathologischen Befunde erleichtert. Nach optimaler Einstellung des Grauwertbilds wird die Farbkodierung über die PRF, den Wandfilter und die Empfindlichkeit so eingestellt, daß in den gesunden Gefäßarealen kein Aliasing sichtbar wird (s. Kapitel 4), das Gefäß komplett mit Farbpixeln ausgefüllt ist und extravasal keine Farbartefakte entstehen.

6.2.4.3 Patientenlagerung und Position des Untersuchers

Grundsätzlich erfolgt die Untersuchung der Becken- und Beinarterien bei liegendem Patienten. Vor der Untersuchung eines Patienten mit dem Verdacht auf eine arterielle Verschlußerkrankung sollte eine etwa 15minütige Ruhepause (im Liegen) angestrebt werden, damit sich eine eventuell prolongierte reaktive Hyperämie nach dem Gang zum Untersuchungsraum wieder zurückbilden kann. Dies ist häufig organisatorisch schwierig, ist jedoch insbesondere zur optimalen Beurteilung von Doppler-Verschlußdruckquotienten und Doppler-Spektren wichtig.

Zur Darstellung der Becken- und Beinarterien liegt der Patient bequem auf dem Rücken, dabei kann der Oberkörper leicht erhöht gelagert werden. Gegebenenfalls kann es erforderlich sein, den Patienten auf die Seite oder in Bauchlage zu drehen, wenn die A. poplitea oder dorsal gelegene Unterschenkelarterien abgebildet werden sollen (Einzelheiten s. Untersuchungsablauf). Bei der Darstellung der Armarterien empfiehlt sich auch die Rückenlage, gegebenenfalls kann jedoch auch bei sitzendem Patienten mit auf die Untersuchungsliege aufgelegtem Arm untersucht werden.

6.2.4.4 Untersuchungsablauf: untere Extremität

Eine komplette FKDS der Becken- und der Beinarterien beidseits durch einen erfahrenen Untersucher dauert mit Dokumentation 25 – 35 Minuten, bei komplexer Pathologie manchmal länger. Es muß ein rationeller Untersuchungsablauf angestrebt werden, dessen Umfang sich nach der klinischen Fragestellung richtet. In vielen Fällen ist es nicht notwendig, alle Gefäße in ihren gesamten Verlauf darzustellen, z. B. wird sich bei der Frage nach einem punktionsbedingten Leistenaneurysma die FKDS auf die Leistenregion der betroffenen Seite beschränken (Dauer 5 – 10 Minuten), wenn nicht zusätzliche Fragestellungen beantwortet werden sollen (z. B. Embolie aus dem Aneurysma etc.). Liegt eine seitenbetonte AVK vor, sollte jedoch immer auch die Gegenseite untersucht werden.

Die Suche nach einem arteriellen Strombahnhindernis an der unteren Extremität beginnt unter Zuhilfenahme des farbkodierten Flußbilds mit der Ableitung von Doppler-Spektren an folgenden Punkten: distale A. tibialis anterior knapp oberhalb des oberen Sprunggelenks, distale A. tibialis posterior hinter dem Innenknöchel, A. iliaca externa, proximale A.femoralis superficialis, A. femoralis profunda und A. poplitea. Liegen dort regelrechte bi- oder triphasische Spektren mit steilem systolischen Anstieg vor und ist der Doppler-Druckquotient normal (>0,9), so kann eine therapierelevante AVK der größeren Arterien ausgeschlossen werden. Eine zusätzliche kontinuierliche Darstellung des gesamten Arterienbaums mit der FKDS ist dann meist nicht mehr erforderlich.

Werden pathologische Doppler-Spektren abgeleitet, kann aus der Änderung der Spektralform von proximal nach distal eine grobe Abschätzung der Lokalisation der Läsion erfolgen. In diesem Fall ist jedoch eine möglichst kontinuierliche Darstellung der Arterien mit der FKDS erforderlich. Diese erfolgt von der Iliakalgabel bis zu den distalen Unterschenkelarterien. Es sollte dabei versucht werden, die Arterien komplett im Längsschnitt darzustellen und nach pathologischen Flußmustern abzusuchen. Beurteilungskriterien sind dabei die Weite des durchströmten Gefäßlumens, lumenverlegende Plaques, Geschwindigkeitserhöhungen innerhalb von Stenosen sowie poststenotische Turbulenzen und Wirbelbildungen. Eine am Ort der Läsion durchgeführte Doppler-Frequenzanalyse bei nach FKDS-Kriterien eindeutigen Befunden ist im allgemeinen nicht erforderlich (Abb. 6.**2**, 6.**3 a – d**, 6.**4**, 6.**5 a**, **b**, 6.**6 a**, **b**, 6.**7 a**, **b**); wenn eine Stenosegradbestimmung erfolgen soll, ist diese meist auch auf der Basis des farbkodierten Bilds möglich.

Gelingt die direkte farbliche Gefäßdarstellung abschnittsweise nicht (Adipositas, Darmluft, Wandverkalkungen), so muß durch die vergleichende Ableitung von Spektren vor und hinter der nicht darstellbaren Region eine Befundeinschätzung erfolgen.

Die sonographische Untersuchung der Beckenetage ist durch die retroperitoneale Lage der Arterien erschwert, da die Bauchdecken und die Darmschlingen eine deutliche Schallstreuung und -abschwächung bewirken. Die Untersuchung sollte daher wie die normale abdominelle Sonographie möglichst beim vorbereiteten Patienten (Vermeidung blähender Speisen 2 – 3 Tage vor der Untersuchung, Verabreichung entblähender Substanzen oder leichter Laxantien) durchgeführt werden. Durch Kompression mit dem Schallkopf kann die Distanz zwischen Schallkopf und Gefäß reduziert werden, Darmschlingen lassen sich auf diese Weise häufig aus dem Schallfeld verlagern. Gegebenenfalls muß mit schräger Schallkopfführung an nicht verlagerbaren Darmschlingen vorbei oder durch die gefüllte Harnblase das beste Schallfenster gesucht werden.

Die Untersuchung der distalen A. iliaca externa, der A. femoralis communis, des Profundahauptstammes und der proximalen Abschnitte der A. femoralis superficialis ist wegen der meist geringen Distanz des Gefäßes zur Hautoberfläche von ventral einfach möglich. Gegebenenfalls sind bei der Darstellung exzentrischer Gefäßstenosen und von Aneurysmata neben dem primären Längsschnitt zusätzliche Einstellungen im Querschnitt erforderlich, der für die Darstellung der Femoralisgabel in jedem Fall in Ergänzung zum Längsschnitt durchgeführt werden sollte. Der Hauptstamm der A. profunda femoris ist meist über eine Strecke von 2 – 4 Zentimeter darstellbar. Dem Verlauf der A. femoralis superficialis folgt man dann mit dem Schallkopf nach medial, wobei die Distanz zwischen Schallkopf und Gefäß immer möglichst klein sein muß. Meist gelingt in Rückenlage mit zunehmend mediodorsaler Schallkopfposition die Darstellung der A. femoralis bis zum Adduktorenkanal. Wegen der in diesem Abschnitt besonders kräftigen Deckung des Gefäßes mit Muskeln und Faszien muß hier meist die Geräteeinstellung korrigiert werden (Gesamtverstärkung, Farbempfindlichkeit), eine dosierte Kompression mit dem Schallkopf kann häufig die Distanz zum Gefäß verringern (s. Abb. 8.**6**). Wegen des nun zunehmend dorsalen Gefäßverlaufs muß die Schallkopfposition entsprechend adaptiert werden, was entweder durch Abduktion und Außenrotation im Hüftgelenk und leichte Beugung im Kniegelenk oder durch Umlagern in die Bauchlage möglich ist. In einer dieser Positionen ist die A. poplitea gut erreichbar.

Die Unterschenkeltrifurkation ist – neben der Beckenetage – die technisch am schwierigsten darzustellende Region der Beinarterien. Wegen des komplexen räumlichen Verlaufs der drei aus der A. poplitea abgehenden Hauptarterien des Unterschenkels ist eine gemeinsame Darstellung aller drei Abgänge in einem Schnittbild in aller Regel nicht möglich. Den besten Überblick über den Trifurkationsbereich – insbesondere im Bereich der Abgänge der A. fibularis und A. tibialis posterior – bekommt man entweder von dorsal (in Bauchlage) durch Verfolgung der A. poplitea nach distal oder von mediodorsal zwischen hinterer Tibiakante und medialem Kopf des M. gastrocnemius (Abduktion, Außenrotation, Kniebeugung, Rückenlage). Da die A. tibialis anterior nach ihrem Abgang rasch nach ventrolateral durch die Membrana interossea zieht, muß der proximale Abschnitt dieses Gefäßes sowohl aus der oben geschilderten Schallkopfposition als auch von ventrolateral (lateral der Tibiavorderkante) beurteilt werden. Bei nicht hypoplastischen Unterschenkelarterien können diese bei nicht adipösen Patienten häufig problemlos bis zum Sprunggelenk im Längsschnitt verfolgt werden, wobei die A. tibialis posterior und die A. fibularis von dorsal, die A. tibialis anterior von ventral untersucht werden. Da die komplette Darstellung aller drei Arterien jedoch sehr zeitaufwendig ist, reicht eine abschnittsweise Ableitung von proximalen und distalen Spektren der Unterschenkelarterien im allgemeinen aus, um hämodynamisch relevante Befunde zu erfassen. Im Fußbereich können zumindest die A. dorsalis pedis und die A. plantaris im Hauptstammbereich dargestellt werden. Eine reproduzierbare, kontinuierliche Erfassung der weiter distal liegenden Arterien ist mit der FKDS nicht möglich, es können aber einzelne Digitalarterien abschnittsweise dargestellt werden.

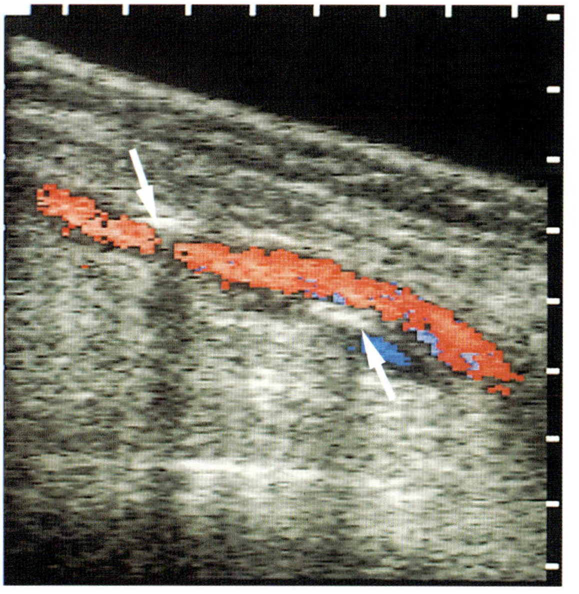

Abb. 6.**2** Verkalkte Wandplaques (Pfeile) der A. femoralis superficialis. Schallschatten dorsal der Verkalkungen, aber nur geringe Änderung Farbkodierung proximal und distal der Verkalkungen, somit keine durch die Wandverkalkung verursachte, höhergradige Lumeneinengung

Bei der Untersuchung aneurysmatischer Veränderungen muß auf wandständige Thromben geachtet werden. AV-Fisteln können übersichtlicher dargestellt werden, wenn das zuführende Gefäß leicht kom-

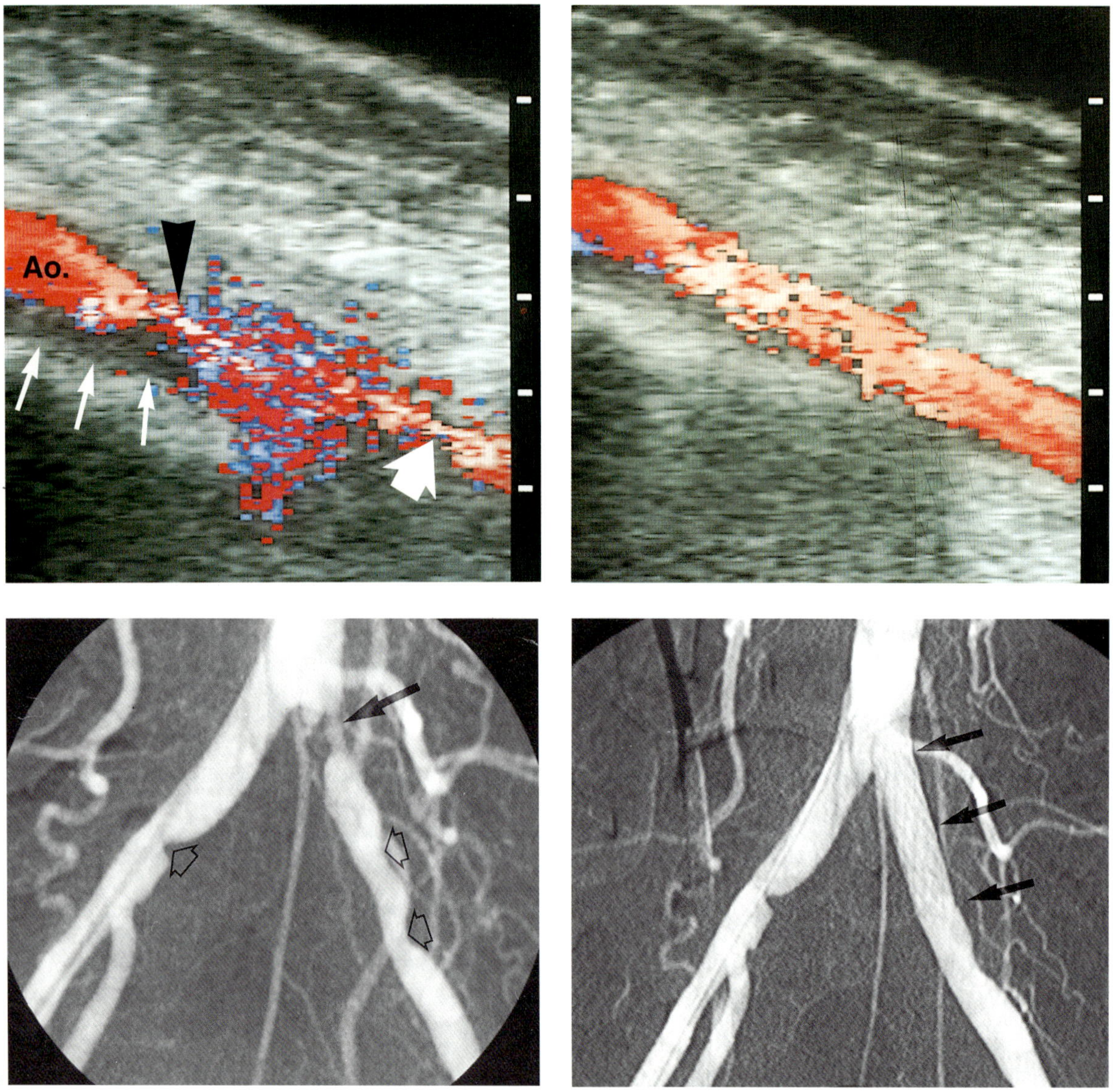

a b c d

Abb. 6.**3 a–d** Hochgradige Abgangsstenose der linken A. iliaca communis vor und nach PTA mit Stentimplantation:
a In der FKDS arteriosklerotische Wandplaques (weiße Pfeile), die zur hochgradigen Lumeneinengung (Pfeilspitze) führen mit ausgeprägter Erhöhung der Geschwindigkeit (helles „Rot"). Intra- und poststenotisch ausgeprägte perivaskuläre Vibrationsartefakte („Farbnebel" aus „Rot" und „Blau"), weiter distal zweite Stenose (kurzer weißer Pfeil). Ao = Aorta
b Intraarterielle Angiographie: Hochgradige Stenose in der proximalen A. iliaca communis (geschlossener Pfeil), zwei weitere Stenosen im distalen Gefäßabschnitt und in der rechten A. iliaca communis (offene Pfeile)
c FKDS nach PTA und Stentimplantation: Freie Durchgängigkeit des Lumens mit laminarem Fluß, die Vibrationsartefakte sind nicht mehr nachweisbar. Der Stent verursacht nur eine geringe dorsale Schallabschwächung, die Beurteilung des Gefäßlumens ist nicht beeinträchtigt
d Angiographie nach PTA und Stentimplantation (PALMAZ-Stent). Die proximalen Stenosen werden von dem Stent (Pfeile) überbrückt, das Lumen ist normal weit

primiert wird, um den Zustrom zu vermindern und die typischen perivaskulären Vibrationsartefakte zu reduzieren. Eine Quantifizierung der Flußraten in der Arterie proximal und distal der Fistel ermöglicht eine Abschätzung der hämodynamischen Relevanz.

6.2.4.5 Untersuchungsablauf: obere Extremität

Die grundsätzlichen Erwägungen, wie sie für die Untersuchung der Arterien der unteren Extremität geschildert wurden, sind auch im Bereich der Armarte-

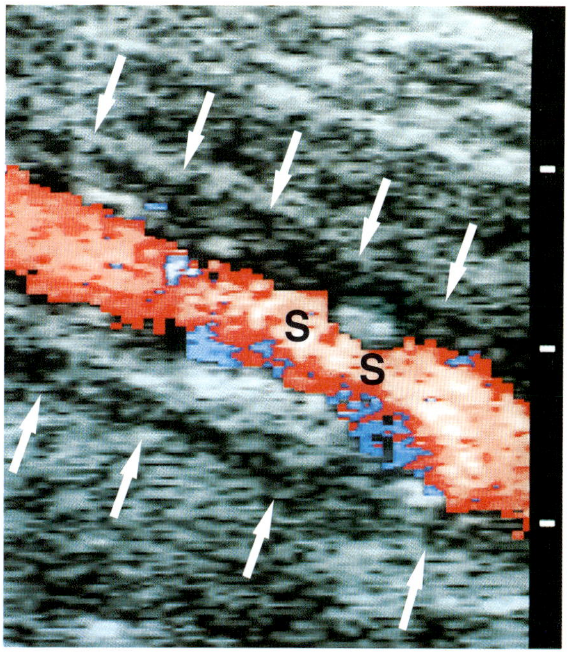

Abb. 6.**4** Diffuse, dilatative Arteriosklerose der A. femoralis superficialis. Ausgeprägte, annähernd zirkulärer Wandverdickung, zum Teil echoarm, zum Teil echoreich (Pfeile = äußere Gefäßwandbegrenzung). Auflagerungen an der Gefäßinnenwand mit Turbulenzen (Farbwechsel von „Rot" nach „Blau"). Umschriebene Stenosierung (S) mit Geschwindigkeitserhöhung (helles „Rot")

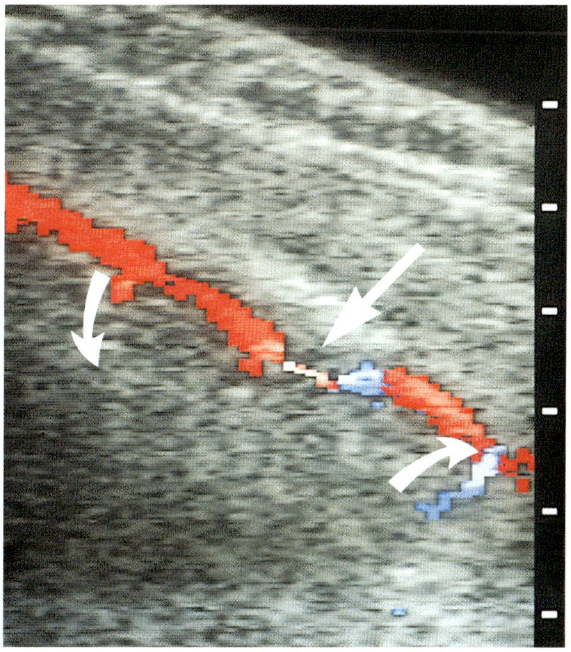

a

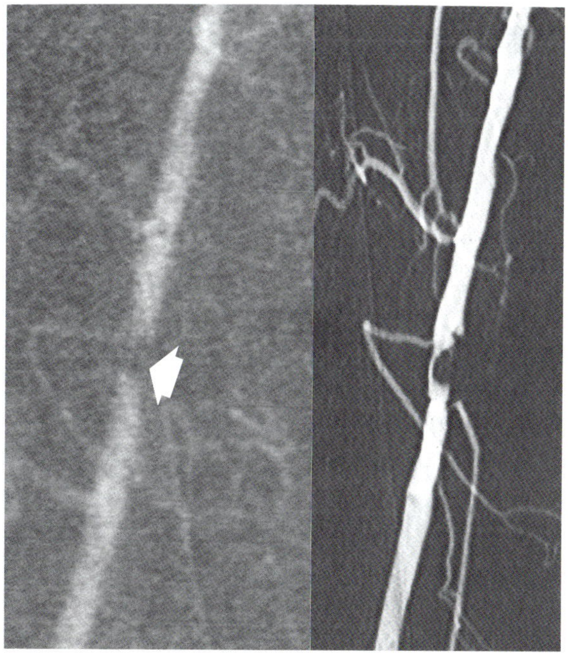

b

Abb. 6.**5a**, **b** Kurzstreckige exzentrische Stenose der A. femoralis superficialis:
a FKDS: Hochgradige exzentrische Lumeneinengung mit „weißer" Flußkodierung (gerader Pfeil) in der Stenose (= sehr hohe Frequenzverschiebung). Proximal (linker gebogener Pfeil) und distal (rechter gebogener Pfeil) der Stenose Abgang bzw. Einmündung von Kollateralen

b Intravenöse DSA (links) und intraarterielle DSA (rechts): In der intravenösen DSA wird ein Verschluß vorgetäuscht (Pfeil), die arterielle Untersuchung bestätigt den FKDS-Befund der hochgradigen Stenose. Die Morphologie der Stenose ist mit der FKDS besser als mit der intravenösen DSA zu erkennen

rien anwendbar. Der Untersuchungsgang sollte bei der Suche nach arteriellen Stenosen und Verschlüssen mit der vergleichenden Ableitung von Spektren in der A. axillaris, der mittleren A. brachialis und den proximalen und distalen Abschnitten der A. ulnaris und der A. radialis beginnen. Die Darstellung der Gefäße mit der FKDS erfolgt von proximal nach distal, wobei zunächst die A. axillaris von axillär (leicht abduzierter Arm) oder von ventral (durch den M. pectoralis major) erfolgt; von dort aus kann am besten durch Verfol-

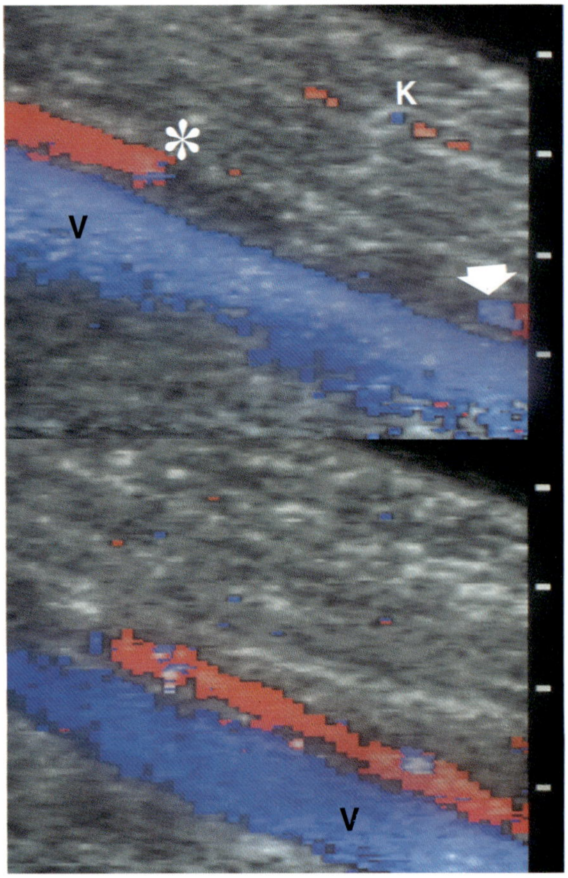

a

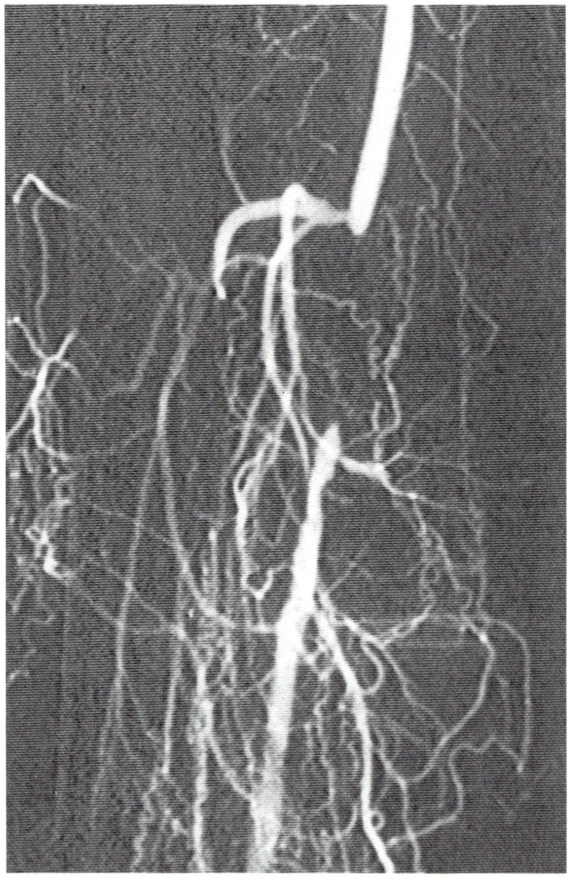

b

Abb. 6.**6a**, **b** Kurzstreckiger Verschluß der A. femoralis superficialis:

a FKDS: In der oberen Bildhälfte markiert der Stern den Verschluß, der Pfeil rechts und im unteren Bild den distalen Wiederanschluß, das Lumen im verschlossenen Gefäßabschnitt ist inhomogen echoarm. Subkutan verlaufende Kollaterale (K). „Blau" kodierte Signale aus der V. femoralis superficialis (V)

b Intraarterielle DSA: Kurzstreckiger Verschluß mit ausgeprägten Kollateralen. Der Umgehungskreislauf wird in der Angiographie deutlich besser abgebildet, da alle Kollateralen erfaßt werden (Summationsbild der DSA im Gegensatz zum Schichtbild der FKDS)

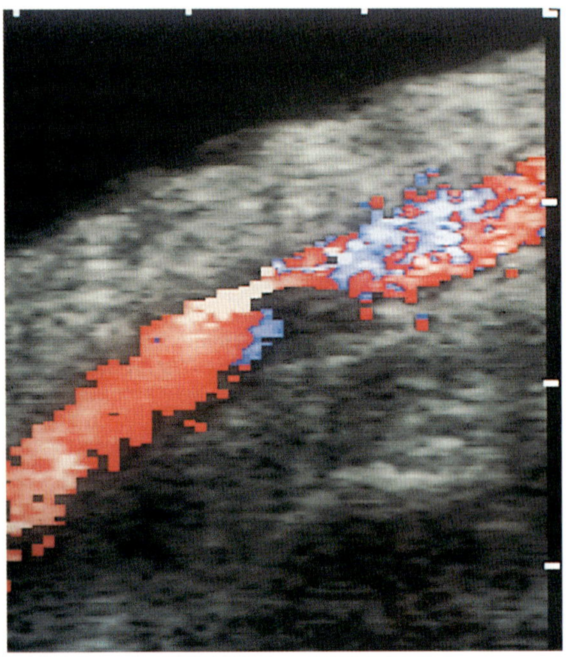

a

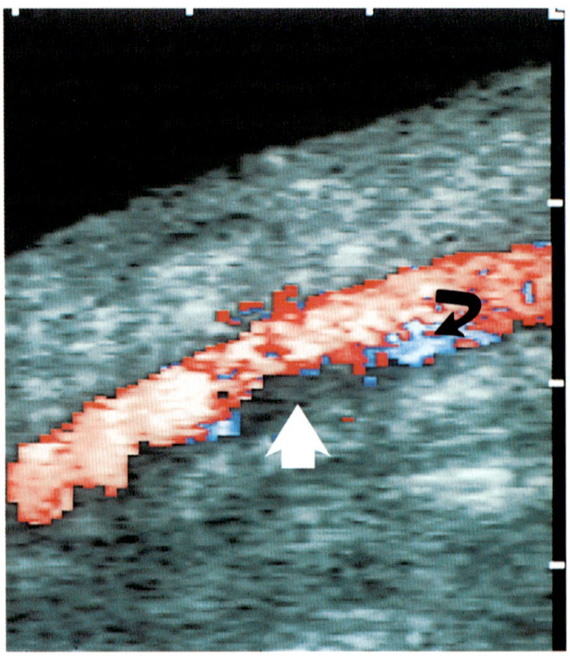

b

gung des Gefäßes nach proximal der einsehbare, laterale Abschnitt der A. subclavia dargestellt werden. Anschließend werden die A. axillaris und die A. brachialis im Längsschnitt bei supiniertem Arm von medial eingestellt und nach distal verfolgt. Auch die Untersuchung der Unterarmarterien erfolgt am günstigsten am supinierten Arm von volar. Wie im Bereich der Fußarterien gilt auch an der Hand, daß durch das Schnittbildverfahren Sonographie keine übersichtliche Darstellung der Hohlhand- und Mittelhandarterien möglich ist; allerdings können die Digitalarterien mit hochfrequenten Schallköpfen reproduzierbar dargestellt und Doppler-Spektren abgeleitet werden. Die Suffizienz des Hohlhandbogens kann durch einfache Kompressionstest geprüft werden (31). Kommt es bei manueller Kompression der proximalen A. radialis zu einer Strömungsumkehr in der distalen A. radialis, so ist die Funktionstüchtigkeit des Hohlhandbogens bewiesen. Ähnlich aussagekräftig ist der Nachweis der fortbestehenden pulsatilen Strömung in der radialseitigen Daumenarterie bei Kompression der distalen A. radialis.

Zur Diagnostik bei dem Verdacht auf ein thorakales Engpaßsyndrom werden Spektren in der A. axillaris oder A. brachialis in Neutralposition des Arms und bei Provokation (z. B. Elevation plus Kopfwendung zur Gegenseite) abgeleitet.

Bei dem Verdacht auf das Vorliegen einer Obstruktion der A. subclavia oder des Truncus brachiocephalicus muß ergänzend die Untersuchung der Vertebralarterien, gegebenenfalls mit postischämischer reaktiver Hyperämie erfolgen (s. Kapitel 5), um ein Subklavia-Anzapf-(„Subclavian steal"-)Syndrom auszuschließen.

6.2.4.6 Dokumentation

Die Aufzeichnung der Befunde sollte sich vor allem an dem Problem der Demonstrabilität des Untersuchungsergebnisses orientieren. Diese ist durch den sehr kleinen Ausschnitt des Gefäßsystems, der jeweils abgebildet wird, und durch das Fehlen abbildbarer anatomischer Orientierungspunkte (wie z. B. die Knochen bei der Angiographie) im Gegensatz zur röntgenologischen Gefäßdarstellung mit Kontrastmittel deutlich reduziert. Durch die Aufnahme repräsentativer Untersuchungsszenen mittels Videoaufzeichnung sowie Einzelaufnahmen sollte ein maximales Maß an Demonstrabilität angestrebt werden. Durch Beschriftung oder Piktogramme muß eine eindeutige Kennzeichnung der Befunde erfolgen.

Mindestens sollten im Bereich der Beinarterien dokumentiert werden:

- Längsschnitt und Spektrum A. iliaca externa,
- Längsschnitt Femoralisbifurkation,
- Längsschnitt und Spektrum A. femoralis profunda,
- Längsschnitt und Spektrum proximale A. femoralis superficialis,
- Längsschnitt und Spektrum distale A. femoralis superficialis,
- Längsschnitt und Spektrum A. poplitea,
- Längsschnitt und Spektrum distale A. tibialis anterior,
- Längsschnitt und Spektrum distale A. tibialis posterior (wenn eine oder beide Unterschenkelarterien nicht nachweisbar, entsprechende Dokumentation aus der distalen A. fibularis).

Die Dokumentation der Untersuchung der Armarterien sollte umfassen:

- Längsschnitt und Spektrum A. axillaris,
- Längsschnitt und Spektrum distale A. brachialis,
- Längsschnitt und Spektrum distale A. radialis,
- Längsschnitt und Spektrum distale A. brachialis.

Pathologische Befunde sollten im Längsschnitt und – bei Aneurysmata, AV-Fisteln und exzentrisch gelegenen intra-und extravaskulären Prozessen – gegebenenfalls auch im Querschnitt dokumentiert werden. Wenn aus dem farbkodierten Bild stenosebedingte Flußveränderungen nicht eindeutig hervorgehen (z. B. bei Gefäßwandverkalkungen), sollten diese mit einem zusätzlichen Spektrum dokumentiert werden. Die Befundniederschrift erfolgt entweder frei formuliert oder orientiert an einem Standardbogen, in dem die pathologischen Befunde markiert werden.

6.3 Normalbefunde

Physiologischerweise existiert in den Extremitätenarterien ein stark pulsatiler Fluß aufgrund des hohen peripheren Gefäßwiderstands (s. Kapitel 3; bi- oder triphasisches Flußmuster). Dieser Flußcharakter wird im farbkodierten Flußbild ebenso deutlich wie bei der Doppler-Frequenzanalyse. Beide Darstellungsmethoden zeigen bei adäquater Geräteeinstellung den diastolischen Rückflußanteil. Dieser kann auch im Normalfall stark schwanken; bei hoher Umgebungstemperatur kann er völlig aufgehoben sein, ebenso bei starker psychischer Anspannung (periphere Vasodilatation). Nicht selten beobachtet man sogar während des Verlaufs einer Untersuchung eine deutliche Schwankung der Spektrumsmorphologie. Bei initial fehlendem diastolischen Rückflußanteil kann dieser sich im Verlauf der Untersuchung einstellen, vor allem wenn vor Untersuchungsbeginn keine ausreichend lange Ruhepause eingehalten wurde; das primär abgeleitete Spektrum ist somit nicht Ausdruck einer vorgeschalteten Obstruktion. Die dopplerspektralanalytisch nachweis-

◀ Abb. 6.**7a**, **b** Stenose in der A. femoralis communis vor und nach Angioplastie (PTA):
a Vor der PTA hochgradige exzentrische Stenose mit hoher Geschwindigkeit in der Stenose (helles „Rot") und poststenotischen Turbulenzen (Mischung aus „Rot" und „Blau")
b Nach der PTA noch exzentrische Reststenose durch Auflagerung an der dorsalen Gefäßwand (= weißer Pfeil), noch geringe poststenotische randständige Flußumkehr (gebogener Pfeil)

baren, intraindiviuellen Schwankungen des peripheren Gefäßwiderstands sind meist an der oberen Extremität stärker ausgeprägt als an den Beinen.

Die direkte Darstellbarkeit der Becken- und Beinarterien hängt vom Abstand der Hautoberfläche zum Gefäß, von (im Beckenbereich) zwischengelagerten, gegebenenfalls gashaltigen Darmschlingen, von der Beschaffenheit des zwischengeschalteten Weichteilgewebes (8), von der Wandbeschaffenheit der Arterie (Verkalkungen etc.), von der mittleren Blutflußgeschwindigkeit am Meßort und von der Geräteeinstellung ab. Am Gesunden können im Becken-/Beinbereich 89% der arteriellen Segmente von der Aortenbifurkation bis zum Sprunggelenk dargestellt werden (19). Dabei sind die Ergebnisse im Bereich der A. femoralis communis, der A. profunda femoralis, der proximalen und mittleren A. femoralis superficialis, der A. poplitea, der Aa. tibiales anterior et posterior am günstigsten (Darstellbarkeit bei Probanden in 97,5% der Fälle). Im Beckenbereich waren in der erwähnten Studie 70% der Gefäßabschnitte, im distalen Oberschenkelbereich 60% der Segmente direkt darstellbar. Die Segmente der A. fibularis waren lediglich in 78% der Fälle darstellbar, allerdings wurde in der Studie nicht mittels Angiographie untersucht, ob anatomische Normvarianten vorliegen. Die schlechte direkte Darstellbarkeit insbesondere der Beckenetage und der A. femoralis superficialis im Adduktorenkanal wird aber dadurch kompensiert, daß durch die Beurteilung der Spektren kranial und/oder kaudal des nicht direkt darstellbaren Areals eine indirekte Beurteilung möglich ist.

Während die Beckenarterien meist einen Durchmesser von 8 – 10 mm aufweisen, mißt die A. femoralis superficialis etwa 5 – 7 mm im Querdurchmesser. Die Beinarterien verjüngen sich dann über die A. poplitea (4 – 6 mm) bis zu den Unterschenkelarterien (je nach Versorgungstyp 2 – 4 mm). Der Stellenwert absoluter Strömungsgeschwindigkeiten in der Diagnostik pathologischer Veränderungen der Beinarterien ist gering, so daß die Kenntnis der Normalwerte nicht unbedingt erforderlich ist; die maximale systolische Vorwärtsgeschwindigkeit liegt in der Becken- und Oberschenkeletage bei etwa 100 cm/s, im Bereich von Knie- und Unterschenkelarterien bei etwa 50 cm/s (19). Die physiologische Schwankungsbreite ist jedoch sehr groß (über 50% des Mittelwerts). Eine der Ursachen der immensen Schwankungsbreite ist die wechselnde periphere Widerstandslage, die sich in einem physiologischen Schwankungsbereich des Pulsatilitätsindex von 3 bis über 30 ausdrückt.

Für die Arterien der oberen Extremität (Abb. 6.**8**) existiert keine systematische Untersuchung hinsichtlich ihrer Darstellbarkeit mit der FKDS. Wegen des deutlich schmaleren Weichteilmantels sind die Armarterien jedoch vom lateralen Abschnitt der A. subclavia bis zum Handgelenk in aller Regel problemlos darstellbar, häufig sogar allein mit dem 7,5-MHz-Schallkopf. Wie schon im Abschnitt 6.2.8.5 dargestellt, kann zwar die räumlich komplexe Anatomie des Hohlhandbogens nur sehr eingeschränkt dargestellt werden, die im genannten Abschnitt erwähnten Kompressionstests erlauben jedoch eine Funktionsprüfung der Verbindungen von A. radialis und A. ulnaris im Hohlhandbereich. Von den Digitalarterien ist meist an jeder Seite des Fingers je ein Gefäß nachweisbar, aus dem auch ein Doppler-Spektrum abgeleitet werden kann. Es muß dabei beachtet werden, daß gerade im Bereich der Fingerarterien starke Schwankungen des peripheren Gefäßwiderstands auftreten, die zu entsprechenden Kurvenveränderungen führen; die Steilheit des systolischen Anstiegs ist hier das Hauptkriterium bei der Suche nach vorgeschalteten Obstruktionen.

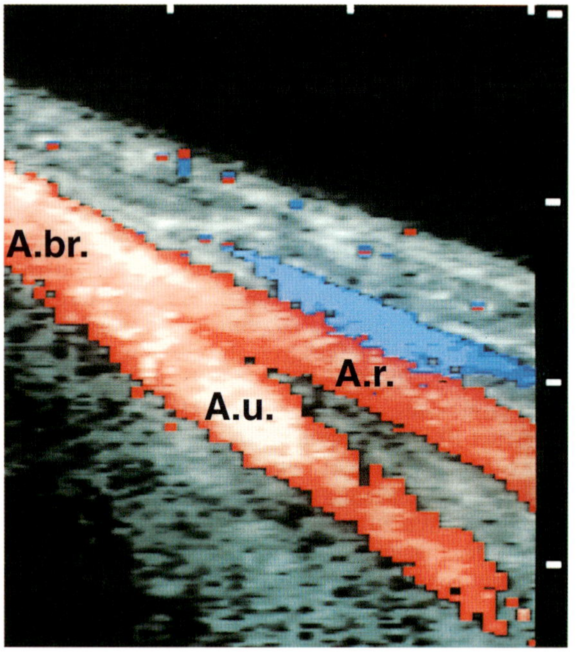

Abb. 6.**8** Normale Bifurkation der A. brachialis: Homogene Farbkodierung, am Gefäßrand dunkleres „Rot" im Vergleich zur Gefäßmitte (fast „Weiß") entsprechend der dort höheren Frequenzverschiebung. Ventral der Arterie Anschnitt einer Vene („Blau" kodiert). A.br.= A. brachialis, A.u. = A. ulnaris, A.r. = A. radialis

Die Weite der darstellbaren Armarterien verjüngt sich von 6 – 8 mm (A. subclavia) auf 2 – 3 mm (Unterarmarterien). Das für die Wertigkeit von normalen Geschwindigkeitsdaten der Beinarterien Gesagte gilt in gleichem Maße auch für die Armarterien.

6.4 Pathologische Befunde

6.4.1 Vorbemerkungen

Die große Mehrzahl der zu einer Untersuchung der peripheren Arterien zugewiesenen Patienten leidet an einer arteriellen Verschlußerkrankung. Dabei wird eine akute von einer chronischen AVK unterschieden. Für den akuten arteriellen Gefäßverschluß ist in über 90% der Fälle entweder eine Thromboembolie oder eine akute lokale Arterienthrombose bei vorbestehender Stenose verantwortlich. Die chronische Form der AVK wird in der überwiegenden Mehrzahl durch die Arteriosklerose, selten jedoch auch durch andere Ursachen (z. B. Vaskulitis, Kompressionssyndrome) verursacht. Übergänge zwischen den beiden AVK-Formen sind möglich (z. B. akuter arterieller Verschluß auf dem Boden einer arteriosklerotischen Stenose). Nachdem eine AVK durch klinischen Befund und nichtbildgebende Doppler-Verfahren wahrscheinlich gemacht wurde, hat die bildgebende Diagnostik die Aufgabe, Lokalisation und Ausmaß der Gefäßläsionen zu bestimmen, um eine therapeutische Entscheidung zu ermöglichen.

6.4.2 Klinik der arteriellen Verschlußerkrankung

Ausmaß und Lokalisation der Gefäßobstruktion, deren Kompensation durch Kollateralgefäße sowie die Anforderungen der Sauerstoffverbraucher (vor allem Haut und Muskulatur) bestimmen Zeitpunkt, Lokalisation und Schweregrad der klinischen Symptomatik. Die klassische Stadieneinteilung der AVK der Extremitäten (nach Fontaine) unterscheidet belastungsbedingte und in Ruhe auftretende Ischämiesymptome. Im Stadium I liegen Gefäßobstruktionen (Plaques, Stenosen, gegebenenfalls Verschlüsse) vor, ohne in Ruhe oder bei Belastung zu Beschwerden zu führen. Das Stadium II kennzeichnet Patienten, die nur unter Belastung (Gehen, Laufen, manuelle Arbeit) ischämiebedingte Schmerzen haben, die in Ruhe wieder abklingen (Claudicatio intermittens). Je nach Belastungsfähigkeit (z. B. standardisierte Gehstrecke) sind im Hinblick auf die Therapie Unterteilungen des Stadium II in IIa und IIb (IIa bei einer freien Gehstrecke von mehr als 50 – 200 m, je nach Definition) sinnvoll. Das Stadium III ist durch den Ruheschmerz gekennzeichnet. Die schwerste Form ist das Stadium IV, bei dem eine Gangrän vorliegt.

Bei der Stadieneinteilung der AVK muß berücksichtigt werden, daß die allgemeine körperliche Belastungsfähigkeit durch eine begleitende koronare Herzerkrankung oder pulmonale Erkrankungen so weit reduziert sein kann, daß eine AVK der Extremitäten oligo- bis asymptomatisch sein kann.

Der Schmerz ist das führende Symptom der Extremitäten-AVK. Zusätzlich können Parästhesien, Kältegefühl, Ermüdbarkeit, Veränderungen der Hautfarbe und trophische Störungen bis zu Nekrosen und Gangrän Symptome der AVK sein. Aus der Lokalisation der Symptome kann auf die ungefähre Lokalisation des Strombahnhindernisses geschlossen werden (z. B. belastungsinduzierte Wadenschmerzen bei Stenose der A. femoralis superficialis). Auch sind Symptome im Sinne eines Anzapf-Syndroms möglich (z. B. Subclavian-steal-Syndrom; kontralaterale Schmerzen in der Glutealregion bei ipsilateraler Obstruktion der A. iliaca communis und Kollateralkreislauf über die gegenseitige A. iliaca interna).

Das Ausmaß der Kollateralisation ist von der Dauer der AVK abhängig und beeinflußt den klinischen Schweregrad. Ein akuter, thromboembolischer Verschluß verursacht daher meist deutlich stärkere Symptome als eine komplettierende Thrombose auf dem Boden einer lange bestehenden Stenose.

6.4.3 Ischämie durch nichtembolische, arteriosklerotische Obstruktion

6.4.3.1 Vorbemerkungen

An der unteren Extremität ist der arteriosklerotische Befall der Oberschenkeletage mit etwa 40% am häufigsten (12). Es folgen Veränderungen der A. iliaca externa (etwa 20%) und der A. iliaca communis (etwa 10%). Die Unterschenkelgefäße sind in etwa 20% befallen. Der Befall der distalen Bauchaorta bzw. der Aortenbifurkation ist mit unter 5% relativ selten. Multiple Gefäßstenosen liegen schon bei 20% der Patienten bei Diagnosestellung vor. Mehr-Etagen-Obstruktionen betreffen vor allem Ober- und Unterschenkel (ca.26%) sowie Becken und Oberschenkel (ca.15%). Etwa 70% der Patienten leiden an einem bilateralen Befall, wobei die Ausprägung jedoch seitendifferent sein kann. Diese Daten zeigen, daß eine FKDS-Untersuchung bei der AVK-Initial-Diagnostik sich in der Regel nicht auf eine Seite oder eine Etage reduzieren darf.

6.4.3.2 Stenosen und Verschlüsse der Becken- und Beinarterien

Isolierte niedriggradige Stenosen (unter 50% Querschnittsflächenreduktion) führen in der Regel lediglich zu lokalen Strömungsänderungen (Abb. 6.7**b**, 6.9**b**), vor allem einer intrastenotischen Geschwindigkeitserhöhung (s. Kapitel 3). Eine relevante arterielle Blutdruckreduktion ist nicht oder nur unter Belastung zu erwarten. Die Doppler-Spektren proximal und distal der Läsion zeigen keine Auffälligkeiten.

Mit Zunahme des Schweregrads einer Stenose erhöht sich die intrastenotische Strömungsgeschwindigkeit, und es kommt zur Entwicklung poststenotischer Wirbel und Turbulenzen (Abb. 6.5**a**, 6.7**a**, 6.9**a**) (s. auch Kapitel 3). Kann der Stenosebereich direkt eingesehen werden, ist eine Bestimmung des Ste-

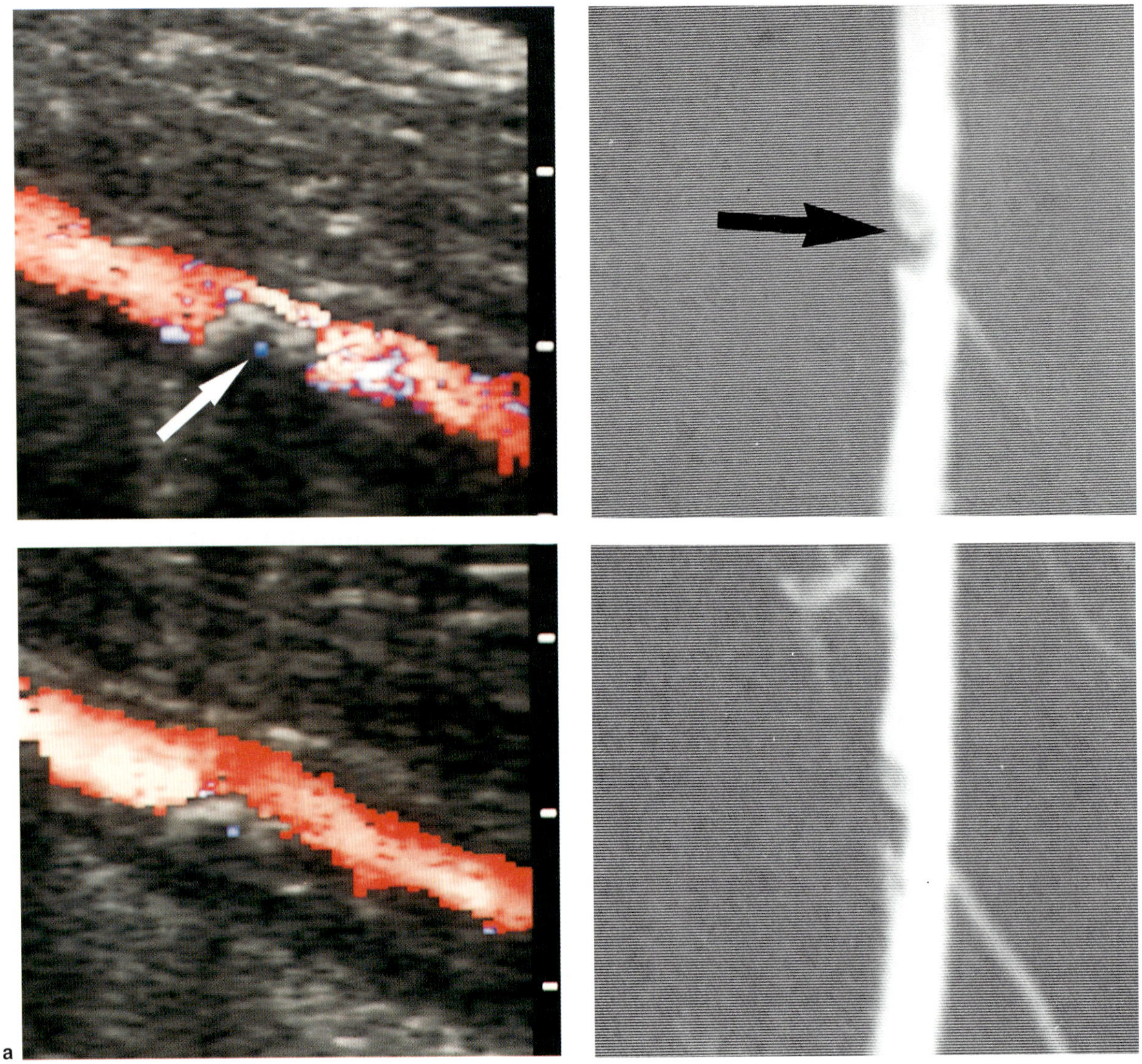

a b

Abb. 6.**9a**, **b** Verkalkte exzentrische Stenose der A. femoralis superficialis vor und nach PTA:
a FKDS: Im oberen Bild exzentrische Lumeneinengung durch eine verkalkte Plaque (Pfeil) mit dorsaler Schallauslöschung und poststenotischer Verwirbelung („Rot“ und „Blau“). Im unteren Bild nach der PTA noch geringe Reststenose, jedoch keine pathologische poststenotischen Flußveränderungen (nur „Rot“ kodierter Fluß)
b Arterielle Angiographie: Oberes Bild vor und unteres Bild nach der PTA. Bestätigung des Befundes der FKDS mit exzentrischer Stenose vor der PTA (Pfeil) und Reststenose nach der PTA

noseschweregrads gemäß der Empfehlungen in Kapitel 3 möglich. Prinzipiell kann gesagt werden, daß Stenosen unter 50% Flächenreduktion lediglich zu einer intrastenotischen Geschwindigkeitserhöhung (kleiner 100%), jedoch nicht zu wesentlichen Formveränderungen des Spektrums führen. Gängige Formkriterien der Doppler-Frequenzanalyse wie Reduktion des diastolischen Rückflußanteils, Verbreiterung des systolischen Gipfels und Reduktion des spektralen Fensters finden sich in der Regel erst bei Stenosen über 75% Flächenreduktion (›50% Durchmesserreduktion, Abb. 6.**10a**, **b**). Hochgradige Stenosen (über 90% Flächenreduktion) bewirken neben einem massiven intrastenotischen Geschwindigkeitsanstieg (gegebenenfalls mit Aliasing) eine erhebliche Reduktion des zyklischen Flußcharakters mit Aufhebung des diastolischen Rückflußanteils sowie ein geschlossenes spektrales Fenster. Im distalen Stenosebereich bzw. unmittelbar poststenotisch zeigen sich vor allem in der Systole auftretende Rückflußanteile, die Turbulenzen im Meßvolumen entsprechen. Unter Umständen kann es aufgrund der hohen intrastenotischen Strö-

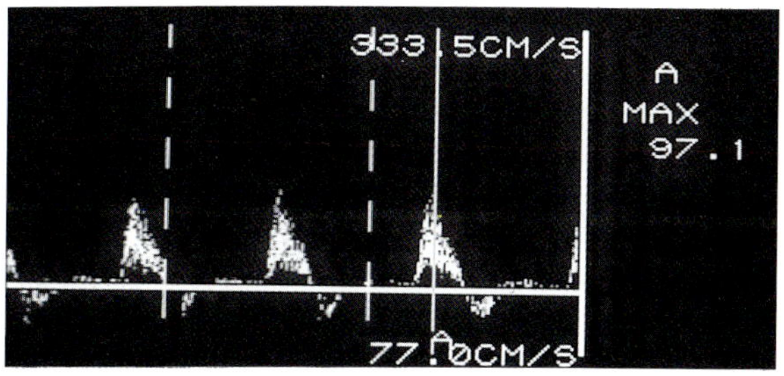

a

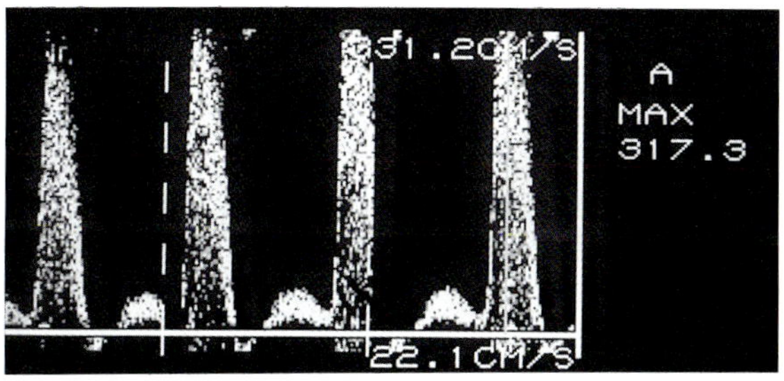

b

Abb. 6.**10a, b** Frequenzanalyse (Spektrum) einer Stenose in der A. iliaca (Durchmesserreduktion zwischen 50 und 75%):
a Prästenotisch: Regelrechte dreiphasige Form des Spektrums
b Intrastenotisch: Deutlicher Anstieg der Geschwindigkeit (auf etwa das 3fache). Spektrales Fenster geschlossen, erhöhter antegrader diastolischer Anteil, noch erhaltener pulsatiler Charakter

mungsgeschwindigkeit zu Vibrationsphänomenen der Gefäßwand und der umgebenden Weichteile kommen (s. Kapitel 7.4.2) (22).

Bei nicht einsehbarem Stenosebereich (ca. 20% der Fälle; [17]) müssen die proximalen und distalen Spektren zur Beurteilung herangezogen werden. Hiermit können grob orientierend eine hämodynamisch relevante Läsion sehr unwahrscheinlich gemacht (seitengleiches, morphologisch unauffälliges Spektrum proximal und distal), eine relevante Stenose vermutet (distal noch erhaltener, jedoch amplitudenreduzierter systolischer Anstieg, aufgehobener diastolischer Rückflußanteil) oder eine hochgradige Stenose bzw. ein Verschluß als sehr wahrscheinlich eingeschätzt werden (distal Abflachung des systolischen Gipfels, diastolisches Plateau antegrader Strömung, massiv reduzierte Strömungsgeschwindigkeit, Reduktion des spektralen Fensters auch weit distal der Läsion; proximal hohe Pulsatilität, reduzierte Strömungsgeschwindigkeit).

Tabelle 6.**1** Einteilung des Schweregrads peripher arterieller Gefäßstenosen. Der Stenosegrad ist als prozentuale Querschnittsflächenreduktion definiert. Die Angaben gelten nicht für im Bereich von Gefäßaufzweigungen gelegene Obstruktionen. Wegen der komplexen Abhängigkeit der Stenosehämodynamik von zahlreichen Faktoren sind die Übergänge zwischen den angegebenen Stenoseklassen fließend (s. Kapitel 3). Zur Berechnung des Stenosegrads s. 3.4.2 und 3.4.6

Flächenreduktion (Stenosegrad)	FKDS/Spektrum (intrastenotisch)	FKDS/Spektrum (direkt poststenotisch)	Spektrum weit distal der Läsion	Spektrum proximal der Läsion
0–50%	Erhöhung von V_{max} (um <100%)	keine wesentlichen Turbulenzen; gegebenenfalls Flußumkehr	wie prästenotisch	normal
51–75%	stärkere Erhöhung von V_{max} (> 100%), geringe Reduktion der Pulsatilität	Flußumkehr, eventuell geringe Turbulenz, Verkleinerung des spektralen Fensters	normale oder gering reduzierte Pulsatilität	normal
76–90%	sehr starke Erhöhung von V_{max} (> 250%), Aliasing, deutliche Reduktion der Pulsatilität	erhebliche Turbulenz; geschlossenes spektrales Fenster	reduzierte systolische Anstiegsgeschwindigkeit, reduzierte Pulsatilität	normal oder gering reduzierte Amplitude (Seitenvergleich)
> 90%	nahezu aufgehobene Pulsatilität (keine zyklischen Änderungen)	ausgeprägte Turbulenz; geschlossenens spektrales Fenster	Abflachung des systolischen Gipfels, erheblich reduzierte Pulsatilität	reduzierte Amplitude; Pulsatilität erhöht
Verschluß	kein Flußsignal	im distalen Anschlußgefäß geringer Fluß	sehr flacher systolischer Gipfel	niedrige Amplitude, erhöhte Pulsatilität, schmaler Komplex mit relativ hohem negativen Anteil

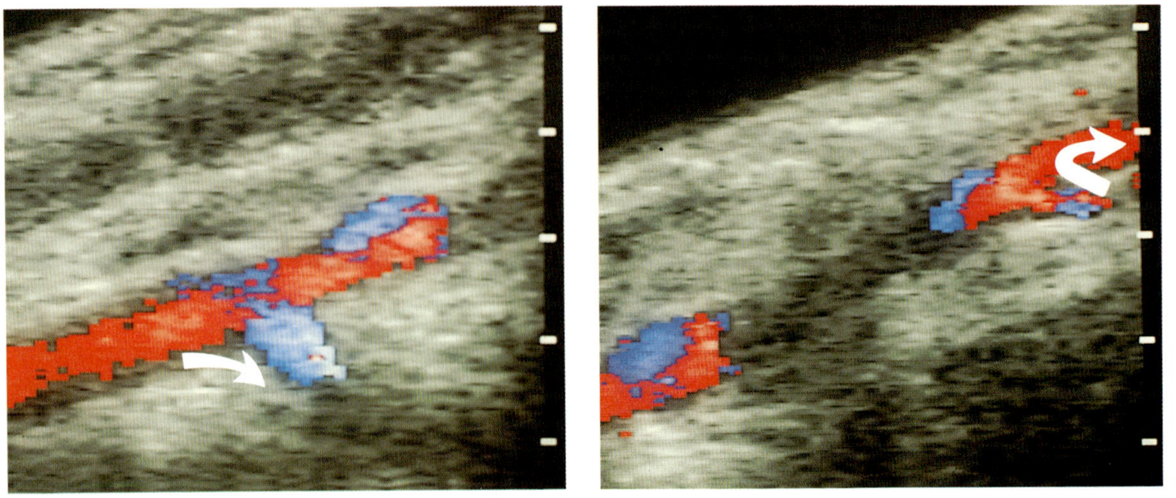

Abb. 6.**11** Kompletter, durch Kollateralen überbrückter kurzstreckiger Verschluß der A. axillaris. Proximaler Abschnitt der A. axillaris **a** mit dem Verschluß (rechts im Bild), vor dem Verschluß Abgang einer großlumigen Kollaterale mit „blau" kodiertem Fluß. **b** Darstellung der gesamten Verschlußstrecke und des wieder perfundierten Gefäßes distal

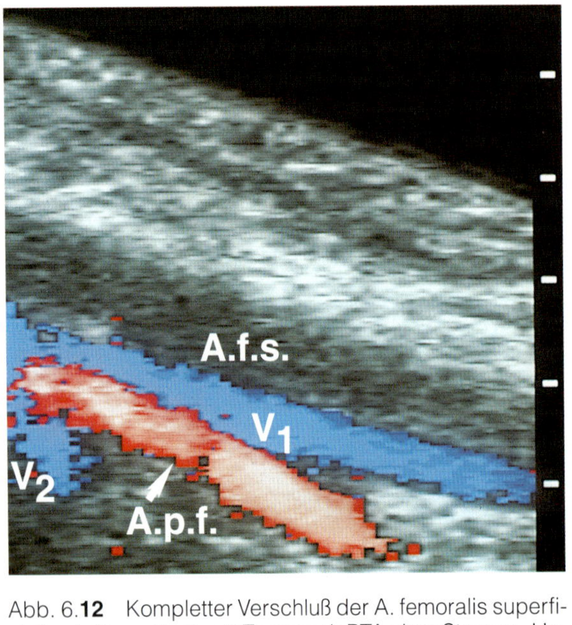

Abb. 6.**12** Kompletter Verschluß der A. femoralis superficialis als Komplikation 3 Tage nach PTA einer Stenose. Homogen echoarme Binnenstruktur des Gefäßes (A.f.s.) ohne Nachweis von Flußsignalen. Regelrechte Perfusion in der A. profunda femoris (A.p.f.) („Rot" kodiert), „Blau" kodierter Fluß in der V. femoralis superficialis (V_1) und in der V. profunda femoris (V_2)

Ein Gefäßverschluß ist am Fehlen des farbkodierten Flußsignals im Gefäßlumen erkennbar (Abb. 6.**6a**, **b**, 6.**11**, 6.**12**). In der Regel gelingt es insbesondere im Oberschenkelbereich das proximale und distale Verschlußende zu lokalisieren (Abb. 6.**6a**, **b**), deren Abstand ein prognostischer Faktor für das Resultat einer radiologischen oder gefäßchirurgischen Intervention sein kann. Häufig ist der Verschlußbeginn durch unmittelbar proximal abgehende Kollateralarterien gekennzeichnet, die zumindest im Abgangsbereich mit der FKDS gut dargestellt werden können. Meist können aufgrund der bei der Untersuchung von proximal nach distal zunehmenden Häufung darstellbarer Kollateralenabgänge eine weiter peripher gelegene, hochgradige Stenose oder ein Verschluß vermutet werden (Signalkollateralen). Der Wiederanschluß distal des Gefäßverschlusses wird bei nicht optimaler Geräteeinstellung mit der FKDS gelegentlich zu weit distal angenommen, da direkt distal der Okklusion häufig sehr geringe Strömungsgeschwindigkeiten vorherrschen, zum Teil sogar ein langsamer Pendelfluß vorliegt. Hier ist eine besonders sorgfältige Untersuchung mit maximaler Geräteempfindlichkeit erforderlich. Die mit der FKDS ermittelte Verschlußposition sollte auf der Haut markiert und die Verschlußstrecke vermessen werden.

Eine besondere Bedeutung hat die Darstellung des Hauptstammes der A. profunda femoris, da diese Arterie bei Verschlußprozessen der A. femoralis superficialis einen wichtigen Beitrag zur Kollateralversorgung leistet (Abb. 6.**12**). Die A. profunda femoris ist in etwa einem Drittel der Fälle bei Obstruktionen der A. femoralis superficialis mitbefallen, so daß die Versorgung des Unterschenkels über Kollateralen gefährdet ist. Hinsichtlich einer möglichen, relativ einfachen und effektiven chirurgischen Beseitigung einer Profunda-Hauptstamm-Stenose (Profunda-Plastik) (33) ist die Darstellung dieser Gefäßregion besonders wichtig, zumal sie eine Schwachstelle der angiographischen Diagnostik ist, die nur durch zusätzliche Schrägprojektionen eine sichere Beurteilung des Profunda-Abgangs erlaubt.

Ein Problem der FKDS in der Stenose- und Verschlußdiagnostik liegt in der Darstellung von Mehretagenveränderungen. So ist distal zweier vorgeschalteter Läsionen eine Quantifizierung mit Hilfe der Veränderungen im Spektrum nur noch eingeschränkt möglich. Außerdem sinkt nach Mehretagenobstruktionen die Durchflußrate gelegentlich so stark ab, daß trotz empfindlicher Geräte die untere Nachweisgrenze der Doppler-Sonographie erreicht wird. Der Einsatz von lungengängigen Ultraschallkontrastmitteln könnte hier zu einer Verbesserung führen, da sie zu einer erheblichen Verstärkung des Doppler-Signals führen und so auch die Erfassung sehr langsamer Blutbewegungen auch unter ungünstigen Bedingungen ermöglicht (s. Kapitel 16).

6.4.3.3 Stenosen und Verschlüsse der Armarterien

Insgesamt sind die Arterien der oberen Extremität seltener von einer AVK betroffen als die Becken-/Beinarterien. Klinisch relevant sind vor allem proximale Stenosen der Aortenbogenarterien, die nicht nur zu zerebralen Ischämien führen (s. Kapitel 5), sondern auch eine Claudicatio brachii oder Claudicatio antebrachii bewirken können. Nicht selten ist jedoch eine Stenose oder ein Verschluß der A. subclavia ein Zufallsbefund, der durch seitendifferenten Puls und Blutdruck auffällt und bei fehlender oder geringer Klinik keiner Behandlung bedarf.

6.4.4 Nichtarteriosklerotische, stenosierende Arterienerkrankungen

6.4.4.1 Arterielle Kompressionssysndrome

Unter physiologischen Bedingungen auftretende, meist belastungsinduzierte arterielle Kompressionen werden in der Regel durch kongenitale Anomalien verursacht. Neben der akuten Minderperfusion der Peripherie während der Kompressionsphase kann es durch das chronische Gefäßtrauma zu Intimaläsionen mit Stenosebildung, zum akuten arteriellen Gefäßverschluß, zu distal der Kompressionsstelle gelegenen Aneurysmen und zu arterioarteriellen Embolien in die distalen Gefäßabschnitte kommen. Häufig werden die Kompressionssyndrome erst im Laufe des Erwachsenenalters symptomatisch.

Eine typische Gruppe arterieller Kompressionssyndrome stellen die Engpaßsyndrome der oberen Thoraxapertur dar. Dabei handelt es sich meist um Kompressionen nervaler Strukturen (vor allem Plexus brachialis) und gegebenenfalls gleichzeitige, jedoch wesentlich seltenere Einengungen des Verlaufs der A. subclavia (Thoracic-outlet-Syndrom) oder der V. subclavia (Thoracic-inlet-Syndrom). Zu der erwähnten Syndromgruppe gehören unter anderem das Skalenus-anterior-Syndrom (Gefäßkompression im Skalenusdreieck), die Halsrippe (Gefäßkompression zwischen Halsrippe bzw. ligamentären Ausläufern und 1. Rippe) und das Kostoklavikularsyndrom (Gefäßkompression zwischen Klavikula und 1. Rippe) (12). Mit der FKDS ist der meist betroffene Gefäßabschnitt (Truncus brachiocephalicus bzw. proximale A. subclavia) wegen der Überlagerung von Lunge und Knochen oft nicht direkt darstellbar. Provokationsmanöver (Abduktion, Elevation) erlauben jedoch den Nachweis der reversiblen Gefäßobstruktion und damit die differentialdiagnostische Abgrenzung zur fixierten, arteriosklerotischen oder entzündlichen Stenose.

Das häufigste Kompressionssyndrom im Bereich der Beinarterien ist das sogenannte Entrapment-Syndrom der A. poplitea. Es beruht auf einem atypischen Verlauf der Arterie bzw. einer Anomalie des medialen Kopfs des M. gastrocnemius (30). Es werden verschiedene Typen des Entrapment-Syndroms beschrieben, denen der atypisch mediale Verlauf der A. poplitea in Bezug zum medialen Kopf des M. gastrocnemius gemeinsam ist. Die Symptome dieser Erkrankung betreffen häufig junge, athletische Männer und bestehen in belastungsinduzierten Ischämien des Unterschenkels, gegebenenfalls einem akuten Verschluß der A. poplitea und/oder der Unterschenkelarterien. Wie auch im Schultergürtelbereich können distal der Kompressionsstelle echte Aneurysmen entstehen. Ein bilaterales Auftreten ist nicht ungewöhnlich (30). Mit der FKDS können der atypische mediale Verlauf der A. poplitea, eventuelle Stenosen oder Aneurysmata sowie distale Embolien nachgewiesen werden. Besteht der Verdacht auf ein Entrapment-Syndrom, so kann dieser durch einen Provokationstest erhärtet werden. In Bauchlage werden das Kniegelenk maximal gestreckt und der Fuß maximal gegen einen Widerstand dorsalflektiert; wichtig ist es, daß diese Provokation vom Patienten aktiv vorgenommen wird. Im positiven Fall sistiert der Fluß in der A. poplitea bei Anspannung, und in den Unterschenkelarterien zeigen sich postokklusive Dopplerspektren mit geringer Amplitude (Abb. 6.**13 a–d**). Nach Beendigung des Manövers kommt es zur Reperfusion der A. poplitea mit reaktiver Hyperämie im Unterschenkel.

6.4.4.2 Zystische Adventitiadegeneration

Hierbei handelt es sich um eine meist im Bereich der A. poplitea, selten in anderen Arealen (A. iliaca externa, A. femoralis, A. radialis, A. ulnaris) auftretende, ätiologisch ungeklärte Zystenbildung in der Adventitia der Gefäßwand. Möglicherweise bestehen Parallelen zur Entwicklung von Gelenkganglien (30). Die Zysten weisen einen wechselnden Füllungszustand auf und können so zu einer glatt begrenzten, hämodynamisch relevanten Gefäßobstruktion bis hin zum Verschluß führen. Betroffen sind vor allem Männer im mittleren Alter (Mittelwert 42 Jahre, Schwankungsbereich 11–70 Jahre) (4). Mit der FKDS ist die Lokalisierung der Stenose möglich; der isoliert auftretende, exzentrische Befund und das Alter machen die Diagnose wahrscheinlich. Inwieweit eine direkte Darstellung der Adventitiazyste und damit eine Artdiagnose mit der FKDS möglich sind, kann wegen des Fehlens

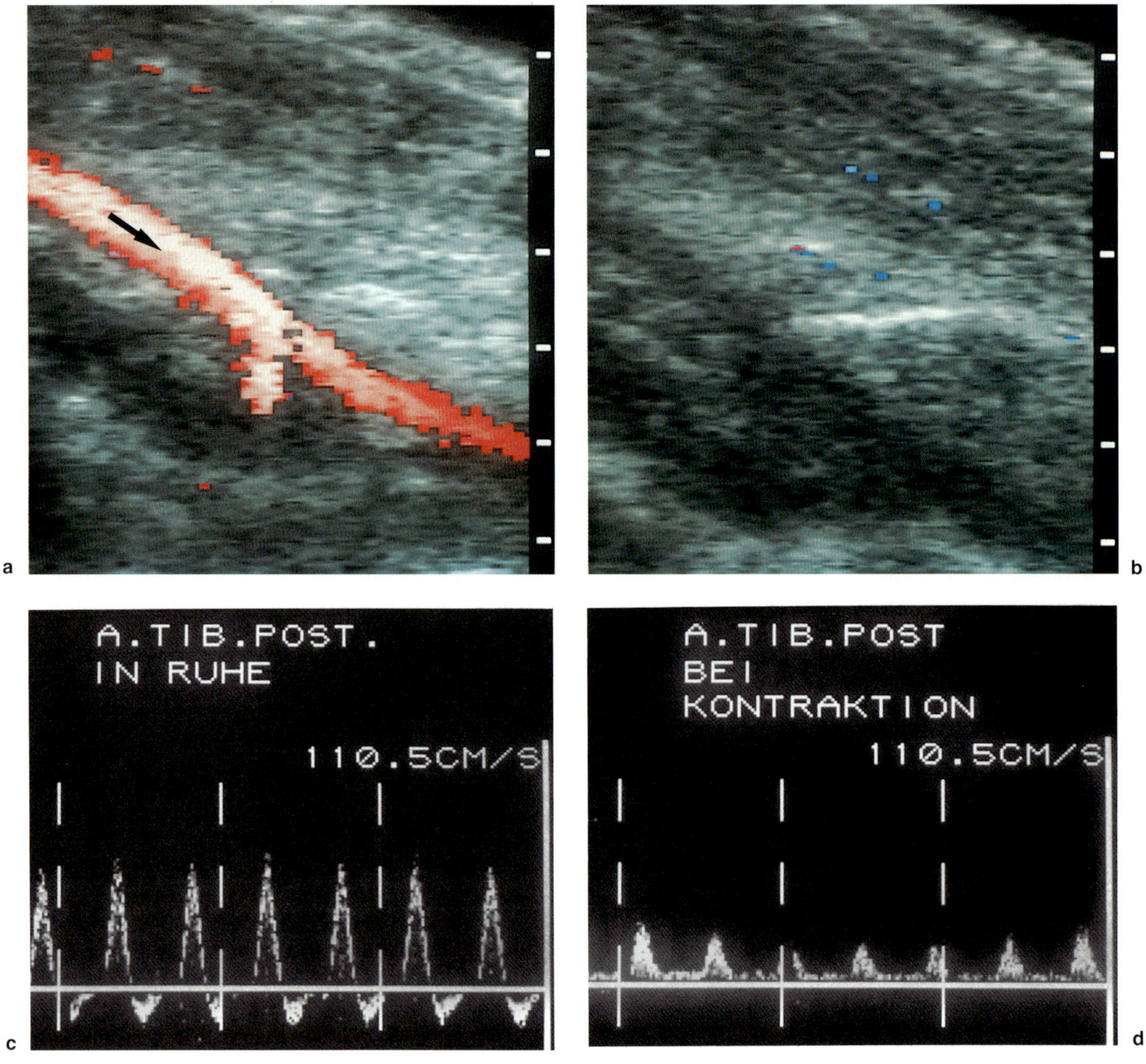

Abb. 6.**13a–d** Entrapment-Syndrom der A. poplitea.
a In Ruhestellung regelrechter Fluß in der proximalen A. poplitea (Pfeil).
b Bei maximaler Streckung des Kniegelenks und aktiver Plantarflexion gegen einen Widerstand komplettes Sistieren des Flusses in der A. poplitea
c In Ruhe regelrechtes Dopplerspektrum in der distalen A. tibialis posterior.
d Während der Provokation (s. **b**) nur noch geringer, über Kollateralen gespeister Fluß in der distalen A. tibialis posterior

eigener Erfahrungen und entsprechender Berichte in der Literatur zum gegenwärtigen Zeitpunkt nicht beurteilt werden.

6.4.4.3 Entzündliche Gefäßerkrankungen

Lediglich etwa 5% der arteriellen Erkrankungen sind entzündlicher Natur. Die komplette Abhandlung dieser Krankheitsbilder ist nicht Aufgabe dieses Buchs; es wird hierzu auf weiterführende Literatur verwiesen (12). Die FKDS erlaubt wie auch die anderen bildgebenden Verfahren keine sichere Artdiagnose. Zusammen mit der Klinik und dem Befallsmuster sind aber Angaben zur Differentialdiagnose möglich. So kann beispielsweise bei gleichzeitigen Stenosen oder Verschlüssen mehrerer supraaortaler Arterien bei jungen Frauen eine Takayasu-Arteriitis vermutet werden, während beim Nachweis vor allem distal gelegener, rasch progredienter Läsionen der Bein- oder Armarterien bei jungen Rauchern eine Thrombangiitis obliterans wahrscheinlich ist. Insgesamt sprechen symmetrische, längerstreckige Gefäßverengungen ohne Wandverkalkungen eher für eine entzündliche Genese. Der Befall kleiner Arterien im Rahmen einer Arteriitis kann mit der FKDS lediglich vermutet werden, wenn in den untersuchbaren großen Arterien ein sehr hoher peripherer Widerstand oder eine reduzierte Strömungsgeschwindigkeit vorliegen.

6.4.4.4 Sonstige stenosierende Erkrankungen

Neben der Arteriosklerose und entzündlichen Veränderungen können arterielle Stenosen und Verschlüsse zahlreiche andere Ursachen haben, wobei die FKDS zur Lokalisierung und Schweregradeinteilung eingesetzt werden kann. Im Rahmen von Gefäßfehlbildungen kann der symmetrische Nachweis poststenotischer Spektren in den Beckenarterien bei unauffälligem Spektrum in den Armarterien auf eine Aortenisthmusstenose hinweisen. Stenosen aufgrund einer Tumorkompression oder als Bestrahlungs- oder Verletzungs-/Verbrennungsfolge können in den einsehbaren Gefäßabschnitten mit gleicher Treffsicherheit wie arteriosklerotische Läsionen nachgewiesen werden, während der akute traumatische Arterienverschluß mit oder ohne Blutung in der Regel eine Indikation zur primären Angiographie darstellt. Veränderungen beim Ergotismus betreffen lediglich Arterien vom muskulären Typ und stellen sich als langstreckiger Gefäßspasmus, gegebenenfalls bei längerfristigem Bestehen mit Verschlüssen dar. Der Nachweis einer Mikroangiopathie beim Diabetes mellitus ist mit der FKDS ebenso wie mit der Angiographie nur indirekt möglich, wenn bei entsprechender klinischer Konstellation (z. B.diabetische Nekrosen) die darstellbaren größeren Arterien frei durchgängig sind bzw. lediglich geringgradige Veränderungen aufweisen, die die klinische Symptomatik allein nicht erklären. Nicht selten versagen jedoch bei dieser Patientengruppe sämtliche nichtinvasiven Verfahren, da die häufig extreme Mediasklerose weder eine ausreichende Darstellung der Arterien im B-Bild noch eine verläßliche Doppler-Verschlußdruckmessung (falsch hohe Druckwerte wegen der eingeschränkten Kompressibilität der Gefäßwand) erlaubt. Mit der FKDS ist in diesen Fällen lediglich eine grobe Diagnostik mittels vergleichender Doppler-Frequenzanalysen an den Stellen möglich, an denen weniger verkalkte Gefäßwandabschnitte als Schallfenster genutzt werden können. Hier ist die Angiographie häufig das einzige Verfahren zur Erzielung einer klaren Diagnose.

6.4.5 Ischämie durch arterielle Embolie

Der akute arterielle Gefäßverschluß aufgrund einer Thromboembolie kann ein klinisch dramatischeres Ereignis darstellen als die komplettierende Thrombose bei vorbestehender Stenose, da bei der Embolie in ein gesundes Gefäßsystem im allgemeinen keine ausreichenden Kollateralen vorhanden sind. 80 bis 90% der arteriellen Embolien sind kardialer Genese. Die übrigen Fälle sind arterioarterielle Embolien, entweder von einem Aneurysma oder einer arteriosklerotischen Läsion ausgehend. Arterielle Thrombemboli neigen

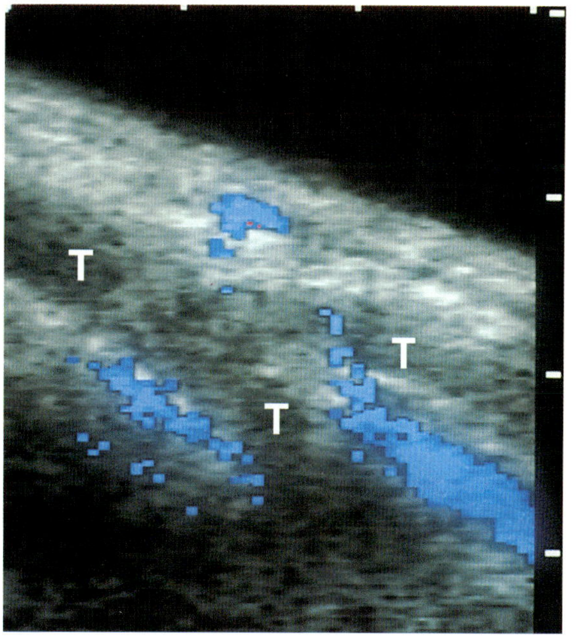

Abb. 6.**14** Kompletter thrombembolischer Verschluß der A. brachialis und ihrer Bifurkation. Echoarme Thromben (T) im Gefäßlumen ohne Flußsignale, „blau" kodierter Fluß in anliegenden Venen (nach manueller Kompression der Unterarmmuskulatur)

dazu, im Bereich von Gefäßaufzweigungen (Aortenbifurkation, Femoralisgabel, Unterschenkeltrifurkation, Unterarmbifurkation) hängenzubleiben (Abb. 6.**14**); von hier aus können sich dann proximale und distale Appositionsthromben bilden.

Mit der FKDS werden die typischen Veränderungen eines manchmal subtotalen (Abb. 6.**15a**, **b**), häufig jedoch totalen Gefäßverschlusses (Abb. 6.**11**, 6.**14**) beobachtet. Existiert noch ein Restfluß am Thromboembolus vorbei, findet sich eine echoarme Struktur im Gefäßlumen mit wandständigen Flußsignalen (Abb. 6.**15a**, **b**). Beim kompletten embolischen Gefäßverschluß fällt die Festlegung des distalen Endes der Verschlußstrecke oft schwer, da wegen der ungenügenden Kollateralen distal nur sehr geringe Strömungsgeschwindigkeiten vorherrschen. Neben der Lokalisierung des embolischen Verschlusses ist es die Aufgabe der FKDS, in den erreichbaren Gefäßabschnitten nach Ursachen für die Embolie zu suchen (Aneurysma? Stenose?).

An den Armarterien sind die typischen Verschlußlokalisationen die distale A. axillaris am Übergang zur A. brachialis sowie die Aufzweigung der A. brachialis in die Unterarmarterien. Eine Darstellung dieser embolischen Verschlüsse mit der FKDS ist einfach und kann die Grundlage zur operativen Embolektomie darstellen (Abb. 6.**11**, 6.**14**). Embolische Fingerarterienverschlüsse können bei fehlendem Nachweis des Flusses in den Digitalarterien eines Fingers bei akutem Ereignis und bei entsprechend disponierenden Erkrankungen vermutet werden.

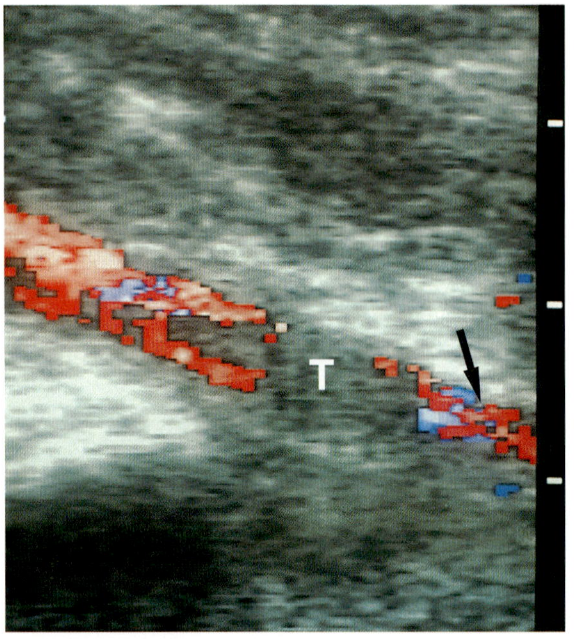

a

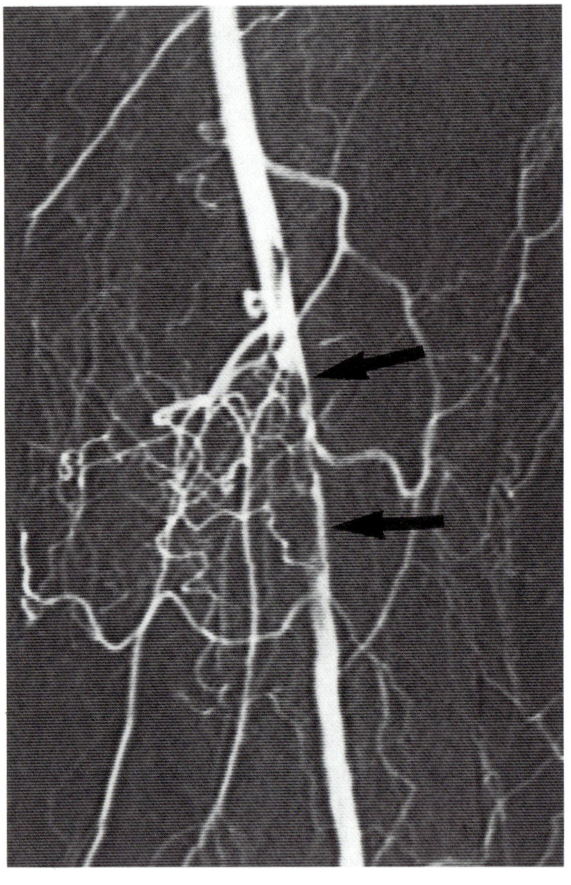

b

Abb. 6.**15a**, **b** Subtotaler Verschluß der A. femoralis superficialis.
a In der FKDS Nachweis des Thrombusmaterials (T), parietaler Restfluß, turbulenter Fluß distal der Einengung (Pfeil).
b In der intraarteriellen DSA Bestätigung des subtotalen Verschlusses durch einen Embolus (Pfeil)

6.4.6 Befundkontrolle nach PTA und Gefäßoperation

Die FKDS eignet sich auch zur nichtinvasiven Beurteilung des Therapieerfolges nach perkutaner transluminaler Angioplastie (PTA) (17) und nach Gefäßoperation (5). Dies bezieht sich einerseits auf das Therapieergebnis, andererseits jedoch auf eventuelle Komplikationen der Intervention.

Das Ziel einer Ballondilatation einer Stenose oder eines Gefäßverschlusses ist die Wiederherstellung eines für die Versorgung der Peripherie ausreichenden Gefäßlumens. Dieses Ziel kann nur durch eine Fragmentation der arteriosklerotischen Plaques mit meist gleichzeitig stattfindendem Einriß der Intima und/oder Media erreicht werden (1). Dieser Vorgang führt neben einer Lumenerweiterung häufig zunächst zu einer sehr unregelmäßigen Gefäßoberfläche, an der sich eventuell Thromben bilden können. Erst im weiteren Verlauf kommt es zur Glättung dieser Oberfläche. Rezidivstenosen können entweder durch elastische Rückstellkräfte, durch ausgeprägte Dissektionen, durch eine frische Thrombose, durch Intimahyperplasie oder durch Progression der Arteriosklerose entstehen. Bei der intraarteriellen Lysetherapie (9) wird das Thrombusmaterial durch Plasminaktivatoren zusammen mit dem körpereigenen Lysesystem aufgelöst; verbleibt nach Lyse eine arteriosklerotische Stenose, so muß diese dilatiert werden. Weitere gängige PTA-Maßnahmen sind die Atherektomie (21) und die Stent-Implantation (7,13,32).

Die FKDS ist in der Lage, die interventionell-radiologisch behandelten Gefäßabschnitte auch direkt nach einer PTA einzusehen und den Erfolg zu beurteilen (Abb. 6.**7**, 6.**9a**, **b**). Das Ausmaß einer Reststenosierung kann beschrieben werden, allerdings muß beachtet werden, daß sich Reststenosen nach PTA durch Glättung der Oberfläche noch im Ausmaß reduzieren können. Ebenso wie residuale Stenosen können Restthromben nach Lyse oder Thrombektomie als echoarme, nichtfarbkodierte Aussparung im Lumen dargestellt werden. Nach einer Atherektomie findet sich in der FKDS meist eine glatte Gefäßoberfläche.

Nach Implantation von metallischen Gefäßendoprothesen (Stents) ist eine Abbildung des Blutflusses im Stent möglich, da die maschenartige Konstruktion der Stents eine ausreichende Penetration von Ultraschallwellen erlaubt (Abb. 6.**3a–d**, 6.**16a–c**); allerdings müssen für die Darstellung des Flusses im durch den Stent versorgten Gefäßabschnitt meist die Gesamtverstärkung und/oder die Farbempfindlichkeit erhöht werden. Bei der Untersuchung von Gefäß-Stents muß auch auf die proximalen und distalen Übergangsbereiche geachtet werden; liegen die Streben des Stents der Gefäßwand nicht exakt an, kommt es zu Wirbelbildungen oder Turbulenzen, die die Entwicklung einer Rezidivstenose fördern können.

Neben der Suche nach Rest- und Rezidivstenosen ist die Darstellung von Komplikationen der PTA mit der FKDS besonders wichtig. Über interventions-

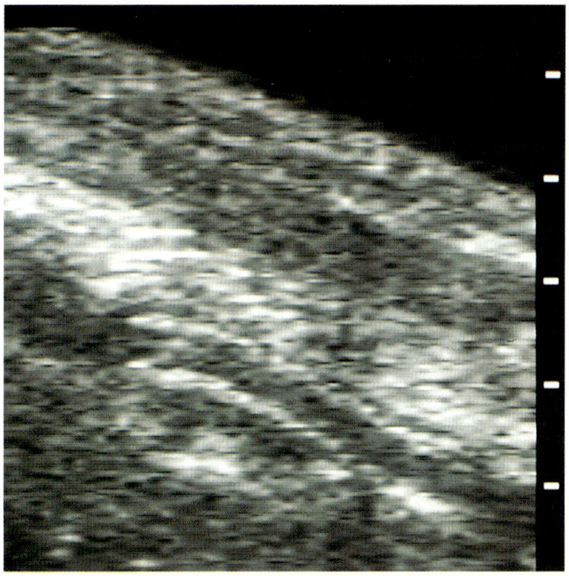

a

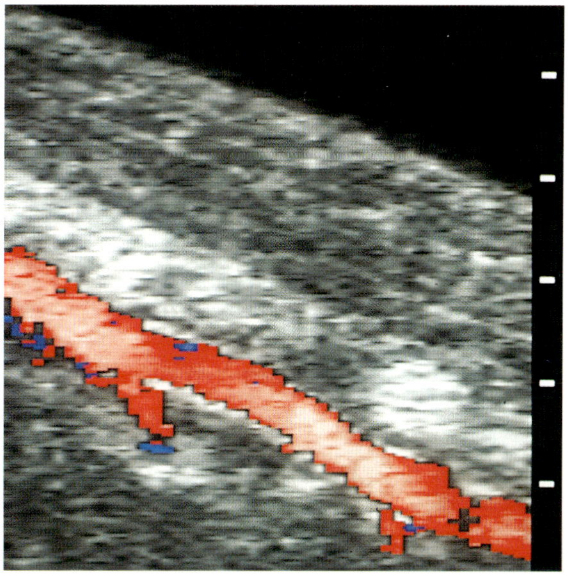

b

Abb. 6.**16a–c** Kontrolluntersuchung 1 Jahr nach Implantation eines Strecker-Stents in die A. femoralis superficialis (ausgeprägte Dissektion nach einer PTA).
a B-Bild-Sonographie. Das Maschenwerk des Stents stellt sich als echoreiche Struktur in der Gefäßwand dar
b In der FKDS regelrechtes Lumen mit glatter Gefäßwand und laminarem Fluß im Bereich des Stents
c In der intraarteriellen DSA ebenfalls kein Nachweis einer Restenose, Pfeil = Ausdehnung des Stents

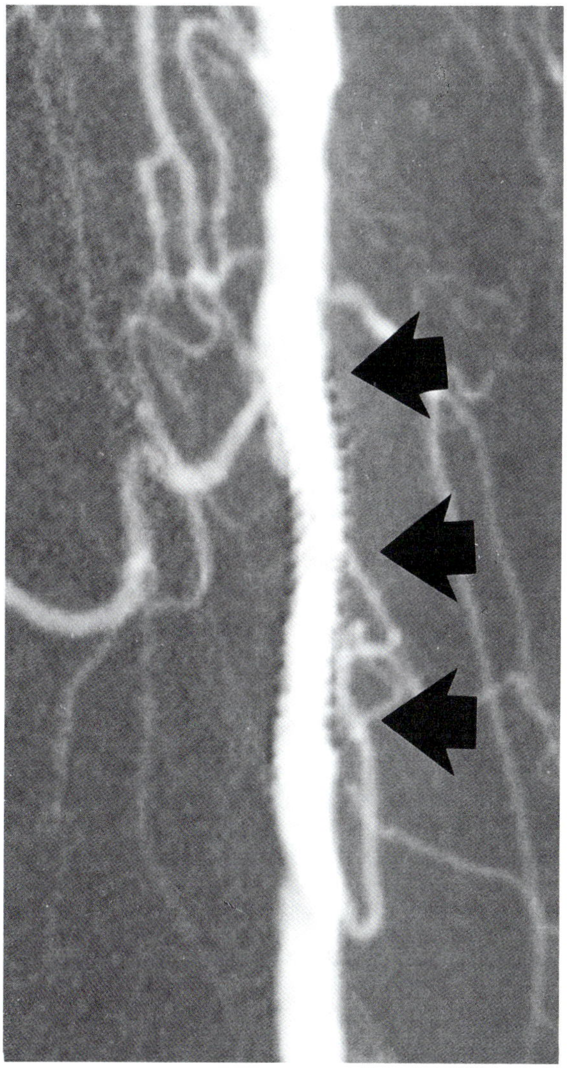

c

bedingte, falsche Aneurysmata und über AV-Fisteln wird in den folgenden Abschnitten berichtet. Weitere Komplikationen, die mit der FKDS abgebildet werden können, sind der akut einsetzende thrombotische Verschluß (Abb. 6.**12**), die Dissektion und die arterielle Embolie. Auch hier gelten die selben Beurteilungskriterien wie vor der Therapie. Der routinemäßige Einsatz der FKDS 1 – 2 Tage nach PTA erlaubt die frühzeitige Erkennung derartiger Komplikationen.

Nach einer Gefäßoperation (Abb. 6.**17**) ist der Nachweis der freien Durchgängigkeit eines autologen oder künstlichen Bypasses ebenso leicht möglich wie die Darstellung einer künstlich angelegten AV-Fistel. Im distalen Anastomosenbereich eines femoropoplitealen Bypasses kommt es bei Bypass-End-Zu-Arterie-Seit-Verbindungen häufig zur retrograden Strömung im proximal der Anastomose gelegenen und noch frei durchgängigen Arteriensegment. Problematisch kann die Beurteilung der für die Rezidive (Intimahyperplasie) meist verantwortlichen Anastomosenbereiche bzw. deren Anschluß an die peripheren Gefäße werden (5), da umgebendes Narbengewebe die Schallabschwächung verstärken kann. Nach Desobliteration mit und ohne Patch-Plastik ist ebenfalls eine sonographische Gefäßdarstellung möglich. Ebenso wie nach PTA ist auch nach Gefäßoperation auf Komplikationen wie falsche Aneurysmen zu achten (Abb. 6.**18**). Eine zwar seltene, jedoch wichtige Komplikation ist die Protheseninfektion, die sich im B-Bild durch einen periprothetischen Flüssigkeitssaum zu erkennen gibt.

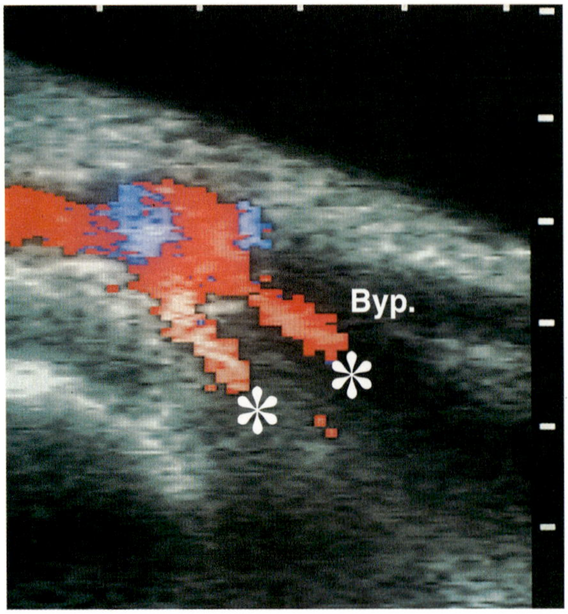

Abb. 6.**17** Vollständiger Verschluß eines femoro-poplitealen Venenbypasses. An der proximalen Anastomose aneurysmatische Aufweitung des Gefäßlumens, das Bypasslumen (Byp.) ist homogen echoarm ohne Nachweis von Flußsignalen. Perfundierte Äste der A. profunda femoris (*)

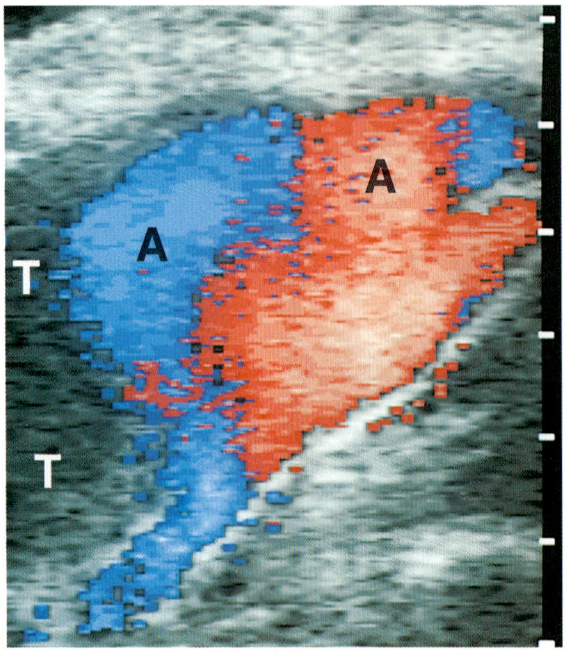

Abb. 6.**18** Aneurysma an der distalen Anastomose eines iliako-femoralen Bypasses in der FKDS. Großes kranial (T) teilweise thrombosiertes falsches Aneurysma (A), Pfeil = Aneurysmahals

6.4.7 Dilatative Arterienerkrankungen, Aneurysma verum

Im Rahmen einer Arteriosklerose können neben stenosierenden Arterienveränderungen auch dilatierte Gefäßsegmente vorliegen, wobei das Befallsmuster mehr diffus oder mehr umschrieben sein kann. Die diffuse Form der dilatativen Arteriosklerose führt aufgrund der längerstreckigen Gefäßdilatation zur Flußverlangsamung mit der Gefahr des thrombotischen Verschlusses. Neben dem abdominellen Aortenaneurysma existieren Aneurysmen im Bereich der Arterien der unteren Extremität vor allem in den Beckenarterien, der A. femoralis und der A. poplitea.

Außer der Arteriosklerose sind weitere Ursachen für die Entstehung von Aneurysmen Arteriitiden und arterielle Kompressionssyndrome. Die klinische Relevanz dieser umschriebenen Gefäßerweiterungen liegt neben den Veränderungen im Rahmen der Grunderkrankung vor allem in der Gefahr der Ruptur, der inkompletten Thrombose mit Emboliegefahr und dem kompletten Gefäßverschluß. Mit der FKDS sind diffuse wie umschriebene Gefäßerweiterungen rasch darstellbar. Die Farbkodierung erlaubt die Abgrenzung thrombosierter Aneurysmaanteile (Abb. 6.**18**). Zusätzlich muß auf aneurysmabedingte Kompressionen umgebender Gefäße (vor allem begleitender Venen) und embolische Komplikationen geachtet werden. Im Bereich der oberen Extremität treten Aneurysmen vor allem im Bereich der A. subclavia auf.

6.4.8 Aneurysma spurium

Beim Aneurysma spurium (falsum) handelt es sich um einen Gefäßwanddefekt (meist traumatischer bzw. iatrogener Natur) mit einer durch eine Pseudokapsel gedeckten Blutung in die Umgebung (Abb. 6.**19a**, **b**). Die Blutung kann spontan sistieren, und das Aneurysma thrombosiert. Bleibt die Blutung in das Gewebe erhalten, entsteht ein manchmal asymptomatisches Aneurysma, das gelegentlich über Monate unentdeckt bleiben kann. Die Gefahr des Aneurysma spurium liegt in der möglichen Ruptur, der Kompression des eigenen und benachbarter Gefäße oder benachbarter Nerven sowie der Embolie in periphere Gefäße.

Ein Aneurysma spurium tritt bei bis zu 4% der Patienten nach einer PTA oder nach einer Herzkatheteruntersuchung auf (24). Typisches Erscheinungsbild ist die pulsierende, arteriennahe Raumforderung mit mehr oder weniger starkem, turbulenten Flußnachweis, der systolisch mehr in das Aneurysma hinein, diastolisch mehr aus dem Aneurysma heraus führt. Meist kann der Aneurysmahals sonographisch erfaßt werden. Wichtig für die eventuell durchzuführende chirurgische Therapie ist die Festlegung auf den Ausgangspunkt des Aneurysma (z. B. A. femoralis communis, A. profunda femoris oder A. femoralis superficialis). Randständige Thromben kommen echoarm und ohne Flußsignal zur Darstellung. Verlagerungen

a
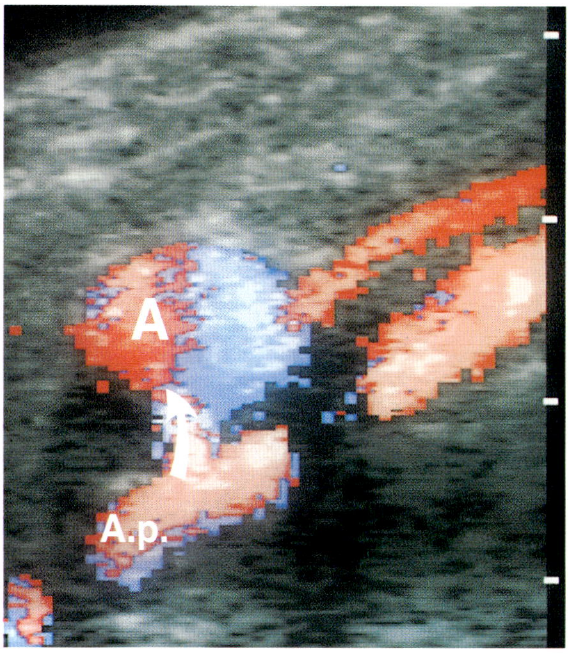

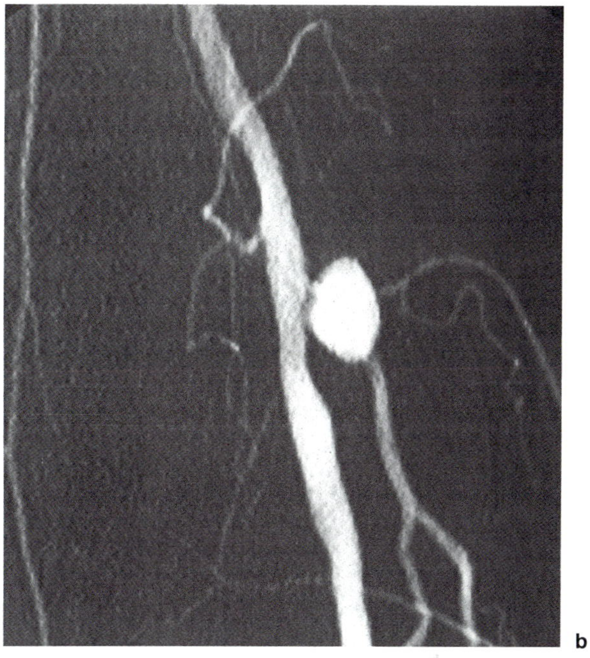
b

Abb. 6.**19a**, **b** Aneurysma spurium des Abgangs eines Astes des Rete articulare genus aus der A. poplitea als Komplikation einer SIMPSON-Atherektomie einer Poplitea-Stenose:
a FKDS: A. poplitea (A. p.), Aneurysmahals (Pfeil), Aneurysma (A) ohne wandständigen Thrombus, drainierende Arterie distal des Aneurysmas. Unmittelbar distal des Aneurysmahalses kurzstreckige Wandverkalkung mit dorsaler Schallauslöschung, aber ohne höhergradige Lumeneinengung (keine nachgeschalteten Turbulenzen)
b Intraarterielle DSA. Bestätigung des farbduplexsonographischen Befundes

oder Kompressionen benachbarter Gefäße sind im allgemeinen gut erkennbar. Geachtet werden muß insbesondere auch auf das gleichzeitige Vorliegen einer AV-Fistel.

Das punktionsbedingte Aneurysma spurium hat eine hohe Tendenz zur Spontanthrombose (etwa 60%). Wegen der Rupturgefahr (bei etwa 6%) sollte der Patient bis zum definitiven Verschluß des Aneurysma überwacht und regelmäßig mit der FKDS der Füllungszustand beobachtet werden. Die klassische Methode der Beseitigung eines Aneurysma spurium ist die Operation. Nach einer neueren Studie (3) kann durch gezielte perkutane Kompression eines falschen Aneurysma mit dem Schallkopf unter FKDS-Sicht (Kompression ist erst beim Sistieren des Flusses effizient) in etwa 90% der Fälle ein definitiver Aneurysmaverschluß durchgeführt werden. Die nach Gefäßoperation entstehenden Aneurysmen erfüllen prinzipiell dieselben Bildkriterien, sie treten typischerweise im Bereich von Anastomosen (Abb. 6.**18**) und nach Desobliteration auf.

6.4.9 Arteriovenöse Fistel

Arteriovenöse Fisteln können iatrogen bzw. nach Verletzung (Abb. 6.**20**) entstehen oder von Geburt an vorhanden sein. Der pathologische Übertritt von arteriellem Blut in das venöse System (Niederdrucksystem) bewirkt eine Steigerung der Durchblutung in der fistelspeisenden Arterie. Dieses Kriterium allein ist häufig schon richtungweisend für den Nachweis der AV-Fistel (Abb. 6.**20**, 4.**7a**, **b**). Das wichtigstes Kriterium für eine AV-Fistel in der FKDS ist das Auftreten perivaskulärer Gewebevibrationen (22), die aufgrund der hohen Flußgeschwindigkeiten in der Fistel entstehen. Die perivaskulären, mosaikartigen Farbwolken können den gesamten Befund überdecken, gegebenenfalls sollte durch dosierte Kompression der zuführenden Arterie versucht werden, die Flußgeschwindigkeit und damit die Artefakte zu reduzieren. Dies ist besonders wichtig für die genaue Lokalisation der Fistel. Eine Quantifizierung des AV-Fistel-Volumens ist durch vergleichende Flußvolumenbestimmung in der Arterie vor und hinter der Fistel möglich.

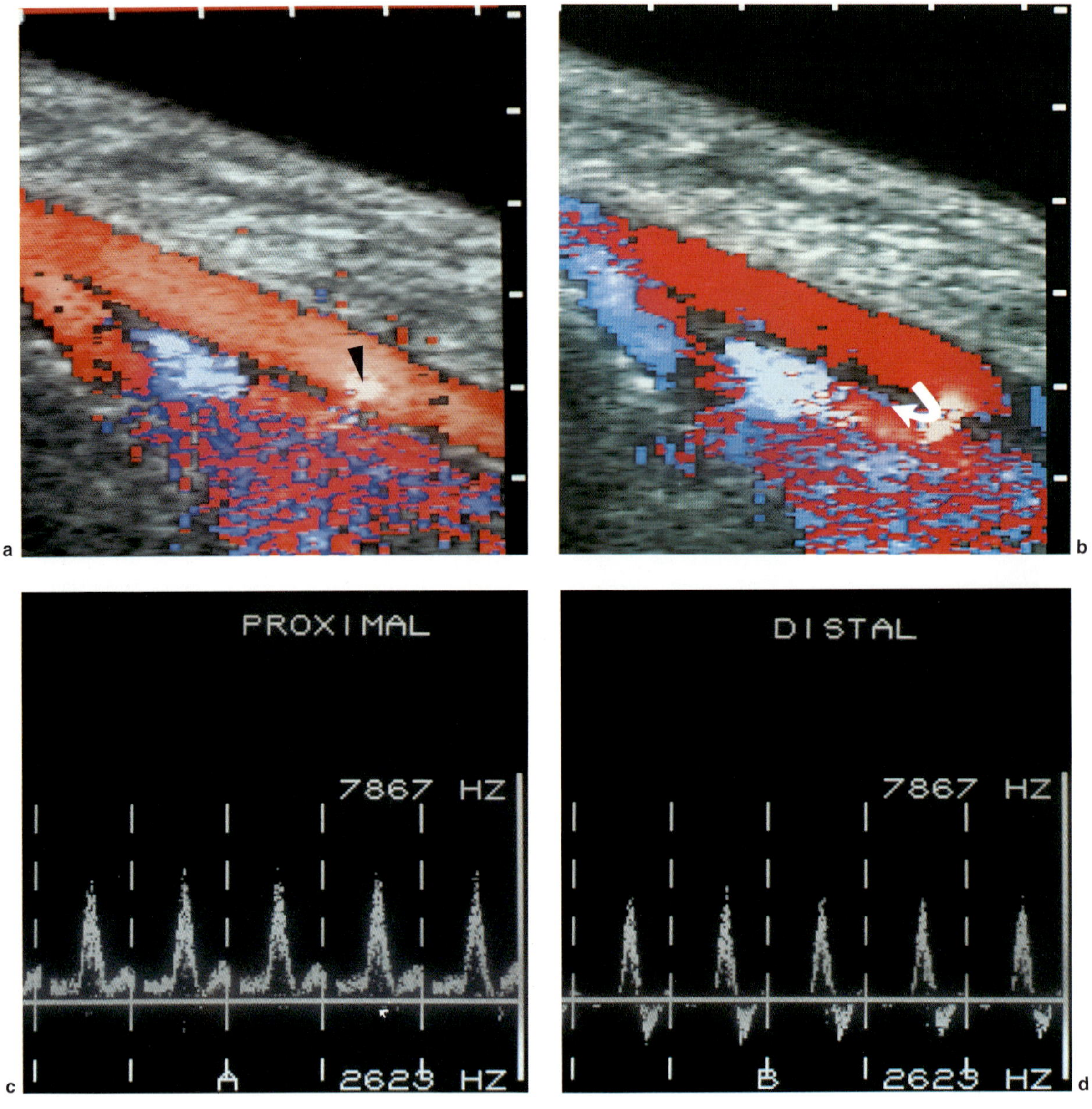

Abb. 6.**20a–d** AV-Fistel aus der A. femoralis superficialis als Komplikation einer Linksherzkatheteruntersuchung. Farbduplexsonographische Messung des integralen Stromzeitvolumens der Fistel (Fluß in der A. femoralis $superficialis_{prox.}$ – Fluß in der A. femoralis $superficialis_{distal}$): 130 ml/ min.

a Systole. Lokal erhöhte Strömungsgeschwindigkeiten (Pfeil) an der dorsalen Gefäßwand der A. femoralis superficialis 3 cm distal des Abgangs (Punktionsstelle); dort Übertritt von schnell fließendem Blut in die anliegende V. femoralis superficialis. Wegen der hohen Strömungsgeschwindigkeiten ausgeprägte Vibrationen der Venenwand und der perivaskulären Weichteile (Farbmosaik)

b In Diastole weiterhin antegrader Fluß in der proximalen A. femoralis superficialis aufgrund des durch die AV-Fistel erniedrigten peripheren Gefäßwiderstandes in diesem Areal (s. **c**). Diastolischer Rückfluß in der A. profunda femoris und in der distal der AV-Fistel gelegenen A. femoralis superficialis (hoher peripherer Widerstand, s. **d**)

c Das Doppler-Spektrum aus der A. femoralis superficialis 1 cm proximal der AV-Fistel bestätigt den diastolisch antegraden Fluß als Zeichen des reduzierten Gefäßwiderstandes

d Regelrechtes Doppler-Spektrum aus der A. femoralis superficialis 1 cm distal der AV-Fistel

6.4.10 Fehlermöglichkeiten

Neben Bedienungs- und Einstellungsfehlern (z. B. falsch positive Diagnose eines Verschlusses bei zu unempfindlich eingestelltem Gerät; unzureichende Farbsättigung bei ungünstigem Winkel zwischen Schallkopf und Flußrichtung oder bei zu großer Distanz zum Gefäß) kann es insbesondere bei Mehretagenstenosen oder -verschlüssen zu Fehlinterpretationen kommen, wenn der Fluß distal einer oder mehrerer Läsionen so langsam ist, daß die untere Nachweisgrenze des jeweiligen Geräts erreicht wird. Bevor die Diagnose eines Verschlusses gestellt wird, sollte versucht werden, durch Änderung der Geräteeinstellung (höhere Empfindlichkeit) und des Doppler-Winkels (Verkleinerung des Winkels) doch noch eine Blutströmung zu detektieren.

Häufig werden kurzstreckige Gefäßverschlüsse falsch beurteilt, insbesondere dann, wenn eine kräftige Kollaterale den Verschlußbereich überbrückt und sich in ihrem Verlauf etwa an der okkludierten Arterie orientiert. In diesem Fall kann die Kollaterale eine Gefäßkontinuität vortäuschen und zur Fehldiagnose einer längerstreckigen Stenose führen. Dieser Fehler kann dann vermieden werden, wenn das verschlossene Lumen der Arterie im B-Bild dargestellt werden kann.

Bei der Untersuchung des distalen Abschnitts der A. tibialis anterior muß darauf geachtet werden, daß der Fuß im oberen Sprunggelenk nicht zu stark plantarflektiert wird, da es sonst zu einer Streckung mit Kompression und funktionellem Verschluß der A. dorsalis pedis kommen kann.

Nach PTA wie nach Gefäßoperation kommt es zu einer manchmal tagelang andauernden Weitstellung der arteriellen Gefäßperipherie, die sich in einer Abnahme der Pulsatilität der arteriellen Strömung auswirkt. In dieser Situation dürfen die entsprechenden Doppler-Spektren nicht als stenosebedingt fehlinterpretiert werden; gegebenenfalls muß der gesamte Verlauf der Arterien farbkodiert dargestellt werden, um eine Stenose als Ursache dieser Spektralveränderungen auszuschließen.

6.5 Diagnostischer Stellenwert der farbkodierten Duplexsonographie im Vergleich mit anderen Verfahren

In der Diagnostik der arteriellen Verschlußerkrankung hat die Doppler-Verschlußdruckmessung weiterhin im Screening einen hohen Stellenwert (2,11,18). Sie kann und sollte nicht durch die wesentlich aufwendigere und teurere FKDS ersetzt werden. Die CW-Doppler-Sonographie liefert aber keine morphologische Information. Zur Planung invasiver Eingriffe sind deshalb bildgebende Verfahren erforderlich.

Die arterielle Angiographie ist der Goldstandard in der Beurteilung neuer bildgebender Verfahren (16). Die Evaluierung der FKDS im Vergleich mit der arteriellen Angiographie zeigt übereinstimmend die hohe Treffsicherheit des Verfahrens im Nachweis von Stenosen und Verschlüssen (Tab. 6.**2**). Probleme bestehen bei Mehretagenveränderungen bei der Quantifizierung von Befunden distal einer relevanten vorgeschalteten Läsion. Sowohl Überinterpretationen hochgradiger Stenosen als Verschluß als auch die Fehleinschätzung eines Verschlusses als hochgradige Stenose sind bei dieser Konstellation möglich. Dies trifft vor allem für Veränderungen im Adduktorenkanal zu, wo der Befund unter Umständen nicht ausreichend eingesehen werden kann und sich die Diagnose auf die Ableitung proximaler und distaler Spektren stützen muß.

Bei der groben Klassifizierung der Befunde in niedriggradige und hochgradige Stenosen sowie Gefäßverschlüsse ist bei der Schweregradeinteilung eine korrekte Einschätzung durch die FKDS in 81 – 87% der Fälle zu erwarten (Tab.6.**2**), allerdings wurde in allen Studien lediglich eine subjektive Klassifizierung der angiographischen Befunde durchgeführt. Bei Verschlüssen ist die Festlegung des Verschlußbeginns fast immer exakt zu treffen, während die Verschlußlänge aufgrund der im distalen Wiederanschluß häufig sehr langsamen Strömung überschätzt werden kann.

Nachteile der FKDS im Vergleich mit der arteriellen Angiographie bestehen in der physikalischen Limitation bei Adipositas und Darmgasüberlagerung. Dies kann zu diagnostischen Problemen vor allem im Becken führen, allerdings ist auch hier das distal abgeleitete Spektrum hilfreich. Ein wesentlicher Vorteil

Tabelle 6.**2** Ergebnisse der FKDS in der Diagnostik der AVK der Beinarterien im Vergleich mit der arteriellen Angiographie (* = Mitbeurteilung der Unterschenkelarterien)

Autoren	n (Patienten)	Sensitivität	Spezifität	Genauigkeit	Schweregrad korrekt
Koennecke (14)	53*	97%	97%	97%	81%
Landwehr (17)	52*	92%	99%	96%	87%
Polak (29)	17	88%	95%	93%	–

der Angiographie gegenüber der FKDS liegt in der kontinuierlichen, übersichtlichen Darstellung des Arterienbaums mit der Folge der besseren Demonstrabilität. Dies stellt besonders hohe Anforderungen an den FKDS-Untersucher.

Die Ergebnisse der farbkodierten Duplexsonographie sind im Vergleich mit der konventionellen Duplexsonographie insbesondere hinsichtlich der Sensitivität deutlich besser (konventioneller Duplex: Sensitivität um 80%; 10). Zudem ist die FKDS das wesentlich rationellere und schnellere Verfahren, da die Farbkodierung einen raschen Überblick über die Flußverhältnisse erlaubt.

Die Treffsicherheit der FKDS im Nachweis von Aneurysmen und AV-Fisteln ist sehr hoch und macht im allgemeinen eine Angiographie überflüssig (23,24,28).

Wegen der Bedeutung konservativer Behandlungskonzepte ist es erforderlich, eine invasive Diagnostik erst dann einzusetzen, wenn eine invasive Therapie erfolgversprechend erscheint und der Patient dieser prinzipiell zustimmt. Von einer nichtinvasiven, bildgebenden Diagnostik profitieren also vor allem diejenigen Patienten, die aufgrund der Befundkonstellation zunächst einer nichtinvasiven Therapie zugeführt werden (z. B. langstreckiger, älterer Femoralis-superficialis-Verschluß im klinischen Stadium IIa; Femoralisstenosen bei unzureichender Ausstrombahn im Stadium II). Die FKDS hat daher ihren Stellenwert in der Diagnostik der AVK immer dann, wenn eine AVK nach Klinik und Doppler-Verschlußdruckmessung wahrscheinlich ist und eine Entscheidung über das weitere invasive Prozedere ansteht. Werden mit der FKDS Befunde nachgewiesen, die es wahrscheinlich machen, daß eine interventionell-radiologische Maßnahme durchgeführt werden kann (z. B. isolierte Stenose oder kurz- bis mittelstreckiger Verschluß [maximal 10 cm Länge] in der Becken- oder Oberschenkelstrombahn), so kann die PTA geplant und im allgemeinen auf eine Zweizeitigkeit der diagnostischen und therapeutischen Angiographie verzichtet werden. Lediglich bei unklarem Befund der FKDS sollte eine arterielle Angiographie erfolgen; im allgemeinen ergibt sich somit kaum noch eine Indikation zur intravenösen DSA (Abb. 6.**5**). Zum gegenwärtigen Zeitpunkt wird vor gefäßrekonstruktiven Eingriffen die alleinige FKDS-Diagnostik nicht als ausreichend betrachtet, da die arterielle Angiographie eine für den Chirurgen übersichtlichere Darstellung erlaubt und in der Detaildarstellung der Gefäße der FKDS überlegen ist. Bei zunehmender Akzeptanz des noch relativ neuen Verfahrens kann jedoch damit gerechnet werden, daß bestimmte gefäßchirurgische rekonstruktive Eingriffe (z. B. Profundaplastik, Desobliteration von kurzstreckigen Stenosen der A. femoralis communis, Revisionen bei Bypass-Anastomosen-Stenosen) zunehmend auch ohne Angiographie durchgeführt werden (15). Bei großen bypasschirurgischen Maßnahmen wird die angiographische Darstellung der gesamten Gefäßanatomie und -pathologie nicht durch die FKDS ersetzt werden können. Dagegen ist schon heute die Darstellung bestimmter Komplikationen nach radiologischen oder gefäßchirurgischen Eingriffen (z. B. Aneurysma, AV-Fistel) in den meisten Fällen völlig ausreichend, um die chirurgische Korrektur zu planen.

Kommt nach den Ergebnissen der FKDS eine PTA nicht infrage und/oder sprechen allgemeine Gründe gegen eine Operation, ist eine weiterführende Diagnostik nicht erforderlich.

In der Befundkontrolle nach PTA (17) oder Gefäßoperation führt die farbkodierte Duplexsonographie in aller Regel zu einer konklusiven Diagnose und erfordert keine Angiographie; nach gefäßchirurgischer Revaskularisation ist die Frage nach der Durchgängigkeit eines Bypasses mit Sicherheit zu beantworten (5,27). Auch Stenosen und AV-Fisteln können im Vergleich mit der Angiographie mit großer Genauigkeit nachgewiesen oder ausgeschlossen werden. Problematisch ist jedoch in manchen Fällen die Darstellung der Anschlußgefäße distal des Bypasses (5). Wenn die FKDS zur Verfügung steht, ist eine intravenöse DSA in der Diagnostik nach Gefäßoperation nur noch sinnvoll, wenn FKDS aufgrund physikalischer Grenzen nicht diagnostisch ist.

Die Magnetresonanz(MR)-Angiographie befindet sich zur Zeit noch in der klinischen Erprobung (26). Über den Stellenwert dieses nichtinvasiven Verfahrens in der Gefäßdiagnostik im Vergleich mit der FKDS ist zur Zeit keine definitive Aussage möglich.

6.6 Literatur

1 Becker,G.J., B.T.Katzen: Noncoronary angioplasty. Radiology 170 (1989) 921–940

2 Bernstein,E.F., A.Fronek: Current status of noninvasive tests in the diagnosis of peripheral arterial disease. Surg. Clin. N. Amer. 62 (1982) 473–487

3 Fellmeth,B.D., A.C.Roberts, J.J.Bookstein, J.A.Freischlag, J.R.Forsythe, N.K.Buckner, R.J.Hye: Postangiographic femoral artery injuries: nonsurgical repair with US-guided compression. Radiology 178 (1991) 671–675

4 Flanigan,D.P., S.J.Burnham, J.J.Goodreau et al.: Summary of cases of adventitial cystic disease of the popliteal artery. Ann. Surg. 189 (1979) 165

5 Fürst,G., F.-P.Kuhn, R.-P.Trappe, H.-W.Kniemeyer, U.Mödder: Bildgebende Diagnostik nach rekonstruktiver Arterienchirurgie der unteren Extremitäten. Fortschr. Röntgenstr. 151 (1989) 666–673

6 Gray,H., C.M.Goss: Anatomy of the human body. Lea & Febiger, Philadelphia 1973

7 Günther,R.W., D.Vorwerk, K.Bohndorf, I.Peters, A.El-Din, B.Messmer: Iliac and femoral artery stenoses and occlusions: treatment with intravascular stents. Radiology 172 (1989) 725–730

8 Hendrickx,Ph., U.Roth, F.Brassel, K.Taubert, C.Ranke, H.H.Wagner: Phantomuntersuchungen zur Wertigkeit der farbkodierte Doppler-Sonographie bei der arteriellen Verschlußkrankheit der Extremitäten. Fortschr. Röntgenstr. 152 (1990) 1–5

9 Hess,H., A.Mietaschk, R.Brückl: Peripheral arterial occlusions: a 6-year experience with local low-dose thrombolytic therapy. Radiology 163 (1987) 753–758

10 Jäger,K.A., D.J.Phillips, R.L.Martin, C.Hanson, G.O.Roederer, Y.E.Langlois, H.J.Ricketts, D.E.Strandness jr.: Noninvasive mapping of lower limb arterial lesions. Ultrasound. Med. Biol. 11 (1985) 515–521

11 Johnston,K.W., M.Y.Hosang, D.F.Andrews: Reproducibility of noninvasive vascular laboratory measurements of the peripheral circulation. J. Vasc. Surg. 6 (1987) 147–151

12 Kappert,A.: Lehrbuch und Atlas der Angiologie. H.Huber, Bern 1987

13 Kauffmann,G.W., G.M.Richter, G.Nöldge, Th.Roeren, P.Landwehr, K.Lackner: Vier Jahre Erfahrung mit der ballonexpandierbaren Endoprothese. Radiologe 31 (1991) 202–209

14 Koennecke,H.-C., F.Fobbe, M.M.Hamed, K.-J.Wolf: Diagnostik arterieller Gefäßerkrankungen der unteren Extremitäten mit der farbkodierten Duplexsonographie. Fortschr. Röntgenstr. 151 (1989) 42–46

15 Kohler,T.R., G.Andros, J.M.Porter, A.Clowes, J.Goldstone, K.Johansen, E.Raker, D.R.Nance: Can duplex scanning replace arteriography for lower extremity arterial disease? Ann. vasc. Surg. 4 (1990) 280–287

16 Lackner,K., Th.Harder, M.Herter, N.Leipner: Vergleich der intraarteriellen digitalen Subtraktionsangiographie mit der konventionellen Angiographie. Fortschr. Röntgenstr. 141 (1984) 616–624

17 Landwehr,P., K.Lackner: Farbkodierte Duplexsonographie vor und nach PTA der Arterien der unteren Extremität. Fortschr. Röntgenstr. 152 (1990) 35–41

18 Lepäntalo,M., O.Lindfors, P.Pekkola: The ankle/arm systolic blood pressure ratio as a screening test for arterial insufficiency in the lower limb. Ann. Chir. Gynaecol. 72 (1983) 57–62

19 Luska,G., U.Risch, M.Pellengahr, H.v.Boetticher: Farbcodierte doppler-sonographische Untersuchungen zur Morphologie und Hämodynamik der Arterien des Beckens und der Beine bei gesunden Probanden. Fortschr. Röntgenstr. 153 (1990) 246–251

20 Mahler,F.: Systolische Blutdruckmessung. In Kriessmann, A., A. Bollinger, H. Keller: Praxis der Doppler-Sonographie, 2. Aufl. Thieme, Stuttgart 1990 (21–32)

21 Maynar,M., R.Reyes, V.Cabrera, M.Roman, J.M.Pulido, F.Castaneda, J.G.Letourneau, W.R.Castaneda-Zuniga: Percutaneous atherectomy as an alternative treatment for postangioplasty obstructive intimal flaps. Radiology 170 (1989) 1029–1031

22 Middleton,W.D., S.Erickson, G.L.Melson: Perivascular color artifact: pathologic significance and appearence on US color Doppler images. Radiology 171 (1989) 647–652

23 Mitchell,D.G, L.Needleman, M.Bezzi, B.B.Goldberg, A.B.Kurtz, R.G.Pennell, M.D.Rifkin, M.Vilaro, O.H.Baltarowich: Femoral artery pseudoaneurysm: Diagnosis with conventional duplex and color Doppler US. Radiology 165 (1987) 687–690

24 Moll,R., W.Habscheid, P.Landwehr: Häufigkeit des Aneurysma spurium der Arteria femoralis nach Herzkatheteruntersuchung und PTA. Fortschr. Röntgenstr. 154 (1991) 23–27

25 Müller-Bühl, U., C.Diehm, U.Sieben et al.: Prävalenz und Risikofaktoren von peripherer arterieller Verschlußkrankheit und koronarer Herzkrankheit. Vasa 16 Suppl. 4 (1987)

26 Mulligan,S.A., T.Matsuda, P.Lanzer, G.M.Gross, W.D.Routh, F.S.Keller, D.B.Koslin, L.L.Berland, M.D.Fields, M.Doyle, G.B.Cranney, J.Y.Lee, G.H.Pohost: Peripheral arterial occlusive disease: prospective comparison of MR angiography and color duplex US with conventional angiography. Radiology 178 (1991) 695–700

27 Polak,J.F., M.C.Donaldson, G.R.Dobkin, J.A.Mannick, D.H. O'Leary: Early detection of saphenous vein arterial bypass graft stenosis by color-assisted duplex sonography. Amer. J. Roentgenol. 154 (1990) 857–861

28 Polak,J.F., M.C.Donaldson, A.D.Whittemore, J.A.Mannick, D.H. O'Leary: Pulsatile masses surrounding vascular prostheses: real-time US color flow imaging. Radiology 170 (1989) 363–366

29 Polak,J.F., M.I.Mitchell, J.A.Mannick, D.H.O'Leary, M.C.Donaldson, A.D Whittemore: Determination of the extent of lower-extremity peripheral arterial disease with color-assisted duplex sonography. Amer. J. Roentgenol. 155 (1990) 1085–1089

30 Rich,N.: Popliteal entrapment and adventitial cystic disease. Surg. Clin. N. Amer. 62 (1982) 449–465

31 Ruland,O.: Der Doppler-Hohlhand-Test. In: Ruland,O., M.Bosiers: Dopplersonographische Diagnostik. Deutscher Ärzte-Verlag, Köln 1988 (63–69)

32 Strecker,E.-P., D.Liermann, K.H.Barth, H.R.D.Wolf, N.Freudenberg, G.Berg, M.Westphal, P.Tsikuras, M.Savin, B.Schneider: Expandable tubular stent for treatment of arterial occlusive diseases: experimental and clinical results. Radiology 175 (1990) 97–102

33 Towne,J.B., D.L.Rollins: Profundaplasty: its role in limb salvage. Surg. Clin. N. Amer. 66 (1986) 403–414

34 Widmer,L.K., A.Da Silva, G.Madar: Epidemiologie der Gefäßkrankheiten. In Kappert, A.: Lehrbuch und Atlas der Angiologie. Huber, Bern 1987 (312–318)

35 Widmer,L.K., H.B.Stähelin, C.Nissen, A.Da Silva: Venen-, Arterien-Krankheiten, koronare Herzkrankheit bei Berufstätigen. Huber, Bern 1981

7 Hämodialyseshunt

P. Landwehr

7.1 Allgemeine Bemerkungen

Die chirurgische Anlage einer arteriovenösen (AV) Fistel als Zugangsweg für die Hämodialyse ist ein Standardverfahren in der Therapie der chronischen terminalen Niereninsuffizienz (13). Perkutan oder chirurgisch implantierte zentralvenöse Kathetersysteme stellen entweder einen vorübergehenden Gefäßzugang vor Etablierung eines AV-Shuntes oder beim reversiblen Nierenversagen dar, oder sie werden als Verfahren der zweiten Wahl bei ungünstigen Bedingungen für die Anlage eines Hämodialyseshunts verwendet (5,16,34). Aufgrund des Mangels an Spendernieren und der häufigen Multimorbidität der niereninsuffizienten Patienten, die mehr als der Hälfte dieses Krankenguts den Zugang zur Transplantation versperren (33), ist die chronische Hämodialyse für viele Betroffene über Jahre unausweichliches Therapieverfahren, welches einen funktionierenden Dialyseshunt erfordert. Lebensdauer und Lebensqualität des Dialysepatienten hängen dabei in entscheidendem Maß von der Funktionstüchtigkeit der Fistel ab.

Die Benutzung eines Dialyseshunts stellt aufgrund der häufigen Gefäßpunktionen (mehrmals pro Woche mit einer oder zwei Nadeln) ein chronisches Trauma der Shuntvene dar, die zudem durch die unphysiologisch hohen Flußraten besonders belastet ist. Eine problemlose Funktion über Jahre ist daher nicht selbstverständlich. Die Literaturangaben über die Durchgängigkeitsrate von Brescia-Cimino-(BC-)Fisteln und Gefäßimplantaten differieren in Abhängigkeit von Patientenauswahl, Studienkriterien sowie chirurgischer Technik und Erfahrung; BC-Shunts sind nach neueren Angaben ein Jahr nach Anlage in 80–90% der Fälle funktionstüchtig, nach 2 Jahren in 63–87% und nach 4 Jahren in etwa 65%. Die Rate funktionierender Kunststoffimplantate wird mit 62–90% nach einem Jahr, mit 50–79% nach 2 Jahren und mit etwa 40 % nach 4 Jahren angegeben (1,12,20–23,29,31,32,36). Im jahrelangen Verlauf der Hämodialyse kommt es somit bei einer großen Zahl von Fisteln zu Funktionsproblemen; in einer Untersuchung an einem chirurgischen Krankengut von über 1200 Shuntoperationen lag aus diesem Grund der Anteil der Reoperationen mit 62% deutlich über demjenigen der Shuntneuanlage (38%) (23).

Die große Zahl rezidivierender Fistelprobleme erfordert – neben der hohen Treffsicherheit einer Untersuchungsmethode – beliebig wiederholbare, nichtinvasive Diagnostikverfahren zur Beurteilung der Morphologie und Funktion des Dialyseshunts. Die klinische Untersuchung der Fistel mit Palpation und Auskultation sowie die Beurteilung der Funktion während der Dialyse durch Abschätzung des maximal erreichbaren Durchflußvolumens, Messung des venösen Rücklaufdrucks und Bestimmung der Retentionswerte geben wichtige Hinweise auf Art und Ausmaß einer Shuntinsuffizienz. Zur exakten Beurteilung der pathologischen Veränderungen und zur Festlegung des optimalen Therapieverfahrens – Änderung der Punktionstechnik, Verlegung des Punktionsorts, perkutane transluminale Angioplastie (PTA), Operation – sind jedoch bildgebende Verfahren erforderlich. Die FKDS hat sich in den letzten Jahren als das Verfahren der ersten Wahl bei der Diagnostik von Dialyseshuntproblemen etabliert (24,27,37).

7.2 Formen des Dialyseshunts und Untersuchungstechnik

7.2.1 Vorbemerkungen

Grundsätzlich wird unterschieden zwischen inneren, körpereigenen arteriovenösen Shunts und Gefäßimplantaten. Prinzip der am häufigsten verwendeten inneren Fistel ist es, eine subkutane Vene mit einer Arterie chirurgisch zu verbinden, so daß es aufgrund des im Vergleich zur arteriellen Peripherie erheblich niedrigeren Widerstands des venösen Systems zu einer erheblichen Steigerung der Durchflußrate in der Arterie und damit auch in der anastomosierten Vene kommt. Die unphysiologisch hohe venöse Durchflußrate führt zur Dilatation und Wandverdickung der Vene, die es erlauben, dieses Shuntgefäß mehrmals pro Woche mit großlumigen Nadeln zu punktieren und mit einer Flußrate von 200–300 ml/min die Hämodialyse durchzuführen. Stehen ausreichende Venenabschnitte für die Entwicklung zur Shuntvene nicht zur Verfügung, so kann diese Funktion von einem Prothesenmaterial (in der Regel Kunststoff) übernommen werden, welches über eine arterielle und eine venöse Anastomose als AV-Kurzschlußverbindung fungiert.

Bei der Anlage eines Dialyseshunts muß von vornherein mit der Möglichkeit von Reeingriffen gerechnet werden. Soweit es die Gefäßverhältnisse zulassen, wird dem Grundsatz „soweit distal wie möglich“ gefolgt, d. h. die erste Fistel wird handgelenksnah angelegt. Dabei erfolgt die innere venoarterielle

Anastomose überwiegend in End-zu-Seit-Technik (19), damit das distal der Anastomose gelegene Arteriensegment durchgängig und im Fall eines Verschlusses der Anastomose oder der Vene offen bleibt. Diese Technik ermöglicht bei Stenosen der Anastomose oder der anastomosennahen Vene, die nicht durch PTA behoben werden können, eine Reanastomosierung der Shuntvene wenige Zentimeter proximal der ursprünglichen AV-Verbindung.

Ein weiterer Grundsatz der Shuntchirurgie ist es, der Shuntanlage am Arm den Vorzug vor der AV-Fistel am Bein zu geben. Dies hat zum einen pflegerische Gründe, zum anderen ist die arterielle Versorgung am Bein häufiger als am Arm durch eine arterielle Verschlußerkrankung (AVK) beeinträchtigt, was einerseits die Shuntfunktion gefährden, andererseits Beschwerden einer AVK verschlimmern kann.

Ein drittes Prinzip der Shuntchirurgie besteht darin, dem körpereigenen (inneren) AV-Shunt einer meist aus Kunststoff bestehenden Prothese den Vorzug zu geben, da die Durchgängigkeitsrate der inneren Fisteln derjenigen der Grafts überlegen (s. 7.1) und Kunststoffmaterial eher infektgefährdet ist als körpereigene Venen.

Trotz Befolgung dieser Grundsätze wird im langfristigen Dialyseverlauf infolge rezidivierender Shuntprobleme oder bei schon von vornherein schwierigen Gefäßverhältnissen immer wieder von den geschilderten Prinzipien abgewichen werden müssen. In der Diagnostik wird der Anwender der FKDS mit einer Vielzahl unterschiedlicher Shuntkonstruktionen ohne und mit Verwendung von Prothesenmaterial, zum Teil unter Verwendung „untypischer" Gefäße konfrontiert, so daß der Untersucher die Verhältnisse an komplizierten Shunts häufig gemeinsam mit dem Gefäßchirurgen und dem Nephrologen erarbeiten muß. In den folgenden Abschnitten werden die häufigsten Konstruktionstypen des Dialyseshunts erläutert.

7.2.2 Brescia-Cimino-Shunt

Diese Form der AV-Fistel wurde schon in den 60er Jahren beschrieben (4) und ist auch noch heute Verfahren der Wahl bei der Erstanlage eines Dialyseshunts. Unter der klassischen Brescia-Cimino-(BC-)Fistel wird eine distale Anastomose zwischen der A. radialis und der V. cephalica antebrachii verstanden (Unterarmshunt). Im Gegensatz zu der ursprünglich beschriebenen Seit-zu-Seit-Technik wird heute der Vene-End-zu-Arterie-Seit-Konstruktion der Vorzug gegeben (s. 7.2.1) (Abb. 7.**1 a–b**). Durch abschnittsweise „Proximalisierung" der arteriovenösen Verbindung

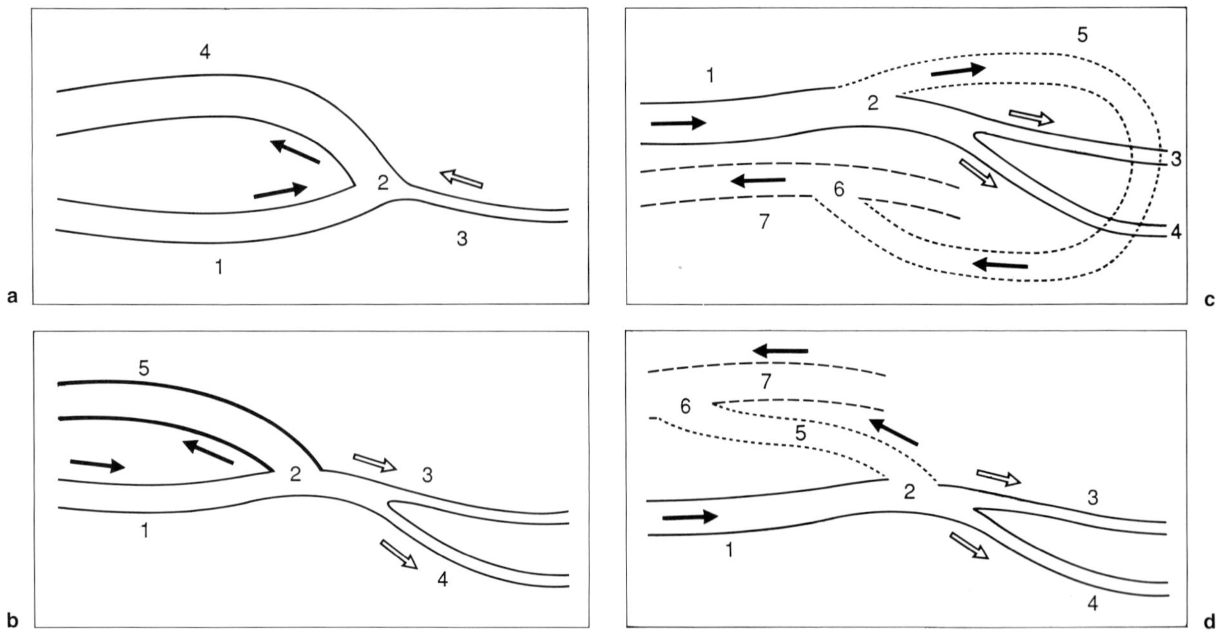

Abb. 7.**1 a–d** Gebräuchlichste Formen der chirurgisch angelegten arteriovenösen Fistel zur Hämodialyse (Pfeile = Richtung der Blutströmung):
a Unterarmshunt (nach Brescia-Cimino). 1 = zuführende Arterie (meist A. radialis), 2 = Seit zu-End-AV-Anastomose, 3 = distal der Anastomose gelegene A. radialis, bei suffizientem Hohlhandbogen meist retrograd durchströmt, 4 = Shuntvene
b Oberarmshunt (nach Brescia-Cimino). 1 = zuführende Arterie (A. brachialis), 2 = Seit-zu-End- AV-Anastomose, 3 = A. radialis, 4 = A. ulnaris, 5 = Shuntvene
c Prothetischer Shunt in Schleifenform am Unterarm. Die Anastomosen (2 = arteriell, 6 = venös) liegen meist am distalen Oberarm. 1 = zuführende Arterie (A. brachialis), 3 = A. radialis, 4 = A. ulnaris, 5 = Prothesenschleife (Punktionsstrecke), 7 = abführende Vene
d Prothetischer Interponatshunt am Oberarm. 1 = zuführende Arterie (A. brachialis), 2 = arterielle Anastomose, 3 = A. radialis, 4 = A. ulnaris, 5 = Protheseninterponat (Punktionsstrecke), 6 = venöse Anastomose, 7 = abführende Vene

kann bei anastomosennahen Shuntproblemen auch im Rahmen des Reeingriffs die grundsätzliche Shuntkonstruktion beibehalten werden. Alternativ zur Radialis-Cephalica-Fistel können auch Anastomosen zwischen A. ulnaris und V. basilica antebrachii zu einem effektiven Unterarmshunt führen. Eine dem BC-Shunt ähnliche Konstruktion ist die Fistelverbindung zwischen A. brachialis und V. cephalica oder V. basilica (Oberarmshunt) (Abb. 7.**1 b** und 7.**2**), wobei gelegentlich durch Mobilisation der geplanten Shuntvene (z. B. V. basilica) nach subkutan ein längeres, für die Punktion geeignetes Venensegment präpariert werden kann.

Die primäre BC-Fistel ist üblicherweise nicht sofort punktionsbereit, da die Dilatation und Wandverdickung der Vene einen organischen Umbau voraussetzt. Die mittlere „Reifungszeit" eines primären AV-Shunts beträgt 3 – 4 Wochen (19). Wird bei einem zunächst funktionierenden Shunt wegen anastomosennaher Stenosen eine Proximalisierung der Anastomose durchgeführt, so kann in der Regel ein Teil der früheren Punktionsstrecke weiterverwendet werden, so daß in diesen Fällen der Dialyseshunt direkt postoperativ punktiert werden kann.

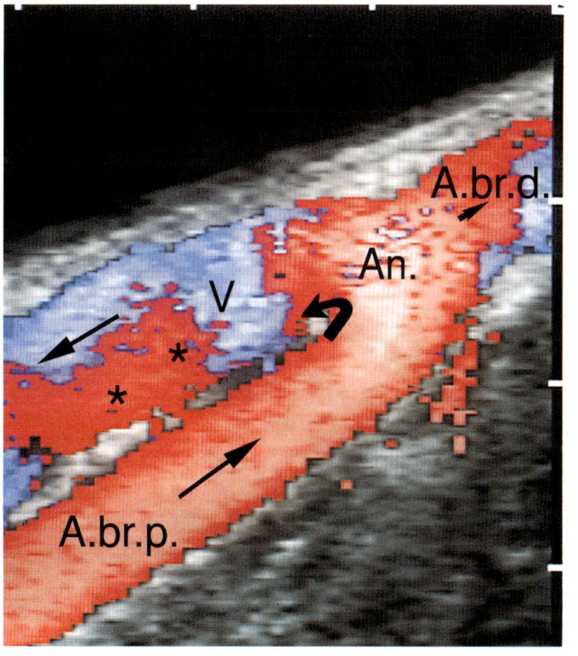

Abb. 7.**2** Brescia-Cimino-Fistel am Oberarm, Normalbefund. Der größte Teil des Shuntblutes wird in die Shuntvene umgeleitet, der kleinere Teil fließt in Richtung arterielle Peripherie weiter. In der anastomosennahen Shuntvene Nachweis physiologischer, randständiger Flußumkehrungen (Sternchen). A.br.p. = A.brachialis proximal der Anastomose, A.br.d. = A. brachialis distal der Anastomose, An. = Anastomose, V = Shuntvene, Pfeile = Flußrichtung des Blutes

7.2.3 PTFE-Shunt

Sind die Venenverhältnisse entweder primär oder nach vorangegangenen Shuntanlagen am Unterarm problematisch, können Kunststoffimplantate die Funktion der Shuntvene ersetzen. Dabei hat sich als Material das Polytetrafluorethylen (PTFE) durchgesetzt, das heute überwiegend in Form des Gore-Tex Verwendung findet. Dieses Prothesenmaterial wird aufgrund seiner maschenartigen Beschaffenheit im Laufe der Zeit von einer Neointima bedeckt.

Zwei wesentliche Konstruktionsformen des PTFE-Grafts für einen Shunt am Arm sind gebräuchlich. Bei beiden Formen wird die distale A. brachialis als zuführendes Gefäß verwendet (Prothese-End-zu-Arterie-Seit), da sie aufgrund ihres größeren Durchmessers für die Anastomose mit dem Fremdmaterial bessere Bedingungen bietet als die Unterarmarterien. Die Prothese selbst kann entweder als U-förmige Schlaufe am Unterarm subkutan eingezogen und mit der V. basilica oder V. brachialis verbunden werden (Unterarm-PTFE-Loop), oder es wird das Prothesenmaterial als geradliniges Interponat zwischen A. brachialis und V. basilica / V. cephalica / V. brachialis / V. axillaris) verlegt (Oberarm-PTFE-Interponat) (Abb. 7.**1 c–d**). Auch schleifenförmige Prothesenverläufe am Oberarm sind möglich, wenn die arterielle und venöse Anastomose weiter proximal liegen (z. B. A. / V. axillaris).

Eine selten benutzte, bei schlechten Gefäßverhältnissen an beiden Armen jedoch gelegentlich erforderliche Variante des PTFE-Loops stellt der Oberschenkelshunt dar, bei dem üblicherweise eine End-zu-Seit-Verbindung der Prothese mit der proximalen A. femoralis superficialis und der V. saphena magna oder der V. femoralis hergestellt wird.

Prinzipiell benötigen die PTFE-Shunts bei funktionierenden Anastomosen keine Reifungszeit und können direkt postoperativ für die Dialyse punktiert werden. Der Standarddurchmesser eines PTFE-Grafts liegt bei etwa 6 mm. Durch Verwendung einer sich im Durchmesser konisch ändernden Prothese (z. B. 4 mm im Anastomosenbereich, 6 mm in der Punktionsstrecke) kann das Shuntflußvolumen reduziert werden, um z. B. bei vorbestehender arterieller Verschlußerkrankung ein Anzapfsyndrom mit peripherer Ischämie zu vermeiden oder eine bestehende Herzinsuffizienz nicht durch zu große Fistelvolumina zu belasten.

7.2.4 Sonstige prothetische Shunts

Steht bei funktionierender AV-Anastomose einer BC-Fistel kein ausreichend langes Punktionssegment zur Verfügung, kann durch Resektion des betroffenen Venenabschnitts und Interposition einer PTFE-Prothese mit End-zu-End-Anastomose der Shunt erhalten bleiben (venovenöses PTFE-Interponat). Auch arteriovenöse, kurze PTFE-Interponate bei Anastomosenstenosen sind möglich (15).

Prinzipiell können auch autologe V.- saphena-magna-Interponate oder heterologe, meist bovine (A.-carotis-) Interponate verwendet werden, wegen

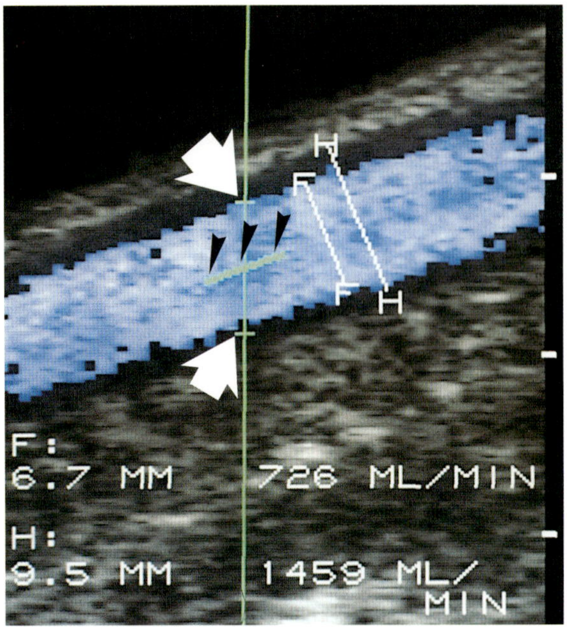

Abb. 7.**3** Normaler, seit mehreren Jahren bestehender PTFE-Shunt. Regelrechter Blutfluß in der Prothese. Gleichmäßige, echoarme Verdickung der Prothesenwand in allen Abschnitten. Die Farbkodierung des perfundierten Lumens erleichtert bei der Flußvolumenbestimmung die Positionierung der Begrenzungslinien des Meßvolumens (Pfeile) und die Durchmesserbestimmung (F), ohne Farbkodierung würde der Durchmesser überschätzt (H) und damit ein zu hohes Flußvolumen errechnet. Winkelkorrektur (Pfeilspitzen)

der deutlich schlechteren Langzeitergebnisse (23) haben diese Shuntformen jedoch heute keine Bedeutung mehr.

Der Scribner-Shunt stellt eine extrakorporale Shuntform dar, bei der zwischen einer arteriellen und einer venösen Kanüle ein extrakorporaler Silikonschlauch als Punktionsstrecke benutzt wird (30). Er ist heute eine nur noch sehr selten benutzte, durch zentralvenöse Dialysekatheter überwiegend ersetzte, passagere Möglichkeit des Gefäßzugangs (35).

7.2.5 Untersuchungstechnik

7.2.5.1 Vorbemerkungen

Die Untersuchung mit der FKDS sollte – wenn möglich – entweder vor der Dialyse oder an einem dialysefreien Tag erfolgen, um eine untersuchungsbedingte Infektion oder eine Nachblutung im Bereich der letzten Punktionsstelle zu vermeiden. Bei akuten Problemen, die eventuell rasches Eingreifen erfordern (vor allem bei Verdacht auf frische Thrombosierung), kann eine Untersuchung jedoch auch bei liegender Nadel, bei liegendem Verband oder auch nach vorsichtiger Verbandsentfernung durchgeführt werden; bei letztgenannter Situation sollte als Ankopplungsmaterial Sprühdesinfektionsmittel oder steriles Ultraschallgel verwendet werden.

7.2.5.2 Anamnese und Voruntersuchungen

Vor der sonographischen Darstellung des Shunts wird zunächst eine spezielle Shuntanamnese erhoben: wievielter Shunt, Alter des aktuellen Shunts nach Primäroperation bzw. nach PTA / operativer Revision, frühere Shuntinfektionen, Grunderkrankungen mit möglicher Auswirkung auf die Gefäßsituation, Punktionstechnik (Ein-Nadel-System, Zwei-Nadel-System), Art des Dialyseproblems (Abnahme des arteriellen Angebots an der Dialyse, Rücklaufdruckerhöhung, Punktionsprobleme, Ausbildung von Kollateralvenen, ineffektive Dialyse trotz ausreichender Flußrate, Nachblutung/Hämatom, Schmerzen an der shunttragenden Extremität, Schwellung der Extremität, zunehmende Herzinsuffizienz mit Verdacht auf zu hohes Fistelflußvolumen, Verdacht auf Shuntinfektion). Quantitative Angaben über die maximal mögliche Pumpengeschwindigkeit während der Dialyse sowie über den venösen Rücklaufdruck bei vorgegebener Pumpengeschwindigkeit sollten bekannt sein. Der Untersucher sollte den Shunt selbst palpieren, um einen Eindruck über den Shuntverlauf zu erhalten.

7.2.5.3 Apparative Voraussetzungen

Wegen der fast immer oberflächennahen Lage und um eine möglichst hohe räumliche Auflösung zu erzielen, kann für die Untersuchung des Dialyseshunts ein Schallkopf mit hoher Sendefrequenz (7,5 MHz) verwendet werden. Um die zuführenden Arterien und die Venen am Oberarm und in der Axilla auch bei adipösen Patienten untersuchen zu können muß auch ein 5-MHz-Schallkopf zur Verfügung stehen. Grundsätzlich ist Linearschallköpfen mit keilförmiger Wasservorlaufstrecke oder mit elektronischer Ablenkung (Beam Steering) der Vorzug zu geben (s. Kapitel 4).

Je nach Qualität der Fokussierung im Nahbereich kann es bei Schallköpfen, die nach dem „Beam Steering"-Verfahren arbeiten, sinnvoll sein, eine Wasservorlaufstrecke fest mit dem Schallkopf zu verbinden. Um Übersteuerungen zu vermeiden, müssen wegen der meist sehr schallkopfnahen Lage des Shunts die Gesamtverstärkung und die Farbempfindlichkeit meist reduziert werden.

7.2.5.4 Patientenlagerung und Position des Untersuchers

Je nach räumlichen Bedingungen und klinischem Zustand des Patienten kann die Untersuchung des Dialyseshunts sowohl bei sitzendem als auch bei auf dem Rücken liegenden Patienten durchgeführt werden. Gehfähige Patienten können in der Regel an der Längsseite der Untersuchungsliege auf einem niedrigen Stuhl oder Hocker sitzen und den Arm leicht gebeugt auf die Untersuchungsliege legen. Der Untersucher sitzt dann dem Patienten gegenüber, das Ultraschallgerät und die Liege werden je nach Seite der untersuchten Extremität positioniert. Der Vorteil der sitzenden Patientenposition liegt darin, daß der Dialysepatient die Untersuchung besser am Monitor verfolgen kann als aus liegender Position. Die Einbeziehung des Patienten in den Untersuchungsablauf mit Erläuterung der wichtigsten Befunde ist insbesondere bei der Diagnostik des Dialyseshunts psychologisch wichtig, da der Shunt von den meisten Dialysepatienten – entsprechend seiner Bedeutung – als zentraler Ort empfunden wird, dessen Funktion über Wohlbefinden oder Krankheit entscheidet; zudem kennen die meisten Dialysepatienten ihren Shunt so gut, daß sie gelegentlich zur sonographischen Untersuchung wichtige Zusatzinformationen beitragen können (z. B. Position häufiger Punktionsfehlversuche, Punktionsorte mit schlechtem arteriellen Angebot an der Dialyse etc.).

7.2.5.5 Untersuchungsablauf

Die Untersuchung sollte immer die Darstellung der zuführenden Arterien, der Anastomose, der eigentlichen Shuntvene (Punktionsstrecke) und der abführenden Venen umfassen. Je nach klinischer Fragestellung kann es zusätzlich erforderlich sein, auch die Arterien distal der Anastomose darzustellen (z. B. bei dem Verdacht auf ein Anzapfsyndrom).

Die Darstellung des arteriellen Schenkels beginnt am Arm in der Axilla; im allgemeinen genügt es, die A. axillaris im Längsschnitt aufzusuchen und nach distal zu verfolgen. Gleiches gilt für die A. brachialis und – je nach Shunttyp – die zuführende Unterarmarterie. Beurteilungskriterien sind – wie bei allen arteriellen Untersuchungen mit der FKDS – die Lumenweite und das Flußmuster; Stenosen und Verschlüsse sind so leicht und schnell auffindbar. Bei kräftigem Shuntflußvolumen muß meist eine relativ hohe Pulsrepetitionsfrequenz gewählt werden, da die Flußgeschwindigkeit im zuführenden arteriellen Gefäß deutlich gegenüber der Norm erhöht ist. Kann der zuführende arterielle Gefäßabschnitt nicht problemlos von proximal nach distal kontinuierlich dargestellt werden oder ist man sich in der anatomischen Zuordnung der shuntspeisenden Unterarmarterie unsicher, ist es manchmal sinnvoll, den arteriellen Schenkel von der Anastomose ausgehend von distal nach proximal zu verfolgen.

Bei körpereigenen Fisteln muß ab der Darstellung der Anastomose – wie auch bei der Untersuchung des venösen Teils des Dialyseshunts – der Schallkopf mit besonders geringem Druck aufgesetzt werden, da die oberflächennah gelegenen Venen sonst komprimiert werden und damit eventuell falsch-positive Befunde entstehen können. Der Schallkopf sollte dabei nicht frei geführt, sondern durch einzelne Finger oder die Handkante, die auf der zu untersuchenden Extremität aufliegen, abgestützt werden. Es hat sich dabei bewährt, den Schallkopf nicht gerade auf die Vene aufzusetzen, sondern den maximalen Druckpunkt des Schallkopfs etwas neben den Scheitelpunkt der Vene zu legen; zur Darstellung des Gefäßlängsschnitts im maximalen Querdurchmesser muß dann der Schallkopf etwas um die Schallkopflängsachse gekippt werden. Zur besseren Ankopplung muß dazu reichlich Ultraschallgel verwendet werden. Mit der beschriebenen Technik läßt sich auch bei niedrigem Perfusionsdruck in der Shuntvene eine wesentliche Gefäßkompression durch den Schallkopf vermeiden. PTFE-Grafts sind – unabhängig vom intravaskulären Druck – weniger leicht kompressibel.

Die Region der arteriovenösen Anastomose sollte nun zunächst im Querschnitt dargestellt werden, um Verlauf und Lumenweite abschätzen zu können. Die anschließende Darstellung im Längsschnitt sollte die zuführende Arterie, die anastomosennahe Shuntvene und gegebenenfalls den distal der Anastomose gelegenen arteriellen Gefäßabschnitt zeigen; aufgrund der Abbildung der Anastomose in zwei Ebenen ist in aller Regel eine Erkennung der chirurgischen Konstruktion (z. B. End-zu-Seit) möglich.

Anschließend wird die Shuntvene bzw. die Prothese im gesamten Verlauf im Quer- und Längsschnitt von distal nach proximal dargestellt. Es muß dabei auf umschriebene oder diffuse Wandverdickungen, Lumeneinengungen und -erweiterungen, auf venöse Gefäßverzweigungen, auf perivaskuläre Raumforderungen (Hämatom, Abszeß) und auf die Tiefe der Shuntvene in Beziehung zur Hautoberfläche geachtet werden. Geschlängelte Shuntvenenverläufe und venöse Kollateralen werden besser im Querschnitt als im Längsschnitt erfaßt; Kollateralvenen sollten, wenn sie in großer Zahl (mehr als zwei Gefäße) oder mit relativ großem Lumen (Durchmesser mehr als etwa ein Drittel der Hauptshuntvene) vorkommen, einzeln weiterverfolgt werden, um die Hauptdrainagevene zu identifizieren.

Die Notwendigkeit der Beurteilung der weiter proximal gelegenen Venen richtet sich nach der Art der Shuntkonstruktion und nach dem klinischen Problem. Bei Gefäßprothesen ist die Darstellung der venösen Anastomose und der angrenzenden, körpereigenen Venenabschnitte zwingend erforderlich, da hier die häufigsten Shuntstenosen lokalisiert sind. Liegen klinische Hinweise für ein proximales, venöses Abflußhindernis vor (Armschwellung, Schmerzen, hoher venöser Rücklaufdruck), müssen – je nach Shuntkonstruktion – die V. basilica bzw. die V. cephalica, die V. brachialis, die V. axillaris und die V. subclavia dargestellt werden. Die medialen Abschnitte der V. subclavia und die V. brachiocephalica sind sonographisch in der Regel nicht einsehbar; gelegentlich können durch die Beobachtung des Blutflusses in der ipsilateralen V. jugularis interna indirekte Hinweise für Obstruktionen der V. brachiocephalica gewonnen werden.

Aufgrund der zum Teil hohen Flußgeschwindigkeiten kommt es gelegentlich schon bei unauffälligen Shunts, sehr häufig aber im Bereich von Stenosen zu Vibrationsphänomenen der Gefäßwand und der angrenzenden Weichteile, vor allem in der Region der Anastomose und der Shuntvene. Diese – auch auskultatorisch und palpatorisch als Schwirren erkennbaren Vibrationen führen in der FKDS zu erheblichen, mo-

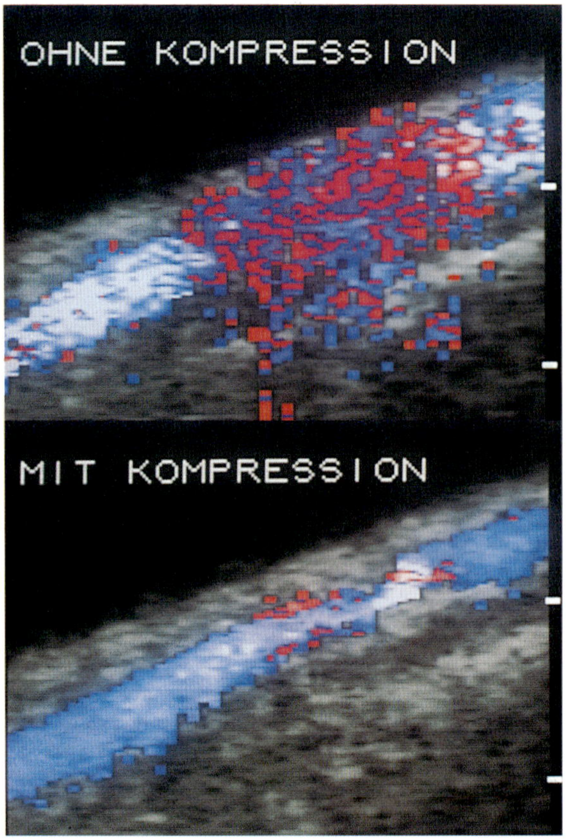

Abb. 7.**4** Verbesserung der Darstellung von Shuntstenosen durch dosierte Kompression der zuführenden Arterie. Perivaskuläre Gewebsvibrationen (Farbmosaik) im Stenosebereich (obere Bildhälfte), der pathologische Befund ist nicht beurteilbar. Unter dosierter Kompression der shuntspeisenden Arterie verschwinden die Artefakte, die Stenose ist vollständig abgrenzbar (untere Bildhälfte)

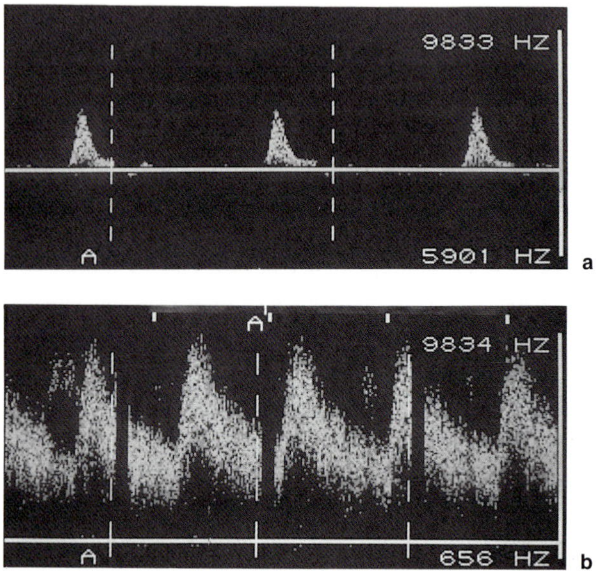

Abb. 7.**5a**, **b** Dopplerspektrums vor und nach PTA einer Shuntstenose:
a Spektrum in der A. radialis bei hochgradiger Stenose der anastomosennahen Shuntvene (Shuntfluß = 55 ml/min): Schmaler systolischer Gipfel und geringer diastolischer Rückfluß wie bei hohem peripheren Gefäßwiderstand
b Nach erfolgreicher PTA der Stenose hoher diastolischer antegrader Fluß in der shuntspeisenden Arterie aufgrund des niedrigen peripheren Widerstands (Shuntfluß = 410 ml/min)

saikartigen, das Gefäßlumen überschreitenden Artefakten, die eine Beurteilung des Gefäßes erschweren (26). Durch dosierte manuelle Kompression der zuführenden Arterie oder der Shuntvene und damit Reduktion des Shuntflusses läßt sich dieses Artefakt meist vollständig eliminieren (Abb. 7.**4**), so daß eine störungsfreie Darstellung des Gefäßabschnitts möglich wird. Dabei muß die Kompression so dosiert werden, daß noch ein ausreichender Blutfluß für die farbkodierte Blutflußdarstellung erhalten bleibt.

Durch die richtungsabhängige Kodierung des Blutflusses in zwei Farben ist die Orientierung auch bei komplizierten Shuntverläufen meist problemlos möglich. Die Ableitung von Doppler-Spektren ist zur Beurteilung im venösen Schenkel nicht erforderlich. Im arteriellen Schenkel kann die Form des Doppler-Spektrums Hinweise auf eine höhergradige Shuntobstruktion liefern (Abb. 7.**5a**, **b**), so daß routinemäßig ein arterielles Doppler-Spektrum in der zuführenden Arterie abgeleitet und zu dokumentieren ist. Zusätzlich sollte bei Unterarmshunts auch ein Spektrum in der nicht shuntspeisenden Arterie abgeleitet werden, um eine Beteiligung z. B. der A. ulnaris an einem Radialisshunt über den Hohlhandbogen nachzuweisen.

Beim Oberschenkelshunt ist prinzipiell die gleiche Untersuchungstechnik anzuwenden wie bei der Darstellung des Shunts am Arm. Liegt das klinische Problem in einer arteriellen Verschlußerkrankung der shunttragenden Extremität, so muß das gesamte arterielle System des Beines untersucht werden (s. Kapitel 6).

Bei klinischem Verdacht auf das Vorliegen eines Anzapf-(„steal"-) Syndroms (Ischämiezeichen distal der Anastomose) kann es erforderlich sein, an verschiedenen Meßpunkten der Shuntarterie distal der Anastomose oder im Bereich einer Digitalarterie Doppler-Spektren ohne und mit maximaler manueller Kompression der Shuntvene abzuleiten, um die Zunahme des peripheren Flusses bei Wegfall der arteriovenösen Kurzschlußverbindung zu demonstrieren.

7.2.5.6 Flußvolumenmessung im Shunt

Die hämodynamische Relevanz pathologischer Veränderungen des Dialyseshunts läßt sich am besten durch die Messung des Stromzeitvolumens an definierten

Punkten der AV-Fistel abschätzen. Die Messung des Flußvolumens im Dialyseshunt sollte zunächst – wenn möglich – im Bereich der Punktionsstrecke erfolgen. Voraussetzungen sind die turbulenz-/wirbelfreie Darstellung des Blutflusses und ein geradliniger Gefäßverlauf im Meßbereich (s. Kapitel 3; Abb. 7.**3**). Wie oben beschrieben, muß eine Venenkompression mit dem Schallkopf unbedingt vermieden werden. Nach Ermittlung der mittleren, über den Gefäßquerschnitt integrierten Flußgeschwindigkeit werden der Gefäßquerdurchmesser gemessen und das Flußvolumen pro Minute errechnet (s. 3.5). Geschwindigkeits- und Durchmesserbestimmung sollten dreimal erfolgen und ein Mittelwert gebildet werden.

Kann wegen eines ungünstigen Gefäßverlaufs oder bei turbulentem Blutfluß nicht im Bereich der Punktionsstrecke gemessen werden, sind alternative Meßorte die zuführende Arterie oder die abführende Vene, bei proximal-venöser Messung muß jedoch gesichert sein, daß keine Kollateralen distal des Meßpunkts von der Shuntvene abzweigen. Bei venöser Gefäßaufzweigung nahe der Anastomose können das Gesamtfistelvolumen – unter Vernachlässigung der in Ruhe relativ geringen Flußvolumina zur Versorgung der arteriellen Gefäßperipherie – durch Messung des arteriellen Durchflusses und die jeweiligen Teilvolumina der aufgeteilten Shuntvene durch Einzelmessung in den jeweiligen Venen bestimmt werden.

7.2.6 Dokumentation

Bei der Untersuchung des Dialyseshunts ist es besonders wichtig, die zum Teil extraanatomische, individuelle Gefäßsituation nachvollziehbar zu dokumentieren. Es sollten daher repräsentative Szenen des Untersuchungsablaufs mit eindeutiger Beschriftung auf ein Videoband aufgezeichnet werden. Zusätzlich sollte eine Dokumentation repräsentativer Bilder mittels Videodrucker oder Photoeinheit erfolgen; diese sollte mindestens umfassen:

- Längsschnitt und Spektrum der shuntversorgenden Arterie,
- Längsschnitt und Querschnitt der Anastomosenregion,
- Längsschnitt der Shuntvene mit Ausmessung des Gefäßquerdurchmessers, der mittleren integralen Strömungsgeschwindigkeit und des daraus resultierenden Shuntflußvolumens,
- Längs- und gegebenenfalls Querschnitt der pathologischen Befunde.

Zu jeder Untersuchung gehört neben einem schriftlichen Befund eine Skizze der jeweiligen Shuntsituation, die entweder frei oder auf vorgefertigten Schemata erfolgen kann, in die die größeren Arterien schon eingezeichnet sind. Art der Shuntkonstruktion, beteiligte Gefäße, Stenosen und Verschlüsse, Aneurysmen und große Kollateralen sollten eingezeichnet und das gemessene Shuntflußvolumen am jeweiligen Meßort eingetragen werden.

Bei speziellen Shuntproblemen, die eine Änderung der Punktionsstrategie erfordern, kann es nötig sein, den Shuntverlauf mit wasserfestem Stift auf der Haut nachzuzeichnen und Regionen, die sich für die Punktion besonders eignen oder unbedingt vermieden werden sollten, zu markieren. Gelegentlich kann es auch erforderlich sein, die Person, die den Shunt in der Regel punktiert, zu der Untersuchung hinzuzuziehen und ihr den individuellen Shuntverlauf zu demonstrieren. Als Untersuchungszeit sind 10 – 20 Minuten zu veranschlagen.

7.3 Normalbefunde

Aufgrund des niedrigen peripheren Gefäßwiderstands im venösen System kommt es in der shuntspeisenden Arterie und in der Shuntvene zu einem fast kontinuierlichen, nur noch wenig durch pulsatile systolische Spitzen unterbrochenen Blutfluß. Das physiologische, bi- oder triphasische arterielle Doppler-Spektrum wird durch ein monophasisches Spektrum abgelöst (Abb. 7.**5a**, **b**). Der niedrige Widerstand im Shunt kann bei funktionierendem Hohlhandbogen zu einem zusätzlichen Zufluß aus der primär unbeteiligten Arterie kommen; dies ist an Spektralveränderungen in der nichtshuntversorgenden Arterie (Aufhebung des bi-/triphasischen Charakters) und am retrograden Fluß im distal der Anastomose gelegenen Abschnitt der shuntspeisenden Arterie zu erkennen.

Wegen des erhöhten Durchstroms dilatiert im Laufe der Zeit nicht nur die Shuntvene, sondern auch die Shuntarterie (Abb. 7.**6**). An der Anastomose sind

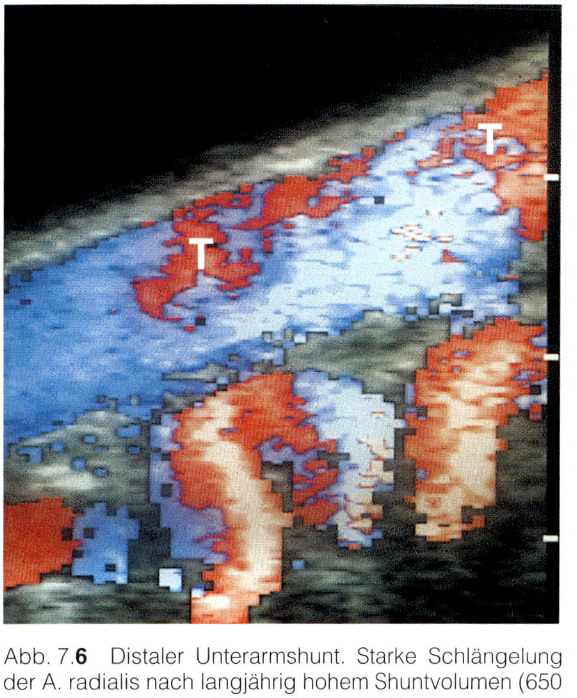

Abb. 7.**6** Distaler Unterarmshunt. Starke Schlängelung der A. radialis nach langjährig hohem Shuntvolumen (650 ml/min). Physiologische Turbulenzen in der anastomosennahen Shuntvene (T)

vor allem bei Brescia-Cimino-Shunts nicht selten im Vergleich mit dem vorgeschalteten arteriellen Abschnitt relative Gefäßeinengungen oder -erweiterungen zu beobachten, die nicht per se hämodynamisch bedeutsam sein müssen. Im Anastomosenbereich und über einige Zentimeter im nachgeschalteten Venenabschnitt ist bei fast allen Shunts eine mehr oder weniger stark ausgeprägte turbulente Strömung zu erkennen, die aufgrund der meist rasch wechselnden Flußrichtung und des Auslaßeffektes (s. Kapitel 3) entsteht (Abb. 7.**2**). Im weiter proximal gelegenen Venenabschnitt ist das Flußmuster im Normalfall annähernd kontinuierlich, im Gegensatz zu nativen Venen ist bei funktionierenden Shunts eine reduzierte Atemmodulation der venösen Perfusion zu erkennen.

Prothetische Shunts aus Kunststoff (PTFE) lassen sich sonographisch ebenso untersuchen (Abb. 7.**3**) wie körpereigene Shunts. Die Wand des Implantates ist als gerade, scharfgezeichnete Linie sehr gut darstellbar, der Fluß in der Prothese aufgrund des vorgegebenen gleichmäßigen Durchmessers – abgesehen vom anastomosennahen Abschnitt – frei von Turbulenzen. Das Prothesenmaterial führt zu einer stärkeren Absorption der Schallwellen als Venen. Dies führt zu einer mäßige Schallabschwächung hinter der Prothese.

Je nach Alter des Dialyseshunts, Zustand der Vene und Durchflußrate dilatiert die Shuntvene einer Brescia-Cimino-Fistel auf einen Durchmesser von etwa 6 – 10 mm (2,3,28). Auch größere Venendurchmesser sind mit einer guten Shuntfunktion vereinbar, wesentlich kleinere Gefäßdurchmesser führen jedoch zu gehäuften Punktionsproblemen und damit zu stärkeren Wandverletzungen mit der erhöhten Gefahr der Ausbildung von Stenosen.

Die Werte der mittleren Durchflußvolumina in körpereigenen wie in prothetischen Shunts liegen nach der Literatur zwischen 500 und 1000 ml/min (2,3,11,17,28). Ein eigentlicher „Normalwert" des Shuntdurchflußvolumens existiert somit nicht; wesentlich ist die Notwendigkeit eines Shuntflusses von 200–300 ml/min zur Durchführung einer effektiven Dialyse. Duplexsonographisch ermittelte Flußvolumina, die unter 200 ml/min liegen, führen fast immer zu einer Beeinträchtigung der Dialyse, bei Volumenflußwerten von 200–300 ml/min kann es bei kleinen, zusätzlichen Störfaktoren wie Venenverzweigung oder Blutdruckabsenkung während der Dialyse zu Dialyseproblemen kommen, und oberhalb eines Flußvolumens von 300 ml/min ist bei regelrechtem Shuntverlauf und korrekter Punktion im allgemeinen nicht mit wesentlichen Angebotsproblemen zu rechnen. Der „Normalwertbereich" eines Shuntflusses darf daher auch intraindividuell schwanken, ohne daß es zu einer Beeinträchtigung der Dialyse kommt. Inwieweit sehr hohe Shuntvolumina (>1000 ml/min) individuell als normal angesehen werden dürfen, hängt vor allem von der kardialen Ausgangssituation ab.

7.4 Pathologische Befunde

7.4.1 Vorbemerkungen

Gemessen an der Häufigkeit des Auftretens stellen pathologische Veränderungen der Shuntvene bzw. der chirurgischen Anastomose(n) die wichtigsten Auffälligkeiten dar; 80 – 90% der Shuntprobleme betreffen diesen Gefäßabschnitt (14).

Die möglichen klinischen Shuntprobleme bei der Hämodialyse sind vielfältig, sie sind in Tab. 7.**1** zusammengefaßt und den häufigsten morphologischen bzw. funktionellen Ursachen gegenübergestellt. Nicht der morphologische Befund, sondern dessen klinische Auswirkung ist von Bedeutung, erst diese bestimmt die Indikationsstellung zur Therapie (Shunt-PTA, Shuntrevision, Shuntneuanlage, Fistelverschluß, Unterbindung von Kollateralvenen, Aneurysmaresektion etc.). Die farbkodierte Duplexsonographie muß bei der Untersuchung des Dialyseshunts daher immer Morphologie **und** Funktion (Flußmessung, Flußveränderungen in anderen Stromgebieten) erfassen, um den klinischen Stellenwert pathologischer Shuntveränderungen einschätzen zu können.

Pathologische Durchflußvolumina eines Dialyseshunts können prinzipiell in fünf verschiedenen pathologischen Situationen beobachtet werden:

1. erniedrigtes Flußvolumen in der gesamten Fistel (arterieller und venöser Abschnitt) infolge von Stenosen oder eines Verschlusses in der Arterie, der Anastomose oder der Shuntvene (Punktionsstrekke),
2. erniedrigtes Flußvolumen in Teilen der Fistel (venöser Abschnitt) aufgrund von venösen Verzweigungen,
3. erhöhtes Flußvolumen mit Zeichen der venösen Abflußbehinderung,
4. erhöhtes Flußvolumen mit Zeichen der Herzinsuffizienz,
5. erhöhtes Flußvolumen mit Zeichen des Anzapfsyndroms.

7.4.2 Stenose und Verschluß

Die Operationstechnik, der präoperative Zustand der für die Shuntkonstruktion verwendeten Gefäßabschnitte, das Ausmaß der im Rahmen der Arterialisierung der Shuntvene ablaufenden Gefäßdilatation und die Qualität der Punktionstechnik entscheiden über die Entwicklung stenosierender Veränderungen.

Venöse Stenosen können schon vor der ersten Shuntanlage durch venöse Punktionen (Blutentnahmen, Venenverweilkanülen, Zentralvenenkatheter) induziert werden; dies gilt in gleichem Maß für periphere wie für zentrale Venen. Eine zu große Traumatisierung der Gefäße im Anastomosenbereich kann intraoperativ Intimaläsionen induzieren, die zu späteren Stenosen prädisponieren. Eine vorbestehende oder sich im Laufe der Zeit entwickelnde arterielle Verschlußerkrankung kann zu stenosierenden Verände-

Tabelle 7.**1** Auflistung der wichtigsten klinischen Dialyseshuntprobleme und deren häufigster Ursachen

Klinisches Shuntproblem	Mögliche Ursache
1. ungenügender Fluß bei der Dialyse (< 200–300 ml/min), Dialyse aber eventuell noch möglich	– Stenose der Arterie – Stenose der Anastomose – Stenose der Shuntvene – andere Vene als Hauptshuntvene punktiert (Shuntaufzweigung) – Punktionstechnik
2. Rezidivierende Punktionsprobleme, gegebenenfalls Ansaugen der Nadel	– wie 1. oder Verschluß – tiefliegende Shuntvene
3. kein oder nur geringer (< 100 ml/ min) Fluß bei Dialyse	– wie 1. oder Verschluß
4. Shuntvene schlecht oder nicht mehr palpabel/auskultierbar	– wie 1. oder Verschluß
5. erhöhter venöser Rücklaufdruck (> 150 mm Hg bei maximaler Pumpengeschwindigkeit)	– proximal der Punktionsstelle gelegene(r) venöse Stenose/Verschluß
6. Herzinsuffizienz und/oder Anzapfsyndrom	– zu hohes Shuntvolumen
7. lokale Schwellung, gegebenenfalls Rötung	– Hämatom – Aneurysma – Abszeß
8. diffuse Schwellung	– wie 5. – relative proximale Stenose bei zu hohem Shuntvolumen – Shuntinfektion
9. Rötung, Fieber, Schmerzen	– Shuntinfektion
10. Ischämie distal des Shunts	– arterielle Verschlußerkrankung – zu hohes Shuntvolumen
11. insuffiziente Dialyse trotz guten Flusses	– proximal gelegene Stenose mit Zirkulation des teildialysierten Bluts in die venöse Gefäßperipherie

rungen der zuführenden Shuntarterie führen. Jede Punktion der Shuntvene ist ein Gefäßwandtrauma, das im idealen Fall durch Abdichtung des Punktionskanals mit einem Thrombus, anschließender Organisation und Abdeckung mit Intima ausheilt. Bildet sich an der Punktionsstelle ein größerer Thrombus, kann dieser entweder von sich aus oder nach Organisation zu einem Strombahnhindernis führen. Hyperplastische Intima kann ebenso zu einer Stenose führen wie eine punktionsbedingte Gefäßwanddissektion. Im Bereich von Venenklappen kann es durch den chronisch hohen Durchfluß zu einer Hyperplasie der Intima mit Verdickung der Klappenanteile und zu konsekutiven Stenosen kommen; durch denselben Mechanismus können primär unbedeutende, punktionsbedingte Venenwandverdickungen durch den dauerhaft hohen Fluß aufgrund hyperplastischer Intima in hämodynamisch bedeutsame Läsionen umgewandelt werden. Venöse Engpaßsyndrome der oberen Thoraxapertur können ebenfalls zu Stenosen führen, die im Normalfall hämodynamisch irelevant sind, bei Dialysepatienten wegen des unphysiologisch hohen Flusses jedoch bedeutsam werden können. Auch ipsilateral implantierte Herzschrittmacherkabel können vor allem an der Einmündungsstelle, aber auch im intravaskulären Verlauf Intimaläsionen setzen und damit stenosierende Veränderungen auslösen.

Aus hämodynamischer Sicht können Obstruktionen der shuntspeisenden Arterie (Abb. 7.**7a–d**), der Anastomose (Abb. 7.**9a**, **b**) und der anastomosennahen Venenabschnitte (Abb. 7.**9a**, **b**) zum gleichen klinischen Symptom, nämlich zur Reduktion des Flusses bei der Dialyse führen. Das Erscheinungsbild einer Shuntstenose entspricht prinzipiell dem einer Stenose in einer Arterie (s. Kapitel 5 und 6). In gekrümmten Gefäßabschnitten sind sie allerdings schwerer zu erkennen. Intra- und vor allem poststenotisch sind die Turbulenzen ausgeprägter, da zum einen die prästenotische Strömungsgeschwindigkeit häufig höher ist als bei den Stenosen der Extremitätenarterien, zum anderen bei Dialysepatienten meist ein deutlich erniedrigter Hämatokritwert und damit eine erniedrigte Viskosität vorliegt. Intrastenotisch kommt es wegen des hohen Flusses häufig zu Aliasing. Die intrastenotische Strömungsgeschwindigkeit kann deshalb meist nicht quantifiziert werden. Wie schon unter 7.2.5.5 ausgeführt kann es im Bereich der Shuntvene auch schon ohne stenosierende Veränderungen zu deutlichen Vibrationen der Venenwand kommen, die zu massiven Farbartefakten führen. Diese sind im Bereich von

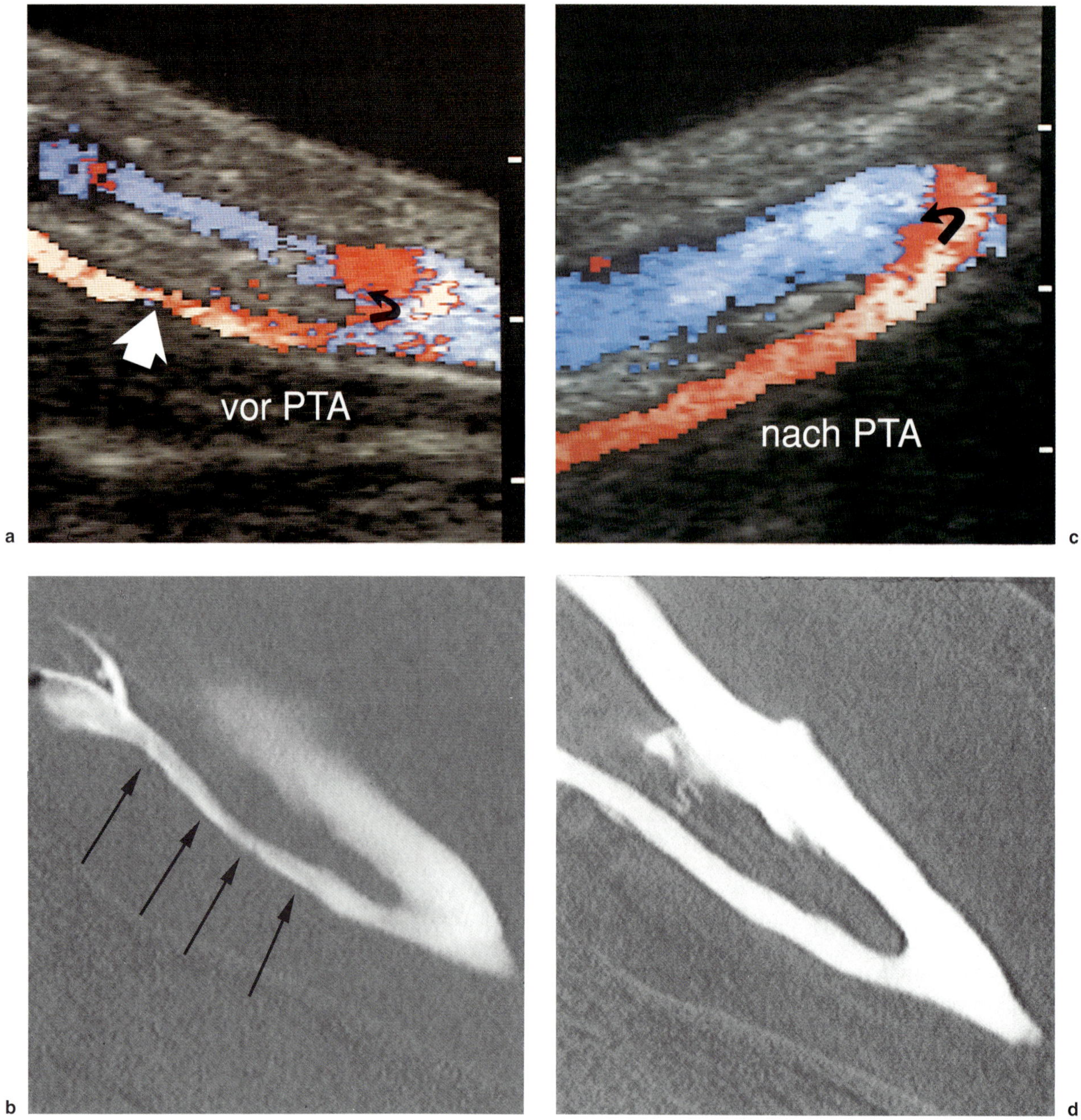

Abb. 7.**7a–d** Längerstreckige Stenose der anastomosennahen A. radialis vor und nach PTA:

a FKDS. Längerstreckige umschriebene, höhergradige Stenose (Pfeil). Shuntvene schwach perfundiert. Flußmessung = 135 ml/min

b DSA nach antegrader Punktion der A. brachialis und selektiver Sondierung der A. radialis. Stenose mit Pfeilen markiert

c FKDS nach PTA. Normales Lumen der A. radialis und gute Perfusion der Shuntvene. Flußmessung = 380 ml/ min

d DSA nach PTA entspricht dem Befund der FKDS

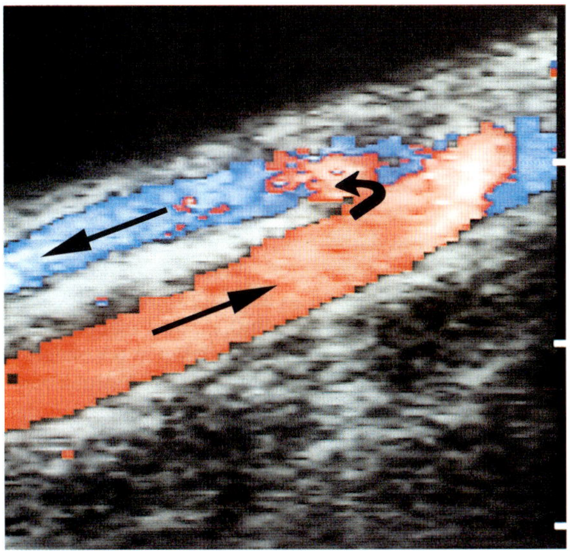

a

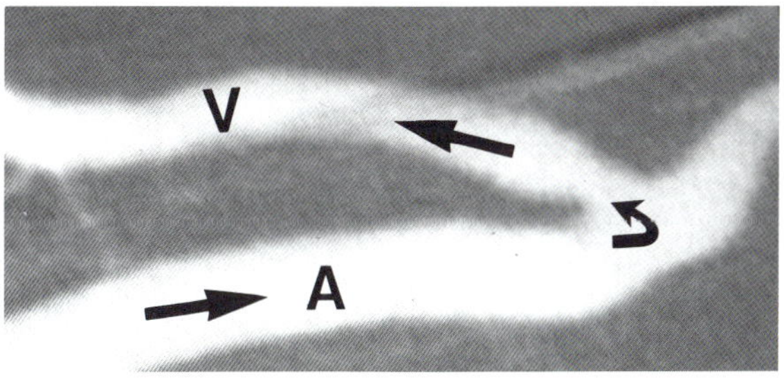

b

Abb. 7.**8a**, **b** Mäßiggradige Einengung der anastomosennahen Shuntvene bei distalem Unterarm-BC-Shunt ohne Funktionseinschränkung.

a FKDS. Geringe Lumeneinengung (Durchmesser geringer als in Arterie) der Vene an der Anastomose mit Verwirbelung, Shuntflußmesssung = 390 ml/min, Pfeile = Flußrichtung

b Intraarterielle DSA (Punktion der A. brachialis) mit Bestätigung des Befundes. A = Arterie, V = Shuntvene

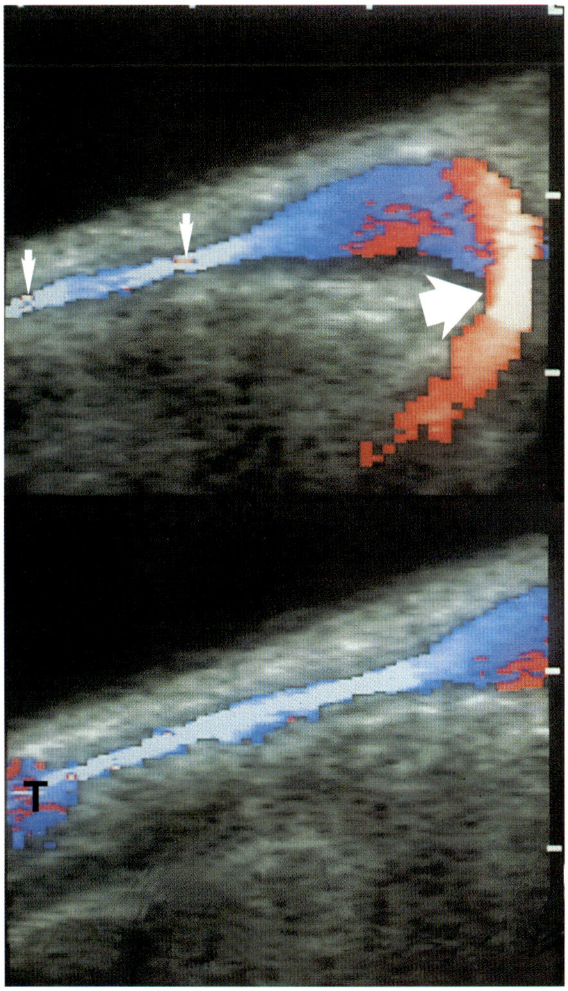

a

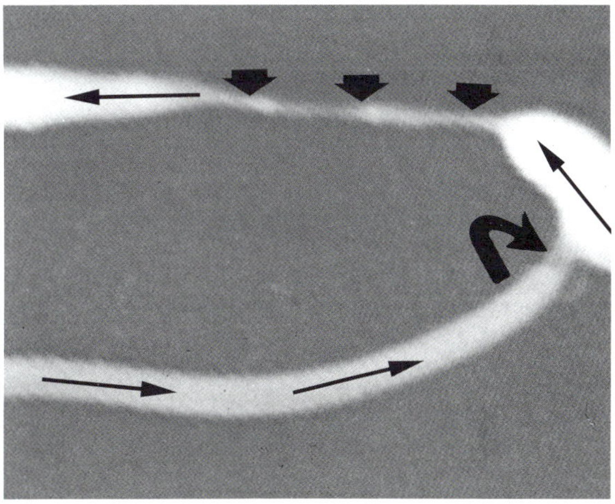

b

Abb. 7.**9a**, **b** Hochgradige längerstreckige Shuntvenenstenose bei distalem Radialisshunt. Geringgradige Anastomosenstenose. Insuffiziente Dialyse bei erniedrigtem arteriellen Angebot:

a FKDS. Konzentrische Lumeneinengung der Shuntvene über eine Distanz von ca. 2,5 cm, 1 cm proximal der Anastomose beginnend. Hohe Flußgeschwindigkeiten in der venösen Stenose (hellblau), zum Teil Aliasing (schmale Pfeile), poststenotische Turbulenzen (T) (untere Bildhälfte), geringe Einengung der Anastomose (breiter Pfeil). Flußmessung (im proximal der Stenose gelegenen Venenabschnitt) = 165 ml/min

b Intraarterielle DSA. Bestätigung des Befundes der hochgradigen Stenose (breite Pfeile) in der Shuntvene, geringe Einengung an der Anastomose (gebogener Pfeil), schmale Pfeile = Blutflußrichtung

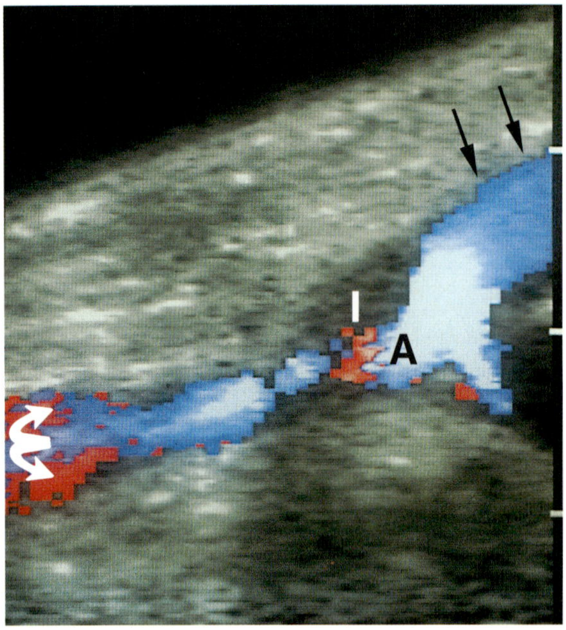

Abb. 7.**10** Stenose an der venösen Anastomose (A) eines PTFE-Shunts (Pfeile). Flußrichtung von rechts nach links. Wandverdickung (I) in der Anastomose durch Intimahyperplasie, poststenotische randständige Flußumkehrungen (gebogene Pfeile)

Shuntvenenstenosen besonders ausgeprägt, so daß derartige, mosaikartige perivaskuläre Farbphänomene auf stenosierte Areale hinweisen und zu einer differenzierten Untersuchung des entsprechenden Areals mit der beschriebenen Kompressionstechnik veranlassen müssen.

Shuntvenenstenosen können entsprechend ihrer Genese exzentrisch oder konzentrisch, umschrieben oder sehr langstreckig sein. Häufig ist die zum Teil erhebliche Venenwandverdickung sonographisch gut darstellbar (Abb. 7.**10**). Eine besonders umschriebene Form der Shuntvenenstenose stellt die Membranstenose dar, die wahrscheinlich auf dem Boden einer hypertrophierten Venenklappe entsteht. Während diese Stenosen in der Angiographie manchmal nur schwer zu erkennen sind, ist ihr Erscheinungsbild in der FKDS wegen der ausgedehnten poststenotischen Flußveränderungen wesentlich eindrucksvoller. Stenosen können auch durch Teilthrombosen der Shuntvene entstehen (Abb. 7.**11 a**, **b**). Proximal gelegene Stenosen, die sich meist durch eine venöse Stauungssymptomatik zu erkennen geben, können mit der FKDS bis zum V. axillaris / V. subclavia-Übergang dargestellt werden.

Wichtig ist es nochmals darauf hinzuweisen, daß zu einer Untersuchung des Dialyseshunts auch die Darstellung der zuführenden Arterie von der A. axillaris an gehört; Dialysepatienten leiden gehäuft unter einer arteriellen Verschlußerkrankung, die sich auch an der oberen Extremität manifestieren kann. Arterielle Stenosen, die ja in der Regel einer Ballondilatation gut zugänglich sind, stellen etwa 2 % der Dialyseshuntprobleme (14) und dürfen als Ursache einer Shuntinsuffizienz nicht übersehen werden, zumal deren Ausmaß auch für die Prognose weiterer Shunts an derselben Extremität verantwortlich sein kann.

Der Nachweis stenosierender Veränderungen im Shuntbereich gelingt fast immer mittels des farbko-

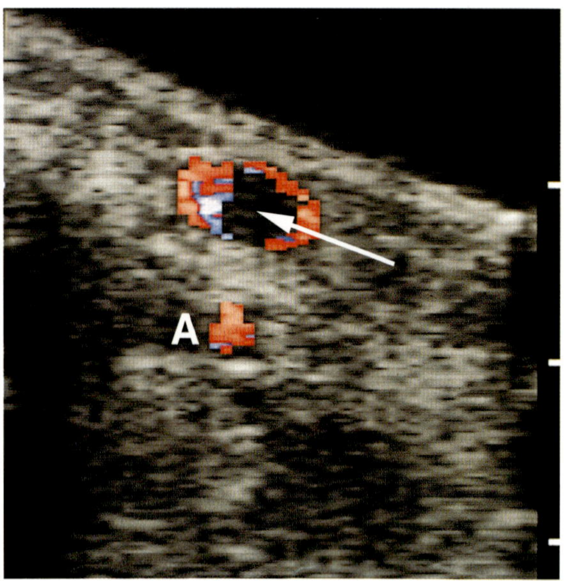

a

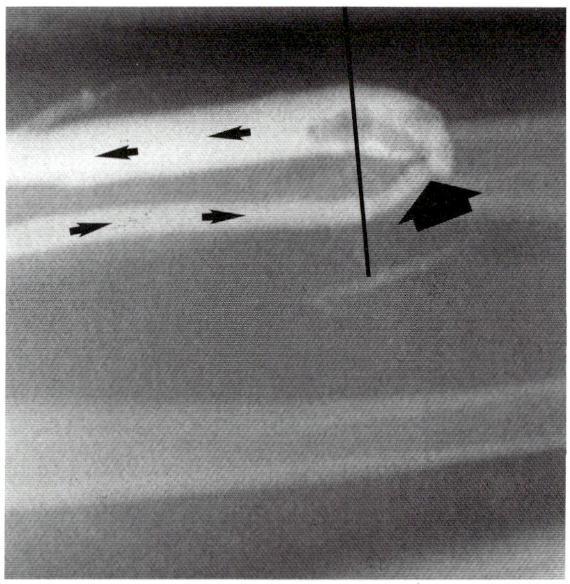

b

Abb. 7.**11 a**, **b** Inkomplette Thrombose der Shuntvene bei Anastomosenstenose (Unterarm-BC-Shunt):
a FKDS. Querschnitt knapp oberhalb der Anastomose. Umflossener Thrombus (Pfeil) in der Shuntvene. A = A. radialis
b Arterielle DSA. Hochgradige Anastomosenstenose (Pfeil). Kontrastmittelumflossener Thrombus unmittelbar an der Stenose beginnend. Schwarze Linie = Schnittebene in a

dierten Bildes. Die Doppler-Spektralanalyse ist hierzu kaum erforderlich. Allerdings kann sie schon während der Untersuchung des arteriellen Schenkels des Dialyseshunts auf hämodynamisch relevante Obstruktionen distal des Meßorts hinweisen, wenn das Doppler-Spektrum hinsichtlich seiner Form demjenigen einer normalen Extremitätenarterie gleicht (Abb. 7.**5a**, **b**); dies kann durch den stenosebedingten Anstieg des normalerweise im Shuntbereich sehr niedrigen peripheren Gefäßwiderstands erklärt werden. Wenn ein Hochwiderstandsspektrum in einer shuntspeisenden Arterie oder in der anastomosennahen Shuntvene nachgewiesen wird, ist dies beweisend für eine relevante, im weiteren Gefäßverlauf lokalisierte Obstruktion. Ein weiteres Indiz für eine hochgradige Obstruktion der Shuntvene oder der AV-Anastomose einer peripheren BC-Fistel ist der antegrade Fluß im distal der Anastomose gelegenen Arterienabschnitt (25).

Die Quantifizierung einer Stenose eines Dialyseshunts muß – unabhängig von der Lokalisation (Arterie, Anastomose, Shuntvene, proximale Vene) – vor allem durch Messung der funktionellen Auswirkung erfolgen. Die wesentlichen funktionellen Parameter sind hierbei:

1. das für die Dialyse zur Verfügung stehende Stromzeitvolumen in der Fistel und
2. der intravenöse Blutdruck.

Das Stromzeitvolumen kann mit der FKDS quantifiziert werden, der Venendruck nicht. Da das häufigste Shuntproblem der unzureichende arterielle Fluß aufgrund von Shuntobstruktionen in Arterie, Anastomose oder Shuntvene ist, muß im Anschluß an die morphologische Betrachtung des Shunts die Flußmessung zur Quantifizierung des Ausmaßes der Läsionen durchgeführt werden. Zum einen wird damit auch der häufig multilokulären Verteilung von Shuntstenosen Rechnung getragen, da sich der hämodynamische Effekt mehrerer Stenosen addiert. Zum anderen kann dabei in jedem Einzelfall berücksichtigt werden, daß bei gleichem lokalen Stenosegrad die Auswirkung auf das Shuntflußvolumen auch von der Herzauswurfleistung abhängt. Es ist also in vielen Fällen – im Gegensatz zu den Verhältnissen an den Karotiden – nicht erforderlich, den Stenosegrad als relative Flächen- oder Durchmesserreduktion anzugeben, da der Nachweis einer Stenose mit Reduktion des Shuntvolumens die individuelle hämodynamische Relevanz beweist.

Gelegentlich ist es dennoch erforderlich, den Schweregrad einer Gefäßstenose anzugeben. Dies ist z. B. dann der Fall, wenn mehrere Läsionen vorliegen, die in der Summe zu einer dialyserelevanten Flußreduktion führen, wobei jedoch aus technischen Gründen nicht alle Läsionen in gleicher Sitzung (PTA oder Operation) behandelt werden können. In dieser Situation sollte die relative Durchmesserreduktion in Relation zur zuführenden Arterie ermittelt werden. Eine lokale Messung des Stenosegrads in der Shuntvene in Bezug zum vor- oder nachgeschalteten Segment ist wegen der schon physiologisch auftretenden Kaliberschwankungen abzulehnen. Die Berechnung des Stenosegrads über das Doppler-Spektrum ist beim Dialyseshunt ebenfalls nicht möglich, da im Shunt ein nahezu kontinuierlicher Fluß vorliegt.

Liegt eine proximale Venenstenose vor, die primär nicht zu einer dialyserelevanten Flußvolumenreduktion führt, sondern klinisch vor allem durch häufig schmerzhafte Armschwellungen auffällt (25), so gehört zum Nachweis der Stenose mit der FKDS die Angabe des venösen Rücklaufdrucks bei der Dialyse, um die funktionelle Auswirkung der Stenose abzuschätzen. Der Nachweis der proximalen Stenosen gelingt jedoch mit der FKDS nur bis zur lateralen V. subclavia, der weiter zentrale Venenverlauf ist sonographisch kaum einsehbar. Allerdings macht eine unauffällige farbduplexsonographische Shuntuntersuchung bei Schwellung des Shuntarmes eine zentrale Stenose sehr wahrscheinlich und rechtfertigt eine angiographische Abklärung. Gelegentlich kann durch den Nachweis des retrograden Flusses in der ipsilateralen V. jugularis interna eine relevante Obstruktion der V. brachiocephalica vermutet werden, die zum Umkehrfluß in der V. jugularis und Abfluß des Shuntblutes über kollare Kollateralen zur Gegenseite führt (25).

Verschlüsse können entweder auf dem Boden vorbestehender Stenosen, infolge operativ-technischer Fehler oder als Komplikation der Dialyse (Dissektion / Wandhämatom mit Verlegung des Gefäßlumens) entstehen. Begünstigende Faktoren für die Entwicklung einer Shuntthrombose sind hypotone Phasen, Hypovolämien, Shuntinfektionen, zu starke Shuntkompression nach der Dialyse, ungünstige Lagerung des Shuntarmes, die Therapie mit Erythropoetin und die Nierentransplantation. Kommt es zu einer Thrombose der Anastomose, so thrombosiert in der Regel das angrenzende Venensegment mit, während die shuntspeisende Arterie immer dann offen bleibt, wenn das distale arterielle Segment noch durchströmt ist (bei Vene-End-zu-Arterie-Seit-Technik).

Komplette, frische venöse Thrombosen sind am fehlenden intraluminären Flußsignal (Abb. 7.**12a**, **b**) und an der fehlenden Kompressibilität der Vene leicht zu erkennen. In der zuführenden Arterie ist der Fluß wieder stark pulsatil und das Doppler-Spektrum nimmt wieder eine bi- oder triphasische Form an. Mit der FKDS ist es möglich, bei noch offener Anastomose auch segmentale Verschlüsse der Shuntvene nachzuweisen, die durch Kollateralvenen überbrückt werden. Hierzu ist insbesondere die Untersuchung im Querschnitt zur übersichtlicheren Darstellung erforderlich. Alte Venenverschlüsse, die durch Kollateralen mehr oder weniger suffizient überbrückt wurden, sind gelegentlich nur als dünner Narbenstrang oder an der abrupten Richtungsänderung des Shuntverlaufs (ehemaliger Kollateralenabgang) zu erkennen.

7.4.3 Aneurysma

Bei den Shuntaneurysmen muß wie im übrigen Gefäßsystem zwischen echten (Aneurysma verum) und falschen Aneurysmen (Aneurysma falsum oder Aneurys-

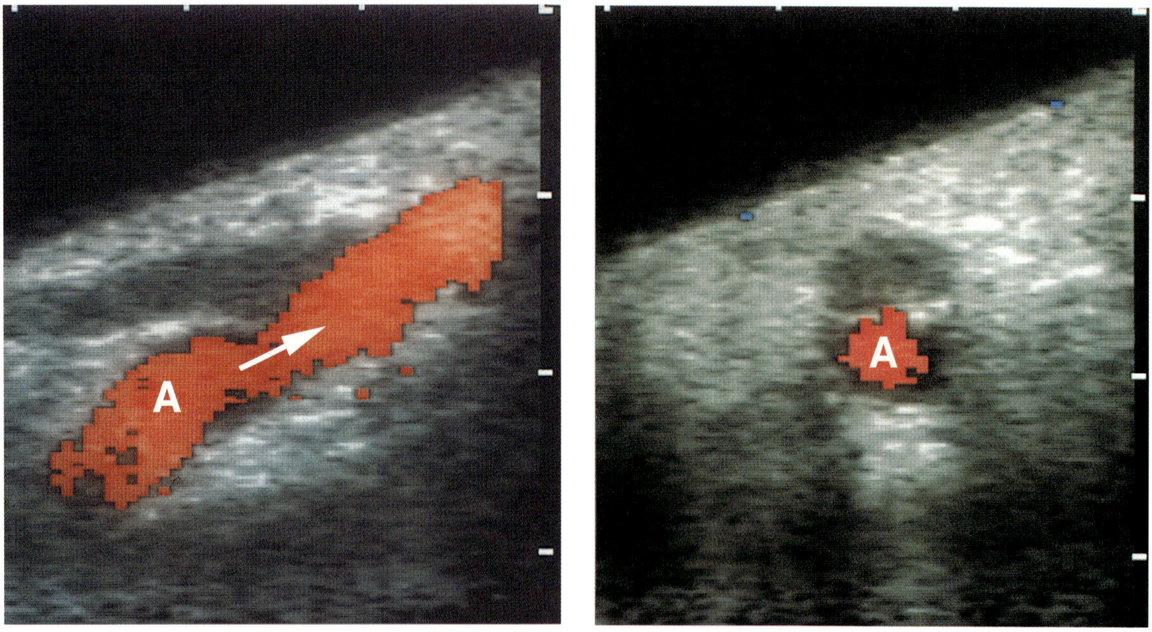

a b

Abb. 7.**12a, b** Vollständiger, frischer Verschluß der Shuntvene:
a Längsschnitt im Anastomosenbereich. Die A. radialis (A) ist offen, die verschlossene Shuntvene ist homogen echoarm ohne Nachweis von Flußsignalen. Pfeil = Flußrichtung
b Querschnitt desselben Befundes. A. radialis (A)

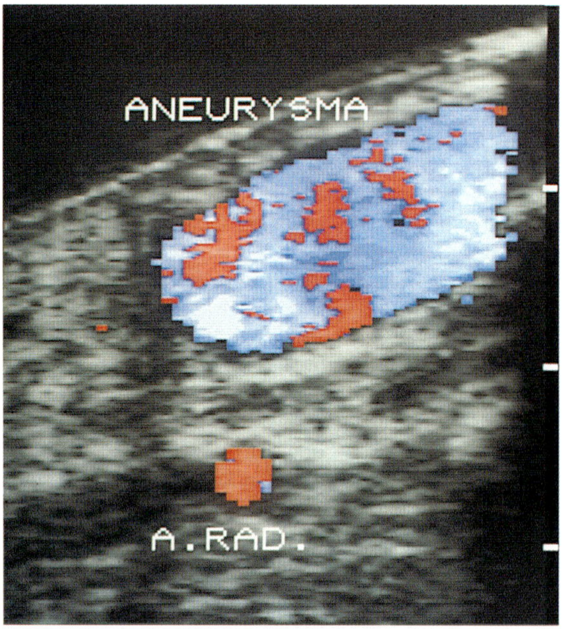

Abb. 7.**13** Ausgeprägtes Shuntvenenaneurysma im Querschnitt

ma spurium) unterschieden werden. Prinzipiell sind Aneurysmen in allen Abschnitten der AV-Fistel möglich. Die Mehrzahl der Aneurysmen kommt im Bereich der Shuntvene vor (Abb. 7.**13**, 7.**14**), aber auch arterielle Aneurysmen (vor allem nach akzidenteller Punktion der Shuntarterie mit einer großlumigen Dialysenadel) sind möglich.

Beim echten Aneurysma liegt eine mehr oder weniger umschriebene Dilatation des gesamtes Gefäßes unter Einbeziehung aller Gefäßwandschichten vor (Abb. 7.**13**). Diese Form der aneurysmatischen Erweiterung kommt fast nur bei körpereigenen Shunts vor und ist entweder als überschießende Dilatation der Shuntvene im Rahmen der Arterialisierung oder durch Turbulenzen im anastomosennahen Shuntbereich zu erklären. Wann eine Shuntvenenerweiterung als Aneurysma bezeichnet werden kann, ist abhängig vom absoluten Gefäßdurchmesser und vom lokalen Kalibersprung. Ein Querdurchmesser einer körpereigenen Shuntvene über 15 mm oder eine umschriebene Durchmesserzunahme um 50% entspricht einem Aneurysma.

Das Aneurysma spurium ist eine Komplikation der Gefäßnaht oder der Gefäßpunktion, bei der es aus einem kleinen Gefäßleck zu einer abgekapselten Blutung kommt, die bei fehlender oder inkompletter Blutstillung persistiert und so eine Perfusion eines neu geschaffenen Hohlraums unterhält. Das falsche Aneurysma kann bei allen Shuntformen vorkommen. Nicht selten ist die Kombination eines Shuntvenenaneurysmas mit einer umschriebenen Stenose am Ein- oder Ausgang der Gefäßaussackung.

Nicht jedes Aneurysma ist klinisch relevant. Probleme durch Aneurysmata können entstehen durch:

1. Kompression von Nachbarstrukturen (Gefäße, Nerven).
2. Einschränkung der Punktionsstrecke (keine Punktion in ein umschriebenes Aneurysma, vor allem gilt dies für das Aneurysma falsum!).
3. Thrombosierung (kann jedoch, wenn die Thrombose sich auf das Aneurysma beschränkt, beim Aneurysma falsum erwünscht sein und zum Aneurysmaverschluß führen).
4. Ruptur/Blutung.
5. Flußvolumenreduktion infolge einer direkt benachbarten Stenose.

Shuntaneurysmen sind mit der FKDS leicht zu erkennen. Neben der Gefäßerweiterung ist die Aufhebung des regulären, im Idealfall laminaren Flußprofils mit Ausbildung grober Wirbel oder Turbulenzen typisch (Abb. 7.**14a**, **b**). Bei exzentrischer Lage der Gefäßdilatation handelt es sich in erster Linie um ein falsches Aneurysma, bei konzentrischer Erweiterung um ein echtes Aneurysma. Randständige Thromben sind aufgrund des dort fehlenden Flußsignals leicht vom perfundierten Lumen zu unterscheiden. Bei Aneurysmen, die schon längere Zeit bestehen, können sich Wandverkalkungen bilden, die an der hohen Echogenität und am Schallschatten zu erkennen sind.

7.4.4 Shuntvenenverzweigung und tiefer Shuntvenenverlauf

Trotz eines guten Stromzeitvolumens im Bereich der AV-Anastomose kann es zu Dialyseproblemen kommen, wenn sich die Shuntvene frühzeitig aufzweigt, so daß nur ein bestimmter Teil des Flußvolumens zur Verfügung steht. Punktionsprobleme und ungenügende Flußraten bei der Dialyse sind die Folge. Durch chirurgische Ligatur von Kollateralen kann eine bessere Füllung der Hauptshuntvene erreicht werden.

Gleichfalls kann es zu Punktionsschwierigkeiten kommen, wenn die Shuntvene nicht direkt subkutan liegt, sondern durch eine dickere Schicht subkutanen Fettgewebes von der Haut distanziert wird. In einer solchen Situation ist häufig auch eine kräftige Shuntvene nur schwer zu palpieren und zu punktieren. Gelegentlich muß eine solche Shuntvene chirurgisch mobilisiert und oberflächennah verlegt werden.

Venöse Aufzweigungen lassen sich in der FKDS am besten im Querschnitt aufsuchen. Zur Quantifizierung des hämodynamischen Effekts kann die Bestimmung des Flußvolumens in den einzelnen Anteilen der verzweigten Vene sinnvoll sein, um diejenige Vene zu identifizieren, die das größte Teilvolumen transportiert. Ist eine suffiziente Dialyse über diese Vene nicht möglich (Markierung auf der Haut), so ist eine Ligatur der übrigen Kollateralvenen anzustreben.

Bei abnorm tiefliegenden Shuntvenen ist häufig – nach der Überprüfung, ob das Flußvolumen für

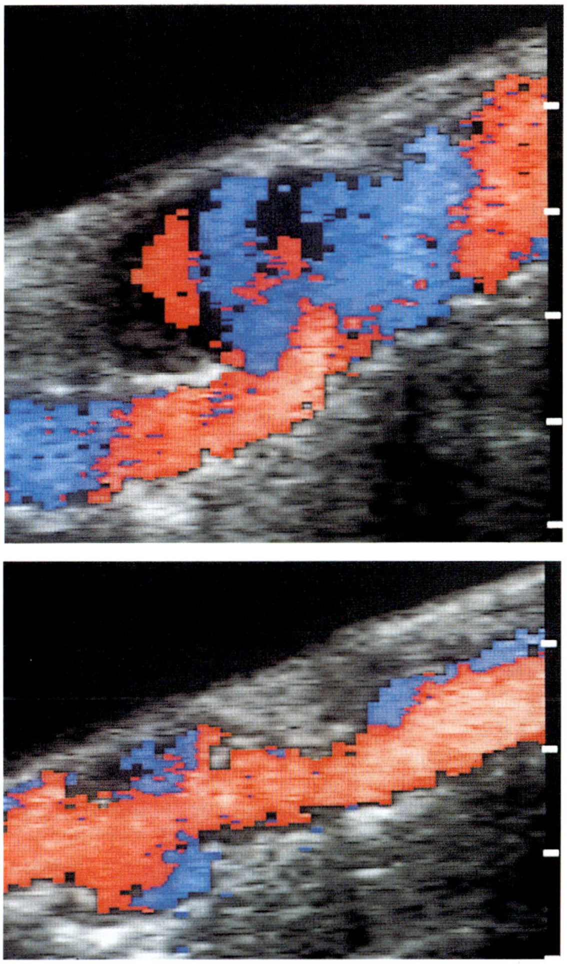

a

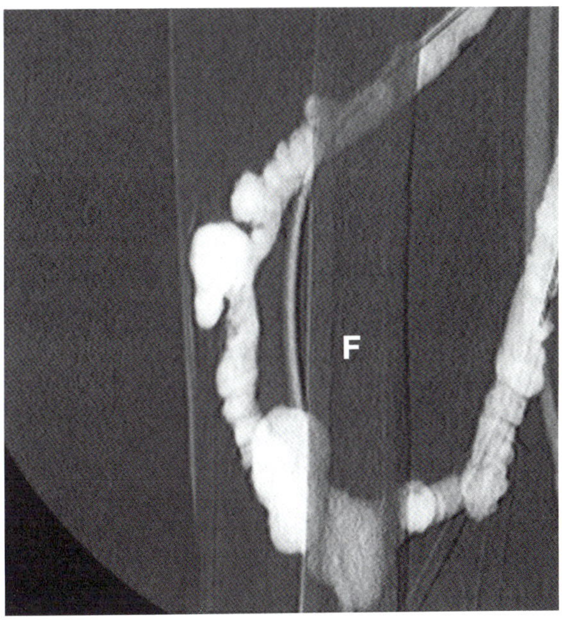

b

Abb. 7.**14a**, **b** Multiple Aneurysmen bei bovinem Oberschenkelshunt:
a FKDS. Mehrere teilweise thrombosierte Aneurysmen im Verlauf des Shunts
b DSA nach Direktpunktion des Shunts, F = Femur

die Dialyse ausreicht – die Markierung des günstigsten Punktionsorts mit Ermittlung der Distanz zwischen Hautoberfläche und Shunt eine einfache und effektive Methode, um eine sichere Gefäßpunktion zu ermöglichen. Ist eine chirurgische Vorverlagerung der Shuntvene geplant, sollte eine präoperative Markierung des Shuntverlaufs unter Zuhilfenahme der FKDS durchgeführt werden.

7.4.5 Pathologisch erhöhtes Shuntvolumen

Bei sehr weiter Anastomose und dilatierter Shuntvene kann es – vor allem bei Oberarmshunts – zu Fistelvolumina über 1000 ml/min kommen. Diese Werte sind wegen der Begrenzung der Dialysatoren auf eine mögliche Pumpengeschwindigkeit von maximal 500 ml/min während der Dialyse nicht abschätzbar und nichtinvasiv lediglich mittels dopplersonographischer Methoden erfaßbar. Aus diesem Grund wird häufig erst der Verdacht auf einen zu hohen Fistelfluß geäußert, wenn klinische Probleme wie Herzinsuffizienz, Schwellneigung der Shuntextremität oder Anzapfsyndrome (s. 7.4.6) auftreten. Die klinische Relevanz eines hohen Fistelflußvolumens hängt vor allem von der kardialen Ausgangssituation ab. Ohne Vorschädigung des Herzens können auch hohe Shuntvolumina über lange Zeit klinisch unbemerkt bleiben. Allerdings können auch bei einem nur mäßig erhöhten Shuntfluß oder Flußwerten im oberen Normbereich (800–1000 ml/min) bei vorgeschädigtem Herzen Symptome der Herzinsuffizienz auftreten. Es muß also immer eine individuelle Korrelation zwischen Shuntvolumen und kardialer Situation hergestellt werden.

Gegebenenfalls sind bei zu hohen Shuntvolumina eine chirurgische Verkleinerung der Fistel oder der Fistelverschluß mit Shuntneuanlage erforderlich (8,11). Inwieweit hohe Shuntflußvolumina bei asymptomatischen Patienten geduldet werden können, ist bisher nicht prospektiv untersucht worden, obwohl ein kausaler Zusammenhang zwischen der Entwicklung einer Herzinsuffizienz und einer chronischen Volumenbelastung des Herzens plausibel ist. GROSSER et al. (11) geben als absoluten oberen Grenzwert ein Shuntflußvolumen von 1600 ml/min an, oberhalb dessen eine chirurgische Intervention angestrebt werden sollte.

Bei proximal gelegenen Venenstenosen ist das Fistelflußvolumen ein wichtiger Faktor bei der Entwicklung einer venösen Stauungssymptomatik. Je größer die Obstruktion der proximalen Strombahn und je schlechter die venöse Kollateralisation ist, desto kleiner ist das Fistelflußvolumen, das zu einer Dekompensation des venösen Abflusses am Shuntarm mit Kongestionszeichen wie Ödem, Schmerzen und trophischen Störungen erforderlich ist. Nach unseren Erfahrungen liegt der mittlere Shuntfluß bei Patienten mit proximal gelegenen Stenosen, die durch venöse Stauungssymptome auffielen, bei etwa 860 ml/min. Nach erfolgreicher PTA der Stenose stieg das Durchflußvolumen im Mittel auf 1340 ml/min an, die venöse Stauungssymptomatik war jedoch bei allen Patienten durch Reduktion des Stenose beseitigt.

7.4.6 Anzapfsyndrom

Aufgrund des geringen peripheren Widerstands im venösen System kommt es nicht nur zu einer Umleitung arteriellen Bluts aus der Shunthauptarterie in die Shuntvene, sondern häufig auch zum zusätzlichen Anzapfen anderer arterieller Stromgebiete (Anzapf- oder Steal-Phänomen). Auf die bei der Radialis-BC-Fistel üblicherweise auftretende Flußumkehr in der distal der Anastomose gelegenen A. radialis durch Anzapfen des Hohlhandbogens mit Flußvermehrung in der A. ulnaris wurde schon hingewiesen (25,27). Diese Situation allein verursacht normalerweise keine klinische Symptomatik. Ein echtes Steal-Syndrom mit peripherer Belastungs- oder Ruheischämie (10) tritt erst dann auf, wenn zusätzlich eine arterielle Verschlußerkrankung besteht. Stenosen/Verschlüsse von Digitalarterien oder eine weiter proximale Obstruktion (z. B. der A. ulnaris) können bei gleichzeitigem Radialisshunt eine Minderperfusion von Fingern oder sogar der ganzen Hand verursachen, die in seltenen Fällen bis zur Gangrän führen kann. Faktoren der Steal-bedingten Ischämie sind dabei vor allem das Shuntflußvolumen und das Ausmaß der arteriellen Obstruktionen.

Die Abklärung einer Ischämie an der Shuntextremität beinhaltet die komplette Shuntuntersuchung mit Flußvolumenbestimmung und die Untersuchung der nicht den Shunt speisenden, größeren Arterien. Durch Ableitung eines Doppler-Spektrums aus einer Digitalarterie ohne und mit kompletter Kompression der Shuntvene kann abgeschätzt werden, ob das Sistieren des Shuntflusses (Simulation der Shuntligatur) zu einer Erhöhung der peripheren arteriellen Durchblutung führt.

Ein sehr hoher Shuntfluß kann auch schon bei geringer ausgeprägter AVK zu einer relevanten Ischämie führen. Die Shuntflußmessung mit der FKDS ermöglicht dabei die Abschätzung, ob eine Shuntverkleinerung vorgenommen werden kann, um die periphere Ischämie zu verbessern; liegt das Shuntflußvolumen über 500 ml/min, ist nach den eigenen Erfahrungen eine Shuntverkleinerung aussichtsreich. Bei darunter liegenden Flußvolumina ist die Reserve bis zum kritischen Stromzeitvolumen von 250–300 ml/min zu gering, da das Ausmaß der operativen Shuntverkleinerung bisher nicht ausreichend flußvolumenorientiert planbar ist.

Prinzipiell ist ein Anzapfsyndrom bei jeder Art des Dialyseshunts denkbar (Abb. 7.**1 a–d**). Nach (6,7) stellen proximale Shunts und Seit-zu-Seit-Anastomosen prädisponierende Faktoren für die Entwicklung eines Steal-Syndroms dar. Sehr hohe Fistelvolumina sollen in Einzelfällen auch für die Entwicklung zerebraler Anzapfsyndrome verantwortlich sein (11).

7.4.7 Perivaskuläre Veränderungen

Die FKDS bietet gegenüber der Angiographie den Vorteil, neben dem durchströmten Gefäßlumen auch die Gefäßwand und die umgebenden Weichteile darzustellen. Hämatome, Serome und Abszesse in der Nachbarschaft eines Dialyseshunts sind gut darstellbar (Abb. 7.**15**) und können wegen des Fehlens von Flußsignalen leicht gegen ein falsches Aneurysma abgegrenzt werden. Die Unterscheidung zwischen einer kompressionsbedingten und einer echten Gefäßstenose ist einfach. Ein echoarmer bis echofreier Saum um eine Kunststoffprothese kann Hinweis auf eine Protheseninfektion sein.

7.4.8 Befunde vor Shuntanlage sowie nach Shunt-PTA und Shuntrevision

Inwieweit vor Shuntanlage eine routinemäßige Gefäßdiagnostik mit einem bildgebenden Verfahren erforderlich ist, ist zur Zeit noch nicht entschieden. Bei Patienten mit AVK sollte jedoch in jedem Fall präoperativ die Durchgängigkeit des arteriellen Systems der shunttragenden Extremität mit der FKDS überprüft werden.

Nach Shuntangioplastie (PTA) und nach operativer Revision ist eine nicht-invasive Erfolgskontrolle mit der FKDS anzustreben (Abb. 7.**7a–d** und 7.**5a, b**). Nach PTA ist vor allem auf die Entwicklung von Rezidivstenosen und Komplikationen der Ballondilatation wie Dissektion und Aneurysma falsum zu achten. Auch nach Implantation von Gefäßstents in den Dialyseshunt ist eine Therapiekontrolle möglich, da die Maschenkonstruktion des Stents eine ausreichende Penetration von Ultraschallwellen erlaubt (25). Zentrale Bedeutung für die funktionelle Kontrolle des Therapieresultats hat die Messung des Shuntflusses. Eine Verbesserung der Dialysefähigkeit nach PTA korreliert eng mit einem Anstieg des mit der FKDS gemessenen Flußvolumens (24).

7.5 Diagnostischer Stellenwert der FKDS im Vergleich mit anderen Verfahren

Die klinische Untersuchung des Dialyseshunts kann in Zusammenhang mit den hämodynamischen Parametern der Dialyse (maximal mögliches Flußvolumen am Dialysator, venöser Rücklaufdruck, arterieller Blutdruck) wichtige Hinweise auf Art und Lokalisation eines Shuntproblems liefern. Zur genauen Charakterisierung, Lokalisation und Quantifizierung der pathologischen Veränderungen ist jedoch ein bildgebendes Verfahren erforderlich. Vor- und Nachteile von Angiographie und FKDS sind in Tab. 7.**2** zusammengefaßt.

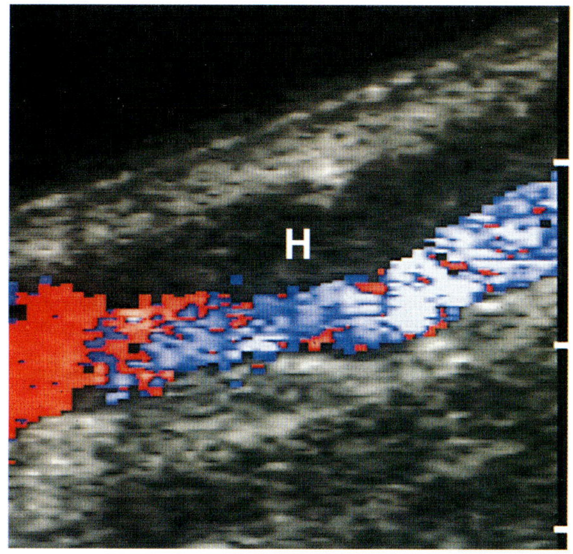

Abb. 7.**15** Perivaskuläres Hämatom (H) nach Shuntfehlpunktion. Mäßige Einengung der Shuntvene

Tabelle 7.**2** Vergleich der Vor- und Nachteile von Angiographie und FKDS des Dialyseshunts (nach der Literatur und der Erfahrung des Autors). Je mehr Kreuze für das jeweilige Stichwort vergeben werden, umso günstiger wird das Verfahren bewertet

Problem	Angiographie	FKDS
Stenose, Verschluß (außer zentralvenös)	+++	+++
zentralvenöse(r) Stenose/Verschluß	+++	(+)
gesamter arterieller Schenkel	+++ (invasiv)	+++
Aneurysma	++	+++
Shuntaufzweigung	+++	+++
tiefliegende Vene	+	+++
perivaskuläre Befunde	(+)	+++
Anzapfsyndrom	++	+++
Flußquantifizierung	–	+++
Invasivität, Wiederholbarkeit	++	+++
Demonstrabilität der Untersuchung	++	+++
Demonstrabilität der Bilddokumentation	+++	+
Untersucherabhängigkeit	++	+

Die Angiographie war bisher der Goldstandard, an dem sich neue Verfahren messen lassen mußten. Zur Darstellung des Dialyseshunts wird sie entweder nach Feinnadelpunktion der A. brachialis oder nach Punktion der Shuntvene durchgeführt; letztgenannte Methode erfordert die suprasystolische proximale Stauung des Arms zur retrograden Darstellung der Anastomose und der Shuntarterie. Die DSA bietet gegenüber der konventionellen Angiographie den Vorteil, mit geringeren Kontrastmittelvolumina und kleinerem Punktionstrauma Aufnahmen ohne Knochenüberlagerung zu liefern. Vorteile der Angiographie sind die kontinuierliche Darstellung der Gefäße und die Demonstrabilität der angiographischen Röntgenbilder. Nachteile sind die gelegentlich erschwerte Beurteilbarkeit komplexer Shuntvenenverläufe aufgrund von Überlagerungen zahlreicher Venen (zusätzliche Aufnahmeserien in unterschiedlichen Ebenen erforderlich), die Invasivität, die Erfordernis von Röntgenkontrastmittel und die Strahlenbelastung.

Die FKDS ist zur Darstellung von Stenosen, Verschlüssen, Aneurysmen und Shuntverzweigungen ein der Angiographie mindestens ebenbürtiges Verfahren. Im Vergleich mit der konventionellen Duplexsonographie (18) erlaubt sie eine wesentlich rationellere und übersichtlichere Darstellung des Dialyseshunts. Sensitivität und Spezifität der FKDS im Vergleich mit der DSA liegen in der Beurteilung der Shuntarterie, der Anastomose und der Shuntvene bei 91–100 bzw. 93–98% (25). Lediglich bei der Darstellung zentralvenöser Obstruktionen ist die Angiographie der FKDS deutlich überlegen (Sensitivität der FKDS 36 %). Die sonographische Methode bietet jedoch aufgrund der fehlenden Invasivität, ihres Schnittbildcharakters und der Einbeziehung funktioneller Informationen gegenüber der Angiographie mehrere wichtige Vorteile, die besonders bei der Untersuchung des Dialyseshunts eine Rolle spielen. Die Nichtinvasivität erlaubt eine beliebige Wiederholung ohne Risiko für den Patienten. Während zur angiographischen Darstellung der weiter proximal gelegenen arteriellen Gefäßabschnitte (A. axillaris, A. brachialis) in der Regel ein transfemorales Vorgehen erforderlich ist, kann mit der FKDS dieser Gefäßabschnitt routinemäßig in die Untersuchung einbezogen werden. Die gleichzeitige Darstellung der perivaskulären Weichteile ist ein weiterer Vorzug der Sonographie gegenüber der Angiographie; dies ist nicht nur für die Darstellung von Hämatomen und Abszessen wichtig, sondern auch für die Klärung von Punktionsproblemen bei tiefliegenden Shuntvenen. Zwar ist die globale Demonstrabilität der angiographischen Bilddokumentation besser als diejenige der FKDS, bei Hinzuziehung des Shuntchirurgen oder des Dialysepersonals zur Untersuchung ist jedoch die Demonstrabilität und Akzeptanz der FKDS nach eigenen Erfahrungen sehr hoch. Eine Markierung relevanter Befunde auf der Haut zwecks Änderung der Punktionstechnik, als Orientierung für den Chirurgen vor der Operation oder für den Radiologen vor einer PTA ist mit der FKDS erheblich einfacher und genauer durchzuführen als mit der Angiographie. Die Möglichkeit der Flußmessung in der AV-Fistel stellt einen weiteren, wichtigen Vorteil der farbkodierten Duplexsonographie gegenüber angiographischen Methoden dar; mit der DSA können zwar auch prinzipiell Flußgeschwindigkeiten quantifiziert werden (9), bei Überlagerungen des interessierenden Gefäßes mit Knochen oder anderen, kontrastierten Gefäßen ist eine Geschwindigkeitsmessung jedoch nicht möglich. Die Klärung der Frage, ob ein pathologisch hohes Shuntflußvolumen vorliegt, kann routinemäßig weder mit der klinischen Untersuchung noch mit der Angiographie, sondern lediglich mit der Doppler-Sonographie erfolgen, wobei die FKDS bei der Flußquantifizierung die prinzipiell überlegene Methode gegenüber allen anderen Doppler-Verfahren ist.

Insgesamt ist die farbkodierte Duplexsonographie aufgrund der Kombination aus morphologischer und funktioneller Information das Verfahren der ersten Wahl in der Abklärung von Dialyseshuntproblemen. Mit der FKDS kann in den meisten Fällen eine vollständige Diagnose gestellt und – unter Berücksichtigung der klinischen Daten – auf der Basis der sonographischen Untersuchung die Entscheidung über die geeignete Therapie getroffen werden. Nur bei unklarem Befund, bei der Suche nach zentralvenösen Obstruktionen, während PTA und gegebenenfalls präoperativ ist eine angiographische Abklärung erforderlich.

7.6 Literatur

1 Ahmad,S., C.R.Blagg, B.H.Scribner: Center and home chronic hemodialysis. In Schrier,R.W, C.W.Gottschalk (eds.): Diseases of the kidney. 4th ed., Little, Brown (Boston), (1988) 3281–3322

2 Bergmann,H., P.Brücke, C.Gross: Nichtinvasive Flowmessung beim Cimino-Shunts mittels Ultraschall. Wiener med Wschr. 11 (1982) 245–247

3 Bouthier,J.D., J.A.Levenson, A.C.Simon, J.M.Bariety, P.E.Bourquelot, M.E.Safar: A noninvasive determination of fistula blood flow in dialysis patients. Artif. Org. 7 (1983) 404–409

4 Brescia,M.J., J.E.Cimino, K.Appel, B.J.Burwich: Chronic hemodialysis using venipuncture and a surgically created arteriovenous fistula. New Engl. J. Med. 275 (1966) 1089–1092

5 Broviac, J.W., J.J.Cole, B.H.Scribner: Silicone rubber atrial catheter for prolonged parenteral nutrition. Surg. Gynecol. Obstet. 136 (1973) 602

6 Bussel,J.A., J.A.Abbott, R.C.Lim: A radial steal syndrome with arteriovenous fistula for hemodialysis. Ann. intern. Med. 75 (1971) 387–394

7 Castro,L.A.: Permanente Gefäßzugänge für die Dauerdialysebehandlung. In Wetzels,E., A.Colombi, P.Dittrich, H.J.Gurland, M.Kessel, H.Klinkmann (Hrsg.): Hämodialyse, Peritonealdialyse, Membranplasmapherese und verwandte Verfahren. Springer, Berlin 1986 (157–183)

8 Compty,C.M., F.L.Shapiro: Cardiac complications of regular dialysis therapy. In Drukker,W., F.M.Parsons, J.F.Maher (eds.): Replacement of renal function by dialysis. 2nd ed. Martinus Nijhoff, Boston 1988 (595–610)

9 Dölken,W., P.Landwehr, E.F.Frank, K.Lackner: Calculation of flow velocities from the geometrical shape of contrast-induced time-density curves using DSA. Europ. J. Radiol. 8 (1988) 208–213

10 Duncan,H., L.Ferguson, I.Faris: Incidence of the radial steal syndrome in patients with Brescia fistula for hemodialysis: its clinical significance. J. vasc. Surg. 4 (1986) 144–147

11 Grosser,S., G.Kreymann, A.Kühns: Duplex-sonographisch quantifiziertes Shuntvolumen und dessen klinische Relevanz. Angio Archiv 22 (1991) 74–77

12 Haimov,H., F.Giron, J.H.Jacobsen: The expanded polytetrafluoroethylene graft. Three years' experience with 362 grafts. Arch. Surg. 114 (1979) 673–677

13 Harnoss,B.-M., F.Keller, R.Häring, A.Distler, Maurer,P.C. (Hrsg.): Der Dialyseshunt als chirurgische und nephrologische Aufgabe. Angio Archiv 22 (1991)

14 Haug,M.: Der komplizierte a.v. Shunt infolge arterieller Probleme. Angio Archiv 22 (1991) 15–19

15 Hepp,W., K.de Jonge, R.Langer, M.Langer: Diagnostisches und therapeutisches Konzept beim „failing"-Shunt. Angio Archiv 22 (1991) 20–26

16 Hickman,R.O., C.D.Buchner, R.A.Clift, J.E.Sanders, P.Stewart, E.D.Thomas: A modified right atrial catheter for access to the venous system in marrow transplant recipients. Surg Gynecol Obstet. 148 (1979) 871

17 Kathrein,H., P.König, P.Dittrich, G.Judmeier: Nichtinvasive Beurteilung von Cimino-Brescia-Fisteln und PTFE-Shunts mit der Duplexsonographie. Vasa (Suppl) 26 (1988) 39–41

18 Kathrein,H., P.König, S.Weimann, G.Judmaier, P.Dittrich: Nicht-invasive morphologische und funktionelle Beurteilung arteriovenöser Fisteln von Dialysepatienten mit der Duplexsonographie. Ultraschall 10 (1989) 33–40

19 Keller,F., B.-M.Harnoss, H.Czerlinsky: Umfrageergebnisse zur Technik der Ciminofistel. Angio Archiv 22 (1991) 7–9

20 Keller,F., H.J.Loewe, K.J.Bauknecht, A.Schwarz, G.Offermann: Kumulative Funktionsraten von orthotopen Dialysefisteln und Interponaten. Dtsch. med. Wschr. 113 (1988) 332–336

21 Kemkes, B.M.: Shunt-Fibel: Technische Anleitungen für Gefäßchirurgen und Nephrologen. 2.Aufl. Bibliomed, Melsungen (1983)

22 Kjellstrand, C.M: The Achilles' heel of the hemodialysis patient. Arch. intern. Med. 138 (1978) 1063–1064

23 Koch,Ch., M.Ernst, K.Schaefer, B.-M.Harnoss: Ergebnisse der Shuntchirurgie im UK Steglitz. Angio Archiv 22 (1991) 30–33

24 Landwehr,P., K.Lackner: Color Doppler flow imaging of the hemodialysis shunt. Acta Radiol (Suppl.) 377 (1991) 15–19

25 Landwehr, P., A.Tschammler, R.M.Schaefer, K.Lackner: Wertigkeit der farbkodierten Duplexsonographie des Dialyseshunts. Fortschr. Röntgenstr. 153 (1990) 185–191

26 Middleton,W.D., S.Erickson, G.L.Melson: Perivascular color artifacts: Pathologic significance and appearance on color doppler US images. Radiology 171 (1989) 647–652

27 Middleton,W.D., D.D.Picus, M.V.Marx, G.L.Melson: Color Doppler sonography of hemodialysis vascular access: Comparison with angiography. Amer. J. Roentgenol. 152 (1989) 633–639

28 Moran,M.R., J.M.R.Rodriguez, M.R.Boyero, A.A.Enriquez, A.I. Morin: Flow of dialysis fistulas. Noninvasive study performed with standard Doppler equipment. Nephron 40 (1985) 63–66

29 Munda,R., M.R.First, J.W.Alexander, C.C.Linnemann, J.P.Fidler, D.Kittur: Polytetrafluoroethylene graft survival in hemodialysis. J. Amer. med. Ass. 249 (1983) 219–222

30 Quinton,W., D.Dillard, B.H.Scribner: Cannulation of blood vessels for prolonged hemodialysis. Trans. Amer. Soc. artif. intern. Org. 6 (1960) 104–113

31 Reilly, D.T., R.F.M.Wood, P.R.F.Bell: Prospective study of dialysis fistulas: problem patients and their treatment. Brit. J. Surg. 69 (1982) 549–553

32 Sabanayagam,P., A.B.Schwartz, R.R.Soricelli, P.Lyons, J.Chinitz: A comparative study of 402 bovine heterografts and 225 reinforced expanded PTFE grafts as AVF in the ESRD patient. Trans. Amer. Soc. artif. intern. Org. 26 (1980) 88–91

33 Schoeppe,W.: Nierentransplantation. Gegenwärtiger Stand in der Bundesrepublik Deutschland. Dtsch. Ärztebl. 89 (1992) 1111–1120

34 Shaldon,S.L., L.Chiandussi, B.Higgs: Hemodialysis by percutaneous catherization of the femoral artery and vein with regional heparinization. Lancet II (1961) 857

35 Sharma,A.M., C.Cetto, F.Keller: Ist der Scribner-Shunt obsolet? Angio Archiv 22 (1991) 27–29

36 Tellis,V.A., W.I.Kohlberg, D.J.Bhat, B.Driscoll, F.J.Veith: Expanded polytetrafluoroethylene graft fistula for chronic hemodialysis. Ann. Surg. 189 (1979) 101–105

37 Vorwerk,D., R.W.Günther, K.Bohndorf, A.Asgarzadeh, K.Borchers: Farbkodierte Duplexsonographie (Angiodynographie) in der Beurteilung arteriovenöser Shunts. Fortschr. Röntgenstr. 148 (1988) 265–268

8 Periphere Venen

F. Fobbe

8.1 Allgemeine Bemerkungen

Pathologische Veränderungen an den Extremitätenvenen kommen häufig vor. Von diesen ist die tiefe Venenthrombose wegen der möglichen Folgen die klinisch bedeutendste Erkrankung. In den USA sollen etwa 20 Millionen Thrombosen der tiefen Beinvenen pro Jahr auftreten (bei einer Population von rund 240 Millionen). Im Verlauf einer tiefen Venenthrombose können eine Lungenembolie, ein postthrombotisches Syndrom infolge der venösen Insuffizienz und/oder die Rezidivthrombose auftreten. Die klinische Symptomatik der tiefen Venenthrombose ist oft unspezifisch. In einigen Fällen führt erst der Verdacht auf eine Lungenembolie zur Suche nach einer Thrombose. Aus diesen Gründen ist ein diagnostisches Verfahren notwendig, das einfach durchzuführen, kostengünstig und zuverlässig ist, keine Nebenwirkungen aufweist, keine Mitarbeit des Patienten verlangt und auch am Krankenbett durchgeführt werden kann. Im wesentlichen werden alle diese Forderungen von der Ultraschalldiagnostik erfüllt.

8.2 Normale Anatomie und häufige Varianten

8.2.1 Becken- und Beinvenen

Die Venen des Beines können in drei anatomisch und funktionell zu unterscheidende Gruppen eingeteilt werden: 1. oberflächliche und 2. tiefe Venen sowie 3. Perforansvenen.

1. Die **oberflächlichen Venen** liegen unmittelbar unter der Haut. Sie haben eine relativ dicke muskuläre Wand. Die Hauptgefäße verlaufen in bindegewebigen Taschen der oberflächlichen Faszie. Die V. saphena magna und die V. saphena parva sind die sogenannten „Stammvenen", die über viele zum größten Teil nicht benannte Gefäße Zuflüsse erhalten. Die V. saphena magna ist die längste Vene des menschlichen Körpers. Sie beginnt am medialen Rand des Fußes, steigt etwa 2–3 cm ventral des Innenknöchels nach kranial, kreuzt zur medialen Grenze der Tibia und verläuft dann an der Innenseite des Beines bis zur Mündung in die V. femoralis etwa 3 cm unterhalb des Lig. inguinale. Insbesondere unterhalb des Knies ist das Gefäß in vielen Fällen gedoppelt. Die V. saphena parva beginnt dorsal des Malleolus lateralis in der Fortsetzung einer Vene des lateralen Fußrands. Sie zieht von dort in der Mitte der Wade nach kranial. Das Gefäß perforiert die tiefe Faszie zwischen den Köpfen des M. gastrocnemius und mündet zwischen 3 und 8 cm oberhalb des Kniegelenkspalts in die V. poplitea.

2. Die **tiefen Beinvenen** begleiten die gleichnamigen Arterien. Sie haben im Vergleich zu den oberflächlichen Venen nur eine sehr dünne Muskelwand. Am Unterschenkel werden drei Venengruppen entsprechend den Arterien benannt. Jede Gruppe besteht aus individuell unterschiedlich vielen Venen.

- Die Vv. tibiales posteriores gehen dorsal des Malleolus medialis aus den Vv. plantares hervor. Die größeren zufließenden Venen kommen vom M. soleus.
- Die Vv. fibulares haben ihre Zuflüsse aus der Fersenregion und vom M. soleus. Die Venen vereinigen sich im proximalen Drittel des Unterschenkels mit den Vv. tibiales posteriores.
- Die Vv. tibiales anteriores sind die kraniale Fortsetzung der Venen des Fußrückens. Sie liegen in den kaudalen zwei Dritteln des Unterschenkels der Membrana interossea ventral auf, kreuzen sie dann und bilden mit den Vv. tibiales posteriores die V. poplitea.
- Die V. poplitea verläuft in der Fossa poplitea nach kranial. Sie wird seitlich eingerahmt von den Köpfen des M. gastrocnemius sowie lateral vom Ausläufer des M. biceps femoris und medial vom M. semitendineus. In der unteren Hälfte liegt die Vene medial der Arterie, oberhalb des Kniegelenkspalts kreuzt die Vene die Arterie und liegt dann posterolateral zu ihr. Im Adduktorenkanal am Hiatus tendineus adductorius (schlitzförmige Öffnung zwischen den beiden Ansätzen des M. adductor magnus) wird die V. poplitea zur V. femoralis.
- Die V. femoralis liegt bis auf eine kurze Strecke dorsal der gleichnamigen Arterie. Im kranialen Viertel liegt sie dann medial der Arterie. In der Lacuna vasorum besetzt die V. femoralis den medialen Anteil und ist zur Mitte vom Canalis femoralis begrenzt. Das Fettgewebe im Canalis femoralis erlaubt eine erhebliche Größenzunahme des Gefäßes. Neben kleineren Muskelvenen ist die V. profunda femoris der wesentliche Zufluß. Sie mündet 4–12 Zentimeter kaudal des Lig. inguinale ein. Unmittelbar kaudal der Einmündung findet sich relativ konstant eine Venenklappe. Die V. profunda femoris entsorgt im wesentlichen die Muskulatur des Oberschenkels. Das Gefäß verläuft ventral der A. profunda femoris.

In Abweichung von der „Nomina anatomica" werden sowohl die V. femoralis als auch die A. femoralis in zwei Abschnitte geteilt: Die kaudalen Anteile der V. femoralis werden bis zur Einmündung der V. profunda femoris als V. femoralis superficialis bezeichnet. Kranial der Einmündung der V. profunda femoris heißt die Vene dann V. femoralis communis. In Relation zum Abgang der A. profunda femoris gilt die gleiche Nomenklatur für die A. femoralis. Die Vv. circumflexae mediales femoris und die Vv. circumflexae lateralis femoris münden entweder direkt etwas kranial der V. profunda femoris in die V. femoralis communis ein oder sie enden in der V. profunda femoris selbst. In der gleichen Höhe mündet von ventral die V. saphena magna. Die relativ kleinlumige V. pudenda externa mündet von medial ein und stellt eine Verbindung zur V. iliaca interna her (Abb. 8.**1**).

- Hinter dem Lig. inguinale wird aus der V. femoralis communis die V. iliaca externa. Die Vene folgt der Linea arcuata nach kranial und vereinigt sich ventral des Iliosakralgelenks mit der V. iliaca interna zur V. iliaca communis. Von ventral münden im kaudalen Viertel die V. epigastrica inferior sowie die V. circumflexa iliaca profunda in die V. iliaca externa. Über diese Venen ergibt sich eine Verbindung zur V. cava superior. In Höhe von LWK 5 vereinigen sich die rechte und linke V. iliaca communis zur V. cava inferior. Die linke V. iliaca communis unterkreuzt vor dem Zusammenfluß die gleichseitige A. iliaca communis (mögliche Kompression des Gefäßlumens zwischen Arterie und Wirbelkörper). Im Gegensatz zu den Beinvenen sind in der V. iliaca gewöhnlich keine Klappen vorhanden.

3. Die **Perforansvenen** verlaufen quer durch die tiefe Faszie und stellen die Verbindung zwischen den oberflächlichen und den tiefen Venen her. Sie haben genau wie die tiefen Venen nur eine sehr dünne muskuläre Wand. Klinisch interessant sind vor allem die Perforansvenen am Unterschenkel. Zur Identifizierung gibt es eine Vielzahl von Eigennamen (14). In der amerikanischen Literatur werden entsprechend der Lokalisation Gruppen gebildet: Eine posterolaterale, eine anterolaterale und eine mediale Gruppe. Insuffiziente Klappen in den Perforansvenen spielen eine wichtige Rolle bei der Entstehung der Varikosis.

Anatomische Varianten sind im venösen System sehr häufig. Die tiefen Venen begleiten in der Regel die entsprechenden Arterien, die Varianten beziehen sich deshalb meist nicht auf den Verlauf sondern auf die Anzahl der Lumina. Für die oberflächlichen Venen kann aber keine feste Regel angegeben werden. Die V. femoralis superficialis soll bei etwa 20% der Menschen gedoppelt und bei 14% mehr als gedoppelt vorliegen, die V. poplitea ist bei 20% doppelt und bei 2% dreifach angelegt (14). Die Anzahl und der Verlauf der Venen der Unterschenkel ist ebenfalls individuell sehr verschieden (11, 20).

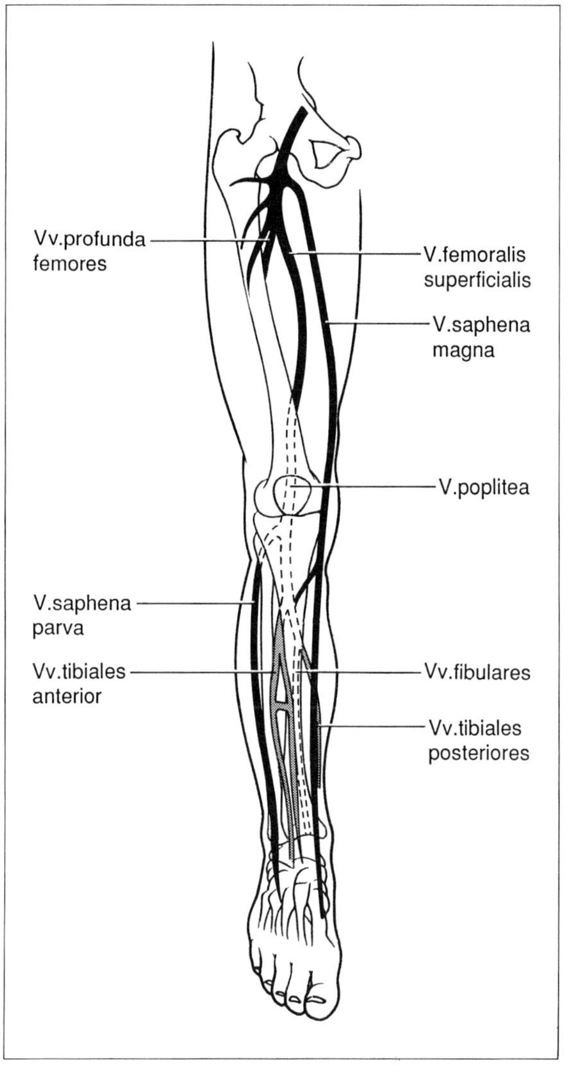

Abb. 8.**1** Schemazeichnung der Venen der unteren Extremität

8.2.2 Arm-, Schulter- und Halsvenen

Die Venen des Arms werden ähnlich denen des Beins in zwei Gruppen eingeteilt: oberflächliche und tiefe. Beide Gruppen kommunizieren über multiple Verbindungen. Die oberflächlichen Venen liegen unmittelbar unter der Haut, die tiefen Venen begleiten die Arterien. Venenklappen sind in beiden Gruppen anzutreffen, häufiger jedoch in den tiefen Venen.

1. **Oberflächliche Venen**. Neben unzähligen unbenannten Venen sollen die beiden Hauptvenen besprochen werden: Die V. cephalica und die V. basilica. Die V. cephalica entspringt aus dem dorsalen radialen Netzwerk des distalen Unterarms und verläuft schräg über die palmare Seite des Unterarms zur Ellenbeuge. Auf diesem Weg münden multiple Seitenäste ein. In der Ellenbeuge zweigt ein großlumiger Ast – die V. cubitalis medialis – ab, die in die V. basilica mündet. Das Stammgefäß verläuft subkutan in der von dem M. brachioradialis (lateral) und M. biceps brachii (medial) gebildeten Rinne nach kranial. Am proximalen Oberarm liegt die Vene zwischen der medialen Begrenzung des M. deltoideus und der lateralen des M. pectoralis major. Danach durchbricht das Gefäß die Fascia clavipectoralis und mündet direkt unter der Clavicula in die V. axillaris.

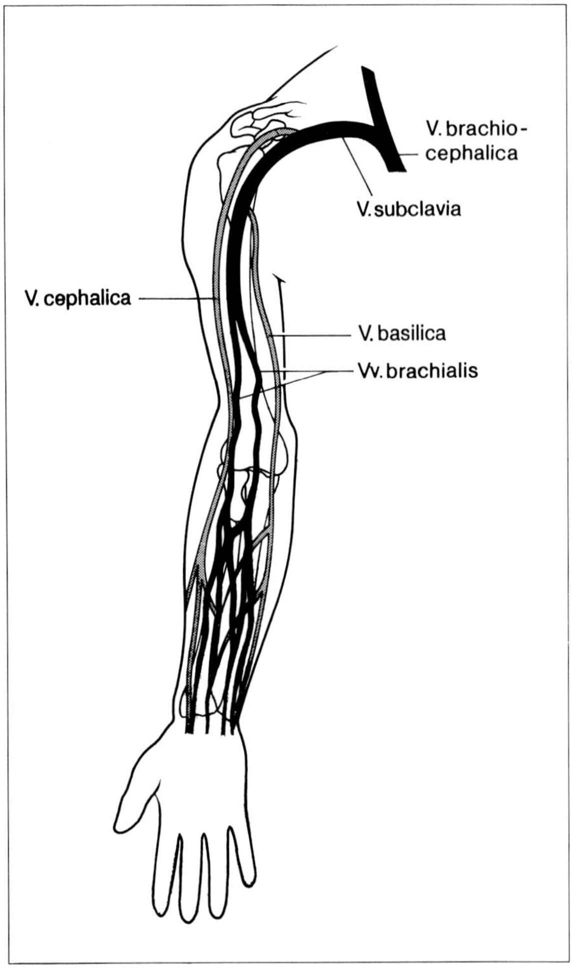

Abb. 8.**2** Schemazeichnung der Venen der oberen Extremität

Die V. basilica beginnt aus dem dorsalen ulnaren Netzwerk des distalen Unterarms. Die Vene folgt der Ulna nach kranial und kreuzt am proximalen Unterarm zur Palmarseite. In der Ellenbeuge mündet die V. cubitalis medialis ein. In der von dem M. biceps brachii (lateral) und dem M. pronator teres (medial) gebildeten Rinne läuft das Gefäß weiter nach kranial. Im mittleren Drittel des Oberarms wird die tiefe Faszie perforiert. Die Vene folgt dann medial dem Verlauf der A. brachialis. Am Unterrand des M. teres major wird sie dann zur V. axillaris.

2. **Tiefe Venen**. Die tiefen Armvenen folgen den entsprechenden Arterien. Am Oberarm liegen gewöhnlich mehrere Vv. brachiales vor, die die Arterie umscheiden und in die V. axillaris münden. Die Gefäße kommunizieren vielfältig sowohl untereinander als auch mit den oberflächlichen Venen. Die V. axillaris beginnt nach Definition am Unterrand des M. teres major als Fortsetzung der V. basilica. Sie folgt dem Verlauf der A. axillaris und wird an der lateralen Grenze der 1. Rippe zur V. subclavia. Der V. subclavia liegt vorn die Klavikula und der M. subclavius an, von dorsal und kranial wird sie von der gleichnamigen Arterie begrenzt. Kaudal liegt sie der ersten Rippe und der Pleurakuppel auf. Im medialen Drittel trennt der M. scalenus anterior mit dem N. phrenicus die Vene von der Arterie. Ventral des M. scalenus anterior vereinigt sich die V. subclavia mit der V. jugularis interna und bildet die V. brachiocephalica. Die V. jugularis interna ist die kaudale Fortsetzung des Sinus sigmoideus. Die Vene liegt sowohl der A. carotis interna als auch kaudal dann der A. carotis communis lateral an. Die V. brachiocephalica beginnt am medialen Ende der Klavikula. Hinter dem Manubrium sterni vereinigen dich beide Vv. brachiocephalicae zur V. cava superior (11) (Abb. 8.**2**).

8.3 Untersuchungstechnik und Normalbefunde

8.3.1 Beinvenen

Die Untersuchung erfolgt für die proximalen Gefäßabschnitte in Rückenlage mit möglichst flachem Kopfteil. Diese Lagerung ermöglicht insbesondere bei adipösen Patienten einen besseren Zugang zur Leiste und der venöse Rückstrom zum Herzen ist ungestört. Bei Patienten mit Luftnot kann der Kopf mit einem Kissen höher gelagert werden. Die Beine sollen in geringer Außenrotation gestreckt liegen. Für die Darstellung der Knie- und Unterschenkelregion ist die Bauchlage mit einem um etwa 20 Grad flektiertem Knie am günstigsten. Die geringe Flexion entspannt die Weichteilstrukturen in der Kniekehle. Damit ist die Kompression einfacher. Alternativ ist auch die Untersuchung in Seitenlage des Patienten möglich. Sollte der Zustand des Patienten auch dies nicht erlauben, muß durch eine Hilfsperson das entsprechende Bein am Fuß angehoben und dann der Schallkopf von unten angesetzt werden. Die Lagerung sollte in allen Fällen für den Patienten so bequem wie möglich gestaltet werden. Bei entspannten Patienten ist die Weichteilkompression wesentlich einfacher durchzuführen. Dies gilt insbesondere für den Adduktorenkanal. Wegen der hohen Schallabsorption der Strukturen in diesem Bereich ist ein verwertbares Grauwertbild in vielen Fällen erst unter Kompression zu erhalten.

Ein Schallkopf mit einer Sendefrequenz von 5 MHz ist für die Untersuchung der tiefen Venen am günstigsten. Die Empfehlung mancher Autoren, Schallköpfe höherer Frequenzen zu verwenden, hat sich nicht bewährt. Zwar ist mit Transducern höherer Frequenzen eine bessere Ortsauflösung möglich – dem steht aber eine schlechtere Tiefenpenetration gegenüber. Insbesondere bei adipösen Patienten können z. B. die Gefäße im Adduktorenkanal und am Unterschenkel nicht hinreichend dargestellt werden. Eine höhere als mit einem 5-MHz-Schallkopf zu erreichende örtliche Auflösung ist für die Thrombosediagnostik auch nicht notwendig.

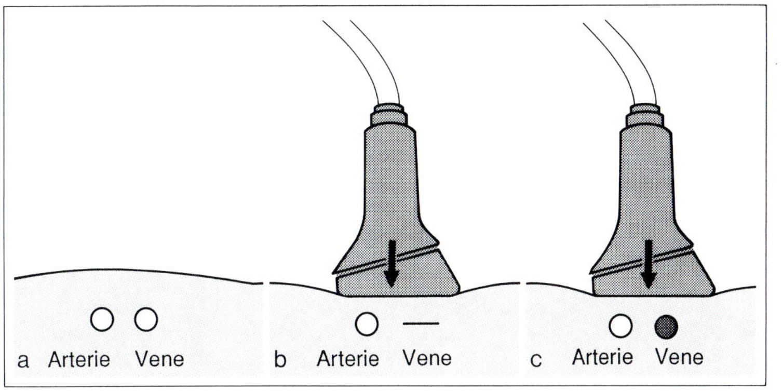

Abb. 8.**3** Prinzip der Kompressionssonographie (modifiziert nach 12): Durch Druck mit dem Schallkopf kann die normale Vene vollständig komprimiert werden (b), im Fall einer Thrombose ändert sich unter dem Schallkopfdruck die Konfiguration der Vene nicht (c)

Die Grenze für die farbig kodierten Frequenzverschiebungen ist so einzustellen, daß einerseits die relativ langsame Blutbewegung in den Venen erfaßt wird, andererseits aber die „schnellen" Signale aus der Begleitarterie nicht stören. Zusätzlich sollen möglichst wenig Artefakte durch die Bewegung des Schallkopfs auf der Haut entstehen. Für einen 5-MHz-Schallkopf ist eine Kodierung oberhalb einer Frequenzverschiebung zwischen 50 und 100 Hz ausreichend (s. Kapitel 4).

Der Zeitaufwand für die Untersuchung der Beinvenen ist abhängig von der Erfahrung des Untersuchers. Nach entsprechender Einarbeitung sind aber nicht mehr als 10 Minuten reine Untersuchungszeit pro Bein erforderlich.

Das Lumen einer normalen Vene kann – im Gegensatz zu den Arterien – durch sanften Druck mit dem Schallkopf vollständig komprimiert werden. Unter der Kompression stellen sich die übereinanderliegenden Teile der Venenwand allenfalls als dünne Linie dar (Abb. 8.**3** und 8.**4a**, **b**). Damit ist eine Thrombose mit hoher Sicherheit auszuschließen. Pathologische Veränderungen zeigen sich entweder durch die nicht mögliche vollständige Kompression des Lumens oder durch eine Verdickung der Venenwand. Dies ist die Basis für die Untersuchung der Venen. Um sicher die Vene komplett zu erfassen, ist deshalb die Untersuchung quer zum Gefäßverlauf notwendig. Die Untersuchung im Längsschnitt (Abb. 8.**5**) ist nur als Ergänzung zu dem im Querschnitt erhaltenen Be-

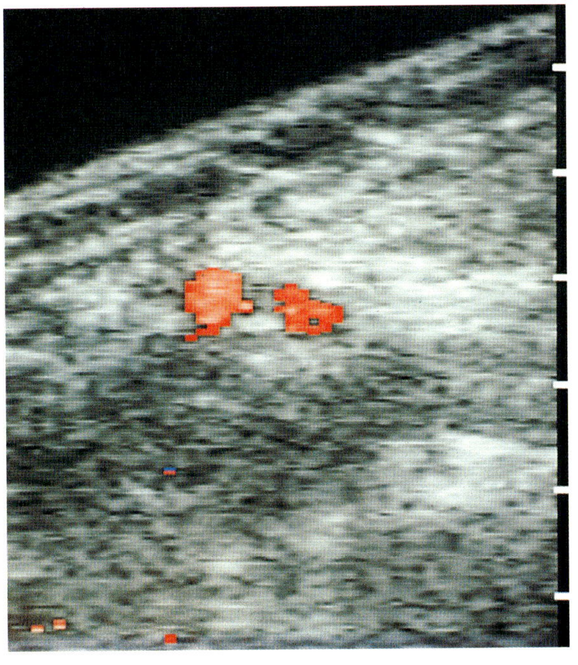

a

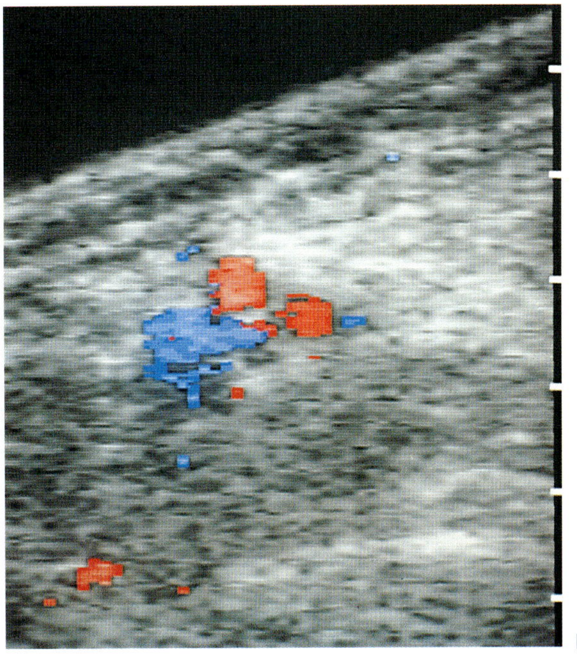

b

Abb. 8.**4a**, **b** Querschnitt durch den proximalen Oberschenkel knapp unterhalb der Teilung der A. femoralis communis mit A. femoralis superficialis (links) und A. profunda femoris (rechts):
a während der Kompression mit dem Schallkopf nur Flußsignale aus den Arterien („Rot"), die Wand der Venen kann nicht sicher abgegrenzt werden
b nach dem Lösen der Kompression kommt es sofort zu einem verstärkten venösen Blutstrom („Blau" markiert), und das Lumen der Venen öffnet sich

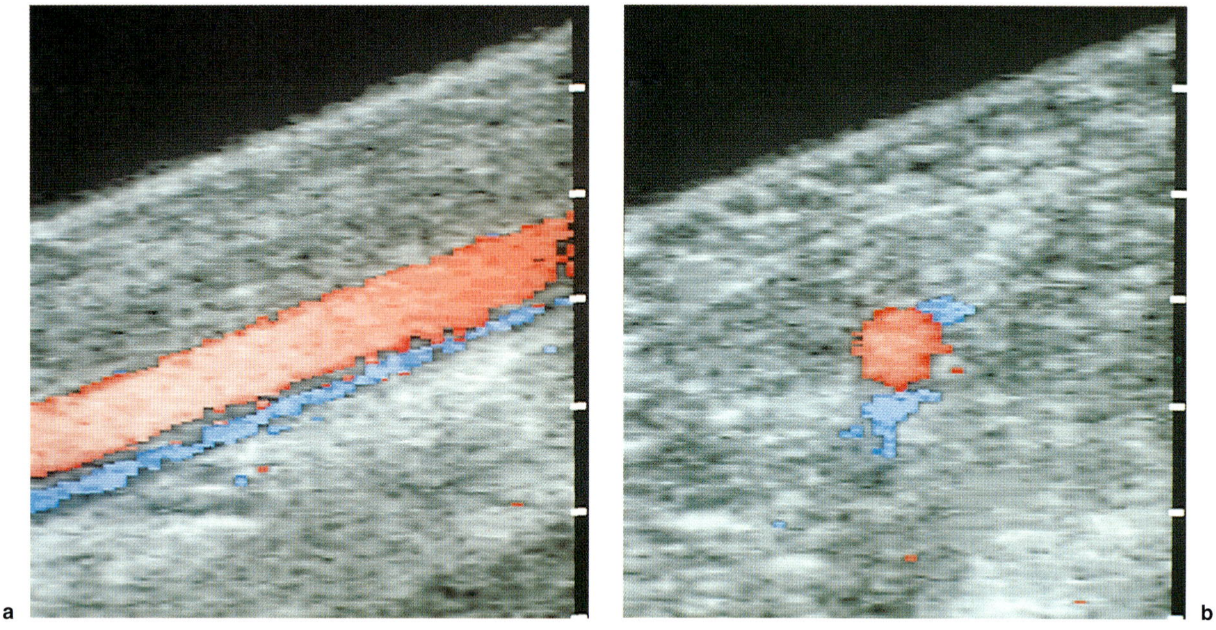

Abb. 8.**5 a, b** Normale A. und V. femoralis superficialis:
a Im Längsschnitt: Durch den Druck mit dem Schallkopf fast vollständig kollabierte Vene mit „Blau" kodierten Flußsignalen, „Rote" Kodierung in der Begleitarterie.
b Im Querschnitt Nachweis der gedoppelt verlaufenden Vene („Blau")

fund zu betrachten. Grundsätzlich sollten immer beide Beine untersucht werden. Zum einen kann bei einseitigen Beschwerden ein asymptomatischer Befall der Gegenseite vorliegen. Zum anderen ist die Interpretation der Untersuchung durch den Vergleich mit der Gegenseite einfacher. Für die indirekte Beurteilung der Beckenvenen ist der Seitenvergleich ohnehin unerläßlich.

Die Untersuchung beginnt am proximalen Oberschenkel. Der Schallkopf wird quer zum Gefäßverlauf unmittelbar unterhalb des Leistenbandes so aufgesetzt, daß die Vene in der Mitte des Bilds liegt. Die Signale aus der Begleitarterie ermöglichen ein schnelles Auffinden der Gefäße. Auch im Querschnitt und ohne Kompression sind über die Farbkodierung Arterie und Vene einfach zu unterscheiden. Während es in der Arterie zu einer rhythmischen Änderung der Signale kommt, zeigen sich aus der Vene kontinuierliche Bewegungssignale, die sich nur mit der Atmung ändern. Bei ausgeprägter Adipositas wird der Patient angehalten, den Bauch mit beiden Händen nach kranial zu ziehen. In diesem Bereich liegen die Gefäße auch bei sehr dicken Menschen relativ oberflächlich und sind damit am besten zu beurteilen. Mit sanftem Druck durch den Schallkopf wird das Lumen der Vene komprimiert. Bei dem hierfür nötigen Druck sollte sich die Arterie in ihrer Form nicht verändern (Abb. 8.**3**). Der Schallkopf kann aus dieser Position auf der Haut nach kranial verschoben werden. Damit ist eine direkte Beurteilung des distalen Abschnitts der V. iliaca externa möglich. Danach erfolgt die indirekte Beurteilung der übrigen Beckenvenen. Der Schallkopf wird – weiter im Querschnitt – auf die Haut aufgesetzt (Kompression nur durch das Eigengewicht des Transducers), leicht nach kranial gekippt (Einstrahlwinkel ungleich 90 Grad!) und der Patient zu einem Valsalva-Manöver aufgefordert. Bei frei durchgängigen Beckenvenen kommt es während der tiefen Inspiration zu einem Sistieren des venösen Flusses und zu einer Zunahme des Gefäßdurchmessers. Während des Pressens folgt dann ein unterschiedlich stark ausgeprägter Rückfluß des Bluts in die Gefäße des Oberschenkels. Da die Reaktion auf das Valsalva-Manöver individuell sehr unterschiedlich ausfällt, ist der Vergleich mit der Gegenseite unbedingt erforderlich.

Unverändert quer zur Verlaufsrichtung der Gefäße wird der Schallkopf danach unter Kompression einige Zentimeter nach kaudal gezogen, der Druck soweit reduziert, daß die Vene sich öffnet und dann erneut unter Kompression der Schallkopf weiter nach kaudal verschoben. Unter ständigem Wechsel – den Schallkopf unter Kompression einige Zentimeter nach kaudal verschieben – Verringern der Kompression auf der Stelle – wird der Oberschenkel bis zum Übergang zur V. poplitea untersucht. Von der A. femoralis communis ausgehend wird zuerst die A. profunda femoris und dann die A. femoralis superficialis verfolgt und die Begleitvene untersucht. Es ist dabei darauf zu achten, daß die Signale aus der Begleitarterie immer zu erkennen sind. Im Fall eines Verschlusses der A. femoralis superficialis können als Leitstrukturen die im Grauwertbild durch die Schallauslöschung einfach darzustellenden arteriellen Wandverkalkungen herangezogen werden.

Bei frei durchgängigen Venen kommt es nach dem Lösen der Kompression zu einer vermehrten venösen Blutströmung (als Folge des durch die Kompression verursachten Gefäßverschlusses) (Abb. 8.**6**). Bei einigen Patienten zeigen sich nach dem Lösen des Drucks mit dem Schallkopf trotz frei durchgängigen Venensystems aber keine oder nur vereinzelte Blutbewegungssignale. In solchen Fällen werden unter geringem Auflagedruck des Schallkopfs die Weichteile distal der Untersuchungsstelle mit der Hand vorsichtig komprimiert. Durch diese Kompression der Weichteile kommt es zu einem verstärkten venösen Fluß der über die Farbkodierung erfaßt wird.

Um im Adduktorenkanal eine ausreichende Kompression zu erreichen, müssen die Weichteile mit der Hand von dorsomedial gegen den Schallkopf (ventral) gedrückt werden (Abb. 8.**6**). Zur Untersuchung der V. poplitea erfolgt der entsprechende Lagewechsel (s. oben). Auch dieser Abschnitt wird dann im Querschnitt unter ständigem Wechsel zwischen Kompression und Verschiebung des Schallkopfs nach kaudal und Lösen der Kompression dargestellt.

Die tiefen Venen des proximalen Unterschenkels sind in der Verlängerung der V. poplitea nach kaudal problemlos zu identifizieren. Die Einmündung von größeren Gastroknemiusvenen können ebenfalls dargestellt werden. Eine sichere Identifizierung der V. saphena parva ist aber wegen der variablen Einmündung nur selten möglich. Wegen der großen Variabilität der Venen des Unterschenkels wird darauf verzichtet, alle Gefäße einzeln zu identifizieren. Vielmehr wird die Wade in der gleichen Technik wie der Oberschenkel von kranial nach kaudal abschnittsweise im Querschnitt dargestellt, und es wird nach rundlichen, echoarmen Strukturen gesucht. Da eine isolierte Muskelfaser im Querschnitt als rundliche echoarme Struktur imponieren kann, ist auch hier der Vergleich mit der Gegenseite zu empfehlen. Wichtig ist, daß alle Abschnitte des Unterschenkels erfaßt werden. Zu Beginn können jeweils eine der Unterschenkelarterien als Leitstruktur verwendet und dann ergänzend die dazwischen liegenden Areale untersucht werden. Als Ergänzung kann es bei sehr adipösen Beinen notwendig werden, zusätzlich die Wade in Rückenlage zu untersuchen. Hier ist insbesondere die Darstellung der Vv. tibiales anteriores von ventral-lateral zwischen der Tibia und der Fibula hilfreich (die Gefäße liegen ventral der Membrana interossea).

Im Liegen sind die Venen des Unterschenkels kollabiert, und wegen der vielen Muskelfaszien ist die Qualität des Grauwertbilds reduziert. Die Venenwand kann deshalb in vielen Fällen nicht erfaßt werden. Eine Möglichkeit wäre die Untersuchung beim sitzenden Patienten mit hängendem Unterschenkel. In dieser Position sind die Venen gefüllt, und ihre Darstellung ist erleichtert. Alle tiefen Venen sind aber auch bei dieser Technik nicht zu erfassen und zur Klärung der Frage nach einer Thrombose ist die oben beschriebene Untersuchung im Liegen ausreichend. Die Untersuchung der Gefäße im Längsschnitt ist nur als Ergänzung notwendig. So kann z. B. bei einer Thrombose

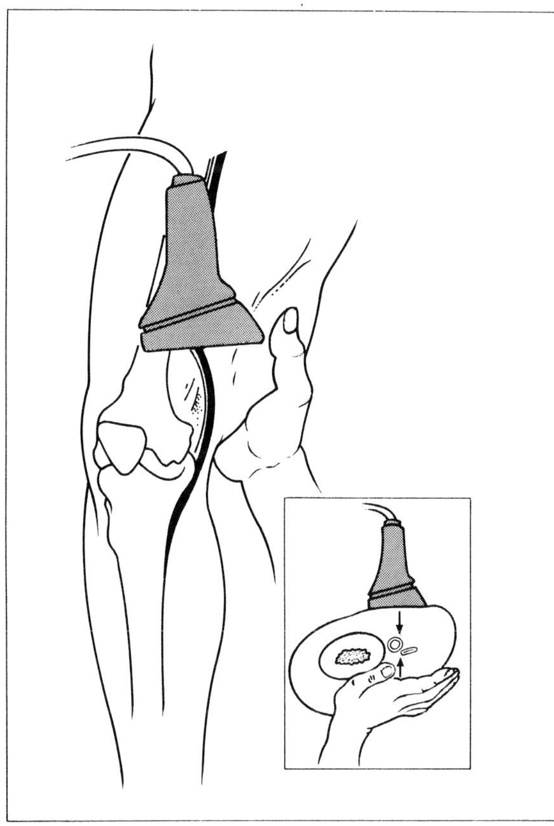

Abb. 8.**6** Untersuchung der Gefäße im Adduktorenkanal: Wegen des Verlaufs der Gefäße von medial des Femur nach dorsal müssen die Weichteile mit der Hand von dorsomedial gegen den Schallkopf (ventral) gedrückt werden

der blutumspülte Anteil im Längsschnitt eventuell besser erfaßt werden. Die alleinige Darstellung der Venen im Längsschnitt kann zu Fehldiagnosen führen, da eine seitliche Abweichung des Schallkopfs während der Kompression zu einem falsch negativen Befund führt.

Von den oberflächlichen Venen ist die V. saphena magna am proximalen Oberschenkel darzustellen. Die übrigen oberflächlichen Venen sind im Liegen kollabiert. Wegen der fehlenden, im Ultraschall zu erfassenden Leitstruktur sind sie deshalb nur an der Einmündung in eine tiefe Vene und am Oberschenkel während des Valsalva-Preßversuches zu erfassen.

8.3.2 Arm-, Schulter- und Halsvenen

Die Untersuchungstechnik ist ähnlich derjenigen bei der Darstellung der Beinvenen. Der Patient liegt auf dem Rücken mit flachem Kopfteil. Die Arme sind gestreckt und etwas abduziert, die Hände supiniert. Die Untersuchung der Gefäße in der Axilla ist am einfachsten am elevierten Arm durchzuführen. Die V. subclavia läßt sich nur im lateralen Anteil vor der Unterkreuzung der Klavikula darstellen. Auch bei der Untersuchung der Arm-, Schulter- und Halsvenen sollte immer ein Seitenvergleich durchgeführt werden.

Die Untersuchung beginnt am Hals mit der Darstellung der V. jugularis interna. Die A. carotis communis wird im Querschnitt eingestellt. Die Vene ist im Liegen und bei ruhiger Atmung kollabiert. Bei tiefer Inspiration und beim Valsalva-Manöver öffnet sich das Gefäß. Gelegentlich sind vom Herzen fortgeleitete Pulsationen der Gefäßwand zu erkennen. Nach kaudal ist das Gefäß bis etwas oberhalb der Vereinigung mit der V. subclavia darzustellen. Die Beurteilung der V. brachiocephalica gelingt nur indirekt über die Veränderung der venösen Signale unter der Atmung. Danach wird der Schallkopf parallel zur Körperlängsachse auf die Thoraxwand aufgesetzt und nach lateral bewegt, bis die A. und V. subclavia hinter der Klavikula hervortreten. In diesem Bereich liegt die Vene etwas kaudal und ventral von der Arterie. Zur Unterscheidung dienen weiter die unterschiedlichen Bewegungssignale (kontinuierlich in der Vene und rhythmisch in der Arterie). Durch leichtes Anwinkeln des Schallkopfs wird die Qualität der Bewegungssignale verbessert. Bei pathologischen Veränderungen kann eine Frequenzanalyse zur Differenzierung zusätzlich notwendig sein. Nach der Identifizierung wird der Patient zum Valsalva-Preßversuch aufgefordert. Bei frei durchgängiger Vene kommt es zu einem Sistieren der venösen Blutbewegung bzw. auch zu einer Bewegungsumkehr.

Die Untersuchung wird in der Axilla fortgesetzt. Arterie und Vene werden weiter im Querschnitt dargestellt und die proximal liegenden Abschnitte erneut indirekt über die Änderung der Bewegungssignale unter forcierter Atmung beurteilt. Die weitere Untersuchung erfolgt ähnlich wie die der Beinvenen. Die Vene wird im Querschnitt durch Druck mit dem Schallkopf auf die Weichteile komprimiert und der Schallkopf nach kaudal bewegt. Am Oberarm sind die tiefen Venen in Begleitung der Arterie vollständig zu erfassen. Am Unterarm kann – ähnlich wie beim Unterschenkel – auf die vollständige Darstellung aller Venen verzichtet und nur nach pathologischen Veränderungen gesucht werden. Die oberflächlichen Venen sind nur an der Einmündung in eine tiefe Vene zu erfassen oder wenn sie thrombosiert sind.

8.3.3 Dokumentation

Die Dokumentation von pathologischen Veränderungen muß die genaue Lage, die Ausdehnung, die Beziehung zu anderen Strukturen sowie die Art (z. B.: vollständig – teilweise thrombosiert, alte – frische Thrombose) beinhalten. Da in einem Ultraschallbild nur kurze Strecken zu erfassen sind und eine eindeutige örtliche Zuordnung (an Hand der Aufnahme) oft nicht möglich ist, muß eine ausführliche Beschreibung erfolgen. Diese Beschreibung kann ergänzt werden durch die Übertragung der Lokalisation und Ausdehnung des Befundes auf eine standardisierte Schemazeichnung (z. B. in Abb. 8.**1**). Zusätzlich ist für die Verlaufsbeurteilung die Markierung der Ausdehnung mit einem Fettstift auf der Haut sinnvoll. Im einzelnen sollte bei einer Thrombose eine Querschnittsdarstellung an der Stelle mit dem größten Durchmesser sowie an der kranialen und kaudalen Grenze des Thrombus vorliegen. Die Beschreibung muß die Zusammensetzung des Thrombus und seine Beziehung zur Venenwand enthalten. Als Beispiel könnte die Beschreibung einer älteren am Gefäßrand teilweise blutumspülten Thrombose in der V. poplitea so aussehen: Lumen der Vene nicht vollständig komprimierbar mit inhomogener echoarmer Binnenstruktur, der Durchmesser der Venen unter Kompression beträgt im Maximum das 1,4fache der Begleitarterie, Nachweis von Bewegungssignalen im dorsalen gefäßwandnahen Teil des Gefäßes nach Kompression der Wade, kaudale Begrenzung an der Einmündung der V. tibialis anterior, kraniale Begrenzung in Höhe des unteren Patellarands.

8.4 Krankheiten mit pathologischer Anatomie und Befunde in der FKDS

8.4.1 Beinvenen

Erkrankungen der Venen sind ein sehr häufiges klinisches Problem. Allerdings sind nur relativ wenige Entitäten verantwortlich für diese hohe Inzidenz. In mehr als 90% der Fälle sind Thrombosen und Varikosis zu nennen. Der verbleibende Rest verteilt sich auf seltene Gefäßmißbildungen, die entweder allein oder im Zusammenhang mit komplexen Mißbildungen auftreten (z. B. Klippel-Trenaunay-Syndrom).

Die venöse Stase ist der wichtigste, eine Venenthrombose auslösende Faktor. Als weitere Ursachen sind ein Trauma oder ein chirurgischer Eingriff sowie eine pathologische Erhöhung der Blutgerinnung (Hyperkoagulämie) zu nennen. Die Thrombose soll ihren Ursprung bevorzugt in den Falten der Venenklappen nehmen und von da sich durch Anlagerung von Blutbestandteilen nach zentral oder peripher ausdehnen. In der Folge kommt es entweder zu einer Rekanalisation des Gefäßes (durch die Behandlung oder spontan), oder die Vene bleibt verschlossen. In jedem Fall führt eine die Thrombose begleitende Entzündung zu einem Funktionsverlust der Venenklappen und dies dann zu einer Varikosis. Hiervon zu unterscheiden ist die sogenannte „primäre Varikosis“. Unter dieser Bezeichnung versteht man Veränderungen an den Venen die ohne erkennbare vorangegangene Erkrankungen aufgetreten sind. Genetische sowie Umwelteinflüsse werden für die Entstehung der primären Varikosis verantwortlich gemacht. Eine Varikosis zeichnet sich durch die Erweiterung des Gefäßlumens, den geschlängelten Verlauf und die leicht verletzliche dünne Venenwand aus. Infolge der Erweiterung des Gefäßlumens kommt es zu einer Insuffizienz auch primär noch funktionstüchtiger Venenklappen.

Abb. 8.**7a–c** Frischer thrombotischer Verschluß der tiefen Beinvenen links:
a In der Phlebographie nur Kontrastierung von oberflächlichen Venen und einer Profundavene (Pfeil), die V. femoralis superficialis und die V. poplitea stellen sich nicht dar
b In der FKDS im Querschnitt nicht komprimierbare Vene mit inhomogen echoarmer Textur und unscharfer Begrenzung, der Durchmesser der Vene ist mehr als doppelt so groß wie der der Begleitarterie („Rot")
c Im Längsschnitt in der FKDS dorsomedial der Arterie („Rot") liegende bandförmige hyporeflexive Struktur entsprechend der thrombosierten Vene

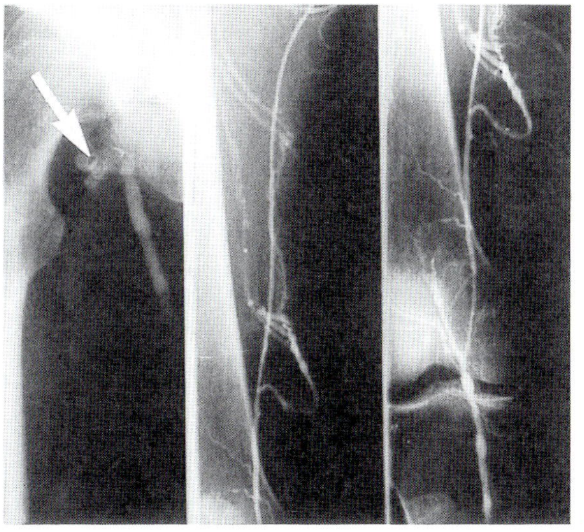

a

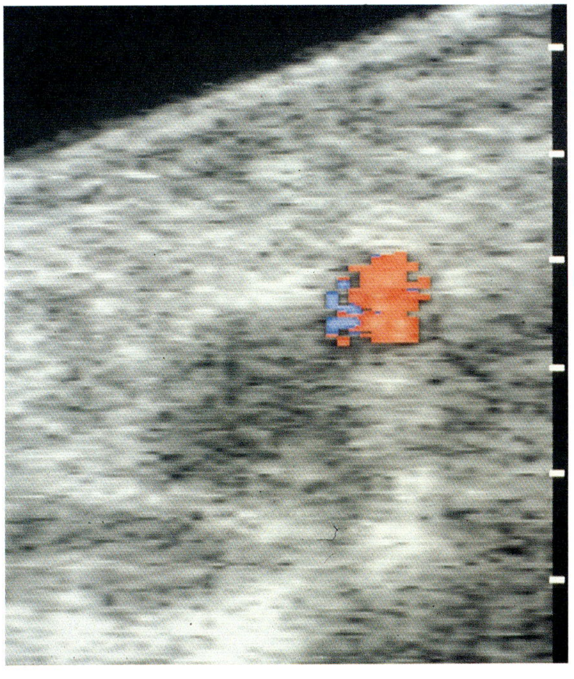

b

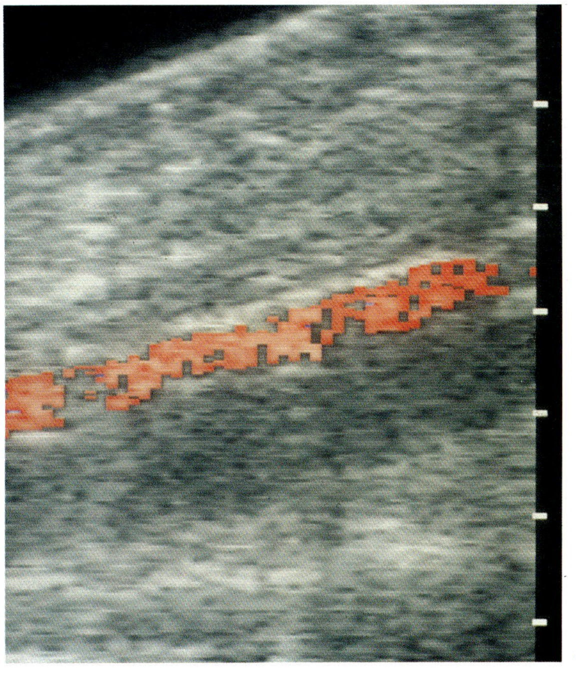

c

Das entscheidende Kriterium für die Diagnose einer Thrombose im Ultraschall ist die fehlende Komprimierbarkeit des Gefäßlumens. Während die normale Vene sich durch sanften Druck mit dem Schallkopf vollständig komprimieren läßt, verändert sich das thrombosierte Gefäß unter dem Druck mit dem Schallkopf nicht oder nur geringfügig, insbesondere die partiell verschlossene Vene kann unter dem Druck mit dem Schallkopfs eine ovale Form annehmen.

Die vollständig thrombosierte tiefe Vene stellt sich im Grauwertebild als echoarme, direkt neben der Arterie liegende rundliche Struktur ohne Flußsignale dar (Abb. 8.**7a–c**, 8.**8a**, **b**). Auch nach vorsichtiger Kompression der Weichteile distal des Schallkopfs sind keine Bewegungssignale nachzuweisen. Sowohl der Druck mit dem Schallkopf als auch die Weichteilkompression mit der Hand müssen sanft und vorsichtig durchgeführt werden. Durch den Druck kann es zumindest theoretisch zu einem Lösen eines Thrombus und zu einer Lungenembolie kommen. Inwieweit eine solche Gefahr real besteht ist unklar. Bei der klinischen Untersuchung der Beine wird nach Schmerzen während der Kompression der Wade gesucht („Meyer-Druckpunkte") oder beim „May-Löwenberg Zeichen" während der Kompression des Oberschenkels nach dabei auftretenden Wadenschmerzen gefragt. Berichte über durch die klinische Untersuchung oder durch die Kompression mit dem Schallkopf ausgelöste Lungenembolien liegen nicht vor. In den letzten fünf Jahren haben wir die Untersuchung bei mehr als 4000 Patienten eingesetzt. Dabei ergaben sich keine

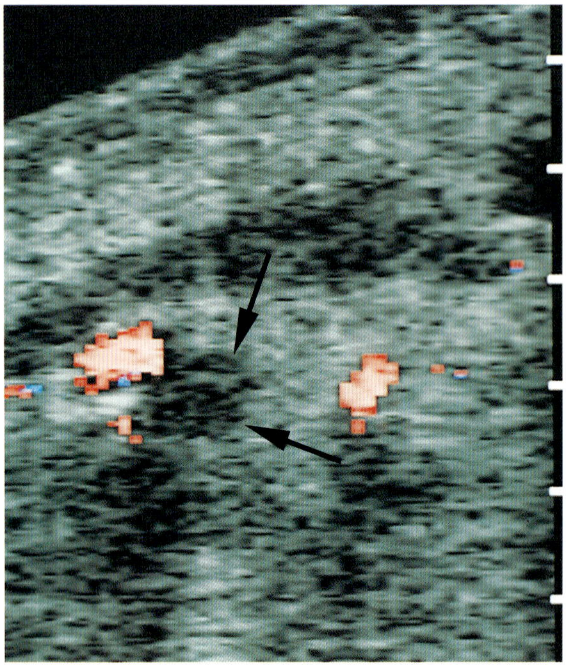
a

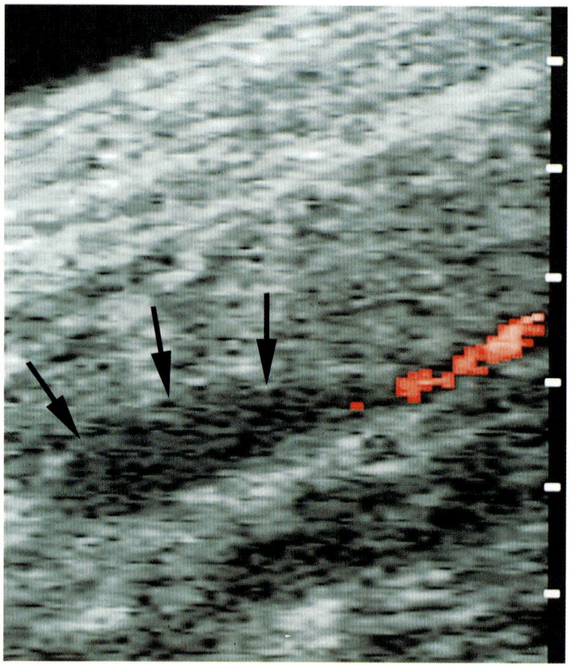
b

Abb. 8.**8a**, **b** Thrombotischer Verschluß einer Vene der Fibularis-Gruppe:
a Im Querschnitt unmittelbar der Arterie („Rot") anliegende rundliche gut abgrenzbare echoarme Struktur ohne Flußsignale (Pfeile), Echogenität ähnlich der der Muskulatur
b Im Längsschnitt spindelförmiges der Arterie („Rot") anliegendes gut abgrenzbares homogen echoarmes Areal ebenfalls ohne Flußsignale (Pfeile)

Hinweise für eine Embolisation durch die Kompression. In der Literatur wird von einem Fall berichtet, bei dem während der Ultraschalluntersuchung ein Thrombus aus der V. femoralis superficialis in die Lunge embolisierte (24). Von unseren Patienten bekam einer nach der Ausführung des Valsalva-Preßversuches eine Lungenembolie. Das Valsalva-Manöver ist jedoch auch für die Aufrechterhaltung physiologischer Vorgänge notwendig. Die Embolie hätte damit auch zu einem beliebig anderen Zeitpunkt auftreten können. Die Möglichkeit, durch die Untersuchung eine Lungenembolie auszulösen, sollte aber bewußt sein und zu einem vorsichtigen Vorgehen (z. B. Kompression mit langsam zunehmenden Schallkopfdruck) motivieren.

Bei einer vollständig thrombosierten Vene sind nur Bewegungssignale aus der Begleitarterie zu erfassen. Im Fall einer partiell das Lumen verschließenden Thrombose kann es entsprechend dem Durchmesser des Thrombus unter der Kompression zu einer Änderung des Gefäßlumens kommen. Hier ist die Farbkodierung besonders hilfreich: Es kann über die Bewegungssignale genau zwischen blutumspülten und wandadhärenten Teilen unterschieden werden (Abb. 8.**9a**, **b**). Neben der Untersuchung im Querschnitt ist als Ergänzung die Darstellung im Längsschnitt hilfreich. Ohne den Schallkopf zu kippen kann auch eine langsame Blutbewegung besser erfaßt werden. Insbesondere bei nahezu okkludierenden Thromben ist im Liegen spontan keine Blutbewegung nachzuweisen. Das Ausmaß der blutumspülten Anteile ist deshalb immer gesondert zu prüfen. Hierzu werden nach genauer Einstellung des Thrombus distal des Schallkopfs die Weichteile mit der Hand vorsichtig komprimiert. Dadurch kommt es zu einem verstärkten venösen Abstrom, und die blutumflossenen Anteile können gut erfaßt werden (Abb. 8.**9a**, **b**, 8.**10a**, **b**). Das Valsalva-Preßmanöver ist in der Regel zur Darstellung von partiell okkludierenden Thromben am Oberschenkel nicht geeignet.

Wenn sich unter der Kompression die Konfiguration der Begleitarterie ändert, so ist der Applikationsdruck zu hoch und es liegt in der Regel eine pathologische Veränderung an der Vene vor. Ein solcher Befund ist z. B. typisch für einen proximalen vollständigen Verschluß der V. iliaca communis bei freier V. iliaca externa und freien Oberschenkelvenen. Durch die Abflußbehinderung kommt es in den distal des Verschlusses liegenden Venen zu einem Stau und zu einer Erweiterung der Gefäße. Bei einem frischen Verschluß ist der Druck im Gefäßlumen oft so groß, daß eine Kompression nur mit erheblichem Kraftaufwand und unter Deformierung der Begleitarterie möglich ist. Mit Hilfe der FKDS kann die Diagnose einfacher gestellt werden: Bei der Änderung der Form der Vene (durch Druck mit dem Schallkopf) kommt es zu einer Blutbewegung in der Vene auch bei einem ausgeprägten Stau. Diese Farbsignale erlauben die sichere Unterscheidung zwischen einem thrombotisch erweiterten und einem wegen einer Abflußbehinderung erweiter-

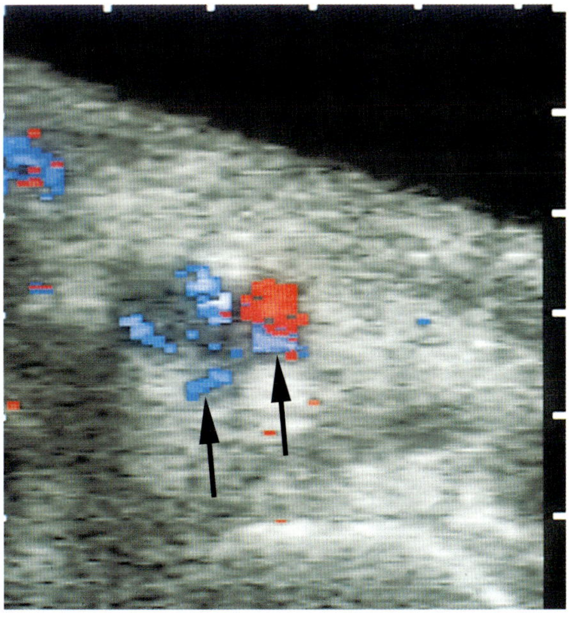
a

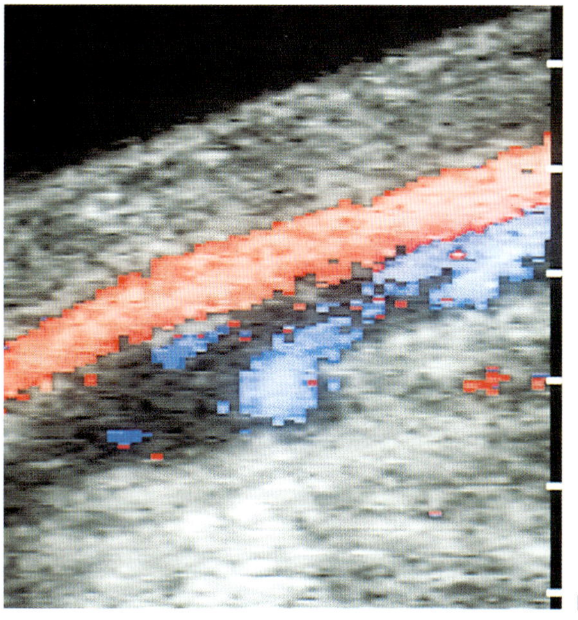
b

Abb. 8.**9a**, **b** Ältere teilweise blutumspülte Thrombose der linken V. femoralis superficialis:
a Im Querschnitt medial der Arterie nicht vollständig komprimierbare scharf abgrenzbare Vene mit echoarmer Textur, Durchmesser der Vene um die Hälfte gößer als der der Begleitarterie („Rot"), am dorsomedialen und ventrolateralen Rand Nachweis von venösen („Blau" kodiert) Flußsignalen, dorsolateral Einmündung von zwei Profundavenen (Pfeile), oberflächliche Vene am linken oberen Bildrand
b Im Längsschnitt dorsomedial der Arterie („Rot") bandförmige echoarme glatt abgrenzbare Struktur mit abschnittsweise erkennbaren venösen („Blau") Flußsignalen

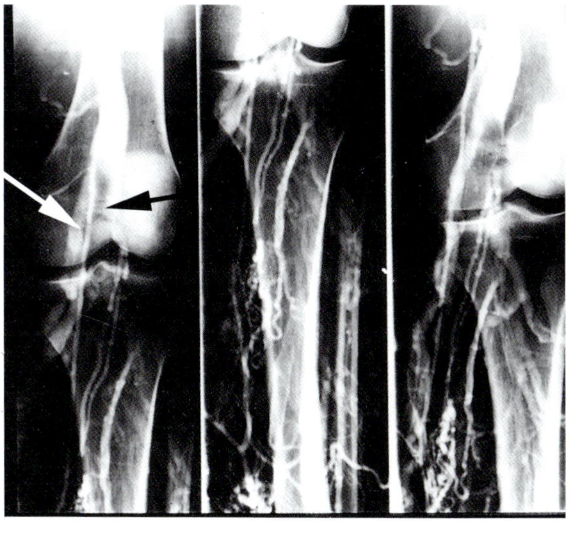
a

Abb. 8.**10a**, **b** Teilweise blutumspülte Thrombose in der V. poplitea und Thromben in den Unterschenkelvenen:
a In der Phlebographie partieller Verschluß der tiefen Unterschenkelvenen und kontrastmittelumspülter Thrombus (Pfeile) in der V. poplitea
b In der FKDS im Längsschnitt nicht komprimierbare V. politea mit inhomogener Echotextur, am Rand des Gefäßes venöse Flußsignale („Blau") entsprechend den blutumspülten Anteilen des Thrombus

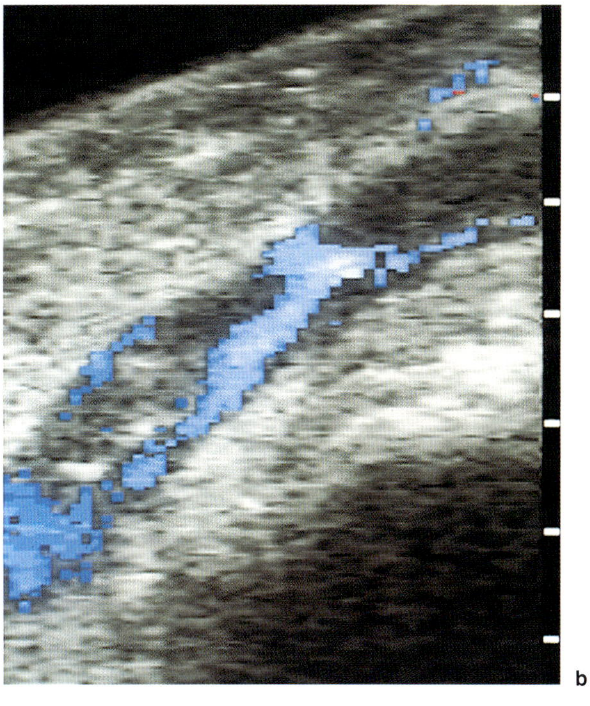
b

ten Gefäß. Im Fall einer nur partiell verschlossenen proximalen Beckenvene ist entweder in Ruhelage die V. femoralis communis bzw. die distale V. iliaca externa im Seitenvergleich auf der nicht betroffenen Seite erweitert oder es findet sich eine Seitendifferenz während des Valsava-Preßversuchs.

Die Begrenzung der thrombosierten Vene kann scharf oder unscharf, die Binnenstruktur homogen oder inhomogen sein. Ein Rückschluß auf das Alter einer Thrombose ist mit Hilfe dieser Kriterien nicht möglich. Relativ wenige Arbeitsgruppen haben sich mit dem Problem der Altersbestimmung venöser Thromben im Ultraschall beschäftigt. In In-vitro-Versuchen wurde z. B. frisches Blut in einen Kunstoffschlauch gegeben und nach der Gerinnung sonographisch untersucht (1, 4). In diesen Versuchen zeigte sich, daß frisch geronnenes Blut eine hyperreflexive Struktur aufweist, die im Verlauf der Zeit abnimmt. Diese Experimente sind wahrscheinlich auf das venöse System in vivo nicht zu übertragen. Zum einen wird sich beim Füllen der Schläuche eine Mischung des Bluts mit Luft ergeben. Diese Luft wird bei der Gerinnung in den Blutkuchen eingeschlossen und kann so zu einer hyperreflexiven Struktur führen. Nach einiger Zeit wird die Luft entweichen, und damit wäre die Abnahme der Echogenität zu erklären. Zum zweiten ist die Enstehung eines Thrombus im lebenden Organismus nicht mit der Gerinnung von Blut in einem Kunststoffschlauch zu vergleichen. Auch die Untersuchung von mit Alkohol verödeten oberflächlichen Varizen (22) ist wegen der völlig verschiedenen Enstehung des Gefäßverschlusses nur eingeschränkt verwendbar.

Unabhängig von dem Ergebnis experimenteller Studien ist die Applikation des Kriteriums der Echogenität bzw. der Abgrenzbarkeit problematisch. Eine wesentlicher Grund hierfür ist, daß die Beurteilung „homogen" bzw. „inhomogen" vom Untersucher, von der Einstellung des Geräts und von der Konstitution des Patienten abhängig ist. Durch entsprechende Aussteuerung des Grauwertbilds kann sowohl ein homogenes als auch ein inhomogenes Bild erzeugt werden. Bei adipösen Patienten ist wegen der vermehrten Absorption und Streuung der Schallwellen eher ein inhomogenes als ein homogenes Gefäßlumen zu erwarten. Aus den gleichen Gründen kann auch die Begrenzung der Gefäßwand nicht für eine Altersbestimmung benutzt werden.

Zur Festlegung des Thrombosealters kann nach unseren Erfahrungen nur der Durchmesser der thrombosierten Vene herangezogen werden. Die frische Thrombose führt zu einer Aufweitung des Gefäßlumens und der Durchmesser der Vene kann sonographisch hinreichend genau bestimmt werden. Um individuelle Unterschiede ausgleichen zu können, empfiehlt sich die Bildung eines Quotienten zwischen dem größten Durchmesser der thrombosierten Vene (unter Kompression) und dem größten Durchmesser der Begleitarterie. Bei einem Quotienten von größer/gleich 2 liegt mit hoher Wahrscheinlichkeit eine Thrombose mit einem Alter von weniger als 10 Tagen vor (9). Ist der Quotient kleiner als 2, ist die Thrombose älter als 10 Tage (Abb. 8. **7a–c** und 8.**9a**, **b**). Diese Festlegung erlaubt in der Mehrzahl der Fälle eine sichere Bestimmung des Alters. Allerdings gibt es hierbei auch abweichende bzw. unklare Befunde. Die Entscheidung über das Alter der Thrombose sollte deshalb unter Hinzuziehung aller anamnestischen und klinischen Daten erfolgen.

Während die Unterscheidung zwischen einer frischen und einer älteren Thrombose (also im Zeitraum von bis zu 10 Tagen) über den Durchmesser der Vene noch möglich ist, kann über die im weiteren Verlauf der Thrombose auftretenden Änderungen (sogenannten „postthrombotischen Veränderungen") keine Zuordnung zum jeweiligen Alter erfolgen. Nach einer Thrombose kann das Gefäß sich spontan rekanalisieren oder verschlossen bleiben. Bisher liegen keine Erkenntnisse darüber vor, welches Gefäß sich bei welchen Patienten unter welcher Behandlung und in welcher Zeit rekanalisiert oder verschlossen bleibt. Beim Nachweis einer thrombosierten Vene mit einem Durchmesser wie der der Begleitarterie kann es sich um eine 2 Wochen alte oder um eine 6 Monate alte Thrombose handeln (9, 12, 13). Eine Differenzierung mit bildgebenden Verfahren ist nicht möglich. Der Thrombus in einer Vene kann nach dem Abklingen der akuten Entzündung über mehrere Monate unverändert nachzuweisen sein. Der Thrombus kann sich auflösen; im Rahmen dieser Lyse kommt es entweder zu einer Rekanalisation oder zu einem Verschluß des Gefäßes. Im letzeren Fall kann die Vene im zu erwartenden Verlauf neben der Arterie nicht oder nur in kurzen Segmenten dargestellt werden. Es finden sich aber in der unmittelbaren Umgebung der ursprünglichen Vene in unterschiedlicher Ausprägung Kollateralvenen, die beim Gesunden nicht nachzuweisen sind. Diese Kollateralvenen sind häufig kleinlumig (Abb. 8.**11**) und nur über die farbig kodierten Bewegungssignale zu erfassen (insbesondere nach Kompression der Weichteile distal der Untersuchungsstelle). Nach erfolgter Rekanalisation des Gefäßlumens kann die Vene im Ultraschallbild entweder vollkommen normal aussehen, oder es stellen sich Wandverdickungen unterschiedlichen Ausmaßes dar (Abb. 8.**12**). Diese Wandveränderungen sind am besten unter der Kompression des Lumens zu erkennen. Bei der Untersuchung einer solchen Vene im Längsschnitt ist der normalerweise laminare Fluß aufgehoben, und es finden sich – bedingt durch die Wandveränderungen – Turbulenzen, die in der Farbkodierung durch den Wechsel von Rot und Blau einfach zu erkennen sind (Tab. 8.**1**). Auch bei sonographisch völlig normalem Erscheinungsbild einer Vene können postthrombotische Veränderungen vorliegen. Hier sind vor allem durch den Entzündungsprozeß insuffiziente Venenklappen zu nennen, deren Funktion sonographisch nicht oder nur unbefriedigend erfaßt werden können.

Ein differentialdiagnostisches Problem besteht in der Erkennung einer Rethrombose in postthrombotisch veränderten Venen. Infolge der narbig veränderten verdickten Venenwand wird es bei einer

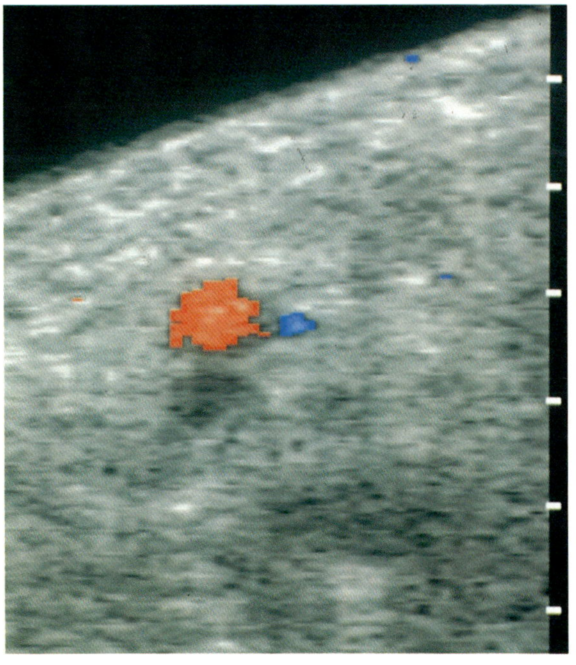

Abb. 8.**11** Alter thrombotischer Verschluß der linken V. femoralis superficialis im Querschnitt: Dorsal der Arterie („Rot") rundliche gut abgrenzbare homogen echoarme Struktur (kleinerer Durchmesser als die Arterie) ohne Flußsignale, lateral der Arterie kleinlumige Kollateralvene mit „Blau" kodiertem Fluß

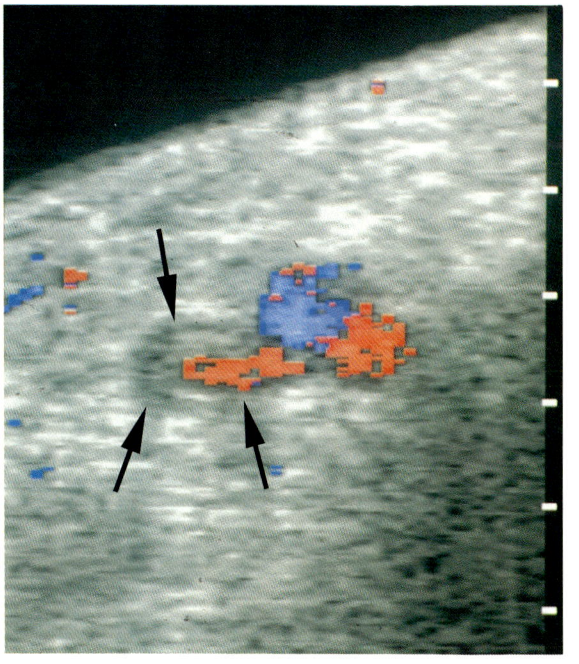

Abb. 8.**12** Postthrombotische Veränderungen an der linken V. femoralis superficialis im Querschnitt: Regelrechte Flußsignale im Lumen der Vene („Rot") aber deutlich verdickte Venenwand (Pfeile), dorsolateral der Arterie („Blau") Einmündung einer Profundavene („Rot") mit normaler Wandstärke

Tabelle 8.**1** Zusammenfassung der FKDS-Befunde bei der Untersuchung der Beinvenen

Normal	Vene vollständig komprimierbar, dünne Venenwand, seitengleiche Änderung der Blutbewegungssignale unter der Atmung und nach distaler Weichteilkompression
Frische Thrombose (< zehn Tage)	Vene nicht komprimierbar, Durchmesser des Gefäßlumens doppelt so groß wie oder größer als das Lumen der Begleitarterie, eventuell teilweise blutumspült
Ältere Thrombose (> zehn Tage)	– Verschluß: Venen nicht komprimierbar, Durchmesser des Gefäßlumens weniger als das zweifache des Lumens der Begleitarterie, keine Flußsignale – partieller Verschluß: teilweise komprimierbar. Durchmesser des Gefäßlumens weniger als das Zweifache des Lumens der Begleitarterie, am Rand teilweise blutumspült
Postthrombotische Veränderungen	Venenwand verdickt und turbulenter Fluß, Vene kurz- oder längerstreckig verschlossen, Kollateralgefäße

erneuten Thrombose nicht zur gleichen Zunahme des Gefäßdurchmessers kommen wie bei einer frischen Thrombose in einem normalen Gefäß. Da meistens nicht alle Gefäßabschnitte gleichmäßig starke entzündliche Veränderungen aufweisen, kann die frische Thrombose eventuell in einem Abschnitt mit nur geringen Wandveränderungen erkannt werden. Dies unterstreicht noch einmal die Notwendigkeit, immer die Venen des gesamten Beines zu untersuchen.

In der Folge einer Thrombose kann es zum sogenannten „postthrombotischen Syndrom" kommen. Die Ursachen sind infolge der abgelaufenen Entzündung insuffiziente Venenklappen und/oder dauerhaft verschlossene tiefe Venen. Der Beitrag der FKDS beschränkt sich auf die Erfassung der postentzündlichen Veränderungen am tiefen Venensystem. Die Unterscheidung zwischen einer rein primären oder sekundären Varikosis ist sonographisch nicht möglich. Insbesondere können insuffiziente Perforansvenen nicht oder nur in Einzelfällen erkannt werden. Venenklappen können zwar im Ultraschall dargestellt werden. Auch ihre Beweglichkeit und die Änderung der Blutbewegungsrichtung, z. B. während des Valsalva-Preßversuchs, kann mit der FKDS erfaßt werden. Dies ist aber nur an einzelnen (z. B. Einmündungsklappe der V. saphena magna) anatomisch gut zugänglichen Venenklappen möglich. Die Funktion des Venensystems ist aber ein komplexer Vorgang, der mit einer punktuellen Untersuchung nicht zu beurteilen ist. Zusätzlich ist das Ergebnis einer Untersuchung im Liegen unter anderem von der Lagerung und dem Muskeltonus abhängig und deswegen schwer zu standardisieren. Die Beurteilung über die Funktion des Venensystems bleibt der klinischen Untersuchung vorbehalten, ergänzt durch die intravenöse Druckmessung (3) und der Phlebographie zur Darstellung der insuffizienten Perforansvenen.

Perivenöse Veränderungen können klinisch als Thrombose imponieren. Am häufigsten sind eine (rupturierte) Baker-Zyste, ein Hämatom und ein Aneurysma der Begleitarterie zu nennen. Die Bewegungssignale in der FKDS erlauben eine schnelle Differenzierung zwischen einem Aneurysma und anderen pathologischen Flüssigkeitsansammlungen (s. Kapitel 5 und 6).

Gefäßmißbildungen und Tumore am venösen System sind selten. Beim Klippel-Trenaunay-Syndrom (partieller angiektatischer Gigantismus) kommt es an der betroffenen Extremität zu venösen Ektasien. In unterschiedlicher Ausprägung sind tiefe und/oder oberflächliche Venen betroffen. Die zum Teil monströsen Gefäße können durch Druck mit dem Schallkopf entleert werden, unter dem Druck kann mit Hilfe der Farbkodierung die Verbindung der einzelnen Venenabschnitte dargestellt werden. Angeborene arteriovenöse Fisteln mit hämodynamischer Relevanz sind extrem selten. Am häufigsten tritt eine A-V-Verbindung in Folge einer arteriellen Punktion auf. Oberflächliche Angiome zeigen in der FKDS meist nur eine geringe Perfusion. Die FKDS kann zur Differentialdiagnose bei einem Glomustumor herangezogen werden, der typischerweise erheblich hypervaskularisiert ist (s. Kapitel 5 und 6).

8.4.2 Arm-, Schulter- und Halsvenen

Pathologische Veränderungen an den Venen der oberen Extremität und am Hals führen zum gleichen sonographischen Bild wie an den Beinen. Als häufigste Ursache einer Thrombose dieser Venen sind zentrale Venenkatheter zu nennen. Beim Paget-v. Schroetter-Syndrom (Achselvenensperre, Überanstrengungsthrombose) kommt es meist nach körperlicher Tätigkeit zu einer plötzlichen Schwellung des Arms. Die Ursache ist ein thrombotischer Verschluß der V. subclavia oft ohne Beteiligung der V. axillaris. Bei der Untersuchung fällt eine deutliche Erweiterung der V. axillaris im Vergleich zur Gegenseite und eine fehlende Änderung der Blutbewegungssignale unter der Atmung auf. In den darstellbaren (lateralen) Abschnitten der V. subclavia zeigt sich eine erweiterte Vene ohne Nachweis von Bewegungssignalen. Ein isolierter Verschluß der V. brachio-cephalica führt zu einer Erweiterung der zuführenden Venen und zu einer pathologischen Reaktion auf das Valsalva-Preßmanöver.

8.5 Stellenwert der FKDS im Vergleich zu anderen Verfahren

Der Stellenwert eines diagnostischen Verfahrens wird am Wert anderer Untersuchungsmethoden gemessen. Zu unterscheiden sind hier direkte und indirekte Verfahren. Als indirekte Verfahren gelten die Szintigraphie, die Thermographie, die Plethysmographie und die CW-Doppler-Sonographie. Der entscheidende Nachteil dieser Verfahren ist, daß nicht die Vene selbst, sondern nur die durch eine Thrombose verursachten Veränderungen dargestellt werden können. Damit ist eine Thrombose mit relativ hoher Sensitivität, aber mit niedriger Spezifität zu erkennen und bei einem pathologischen Befund zum sicheren Nachweis einer frischen Thrombose ein direkt bildgebendes Verfahren notwendig. Außerdem können mit diesen Verfahren die Extremitätenvenen nur teilweise erfaßt werden. Mit der Szintigraphie werden sicher nur Thrombosen des Unterschenkels und mit der CW-Doppler-Sonographie nur Thrombosen des Oberschenkels und der Beckenvenen erfaßt (2, 7, 15, 26, 29). Ein direkter Vergleich dieser Verfahren mit der FKDS ist deshalb nicht sinnvoll. Außerdem haben diese nichtinvasiven Methoden durch die Entwicklung der Sonographie an Stellenwert verloren und werden wahrscheinlich in ihrer Bedeutung noch weiter zurückgedrängt.

Die Methode, mit der sich jedes diagnostische Verfahren zur Darstellung der Venen messen muß, ist die Phlebographie. Nach Füllung der Venen mit Kontrastmittel ist eine direkte Erfassung des Lumens der Gefäße möglich. Veränderungen der Venenwand und Venenklappen sind damit unmittelbar, die Umgebung der Gefäße mittelbar zu erkennen. Über viele Jahre ist die Phlebographie immer als die entscheidende Referenzmethode benutzt worden. Obwohl am diagnostischen Wert der Phlebographie kein Zweifel besteht, ist es wichtig zu bemerken, daß eine Validierung der Methode nie stattgefunden hat bzw. die Versuche hierzu unzureichend waren. Zwei Arbeiten sollen hier exemplarisch vorgestellt werden: Lund et al. (21) haben an frischen Leichen nach intraspongiöser Kontrastmittelgabe die Beinvenen dargestellt und das Ergebnis mit der direkt danach erfolgten Autopsie verglichen. Es bleibt jedoch offen, inwieweit eine solche Untersuchung auf den lebenden Menschen übertragbar ist. Hull et al. (16) haben bei Patienten mit den klinischen Zeichen einer Beinvenenthrombose und einem negativem Phlebogramm über Verlaufskontrollen versucht, die Verläßlichkeit der Methode zu überprüfen. Bei 1,3 % ihres Kollektivs zeigte sich in den ersten 5 Tagen nach der Phlebographie eine Zunahme des klinischen Befundes und die erneut durchgeführte

Venographie ergab dann eine sichere Thrombose. Auch diese Untersuchung ist nur bedingt verwertbar, da hier nur die zunehmende Klinik zu einer erneuten Phlebographie führte und damit alle abklingenden und möglicherweise bei der Erstuntersuchung übersehenen Thromben nicht erkannt wurden. Kontrollphlebographien waren und sind wegen des großen Aufwands, der möglichen Nebenwirkungen und der hohen Kosten nur beschränkt durchführbar. Die unzureichende Validierung der Phlebographie als diagnostische Methode ist letztlich auf fehlende Referenzmethoden zurückzuführen.

Jede neue Methode wird an den herkömmlichen Verfahren gemessen. Vergleicht man die sonographischen und phlebographischen Ergebnisse der Untersuchung bezüglich der Frage nach einer Beinvenenthrombose, so findet sich eine hohe Übereinstimmung (Sensitivität 91 – 96%). In Tab. 8.**2** werden aus der Vielzahl von in den letzten Jahren publizierten Arbeiten zu diesem Thema exemplarisch 4 vorgestellt. Da die Sonographie das Gefäßsystem und seine Umgebung anders abbildet als die Phlebographie, sind beim Vergleich der Ergebnisse auch divergente Befunde zu erwarten. Schwächen und Vorzüge beider Verfahren sind ebenfalls unterschiedlich und mit statistischen Begriffen wie Sensitivität und Spezifität nur unzureichend zu erfassen. In Tab. 8.**3** wird deshalb versucht, diese Unterschiede mit Hilfe eines Punktsystems zu objektivieren. Diese Beurteilung basiert auf der langjährigen Erfahrung des Autors im Umgang mit beiden Verfahren und dem Stand der Literatur. In mehreren der in der Tab. 8.**3** aufgeführten Punkten werden Phlebographie und FKDS gleich oder ähnlich beurteilt. Unterschiede bestehen z. B. bei der Darstellung der Beckenvenen. Während mit der FKDS eine Beurteilung nur indirekt möglich ist, kann mit der Phlebographie zumindest bei älteren und bei partiell das Lumen verschließenden Thrombosen die kraniale Begrenzung des Thrombus erfaßt werden. Bei einem frischen vollständigen Verschluß der Beckenvenen ist dies allerdings auch mit der Phlebographie nicht möglich. Zur Klärung der Frage nach der Ursache der Thrombose im kleinen Becken ist die Computertomographie mit Kontrastmittel die Methode der Wahl. Die Extension des Thrombus in die V. cava kann sonographisch oder mit der CT besser als mit der Phlebographie erfaßt werden (s. Kapitel 11). Die Vv. profundae femores müssen, um in der Phlebographie beurteilt werden zu können, retrograd mit Kontrastmittel gefüllt werden. Dies ist in vielen Fällen bei suffizienten Klappen und fehlender Relaxation der Muskulatur nicht möglich. Mit der FKDS können die kranialen Abschnitte der Profundavenen mit der gleichen Sicherheit wie die anderen Venen des Oberschenkels beurteilt werden.

Kontrovers wird die Bedeutung der Methoden bei der Beurteilung der Unterschenkelvenen diskutiert. Bis vor wenigen Jahren wurde mehrheitlich die Ansicht vertreten, daß wegen der Vielzahl und der Varianz der Venen am Unterschenkel sonographisch eine vollständige Erfassung nicht möglich sei und deshalb auch eine Thrombose mit dieser Methode nicht auszuschließen sei (8, 25). Bei allen symptomatischen Patienten und frei durchgängigen Venen des Knies und des Oberschenkels führt die fehlende Aussage über die Unterschenkelvenen zwangsläufig zu der Forderung nach einer ergänzenden Phlebographie. Damit wird aber der Wert der Sonographie erheblich einge-

Tabelle 8.**2** Sensitivität und Spezifität des Ultraschalls in bezug auf die Erkennung thrombotischer Veränderungen an den tiefen Beinvenen im Vergleich zur Phlebographie. (B) = Untersuchung mit Grauwertsonographie, (FKDS) = Untersuchung mit der farbkodierten Duplexsonographie, * = für Oberschenkel

	Sensitivität (%)	Spezifität (%)
Lensing et al., 1989 (B) (220 Beine) (19)	91	99
Krings et al., 1990 (B) (235 Beine) (18)	93	96
Fobbe et al., 1989 (FKDS) (129 Beine) (8)	96	97
Rose et al., 1990 (FKDS) (75 Beine) (27)	*96	*100

Tabelle 8.**3** Bewertung von Phlebographie und FKDS für die bei der Untersuchung der Beinvenen auftretenden Fragen. Je mehr Kreuze für das jeweilige Stichwort vergeben werden um so günstiger wird das Verfahren bewertet

	Phlebographie	FKDS
Beckenvenen	++	+
V. femoralis	+++	+++
Profundavenen	+	+++
V. poplitea	+++	+++
Unterschenkelvenen	++	++
oberflächliche Venen	+++	+
Durchgängigkeit	+++	+++
Wandveränderungen	++	+++
Vollständig/partiell verschlossen	++	+++
Ausdehnung der Thrombose	++	+++
Altersbestimmung	+	+++
Kollateralen	+++	++
Umgebung	+	+++
Venenklappen	+++	+
Ödem/ Hämatom/Hautdefekt/ postoperativ	+++	+
Weichteilverkalkungen	++	+
Dokumentation	+++	+
Untersucherabhängigkeit	++	+
Mitarbeit des Patienten	+	+++
Nebenwirkungen	+	+++
Kosten	+	+++
Aufwand	+	+++
Zeit	+	+++

schränkt. Erst die Erfahrung, daß es nicht notwendig ist, alle vorhandenen tiefen Venen des Unterschenkels darzustellen, sondern nur nach thrombosierten Venen zu suchen, brachte die entscheidende Veränderung (12,13). Mit dieser Prämisse kann im Vergleich zur Phlebographie eine isolierte Thrombose auch der Venen des Unterschenkels mit hinreichender Sicherheit erkannt werden (Tab. 8.**4**). In diesem Zusammenhang ist zu bemerken, daß auch mit der Phlebographie eine vollständige Erfassung aller tiefen Unterschenkelvenen nicht möglich ist. Thrombosen insbesondere kleinerer Venen, die das Gefäß vollständig verschließen, können wegen der dann nicht nachzuweisenden Kontrastmittelaussparung mit der Phlebographie übersehen werden (Tab. 8.**5**). Nach unserer Erfahrung kann mit der Sonographie mit hinreichender Sicherheit in der Mehrzahl der Fälle eine Thrombosierung an den tiefen Bein- und Beckenvenen erkannt werden.

Neben der Diagnose einer Thrombose ist die Frage nach dem Alter der Thromben für die optimale Therapie von entscheidender Bedeutung. Klinik und Anamnese sind nur eingeschränkt zu verwerten. In der Phlebographie kann das Ausmaß der Kollateralen und das Erscheinungsbild des Thrombus selbst zur Altersbestimmung herangezogen werden (23). Allerdings sind diese Veränderungen insbesondere bei einer Rezidivthrombose wenig zuverlässig. Mit Hilfe des sonographisch einfach zu bestimmenden Durchmessers der thrombosierten Vene ist unter Einbeziehung von Anamnese und Klinik in den meisten Fällen eine zuverlässige Aussage über das Alter der Thrombose möglich (9). Dies gilt für die Venen ab einschließlich V. poplitea nach kranial. Ob mit Hilfe des Gefäßdurchmessers auch eine Altersbestimmung an den Unterschenkelvenen möglich ist, wurde bisher nicht untersucht.

Bei Patienten mit ausgeprägten Ödemen, Hämatomen, Weichteilverkalkungen und/oder unzureichendem Schallfenster wegen einer frischen Operationswunde oder eines Hautdefekts sind mit der Sonographie nur eingeschränkte Ergebnisse zu erwarten. Trotzdem kann immer versucht werden, mit Hilfe der FKDS die aktuelle Frage zu beantworten. Da die Untersuchung den Patienten nur wenig belästigt, sie schnell und mit geringen Kosten und auch bei nicht kooperationsfähigen Patienten durchzuführen ist, erscheint dies gerechtfertigt. Bei unbefriedigendem Ergebnis muß dann nach Möglichkeit eine Phlebographie angeschlossen werden.

Schwerwiegende Nachteile der Ultraschalldiagnostik im Vergleich zur Phlebographie sind die erschwerte Befunddokumentation und die starke Abhängigkeit vom Untersucher. Während mit der bei der Phlebographie üblichen Dokumentation eine übersichtliche und großflächige Darstellung der Venen möglich ist, liefert der Ultraschall nur Querschnitte bzw. kurzstreckige Gefäßabschnitte. Eine örtliche Zuordnung ist an Hand dieser Aufnahmen nicht oder nur eingeschränkt möglich. Zusätzlich ist die Qualität der Untersuchung über die Dokumentation nicht zu überprüfen. Als Lösung bietet sich eine enge Zusammenarbeit zwischen den beteiligten Disziplinen an. In Zweifelsfällen kann die Untersuchung jederzeit eventuell auch am Krankenbett wiederholt werden.

Tabelle 8.**4** Sensitivität und Spezifität des Ultraschalls in bezug auf die Erkennung isolierter thrombotischer Veränderungen an den Unterschenkelvenen im Vergleich zur Phlebographie

	Sensitivität	Spezifität
Elias et al., 1987 (92 Beine) (5)	91	96
Habscheid et al., 1990 (37 Beine) (13)	89	99
Yucel et al., 1991 (45 Beine) (28)	88	

Alle bisher aufgeführten Punkte treffen im wesentlichen auch für die Untersuchung der Venen der oberen Extremität und des Halses zu. Es liegen wegen des selteneren Vorkommens von Thrombosen in diesen Venen nur wenige vergleichende Studien vor (10, 17), deren Ergebnisse sich aber mit den Erfahrungen an den Gefäßen der unteren Extremität decken.

Ein wichtiger Punkt in der Diskussion ist die Frage, welche Vorteile die Farbkodierung im Vergleich zur normalen B-Bild-Sonographie bringt. Dieser Punkt ist besonders wichtig, da Grauwert-Ultraschallgeräte weit verbreitet sind, dagegen Geräte mit der Möglichkeit der farbkodierten Erfassung der Blutbewegung (wegen des relativ hohen Anschaffungspreises) bisher nicht so häufig zu finden sind. Das Kriterium der Kompression der Vene kann auch mit einem normalen B-Bild-Gerät angewandt werden. Damit ist auch die Diagnostik einer Thrombose möglich, und auf eine Phlebographie kann in vielen Fällen verzichtet werden. Die FKDS bietet darüber hinaus die Möglichkeit der indirekten Beurteilung der Beckenvenen und der wegen Überlagerung nicht einsehbarer Gefäßabschnitte. Nur mit Hilfe der Farbkodierung ist die genaue Beschreibung der blutumflossenen Antei-

Tabelle 8.**5** Vergleich zwischen Phlebographie und FKDS in bezug auf die Erkennung isolierter thrombotischer Veränderungen an den Unterschenkelvenen bei asymptomatischen und symptomatischen Patienten (eigene Untersuchungen)

	US	Phlebographie Normal	Phlebographie Thrombotisch
Asymptomatisch (n = 70)	normal	64	–
	thrombotisch	–	6
Symptomatisch (n = 47)	normal	21	3
	thrombotisch	5	18

le des Thrombus und die sichere Erkennung von postthrombotischen Veränderungen möglich. Zusätzlich wird über die Signale aus der Begleitarterie das Aufsuchen und Verfolgen der Venen wesentlich vereinfacht.

Die konventionelle Duplexsonographie, die nur eine punktuelle Erfassung der Blutbewegung erlaubt, ist in ihrem Stellenwert ähnlich wie die reine B-Bild-Sonographie zu beurteilen. Vorteile gegenüber der B-Bild-Sonographie ergeben sich nur durch die Möglichkeit der Darstellung des Blutflusses in den Beckenvenen.

Die Venen der Extremitäten sind auch mit der CT und der MR darzustellen. Mit der CT sind nur Querschnitte durch die Gefäße möglich, und pathologische Veränderungen können nur nach Kontrastmittelgabe ausgeschlossen werden. Die Indikation für den Einsatz dieses Verfahrens ist die Darstellung der Venen des kleinen Beckens bei einem vollständigen thrombotischen Verschluß und der Frage nach der kranialen Begrenzung des Thrombus sowie bei einem Verdacht auf eine Kompression der Venen von außen. Mit der MR sind thrombotische Veränderungen auch ohne Kontrastmittelgabe erkennbar. Allerdings gelingt dies zur Zeit auch nur im Querschnitt (6). Ob das Verfahren einen Stellenwert in der Diagnostik der peripheren Venen erlangt, ist fraglich und bleibt abzuwarten.

Die Sonographie und insbesondere die farbkodierte Duplexsonographie sind sichere Verfahren zur Diagnostik der peripheren Venen. Um in der klinischen Praxis bestehen zu können, verlangt die Anwendung aber die Kenntnis der Grenzen der Methode sowie die für jeden Einzelfall sinnvollen ergänzenden Untersuchungen.

8.6 Literatur

1 Alanen, A., M. Kormano: Correlation of the echogenicity and structure of clotted blood. J. Ultrasound Med. 4 (1985) 421–425

2 Browse, N.L., W. F. Claphan, N.N. Croft: Diagnosis of established deep vein thrombosis with J 125 fibrinogen uptake test. Brit. med. J 4 (1971) 325–328

3 Burnham, S.J.: Operative treatment of varicose veins. In Vascular Surgery, Rutherford, R.B., (ed.): Saunders 1984, 1348–1353

4 Coelho, J.C.U., B. Sigel, J.C. Ryva, J. Machi, S.A. Renigers: B-mode sonography of blood clots. J. clin. Ultrasound 10 (1982) 323–327

5 Elias, A., G. Le Corff, J.L. Bouvier, M. Benichou, A. Serradimigni: Value of real-time-B-mode ultrasound imaging in the diagnosis of deep vein thrombosis of the lower limbs. Int. Angiol. 6 (1987) 175–182

6 Erdman, WA., H.T. Jayson, H.C. Redman, G.L. Miller, R.W. Parkey, R.W. Peshock: Deep venous thrombosis of extremities: role of MR imaging in the diagnosis. Radiology 174 (1990) 425–431

7 Fobbe, F., D. Felsenberg, C. Laaß, Sörensen, R.: Tele-Thermographie bei der Diagnostik tiefer Beinvenenthrombosen. Fortschr. Röntgenstr. 1988 149:31 – 34

8 Fobbe, F., H.-C. Koennecke, M. El Bedewi, P. Heidt, J. Boese-Landgraf, K.-J. Wolf: Diagnostik der tiefen Beinvenenthrombose mit der farbkodierten Duplexsonographie. Fortschr. Röntgenstr. 151 (1989) 569 – 573

9 Fobbe, F., M. Ruhnke-Trautmann, D.v. Gemmeren, C.A. Hartmann, U. Kania, K.-J. Wolf: Altersbestimmung venöser Thromben im Ultraschall. Fortschr. Röntgenstr. 155 (1991) 344–348

10 Grassi, C.J., J.F. Polak: Axillary and subclavian venous thrombosis: follow-up evaluation with color doppler flow US ans venography. Radiology 175 (1990) 651–654

11 Gray's Anatomy, 37th Edition, Eds.: Williams, PL., Warwick, R., Dyson, M., Bannister, LH., Churchill Livingstone, Edinburg 1989 (812)

12 Habscheid, W.: Die bildgebende Sonographie in der Diagnostik der tiefen Beinvenenthrombose. Schattauer, Stuttgart 1991

13 Habscheid, W., M. Höhman, St. Klein: Kompressionssonographie als Verfahren zur Diagnostik der akuten tiefen Beinvenenthrombose. Med. Klin. 85 (1990) 6 – 12

14 Hach, W.: Phlebographie der Bein- und Beckenvenen. 3. Aufl. Schnetztor-Verlag, Konstanz 1985

15 Huisman, M., H.R. Büller, J.W. ten Cate, J. Vreeken: Serial impedance plethysmography for suspected deep venous thrombosis in outpatients. New Engl. J. Med. 314 (1986) 823–828, 315 (1986) 765

16 Hull, R., J. Hirsh, D. Sackett, D.W. Taylor, C. Carter, A.G.G. Turpie, P. Powers, M. Gent: Clinical validity of a negativ venogramm in patients with clinically suspected venous thrombosis. Circulation 64 (1981) 622–625

17 Knudson, G.J., D.A. Wiedemeyer, S.J. Erickson, T.L. Lawson, M.W. Mewissen, E.O. Lipchik: Color doppler sonographic imaging in the assessment of upper-extremity deep venous thrombosis. Amer. J. Roentgenol. 154 (1990) 399–403

18 Krings, W., J. Adolph, S. Diederich, S. Urhahne, P. Vassallo, P.E. Peters: Diagnostik der tiefen Becken- und Beinvenenthrombose mit hochauflösender real-time und CW-Doppler-Sonographie. Radiologe 30 (1990) 525–531

19 Lensing, A.W.A., P. Prandoni, D. Brandjes, P.M Huisman, M. Vigo, G. Tomasella, J. Krekt, J.W. ten Cate, M.V. Huisman, H.R. Büller: Detection of deep-vein thrombosis by real-time B-mode ultrasound. New Engl. J. Med. 320 (1989) 342–345

20 Ludbrook, J., G.G. Jamieson: Disorders of veins. In Textbook of Surgery. Ed.: Sabiston, DC., 12th Edition, Saunders, Philadelphia (1981, 1808–1827)

21 Lund, F., L. Diener, L.E. Ericsson: Postmortem intraosseous phlebography as aid in studies of venous thromboembolism. Angiology 20 (1969) 155–176

22 Marshall, M.: Sklerosierungsreaktion großer Varizen im hochauflösenden Ultraschallbild. Phlebol. Proktol. 19 (1990) 205–214

23 May, R., R. Nißl: Zur Symptomatik der frischen Thrombose der tiefen Beinvenen. Fortschr. Röntgenstr. 107 (1965) 262–270

24 Perlin, S.J.: Pulmonary embolism during compression US of the lower extremity. Radiology 184 (1992) 165–166

25 Polak, J.F., S.S. Culter, D.H. O'Larry: Deep veins of the calf: assessment with color doppler flow imaging. Radiology 171 (1989) 481–485

26 Ramchandani,P., R.L. Soulen, L.M. Fedullo, V.D. Gaines: Deep vein thrombosis: significant limitations of noninvasive tests. Radiology, 156 (1985) 47–49

27 Rose, S.C., W.J. Zwiebel, B.D. Nelson, D.L. Priest, R.A. Knighton, J.W. Brown, P.F. Lawrence, B.M. Stults, J.C. Reading, F.J. Miller: Symptomatic lower extremity deep venous thrombosis: accuracy, limitations, and role of color duplex flow imaging in diagnosis. Radiology 175 (1990) 639–644

28 Yucel, E.K., J.S. Fisher, T.K. Egglin, S.C. Geller, A.C. Waltman: Isolated calf venous thrombosis: diagnosis with compression US. Radiology 179 (1991) 443–446

29 Zwiebel, W.J.: Introduction to vascular ultrasonography. Grune & Stratton, Orlando 1986 (333–349)

9 Aorta und symmetrische Äste

R. Kubale

9.1 Allgemeine Bemerkungen

Gefäße des Abdomens waren in der Sonographie lange Zeit lediglich Leitstrukturen, die den Anfänger auf den rechten Weg führten. Mit zunehmender Geräteverbesserung sowie durch den Einsatz der Duplexsonographie und der FKDS gelang es, über die Diagnostik von Aneurysmata der Aorta abdominalis hinaus auch weitere Erkrankungen kleinerer Gefäße des Abdomens zu erfassen. Große Bedeutung hat dabei die Diagnostik von Stenosen und Verschlüssen sowie von Thrombosen, Gefäßvarianten und Kollateralen. Neben diesen Veränderungen, die sich aus der qualitativen Flußinformation ableiten lassen, erlaubt die ergänzende Spektralanalyse über Geschwindigkeits- und Widerstandsmessungen zusätzlich funktionelle und regulative Vorgänge zu erfassen.

Im folgenden sollen Untersuchungstechnik sowie die wichtigsten, sonographisch faßbaren Erkrankungen der Aorta abdominalis und ihrer symmetrischen Äste dargestellt werden. Die viszeralen Arterien sowie die abdominellen Venen werden in Kapitel 10 und 11 behandelt.

9.2 Normale Anatomie und Untersuchungstechnik

9.2.1 Normale Anatomie und Varianten

9.2.1.1 Aorta abdominalis

Die Aorta zieht in Höhe von BWK 12/LWK 1 gemeinsam mit dem Ductus thoracicus durch das Zwerchfell. Sie verläuft unmittelbar vor bzw. links neben der Wirbelsäule und teilt sich in Höhe des vierten Lendenwirbels in die beiden Aa. iliacae auf.

Subdiaphragmal liegt ihr Durchmesser bei 24,4 mm (Männer) bzw. 21,3 mm (Frauen). Sie verjüngt sich nach peripher und mißt in Höhe der Bifurkation nur noch 19,3 mm bzw. 17,2 mm. Bis zu einem Durchmesser von 30 mm spricht man von Dilatation. Das Aneurysma ist durch einen Kalibersprung auf mehr als das anderthalbfache des proximalen, gesunden Gefäßquerschnitts definiert.

Anatomische Varianten sind selten. Sie finden sich primär beim „Situs inversus“ bzw. sekundär bei Kyphose, retroaortalen Hämatomen und Tumoren. Ein schmächtiges Kaliber ist häufig beim asthenischen Patienten, kann jedoch auch Folge einer Aortitis oder Hinweis für eine Koarktation der Aorta thoracalis sein. Hypoplasien und Atresie sowie Doppelung sind Raritäten.

9.2.1.2 Symmetrische Äste einschließlich Nierenarterien

Mit Ausnahme der viszeralen Arterien (s. Kapitel 10) bleiben die meisten Äste der Aorta abdominalis paarig. Unmittelbar unterhalb des Zwerchfells gehen die Aa. phrenicae inferiores ab, dicht darunter die Aa.suprarenales sowie das erste Paar der Aa. lumbales. Die Aa. testiculares bzw. Aa. ovaricae entspringen bei der Mehrzahl der Patienten unterhalb der Nierenarterien ventral bzw. ventrolateral aus der Aorta. Ihr sonographischer Nachweis gelingt im allgemeinen jedoch nur im Bereich der Ovarien bzw. am Hoden (s. Kapitel 13).

Die Aa. renales entspringen in 75% der Fälle in Höhe des Intervertebralraumes LWK 1/LWK 2 lateral bzw. ventrolateral aus der Aorta. Ihr Abgang liegt meist unmittelbar unterhalb der A. mesenterica superior.

Die rechte A.renalis unterkreuzt bogig die V.cava und verläuft dann schräg von kranial nach kaudal zum Nierenhilus. Auf der linken Seite zieht sie hinter Pankreaskorpus und Nierenvene horizontal nach dorsal. In ihrem extrarenalen Verlauf können sie mehrere Äste abgeben. Kleinere Äste versorgen das pararenale Gewebe, das Becken und die proximalen Ureteren. Weitere mögliche Äste sind die Aa. suprarenales inferiores, ein atypischer Abgang der Aa. testiculares bzw. ovaricae sowie vor allem rechts die A. phrenica inferior.

Beide Nierenarterien teilen sich im Hilus bzw. kurz vorher in einen ventralen sowie einen kaliberschwächeren, dorsalen Ast auf, die sich gemäß der Nierenanatomie in Segment-, Lobar- und Interlobararterien weiterverzweigen. Apikales, oberes, mittleres und unteres Segment der Niere werden durch den ventralen Ast, das posteriore Segment aus dem dorsalen Ast versorgt.

Die Aa. interlobares versorgen die Markkegel und verlaufen zwischen den Pyramiden bis zur Mark-Rinden-Grenze. Dort teilen sie sich dichotom in die Aa. arcuatae auf, die über die Aa. interlobulares und die Vasa afferentia die Glomerula versorgen. Einzelne Interlobulararterien reichen bis zur Nierenoberfläche und anastomosieren dort mit Kapselarterien (A. capsularis superior, media und inferior). Weitere Kollateralen finden sich vor allem beim Verschluß über die

Aa. phrenica inferiores, Aa. lumbales, Aa. suprarenales und aus der A. testicularis.

Bedingt durch die komplexe embryologische Entwicklung wird der Untersucher mit zahlreichen Lage- und Abgangsvarianten konfrontiert. Anatomische Varianten wie überzählige Nieren, Ektopie, Malrotation und Hufeisennieren führen zu atypischen Verläufen. Weitere untersuchungstechnische Probleme entstehen durch aberante Polgefäße sowie Abgänge aus iliakalen oder viszeralen Ästen der Aorta, die oft nur angiographisch erfaßbar sind. In 24–25% sind die Nieren doppelt versorgt, in bis zu 3 % ist mit 3 und mehr Arterien zu rechnen.

9.2.2 Untersuchungstechnik und Dokumentation

Grundsätzlich sollte im Abdomen zunächst das Grauwertbild analysiert werden. Ein optimal eingestelltes B-Bild ist Basis jeder Untersuchung. Für Erwachsene empfiehlt sich ein Linear Array bzw. Curved Array Schallkopf mit einer Sendefrequenz von 2 – 4 MHz, Schlanke und Kinder können auch mit 5 MHz untersucht werden. Sendeenergie und Tiefenausgleich werden zunächst an einem subkostalen Schrägschnitt der Leber eingestellt. Anschließend wird die Aorta im Längsschnitt aufgesucht und Tiefenausgleich, Fokus und Verstärkung so nachgeregelt, daß das Aortenlumen sowie die Abgänge von Truncus coeliacus, A. mesenterica superior und Aa. renales möglichst echofrei erscheinen.

Die Untersuchung erfolgt in Rückenlage. Zunächst wird die proximale Aorta in Inspiration durch das Schallfenster der Leber mit den Abgängen von Truncus coeliacus und der A. mesenterica superior aufgesucht. Anschließend wird der Schallkopf nach kaudal verschoben und die distale Aorta bis zur Bifurkation in 2 Ebenen dargestellt. Maximale Expiration sowie kranial betonter Druck des Schallkopfs beim Verschieben nach kaudal ermöglichen oft auch bei meteoristisch geblähtem Abdomen noch eine freie Sicht auf die ganze Aorta abdominalis. Danach erfolgt an einer unauffälligen Stelle die Zuschaltung und Anpassung der Farbkodierung wie in Kapitel 4 beschrieben.

Am Tag vor der Untersuchung der Nierenarterien mit der FKDS sollte der Patient eine ballastarme Kost und entblähenden Substanzen (z. B. Kümmeltee, sab simplex) einnehmen und am Untersuchungstag nüchtern bleiben. Diese Vorbereitung erleichtert das Auffinden und die Beurteilung der Gefäße. Der Patient muß kooperationsfähig sein, d. h., er muß auf Anweisung den Atem anhalten können und ruhig liegen bleiben. Die Abgänge der Nierenarterien werden zuerst im Querschnitt aufgesucht. Insbesondere bei adipösen Patienten und/oder festen Bauchdecken ist die Darstellung nur in entspannter Lage des Patienten und in Expiration möglich. Mit Hilfe der farbkodierten Signale werden die Nierenarterien proximal dargestellt und von dort nach distal verfolgt. Bei entsprechender Vorbereitung des Patienten kann das proximale Drittel beider Nierenarterien bei 85 – 90% der Patienten erfaßt werden. Bei den übrigen ist auch nach guter Vorbereitung wegen Adipositas und/oder sehr fester und nicht komprimierbarer Bauchdecken sowie wegen ausgeprägtem Meteorismus eine Darstellung nicht möglich. Zum schnellen Finden der linken Nierenarterie ist es hilfreich, zunächst die V. renalis sinistra aufzusuchen. Sie verläuft zwischen dem „arteriellen Nußknacker" Aorta und A. mesenterica superior und stellt sich aufgrund ihrer Breite im allgemeinen gut dar. Dorsal von ihr liegt die linke Nierenarterie. Auf der rechten Seite gelingt im allgemeinen auch die Darstellung des mittleren Gefäßabschnitts (bei schlanken Patienten ohne Meteorismus, durch den kaudalen rechten Leberlappen als Schallfenster). Auf der linken Seite ist dies nur extrem selten möglich. Das distale Drittel der Nierenarterie kann am besten von lateral erfaßt werden. Dabei wird der Nierenhilus über ein Fenster von dorsolateral eingestellt und die großen Hilusgefäße von da nach medial verfolgt. Gelegentlich ist es hilfreich, den Magen prall mit Flüssigkeit zu füllen und als Vorlaufstrecke zu nutzen. Bei Meteorismus kann durch konstanten Druck mit dem Schallkopf die die Nierenarterie überlagernde Darmschlinge entleert oder zur Seite gedrückt werden. Hierbei muß darauf geachtet werden, daß durch den Druck mit dem Schallkopf das Lumen der Nierenarterie nicht eingeengt und eine Stenose vorgetäuscht wird. Bei Kindern und Jugendlichen ist auch eine Darstellung der Nierenarterien von dorsal möglich. Beim Erwachsenen gelingt dies wegen der starken Absorption und Streuung der Schallwellen in der Rückenmuskulatur nicht.

Für die Darstellung der gesunden Aorta abdominalis und ihrer Äste ist ein mittlerer bis hoher Geschwindigkeits-bzw. Frequenzbereich ausreichend. Farbverstärkung bzw. Schwelle sind so einzustellen, daß bei ruhig gehaltenem Schallkopf gerade keine Farbartefakte auftreten. Der Winkel zwischen dem zu untersuchenden Gefäßabschnitt und der Doppler-Schallkeule sollte unter 70 Grad liegen. Bogig verlaufende Abschnitte sind stets aus mehreren Richtungen anzuschallen, um sie adäquat beurteilen zu können. Untersucht man ein Gefäß im Querschnitt, so ist der Schallkopf gegenüber der Gefäßachse um mindestens 20 Grad zu kippen. Nur dann ist noch ein ausreichendes Doppler-Signal detektierbar. Tiefenbereich und Farbfenster (s. Kapitel 4) sollten möglichst klein gehalten werden, um mit einer ausreichend hohen Bildaufbaufrequenz arbeiten zu können.

Ist kein Fluß nachweisbar oder sind Aorta und Nierenarterie nur inkomplett durch farbkodierte Signale ausgefüllt, so ist – bevor die Diagnose einer Thrombose gestellt wird – der meßbare Geschwindigkeits- bzw. Frequenzbereich zu reduzieren. Bei Geräten, die für kardiologische Fragestellungen benutzt wurden, ist zu prüfen, ob Wandfilter über 400 Hz bzw. weitere kardiologische Filter für Wandpulsationen noch eingeschaltet waren.

Für die Darstellung der Nieren und der Nierenarterien ist ein Zeitraum von 15 – 20 Minuten und für die Aorta von 10 – 15 Minuten zu veranschlagen.

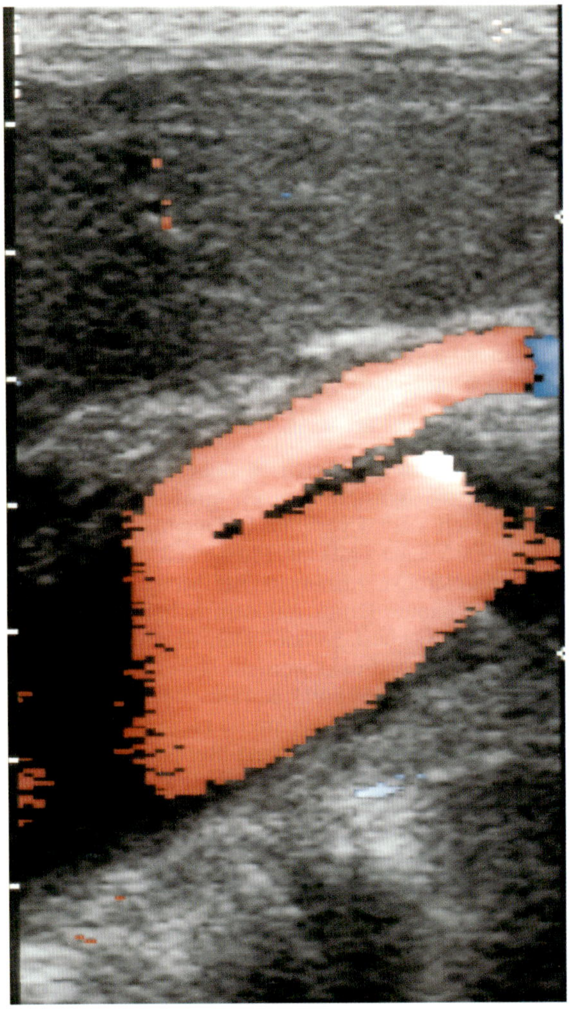

Abb. 9.**1** Normale proximale Aorta abdominalis im Längsschnitt mit regelrechtem Abgang der A. mesenterica superior: In der Systole homogene Füllung der Gefäßlumen mit „Rot", hellerer Farbton in der A. mesenterica superior (fast „Weiß") entsprechend der dort zu diesem Zeitpunkt herrschenden höheren Geschwindigkeit

Dokumentiert werden sollten Durchmesser der Aorta abdominalis, Pulsationscharakteristik, Kalkplaques und die wichtigsten Gefäßabgänge in zwei Ebenen. Wird ein renovaskulärer Hypertonus oder ein Verschluß der Nierenarterien vermutet, so sind Größe der Nieren, Parenchympyelonverhältnis, narbige Einziehungen, Parenchymmuster und die Abgrenzbarkeit der Markpyramiden festzuhalten. Die Aa. renales sind in standardisierten Schnitten von ventral sowie die Nierenperfusion im Längs- und Querschnitt von lateral aufzuzeichnen. Aus beiden Nierenarterien sollte ein Doppler-Spektrum vom proximalen und distalen Gefäßabschnitt vorliegen. In Arealen mit Turbulenzen bzw. in der Farbgebung erkennbarer Flußbeschleunigung ist nach Winkelkorrektur jeweils ein Spektrum aus dem pathologischen Areal zu dokumentieren. Ein Aneurysma ist in 2 Ebenen jeweils im größten Durchmesser festzuhalten, zusätzlich sollte der thrombosierte Anteil bestimmt werden.

9.3 Normale Befunde in der FKDS

9.3.1 Aorta abdominalis

Zum Zeitpunkt der Systole zeigt die normale Aorta abdominalis in der FKDS eine komplette Farbfüllung des Lumens (Abb. 9.**1**). Das Flußmuster in der Diastole ist jedoch abhängig vom Meßort: Proximal des Abgangs von Truncus coeliacus und Nierenarterien findet sich in der Diastole besonders beim jüngeren Patienten ein kontinuierlicher, kaudal gerichteter Restfluß, der über dem gesamten Gefäßquerschnitt oder zumindest in der Gefäßmitte nachweisbar bleibt.

Die kaudalen Abschnitte der Aorta sind – wie die peripheren Arterien – durch eine kurzzeitige Rückflußkomponente mit anschließendem Nullfluß charakterisiert (Abb. 9.**2 a,b**). Wahrscheinliche Erklärung sind Reflexionen bei hohem Widerstand im nachgeschalteten Stromgebiet (15, 18). Diese komplexen Flußmuster sind physiologisch und nicht mit Turbulenzen zu verwechseln. Eine Modulation dieser physiologischen Flußformen findet sich bei Hyperämie im nachgeschalteten Stromgebiet sowie bei schwerer Aortenklappeninsuffizienz (31). Die Ableitung von Doppler-Spektren hilft, diese Zusammenhänge besser zu erkennen.

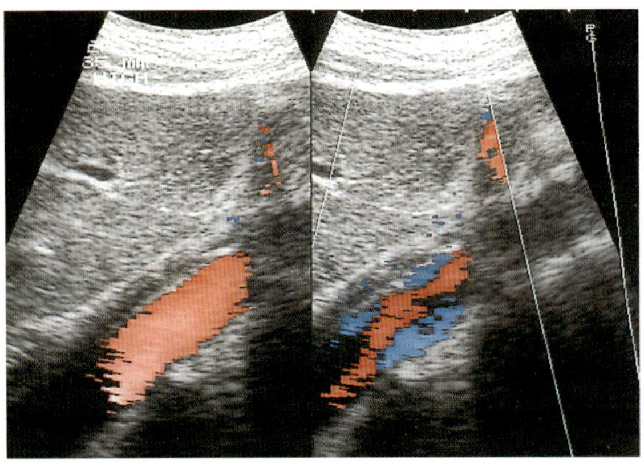

a **b**

Abb. 9.**2** Normale proximale Aorta abdominalis im Längsschnitt in verschiedenen Phasen des Herzzyklus:
a Zum Zeitpunkt der Systole: Das Gefäßlumen ist vollständig mit Farbsignalen gefüllt.
b Zu Beginn der Diastole findet sich zentral im Gefäß noch ein persistierender kaudal gerichteter Restfluß („Rot" kodiert). In den wandnahen Strömungsschichten zeigt sich bereits eine Strömungsumkehr („Blau" kodiert). Diese komplexen Flußmuster sind physiologisch und nicht mit Turbulenzen zu verwechseln.

9.3.2 Symmetrische Äste

Von den symmetrischen Ästen der Aorta abdominalis sind im allgemeinen lediglich die Nierenarterien sowie – zumindest abschnittsweise – die gonadalen Gefäße sonographisch darstellbar. Der Nachweis der A. ovarica und der A. testicularis gelingt vor allem kaudal im Ovar bzw. im Hoden. Abgänge und Verlauf sind jedoch auch mit der FKDS nur in Ausnahmefällen erkennbar.

Im Gegensatz dazu lassen sich die Abgänge der Nierenarterien beim nüchternen und gut vorbereiteten Patienten in der Regel beidseits erfassen (Abb. 9.**3**). Wegen Überlagerung mit Darmluft ist der mittlere Abschnitt der Nierenarterien (lateral der Wirbelsäulengrenze) nicht einsehbar. In diesem Bereich können die überlagernden Darmschlingen auch von vorn nicht hinreichend komprimiert werden. Eine sorgfältige und systematische Suche ist nötig, auch mehrfach angelegte oder aberante Nierenarterien zu erkennen (Abb. **9.4 a, b**). Ein Ausschluß zusätzlicher Nierengefäße und insbesondere der Nachweis kleiner Äste sowie atypisch abgehender Polgefäße ist aber mit der FKDS nicht möglich.

Die normalen Nierenarterien zeigen im Echtzeitbild eine homogene Farbsättigung, wegen des niedrigen intrarenalen Widerstands liegt ein über den Herzzyklus konstanter antegrader Fluß vor (im Gegensatz z. B. zu den Beinarterien) (Abb. 9.**3**). Bei adäquat eingestellten Gerät ist damit jede Farbänderung (von „Rot" nach „Blau") als Hinweis für einen pathologischen Prozeß zu werten. Bei schlanken Menschen sind auch die intrarenalen Arterien bis zur Ebene der Aa. arcuatae bzw. der Aa. interlobulares nachzuweisen.

Die abgeleiteten Doppler-Spektren zeigen beim Gesunden einen schmalen, systolischen Gipfel mit einem antegraden Fluß in der Diastole. Der Pourcelot-Index liegt zwischen 0,5 und 0,8. Er ist altersabhängig und nimmt mit zunehmender Sklerose zu (8, 25). Weitere Einflußfaktoren sind körperliche Aktivität und der Hydratationszustand. Blutdruckabfall, Exsikkose, dicke Fett- und Muskelschichten sowie ein Hautemphysem erschweren die Darstellbarkeit. Nach Infusion bzw. nach Bolusgabe von Furosemid (Lasix) ist die Durchblutung verstärkt. Während dieses kurzfristigen, dramatischen Anstiegs von systolischem und diastolischem Fluß sind auch kleinere intrarenale Äste in der FKDS gut erkennbar (24). Nach 30 Minuten nimmt die Durchblutung vorübergehend ab, die Gefäße sind deutlich schlechter sichtbar. Dies ist bei der Planung und Interpretation von Verlaufskontrollen zu berücksichtigen.

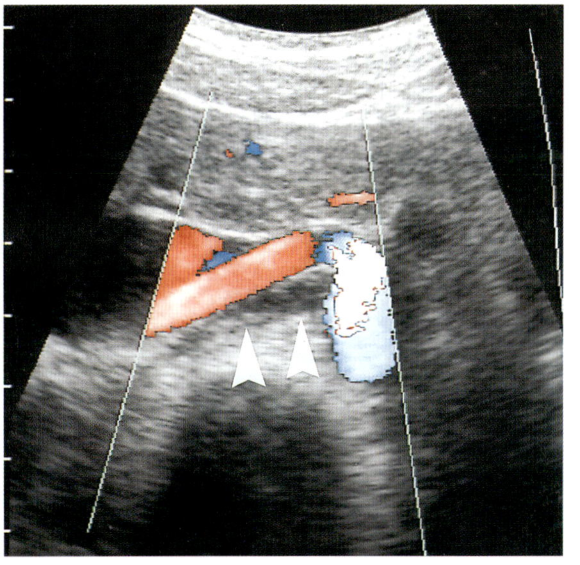

Abb. 9.**3** Abgang der A. renalis dextra aus der Aorta: Das Gefäß verläuft proximal steil nach ventrolateral und dann nach dorsolateral, am Abgang „blaue" Kodierung des Blutflusses und im dorso-lateralen Verlauf „rote" Kodierung. Unterkreuzung der V. cava (mit „Rot" kodiertem Fluß), Aorta mit „blauer" Kodierung, dorsal der Nierenarterie echoarme bandförmige Struktur (Pfeile) = rechter, tiefreichender Zwerchfellschenkel

9.4 Krankheiten mit pathologischer Anatomie und Befunde in der FKDS

Die häufigste Ursache pathologischer Veränderungen von Aorta und Nierenarterien ist die Arteriosklerose. Mechanische Faktoren, Ablagerungen und Degeneration sowie zahlreiche endogene und exogene Noxen sind Auslöser eines komplexen Geschehens mit Lipidinfiltration und Proliferation von Intima und glatter Muskulatur. Vorläufer sind die zunächst noch reversiblen streifenförmigen Gefäßwandläsionen, die ab dem 1. Lebensjahr nachgewiesen werden können. Diese sogenannten Lipoidflecken finden sich bevorzugt im Bereich des Ductus arteriosus, an den Abgängen der supraaortalen Äste, des Truncus coeliacus, der A. mesenterica superior sowie der Aa. renales. Weitere Einlagerungen, Wandeinblutungen, Ulzeration und intravasale Thromben führen dann zu Plaques, Stenosen und Verschlüssen, die sich in Abhängigkeit vom befallenen Gefäß klinisch unterschiedlich manifestieren. Veränderungen an der Aorta können lange symptomlos bleiben, Stenosen der A. renalis führen jedoch schnell zum Hypertonus und sind besonders beim jungen Menschen absolute Behandlungsindikation (12, 14).

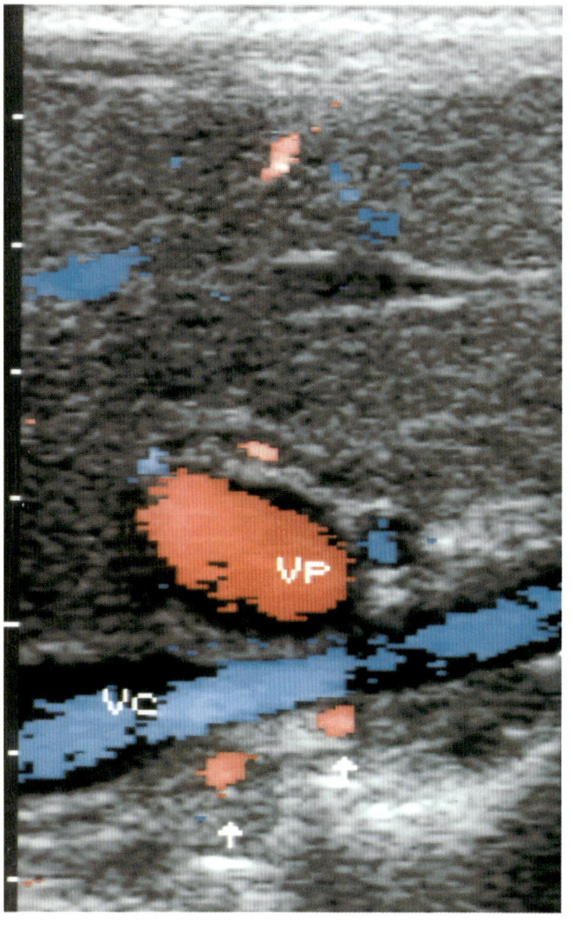

a

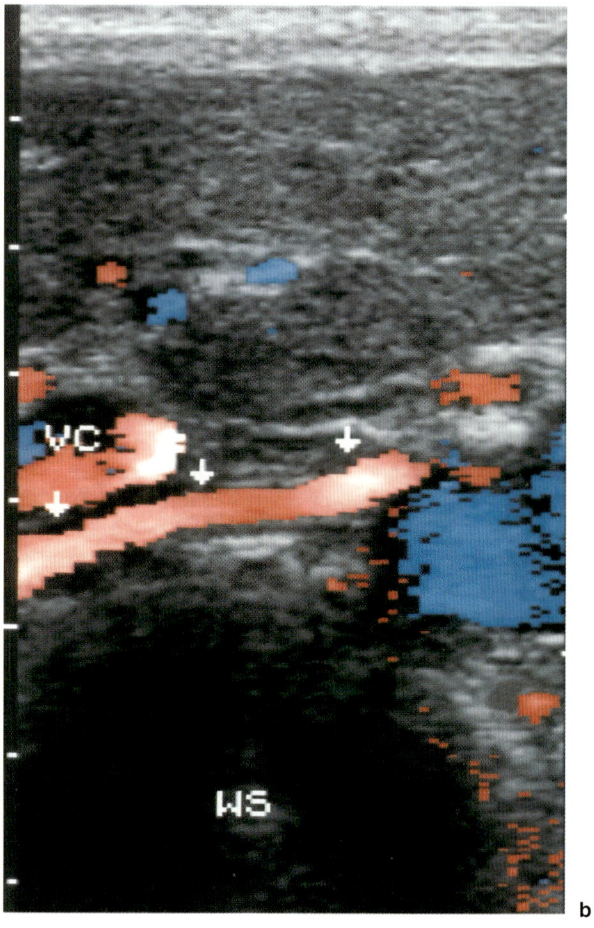

b

Abb. 9.**4 a**, **b** Doppelt angegelegte rechte Nierenarterie: **a** Längsschnitt mit Leber, quer getroffene V. portae (VP) und längs angeschnittene V. cava inferior (VC). Die beiden die V. cava unterkreuzenden Nierenarterien (Pfeile) sind als rundliche mit „Rot" kodierte Signale zu erkennen **b** Im Querschnitt Darstellung einer der beiden Nierenarterien (Pfeile) bis zur Kreuzungsstelle mit der V. cava, „Blau" markierte Fluß in der Aorta

9.4.1 Aorta abdominalis

9.4.1.1 Wandverdickungen, Plaques, Stenosen und Verschlüsse

Wandverdickungen lassen sich im frühen Stadium nur mit hochauflösenden Sonden erkennen: Die normale Arterienwand zeigt eine Dreischichtung mit zwei hellen, durch eine echoarme Zone getrennten Linien, deren Abstand in histologischen Messungen mit der Intima/Mediadicke korreliert. Eine Zunahme der echoarmen Trennschicht ist in histologischen Vergleichsstudien das früheste Zeichen von Infiltration und Proliferation.

Im konventionellen B-Bild lassen sich erst die späteren Stadien mit weiterer Wandverdickung und Plaquebildung darstellen. Beurteilt werden Lokalisation, Dichte und Größe der Wandveränderungen: Fibröse Plaques sind mäßiggradig echodicht. Kalzifikationen stellen sich als brilliante Reflexe mit Auslöschphänomen dar. Die Form der Plaques ist prognostisch relevant; sie können abreißen und embolisieren (2), eine lokale Thrombose induzieren oder einen Gefäßabgang okkludieren.

Der Nachweis homogener, echoarmer Herde sowie frischer thrombotischer Auflagerungen ist nur durch die FKDS möglich. Sie zeigen sich als Aussparung im durchströmten Lumen. Vorteil der FKDS ist es, für alle Veränderungen das Ausmaß der Verlegung und damit die hämodynamische Relevanz beurteilen zu können.

Eine weitere Einengung des Lumens führt zur *Stenose,* die sich analog zu den Veränderungen an den peripheren Arterien hämodynamisch an spektraler Verbreiterung mit Turbulenzen, Strömungsbeschleunigung und eventuellen Vibrationsartefakten erkennen läßt (10). Die Veränderungen in der FKDS sind in Kapitel 3 ausführlich dargestellt. Sie lassen sich auf die aorto-iliakale Region übertragen (Abb. 9.**5 a, b** und 9.**6 a, b**).

Der *Verschluß* der Aorta ist nicht selten. Er entsteht fast immer auf dem Boden der Arteriosklerose und schließt meist die Aa. iliacae communes mit ein. Durch zahlreiche Verbindungen zwischen dem Trun-

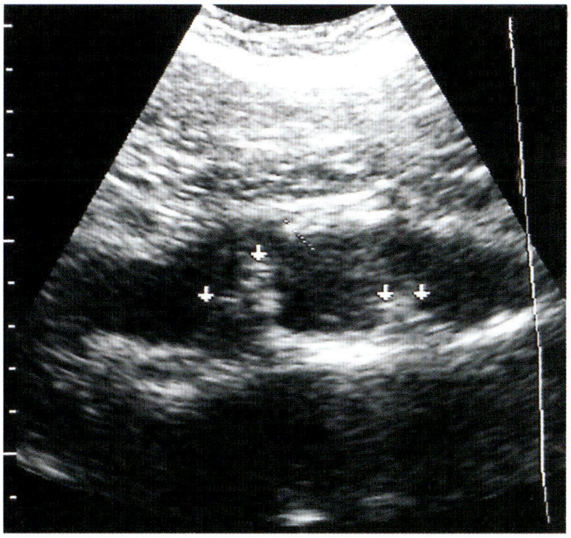

a

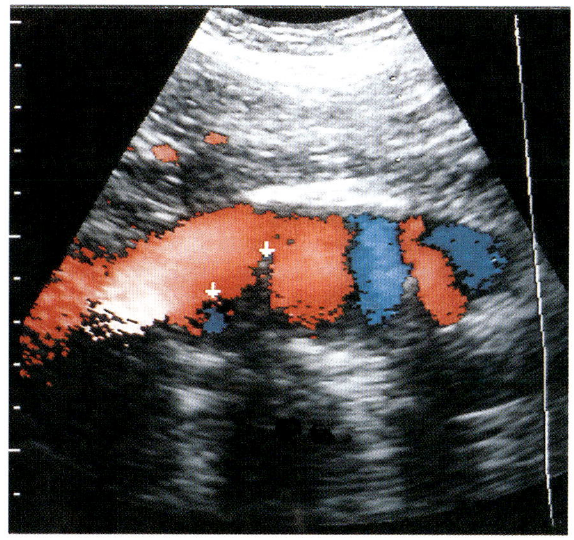

b

Abb. 9.**5a**, **b** Plaques in der distalen Aorta abdominalis, Längsschnitt:
a Im Grauwertbild inhomogene Wandauflagerungen (Pfeile) mit Lumeneinengung, die Abgrenzung von Streuungsartefakten ist stellenweise schwierig
b In der FKDS zeigt sich ein noch durchgängiges Lumen, der Wechsel der Farben von „Rot" nach „Blau" in der rechten Bildhälfte erklärt sich teils durch die diastolische Rückflußkomponente und durch die Änderung der Richtung (konvexer Schallkopf, kranial Bewegung auf den Schallkopf zu und kaudal vom Schallkopf weg)

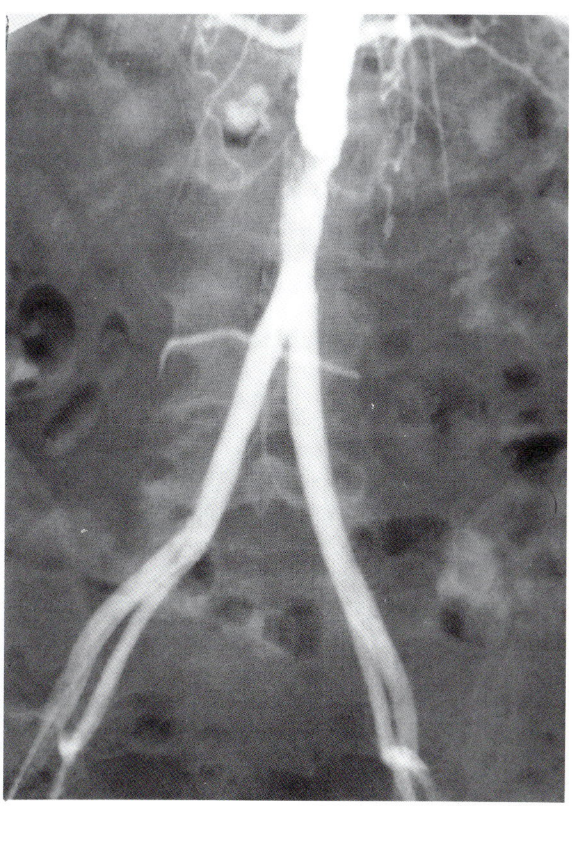

a

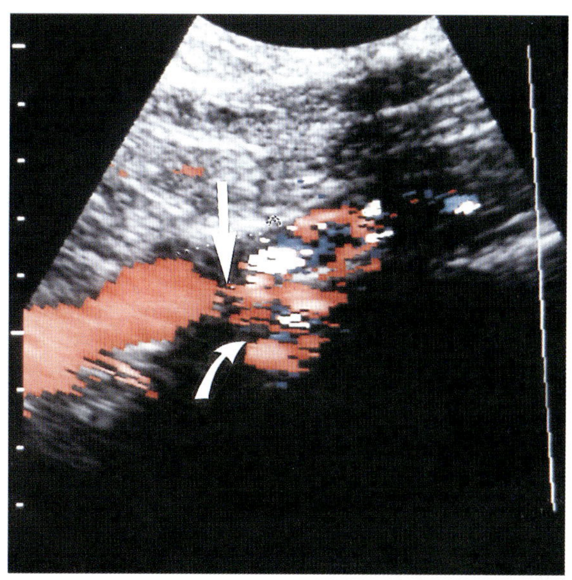

b

Abb. 9.**6a**, **b** Mehr als 50%ige Stenose der Aorta abdominalis:
a Angiogramm: Das Lumen von rechts asymmetrisch einengender Plaque im infrarenalen Abschnitt der Aorta.
b FKDS: Im Längsschnitt asymmetrische Lumeneinengung (Pfeil) mit poststenotischen Turbulenzen und Vibrationsartefakten, die das Gefäßlumen überschreiten (gebogener Pfeil)

cus coeliacus, der A. mesenterica superior, der A. mesenterica inferior und den Beckenarterien ist der isolierte chronische Verschluß in Ruhe gewöhnlich ausreichend kompensiert, so daß er oft als Zufallsbefund oder bei der Abklärung von Potenzstörungen diagnostiziert wird. Weitere Ursachen sind Embolie und Trauma, Sepsis bei Umbilikalarterienkathetherisierung sowie die primäre idiopathische Hyperlipidämie. Der akute Verschluß beim Erwachsenen wird im allgemeinen klinisch diagnostiziert und sofort operiert. In der Neonatologie hat sich die ergänzende dopplersonographische Untersuchung bei septischen Kindern zur Früherfassung der aortalen Thrombose bewährt (4).

Im Sonogramm bleibt das okkludierende thrombotische Material lange echoarm. Fehlende Wandpulsationen im B-Bild lassen einen Verschluß zwar vermuten, beweisend ist jedoch erst der fehlende Fluß. Höhe des Verschlußes, Beteiligung der Nierenarterien sowie die wichtigsten Kollateralen lassen sich in der FKDS gut beschreiben.

9.4.1.2 Aneurysmata und retroperitoneale Fibrose

Das Aortenaneurysma ist eine umschriebene konzentrische oder exzentrische Aufweitung infolge Degeneration, Entzündung, Trauma oder Fehlbildung der stützenden Wandelemente. Rarefizierung bzw. Fragmentierung der elastischen Membranen und die Atrophie der Mediamuskulatur führen zur Wandschwäche. Ein weiterer Faktor ist die hämodynamische Belastung: Verstärkte Reflexionen an der aufgespreizten Bifurkation bei Elongation sowie der asymmetrische Fluß nach einseitiger Amputation werden angeschuldigt, über eine lokale Wandbelastung die Aneurysmabildung zu fördern (23). Pathologisch-anatomisch unterscheidet man das Aneurysma verum mit Aussackung aller drei Wandschichten, das disseziierende Aneurysma sowie das meist traumatisch bedingte Aneurysma spurium (falsches Aneurysma), das nach Einriß der inneren Aortenwandschichten gedeckt in die Umgebung perforiert.

Am häufigsten ist das *Aneurysma verum.* Es ist arteriosklerotisch bedingt, zumeist fusiform und liegt in 95% der Fälle infrarenal. Symptome entstehen durch Kompression benachbarter Strukturen sowie bei Perforation. Sonographisch lassen sich Durchmesser, Abgrenzung zur Umgebung und das Ausmaß der intraluminalen Thrombosierung darstellen. Exzentrische Lage des durchströmten Lumens, divertikelartige Aussackungen, sowie eine Größe von mehr als 6 cm sind Zeichen einer hohen Rupturgefährdung. Die thrombotischen Auflagerungen können geschichtet sein, sich partiell von der Wand lösen oder wieder verflüssigen. Diese Informationen lassen sich bereits aus dem konventionellen B-Bild entnehmen.

In der FKDS lassen sich zwei unterschiedliche Flußmuster identifizieren (5). Im unkomplizierten Fall ist der Durchfluß laminar. Es können jedoch auch erhebliche Turbulenzen mit wandgerichteten

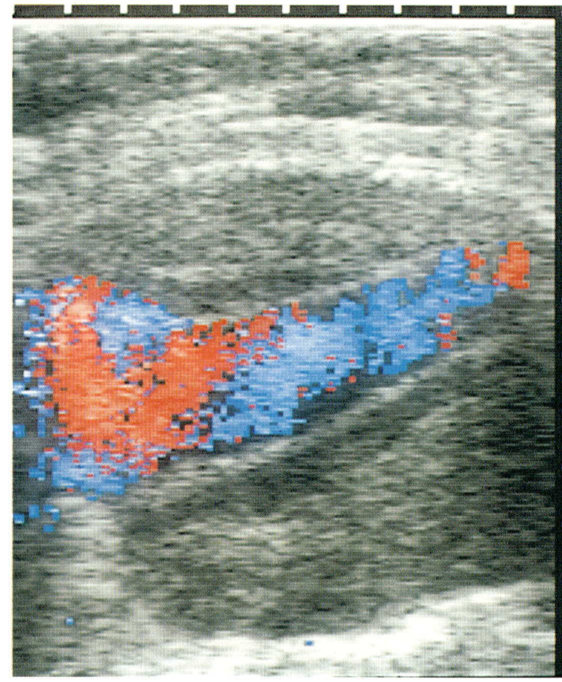

Abb. 9.**7** Spindelförmiges Aneurysma der infrarenalen Aorta mit geschichtetem wandständigen Thrombus und laminarem Fluß (der Farbwechsel von „Rot" nach „Blau" ist durch den diastolischen Rückstrom zu erklären)

Flußspitzen vorliegen (Abb. 9.**7**, 9.**8 a, b**). Dieser Befund korreliert – wie erste Verlaufsstudien zeigen – mit einer höheren Wachstumsgeschwindigkeit (22) und ist unabhängig von der Größe des Aneurysmas. Ein weiterer Vorteil der FKDS ist die Möglichkeit, Abgänge und Verlauf der aortalen Äste sowie ihre Beziehung zum Aneurysma zu analysieren.

Das *Aneurysma dissecans* entsteht durch eine Blutung im Bereich der Vasa vasorum mit sekundärem Intimaeinriß und Separierung der Wandschichten durch das sich hindurchwühlende Blut. Auslöser sind Trauma, die Medianecrosis aortae cystica idiopathica, die Mesaortitis luetica, die Mediaaufblätterung beim Marfan-Syndrom sowie vor allem die Arteriosklerose. Ausgangspunkt ist zumeist die aszendierende, thorakale Aorta. Im weiteren Verlauf kann die Dissektion zunehmen, thrombosieren oder rupturieren. Die distale Reruptur nach innen führt zur Selbstbegrenzung, die durch eine plötzliche Besserung der Schmerzsymptomatik charakterisiert ist, die Ruptur nach außen zur akuten Blutung. Reicht die Dissektion bis in die Bauchaorta, so können die Aa. renales, die A. mesenterica superior und die Aa. iliacae akut betroffen sein mit entsprechenden Ischämiezeichen.

Beweisend im B-Bild ist die flottierende Membran mit typischer undulierender Bewegung. Differentialdiagnostische Probleme können in Einzelfällen entstehen durch Fehlinterpretation des Zwerchfellschenkels oder der bindegewebigen Brücke einer Hufeisenniere als zweites Lumen. In der FKDS läßt sich der Fluß im wahren und im falschen Lumen nachweisen (Abb. 9.**9 a, b**). Je nach Untersuchungsbedingun-

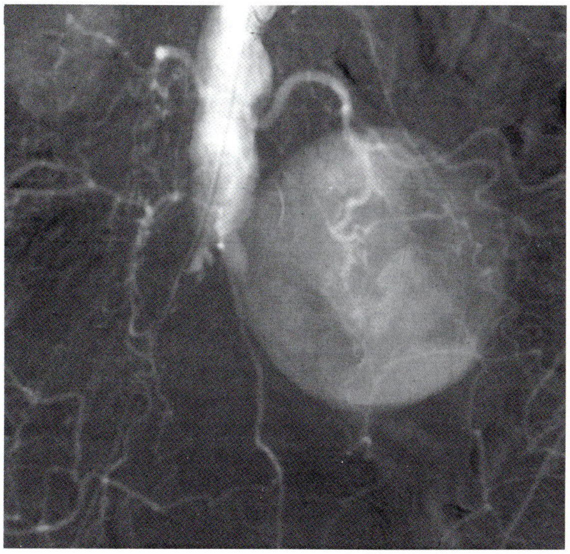

a

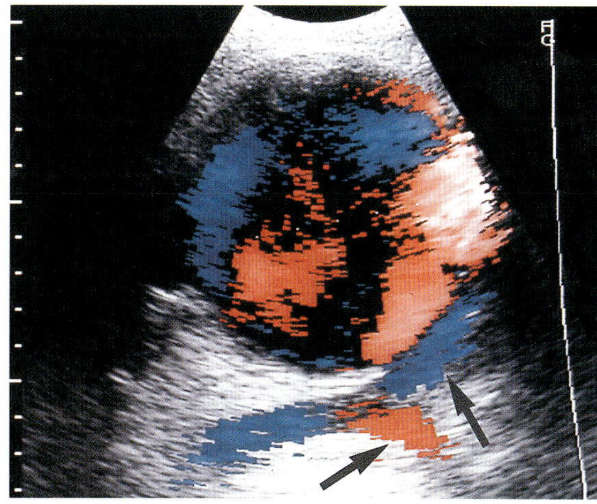

b

Abb. 9.**8a, b** Riesenaneurysma der distalen Aorta:
a Angiographie: Der Aneurysmahals liegt unmittelbar proximal der Aortenbifurkation, das Aneurysma komprimiert die linke A. ilaca communis, das Lumen der hochgradig stenosierten rechten A. iliaca communis wird durch den Katheter verlegt

b FKDS im modifizierten Längsschnitt von links paramedian mit der distalen Aorta („Blau" kodiert) und den Aa. iliacae (Pfeile). In allen Strömungsphasen zeigt sich im Aneurysma ein lanzettenartig auf die kaudale Wand gerichteter Strom mit erheblichen Verwirbelungen

gen kann auch der Wiedereintritt lokalisiert werden (13, 32, 33).

Gefürchtetste Komplikation des infrarenalen Aneurysmas ist die *Ruptur*. Sie erfolgt in 88% ins Retroperitoneum, bei 7,3% in die freie Bauchhöhle, bei jeweils etwa 2% ins Duodenum oder in die V. cava inferior (14). Die Klinik ist gekennzeichnet durch die klassische Trias Bauchschmerzen, pulsierender Tumor und Schock. Bei Ruptur in den Darm steht die schwere gastrointestinale Blutung bzw. beim Einbruch in die V. cava inferior eine akute Herzinsuffizienz im Vordergrund. Auskultatorisch hört man ein lautes Maschinengeräusch.

Sonographisch sieht man je nach Blutungslokalisation ein aufgetriebenes, inhomogenes zumeist echoarmes Retroperitoneum, freie Flüssigkeit intraperitoneal bzw. beim Einbruch in den Darm massiv flüssigkeitsgefüllte Darmschlingen und eine unspezifische Wandverdickung. Für die Rupturdiagnostik hat die FKDS keine Bedeutung, sie kann jedoch bei der

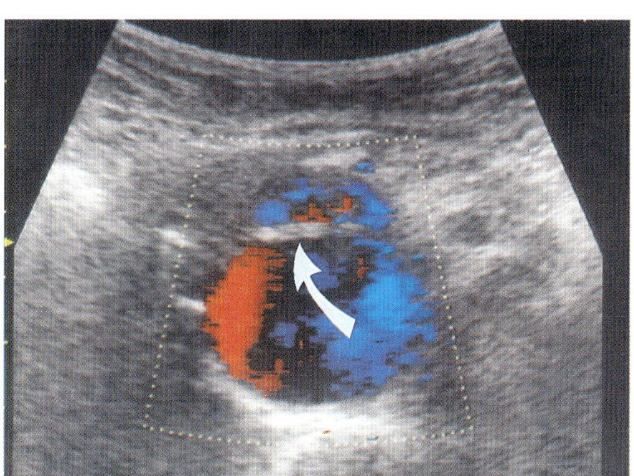

a

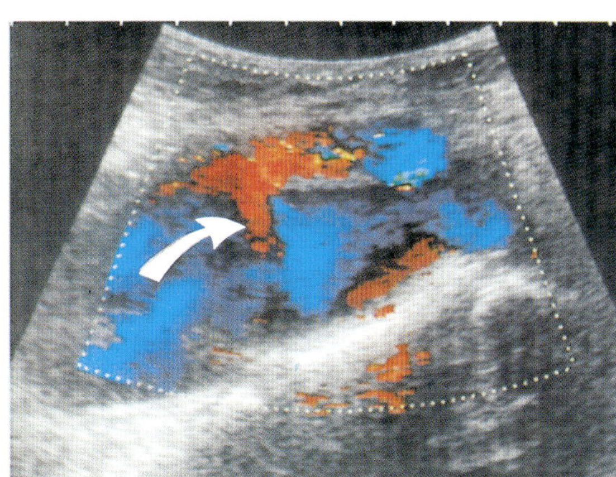

b

Abb. 9.**9a, b** Disseziierendes Aortenaneurysma (Iatrogen)
a Aortenquerschnitt mit flottierender Membran (Pfeil). Nachweis von Blutfluß in beiden Lumina

b Längsschnitt mit Nachweis der Verbindung zwischen dem wahren und falschen Lumen (Pfeil). Im wahren Lumen diastolischer Rückstrom („Blau" kodiert)

Aneurysmaperforation in die V. cava hilfreich sein. Wie bei aortokavalen Fisteln anderer Genese, die traumatisch, iatrogen oder spontan z. B. bei retroaortalen Nierenvenen entstanden sind (20), findet man in der Aorta als indirektes Zeichen einen ungewöhnlich hohen diastolischen Fluß. Das Flußsignal der V. cava ist pulsatil („Arterialisation"), die Fistelstelle ist je nach Durchfluß durch grobe Vibrationsartefakte und Turbulenzen markiert (vgl. Kapitel 5).

Problematisch ist die *chronische Ruptur,* die durch ein kleines, meist exzentrisch gelegenes ringförmiges retroperitoneales Hämatom charakterisiert ist. Dieses kann bei den meist ungünstigen Sichtbedingungen dem sonographischen Nachweis entgehen und ist auch computertomographisch nur an diskreten Veränderungen zu erkennen (11).

Infizierte bzw. mykotische Aneurysmen kommen in bis zu 5% der Fälle vor und entwickeln sich auf dem Boden arteriosklerotischer Veränderungen bei bakterieller Endokarditis, bei Sepsis oder als Komplikation abdomineller Abzesse.

Sonomorphologisch findet man zumeist ein sakkuläres Aneurysma, das von einem Flüssigkeitssaum (eventuell mit kleinen Gaseinschlüssen) umgeben ist. Hiervon abzugrenzen ist das *inflammatorische Aneurysma,* das mit 3–5% aller Aneurysmen (14, 21) relativ häufig ist. Charakteristisch ist eine solide Verdickung der Aortenwand bzw. eine perianeurysmale bzw. sekundäre, retroperitoneale Fibrose. Diese stellt sich als homogen echoarmer Saum dar, der die Aortenwand manschettenartig umgibt. Im CT zeigt sich entsprechend eine solide Struktur, die nach Kontrastmittelgabe dichter wird. Überlegungen, die Vaskularisation dieses Gewebes in der FKDS nachzuweisen, sind Spekulation und wegen der mitgeteilten Pulsationen der Aorta nicht realistisch.

Dasgleiche gilt für die primäre *retroperitoneale Fibrose,* die durch eine Bindegewebsproliferation im Retroperitonealraum charakterisiert ist. Je nach Ursache und Krankheitsstadium wird sie von einer mehr oder weniger deutlichen Zellinfiltration begleitet. Die Ursache der primären retroperitonealen Fibrose (Morbus Ormond) ist unbekannt. Diskutiert wird eine Störung der Fibrinolyse mit Proliferation von Fibroblasten durch in das Gewebe austretendes Fibrin. Sekundäre Formen werden durch Medikamente, Bestrahlung, benachbarte Entzündungen, Trauma und Sickerblutungen bei Aneurysmata ausgelöst.

Sonographisch sieht man eine zirkuläre Ummauerung der Aorta durch homogen strukturiertes echoarmes Gewebe bzw. solide, kontrastmittelanreichernde Strukturen im CT. Meistens sind die Ureteren einbezogen und die Nieren gestaut. Der fibröse Bereich ist in der Mehrzahl der Fälle auf die Region zwischen Nierenhilus und Promontorium beschränkt.

9.4.1.3 Gefäßprothesen und postinterventionelle Kontrollen

Zunehmende Bedeutung gewinnt die FKDS in der Gefäßchirurgie sowie für die interventionelle Radiologie durch die Möglichkeit, nichtinvasiv engmaschig kontrollieren zu können:

- Gefäßprothesen zeigen im allgemeinen eine glatte, echodichte Wandbegrenzung mit laminarem Fluß (Abb. 9.10 **a,b**). Verlust der Wandpulsation im B-Bild bzw. fehlende Flußsignale in der FKDS ermöglichen die Diagnose eines Verschlusses in wenigen Minuten.
- Nachblutungen sind selten. Sie sind hauptsächlich durch Naht- oder Anastomoseninsuffizienz bedingt. Wichtigste Risikofaktoren sind dabei die Blutdrucksteigerung nach der Narkose sowie eine zu hohe Heparindosierung. Frische Blutungen sind echofrei und in der FKDS leicht von Nahtaneurysmata zu differenzieren. Im Verlauf ändern sie je nach Organisationszustand ihr Muster und stellen sich echoarm bis inhomogen echodicht dar. Sie können noch nach Monaten als solide, abgekapselte Raumforderungen nachweisbar sein.
- Interpretationsprobleme ergeben sich gelegentlich bei atypischen extraanatomischen Bypässen sowie bei der End-zu-Seit angesetzten Bifurkationsprothese. Die scheinbare Erweiterung der proximalen Nahtstelle entsteht aus der Summation von belassener Aorta und der „huckepack" aufgesetzten Prothese. Eine postoperative Dilatation der implantierten Prothesen ist häufig und kann in 6 Jahren bis zu 34% betragen (26). Dieser Befund ist im allgemeinen nicht korrekturbedürftig.

Ergänzt man die FKDS durch regelmäßige, standardisierte hämodynamische Messungen nach Bypassanlage bzw. PTA und Lyse, so wird eine Prognose des Verschlußrisikos möglich (1): Anfänglich ist der Fluß durch die postoperative bzw. die postinterventionelle Hyperämie erhöht. Nach 7 – 14 Tagen normalisiert sich der Fluß. Ein Absinken der systolischen Spitzengeschwindigkeit auf unter 40 cm/s ist dabei mit einem hohen Verschluß- bzw. Rethrombosierungsrisiko behaftet, das Anlaß zu kurzfristigeren Kontrollen und Marcumarisierung sein sollte. Dieser Wert von 40 cm/s ist bezogen auf einen Gefäßquerdurchmesser von 8–10 mm (1). Voraussetzung sind Flußmessungen mit Eichung an einem Phantom sowie die Erarbeitung eines Normalkollektivs. Die Bedeutung der Messung liegt in der Verlaufskontrolle. Die frühe Erfassung von Anastomosenstenosen bzw. der intimaproliferationsbedingten Restenose nach PTA ist eine weitere Möglichkeit die Langzeitergebnisse zu verbessern.

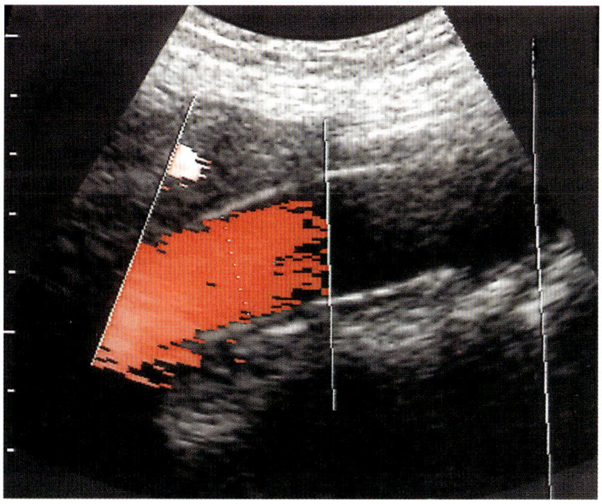

a

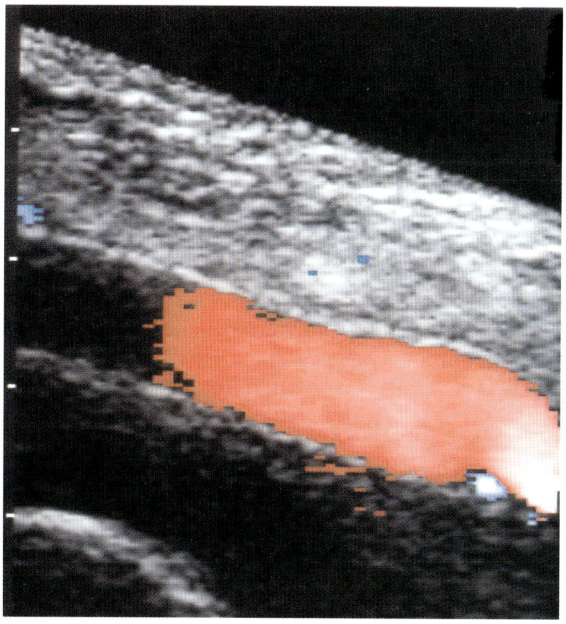

b

Abb. 9.**10a**, **b** Aortobifemoraler Bypass wegen eines auf die Iliacalarterien übergreifenden distalen Aortenaneurysmas:
a Längsschnitt durch die distale Aorta: Regelrechter laminarer Fluß (homogene Farbkodierung). Die Prothesenwand stellt sich als bandförmige hyperreflexive Struktur dar, der Aneurysmasack wird im allgemeinen belassen und ist auch nach Jahren oft noch als echoarmes Band um die Prothesenwand erkennbar
b Distales Ende eines aortobifemoralen Bypass mit Anschluß an die A. femoralis communis. Unauffälliger Durchfluß in der Prothese. Unmittelbar vor der Anastomose Richtungsänderung und deshalb höhere Frequenzverschiebung (Farbkodierung am rechten Bildrand fast „Weiß")

9.4.2 Symmetrische Äste

9.4.2.1 Klinische Vorbemerkungen

Neben dem Nachweis eines akuten Verschlusses der Niere, hat die Diagnostik der renovaskulären Hypertonie größte klinische Bedeutung. Ihre Prävalenz liegt beim Erwachsenen zwischen 3 und 5%, bei Kindern mit Hypertonie läßt sich eine renovaskuläre Ursache in bis zu 60% nachweisen (12).

Zahlreiche Ursachen für eine renovaskuläre Hypertonie kommen in Frage (Tab. 9.1). Sie lassen sich in 60% auf arteriosklerotische bzw. in 35% auf fibromuskuläre Stenosen und Verschlüsse zurückführen (12). Die arteriosklerotische Stenose ist meist abgangsnahe lokalisiert und tritt beim älteren Menschen auf. Die fibromuskuläre Dysplasie betrifft vor allem Frauen im dritten und vierten Lebensjahrzehnt und liegt oft im mittleren Drittel der Nierenarterie (12). Eine Stenose kann aber auch intrarenal auftreten, besondere diagnostische Probleme bereiten Einengungen an Polarterien. Die übrigen 5% verteilen sich auf Neurofibromatosen, Phäochromozytome, bindegewebige Ligamente, Arteriitiden, Embolien, Thrombosen, Neoplasien, Aneurysmata und sonstige Gefäßmißbildungen (16). Ihr frühzeitiger Nachweis ermöglicht eine definitive interventionelle oder operative Therapie.

Tabelle 9.**1** Ursachen einer renovaskulären Hypertonie (nach Holenstein)

Häufig (90–95%)	Arteriosklerose, fibromuskuläre Dysplasie
Selten (5–10%)	Aneurysmata, AV-Fisteln, Arteriitis, Embolie, Neurofibromatose
	Tumoren, kongenitale Bänder, Trauma, retroperitoneale Entzündungen, Koarktation (abdominell und thorakal)
	subkapsuläres oder retroperitoneales Hämatom, Abszeß, Fibrose etc.
Raumforderungen	juxtaglomerulärer Zelltumor, Wilms-Tumor, Nierenzellkarzinom
Entzündungen	Pyelonephritis, radiogene Nephritis, TB
Kongenitale Anomalie	Hypoplasien, Dysplasien, Hydronephrosen

9.4.2.2 Wandverdickungen, Stenosen und Verschlüsse

Frühe Veränderungen wie Wandverdickungen und kalzifizierte Plaques lassen sich sonographisch nur in Einzelfällen erkennen. Einziger Hinweis ist der Schlagschatten, der sich nach dorsal verfolgen läßt. Bei Progredienz entstehen Stenosen und Verschlüsse, deren Lokalisation abhängt von der Genese. Arteriosklerotische Veränderungen treten vorwiegend ostiumnah sowie im proximalen Drittel der A. renalis auf, fibromuskuläre Veränderungen liegen weiter peripher im mittleren oder distalen Drittel. Häufig sind zusätzlich die Segmentarterien mitbefallen.

Analog zu den Kriterien der Karotisdiagnostik findet sich in Abhängigkeit vom Ausmaß der *Stenose* zunächst eine Verbreiterung des Spektrums mit Verlust des frequenzfreien Fensters, eine Zunahme der systolischen Spitzenfrequenz mit Turbulenzen sowie bei hochgradiger Einengung ein vollständiger Verlust der normalen zyklischen Form des Doppler-Spektrums (Abb. 9.**11**, 9.**12**, 9.**13**).

In der FKDS läßt sich bei schlanken Patienten analog zur Angiographie eine Einengung mit poststenotischer Dilatation direkt erkennen (Abb. 9.**12**). Eine lokale Flußbeschleunigung und poststenotische Turbulenzen sind Beweis für eine hämodynamisch relevante Stenose. Finden sich grobe Vibrationsartefakte, so liegt eine hochgradige Stenose vor (Abb. 9.**11**).

Bei der Interpretation von Spektrum und Farbkodierung ist zu bedenken, daß durch Winkeländerungen der Gefäßachse in Relation zur einfallenden Schallwelle eine scheinbare Flußbeschleunigung detektiert werden kann (s. Kapitel 4). Deshalb sollten stets ergänzend zur Stenosegradatation winkelkorrigierte Geschwindigkeitsmessungen herangezogen werden. Die Farbkodierung hilft dabei das Meßvolumen genau zu positionieren. Die Quantifizierung der Stenose erfolgt im wesentlichen mit Hilfe der Veränderungen im Spektrum. Eine direkte Messung der Lumeneinengung im Grauwertbild ist bei den Nierenarterien zumeist nicht möglich (Gefäßlumen in der Regel nicht hinreichend abgrenzbar). Für praktische Belange hat sich eine Einteilung in 5 Kategorien bewährt: 1. normale Nierenarterie, 2. Einengung um weniger als 50%, 3. Einengung zwischen 50 und 75%, 4. Einengung um mehr als 75%, 5. Gefäß verschlossen (28). Bei schlechten Ableitungsbedingungen ist allerdings die Unterscheidung zwischen der Gruppe 1 und 2 nicht immer sicher möglich. Eine feinere Unterteilung erlauben die Veränderungen im Spektrum nicht, für klinische Belange ist sie auch nicht notwendig (Abb. 9.**13 a–d**, 28). Eine Klassifizierung nur nach der Höhe der Frequenzverschiebung erscheint nicht sinnvoll, da die Frequenzverschiebung direkt abhängig ist vom Winkel zwischen der Flußrichtung und der einfallenden Schallwelle sowie von der Frequenz des Schallkopfs (s. Kapitel 1 und 4), (28, 30). Auch die alleinige Verwendung der maximalen Geschwindigkeit im Gefäßlumen zur Quantifizierung einer Stenose (nach Winkelkorrektur) ist zu ungenau. Die Geschwindigkeit in einem Gefäß hängt vom jeweiligen Herzzeitvolumen und vom Durchmesser der vor- und nachgeschalteten Gefäße ab. Die Veränderungen im Spektrum – z. B. das Verhältnis zwischen der Frequenzverschiebung in der Systole und in der Diastole, die Art der zyklischen Änderungen, das spektrale Fenster – sind noch die zuverlässigsten Parameter zur Quantifizierung einer Stenose in den Nierenarterien.

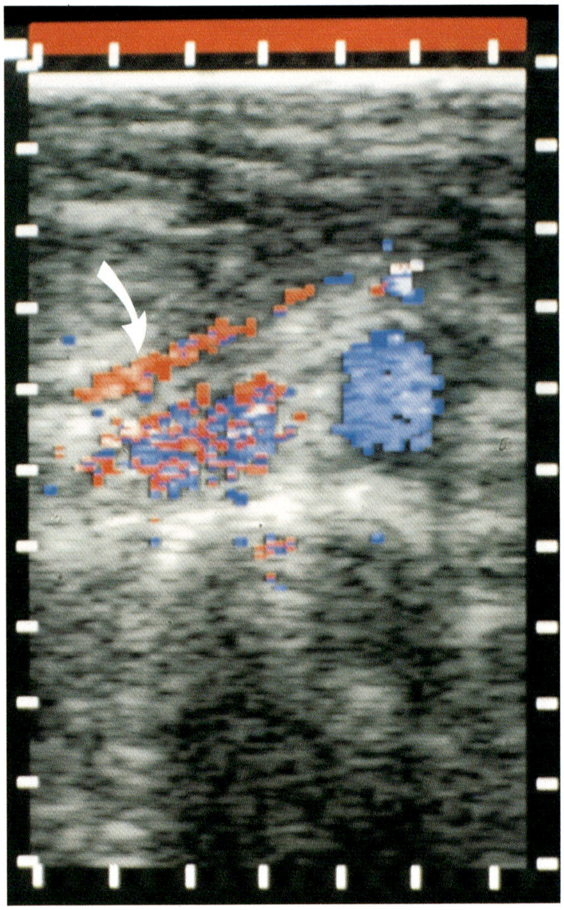

Abb. 9.**11** Hochgradige Stenose der A. renalis dextra: Aorta im Querschnitt („Blaue“ Kodierung), an der Kreuzungsstelle der rechten A. renalis mit der V. cava inferior umschriebene Mischung aus „Roten“ und „Blauen“ Punkten („Farbnebel“) als Hinweis für eine dort vorhandene hochgradige Stenose mit Vibration der Gefäßwand bzw. der umliegenden Strukturen, V. cava mit „Roter“ Kodierung (Pfeil)

Verschlüsse sind bedingt durch Thrombosen oder Embolien. Auslöser sind Trauma, Aneurysma, Entzündungen oder Embolien aus dem Herzen. Das Ausmaß der Parenchymschädigung und das klinische Bild sind vielfältig und hängen von Ort und Lokalisation des Verschlusses ab. Eine akute bilaterale Okklusion führt rasch zum Nierenversagen, während ein langsamer Verschluß zunächst noch durch Kollateralen kompensiert werden kann. Intraluminales Material in einer aufgeweiteten Nierenarterie sowie fehlende Pulsationen ermöglichen im Einzelfall die Diagno-

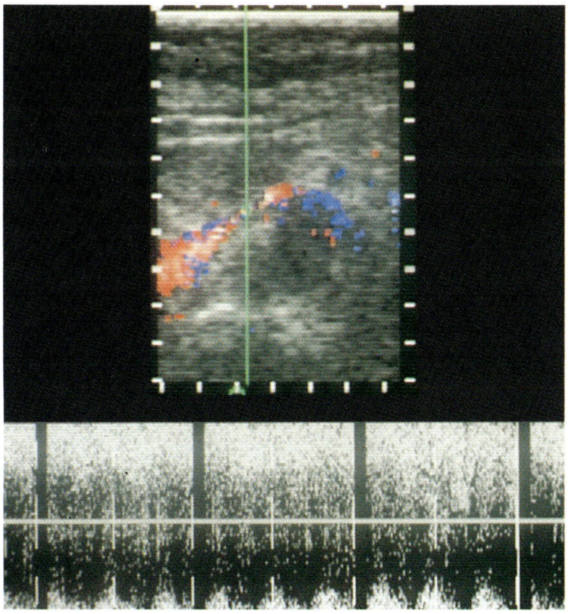

Abb. 9.**12** Hochgradige Nierenarterienstenose rechts, FKDS und Spektrum: Die Nierenarterie entspringt ventrolateral aus der Aorta (Pfeil) (keine Farbkodierung im Aortenlumen = Ende der Diastole und Beginn der Systole), ausgeprägte Erhöhung der Frequenzverschiebung in der Stenose (Farbkodierung fast „Weiß"), das Spektrum (Meßstelle = grüner Punkt) zeigt eine fast vollständige Aufhebung der zyklischen Änderung und eine diffuse Verteilung der gemessenen Frequenzverschiebungen

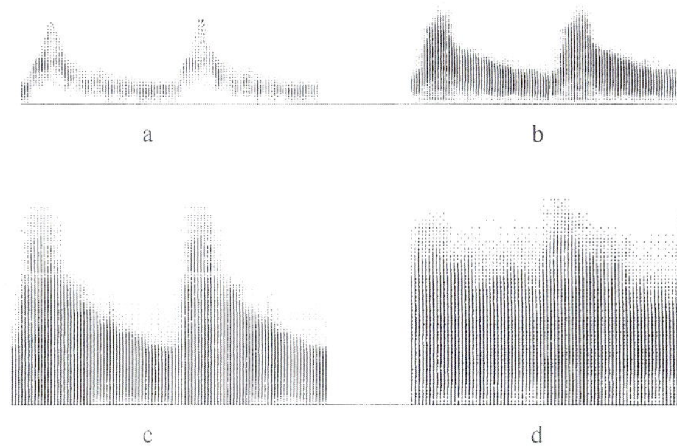

Abb. 9.**13a, b** Schematisierte Darstellung von Dopplerfrequenzanalysen (Spektren) aus Nierenarterien (nach 28):
a Normale Nierenarterie: schmaler systolischer Gipfel, konstanter antegrader diastolischer Fluß (Pourcelot's Index 0,6–0,8), offenes spektrales Fenster.
b Stenose von weniger als 50 % Durchmesser-Reduktion: Geschlossenes spektrales Fenster und Verbreiterung des systolischen Gipfels.
c Stenose mit einer Durchmesserreduktion zwischen 50 und 75 %: Starke Erhöhung der systolischen Geschwindigkeit (nach Winkelkorrektur im Vergleich zur Gegenseite), geschlossenes spektrales Fenster, ausgeprägte poststenotische Verwirbelung
d Stenose von mehr als 75 % Durchmesserreduktion: Fast vollständige Aufhebung der zyklischen Änderungen (flächenhafte diffuse Verteilung der Punkte im Spektrum = „spektrales Rauschen").

se auf Grund des B-Bilds, der Beweis ist jedoch nur angiographisch oder dopplersonographisch möglich. In der Frühphase ist die Sonomorphologie des Nierenparenchyms noch normal. Erst Stunden später grenzen sich bei segmentalen Verschlüssen die Infarktareale echoarm ab. Je nach Ausmaß des begleitenden Ödems wirkt die Niere partiell aufgetrieben. Einblutungen ins Parenchym führen zu einem inhomogenen, echodichten Muster. Nach 2 – 7 Tagen nimmt das Volumen der infarzierten Areale wieder ab, die Niere vernarbt oder schrumpft.

Bei guten Untersuchungsbedingungen läßt sich mit der FKDS bei akutem Nierenversagen ein kompletter Verschluß der Hauptarterie beweisen oder ausschließen. Ist die Nierenarterie direkt nicht darstellbar, so hilft die Untersuchung von lateral. Findet sich Fluß bis auf die Ebene der Aa. interlobulares so kann indirekt ein kompletter Verschluß der Hauptarterie ausgeschlossen werden. Ein Nachweis von segmentalen Ausfällen ist jedoch zur Zeit in allen Fällen nicht möglich (schwache Signale aus dem Parenchym, starke Absorption und Streuung in der Haut und der Bauchwand). Eine fehlende Darstellung der intrarenalen Vaskularisation sollte – je nach klinischer Konsequenz – Anlaß zur sofortigen Angiographie oder zumindest zur Szintigraphie sein. Ein frühzeitiger Nachweis ist Vorraussetzung für eine erfolgreiche Lyse.

9.4.2.3 Aneurysmata und AV-Malformationen

Aneurysmata der A. renalis finden sich meist als Zufallsbefund. Häufige Ursachen sind neben der Arteriosklerose und der fibromuskulären Dysplasie vor allem Traumata und kongenitale Aneurysmata. Aneurysmata bei fibromuskulärer Dysplasie liegen in der Mehrzahl der Fälle im Hauptstamm, bei Polyarteriitis nodosa, nekrotisierender Arteriitis und Trauma vorwiegend intrarenal, bei Arteriosklerose sowohl im Hauptstamm als auch in den größeren intrarenalen Ästen. Sie können rupturieren, nach peripher embolisieren oder thrombosieren. Eine ähnliche Morphologie zeigt die operativ oder bioptisch bedingte, intrarenale Wühlblutung, die bereits früh zur massiven Hämaturie führen kann.

Sonographisch sieht man eine echoarme Raumforderung, die bei arteriosklerotisch bedingten Aneurysmata häufig eine kleine Kalkschale zeigt. Differentialdiagnostisch abzugrenzen sind parapelvine Zysten sowie Venektasien und -konvolute. Beweisend für ein Aneurysma ist der turbulente, noch pulsatile Fluß, der in der FKDS schnell und als Blickdiagnose erfaßt werden kann. Nächster Schritt ist die Angiographie mit der Möglichkeit der Embolisation.

Arteriovenöse Fehlbildungen sind seltene, zumeist angeborene Veränderungen, die vor allem im Markbereich lokalisiert sind. Weitere Ursachen sind Trauma, Biopsie oder rupturierte Aneurysmen. Häufige Symptome sind Hämaturie und Hypertonie. AV-Fisteln mit einem großem Durchfluß können zu einer zunehmenden kardialen Belastung führen.

Sonographisch sieht man zumeist zystische Strukturen oder ein Konvolut von Gefäßen. Eine kräftige Arterie sowie dilatierte abführende Venen lassen bereits einen hämodynamisch relevanten AV-Shunt vermuten, beweisend sind jedoch erst der direkte Nachweis der Fistelstelle in der FKDS durch grobe, mosaikartige Vibrationsartefakte bzw. die Modulation des Doppler-Signals von Arterie und Vene wie in Kapitel 6 beschrieben (29). Diese Veränderungen werden an Transplantatnieren zunehmend häufiger beschrieben (s. Kapitel 12), sie sind jedoch auch bei der orthotop gelegenen Niere diagnostizierbar.

9.4.2.4 Tumoren einschließlich Tumorvaskularisation

In der Tumordiagnostik haben exakte Angaben über die Ausdehnung von Tumorthromben für die Operationsplanung große Bedeutung. Im Gegensatz zur Nierenarteriographie, in der auch in der späten venösen Phase mit DSA-Technik bei okkludierenden Tumorthromben eine Darstellung des mündungsnahen Venenabschnitts schwierig ist, liegt die Stärke der FKDS in der Beurteilung der Nierenveneneinmündungen sowie der Darstellung und Messung der V. cava, auf die im Kapitel 10 näher eingegangen wird. Weitere mögliche Anwendungsbereiche sind die Erfassung der Tumorvaskularisation (8) sowie die Verlaufskontrolle nach Embolisation. Während die Bestimmung der Tumorvaskularisation zur Differentialdiagnostik wenig Bedeutung hat, kann mit der FKDS die Effektivität einer Embolisation kontrolliert werden.

9.4.2.5 Gefäßprothesen und postinterventionelle Kontrollen

Im Gegensatz zur Aortenprothese bzw. dem aortobifemoralen Bypass ist die postoperative Kontrolle des Nierenarterienbypasses abhängig von der Operationstechnik. Iliakorenale Bypässe liegen im allgemeinen günstig und sind zumindest abschnittsweise darstellbar (Abb. 9.**14 a–d**). Die häufiger angelegten splenorenalen Bypässe sowie die aortale Reimplantation sind vielfach durch Magen und Kolon überlagert und laufen senkrecht zur ventralen Untersuchungsebene. Dies limitiert den Flußnachweis, so daß zwar durch Flußmessungen von lateral in der Niere indirekt die Durchgängigkeit des Bypasses angenommen werden kann, Anastomosenstenosen und Aneurysmata sind jedoch eher beim iliakorenalen Bypass erkennbar.

9.5 Stellenwert der FKDS im Vergleich zu anderen Verfahren

Erkrankungen der Aorta abdominalis waren eine der ersten Indikationen zur sonographischen Gefäßdiagnostik. Trotz der üblichen Untersuchungserschwernisse im Abdomen wie Luftüberlagerung und Adipositas sind bei der Mehrzahl der Patienten die Aorta in voller Länge sowie die Nierenarterien zumindest im Abgangsbereich und von lateral im Hilus darstellbar. Goldstandard war bisher die Angiographie. Weitere Alternativen zur Diagnostik vaskulärer Prozesse sind die Computertomographie mit gezielter Kontrastmittelgabe, die Szintigraphie zur Erfassung von Durchblutungsstörungen der Niere sowie seit kurzem die Kernspintomographie mit der MR-Angiographie. Erste Arbeiten zeigen, daß mit speziellen Anregungstechniken eine Beurteilung der Aorta, der Beckengefäße sowie der Nierenarterien möglich ist (17). Die Wertigkeit der Methoden ist jedoch abhängig von der jeweiligen Indikation:

1. Für das Screening und die Verlaufskontrolle von Aortenaneurysmata ist die Sonographie fest etabliert (19). Die Sensitivität liegt je nach Untersuchungsbedingungen zwischen 97 und 100%. Während anfänglich die präoperative Angiographie noch unabdingbar war, gilt den meisten Chirurgen heute für das Aneurysma im Abdomen die Kombination aus Ultraschall und Computertomographie als ausreichend. Beide Verfahren bieten gegenüber der Angiographie zusätzliche Information dadurch, daß es möglich ist, das Ausmaß sowie die Struktur vorhandener wandständiger Thromben zu beurteilen. Vorteil der FKDS gegenüber dem B-Bild ist, daß die Nierenarterien leichter zu lokalisieren sind und damit ihre Mitbeteiligung erfaßt werden kann. Ein weiterer Aspekt ist die Analyse des Flußverhaltens (5). Erhebliche Turbulenzen mit wandgerichteten Flußspitzen haben sich in ersten Studien als prognostisch für das Aneurysmawachstum erwiesen (5, 22).

2. Disseziierende Aneurysmata lassen sich vom B-Bild her zwar vermuten, die FKDS beweist sie und hilft, die Durchblutungsverhältnisse in den tangierten abgehenden abdominellen Ästen zu beurteilen. Nachteil der Sonographie ist, daß der thorakale Anteil sowie in Einzelfällen bei adipösen und muskulären Patienten auch die abdominelle Aorta nicht ausreichend einsehbar sind. Hier sind die Computertomographie mit Kontrastmittelgabe sowie vor allem die Kernspintomographie Verfahren der Wahl.

3. Die Diagnostik von Stenosen der Aorta sowie der Beckenarterien mit der Duplexsonographie wurde zwar anfangs optimistisch diskutiert, der Aufwand für eine komplette Untersuchung war jedoch in der Beckenetage durch die im Alter meist vorliegenden Gefäßwandverkalkungen und dem geschlängelten Gefäßverlauf hoch. Durch den Einsatz der FKDS insbesonders durch neuere Geräte mit ausreichender Eindringtiefe und verbesserten Verfahren der Bewe-

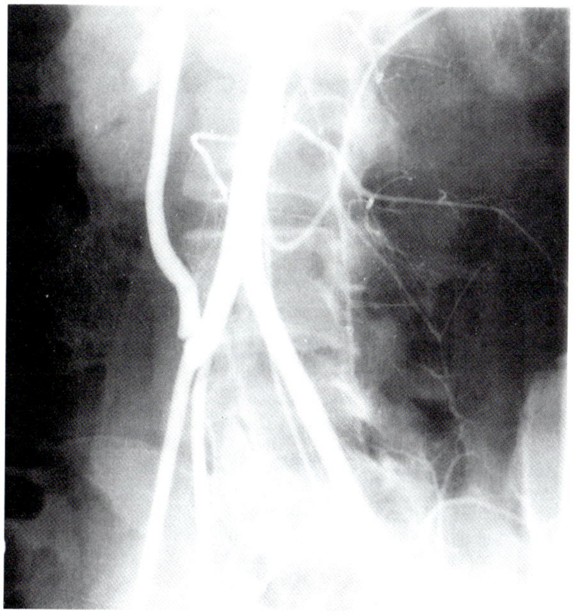

a

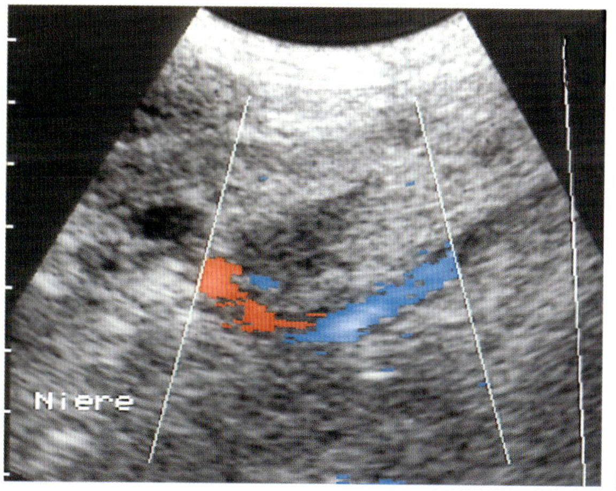

b

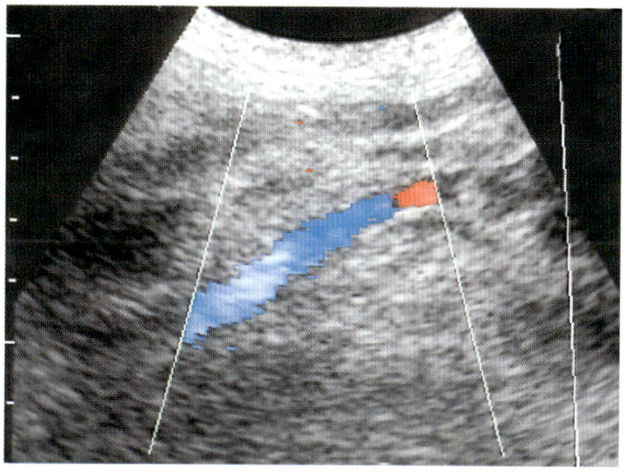

c

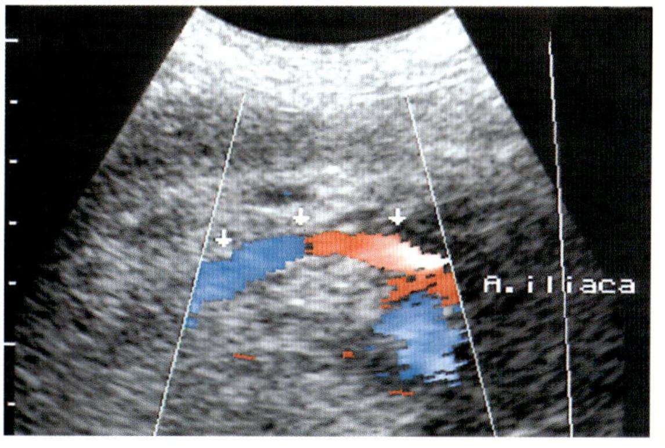

d

Abb. 9.**14a**, **b** Iliako-renaler Bypass (Angiographie und FKDS):
a Angiographie: Abgang des Bypasses aus der rechten A. iliaca communis und Verlauf nach kranial (Pfeil) zum Hilus der rechten Niere
b FKDS des kranialen Drittels des Bypasses (Pfeil) am linken Bildrand die Anastomose mit der A. renalis.
c Mittleres Drittel des Bypasses mit Verlauf von kaudal nach kranial
d Kaudales Drittel des Bypasses, rechts im Bild die Anastomose mit der A. ilaca communis

gungsartefaktunterdrückung konnte die benötigte Untersuchungszeit erheblich verkürzt werden, so daß die FKDS sich bereits zur Verlaufskontrolle von chirurgischen und interventionellen Eingriffen an Arterien der Aorta und der Beckenarterien durchgesetzt hat. Trotz der sicherlich interessanten kernspintomographischen Möglichkeiten (17) wird die Sonographie mit ihrer Ergänzung der FKDS für die Erkrankungen der Aorta und der Beckenarterien aufgrund des besseren Preis-Leistungsverhältnisses Verfahren der ersten Wahl bleiben.

4. Die Wertigkeit für das Screening von Nierenarterienstenosen wird noch kontrovers diskutiert (3, 6, 9, 28, 30). Während abgangsnahe arteriosklerotische Stenosen mit großer Sicherheit erkannt werden können, ist der Nachweis von Einengungen im mittleren Gefäßdrittel schwierig. In diesem Abschnitt liegen aber die meist bei jüngeren Frauen auftretenden fibromuskulären Dysplasien. Diese Stenosen können durch eine PTA erfolgreich behandelt werden. Die Erkennung solcher Veränderungen ist deshalb von großer Bedeutung. Schwierigkeiten bereiten auch Stenosen in Polarterien sowie innerhalb des Nierenparenchyms. Der kombinierte Einsatz von FKDS und Ultraschallkontrastmittel könnte hier zu einer Verbesserung führen (s. Kapitel 16). Untersuchungen hierüber liegen aber noch nicht vor.

Die Angaben zur Sensitivität und Spezifität der Duplexsonographie und der FKDS bezüglich der Erkennung von Nierenarterienstenosen reichen von 40 – 100% (28). Die Diskrepanz erklärt sich durch unterschiedliche Stenosekriterien, unterschiedliche Geräte, unterschiedliche Referenzmethoden (arterielle oder intravenöse Angiographien) sowie vor allem durch das jeweils untersuchte Patientengut. Nach unseren Erfahrungen hat die FKDS den Stellenwert der intravenösen DSA. Sie sollte beim Verdacht auf eine arteriosklerotisch bedingte Nierenarterienstenose und vor allem zur Verlaufskontrolle nach einer PTA eingesetzt werden. Eine Ausschlußdiagnose ist jedoch nicht möglich, so daß bei jüngeren Menschen mit dem Verdacht auf eine fibromuskuläre Dysplasie oder intrarenale Stenose und negativer FKDS eine arterielle Angiographie erfolgen sollte.

5. Wesentlich höher ist die Wertigkeit der FKDS zur Erfassung von Verschlüssen der Nierenarterien. Bei klarer Darstellung der Segment- und Interlobararterien mit peripher gerichtetem Fluß ist ein Verschluß unwahrscheinlich. Fehlt die intrarenale Vaskularisation, so ist je nach klinischer Konsequenz die Indikation zur Notfallangiographie in Lysebereitschaft gegeben.

6. Für postinterventionelle Messungen, Bypass- und Lysekontrollen der Aorta und Beckenarterien ist die Angiographie in der Mehrzahl der Fälle entbehrlich. Die Erfaßbarkeit von renalen Bypässen ist jedoch stark abhängig von den Untersuchungsbedingungen sowie der Lage des Bypasses. Der frühzeitige Nachweis von Malformationen und Verschlüssen sowie die Möglichkeit, nichtinvasiv engmaschig kontrollieren zu können ist Hilfe und Voraussetzung für viele Interventionen (27, 29).

9.6 Literatur

1) Bandyk, D.F., G.R. Seabrock, P. Moldenhauer, J. Lavin, J. Edwards, R.Cato, J.B. Towne: Hemodynamics of vein graft Stenosis. J vasc Surg 8 (1988) 688–695
2) Benvegna, S., I. Cassina, G. Giuntini, F. Rusignuolo, F. Talarico, M. Florena: Atherothrombotic microembolism of the lower extremities (the blue toe syndrome) from atherosclerotic non-aneurysmal aortic plaques. J cardiovasc Surg. 31 (1990) 87–91
3) Berland, L.L., D.B. Koslin,W.D. Routh, F.S. Keller: Renal artery stenosis: Prospective evaluation of diagnosis with color duplex US compared with angiography – work in progress. Radiology 174 (1990) 421–423
4) Bhat, R., E. Fisher, U. Doshi, S. Raza, B. Sepehri, P. Flanigan, D. Vidyasagar: Neonatal abdominal aortic thrombosis. Crit Care Med 9 (1981) 858–61
5) Bluth, E. I., S. M. Murphey, L. H. Hollier, MA Sullivan: Color flow Doppler in the evaluation of aortic aneurysms. Int Angiol 9 (1990) 8–10
6) Breitenseher M., F. Kainberger, P. Huebsch, S. Trattnig, M. Baldt, P. Barton, F. Karnel: Screening von Nierenarterienstenosen. Erste Ergebnisse zur Aussagekraft der Farbdopplersonographie. Fortschr. Röntgenstr. Neuen Bildgeb Verfahr 156 (1992) 228–31
7) Deeg, K.H., K. Wörle, E. Schönau: Farbkodierte Dopplersonographie der Nierengefäße im Kindesalter. Mschr. Kinderheilkd 138 (1990) 256–267
8) Denys, A., O. Helenon, M. Souissi, E. Attlan, Y. Chretien, B. Dufour, J. F. Moreau: Doppler pulse et couleur des masses renales. Correlation angiographique et anatomo-pathologique. J Radiol 72 (1991) 599–608
9) Desberg, A. L., D. M. Paushter, G. K. Lammert, J. C. Hale, R. B. Troy, A. C. Novick, J.R., J.V. Nally, A. M. Weltevreden: Renal artery stenosis: evaluation with color Doppler flow imaging. Radiology 177 (1990) 749–753
10) de Smet, A. A., P.J. Kitslaar: A duplex criterion for aorto-iliac stenosis. Europ. J vasc Surg. 4 (1990) 275–278
11) Dore, R., M. Alerci, G. Cornalba, A. DeAgnosti: Unusual CT Features in ruptures of abdominal aortic aneurysms. Fortschr. Roentgenstr. 148 (1988) 127–130
12) Franklin S.: Renovascular Hypertension. In Benner, H.: Diseases of the Kidney and Urinary Tract. New York 1989
13) Giyanani, V. L., C. A. Krebs, L. A. Nall, R. L. Eisenberg, H. R. Parvey: Diagnosis of abdominal aortic dissection by image-directed Doppler sonography. J. clin. Ultrasound 17 (1989) 445–448
14) G. Heberer, R.J.A. van Dongen: Kirschnersche Operationslehre. Springer Verlag, Berlin 1987
15) Holenstein, R., D. N. Ku: Reverse flow in the major infrarenal vessels – a capacitive phenomenon. Biorheology 25 (1988) 835–842
16) Kadir, S.: Diagnostic Angiography. Saunders, New York 1989
17) Kim, D., R.R. Edelman, K.C. Kent, D.H. Porter, J.J. Skillman: Abdominal Aorta and Renal Artery Stenosis: Evaluation with MR Angiography. Radiology 174 (1990) 727–731
18) Kontis, S., R. G. Gosling: On-line Doppler ultrasound measurement of aortic compliance and its repeatability in normal subjects. Clin Phys. physiol. Measure 10 (1989) 127–135
19) Kremer, H., B. Weigold, W. Dobrinski, M. Schreiber, N. Zöllner: Sonographische Verlaufsbeobachtungen von Bauchaortenaneurysmen. Klin. Wschr. 62 (1984) 1120–1125
20) Mansour, M. A., R. B. Rutherford, R. K. Metcalf, Pearce WH: Spontaneous aorto-left renal vein fistula: the „abdominal pain, hematuria, silent left kidney" syndrome. Surgery 109 (1991) 101–106
21) Müller-Schwefe, Ch., G. v. Klinggräf, G. Riepe, A. Schröder: Das inflammatorische Bauchaortenaneurysma. Ultraschall in Med. 12 (1991) 158–163
22) Omlor, G., Guindi, K., Walter, P., Koch, B., Ecker, K.W.: Op-Indikation beim Risikopatienten mit asymptomatischem Bauchaortenaneurysma. Vasa (Suppl.) 32 (1990) 499–502
23 Paes, E., J. F. Vollmar, P. Pauschinger, W. Mutschler, W. Wanjura, E. Laboranovic: Blood flow in large vessels. In Liepsch, D. (Ed.) Biofluid mechanics. Springer Berlin 1990 (159–165)
24) Renowden, S.A., D. L. Cochlin: The Effect of Frusemide on the Doppler Waveform in Normal Kidneys. J. of clin. Ultrasound Med. 11 (1992) 65–68
25) Riehl, J., W. Clasen, H. Schmidt, Kierdorf, H., Sieberth, H.G.: Altersabhängige Veränderungen der renalen Hämodynamik: Untersuchungen mittels Duplex-Sonographie. Ultraschall Klin. Prax., (Suppl.) 1 (1989) 129
26) Riepe, G., G. v. Klinggräff, H. Imig: Prothesendilatation nach Aortenersatz. Angio 11 (1989) 153–157
27) Saitoh, M.: Color Doppler flow imaging in interventional ultrasound of the kidney. Scand. J. Urol. Nephrol. (Suppl.) 137 (1991) 59–64
28) Spieß, K.P., F. Fobbe, M. El-Bedewi, D. Gemmeren, K. Liederwald et al.: Color Coded Duplex-Sonography: A New non-invasive Screening Method for Renal Artery Stenosis. in press.
29) Takebayashi, S., N. Aida, K. Matsui: Arteriovenous Malformations of the Kidneys: Diagnosisi and Follow-up with Color Doppler Sonography in Six Patients. Amer. J. Roentgenol. 157 (1991) 991–995
30) Seitz K.H., R. Kubale: Duplexsonographie der abdominellen und retroperitonealen Gefäße. VCH Verlag, Weinheim 1987
31) Takenaka, K., T. Sakamoto, A. Dabestani, J. M. Gardin, W. L. Henry: Pulsed Doppler echocardiographic detection of regurgitant blood flow in the ascending, descending and abdominal aorta of patients with aortic regurgitation. J Cardiol 17 (1987) 301–309
32) Tartarini, G., D. Bertoli, R. Baglini, A. Balbarini, M. Mariani: Diagnosis of aortic dissection by color-coded Doppler. J. nucl. Med. allied Sci. 32 (1988) 127–30
33) Thomas, E. A., P. A. Dubbins: Duplex ultrasound of the abdominal aorta – a neglected tool in aortic dissection. Clin. Radiol. 42 (1990) 330–334

10 Viszerale Arterien

R. Kubale

10.1 Allgemeine Bemerkungen

Erkrankungen mesenterialer Arterien und Venen sowie des Truncus coeliacus sind klinisch schwer zu diagnostizieren und werden häufig verkannt. Hauptursachen sind Arteriosklerose, Thrombose und Embolie sowie Tumore und entzündliche Prozesse, die die viszeralen Gefäße entweder primär – wie bei der Panarteriitis nodosa – oder sekundär durch Kompression von außen oder tryptische Andauung bei Pankreatitis tangieren.

Die Symptomatik hängt ab vom Ausmaß sowie der Akuität einer Strömungsbeeinträchtigung. Langsam entstehende Verschlüsse können folgenlos bleiben, die akute Verlegung ist ein lebensbedrohliches Ereignis. Pathophysiologisch sind mesenteriale Arterien, Truncus coeliacus sowie die mesenterialen Venen als Einheit anzusehen.

Verfahren der ersten Wahl bei der akuten intestinalen Ischämie war bisher die Angiographie, deren frühzeitiger Einsatz die Mortalität von über 90% auf 53% reduziert hat (2). Zweite Indikation der Angiographie ist die chronische intestinale Ischämie sowie die Abklärung der intestinalen Blutung mit der Möglichkeit, therapeutisch zu embolisieren. Ihr screeningartiger Einsatz zur Abklärung des chronischen Bauchschmerzes sowie unklarer Auskultationsbefunde ist jedoch unrealistisch. Mit der „konventionellen" Duplexsonographie können unter günstigen Bedingungen die großen intestinalen Gefäße erfaßt werden. Die Methode hat aber keine weite Verbreitung gefunden. Gründe hierfür sind der relativ hohe Zeitaufwand und die Schwierigkeit besonder bei adipösen und unruhigen Patienten, die einzelnen Gefäße darzustellen und Spektren abzuleiten. Die farbkodierte Duplexsonographie bietet hier die entscheidenden Vorteile: über die Farbkodierung der Blutbewegung können die Gefäße sicher erkannt und dargestellt werden. Damit ist die FKDS für bestimmte Fragestellungen sowohl zum Screening als auch zu Abklärung akuter Erkrankungen einsetzbar.

Im folgenden sollen die wichtigsten primären und sekundären Erkrankungen der viszeralen Gefäße und ihre sonographischen Befunde beschrieben werden. Erkrankungen der Leber sowie die portale Hypertension werden gesondert in Kapitel 11 behandelt.

10.2 Normale Anatomie, Varianten und Untersuchungstechnik

10.2.1 Normale Anatomie, Varianten und Kollateralen

Die Blutversorgung der Bauchorgane sowie des Gastrointestinaltraktes erfolgt hauptsächlich über die drei ventralen viszeralen Äste der Aorta abdominalis: den Truncus coeliacus, die A. mesenterica superior sowie die A. mesenterica inferior. Sie entwickeln sich aus einem ursprünglich paarigen, strickleiterartig angelegten System durch partielle Fusion und Rückbildung der embryonalen Segmentarterien (Abb. 10.**1**). Störungen dieser komplexen Entwicklung führen zu zahlreichen Ursprungs-, Lage- und Verlaufsvarianten, die den Untersucher fehlleiten können. Sie werden im folgenden zunächst kurz zusammengestellt (9, 21).

10.2.1.1 Truncus coeliacus und Äste

Der Truncus coeliacus ist ein kurzer Stamm und entspringt in Höhe Th 12/LWK 1 unmittelbar unter dem Hiatus aorticus ventral aus der Aorta. Er verläuft zunächst nach kaudal, seltener auch horizontal oder bogig nach kranial und teilt sich in 65 – 75 % der Fälle in drei Äste auf: A. gastrica sinistra, A. hepatica communis und A. lienalis (Abb. 10.**2**). In 5–10 % findet sich als vierter Ast eine zusätzliche Pankreasarterie bzw. ein atypischer Abgang der A. pancreatica dorsalis.

In seltenen Fällen kann der Truncus fehlen oder gemeinsam mit der A. mesenterica superior als Truncus gastrohepatosplenomesentericus entspringen (9, 14).

- Die **A. gastrica sinistra** entspringt in 90 % als erster Ast aus dem Truncus. Sie verläuft zwischen den Blättern des Omentums minus und anastomosiert kleinkurvaturseitig mit der A. gastrica dextra sowie mit Ästen der A. gastroepiploica dextra und der Aa. gastricae breves. In 2,5 % entstammt sie direkt der Aorta abdominalis.
- Die **A. lienalis** ist mit 6–10 mm der stärkste Ast des Truncus coeliacus. Sie verläuft zum Teil stark geschlängelt am oberen Rand des Pankreas zum Milzhilus, läßt sich jedoch auch in Einzelfällen unterhalb oder im Pankreaskorpus nachweisen. Die

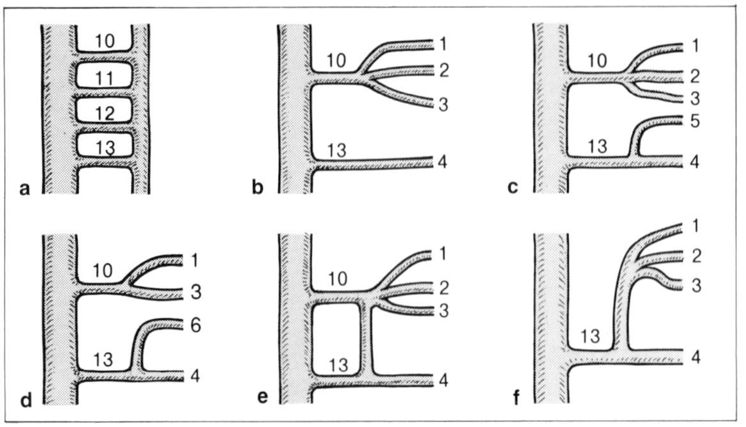

Abb. 10.**1a–f** Embryologische Entwicklung und Variantenentstehung von Truncus coeliacus und A. mesenterica superior (nach 9), 1 = A. gastrica sinistra, 2 = A. hepatica communis, 3 = A. lienalis, 4 = A. mesenterica superior, 5 = akzessorische A. hepatica, 6 = dystope A. hepatica, 10-13 = embryonale Segmentarterien
a Aus der ursprünglich symmetrisch angelegten Aorta entspringen strickleiterartig die embryonalen Segmentarterien, die zunächst durch eine ventrale Längsanastomose verbunden sind
b Nach Rückbildung der 11. und 12. Segmentarterie entsteht aus der 10. Segmentarterie der Truncus coeliacus, aus der 13. die A. mesenterica superior sowie aus der 20. oder 21. Segmentarterie die A. mesenterica inferior Die ventrale Anastomose bildet sich im Normalfall vollständig zurück.
c und **d** Fehlende oder nur partielle Rückbildung der ventralen Anastomose führen zu einer atypischen Versorgung der Leber aus der A. mesesenterica superior über akzessorische (**c**) oder eine aberante A. hepatica dextra bzw. A. hepatica communis (**d**)
e und **f** Die embryonale Längsanastomose kann als ventrale Kollaterale bestehen bleiben (**e** = Bühler-Anastomose), bei gleichzeitiger Rückbildung der 10. Segmentarterie enteht als Variante ein gemeinsamer Stamm, der sog. Truncus coeliaco gastromesentericus (**f**)

a

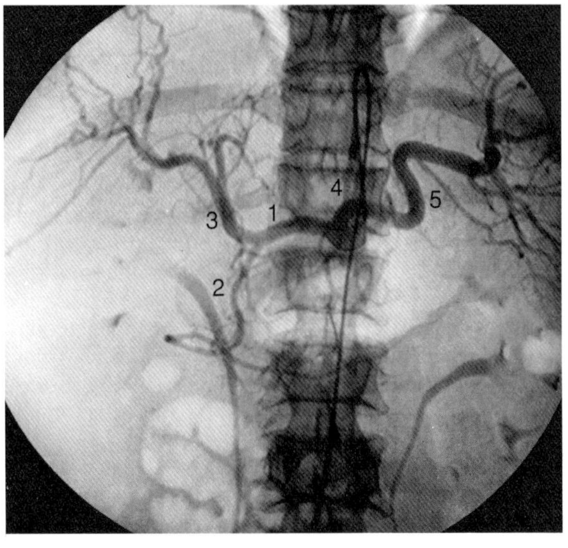

Abb. 10.**2a, b** Angiographische Darstellung von Truncus coeliacus und A. mesenterica superior nach selektiver Katheterisierung (DSA):
a Truncus coeliacus mit A. hepatica communis (1), A. gastroduodenalis (2), A. hepatica propria (3), A. gastrica sinistra (4) und A. lienalis (5)

b

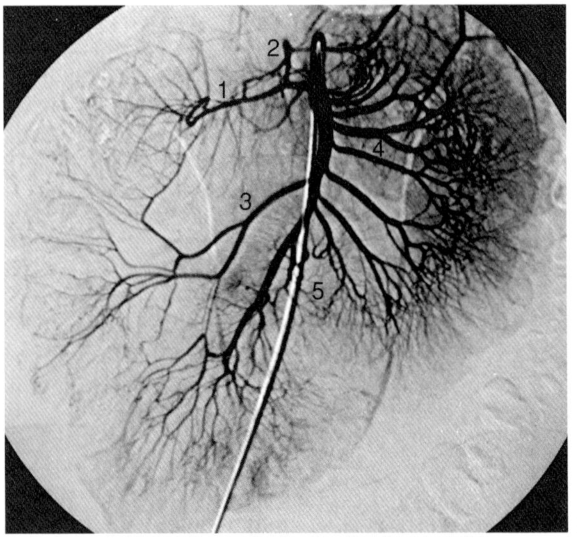

b A. mesenterica superior (DSA) mit A. colica dextra (1), A. colica media (2), A. ileocolica (3), Aa. jejunales (4) und Aa. ilei (5)

durchschnittliche Länge ist 13 cm. Sie versorgt über die Aa. pancreaticae magna et dorsalis sowie über kleinere Arterien Pankreaskorpus und Schwanz, die große Kurvatur des Magens mit Fundus sowie das Netz. Im Milzhilus teilt sie sich in einen inferioren und einen superioren Hauptast, der jeweils über 4 – 6 Segmentarterien das Milzparenchym versorgt.

- Die **A. hepatica communis** verläuft nach ihrem Abgang aus dem Truncus coeliacus zunächst entlang des Pankreasoberrandes nach rechts ins Lig. hepatoduodenale. Dort liegt sie typischerweise links des Ductus hepatocholedochus und vor der V. portae. Nach Abgang der A. gastroduodenalis zieht die A. hepatica communis als *A. hepatica propria* zur Leber und teilt sich in die A. hepatica sinistra und die A. hepatica dextra. Aus ihnen entspringt jeweils in 45 % der Fälle ein weiterer Ast, der als mittlere Leberarterie das mediale Segment des linken Leberlappens sowie den Lobus quadratus versorgt. Varianten sind zahlreich. In bis zu 24 % wird die Leber teilweise oder komplett aus der A. mesenterica superior versorgt. Zahlreiche akzessorische Arterien aus dem Truncus coeliacus direkt, aus der A. gastrica sinistra, der A. lienalis sowie überkreuzende Äste aus dem kontralateralen Leberlappen können den Situs komplizieren. Eine Kollateralenversorgung ist über die Leberkapsel sowie über kleinere Arterien im Hilus möglich (9,14).

- Die **A. gastroduodenalis** verläuft hinter dem Duodenum, ventral des Pankreas. Sie teilt sich weiter auf in die A. gastroepiploica dextra sowie in die Aa. pancreaticoduodenales superior, anterior et posterior, die als Pankreasarkaden mit dem Stromgebiet der A. mesenterica superior anastomosieren. Versorgt werden Pankreaskopf, Pylorus, Teile des Duodenums sowie in Einzelfällen jejunale Äste.

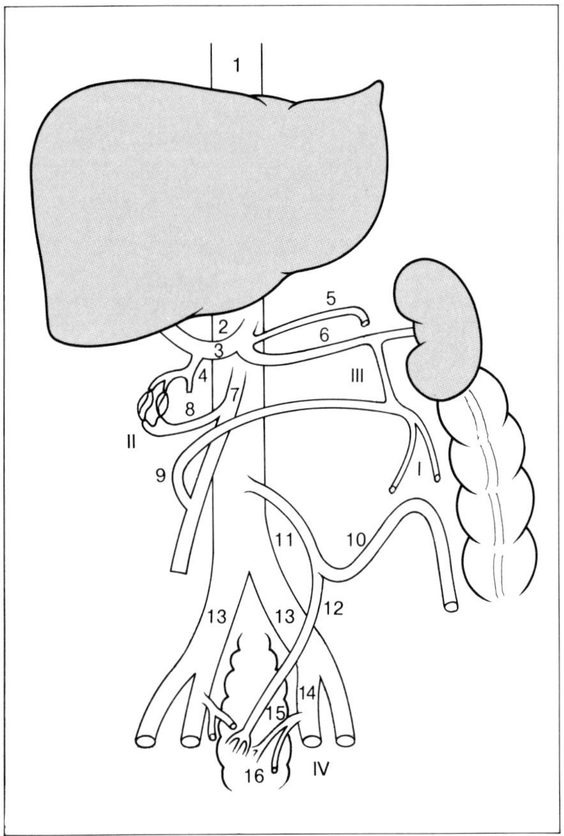

Abb. 10.**3** Präformierte Kollateralen der viszeralen Arterien (nach 15): Die wichtigsten Querverbindungen finden sich über Anastomosen zwischen der A. colica media und der A. colica sinistra (I: Riolan-Anastomose), über die Aa. pancreaticoduodenalis superior et inferior (II = Pankreasarkaden), über Anastomosen zwischen der A. colica media und der A. lienalis (III) sowie zum Stromgebiet der A. iliaca interna über die Aa. rectales superior et inferior (IV). 1 = A. abdominalis, 2 = Truncus coeliacus, 3 = A. hepatica communis, 4 = A. gastroduodenalis, 5 = A. gastrica sinistra, 6 = A. lienalis, 7 = A. mesenterica superior, 8 = A. pancreatico-duodenalis inferior, 9 = A. colica medica, 10 = A. colica sinistra, 11 = A. mesenterica inferior, 12 = A. rectalis superior, 13 = A. iliaca communis, 14 = A. iliaca interna, 15 = A. pudenda interna, 16 = A. rectalis inf. duodenalis inferior

10.2.1.2 A. mesenterica superior und A. mesenterica inferior

Die A. mesenterica superior entspringt 0,5 – 2 cm unterhalb des Truncus in Höhe LWK 1 (Abb. 10.2). Sie verläuft hinter dem Pankreas und dorsal der V. lienalis nach kaudal. Nach ca. 4 cm gehen rechts die A. pancreaticoduodenalis inferior sowie die Aa. colicae media et dextra ab. Jejunum und Ileum erhalten ihre Blutversorgung aus den Aa. jejunales und Aa. ileales, die zahlreiche arkadenartige Anastomosen untereinander ausbilden. Die A. iliocolica ist der Endast der A. mesenterica superior und versorgt Zoekum, terminales Ileum und Appendix.

Die A. mesenterica inferior entspringt 3 cm oberhalb der Bifurkation ventral bzw. linkslateral aus der Aorta (Höhe LWK 3/LWK 4). Sie verläuft zunächst nach kaudal und teilt sich nach 3–6 cm in die A. colica sinistra, die Aa. sigmoideae sowie die A. haemorrhoidalis auf.

10.2.1.3 Präformierte Kollateralen

Zahlreiche präformierte Kollateralen können beim langsam erfolgten arteriellen Gefäßverschluß die Versorgung des Darmes übernehmen (Abb. 10.**3**). Am bekanntesten ist die sogenannte Riolan-Anastomose, die die A. colica sinistra mit dem ersten Ast des aszendierenden Fächers der A. mesenterica superior verbindet. In der Regel ist dies die A. colica media.

Weitere Querverbindungen bestehen über die pankreatiko-duodenalen Arkaden, die Bühler-Anastomose (Abb. 10.**1**) sowie über die marginale Kollaterale, die mesenterialseitig des Kolonrahmens verläuft und aus Ästen der Aa. colicae media, dextra et sinistra gespeist wird. Bei einem vollständigen Verschluß aller viszeralen Hauptäste ist eine Versorgung von kranial über Interkostal-, Zwerchfell- und Ösophagusarterien möglich. Von *kaudal* kann Blut über Äste der A. iliaca interna und der Aa. haemorrhoidales inferior et superior zur A. mesenterica inferior gelangen (7).

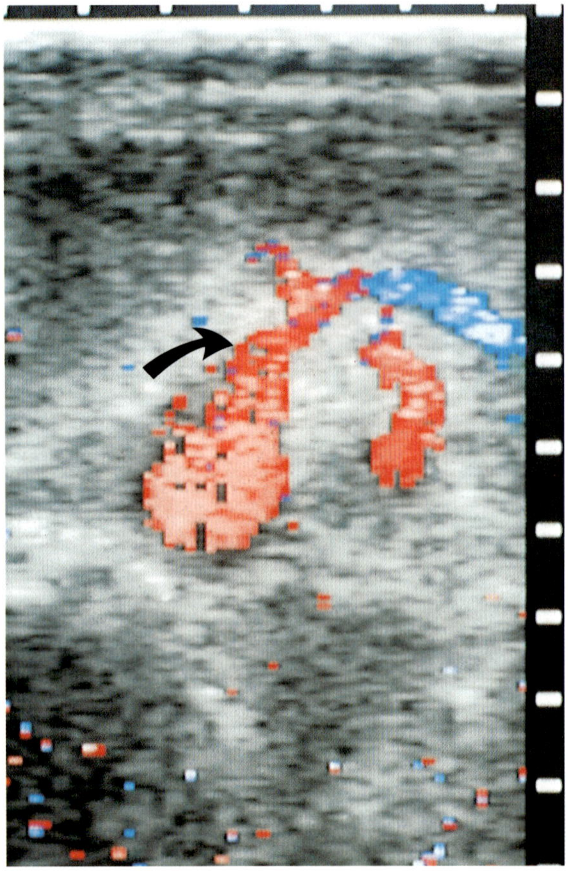

Abb. 10.**4** Truncus coeliacus (Pfeil) im Querschnitt: Typischer Verlauf mit palmenwedelartiger Aufzweigung in die A. lienalis (rechts im Bild = „Blau" kodiert) und A. hepatica communis („Rot"), dorsal der A. lienalis Anschnitt der V. lienalis („Rot" kodiert)

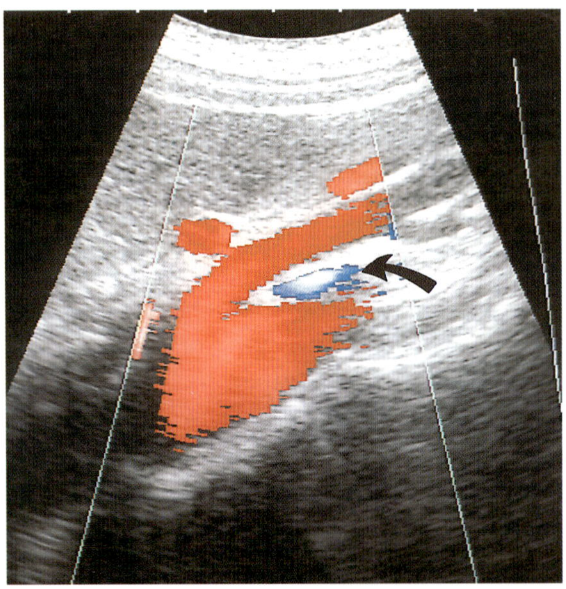

Abb. 10.**5** A. mesenterica superior im Längsschnitt: Nach ihrem Abgang aus der Aorta überkreuzt sie die linke Nierenvene (blau kodiert, Pfeil) und verläuft in der Mehrzahl der Fälle bogig rechtslateral der Aorta nach kaudal

10.2.2 Untersuchungstechnik

10.2.2.1 Untersuchungsablauf und Geräteeinstellung

Zur Untersuchung sollte der Patient nüchtern sein. Ausgehend von der im Kapitel 9 beschriebenen Einstellung werden zunächst *Truncus coeliacus* und der Abgang der *A. mesenterica superior* lokalisiert und ihr Verlauf in 2 Ebenen dokumentiert. Untersucht wird mit einer 3 MHz oder bei Kindern und schlanken Patienten mit einer 5-MHz-Sonde unter mäßiger Kompression in Rücken- oder Seitenlage. Mit der Leber als Schallfenster sind Truncus coeliacus und A. mesenterica superior in über 86% der Fälle darstellbar. Nach Zuschaltung und Anpassung der Farbkodierung wird zunächst der Fluß im Truncus coeliacus analysiert (Abb. 10.**4**). In Längs- und Querschnitten werden Hauptstamm, A. hepatica communis, A. lienalis und wenn möglich die A. gastrica sinistra aufgesucht. Die A. gastroduodenalis läßt sich in 60 % der Fälle als rechtwinklig zur A. hepatica propria ziehendes Gefäß zumindest abschnittsweise ventral des Pankreaskopfs darstellen. Anschließend wird der Abgang der A. mesenterica superior aufgesucht, in Längsschnitten unter Kaudalkippung des Kopfs dargestellt und so weit wie möglich verfolgt (Abb. 10.**5**).

Für die Beurteilung der A. mesenterica inferior wird zunächst die Bifurkation eingestellt. Von hier ausgehend wird der Schallkopf in Querschnitten unter vorsichtiger Kompression nach kranial verschoben bis man ca. 2–4 cm oberhalb der Bifurkation auf der linken Seite der Aorta den proximalen Stamm der A. mesenterica inferior erkennt. Nach Drehung des Schallkopfs läßt sich die A. mesenterica inferior meist über 2 – 3 cm verfolgen (Abb. 10.**6 a–c**).

Um eine optimale Beurteilung zu ermöglichen, sind die Verstärkung und die Schwelle der Farbkodierung so einzustellen, daß gerade kein Farbrauschen mehr auftritt. Peristaltikbedingte Artefakte lassen sich durch vorsichtige Kompression vermindern. Im Einzelfall muß der Magen-Darm-Trakt vorübergehend durch ein Spasmolytikum (z. B. 20 – 40 mg Buscopan i.v.) ruhiggestellt werden.

Um die Flußsignale, insbesondere im Bereich des Abgangs von Truncus coeliacus und der A. mesenterica superior adäquat darstellen zu können, ist am Gerät ein mittlerer oder hoher Geschwindigkeitsbereich einzustellen. Durch Reduktion der Eindringtiefe ist eine Erhöhung der Pulsrepetitionsfrequenz und damit auch der Nachweis höherer Strömungsgeschwindigkeiten ohne „Aliasing" möglich. Bei inkompletter oder fehlender Farbfüllung der Gefäße sind der Geschwindigkeits- bzw. Frequenzbereich wieder herabzuregeln und eventuelle Wandfilter zu reduzieren. Weitere untersuchungstechnische Probleme entstehen durch reflektierende Hindernisse im schallkopfnahen Bereich (Meteorismus etc.). Horizontal verlaufende Gefäßabschnitte können im Querschnitt nur mit eingekipptem Schallkopf dargestellt werden (vgl. Kapitel 4). Finden sich im B-Bild Plaques, in der Farbko-

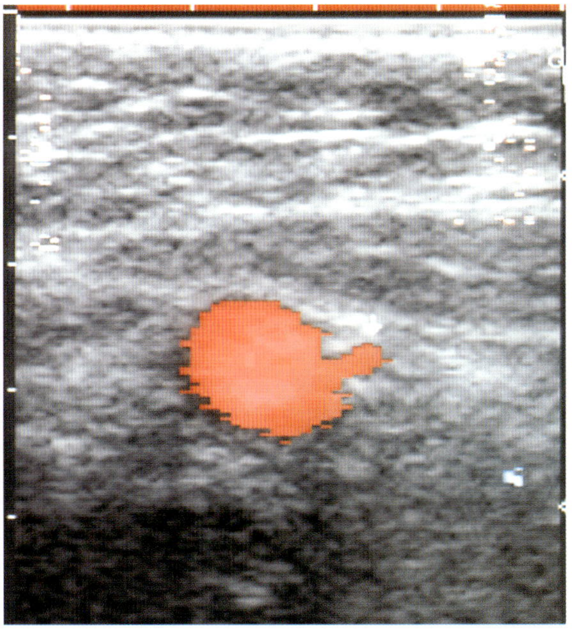
a

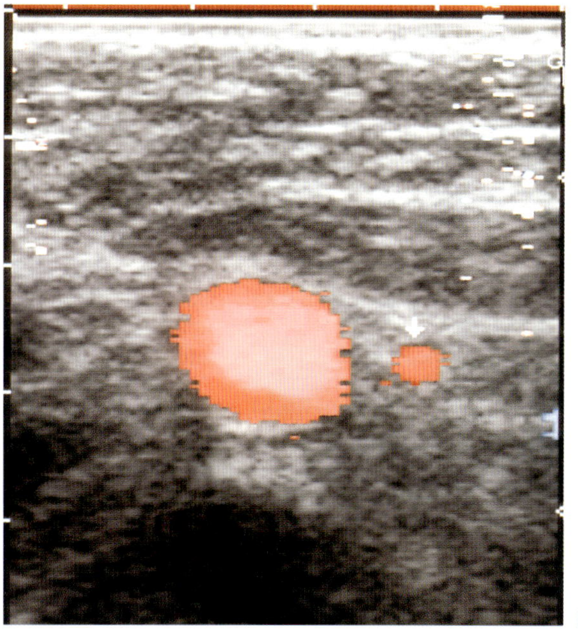
b

Abb. 10.**6a–c** A. mesenterica inferior:
a Im Querschnitt durch die Aorta ist der Abgang nach lateral zu erkennen (Pfeil)
b 1 cm distal verläuft das Gefäß weiter lateral der Aorta (Pfeil)
c Im schrägen Längsschnitt kann der proximale Abschnitt auf einer Strecke von etwa 3 cm dargestellt werden („Blau" = Anschnitt der Aorta, „Rot" = A. mesenterica superior.)

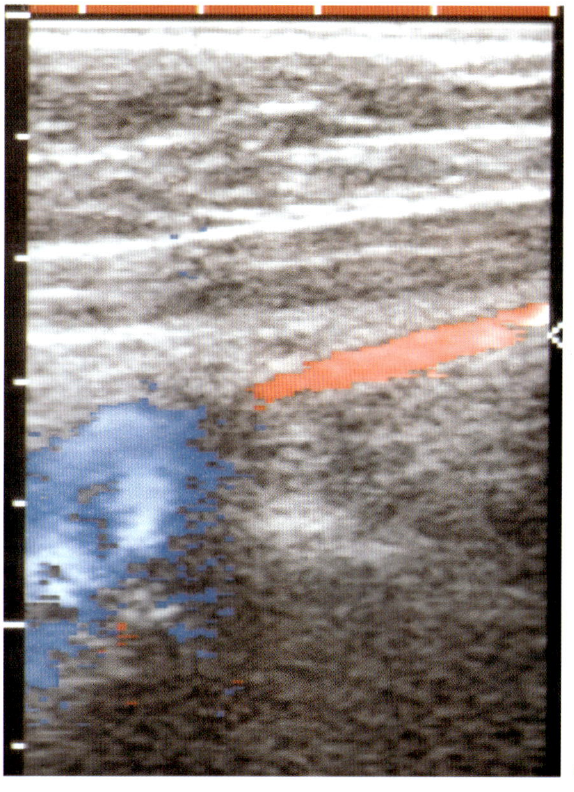
c

dierung Flußbeschleunigungen und Turbulenzen oder sollen Medikamenteneffekte bzw. die Regulationskapazität der mesenterialen Durchblutung überprüft werden, so sind jeweils am Abgang der Gefäße sowie in den suspekten Arealen Doppler-Spektren abzuleiten.

Die Untersuchungszeit hängt von der Fragestellung ab. Beim Verdacht auf eine akute intestinale Ischämie sollten nur wenige Minuten aufgewendet werden und gegebenenfalls sofort angiographiert werden. Bei einer chronischen intestinalen Erkrankung kann die Suche nach Stenosen und eventuell die anschließende funktionelle Untersuchung 30 Minuten und mehr erfordern.

10.2.2.2 Dokumentation

Als Minimalprogramm sind die Abgänge von Truncus coeliacus und der A. mesenterica superior als B-Bild sowie mit Farbkodierung zu dokumentieren. Wird nach einer chronischen intestinalen Ischämie gefahndet, so sollte – wenn möglich – der Stamm der A. mesenterica inferior mit untersucht werden.

Zeigt das FKDS-Bild eine Flußbeschleunigung oder Turbulenzen, so sind nach jeweiliger Winkelkorrektur systolische Spitzengeschwindigkeit und enddiastolische Geschwindigkeit im suspekten Areal sowie in 2–3 weiteren Gefäßabschnitten proximal und distal zu dokumentieren. Wird eine ligamentäre Stenose des Truncus coeliacus vermutet, sollten Messungen in tiefer In- und Expiration ergänzt werden, um Ausmaß und Befundkonstanz der Behinderung abschätzen zu können. Wird der Effekt von Medikamenten oder die Reaktionsfähigkeit auf physiologische Stimuli untersucht, sind Widerstandindizes (vgl. Kapitel 3) für die weitere Beurteilung hilfreich.

10.3 Normale Befunde in der FKDS

In der Farbkodierung stellt sich der *Truncus coeliacus* im Querschnitt als palmenwedelartige Struktur dar (Abb. 10.**4**). Die *A. hepatica communis* bzw. die *A. hepatica propria* und die *A. lienalis* lassen sich bis in die Leber bzw. in Milz hinein als kontinuierlich pulsierend durchströmte Gefäße verfolgen. Ihr Flußmuster bzw. das Doppler-Spektrum entspricht dem der A. carotis interna. Dieses Spektrum erklärt sich durch den niedrigen Widerstand im nachgeschalteten Stromgebiet, der einen persistierenden antegraden Blutfluß auch in der Diastole zuläßt.

Die *A. gastrica sinistra* läßt sich in einem modifizierten Längsschnitt entlang der Unterfläche des linken Leberlappens verfolgen. Im allgemeinen erkennt man nur den proximalen Anteil, sie kann sich jedoch in Einzelfällen bis in eine mögliche Anastomose mit der A. hepatica sinistra nachweisbar sein. Ihr Spektrum zeigt wie das der A. gastroduodenalis, eine höhere Pulsatilität mit nur geringem diastolischen Fluß.

Die *A. mesenterica superior* geht ventral bzw. ventrolateral aus der Aorta ab. Eine befundadaptierte Schallkopfführung ermöglicht es, den Hauptstamm über eine Länge von bis zu 8 cm zu verfolgen (Abb.10.**5**). Während der Systole findet sich ein kontinuierlicher nach distal gerichteter Fluß mit steilem Anstieg und sofortigem Wiederabfall. Beim nüchternen Patienten folgt in der späten Systole eine Inzisur bzw. eine kurze, in der Gegenfarbe kodierte Rückflußkomponente. In der späten Diastole kann der Fluß sistieren. Nach Nahrungsmittelaufnahme findet sich eine Zunahme der systolischen Spitzengeschwindigkeit sowie ein überproportionaler Anstieg der enddiastolischen Geschwindigkeit. Dies ist Ausdruck der verdauungsbedingten, physiologischen Hyperämie. Analoge Veränderungen des Spektrums treten nach der Gabe von Glucagon auf.

Varianten wie der Abgang einer A. hepatica communis bzw. A. hepatica dextra aus der A. mesenterica superior oder der isolierte Ursprung einer A. lienalis aus der Aorta lassen sich in der FKDS als Anhiebsdiagnose erkennen (Abb. 10.**7 a, b**).

Der Nachweis der *A. mesenterica inferior* gelingt in der oben beschriebenen Untersuchungstechnik bei über 60 % der Patienten. Ihr Hauptstamm stellt sich während der Systole physiologischerweise homogen farbgefüllt dar. Die abgeleiteten Doppler-Spektren sind in ihrer Flußcharakteristik denen der A. mesenterica superior vergleichbar: hohe Geschwindigkeit in der Systole und niedriger bzw. sistierender Fluß in der Diastole.

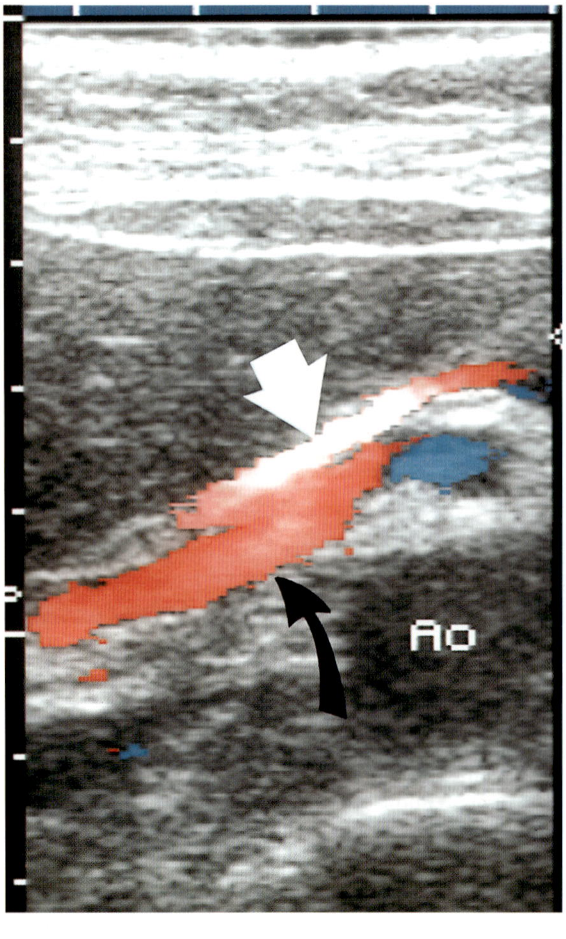

a

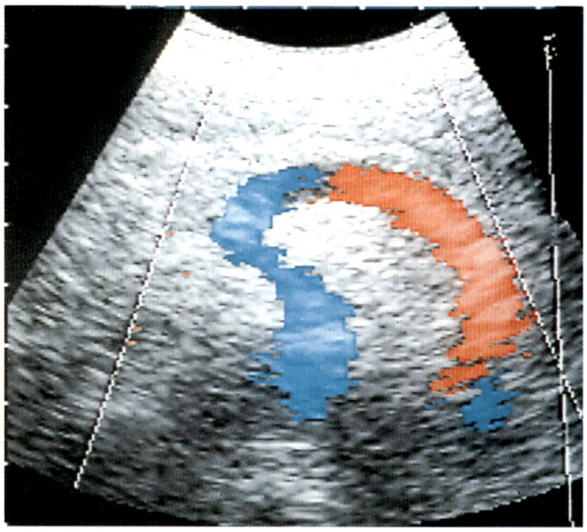
b

Abb. 10.**7 a, b** Abgangsvarianten viszeraler Arterien in der FKDS:
a Modifizierter Oberbauchquerschnitt mit Aorta (Ao, hier zyklusbedingt ohne Flußsignal), A. mesenterica superior („Blau" kodiert) und aus diesem Gefäß abgehende A. hepatica dextra (schwarzer Pfeil), ventral der A. hepatica dextra Anschnitt der V. portae (weißer Pfeil) die durch den Druck mit dem Schallkopf komprimiert ist und eine artefizielle Stenose (Farbkodierung fast „Weiß") aufweist
b Direkter Abgang der A. lienalis aus der Aorta (im Querschnitt): Geschwungener Verlauf, zuerst nach ventral („Blau" kodiert) und dann nach laterodorsal („Rot" kodiert), die vergleichende Angiographie bestätigte den isolierten Abgang der A. lienalis aus der Aotra, die A. hepatica communis und A. mesenterica superior bilden einen gemeinsamen Stamm

10.4 Krankheiten mit pathologischer Anatomie und Befunde in der FKDS

10.4.1 Vorbemerkungen

Die intestinale Durchblutung ist ein komplex geregelter Prozeß, der durch mechanische, metabolische und nervale Faktoren sowie zahlreiche vasoaktive Substanzen beeinflußt wird (3). Die Durchblutung steigt in Abhängigkeit von der Zusammensetzung der Nahrung, bei Streß und körperlicher Aktivität nimmt sie ab. Störungen treten auf bei arterieller Mangelversorgung durch Stenosen, Thrombosen, Embolie, Tumorkompression, Volvolus und Verwachsungen oder durch eine Thrombose mesenterialer Venen (s. Kapitel 11). Langsam entstehende Prozesse können durch Kollateralen kompensiert werden. Akute Verschlüsse, insuffiziente Kollateralenbildung oder ein Befall von zwei und mehr Gefäßen führen zur Schädigung des Darms.

Viele dieser Erkrankungen wurden früher als entzündliche Darmerkrankung mißinterpretiert. Erst durch den zunehmenden Einsatz von Endoskopie, Endosonographie, Histologie und durch verfeinerte angiographische Techniken konnten Krankheitsbilder wie die ischämische Kolitis und andere, z. B. medikamentös induzierte Kolitiden abgegrenzt werden.

10.4.2 Plaques, Stenosen und Verschlüsse

10.4.2.1 Asymptomatische Patienten, Arteriosklerose, Ligamentum-arcuatum-Syndrom, fibromuskuläre Dysplasie und Tumorkompression

Hauptursache für eine Stenose ist die Arteriosklerose. Veränderungen an den viszeralen Arterien finden sich bereits ab der 3. Lebensdekade. Mit zunehmendem Lebensalter bilden sich *Plaques* mit Lumeneinengung oder Verschlüssen. Je nach Lage unterscheidet man Verschlußprozesse am Abgang, Prozesse des Hauptstammes, der Äste erster und zweiter Ordnung sowie eine diffuse Arteriosklerose der peripheren Äste.

Stenosen durch *Kalzifizierungen und Plaqueablagerungen in der Aorta* sind häufig zirkulär. Wenn die Stenose den distalen Blutdruck signifikant herabsetzt, hypertrophieren die präformierten Kollateralen und versorgen das distal der Stenose liegende Stromgebiet. Hauptkollaterale ist im allgemeinen die A. gastroduodenalis mit den Pankreasarkaden (Abb. 10.**3**). Ist die A. mesenterica inferior befallen, so wird die Versorgung über die Aa. colicae media et sinistra aus dem Stromgebiet der A. mesenterica superior sowie über Kollateralen aus dem Stromgebiet der A. iliaca interna sichergestellt.

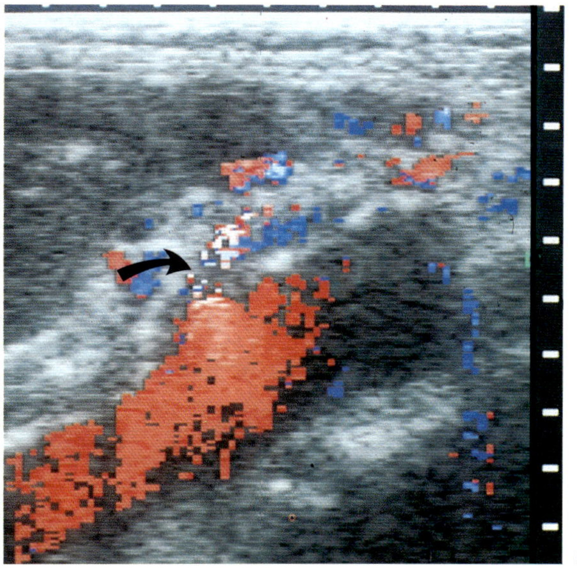

a

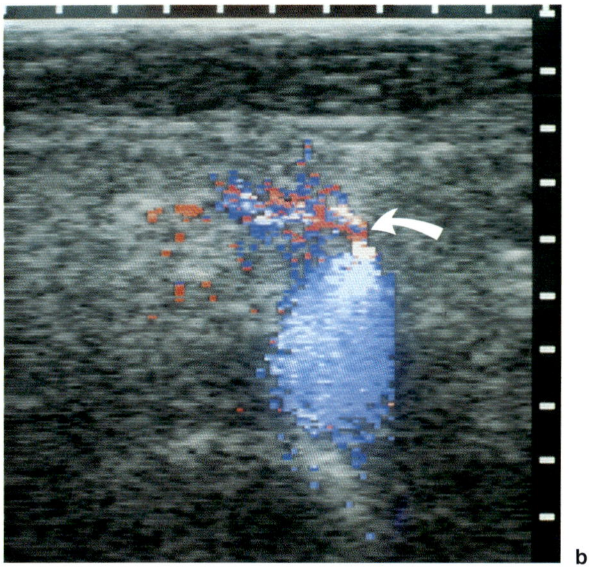

b

Abb. 10.**8 a**, **b** Abgangsstenosen der A. mesenterica superior:
a Im Längsschnitt: Unmittelbar am Abgang kurzsteckige hochgradige Einengung (Pfeil) mit poststenotischer Wirbelbildung (Mischung aus „Rot" und „Blau"), das stenosierte Lumen ist im B-Bild nicht abzugrenzen (verkalkte Gefäßwandauflagerungen)
b Im Querschnitt: Starke Erhöhung der Frequenzverschiebung (Farbkodierung fast „Weiß", Pfeil) und poststenotisch durch Vibration der Gefäßwand bedingte Farbartefakte (flächenhafte Mischung aus „roten" und „blauen" Punkten), das Gefäß biegt distal der Stenose nach rechts laterokaudal ab, Aorta = „blaue" Kodierung

Die *arteriosklerotische Stenose im proximalen Abschnitt* der viszeralen Arterien ist im allgemeinen kurz, zirkulär oder exzentrisch. In der Frühphase sieht man häufig lediglich isolierte Plaques am Unterrand des Gefäßes (Abb. 10.**8 a, b**).

Bei Diabetikern findet sich am häufigsten eine *diffuse Arteriosklerose* unter Mitbeteiligung der peri-

a

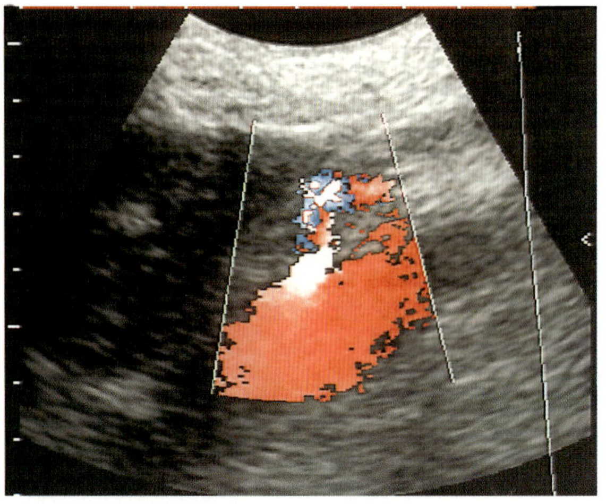

b

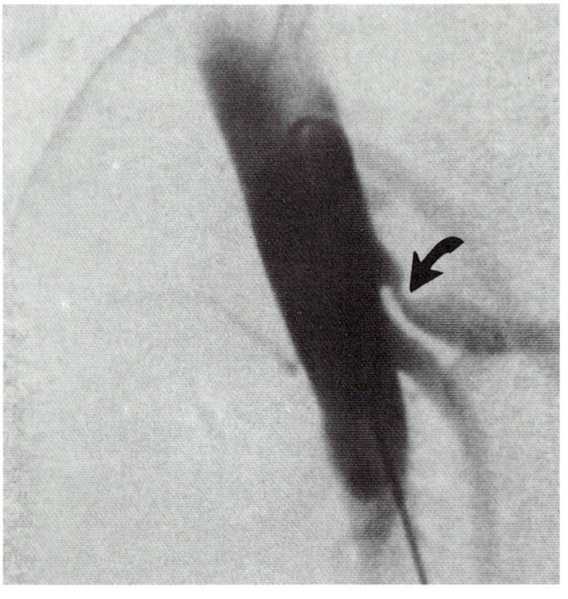

Abb. 10.**9 a**, **b** Stenose des Truncus coeliacus:
a FKDS: Im schrägen Längsschnitt am Abgang des Truncus coeliacus deutliche Erhöhung der Frequenzverschiebung (Kodierung fast „Weiß") und poststenotische Wirbelbildung (Pfeil), im B-Bild ist das Gefäßlumen nicht zu beurteilen (Gefäßwandverkalkungen)
b Korrespondierendes Angiogramm (DSA) mit mehr als 50%iger Lumeneinengung (Pfeil)

pheren Äste. Sie stellen sich angiographisch irregulär dar, und es kommt nicht zur Ausbildung von Kollateralen.

Eine Sonderform, deren klinische Konsequenz kontrovers diskutiert wird, ist das *Ligamentum-arcuatum-Syndrom.* Ursache ist eine Einschnürung des Truncus coeliacus am Abgang durch die mediale Verbindung der Zwerchfellschenkel. Angiographisch ist es an einer charakteristischen, konkaven kranialen Einschnürung unmittelbar am Abgang des Truncus coeliacus zu erkennen. Das Ausmaß der Stenose nimmt in Expiration zu, in maximaler Inspiration kann der Truncus coeliacus vollständig normal erscheinen (21). Viele der Patienten zeigen eine unspezifische abdominelle Symptomatik. Ob diese primär ischämisch oder durch eine Reizung des Plexus coeliacus verursacht wird, ist noch unklar. Einzelfälle in der Literatur zeigen eine dramatische Besserung der Beschwerdesymptomatik nach Spaltung des Ligaments (23).

Andere Ursachen für Einengungen sind die *fibromuskuläre* Dysplasie, die in absteigender Häufigkeit neben der A. renalis die A. lienalis, die A. mesenterica superior und den Truncus coeliacus befällt sowie die Kompression durch maligne und benigne Tumore.

Sonographisch stellen sich verkalkte Plaques echodicht dar und zeigen entsprechend ihrer Größe und dem Anschallwinkel einen typischen Schlagschatten. Je nach Ausmaß der Einengung finden sich eine Flußbeschleunigung, die zu einem Aliasing führen kann, Turbulenzen und Dilatation im nachgeschalteten Strömungsgebiet (Abb. 10.**9 a, b**) oder bei hochgradigen Stenosen zusätzlich – wie in der Peripherie und bei der Aorta bereits beschrieben – breite über das Gefäßlumen hinaus reichende grobe Vibrationsartefakte (Abb. 10.**8 a, b**).

Bei der Interpretation der Farbkodierung ist zu berücksichtigen, daß durch den bogigen Verlauf der Gefäße insbesondere der Abgang von Truncus coeliacus und A. mesenterica superior, der im allgemeinen in einem Winkel von 0 Grad und damit dopplersonographisch optimal erfaßt wird, eine scheinbare Flußbeschleunigung zeigen können. Deshalb sollten stets ergänzende Messungen mit Winkelkorrektur erfolgen. Beweisend ist nur eine lokalisierte Flußbeschleunigung mit Turbulenzen oder Vibrationsartefakten: Eine allgemein verbindliche Stenosegraduierung besteht zur Zeit nicht, eine Beschleunigung der systolischen Spitzengeschwindigkeit beim nüchternen Patienten auf über 180 cm/s. ist suspekt auf eine mehr als 50%ige Stenose (11). Eine Geschwindigkeit von mehr als 280 cm/sec und/oder Turbulenzen sprechen für eine mehr als 75%ige Stenose im Truncus coeliacus bzw. in der A. mesenterica superior (18). Höhergradige Stenosen sind mit Vibrationsartefakten assoziiert (s. Kapitel 3 und 4). Vorteil der FKDS ist es, daß z. B. ergänzende Untersuchungen in verschiedenen Respiratorationsphasen möglich sind, um beispielsweise die Befundkonstanz einer vermuteten ligamentären Trunkusstenose zu beweisen.

Die Tumorkompression ist im allgemeinen eine sonographische Blickdiagnose. An erster Stelle stehen Pankreaskarzinome sowie Lymphome. Während Lymphome zunächst lange die Gefäße respektieren, führen maligne Tumore anderer Genese meist frühzeitig zu einer deutlichen Einengung (Abb. 10.**10**).

10.4.2.2 Akute und chronische intestinale Ischämie, arterielle Embolien und akute Thrombose, „Non-Occlusive" Darmischämie

Der *akute Verschluß* ist ein chirurgischer Notfall. Er entsteht entweder auf dem Boden irregulärer, thrombogen wirkender Plaques, einer hochgradigen Stenose oder embolisch. Häufigste Emboliquellen sind das Herz, murale Thromben aus der Aorta, abgelöste atheromtöse Wandbestandteile nach Angiographie oder paradoxe Embolien aus den Körpervenen. Die Symptomatik ist wechselnd und nicht immer eindeutig. Nach einem heftigen diffusen oder kolikartigen Schmerz kann die Beschwerdesymptomatik sich zunächst bessern, eine Abwehrspannung und andere klinische Zeichen können fehlen.

Wichtigster Baustein für die Diagnose ist die Anamnese mit dem Hinweis auf durchgemachte embolische Ereignisse oder Herzerkrankungen wie Vorhofflimmern, Mitralstenose oder Myokardinfarkt. Als hilfreicher Parameter hat sich das Serumlactat erwiesen, das bei einer akuten Embolie bis auf das 9fache gegenüber dem Normalwert erhöht sein kann.

Sonographisch ist bei der akuten *intestinalen Ischämie* zunächst als unspezifisches Zeichen eine gesteigerte Peristaltik zu erkennen. Das rasch zunehmende Wandödem führt zu echoarmen Kokkarden. Im weiteren Verlauf sistiert die Peristaltik. Es kommt zur Darmwandnekrose. Die Kombination aus relativ blandem Abdomen (in der Übersichtsaufnahme) und der weiteren Dickenzunahme der Darmwand mit freier Flüssigkeit ist charakteristisch. Im Spätstadium erkennt man in der Darmwand sowie eventuell im Mesenterium und in der V. portae Luftbläschen, die sich sonographisch als brilliante Reflexe nachweisen lassen. Die Diagnose mit Hilfe der FKDS ist zwar in der Frühphase möglich, im allgemeinen ist jedoch beim akuten Abdomen die Beurteilbarkeit der viszeralen Gefäße eingeschränkt. Wird mit der FKDS der Verschluß der A. mesenterica superior erkannt, kann auf die Angiographie verzichtet und der Patient sofort operiert werden. Ein Ausschluß von Embolien der Endäste mit der FKDS ist jedoch nicht möglich. Bei einer unspezifischen Anamnese und Symptomatik sowie wandverdickten Darmschlingen im Ultraschall ist trotz frei durchgängiger großer Arterien in der FKDS die sofortige Angiographie indiziert.

Wichtige Differentialdiagnose zum akuten Verschluß ist die *„Nicht-okklusive Darmischämie"* (NOD). Sie ist charakterisiert durch eine massive Spastik im Bereich der mesenterialen Strombahn, die vorwiegend beim multimorbiden Patienten auftritt und primär zunächst durch intraarterielle Infusion vasodilatativer Substanzen behandelt wird (22). Auslöser sind Kreislaufinsuffizienz, Sepsis sowie die zu schnelle Aufdigitalisierung beim alten Menschen. Ihre klinische Symptomatik ist in der Frühphase uncharakteristisch und oft durch eine der Grundkrankheiten des Patienten überlagert. Unbehandelt kommt es zu zunehmender Zellhypoxie mit Nekrosen und Darmwandperforation.

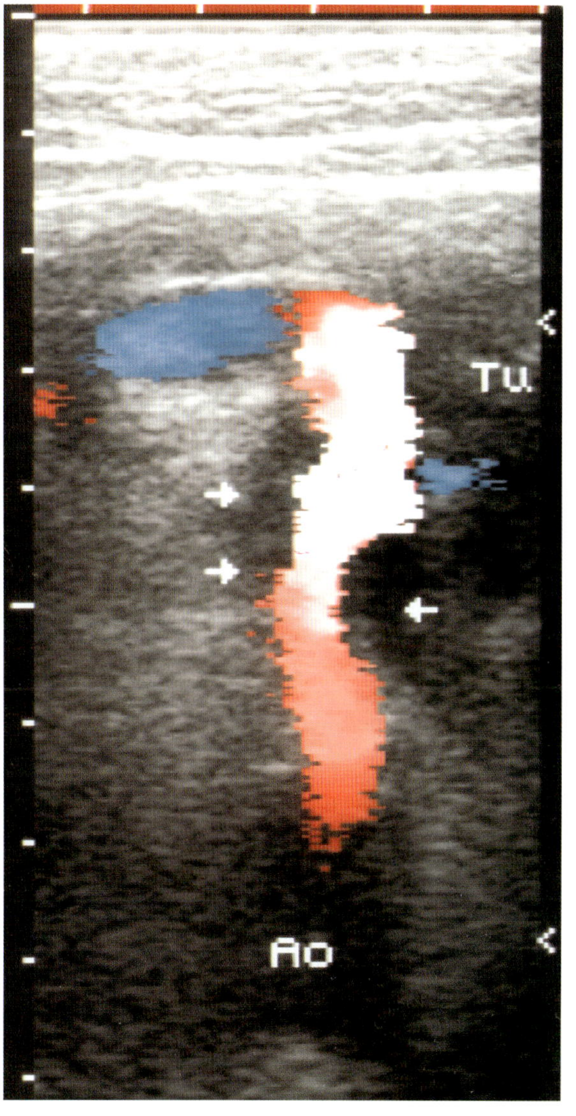

Abb. 10.**10** Pankreaskorpuskarzinom mit Ummauerung des Truncus coeliacus (Querschnitt): Inhomogen echoarme Raumforderung (Pfeile, Tu) um den Hauptstamm („Rot" kodiert) mit bogiger glatt begrenzter Impression des Gefäßlumens von linkslateral, nach rechts abgehende A. hepatica communis („Blau" kodiert), Ao = Aorta

Im Gegensatz zur Abdomenleeraufnahme, die im Initialstadium zunächst wenig ergiebig ist, zeigt die *Sonographie* eine zunehmende Hypotonie bzw. Atonie des Dünndarms. Die Darmwand ist zunächst noch nicht verdickt. Indirektes sonographisches Zeichen ist eine dünnlumige A. mesenterica superior (möglicherweise mit fehlendem Flußanstieg auf Glucagon). Hilfreich ist die FKDS insbesondere in der Differentialdiagnose der primären Mesenterialvenenthrombose (s. Kapitel 11). Sie führt häufig auch zu einer reflektorischen Engstellung der Arterien, die schwer von der NOD abzugrenzen ist. Definitive Diagnose und Therapie der NOD erfordern jedoch stets eine Angiographie.

10.4.3 Mißbildungen, AV-Malformationen und Aneurysmata

Arteriovenöse Mißbildungen sind häufig Zufallsbefunde, die im Rahmen der Suche nach einer intestinalen Blutung gefunden werden. Differenzierungsstörungen des embryonalen Kapillarplexus mit persistierenden arteriovenösen oder arterioportalen Kurzschlüssen führen zu kongenitalen AV-Fisteln unterschiedlicher Morphologie. Die häufigste Form ist die Angiodysplasie, die angiographisch am zuverlässigsten zu erfassen ist. Gleiches gilt für die Angiomatose des Kolon bei Patienten mit Klippel-Trenaunay-Weber-Syndrom und den Morbus Osler, dessen Leberbeteiligung sonographisch darstellbar ist. Erworbene AV-Fisteln finden sich auf dem Boden arteriosklerotischer Veränderungen, nach Trauma oder Operation.

In der *FKDS* lassen sich Fisteln mit hohem Durchfluß anhand der begleitenden mosaikartigen Vibrationsartefakte nachweisen (s Kapitel 4). Indirekte Hinweise sind eine arterielle Modulation der abführenden Vene oder bei arterioportalen Fisteln eine Ektasie der V. portae mit turbulentem Fluß (s. Kapitel 11). Ein „Steal Effect" über die Pankreasarkarden oder eine massive Druckerhöhung der V. portae mit Rückstau in das mesenteriale Venensystem können zur Angina abdominalis führen.

Aneurysmen viszeraler Arterien galten bisher als selten und werden zumeist zufällig entdeckt. Am häufigsten befallen ist die *A. lienalis*, deren Aneurysmata entweder arteriosklerotisch, traumatisch oder durch tryptische Andauung bei Pankreatitis bedingt sind. An zweiter Stelle stehen Aneurysmata der *A. hepatica*, deren Genese infektiös oder traumatisch ist. Durch intravenöse Verweilkatheter, Drogeneinnahme, Klappenersatz sowie nach Lebertransplantation werden sie zunehmend häufiger beobachtet. Nur 10% entstehen auf dem Boden eines Traumas oder einer Operation. 80% sind extrahepatisch lokalisiert, der Rest liegt intrahepatisch oder im Hilusbereich. Die wichtigsten Komplikationen sind die Embolisation von thrombotischem Material mit Infarzierung sowie die Ruptur. Wesentlich seltener sind die meist mykotischen Aneurysmata der A. mesenterica superior (Zustand nach Salmonellen oder Staphylokokkeninfektion) sowie Aneurysmata der Aa. gastroduodenalis et pancreaticoduodenalis und des Truncus coeliacus.

Sonographisch erkennt man ein echoarmes kugeliges oder spindelförmiges echoarmes Areal, in dem sich in der FKDS ein kräftiger zum Teil pulsatiler turbulenter Fluß nachweisen läßt. Ältere Thromben sind bereits im B-Bild abzugrenzen, frisches thrombotisches Material läßt sich nur in der FKDS als Flußaussparung nachweisen.

10.4.4 Entzündliche Veränderungen, Medikamenteneffekte und Mitbeteiligung bei systemischen Erkrankungen

Entzündliche Veränderungen können entweder direkt die Gefäßwand befallen oder wie bei der Pankreatitis sekundär zu Arrosionen mit Blutung, Aneurysmata oder zum Multistenosesyndrom führen.

Bei der *Takayasu-Arteriitis* ist hauptsächlich die Aorta thoracalis befallen, es finden sich aber auch Veränderungen an der Aorta und den viszeralen Ästen. Die Erkrankung verläuft schubweise, die zugrundeliegende Ursache dieser primären Arteriitis ist unbekannt. Am häufigsten finden sich Stenosen oder ein Verschluß der A. mesenterica superior sowie des Truncus coeliacus. Die A. mesenterica inferior ist selten betroffen und stellt über Kollateralen die Durchblutung des Darmes sicher (2).

Bei der *Panarteriitis nodosa* handelt es sich um eine nekrotisierende entzündliche Vaskulitis der kleinen und mittleren muskulären Arterien, bedingt durch eine Ablagerung von Immunkomplexen in der Gefäßwand. Folgen der Vaskulitis an den Mesenterialgefäßen sind unregelmäßige Gefäßlumina, multiple sackförmige Aneurysmata der mittleren und kleinen Äste von unterschiedlicher Größe sowie in Einzelfällen lebensbedrohliche Blutungen durch Ruptur. Die Nieren und die Leber sind in der Mehrzahl der Fälle mit betroffen (2).

Während sich der *sonographische Befund* bei der Takayasu-Arteriitis nicht von Stenosen und Verschlüssen anderer Genese trennen läßt, kann zumindest theoretisch durch den Nachweis von kleineren Aneurysmata der Endäste in der FKDS bei unauffälligem Hauptstamm eine *Panarteriitis nodosa* vermutet werden. Die definitive Diagnose erfolgt jedoch nach wie vor angiographisch.

Realistischer ist die Erfassung der ausgeprägten Hyperämie bei floriden *entzündlichen Darmerkrankungen* (Morbus Crohn, Colitis ulcerosa). Die Hyperämie der Darmwand sowie die frühe venöse Füllung ist für die heute zur Verfügung stehenden Geräte nur in Einzelfällen darstellbar, Flußmessungen der A. mesenterica inferior zeigen jedoch einen Zusammenhang zur Aktivität der entzündlichen Darmerkrankung mit einer Erhöhung der systolischen Spitzengeschwindigkeit sowie überproportional hohem Anstieg des diastolischen Flußanteil (10). In der FKDS erkennt man eine kräftige A. mesenterica inferior, die sich kontinuierlich auch in der Diastole darstellt.

Der *Effekt von Medikamenten* auf die intestinale Durchblutung kann mit der FKDS abgeschätzt werden (1, 3, 12, 13): Beim Dumpingsyndrom sieht man einen überproportional hohen Anstieg der Durchblutung, bei körperlicher Belastung je nach Trainingszustand einen erheblichen Abfall. Nach Glucagon steigt der Durchfluß in der A. mesenterica superior, Somatostatin und Vasopressin hemmen ihn. Diese Veränderungen sind zwar bekannt, ihre sonographische Erfaßbarkeit zeigt jedoch die potentiellen Möglichkeiten für die klinische Forschung und pharmakokinetische Untersuchungen.

10.4.5 Gefäßrekonstruktionen und postoperative Kontrollen

Für die Planung eines primären gefäßchirurgischen Eingriffs an Organen des Oberbauchs ist die Angiographie aufgrund der besseren Übersicht die Methode der Wahl. Hauptindikation für die FKDS ist die postoperative Kontrolle, die es ermöglicht, nicht-invasiv die Durchgängigkeit der Gefäße kurzfristig zu kontrollieren und Veränderungen wie Restenosierungen frühzeitig zu erfassen. Eine weitere Indikation ist die Verlaufskontrolle von Transplantaten (24). Die einfache und schnelle Darstellung von V. portae und A. hepatica ermöglicht die frühzeitige Erfassung von Anastomosenstenosen und Verschlüssen nach *Lebertransplantation.* Voraussetzung sind jedoch eine postoperative Ausgangsuntersuchung und engmaschige Verlaufskontrollen, in der die Pfortaderanastomose sowie die A. hepatica standardisiert erfaßt und dokumentiert werden (8). Widerstandsmessungen der A. hepatica zur Früherfassung einer Abstoßung haben sich im Gegensatz zu Nieren- und Pankreastransplantaten bei der Leber nicht bewährt (16).

Berechnet man die Widerstandsindizes (Pourcelot-Index) der versorgenden Arterie bei Pankreastransplantaten und legt einen Trennwert von 0,70 zugrunde, so wird zur Differenzierung zwischen Rejektion, Pankreatitis und Normalpatienten eine Sensitivität von 76 % und eine Spezifität von 100 % beschrieben (20). Dieses sind vorläufige Ergebnisse, die an größeren Patientenkollektiven insbesondere mit gesicherter bioptischer Abklärung noch validiert werden müssen.

10.5 Stellenwert der FKDS im Vergleich zu anderen Verfahren

Verfahren der ersten Wahl für Erkrankungen der viszeralen Arterien war bisher die Angiographie mit selektiver Sondierung von Truncus coeliacus, A. mesenterica superior und A.mesenterica inferior. Die Gefäße mit ihren Ästen können übersichtlich dargestellt werden. Im Gegensatz dazu sind die Ergebnisse der sonographischen Gefäßdiagnostik extrem untersucherabhängig, zum Teil durch Darmgasüberlagerung eingeschränkt und wegen der abschnittweisen Darstellung schwerer zu vermitteln. Vorteil der Sonographie ist jedoch die Nichtinvasivität und die beliebige Wiederholbarkeit. Der Stellenwert neuere Verfahren wie das Spiral-CT mit dreidimensionaler Rekonstruktion der kontrastierten Gefäßstämme, die MR-Angiographie der viszeralen Arterien sowie der vom Ansatz her interessante szintigraphische Nachweis von Thromben mit monoklonalen Antikörpern (19) ist zur Zeit abschließend noch nicht zu beurteilen.

Die FKDS wurde zu Beginn (1987) vor allem zur Diagnostik der peripheren Gefäße und oberflächlicher Organe eingesetzt. Für diese Applikationen gibt es eine Reihe von Publikationen, und der Stellenwert des Verfahrens ist gesichert. Der abdominelle Bereich wurde für die FKDS erst später durch Erweiterung und Verbesserung der Geräte zugänglich. Es gibt deshalb nur einzelne Veröffentlichungen über den Einsatz der FKDS. Die Beurteilung der Wertigkeit für die Untersuchung der abdominellen Organe basiert damit im wesentlichen auf eigenen Erfahrungen unter Berücksichtigung der Ergebnisse der „konventionellen" Duplexsonographie. Der wesentliche Unterschied zwischen der Duplexsonographie und der FKDS kommt auch für die Untersuchung des Abdomens zum Tragen: Die Duplexsonographie erfordert die Darstellung des Gefäßes im Grauwertbild aus dem dann punktuell Doppler-Spektren gemessen werden können. Dies ist für kleinere Gefäße und bei schlechten Untersuchungsbedingungen, insbesondere im Abdomen, sehr zeitaufwendig, gar nicht oder nur beschränkt möglich. Mit der FKDS kann das Gefäß über die farbkodierten Flußsignale im Echtzeitbild erkannt und häufig ohne Frequenzanalyse beurteilt werden. Im Vergleich vor allem zur Angiographie ist zu unterscheiden (Tab. 10.**1**):

1. Für die Diagnose der *akuten intestinalen Ischämie* hat die FKDS nur eine begrenzte Bedeutung. Es können nur der Hauptstamm und allenfalls die proximalen Abschnitte der Äste erster Ordnung dargestellt werden. Findet sich hier mit Hilfe der FKDS ein Verschluß so ist die Diagnose sicher und eine Angiographie nicht mehr notwendig. Die FKDS hat im Vergleich zur Duplexsonographie hier einen höheren Stellenwert, da sie auch in schwierigeren Situationen (unruhiger Patient, druckdolentes Abdomen) noch eingesetzt werden und relativ schnell durchgeführt werden kann (5, 18). Der Ausschluß eines akuten Verschlusses eines mesenterialen Gefäßes ist aber auch mit der FKDS nicht möglich. Bei entsprechender Klinik muß deshalb unverzüglich eine Angiographie erfolgen. Eventuell können durch den Einsatz lungengängiger Ultraschallkontrastmittel auch kleinere Äste erfaßt werden (s. Kapitel 16). Erfahrungen hierüber liegen aber noch nicht vor.

2. Größte Bedeutung hat die FKDS als Screening Methode bei der Abklärung der chronischen intestinalen Ischämie, bei unspezifischen Bauchschmerzen oder zur Abklärung eines unklaren auskultatorisch faßbaren Gefäßgeräusches. Hier liegt der pathologische Befund in der Mehrzahl der Fälle im Bereich der (einsehbaren) Gefäßabgänge. Während die Beurteilung des Abgangs der mesenterialen Arterien und des Truncus für den Geübten auch ohne Farbkodierung möglich ist, so ist das Aufsuchen und Verfolgen von Kollateralen und die Erkennung von diskreten Befunden erst durch die FKDS realistisch geworden. Auf die Angiographie kann dann je nach klinischer bzw. therapeutischer Relevanz verzichtet werden.

3. Obwohl isolierte Gefäßstenosen beim asymptomatischen Patienten im allgemeinen aufgrund der

Tabelle 10.**1** Wertigkeit von Abdomenübersichtsaufnahme, B-Bild-Sonographie, Duplexsonographie, FKDS und Angiographie bei der Beurteilung viszeraler Gefäßerkrankungen (je mehr Kreuze für das jeweilige Stichwort vergeben werden, um so günstiger wird das Verfahren bewertet, – = keine Bedeutung, (*) = Kombination von Übersichtsaufnahme und B-Bildsonographie, 1 = mit Hilfe schalenförmiger Verkalkungen)

	Röntgen-abdomen	B-Bild	Duplex	FKDS	Angio-graphie
Intestinale Ischämie					
– akut a. Initialphase	–	–	+	++	+++
b. Latenzphase	(*)+	(*)+	+	++	+++
– chronisch	–	–	++	+++	+++
Tumorkompression/Tumor-invasion	–	+	++	+++	++
Identifikation von					
– Varianten	–	(+)	+	++	+++
– Kollateralen	–	–	+	++	++
– Aneurysmata	(+)1	++	++	+++	+++
Postop. Kontrolle					
– Gefäßrekonstruktion	–	–	++	+++	+++
– Bypassanlage	–	–	++	+++	+++

guten Kollateralisation keine klinische Relevanz haben, ist die engmaschige Verlaufskontrolle von irregulären und damit thrombogenen Plaques zu fordern. Der Nachweis von Kollateralen beispielsweise über die Dickdarmarkaden, splenorenale Anastomosen und vor allem über die Pankreasarkaden kann vor größeren abdominalchirurgischen Eingriffen wichtig sein, um eine postoperative Ischämie zu vermeiden.

4. Der Nachweis von Aneurysmata ist mit der FKDS problemlos möglich. Viele Veränderungen, die früher sonographisch als Zysten angesehen wurden, lassen sich heute mit der FKDS oder mit der CT nach bolusförmiger Kontrastmittelgabe schnell und nichtinvasiv klären (4, 6, 13). Zwar ist für eine geplante operative Therapie die Angiographie weiterhin notwendig, durch die zunehmende Verbreitung von Ultraschall und der FKDS gelingt es jedoch, auch atypisch gelegene Aneurysmata frühzeitig zu erfassen (6), so daß elektiv operiert oder embolisiert werden kann. Zur Verlaufs- bzw. Erfolgskontrolle reicht die FKDS aus (13).

5. Die Angiographie wird zur postoperativen Kontrolle nach Stenoseresektion oder Bypassanlage entbehrlich. Hier lassen sich in der Mehrzahl der Fälle Komplikationen durch engmaschige Kontrollen frühzeitig erfassen.

6. Die Bedeutung der quantitativen Beurteilung von Flußgeschwindigkeit und -volumen sowie der Messung des peripheren Widerstands in den Mesenterialgefäßen und im Truncus coeliacus ist noch nicht geklärt. Versuche am Phantom sowie Tierexperimente haben im Vergleich mit elektromagnetischen Flußmessungen gute Übereinstimmung gezeigt. Die Übertragung solcher Messungen auf den Menschen ist aber problematisch. Die Phantome simulieren immer nur ideale Bedingungen die beim Menschen nie vorkommen. Das gleiche gilt für Tierversuche (s. Kapitel 4). Realitisch sind interindividuelle Messungen der mesenterialen Durchblutung mit ihrer Reaktion auf Stimuli, Erkrankungen und Medikamente (1, 5, 11, 12, 13).

10.6 Literatur

1 Aldoori M. I., M. I. Qamar, A. E. Read, R. C. Williamson: Increased flow in the superior mesenteric artery in dumping syndrome. Brit. J. Surg. 72 (1985) 389–390

2 Kissane, J. M.: (Ed.) Anderson's pathology., 9th ed., Mosby St. Louis 1990

3 Cooper, A. M., G. D. Braatvedt, M. I. Qamar, H. Brown, D. M. Thomas, M.Halliwell, A.E. Read, R. J. Corrall: Fasting and post-prandial splanchnic blood flow is reduced by a somatostatin analogue (octreotide) in man. Clin Sci 81 (1991) 169–75

4 Endress C., G. A. Kling, B. L. Medrazo: Diagnosis of hepatic artery aneurysm with portal vein fistula using image-directed Doppler ultrasound. J. clin. Ultrasound 17 (1989) 206–208

5 Flinn W. R., R. J. Rizzo, J. S. Park, G. P. Sandager: Duplex scanning for assessment of mesenteric ischemia. Surg. Clin. North. Amer. 70 (1990) 99–107

6 Fransen H., R. Kubale, K. D. Wurche, A. Kalaehne: Nicht-invasive Diagnostik von Milzarterienaneurysmata. Fortschr Röntgenstr 151 (1989) 532–535

7 Williams, P. L., R. Warwick, M. Dyson, L. H. Bannister, (Eds.): Gray' s Anatomy, 37th edition, Churchill Livingstone, Edinburgh 1989 (1459)

8 Hall, T. R., S. V. McDiarmid, E. G. Grant, M. I. Boechat, R. W. Busuttil: False-negative duplex Doppler studies in children with hepatic artery thrombosis after liver transplantation. Amer. J. Roentgenol. 154 (1990) 573–575

9 Kadir, S.: Atlas of Normal and Variant Angiographic Anatomy. Saunders, Philadelphia 1991

10 Kathrein, H., A. Dzien, R. Schuhmayer, G. Judmaier, Braunsteiner H: Diagnose von Änderungen des Blutflusses in der Arteria mesenterica inferior bei entzündlichen Darmerkrankungen mit der Duplexsonographie. Vasa (Suppl) 30 (1990) 129–132

11 Kubale, R.: Mesenteriale Gefäße. In Seitz, K.H., R. Kubale: Duplexsonographie der abdominellen und retroperitonealen Gefäße. VCH, Weinheim 1988

12 Lilly M. P., T. R. Harward, W. R. Flinn, D. R. Blackburn, P. M. Astle-

ford, J. S. Yao: Duplex ultrasound measurement of changes in mesenteric flow velocity with pharmacologic and physiologic alteration of intestinal blood flow in man. J. vasc. Surg. 9 (1989) 18–25

13 Lim G. M., R. B. Jeffrey, C. S. Tolentino: Pancreatic pseudoaneurysm. Monitoring the success of transcatheter embolization with duplex sonography. J. Ultrasound. Med 8. (1989) 643–646

14 Lippert H., R. Pabst: Arterial Variations in Man. Bergmann, München 1985

15 Lusza G.: Röntgenanatomie des Gefäßsystems. Budapest 1972

16 Marder D. M., G. B. DeMarino, J. H. Sumkin, D. G. Sheahan: Liver transplant rejection: value of the resistive index in Doppler US of hepatic arteries. Radiology 173 (1989) 127–129

17 Moneta G. L., R. A. Yeager, R. Dalman, R. Antonovic, L. D. Hall, J. M. Porter: Duplex ultrasound criteria for diagnosis of splanchnic artery stenosis or occlusion. J. vasc. Surg. 14 (1991) 511–520

18 Mostbeck, G., R. Mallek, A. Gebauer, D. Tschollakoff: Duplex-Sonographie und farbkodierte Duplex-Sonographie viszeraler Gefäße bei abdominellen Erkrankungen. Wien klin. Wschr. 104 (1992) 227–233

19 Oster, Z. H., P. Som, P.O. Zamora: Mesenteric vascular occlusion: A new diagnostic method using a radiolabeled monoclonal antibody reactive with platelets. Radiology 171 (1989) 653–656

20 Patel B., M. K. Wolverson, B. Mahanta: Pancreatic transplant rejection: assessment with duplex US. Radiology 173 (1989) 131–135

21 Reuter, S.R., H.C. Redman, J.Ch. Kyung: Gastrointestinal Angiography. Saunders, Philadelphia 1986

22 Schindler, G., H.P. Bruch: Aktueller Stand der Diagnostik und Therapie der nicht okklusiven Darmischämie (NOD). Fortschr Röntgenstr 155 (1991) 123–127

23 Schwilden, E.D., M.G.M.H. Barwegen: Zur Problematik des Zöliakiekompressionssyndroms. Angio 4 (1980) 251–258

24 Segel M. C., A. B. Zajko, A. Bowen, M. L. Skolnick, K. M. Bron, R. J. Penkrot, B. S. Slasky, T. E. Starzl: Doppler ultrasound as a screen for hepatic artery thrombosis after liver transplantation. Transplantation 41 (1986) 539–541

11 Abdominelle Venen, portalvenöses System und Leber

R. Kubale

11.1 Allgemeine Bemerkungen

Schwerpunkte bei der Untersuchung der Venen des Abdomens und der Leber sind der Nachweis frischer venöser oder portalvenöser Thrombosen, die Beurteilung der portalen Hypertension, der Nachweis von Thromben in der V. cava inferior, den Nieren- und Ovarialvenen sowie die Beurteilung der Vaskularisation von fokalen Leberläsionen. Eine Tumorthrombose in der V. cava kann durchaus auch im Grauwertbild erkannt werden, und mit der „konventionellen" Duplexsonographie kann der Blutfluß erfaßt werden. Erst die Farbkodierung erlaubt jedoch die Darstellung der relevanten Organe und deren Durchblutung in einem vertretbaren Zeitaufwand und mit hinreichender Verlässlichkeit. Durch den Einsatz der Duplexsonographie und vor allem der FKDS ergaben sich für die Beurteilung der portalen Durchblutung vielfach neue pathophysiologische Aspekte. Varianten, Kollateralen und AV-Malformationen, die früher als extrem selten galten werden häufiger und frühzeitig erkannt.

Im folgenden werden Normalanatomie, Varianten und die wichtigsten sonographisch faßbaren pathologischen Befunde mit ihren untersuchungstechnischen Besonderheiten für die V. cava inferior, die Nieren- und Ovarialvenen, für die Lebervenen und das portalvenöse System sowie fokale Leberläsionen dargestellt.

11.2 Normale Anatomie und Untersuchungstechnik

11.2.1 Normale Anatomie, häufige Varianten und Kollateralen

Die Angiogenese beginnt in der zweiten Hälfte der dritten Embryonalwoche mit zwei längsverlaufenden dorsal gelegenen Zellansammlungen, aus denen sich die Aorten entwickeln, sowie einem kapillären Plexus, aus dem das Herz und das primäre Venensystem entstehen (11, 13). Im Zentrum der embryonalen Entwicklung steht der Sinus venosus mit den drei großen embryonalen Venen:

1. **Die Vv. umbilicales** entspringen aus den Chorionzotten und bringen das mütterliche, sauerstoffreiche Blut zum Embryo. Die rechte V. umbilicalis obliteriert, während die linke bis zur Geburt bestehen bleibt. Danach verbleibt sie als obliterierter Schlauch (Lig. teres hepatis).

2. Die **Vv. vittelinae** drainieren den Dottersack. Kurz vor ihrem Eintritt in den Sinus venosus formen sie einen kapillaren Plexus, in den Hepatozyten einsprossen. Dadurch entwickelt sich das sinusoidale Maschenwerk der Leber. Aus den strickleiterartigen tieferen Anastomosen der beiden Vv. vittelinae, die um das Duodenum einen Venenring bilden, entsteht durch Fusion mit partieller Regression die *V. portae*. Der distale Abschnitt der rechten Dottervene verbleibt als **V. mesenterica superior**, die proximalen Anteile beider Vv. vittelinae als *Vv. hepaticae dextra et sinistra*.

3. **Die Vv. cardinales anterior et posterior** sammeln das Blut aus dem embryonalen Körper mit den Urnieren und münden in einem gemeinsamen Stamm. Medial entwickeln sich als neues Venensystem die *Vv. subcardinales*, die zwischen den Urnieren anastomosieren und im weiteren Verlauf einen Teil der venösen Drainage der Vv. cardinales posteriores übernehmen.

4. Als letztes entstehen die **Vv. supracardinales**, die mit den Vv. subcardinales anastomosieren. Im weiteren Verlauf kommt es zur Obliteration der Vv. cardinales posteriores sowie zur Rückbildung der linken unteren V. supracardinalis. Die rechte V. supracardinalis persistiert und wird zum postrenalen Segment der V. cava inferior, deren weitere Abschnitte aus der V. subcardinalis dextra sowie aus Anastomosen zwischen den Vv. supracardinales und Vv. subcardinales entstehen (11, 13). Diese komplexe embryologische Entwicklung aus mehreren Segmenten ist Ursache für die zahlreichen, möglichen Varianten und Abnormalitäten, die im weiteren näher dargestellt werden.

11.2.1.1 V. cava inferior, Vv. lumbales und Beckenvenen

Die *V. cava inferior* entsteht in Höhe LWK 4/LWK 5 durch den Zusammenfluß der Vv. iliacae communes. Sie drainiert das Blut aus den Beckeneingeweiden und den Beinen und verläuft zunächst ein kurzes Stück dorsal dann rechts der Aorta. Im weiteren Verlauf biegt sie in Höhe LWK2/LWK3 nach ventral und mündet nach kurzem intrathorakalen Verlauf in den rechten Vorhof. Ihr Kaliber ist abhängig vom Füllungszustand bzw. der Atemlage. Ein Durchmesser von über 2 cm ist nicht ungewöhnlich, bei Inspiration nimmt ihr Lumen ab, sie kann vorübergehend kollabieren. Physiologische Engen bzw. Impressionen finden sich durch die A. iliaca communis von ventral, durch die A. renalis dextra von dorsal, durch die Leber sowie bei degenerativen Veränderungen der Wirbelsäule.

Das System der *lumbalen* sowie der *Azygos-* bzw. *Hemiazygosvenen* ist nur in Ausnahmefällen sichtbar. Die Plexus vertebrales werden durch ein strickleiterartiges Maschenwerk von segmentalen Venen drainiert, die teils in die V. lumbalis ascendens teils direkt in die V. cava inferior münden. Die *V. azygos* beginnt in Höhe der V. renalis dextra als Verlängerung der rechten V. lumbalis aszendens. Sie verläuft zunächst rechts paramedian vor der Wirbelsäule und mündet in Höhe BWK3/BWK4 in der V. cava superior. Die *V. hemiazygos* verläuft links der Mittellinie parallel zur V. azygos. Sie biegt in Höhe BWK8 nach rechts und entleert sich von dorsal in die V. azygos. Beide Venen sammeln jeweils das Blut der rechten bzw. linken V. lumbalis ascendens, der Vv. intercostales posteriores und der V. subcostalis. Die V. azygos drainiert zusätzlich die Vv. bronchiales, mediastinales et pericardiales sowie die Vv. oesophageales. Diese sind wichtige Kollateralen bei der portalen Hypertension oder in kranio-kaudaler Richtung beim Verschluß der V. cava superior. Weitere präformierte Kollateralen bestehen zwischen der V. renalis sinistra und der V. hemiazygos sowie zu den *paravertebralen Venen*, die beim Verschluß der V. cava inferior auch sonographisch nachweisbar werden.

Varianten und Anomalien kommen in 1,5 – 4 % der Fälle vor und werden im allgemeinen zufällig entdeckt. Ursache ist die oben beschriebene komplexe Entwicklung mit Störungen des Übergangs vom ursprünglich streng bilateral angelegten, primären embryonalen Venensystems zum rechtsbetonten, asymmetrischen System. Gemäß der Embryogenese unterscheidet man nach Chuang (13) mehrere Formen der Entwickungsstörung (Tab. 11.**1**), die differentialdiagnostische Probleme bereiten können: Der retrokavale Ureter ist Folge einer persistierenden V. cardinalis posterior (Typ A). Er kann zu einem Aufstau des rechten Nierenbeckenkelchsystems führen. Die spiegelbildliche Rückbildung der V. supracardinalis führt zur linksseitigen (Typ C), die Persistenz beider Vv. supracardinales (Typ BC) zur gedoppelten V. cava. Eine Agenesie des hepatischen oder prärenalen Segments zeigt sich als Unterbrechung der V. cava inferior mit Drainage über alternative Blutbahnen wie das Azygos- oder Hemiazygossystem.

Weitere Varianten finden sich in der Beckenetage auf der Ebene der kaudalen Anastomose der ursprünglichen Vv. cardinales posterior. Die wichtigsten Mündungs- und Verlaufsvarianten sind Doppelungen der V. iliaca communis und der V. iliaca interna, kontralaterale Fehlmündungen sowie eine Dysplasie der linken V. iliaca communis mit lumbaler Kollateralisation (22, 31).

Tabelle 11.**1** Entwicklung und kongenitale Anomalien der V. cava inferior und Vv. renales (nach Chuang)

I	**Postrenales Segment**	
	Typ A	Persistenz der rechten V. cardinalis posterior (retro- und zirkumcavaler Ureter)
	Typ B	Persistenz der rechten V. supracardinalis (normale Lage der V. cava inferior)
	Typ C	Persistenz der linken V. supracardinalis (linksseitige V. cava inferior)
	Typ BC	Persistenz beider Vv. supracardinales (gedoppelte V. cava inferior → Abb. 11.**2a**)
II	**Renales Segment**	
	Persistenz des renalen Venenrings (Zirkumaortaler Venenring)	
III	**Prärenales Segment**	
	Fehlen des hepatischen Segments (Azygos- oder hemiazygos-Continuation)	

11.2.1.2 Vv. renales und gonadale Venen

Die *Vv. renales* entstehen aus Anastomosen zwischen den Vv. subcardinales et supracardinales (s. oben). Es entsteht ein zirkumaortaler Venenring, in den anfänglich pro Niere zwei, später – nach Regression – in der Mehrzahl der Fälle nur noch eine Nierenvene mündet. Die rechte Nierenvene ist 2 – 4 cm lang und verläuft schräg von kranial nach kaudal. Die Vereinigungsstelle mit der V. cava inferior liegt in Höhe von LWK 1. Die linke Nierenvene ist zwischen 4 – 11 cm lang. Sie verläuft mehr horizontal und zieht bogig zwischen Aorta und A. mesenterica superior zur V. cava. Der intrarenale Verlauf ähnelt dem Verteilungsmuster der Arterien: Ein tiefes System drainiert die Rinde über die Vv. interlobulares nach zentral in die Vv. arcuatae und von dort in die Vv. interlobares. Aus Anastomosen bilden sich in Höhe der Papillen und Kelche kaliberstarke Abflußvenen, die sich teils vor, teils hinter dem Nierenbecken zur V. renalis vereinigen. Zusätzlich existiert ein oberflächliches Venensystem, das das Blut der Rinde über kortikale Venen sammelt und von dort in die Vv. arcuatae leitet.

Die *gonadalen Venen* (Vv. ovaricae bzw. testiculares) sammeln das Blut aus dem Hoden bzw. den Ovarien. Die Vv. ovaricae werden aus dem Plexus um Uterus und Ovarien gespeist, die Vv. spermaticae durch den Plexus pampiniformis. Ihr weiterer retroperitonealer Verlauf ist für Männer und Frauen gleich: Die Venen überkreuzen im mittleren Drittel des Iliopsoas die Ureteren und münden links in der V. renalis, rechts zumeist direkt in der V. cava inferior. Sonographisch sind sie zumindest abschnittweise ventral bzw. ventrolateral des M. psoas nachweisbar.

Varianten der Nierenvenen und Gonadalvenen sind häufig und von großer praktischer Relevanz. Die häufigste Anomalie ist der persistierende periaortale Venenring bzw. die retroaortale Nierenvene. Weitere Varianten sind Mehrfachanlagen und Mündungsvarianten, die bis in die V. iliaca communis reichen. Sie müssen im Rahmen des präoperative Stagings sorgfältig und komplett aufgesucht werden.

In 60% der Fälle liegt die Mündung der rechten gonadalen Vene kurz unterhalb der V. renalis dextra, in 30% in gleicher Höhe. Links findet sich als Mündungsvariante in 1% ein direkter Zustrom zur V. cava inferior. 30% der Fälle zeigen eine Doppelung der gonadalen Venen sowie akzessorische Gefäße deren Mündung ebenfalls variabel sind (22,31).

11.2.1.3 Portalvenöses System, Vv. hepaticae und Segmentanatomie der Leber

Das **portalvenöse System** drainiert das venöse Blut des Verdauungstrakts einschließlich Gallenblase, Pankreas und Milz über die V. portae zur Leber. Die wichtigsten Zuflüsse sind die V. lienalis, die Vv. mesentericae superior et inferior, die Vv. gastricae breves, die V. gastroepiploica sinistra, V. pylorica sowie die V. coronaria ventriculi (Abb. 11.**1**):

Die *V. lienalis* entsteht im Milzhilus aus 2 – 6 Ästen. Sie ist durchschnittlich 15 cm lang und verläuft unterhalb und etwas dorsal der A. lienalis (Abb. 11.**2**). Ventral von ihr liegen Pankreaskorpus und -schwanz. Kräftigste zuführende Vene ist die V. mesenterica inferior, die in 30% der Fälle jedoch auch in der V. mesenterica superior enden kann. Sie drainiert das Blut von Colon descendens, Sigma und Rektum. Weitere Äste sind die V. gastrica sinistra, die Vv. gastricae breves und V. gastroepiploica.

Die *V. mesenterica superior* drainiert das Blut aus Jejunum, Ileum, Colon ascendens und Colon transversum sowie den pankreatikoduodenalen Arkaden (Abb. 11.**2b**). Aus intramuralen Venen entstehen die Vasa recta sowie die mesenterialen Arkaden. Diese formen Segmentäste, die parallel mit den gleichnamigen Arterien verlaufen. Die V. colica media anastomo-

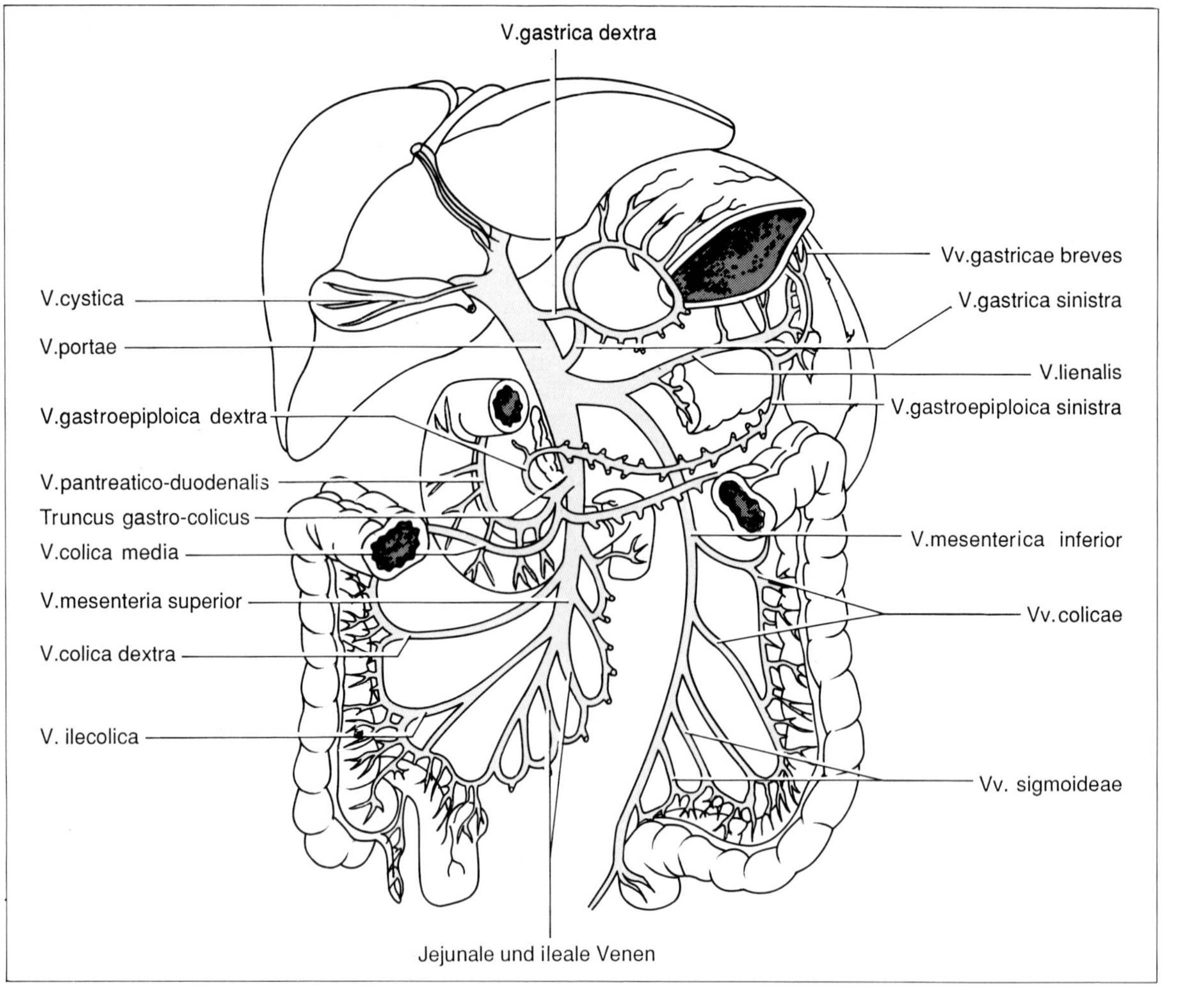

Abb. 11.**1** Quellgebiet der V. portae (Schemazeichnung) (nach Kadir)

siert mit dem linksseitigen Kolonast der V. mesenterica inferior. Die drainierenden Venen von Jejunum und Ileum münden von links, die Venen des Colon ascendens und Colon transversum von rechts. Weitere nichtmesenteriale Äste sind die V. gastroepiploica dextra sowie die pankreatikoduodenalen Venen, die von rechts in die V. mesenterica superior münden.

Die *Vv. cysticae* münden im allgemeinen gemeinsam in den rechten Hauptast der V. portae bzw. in seltenen Fällen direkt in den Hauptstamm. Sie vereinigen sich mit den Venen des Ductus hepatocholedochus und können sich bei einem Verschluß der V. portae als atypische Kollateralen darstellen.

Die *V. portae* entsteht hinter dem Isthmus des Pankreas aus dem Zusammenfluß von V. mesenterica superior mit der V. lienalis (Abb. 11.**2**). Ihr extrahepatischer Anteil ist 8 – 10 cm lang und zieht zwischen dem Ductus hepatocholedochus und der A. hepatica im Lig. hepatoduodenale schräg nach lateral in die Leberpforte. Beim nüchternen Patienten beträgt ihr Durchmesser 8 – 13 mm. Nach ihrem Eintritt in die Leber teilt sie sich und verläuft zusammen mit den Ästen der A. hepatica und den Gallenwegen. Am häufigsten teilt sie sich in zwei Hauptäste: Der rechte Ast teilt sich nach 1 – 3 cm in einen anterioren und einen posterioren Ast auf, die den rechten Leberlappen versorgen. Diese verzweigen sich weiter in jeweils einen superioren und inferioren Ast. Der linke Pfortaderhauptast zieht nach kranioventral und läuft an der Grenze des mittleren und linken Lappens nach vorne rechts.

Intrahepatische Teilungsvarianten, die man häufig sieht, sind die frühe Aufzweigung der V. portae in drei Gefäße sowie als seltene Variante ein direkter Abgang des ventrokranialen Astes aus dem Hauptstamm.

Varianten des Pfortaderstammes sind bisher selten beschrieben. Sie können auf verschiedenen Stufen der Pfortaderentwicklung auftreten: Die präduodenale Lokalisation der V. portae wird im allgemeinen als Zufallsbefund während Operationen entdeckt. Weitere Anomalien sind Reduplikationen der V. portae, Strikturen und obstruierende Klappen. Atresie und Hypoplasie galten bisher als Raritäten und sind zum Teil mit einem kongenitalen portokavalen Shunt vergesellschaftet.

Nach der Aufzweigung in die präterminalen und terminalen Äste entleert sich das Blut aus dem portalvenösen System zusammen mit dem Blut der begleitenden arteriellen Endäste in die Sinusoide. Durch die sinusoidale Anastomosierung sowie durch die Existenz präsinusoidaler arterieller und portalvenöser Sphinkteren gibt es eine gegenseitige reziproke Beeinflussung der arteriellen und portalvenösen Zuflußbahnen (40). Der gemeinsame *venöse Abstrom* aus der Leber erfolgt direkt aus den Sinusoiden über die Zentralvenen der Leberläppchen und die sublobulären Venen in die Segmentvenen (Abb. 11.**3**). Diese vereinigen sich im Normalfall zu drei großen Hauptvenen, die ohne erkennbare extrahepatische Verlaufsstrecke direkt in der V. cava inferior münden.

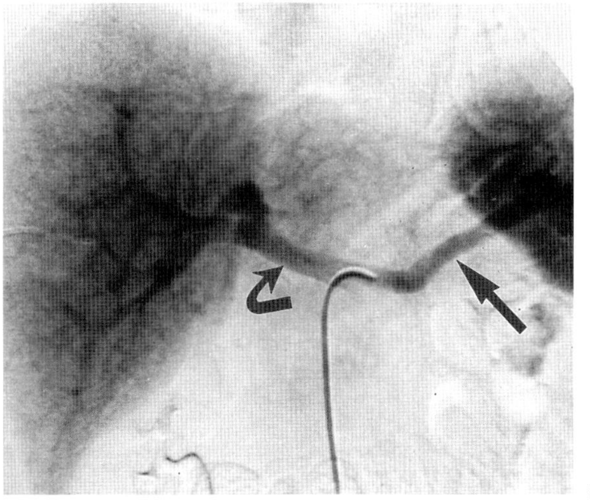
a

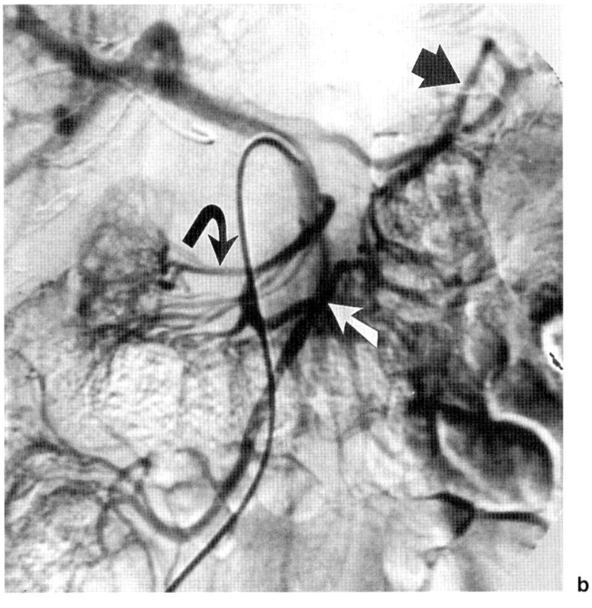
b

Abb. 11.**2a, b** Angiographische Darstellung des portalvenösen Systems (venöse Phase nach intraarterieller DSA)

a Indirekte Splenoportographie nach Kontrastmittelinjektion in die A. lienalis: V. lienalis (gerader Pfeil), V. portae (gebogener Pfeil) mit intrahepatischer Aufteilung

b Venöse Phase nach selektiver Sondierung der A. mesenterica superior: Vv. colicae dextra et media (gerader Pfeil) sowie die V. pancreaticoduodenalis (gebogener Pfeil) münden in die V. mesenterica superior. Äste aus der V. mesenterica inferior (breiter Pfeil) kontrastiert flau den distalen Stamm der V. lienalis

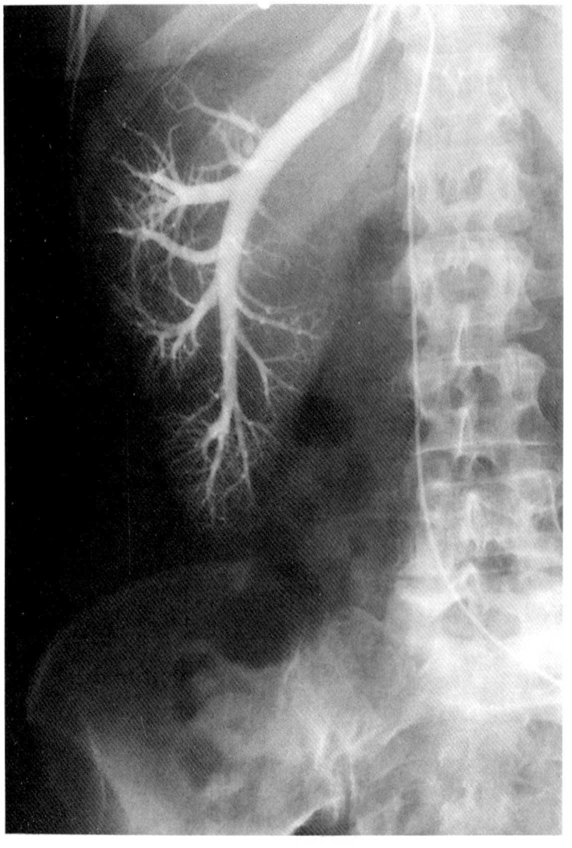

Abb. 11.**3** Selektive Angiographie der V. hepatica dextra: Das Gefäß wird retrograd bis in kleine zufließende Äste kontrastiert

Zu den *wichtigsten Varianten* zählt das Fehlen der V. hepatica media. Ein doppelter Abfluß der vier zentralen Segmente ist damit nicht mehr gegeben. In 30% der Fälle finden sich mehr als 3 Hauptvenen (27). Zusätzlich zu den Varianten der Hauptabflüsse gibt es eine unterschiedliche Zahl von Nebenabflüssen. Diese verlaufen vor allem im Bereich der Anhaftungsstelle der Leber am Zwerchfell. Die wichtigsten akzessorischen Venen sind die Vv. phrenicae inferiores dextra und Vv. hepaticae dorsales, die Vv. lobi caudati sowie Kollateralen zur V. suprarenalis dextra. Die Vv. lobi caudati sind beim Budd-Chiari-Syndrom die Erklärung für das Überleben des Patienten (22, 31).

Aus dem Verlauf der Pfortader- und Venenaufzweigungen wurde eine *Segmenteinteilung der Leber* abgeleitet. Sie wird kontrovers diskutiert, hat sich jedoch trotz zahlreicher Varianten als hilfreich für das operative Management von Lebertumoren erwiesen (15, 27, 32). Jedes Segment umfaßt zentral einen Ast der V. portae sowie einer Lebervene an der Peripherie. Jeder Lappen besteht aus 4 bzw. 5 Segmenten, die im Uhrzeigersinn numeriert werden. Die horizontale Gliederung orientiert sich an den Pfortaderästen. Bei den Segmenten I und IV, V und VII sowie VI und VII liegen die jeweiligen portalen Segmenthili benachbart, so daß man sie als Doppelsegmente zusammenfassen kann. Ihre vertikale Grenze wird durch die V. hepatica dextra und V. hepatica media markiert (Abb. 11.**4**).

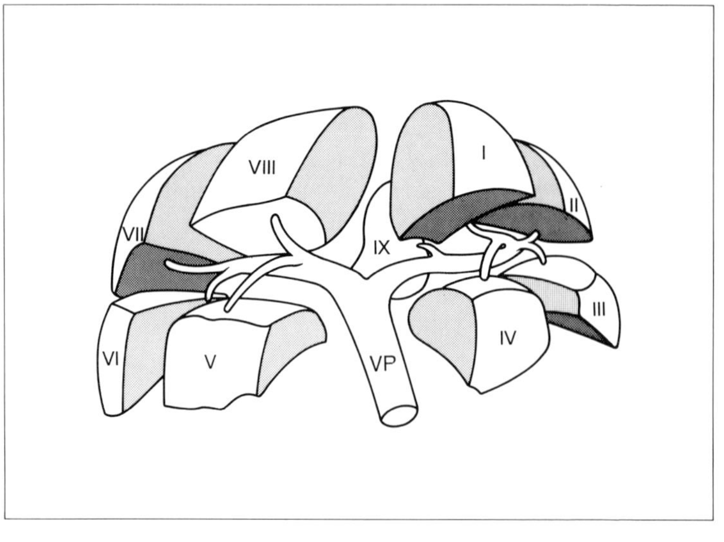

Abb. 11.**4** Segmenteinteilung der Leber (nach Priesching): Die Leber wird nach dem Aufzweigungsmuster der Pfortaderäste in neun Segmente eingeteilt. Die Segmente VI/VII, V/VII, I/IV werden zu Doppelsegmenten zusammengefaßt, die durch die V. hepatica dextra und die V. hepatica media sowie die V. hepatica sinistra getrennt werden

11.2.2 Untersuchungstechnik und Dokumentation

11.2.2.1 Untersuchungstechnik und Geräteeinstellung

Untersuchungstechnik und Geräteeinstellung sind abhängig von der zu untersuchenden Gefäßprovinz und der Indikation:

Für die *V. cava inferior* und ihre Zuflüsse empfiehlt sich ein Linear-Array- oder Curved-Array-Schallkopf mit einer Sendefrequenz von 2 – 5 MHz. Wie im Kapitel 4 beschrieben, sollte zunächst das Grauwertbild optimiert und analysiert werden. Dazu werden im subkostalen Schrägschnitt der Leber Gesamtverstärkung und Tiefenausgleich so angepaßt, daß das Lebermuster in allen Abschnitten gleich dicht ist und die Lebervenen jeweils bis auf die Ebene der Äste zweiter Ordnung verfolgt werden können. Danach wird die V. cava inferior zunächst in Längsschnitten von ventral sowie ergänzend durch koronare Schnitte von rechts lateral untersucht. Im weiteren Verlauf läßt sie sich unter vorsichtiger Kompression bis in die Beckenetage verfolgen. Durch leichte Außendrehung des kaudalen Schallkopfendes lassen sich im selben Untersuchungsgang die Vv. iliacae communes und externae bis zum Leistenband darstellen.

Die *Vv. renales* werden am besten in transversalen Schnitten untersucht. Ausgehend vom Truncus coeliacus und der A. mesenterica superior wird der Schallkopf nach kaudal verschoben. Die linke V. renalis läßt sich zwischen der Aorta und A. mesenterica superior lokalisieren und dann bis in die V. cava inferior verfolgen. Zur Darstellung der rechten V. renalis ist der Schallkopf rechts etwas nach kaudal zu drehen. Ein weiterer möglicher Zugang ist die Untersuchung von lateral mit koronaren Schnitten, die leicht nach ventral gekippt sind. Hier läßt sich die V. renalis dextra zumeist in voller Länge darstellen. Im Gegensatz zur Untersuchung der V. cava inferior spart es Zeit, die Nierenvenen gleich mit Farbkodierung zu untersuchen.

Für die Darstellung von *Konfluens*, *V. lienalis*, *V. mesenterica superior* und *oberflächlicher portalvenöser Kollateralen* sollte der verwendete Schallkopf auch für eine Beurteilung des Nahfeldes geeignet sein. Bei der Untersuchung darf nur wenig Druck ausgeübt werden, da bei schlanken Patienten die V. lienalis und die V. mesenterica leicht komplett komprimiert werden und damit der Darstellung entgehen.

Die *V. portae* läßt sich von ventral ausgehend vom Leberhilus aufsuchen. Wesentlich günstiger ist häufig der Zugang von rechts lateral interkostal, der aufgrund des kleineren Winkels zwischen Schallkopf und Gefäßachse eine besserere Beurteilung des Pfortaderflusses ermöglicht. Die *V. lienalis* wird im Transversalschnitt von ventral sowie anschließend ergänzend von links lateral durch die Milz untersucht.

Zur Darstellung der *V. mesenterica superior* wird am besten im Querschnitt das Gefäß von der Einmündung in die V. portae aus nach kaudal verfolgt. Sie liegt rechts von der gleichnamigen Arterie, hat ein größeres Lumen und ist an Hand des kontinuierlichen Flußes in der Farbkodierung einfach zu erkennen.

Der mittlere Fluß in den abdominellen Venen liegt unterhalb der arteriellen Werte, so daß das Gerät auf einen *mittleren Geschwindigkeitsbereich* eingestellt werden sollte. *Farbverstärkung* und *Schwelle* sind dabei so einzuregeln, daß bei ruhig gehaltenem Schallkopf gerade keine Farbartefakte entstehen und die farbkodierte Flußinformation die Gefäßwand nicht überschreitet. Findet sich in einem Gefäß kein Fluß, so ist der gewählte Geschwindigkeitsbereich sowie der jeweilige Doppler-Winkel zu überprüfen. Liegt wie z. B. bei der V. cava die Gefäßachse senkrecht zum Schallkopf läßt sich nur durch Anschallen in unterschiedlichen Winkeln oder durch Verwendung eines Schallkopfs mit sektorförmiger Charakteristik eine Farbfüllung erzielen. Im Gegensatz zur keilförmigen Vorlaufstrecke, die sich bei den peripheren Gefäßen bewährt hat, ist im Abdomen ein Schallkopf mit der Möglichkeit des steuerbaren Farbfelds („Beam Steering“) von Vorteil.

Bei Geräten mit einstellbaren *Wandfiltern* ist zu bedenken, daß bei der Untersuchung der V. portae der Wert von 100 Hz nicht überschritten werden sollte, da sonst langsame Flüsse dem Nachweis entgehen. Weitere Probleme entstehen durch Fehllage des Fokus (muß distal des zu untersuchenden Gefäßes liegen!) oder durch zu starke Darmperistaltik, die als grobes, überstrahlendes Farbmosaik stört. Hier ist die Gabe eines Spasmolytikums (z. B. Buscopan) oft der einzige Ausweg.

11.2.2.2 Dokumentation

Die Dokumentation ist abhängig von der Fragestellung. Bei der Suche nach Thrombosen und Verschlüssen der V. cava inferior sind Durchmesser, respiratorische und kardiale Flußänderungen sowie gegebenenfalls intraluminale Aussparungen festzuhalten. Eine Untersuchung in 2 Ebenen ist obligat. Wird eine Nierenvenenthrombose vermutet, so sind exakte Größenangaben der Niere, das Parenchymmuster sowie die Abgrenzbarkeit der Markpyramiden im Seitenvergleich zu dokumentieren. Die Vv. renales sind in standardisierten Schnitten von ventral farbkodiert aufzunehmen. Bei geplanter Tumornephrektomie ist es ausreichend, neben der V. cava inferior die mündungsnahen 3 cm der jeweiligen Vene darzustellen. Ist eine Tumorenukleation geplant, so muß die Nierenvene in gesamter Länge untersucht werden. Wird nach der Ursache einer Splenomegalie oder einer portalen Hypertension gefahndet, so sind V. portae und V. lienalis soweit möglich in voller Länge zu dokumentieren. Komplette oder umspülte Thromben im portalvenösen oder mesenterialen System sind in 2 Ebenen aufzuzeichnen. Bei bekannter Lebererkrankung sollte nach jeweiliger Winkelkorrektur die Flußrichtung festge-

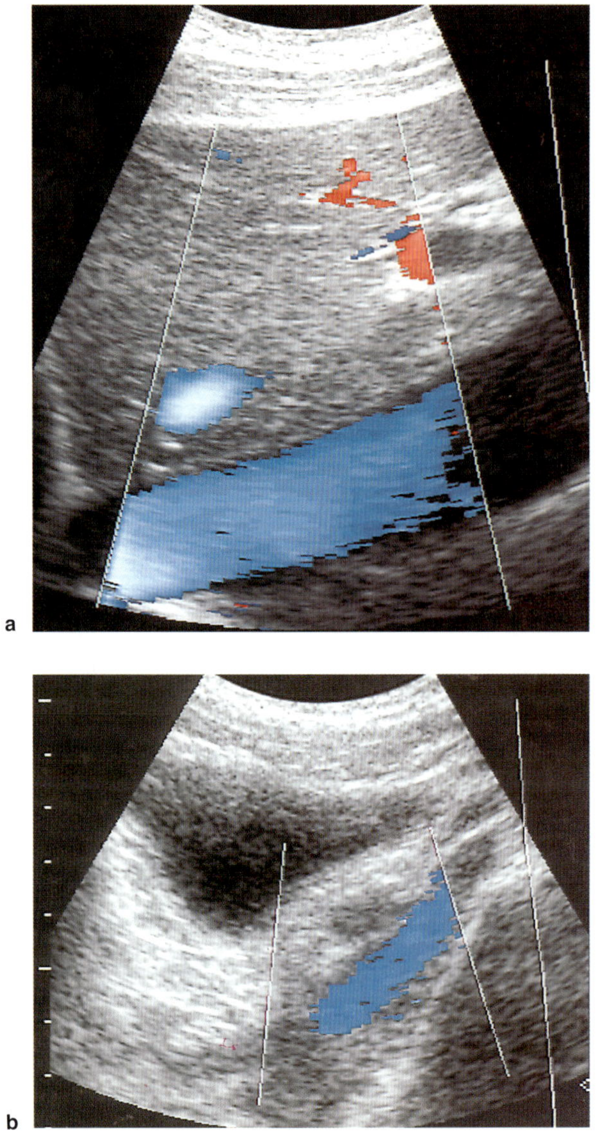

Abb. 11.**5a, b** V. cava inferior und V. iliaca externa im Längsschnitt:
a Proximaler Anteil einer normalen V. cava inferior im Längsschnitt mit Leber und Anschnitt der V. porta (Rot)
b Normale V. iliaca externa sinistra. Trotz erheblichem Adeps läßt sich das Gefäß unter vorsichtiger Kompression durch das Schallfenster der Harnblase (Pfeil) mit regelrechter Farbkodierung darstellen.

halten werden. Wichtig sind exakte Angaben über die Beurteilbarkeit der einzelnen Gefäßabschnitte sowie über limitierende Faktoren. Die Verwendung eines standardisierten Befundbogens verbessert die Akzeptanz.

11.3 Normalbefunde in der FKDS

11.3.1 V. cava inferior, Vv. lumbales und Vv. renales

Durch das Schallfenster der Leber ist die kraniale Portion der *V. cava inferior* bei fast allen Patienten darstellbar. Ihr Durchmesser liegt zwischen 2 und 3 cm und ist abhängig von Atmung und Herzaktion. Während der Inspiration kann sie kollabieren, in Apnoe sowie in Expiration nimmt ihr Querschnitt wieder zu. Das Lumen sollte wie bei allen Gefäßen im Grauwertbild echoleer erscheinen. Nach Zuschalten der Farbe stellt sich die V. cava in Apnoe komplett und homogen farbgefüllt dar (Abb. 11.**5**). Sie ist herzwärts durchströmt. Bei schneller Inspiration nimmt der Fluß durch die Sogwirkung des Thorax zu und wird turbulent. In Apnoe wird er wieder laminar. Turbulente Areale, die sich als Farbmosaik darstellen, finden sich physiologischerweise im Bereich der Einmündung der Leber- und der Nierenvenen. Doppler-Spektren aus der Gefäßmitte zeigen während des Herzzyklus zwei kurzzeitig herzwärtsgerichtete Flußspitzen zu Beginn der ventrikulären Systole sowie zum Zeitpunkt der Öffnung der AV-Klappen (1, 39, 40). Während der artrialen Kontraktion sistiert der Fluß oder kehrt sich vorübergehend um. Dies zeigt sich in der FKDS als kurzzeitiger Farbumschlag. Er ist physiologisch und findet sich auch in der rechten Nierenvene und in den Lebervenen.

Im Unterschied dazu zeigt die V. renalis sinistra in der Mehrzahl der Fälle einen kontinuierlichen Fluß, der bei schlanken Patienten kurzzeitig pulssynchron mit der Aorta sistieren kann. Ursache dafür ist wahrscheinlich die Einengung zwischen Aorta und A. mesenterica superior. Distal dieses „arteriellen Nußknackers" ist die Vene aufgeweitet (Abb. 11. **6a, b**).

Die distale Portion der V. cava sowie das Lumen der *Vv. iliacae communis et externa* sind im Grauwertbild oft durch Streuartefakte überlagert. Durch die gefüllte Blase als Vorlaufstrecke lassen sich die Beckenvenen jedoch auch bei schlechten Untersuchungsbedingungen als farbgefülltes Gefäßband nachweisen. Die lumbalen Venen sowie die gonadalen Venen sind bei schlanken Patienten nur im Einzelfall als kontinuierlich durchströmte Gefäße mit bandförmigem Spektrum erkennbar.

11.3.2 Vv. hepaticae und portalvenöses System

Die *Vv. hepaticae* erkennt man am besten im subkostalen Schrägschnitt sowie in Longitudinalschnitten durch den linken und rechten Leberlappen (Abb.

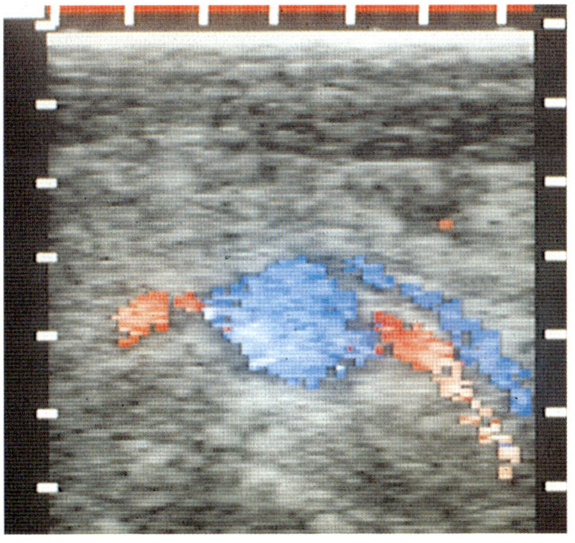

a

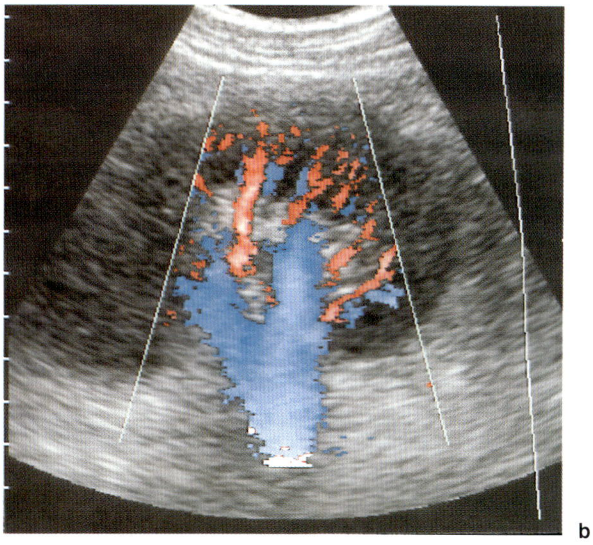

b

Abb. 11.**6a, b** Normale V. renalis sinistra:
a Querschnitt mit Aorta („Blau" kodiert), linke und rechte Nierenarterie („Rot" kodiert) und linke Nierenvene („Blau" kodiert)

b Längsschnitt durch die linke Niere von lateral: Einzelne Vv. interlobares und ihr Zusammenfluß über Segmentvenen in den Hauptstamm der V. renalis („Blau" kodiert) sind zu erkennen. Die auf den Schallkopf zulaufenden Segment- und Interlobararterien sind „Rot" kodiert

11.**7**). Sie verlaufen bei lebergesunden Patienten in einem harmonischen Bogen von der Peripherie zur V. cava mit Verzweigungswinkeln von unter 45 Grad. Ihre Begrenzung ist glatt und scharf, das Lumen im Normalfall echoleer. In der FKDS lassen sich die Hauptvenen bis auf die Ebene zweiter und dritter Ordnung darstellen. Ihr Fluß zeigt im Normalfall die oben beschriebene kardiale Modulation mit kurzfristig sistierendem oder retrograden Fluß während der artrialen Systole (Abb. 11.**8a, b**).

Die normale *V. portae* stellt sich im Grauwertbild als glatt begrenztes echofreies bzw. bei dickeren Patienten durch Streuungseffekte echoarmes Band dar. Im Unterschied zur V. cava inferior, deren Durchgängigkeit anhand des typischen Doppelschlages und respiratorischer Lumenänderungen bereits oft vom Grauwertbild allein beweisbar ist, zeigt sie nur geringe atemabhängige Kaliberschwankungen.

In der FKDS ist die V. portae vollständig und homogen mit Farbsignalen gefüllt (Abb. 11.**9**). Der Fluß ist leberwärts gerichtet mit einer meist nur im ergänzenden Spektrum erkennbaren respiratorischen und kardialen Modulation. Geschwindigkeitsmessungen zeigen im Normalfall Werte zwischen 10 und 25 cm/s (39, 50). Die maximale Geschwindigkeit kann jedoch nach Nahrungsaufnahme bis auf über 40 cm/s ansteigen. In ganzer Länge läßt sich die V. portae von ventral in etwa 80% der Fälle verfolgen. Eine Darstellung von rechts lateral-interkostal ist dagegen fast immer möglich.

Die wichtigsten sonographisch sichtbaren Zuflüsse der V. portae sind die V. lienalis und die V. mesenterica superior. Beide sind bei über 80% der Patienten beurteilbar. Die V. mesenterica inferior ist häufig

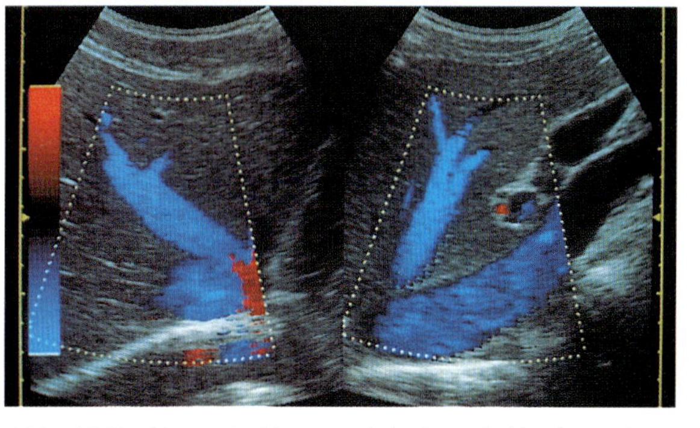

Abb. 11.**7** Normale V. cava inferior mit Vv. hepaticae: Subkostaler Schrägschnitt (links im Bild) mit V. hepatica media und Längsschnitt mit V. cava inferior und V. hepatica dextra (rechte Bildhälfte)

wegen Luftüberlagerung nicht oder nur abschnittweise nachweisbar. Von den nichterweiterten, präformierten Kollateralen erkennt man zumeist nur die V. coronaria ventriculi, deren Flußrichtung in der FKDS beurteilt werden kann. Alle Gefäße zeigen wie die V. portae in der FKDS einen kontinuierlichen leberwärts gerichteten zumeist laminaren Fluß (Abb. 11.**10a–d**).

Bedingt durch ihren bogenförmigen Verlauf zeigt die *V. lienalis* einen Farbumschlag. In den Abschnitten, die parallel zum Schallkopf verlaufen ist eine Flußdetektion nicht möglich (s. Kapitel 1 und 4). In Höhe des Zusammenflusses mit der V. mesenterica superior erkennt man Verwirbelungen, die ohne Krankheitswert sind. Das distale Drittel der V. lienalis, das häufig bei Meteorismus der Untersuchung von ventral entgeht, läßt sich im allgemeinen von lateral

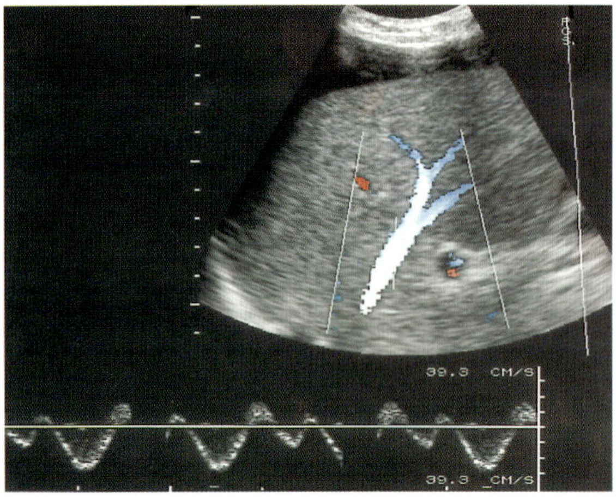

a

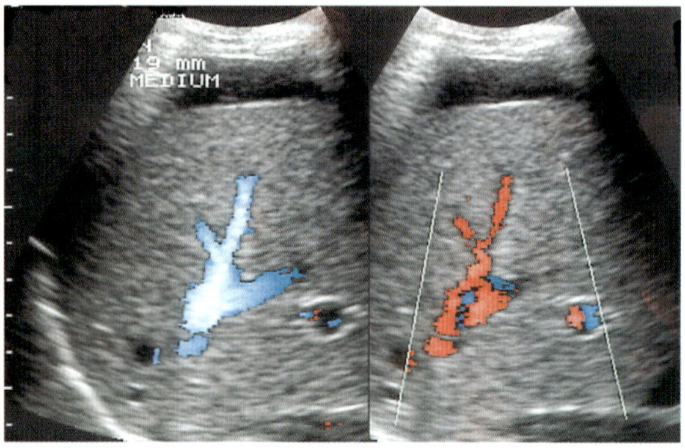

b

Abb. 11.**8 a, b** Normale V. hepatica dextra mit Flußphasen bei einem Patienten mit Aszites:
a „Blau" kodierter Fluß in der Lebervene, durch die kardiale Modulation (kleine Rückflußkomponente während der artrialen Kontraktion) doppelgipfliger Verlauf in der Frequenzanalyse (unten im Bild)

b Gleiche Flußphasen wie in der Frequenzanalyse in der Farbkodierung: Im linken Bild herzwärtsgerichteter Fluß („Blau") und im rechten Bild der kurzzeitige retrograde Fluß während der artrialen Kontraktion („Rot" kodiert)

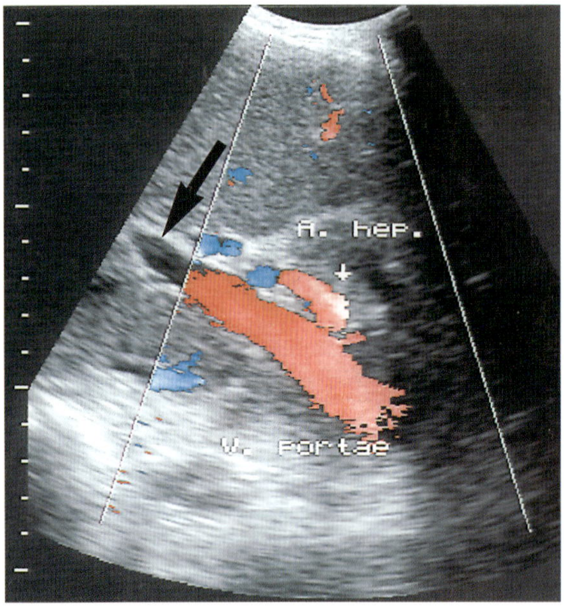

Abb. 11.**9** Unaufälliger Leberhilus mit V. portae und A. hepatica: Ventral der V. portae liegt die A. hepatica propria (beide Gefäße „Rot" kodiert = gleiche Flußrichtung), wegen der „Fenstertechnik" zeigt der im Bild links noch dargestellte Abschnitt der V. portae (schwarzer Pfeil) keine Flußsignale

zusammen mit den größeren intralienalen Gefäßen erfassen (Abb. 11.**10 a–d**). Die *V. mesenterica superior* ist ebenfalls kontinuierlich durchströmt, zeigt jedoch bei Expiration eine mäßiggradige Fluß- und Volumenzunahme. Bereits geringer Druck mit dem Schallkopf reicht, um sie zu komprimieren. Bei sorgfältiger Suche lassen sich in der FKDS einzelne jejunale und ileale Venen lokalisieren, die bei der Mesenterialvenenthrombose als wichtige Kollateralen hypertrophieren können.

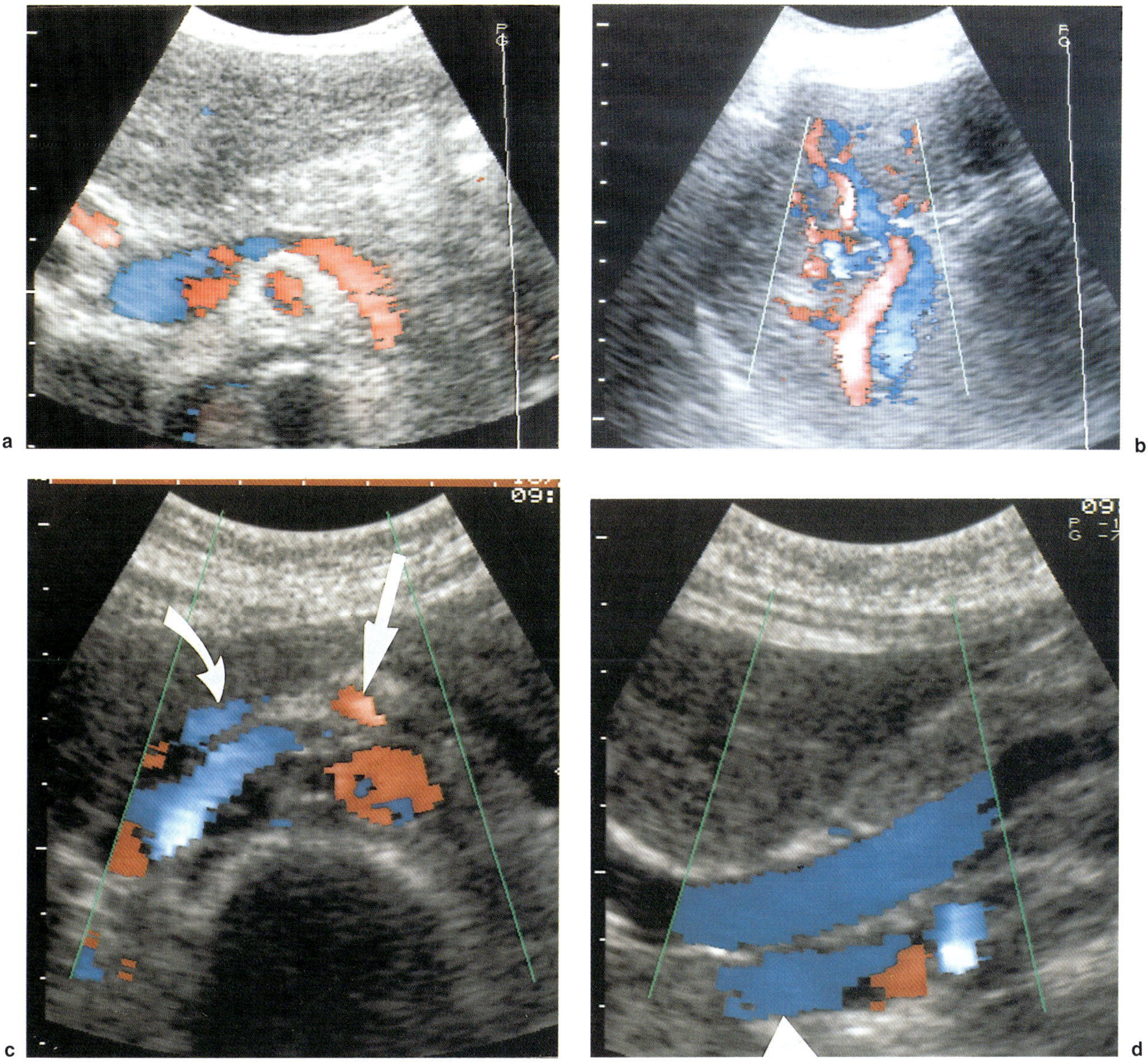

Abb. 11.**10a–d** Normale V. lienalis und V. mesenterica superior:

a Querschnitt im Mittelbauch: im links lateralen Abschnitt (rechts im Bild) der V. lienalis „Rote" Kodierung (Fluß auf den Schallkopf zu), im Scheitelpunkt des Bogens keine bzw. nur geringe farbkodierte Signale (Doppler-Winkel = 90 Grad), im rechten Abschnitt „Blaue" Kodierung (Fluß vom Schallkopf weg), Mischung aus „Rot" und „Blau" an der Einmündung der V. mesenterica superior, „Rote" Kodierung in der quer angeschnittenen A. mesenterica superior (keine Kodierung in der Aorta (Phasenabhängig)

b Schnitt von lateral mit den hilusnahen Anteilen von A. und V. lienalis sowie intralienalen Gefäßen

c Querschnitt durch den Mittelbauch: Aorta („Rote" Kodierung) und V. cava inferior („Blau") mit Einmündung der linken Nierenvene, ventral davon V. mesenterica superior (gebogener Pfeil) und A. mesenterica superior (gerader Pfeil). Die „Blau" kodierten Areale in der Aorta sind durch den Beginn der spätsystolischen Richtungsumkehr des Blutflusses zu erklären

d Schräger Längsschnitt im Verlauf der V. mesenterica superior mit Übergang in die V. portae: homogen „Blau" kodierte Fluß, dorsal davon Abschnitt der V. cava inferior (Keil am unteren Bildrand)

11.4 Krankheiten mit pathologischer Anatomie und Befunde in der FKDS

11.4.1 Pathophysiologische Vorbemerkungen

Wie am arteriellen Schenkel gibt es auch im venösen System zahlreiche Erkrankungen, die die Gefäße primär oder sekundär befallen. Größte Bedeutung haben dabei die Thrombosen, die gerade im Abdomen häufig unterschätzt werden. Sie können aszendierend auf dem Boden einer tiefen Beinvenenthrombose oder an beliebiger Stelle im venösen oder portalvenösen System primär neu entstehen.

Ihre Ätiologie ist vielfältig: Wird die Endothelschicht des Gefäßes durch degenerative, hypoxische, toxische oder allergisch-hyperergische Vorgänge geschädigt, kommt das Blut mit dem Kollagen der subendothelialen Matrix in Kontakt. Adhärente bzw. aktivierte Thrombozyten setzen dann Mediatoren frei, die die gleichzeitig induzierte Fibringerinnung potenzieren. Schock und Herzinsuffizienz führen neben der hypoxischen Schädigung zu einer Verlangsamung des Blutflusses mit Adhäsion von Thrombozyten und Monozyten. Weitere Risikofaktoren für Thrombosen sind Neoplasien bzw. paraneoplastische Syndrome, hämatologische Erkrankungen wie die Polycythämia vera, Antithrombin-III-Mangel und heute stark zunehmend die Einnahme von Antikonzeptiva in Verbindung mit Rauchen.

Die klinische Symptomatik einer Thrombose ist abhängig von Ort und Kaliber des Gefäßes sowie vom zeitlichen Ablauf. Langsam fortschreitende Verschlüsse mit guter Kollateralisation bzw. gleichzeitiger Rekanalisation können asymptomatisch bleiben. Im Folgenden werden für die V. cava inferior und die Vv. renales sowie für das portalvenöse System die wichtigsten sonographisch bzw. in der FKDS faßbaren Erkrankungen zusammengestellt.

11.4.2 V. cava inferior, Vv. lumbales und Vv. renales

11.4.2.1 Varianten und Malformationen

Aufgrund der komplexen embryologischen Entwicklung des venösen Systems sind zahlreiche Varianten und Malformationen möglich (Abb. 11.**11 a–f**). Die Spannbreite der Befunde reicht von der partiellen Aplasie bis zur Doppelung der V. cava (11.2.1). Im allgemeinen sind die Patienten beschwerdefrei, die Erfassung dieser Anomalien ist jedoch vor größeren abdominellen Eingriffen und der Implantation von Cavafiltern lebenswichtig. Bei der kompletten Aplasie der V. cava sowie beim Azygos- bzw. Hemiazygos-continuation-Syndrom muß ergänzend nach begleitenden Herzerkrankungen gesucht werden.

Die Diagnose ist oft bereits vom Grauwertbild möglich. Die FKDS hilft jedoch, langsam durchströmte atypische Gefäße von Lymphknoten zu differenzieren oder durch den Nachweis von Fluß und Flußrichtung auch komplexere Anomalien und Malformationen zu analysieren.

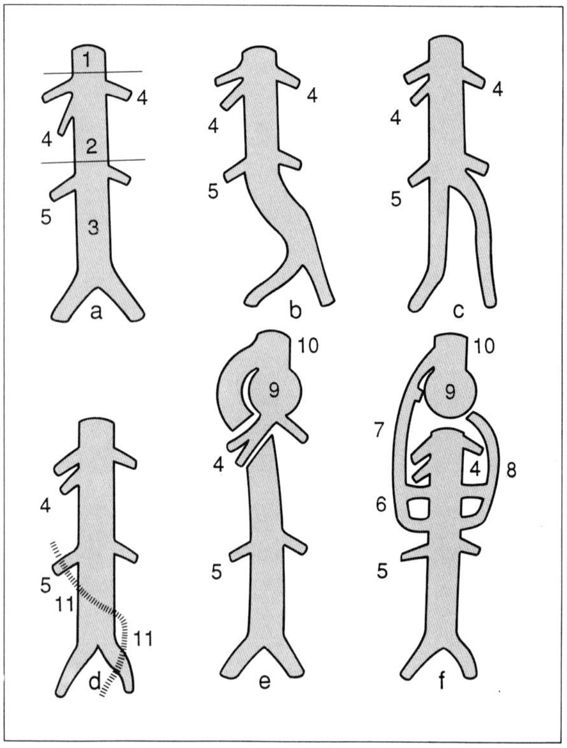

Abb. 11.**11 a–f** Varianten der V. cava inferior (Schema) (nach Lusza): **a** Normale Entwicklung **b** Linksseitige V. cava **c** Doppelung **d** Retrocavaler Ureter **e** Partielle Agenesie **f** Kongenitale Obstruktion
1 Pars hepatica 2 Pars subcardinalis 3 Pars supracardinalis 4 Vv. hepaticae 5 Vv. renales 6 Vv. lumbales 7 V. azygos 8 V. hemiazygos 9 Rechter Vorhof 10 V. cava superior 11 Ureter

Eine seltene Variante des thorakalen venösen Systems, die vom Abdomen her diagnostizierbar ist, ist das 1836 erstmals beschrieben *Scimitar-Syndrom*. Fehlangelegte Lungenvenen ziehen nach kaudal durch das Zwerchfell in die V. cava inferior. Die Patienten können beschwerdefrei sein oder bei großem Shuntvolumen eine zunehmende Herzinsuffizienz entwickeln. Oft liegen zahlreiche weitere Abnormalitäten des kardiopulmonalen Systems vor. Charakteristisch ist auf den Thoraxübersichtsaufnahmen eine typische, türkensäbelartige Verschattung rechts parakardial. Bei Kippung des Schallkopfs nach kranial lassen sich die atypischen Venen erkennen. Durch den Einsatz der Farbkodierung wird diese bisher seltene Anomalie zunehmend häufiger diagnostiziert (12, 21, 38).

Weitere Anomalien sind *obstruierende Klappen* der V. cava, die zu einer Budd-Chiari-artigen Symptomatik führen sowie *aortokavale Fisteln* (s. Kapitel 9). Eine dilatierte Vene, verstärkter Fluß mit Arterialisation sowie lokalisierte, massive Vibrationsartefakte in der FKDS (s. Kapitel 4) sind der Beweis (6).

11.4.2.2 Stenosen und Verschlüsse, Tumorkompression

Stenosen und Verschlüse der V. cava sind meistens auf einen malignen Prozeß zurückzuführen. Eine Kompression von außen ist in jeder Höhe möglich. Häufigste Ursache sind retroperitoneale Lymphknoten bzw. bei Kindern Nieren- und Nebennierentumoren. Weitere Ursachen einer Kompression sind Hepatomegalie, Pankreastumoren, Aneurysmata, die retroperitoneale Fibrose sowie massiver Aszites.

Lymphknoten und knollige Tumoren führen zur Pelottierung, eine glatt begrenzte tubuläre Stenose weist auf einen fibrosierenden Prozeß. Die Abgrenzung einer unkomplizierten Tumorkompression von einer Gefäßwandinvasion ist sonographisch nicht immer möglich. Der Nachweis der echodichten, parakavalen bzw. um die V. renalis anliegenden Fettlamelle spricht für einen noch bestehenden Sicherheitsabstand zwischen Tumor und V. cava inferior. Die FKDS hift, bei subtotaler Stenose, ein noch vorhandenes Restlumen zu identifizieren sowie Ausmaß und Verlauf der Kollateralen zu beurteilen.

Eine *Obstruktion von innen* entsteht durch Thrombosen, intraluminale Tumoren bzw. Tumorzapfen. Bei den *Thrombosen* der *V. cava inferior* handelt es sich entweder um aszendierende Thrombosen aus der Becken-Bein-Etage (Appositonsthromben) oder um ortsständige Gerinnungsthromben, z. B. nach abdomineller Operation. Wenige Stunden nach der Gerinnungsbildung kann eine von zentral nach peripher sich ausbreitende Hämolyse einsetzen. Mit gleichzeitiger Hyalinisierung und Organisation durch einsprossende Zellen aus der Gefäßwand mit Retraktion der Fibrinfäden wird der Thrombus inhomogen und echodicht. Alte Thromben können partiell verkalken. Eine Sonderstellung haben die Thrombosen der Vv. renales. Sie entstehen am häufigsten auf dem Boden eines nephrotischen Syndroms bei Glomerulonephritis (24), bei Kollagenosen und Amyloidosen sowie bei Kindern durch Dehydratation und Sepsis (Tab.11.**2**). Flankenschmerz und eine große Niere sind die ersten Warnzeichen und sollten Anlaß zur Durchführung der FKDS sein. Nur die frühzeitige Diagnose ermöglicht ein Überleben der Niere.

Primäre intraluminale Tumoren der V. cava sind eine seltene Ursache. Am häufigsten finden sich Leiomyome und Leiomyosarkome. Es handelt sich dabei um maligne mesenchymale Tumore, die von der glatten Muskulatur der Gefäßwand ausgehen. Das Muster der Tumoren und Tumorzapfen ist echodicht, so daß sie sich in der V. cava inferior bereits im Grauwertbild gut abgrenzen lassen.

Eine *Invasion in die V. cava* inferior findet man bei hepatozellulären Karzinomen, beim retroperitonealen Sarkom sowie bei Nieren- und Nebennierenkarzinomen vor allem in die Vv. renales. Der Nachweis dieser Tumorthromben hat für die Planung des operativen Vorgehens größte Bedeutung. Das Ausmaß des Tumoreinbruchs wird in 4 Stadien eingeteilt:

Tabelle 11.**2** Nierenvenenthrombosen: Ursachen und prädisponierende Faktoren

I Primäre Thrombose bei erhöhter Gerinnungsbereitschaft
- Nephrotisches Syndrom, Antithrombin-III-Mangel
- Dehydratation/Sepsis
- Schwangerschaft/Einnahme von Kontrazeptiva
- Paraneoplastisches Syndrom
- Kortikoidgabe

II Sekundäre Thrombose bei gestörtem renalen Blutfluß
- Tumoreinbruch bei Nierentumor
- Aszendierende Thrombosen der V. cava
- Abflußbehinderungen durch Aortenaneurysmata und paraaortale Lymphknotenmetastasen
- Traumafolge

- Stadium I beinhaltet das knopfartige Hervorspringen des Tumorzapfens aus der Nierenvene heraus in die V. cava inferior,
- im Stadium II liegt die Kuppel noch unterhalb der kranialen Begrenzung der Einmündung der Nierenvene,
- in Stadium III hat der Tumorzapfen den Abgang der Lebervenen und
- im Stadium IV, den Vorhof erreicht.

Im Gegensatz zu den intraluminalen Tumoren, Tumorthrombosen und *älteren Thromben*, die sonographisch oft echodicht sind (Abb. 11.**12 a,b**) und sich im Grauwertbild diagnostizieren lassen, erscheinen *frische Thrombosen* im B-Bild meist echoarm bis echoleer und sind besonders bei muskulösen/adipösen Patienten zunächst nicht erkennbar. Ihr Nachweis ist nur duplexsonographisch bzw. mit der FKDS möglich (Abb. 11.**13**). Ein kompletter Verschluß läßt sich durch fehlenden Fluß beweisen, eine vermutete Thrombose bei freier Durchgängigkeit ausschließen. Ein indirektes Zeichen für eine akute Thrombose der Nierenvene ist im arteriellen Spektrum ein Verlust der diastolischen Flußkomponente, die vorrübergehend negativ werden kann. Dies erklärt sich durch eine reflektorische Vasokonstriktion und ähnelt den Befunden bei der vaskulären Abstoßung (vgl. Kapitel 12).

Ein häufig zu spät erkanntes Krankheitsbild ist die *Ovarialvenenthrombose*, die vor allem während oder kurz nach der Schwangerschaft auftritt (3). Die Beschwerden der Patientinnen sind uncharakteristisch und lassen sich zumeist im Unterbauch lokalisieren. Differentialdiagnostisch ist sie von der Appendizitis nur schwer abzugrenzen. Sonographisch finden sich eine verdickte Adnexe sowie eine erweiterte, nicht mehr durchströmte V. ovarica (2, 3). Häufig zeigt sich eine begleitende entzündliche Reaktion mit verdicktem perivaskulären Gewebe. Nach kranial kann sich die Thrombose bis in die V. cava entwickeln und läßt sich sonographisch in ihrer Ausdehnung gut darstellen. Die Rolle der FKDS ist hier noch nicht eindeutig definiert.

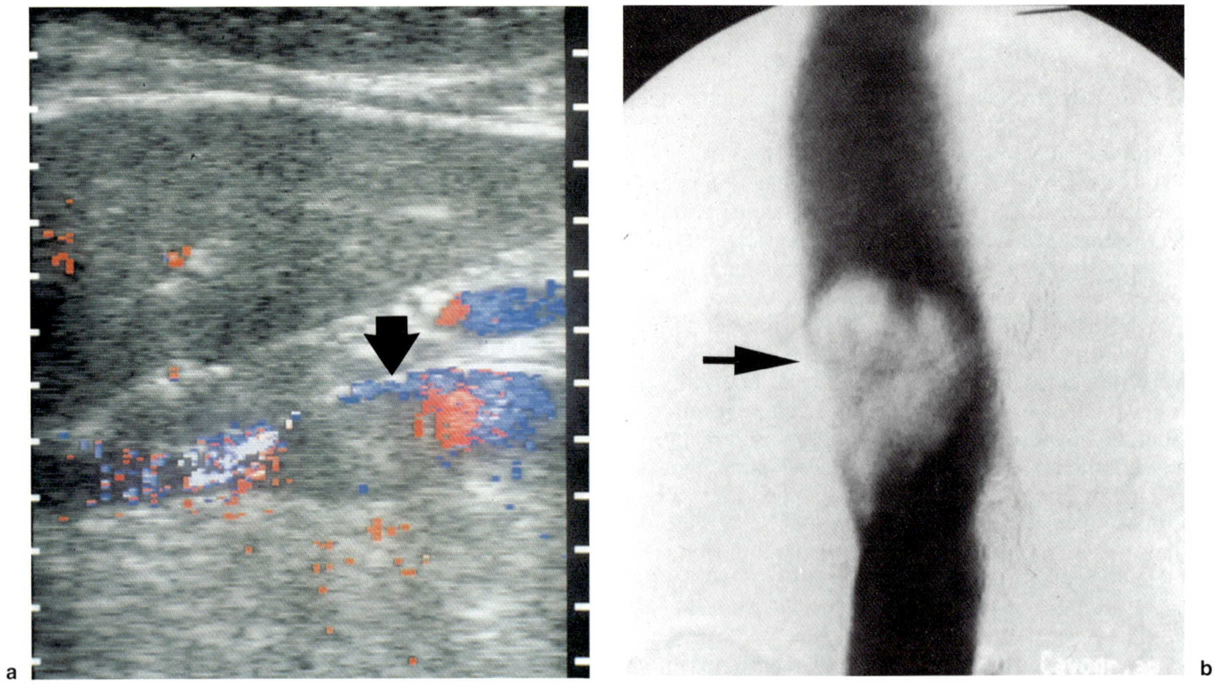

Abb. 11.**12a, b** Nierenkarzinom rechts mit Tumorzapfen über die Nierenvene bis in die V. cava inferior reichend (Stadium II):
a FKDS: Im Längsschnitt durch die V. cava inferior mittelreflexive Raumforderung die das Lumen der Vene fast vollständig ausfüllt, am ventralen Gefäßrand (Pfeil) blutumspülter Anteil, kranial des Tumorzapfens Wirbelbildung (Mischung aus „Rot" und „Blau")
b Kavographie (DSA): Durch den Tumorzapfen (Pfeil) verursachte Kontrastmittelaussparung

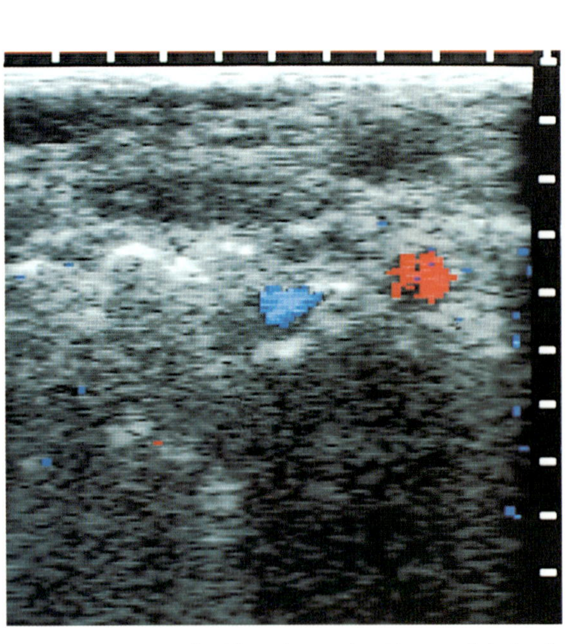

Abb. 11.**13** Partielle Thrombose der V. cava inferior in der FKDS: Im Querschnitt regelrechte „rote" Kodierung in der Aorta, das Lumen der V. cava ist nicht zu komprimieren, nur im linkslateralen Teil des Gefäßes sind Flußsignale („Blau") vorhanden.

Hilfreich ist die FKDS bei der Therapieplanung und Verlaufskontrolle von Cavafiltern (47). Es handelt sich um Stahlkörbe unterschiedlicher Architektur, die perkutan zur Prophylaxe einer Lungenembolie bei tiefen Bein- oder Beckenvenenthrombosen eingesetzt werden. Sie werden unterhalb der Einmündung der Nierenvenen plaziert. Die Metallstreben des Filters sind im Grauwertbild als hyperreflexive bandförmige Strukturen mit teilweiser (in Abhängigkeit vom Filtertyp) dorsaler Schallauslöschung zu erkennen. Der Filter verursacht eine turbulente Blutströmung, die in der FKDS durch die Farbänderung zu erkennen ist.

11.4.2.3 Umgehungskreisläufe und Varizen

Bei langsam entstehendem Verschluß der V. cava inferior entstehen Kollateralen, die zum Teil extreme Ausmaße annehmen und einen Verschluß vollständig kompensieren können. Wichtigste Umgehungskreisläufe sind die vertebralen und paravertebralen Leitungsbahnen, die über Anastomosen zu den Vv. lumbales und der V. azygos rechts bzw. der V. hemiazygos links das Blut zur V. cava superior transportieren. Dieser zentrale Umgehungskreislauf hat die größte funktionelle Bedeutung.

Beschwerdesymptomatik und das Muster der Kollateralen hängen ab von der Höhe des Verschlusses. Der kaudale Verschluß entsteht häufig durch Kompression oder als Folge systemischer Gefäßkrankheiten. Wie beim beidseitigen Beckenvenensyndrom klagen die Patienten über Beinödeme, sekundäre Varizen sowie in schweren Fällen über ein chronisches Staungssyndrom. Kraniale Begrenzung des Verschlusses ist meistens die Mündung der Nierenvenen, die aufgrund ihres hohen Einstroms eine weitere Progredienz des Thrombuswachstums verhindern.

Der Verschluß in Höhe der Einmündung der Nierenvenen ist am häufigsten tumorbedingt oder Folge einer Bestrahlung. Wichtigste Kollateralkreisläufe sind neben renolumbalen Anastomosen vor allem die zentralen Umgehungsbahnen und der portale Kollateralkreislauf. Führendes Symptom ist bei Mitbeteiligung der V. renalis ein Dauerschmerz in der Nierengegend.

Der kraniale Verschluß ist angeboren (kongenitale Agenesie, Membranen) oder tumorbedingt. Der venöse Abstrom erfolgt in erster Linie über den Plexus paravertebralis und das V. lumbalis-ascendens-azygos-System (zentraler Kollateralkreislauf) sowie über die oberflächlichen Venen der Bauchwand.

Allen Verschlußtypen gemeinsam ist im akuten Fall eine ausgeprägte venöse Stauung im Bereich des Rumpfes und der unteren Extremitäten. Der chronische Verschluß ist asymptomatisch und wird häufig zufällig entdeckt. Die stellenweise teilthrombosierten Kollateralen stellen sich als echoarme Tumorpakete dar und sind besonders für die Computertomographie auch nach Kontrastmittelgabe in Einzelfällen schwer einzuordnen. In der FKDS läßt sich der Stop lokalisieren. Die varikös erweiterten Kollateralen stellen sich als charakteristische, langsam durchströmte, farbkodierte Konglomerate dar, deren weiterer Abstrom sich in der FKDS verfolgen läßt (Abb. 11.**14a, b**). Der Fluß kann so langsam sein, daß der Nachweis nur durch Wahl des niedrigsten Geschwindigkeitsbereich und eines Wandfilter von unter 100 Hz gelingt. Dies führt im Abdomen manchmal zu starken, peristaltikbedingten Artefakten, die die Gabe eines Spasmolytikums erfordern.

11.4.3 Vv. hepaticae und portalvenöses System

Indikationen zur gezielten sonographischen Untersuchung des portalvenösen Systems sind neben dem Nachweis einer Mesenterialvenenthrombose und der Diagnostik von tumorösen und parenchymatösen Erkrankungen der Leber vor allem die portale Hypertension. Sie entsteht entweder durch einen erhöhten Zustrom (Hyperzirkulation, arterioportale Fisteln) oder durch eine Widerstandserhöhung im portalvenösen Kreislauf (40).

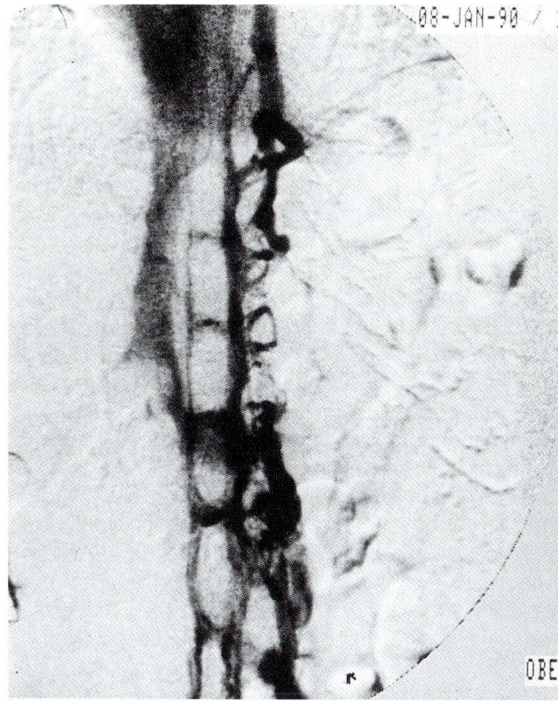

a

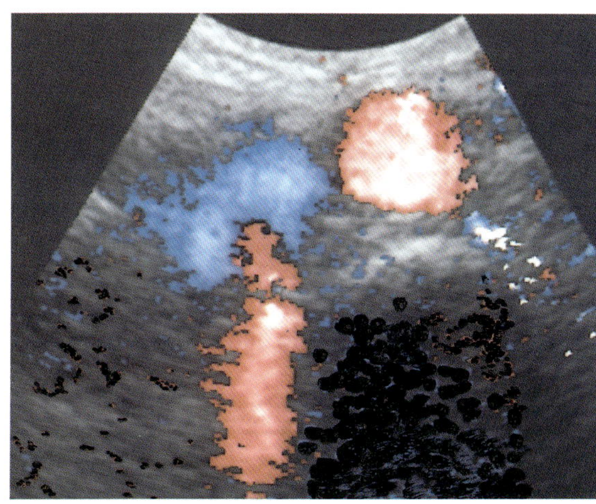
b

Abb. 11.**14a, b** Kaudaler Verschluß der V. cava inferior mit zentralen Umgehungsbahnen:
a Phlebographie mit komplettem Verschluß der V. cava inferior, Kollateralen über die vertebralen und paravertebralen Leitungsvenen, unterhalb des Zwerchfells (oben im Bild) finden die Kollateralen Anschluß an die dort wieder frei durchgängige V. cava
b In der FKDS Querschnitt in Höhe der wieder durchgängigen V. cava („Blau") mit Mündung einer kräftigen, im Normalfall nicht sichtbaren Segmentvene (Fluß „Rot" kodiert)

11.4.3.1 Varianten, Malformationen, Aneurysmata und Fisteln

Lagevarianten und Mißbildungen der V. portae und ihrer Zuflüsse wurden bisher selten beschrieben. Sie entstehen durch Störung der embryologischen Venenentwicklung oder sind Folge und damit Hinweis auf eine Fehlrotation des Darms:
Liegt die V. mesenterica superior links der A. mesenterica superior, so ist in allen Fällen, liegt sie ventral, so ist in 28% der Fälle mit einer Malrotation zu rechnen (16). Der umgekehrte Schluß gilt nur bedingt, da bei einer Malrotation in 4% der Fälle ein normaler Verlauf der V. mesenterica superior gesehen wird. Dennoch bleibt diese in der FKDS leicht zu identifizierende Lageanomalie ein wertvoller Hinweis für eine Malrotation des Darms.

Weitere Anomalien finden sich durch atypische Verbindungen zu den Lungenvenen. Die Spannbreite der möglichen Befunde reicht von atypischen Mündungen der Lungenvenen in die extra- oder intrahepatische Äste der V. portae (12), in die V. cava inferior (s. 11.4.2.1) oder direkt in die Vv. hepaticae (38). Reduplikationen, Strikturen, obstruierende Klappen, Atresie und Hypoplasie der V. portae sind selten. Zunehmend häufiger wird jedoch über kongenitale Shuntformen berichtet, die die Lebervenen untereinander oder mit Ästen der V. portae verbinden. Sie können sich beim Säugling spontan zurückbilden oder persistieren (20, 28). Über extrahepatische kongenitale portokavale Shunts gibt es nur einzelne Berichte (Literaturübersicht bei 25). Es fehlt der portalvenöse Einstrom. Statt in die Leber wird das Blut aus Milz und Mesenterium in die V. renalis oder direkt in die V. cava inferior geleitet. Bei Patienten mit kompletter Ableitung des portalvenösen Zustroms finden sich in der Leber multiple Adenome und fokalnoduläre Hyperplasien (25, 28).

Typischer sonographischer Befund ist der Nachweis der Verbindung zwischen V. lienalis, V. mesenterica superior und V. cava inferior. Das Kaliber der V. cava nimmt nach der Shuntmündung zu, die FKDS zeigt direkt den Einstrom. (Abb. 11.**15a, b**). Die intrahepatischen Äste der V. portae fehlen, der Pfortaderstamm ist nicht nachweisbar oder mündet atypisch direkt in die V. cava inferior. Die A. hepatica ist hypertrophiert mit Ästen, die bis weit in die Peripherie nachweisbar sind. Als indirekten Beweis für den Shunt können die Doppler-Spektren aus der V. mesenterica superior und V. lienalis statt des physiologischerweise bandförmigen Flusses eine kardiale Modulation aufweisen, wie sie für die V. cava inferior typisch ist.

Aneurysmata des portalvenösen Systems galten bis vor kurzem als Rarität, seit der Verwendung der FKDS werden sie aber häufiger erkannt. Sie kommen in jeder Alterstufe vor und finden sich entweder direkt oberhalb der Konfluenz oder weiter distal im Verlauf der Pfortaderäste. Ihre Ätiologie wird noch kontrovers diskutiert. Sie sind angeboren oder iatrogen (4), es gibt jedoch auch Hinweise, daß sie auf dem Boden einer portalen Hypertension entstehen. Das Aneurysma kann durch Kompression einen Aufstau der Gallenwege verursachen.

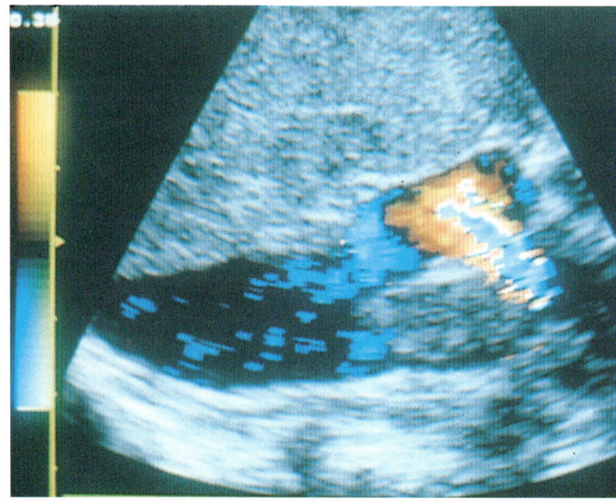
a

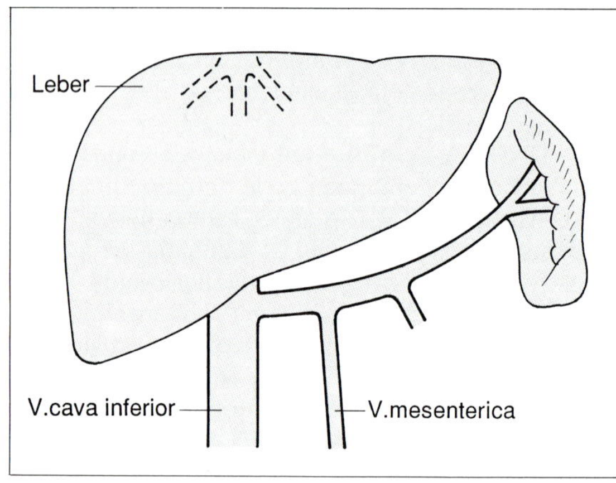

b

Abb. 11.**15a, b** Kongenitaler portokavaler Shunt
a Modifizierter Längsschnitt durch die V. cava inferior mit Einmündung des „Pfortaderstammes" in die V. cava
b Schemazeichnung zu **a** (für die Überlassung danken wir Herrn Prof. Gebel, Hannover) V. lienalis und V. mesenterica superior münden gemeinsam in die V. cava inferior

Sonographisch zeigt sich eine zystische Läsion, die je nach Lage mit einer Pankreaspseudozyste, einer Leber- oder Choledochuszyste verwechselt werden kann. Der Flußnachweis in der FKDS beweist die Gefäßmalformation: Das Aneurysma ist durch turbulenten Fluß ausgefüllt (Abb. 11.**16**) und damit als Blickdiagnose richtig einzuordnen (43). Eine Beurteilung von Fluß- und Flußrichtung in der V. lienalis, dem Konfluenz und dem Stamm der V. portae sowie die Beziehung des Aneurysmas zum Gallenwegssystem (Aufstau etc.) sollten die Untersuchung vervollständigen.

Extrahepatische arterioportale Fisteln sind meist Folge eines Traumas oder einer Operation. Sie führen zu einer Erhöhung des Drucks im portalvenösen System. Bei großem Fistelvolumen kann sich die V. portae aneurysmatisch erweitern, der Abstrom aus dem mesenterialen Venensystem behindert sein.

In der FKDS erkennt man eine mehr fusiform erweiterte V. portae mit erheblichen Turbulenzen (Abb. 11.**17 a,b**). Das bei AV-Fisteln in der Peripherie typische mosaikartige Farbartefakt ist nicht obligat und kann fehlen. Ist der Druckanstieg erheblich, so findet sich im Stamm der V. portae sowie in der V. mesenterica superior einen verminderter oder retrograder Fluß.

11.4.3.2 Portale Hypertension – Stenosen und Verschlüsse

Die hämodynamischen Veränderungen der portalen Zirkulation sind komplex. Der normale Druck in der V. porta liegt 2–3 mm Hg über dem der V. cava inferior. Er ist abhängig vom Einstrom aus dem Intestinum und der Milz, vom intrahepatischen Widerstand, vom Gefäßtonus der V. portae sowie vom Ausstrom über die Vv. hepaticae und die V. cava inferior. Zusätzlich wird über Sphinkteren auf der Ebene der Lebersinusoide die Relation des Blutflusses zwischen arteriellen und portalvenösen Ästen geregelt. Ein Mißverhältnis dieser Faktoren führt zu einer portalen Hypertension.

Die portale Hypertension ist definiert als längerbestehende Druckerhöhung auf mehr als 11 mm Hg. Ursache ist entweder ein zu hoher Zustrom be-

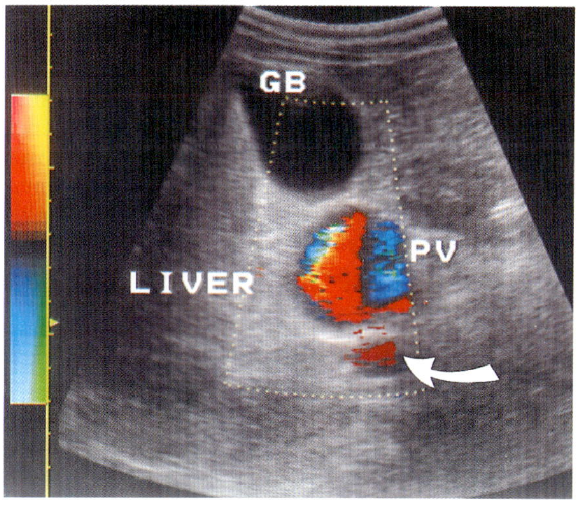

Abb. 11.**16** Aneurysma der V. portae in der FKDS: Im Leberhilus Nachweis einer turbulent durchströmten Aussackung der V. portae von 3,5 cm Größe. GB = Gallenblase, PV = V. portae, dorsal der V. portae Anschnitt der V. cava inferior (Pfeil)

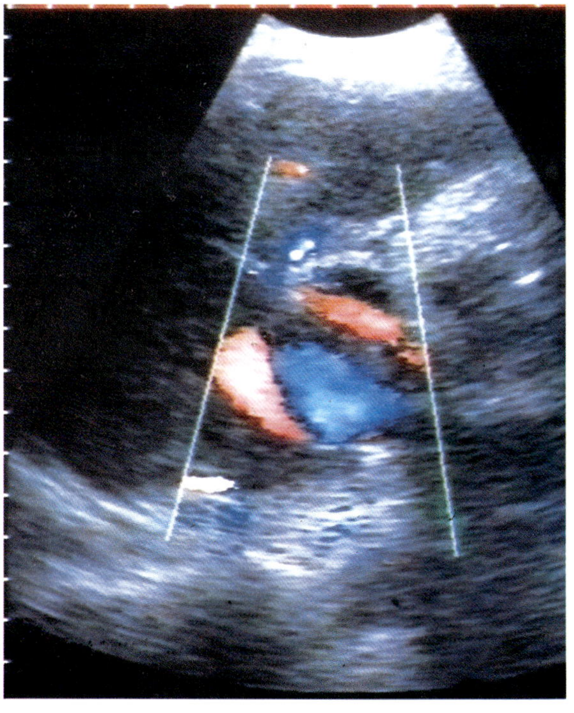

a

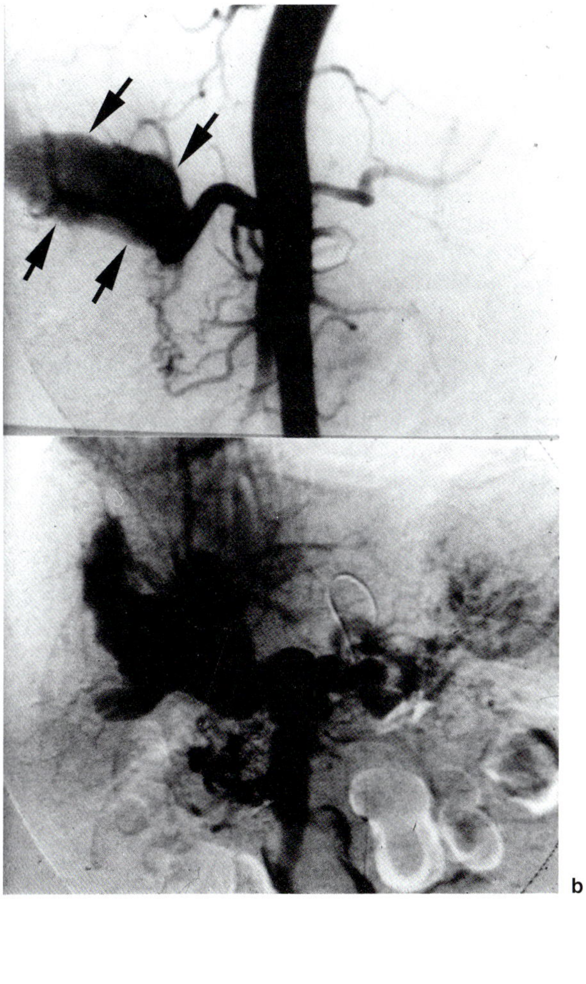

b

Abb. 11.**17 a, b** Arterioportale Fistel mit Ektasie der V. portae:
a FKDS: Fusiforme Aufweitung der V. portae mit ausgeprägten Turbulenzen
b Angiographie: Schon in der früharteriellen Phase (oberes Bild) Kontrastierung der erheblich er weiterten V. portae (Pfeile) mit Reflux in das mesenteriale Venensystem (unteres Bild)

dingt durch eine Hyperzirkulation und durch arterioportale Fisteln oder durch eine Widerstandserhöhung im Pfortaderkreislauf durch post-, intra- oder präsinusoidale Stenosen und Verschlüsse (Tab. 11.**3**). Sind nicht alle Abschnitte des Pfortadersystems von der Druckerhöhung betroffen, spricht man – wie beim isolierten Verschluß der V. lienalis – von einer segmentalen portalen Hypertonie. Bei vermuteter portaler Hypertension sind systematisch neben den intrahepatischen Gefäßen und der splenoportalen Achse die mesenterialen Venen und die Region potentieller Kollateralen abzusuchen. Die diagnostische Bedeutung des Zeichens der „weiten V. portae" ist gering. Hilfreiche Kriterien zur Frühdiagnostik sind der Verlust ihres zumeist ovalen Querschnitts, weite Leberarterien, eine prall gefüllte V. mesenterica superior mit fehlender respiratorischer Lumenänderung und der Nachweis einer V. coronaria ventriculi mit einem Durchmesser von mehr als 4 mm.

Die postsinusoidale portale Hypertension beruht auf einer Obstruktion der Lebervenen. Die *trunkuläre Form* (Budd Chiari) befällt vorwiegend die großen Lebervenen sowie die herznahen Abschnitte der V. cava inferior. Ursache der Verlegung sind vor allem Thrombosen und Tumorthrombosen, Kompression sowie in seltenen Fällen kongenitale Anomalien wie obstruierende Klappen. Zu den *radikulären Formen* gehören die meist bakteriell oder septisch bedingte intrahepatische Phlebitis („Endophlebitis hepatica obliterans") und die Venenverschlußkrankheit (VOD). Sie beginnt initial am Epithel der Zentral- und Sublobularvenen und führt zur kompletten bindegewebigen Verödung der Venenäste. Auslöser sind Alkaloide, Ovulationshemmer und eine Bestrahlung. Die VOD findet sich gehäuft bei Polycythämia vera und besonders häufig nach Knochenmarkstransplantation durch die Kombination von Bestrahlung und Chemotherapie. Beide Erkrankungsformen laufen unterschiedlich ab, die Patienten zeigen jedoch in Abhängigkeit von der Akuität des Verschlusses das gleiche klinische Bild mit Stauungsleber und portaler Hypertonie.

Die frisch thrombosierten Lebervenen sind sonographisch voluminös und echoarm. Die Diagnose ist im Grauwertbild zum Teil unmöglich und kann erst durch die FKDS bewiesen werden (18). Beim kompletten Verschluß ist kein Fluß mehr detektierbar. Bei partieller Thrombose oder beginnender Rekanalisierung läßt sich der umspülte Thrombus als Aussparung in der Farbkodierung identifizieren. Probleme bereiten kann die chronische Verlaufsform. Hier kann man zwar das Fehlen der Leberhauptvenen konstatieren, die Differentialdiagnose zur Leberzirrhose bzw. zum Umbau mit Rarefizierung des Gefäßbaums kann im Einzelfall und ohne Verlaufsuntersuchungen schwierig sein. Klärend ist hier die Phlebographie, die den Verschluß mit spinnenförmigen Kollateralen zeigt.

Bei Patienten mit geplanter Knochenmarkstransplantation werden zur Früherkennung eine Ausgangsuntersuchung vor der Transplantation und Verlaufskontrollen unter standardisierten Bedingungen empfohlen (8, 19). Die Ergebisse werden jedoch noch kontrovers diskutiert: Während Brown (8) in einem Fall beim Auftreten einer VOD über einen kontinuierlicher Abfall der dopplersonographisch gemessenen mittleren Geschwindigkeiten in der V. portae und in 3 Fällen über eine Flußumkehr berichtete, konnten diese Ergebnisse von Herbetko (19) in einer gößeren Studie mit 65 Patienten nicht bestätigt werden. 19 – 20 Episoden mit VOD waren jedoch mit einem Anstieg des Widerstandswerts der A. hepatica assoziiert. Die Werte lagen mit einem RI von 0.8 gegenüber 0.7 im Vergleichskollektiv höher. Dies könnte Ausdruck einer Gegenregulation auf zentraler oder sinusoidaler Ebene sein. Es fehlen jedoch noch Studien mit größeren Fallzahlen zur abschließenden Klärung.

Tabelle 11.**3** Ursachen und Einteilung der portalen Hypertension

I Präsinusoidal
- *Extrahepatisch*
  - Pfortaderthrombose, Kompression, kongenitale Stenose
  - Erhöhter Zufluß aus der Milz, Hyperzirkulation
  - Arterioportale Fisteln
- *Intrahepatisch*
  - Infiltration der Portaltrakte, Myeloproliferative und lymphoretikuläre Erkrankungen, Granulome, Schistosomiasis
  - Portale Sklerose, kongenitale Leberfibrose, Frühstadium der primär biliären Zirrhose (PBC)
  - Toxische und medikamentöse Einflüsse

II Sinusoidal
  - Akute und chronische Hepatitiden
  - Leberzirrhose

III Postsinusoidal
- *Intrahepatisch*
  - Leberzirrhose
  - Venenverschlußkrankheit (VOD)
- *Posthepatisch*
  - Budd-Chiari-Syndrom, membranöse Stenosen der V. cava
  - Tumorkompression und Kavathrombose

Wenn die portalen Äste und die Lebervenen durchgängig sind, sollte gezielt nach intrahepatischen Gründen der portalen Hypertonie gesucht werden (Tab. 11.**3**). Die Ursachen können intrahepatisch-präsinusoidal oder sinusoidal liegen und umfassen arterioportale Fisteln, toxische und medikamentöse Schäden, Granulome und myeloproliferative Erkrankungen, die kongenitale Leberfibrose, chronisch aktive Hepatitiden, die Leberzirrhose sowie nichtzirrhotische Knoten beim Felty-Syndrom, der nodulären regenerativen Hyperplasie und seltenere Entitäten wie der partiell nodulären Tansformation (40).

Beim Umbau der Leber sind die Gefäße zunächst indirekt betroffen. Frühestes Zeichen sind im Grauwertbild erkennbare Veränderungen an den Lebervenen. Sie sind vermindert gefüllt und unscharf abgrenzbar. Abweichungen vom gradlinigen Verlauf korrelieren mit dem Ausmaß der Fibrose. Bei weiterem Umbau wird die Gewebetextur inhomogen, die Leberoberfläche unruhig und höckrig mit zum Teil dichtem, diskontinuierlichem Kapselreflex.

Mit zunehmender portaler Hypertension zeigt sich die V. portae prall gefüllt, die durchschnittliche Strömungsgeschwindigkeit nimmt ab (39, 50). Respiratorische Kaliberschwankungen sind nicht mehr zu erkennen. Spektren aus der V. portae zeigen entweder noch einen antegraden Fluß, einen Pendelfluß oder ab 30 mm Hg einen retrograd gerichteten Fluß. Die Analyse des Flusses in den Lebervenen zeigt bei einer Leberzirrhose einen Verlust des physiologischen triphasischen Flußmusters (Abb. 11.**8a, b**). Zunächst verliert sich die Rückflußkomponente, dann wird das Spektrum bandförmig (7). Diese Veränderungen lassen sich auch in der FKDS erkennen und sollen mit der Child-Pugh Klassifikation zur Schwere der Lebererkrankung korrelieren (40). Während die Diagnose eines Umbaus der Leber zumeist aus dem B-Bild möglich ist, ist der zusätzliche Einsatz der FKDS hilfreich, das Ausmaß der portalen Hypertension im Verlauf sowie mögliche Komplikationen wie Thrombosen der V. portae frühzeitig zu erfassen.

Häufigste Ursache der prähepatisch bedingten portalen Hypertension ist der primär oder sekundär thrombotische Verschluß von V. portae bzw. V. lienalis und V. mesenterica superior. Auslöser sind toxische Endothelschäden, Flußverlangsamung bei Leberzirrhose und Tumoreinbruch, Enzündungen wie Abszesse, Cholangitiden, eitrige Lymphadenits, entzündliche Darmerkrankungen, Pankreatis und Infektionen der Nabelschnur sowie die unter 11.4.1 beschriebenen Risikofaktoren. Die Spannweite der klinischen Beschwerden ist breit. Sie reicht von unspezifischen Bauchschmerzen mit Fieber und Leukozytose bis zum akutem Abdomen. Der akute komplette Verschluß kann lebensbedrohlich sein, bei langsamer Verlegung entwickeln sich schnell und ausreichend Kollateralen.

Charakteristisches sonographische Zeichen der Thrombosen der V. portae sowie – bei der segmentalen portalen Hypertonie – der V. lienalis und der V. mesenterica superior sind der Nachweis von anfänglich echoarmen oder inhomogenen Thrombusmassen mit Dilatation des befallenen Gefäßabschnitts (Abb. 11.**18a, b**), mangelnde Kompressibilität und fehlenden respiratorischen Kaliberschwankungen. Die FKDS beweist die Thrombose durch fehlenden Fluß und ermöglicht den Nachweis von wandständigen noch frei durchströmten Arealen. Im weiteren Verlauf nimmt das Volumen des Thrombusmaterials ab, es wird echodicht, die Abgrenzbarkeit zum Lebergewebe kann schwierig werden (Abb. 11.**18a, b**). Unter Therapie kann der Thrombus rekanalisieren oder sich komplett auflösen. Wandständige Reste sind noch für längere Zeit erkennbar und führen je nach Ausmaß der noch vorhandenen Verlegung zu lokalen Turbulenzen (Abb. 11.**19** und 11.**20 a–c**).

Neben den oben beschriebenen sonographischen Kriterien mit Aufweitung und fehlender Kompressibilität der V. mesenterica superior findet man bei der isolierten Thrombose stromaufwärts dilatierte Seitenäste, stromabwärts ein diskrepant schmales Kaliber der V. portae sowie je nach Stadium der Erkrankung Kokkarden durch ödematöse Darmschlingen (46). In der FKDS läßt sich die Thrombose beweisen und nichtinvasiv im Verlauf kontrollieren. Typisch ist bei der frischen Thrombose das weite Gefäß mit fehlendem Fluß. Im Vergleich zur Angiographie ermög-

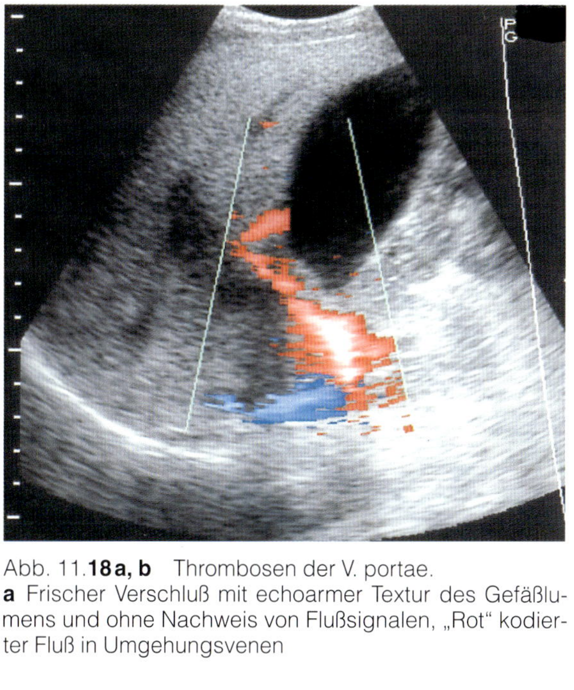
a

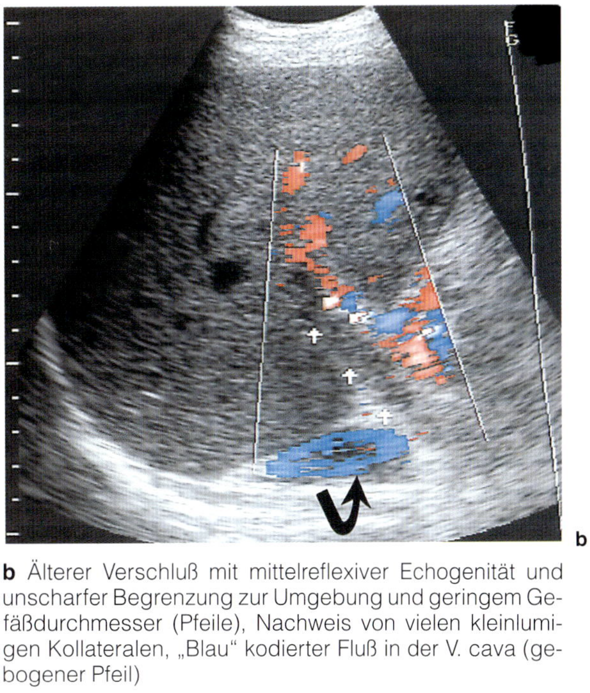
b

Abb. 11.**18a, b** Thrombosen der V. portae.
a Frischer Verschluß mit echoarmer Textur des Gefäßlumens und ohne Nachweis von Flußsignalen, „Rot" kodierter Fluß in Umgehungsvenen
b Älterer Verschluß mit mittelreflexiver Echogenität und unscharfer Begrenzung zur Umgebung und geringem Gefäßdurchmesser (Pfeile), Nachweis von vielen kleinlumigen Kollateralen, „Blau" kodierter Fluß in der V. cava (gebogener Pfeil)

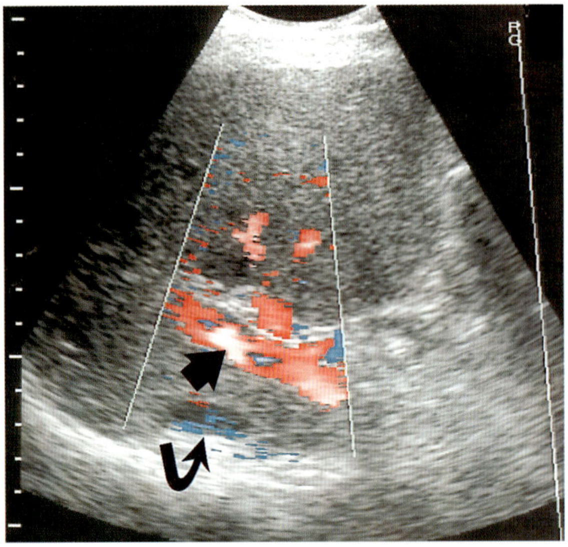

Abb. 11.**19** Rekanalisierte V. portae: Freie Durchgängigkeit des Lumens. Wandständige kleinere Restthromben, die zu Tubulenzen und lokalisierter Flußbeschleunigung (Pfeil) führen, dorsal Anschnitt der V. cava (gebogener Pfeil) mit nur wenigen „blauen" Flußsignalen (bedingt durch die Schallkopfposition)

licht die FKDS den Nachweis umspülter Thromben sowie die genaue Analyse der Umgehungskreisläufe (Abb. 11.**21 a–c**).

Die kavernöse Transformation der V. portae ist Folge des Umbaus einer thrombosierten V. portae mit partielle Rekanalisation und Ausbildung von Kollateralen. Es entsteht ein Konglomerat von wurmartigen Strukturen, das den Verschluß zu überbrücken versucht (Abb. 11.**20**). Die V. portae selbst ist nicht mehr darstellbar.

Sicherster Beweis für eine portale Hypertension ist der Nachweis von Kollateralen. Das Muster bzw. die Verteilung der Kollateralen ist abhängig vom Ort des Verschlusses. Sie können unterschiedlich stark ausgebildet sein und unter Umständen das gesamte portalvenöse Blut ableiten. Ihr Verlauf sollte systematisch analysiert werden um Richtung und Ausmaß des Shuntvolumens abzuschätzen (Abb. 11.**22 a–c**): Der sonographische Nachweis der erweiterten *Paraumbilikalvenen* im Lig. falciforme gilt als sensitivster Hinweis für eine portale Hypertension. Sie drainieren Blut vom linken Pfortaderast durch das Lig. falciforme nach kaudal und anastomosierten über die Vv. epigastricae mit der V. iliaca externa.

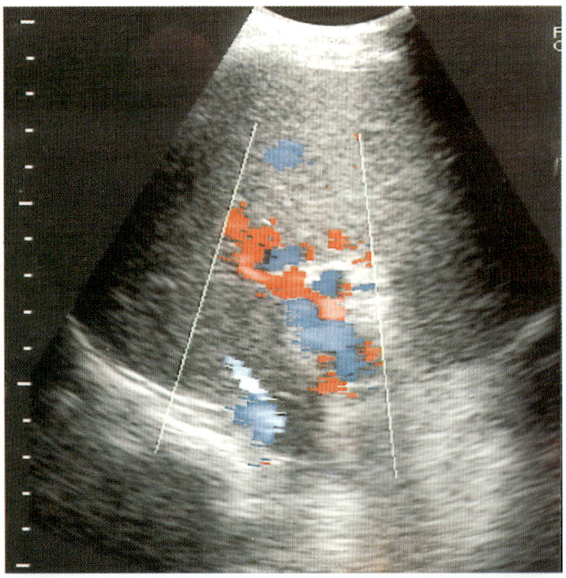

a

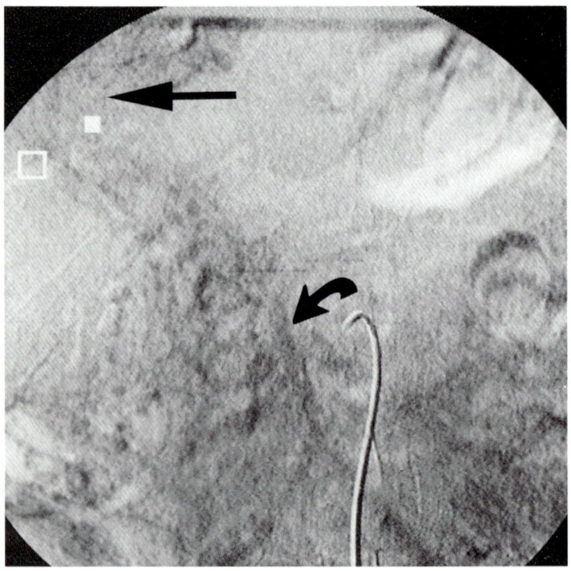

b

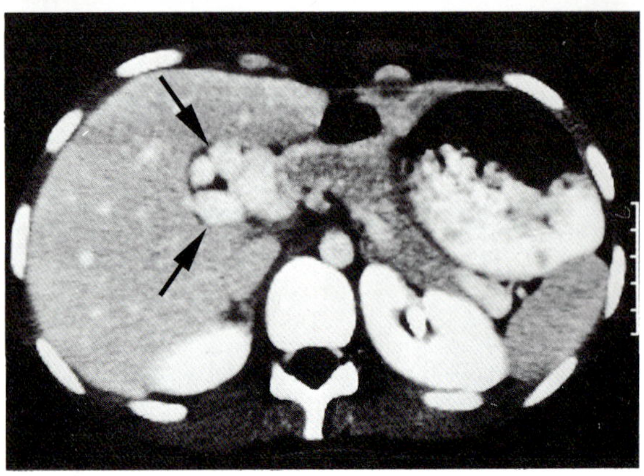

c

Abb. 11.**20a–c** Kavernöse Transformation der V. portae:
a FKDS: Im Leberhilus multiple geschlängelt verlaufende Gefäße ohne Nachweis der V. portae
b Angiogramm (DSA): Nach selektiver Kontrastmittelinjektion in die A. mesenterica superior Darstellung der dünnlumigen V. mesenterica superior (gebogener Pfeil) und multipler diffus verteilter und zum Teil zum Leberhilus (Pfeil) ziehender Venen
c CT: Am Leberhilus mehrere geschlängelt verlaufende Venen mit Anhebung der Dichte nach Kontrastmittelgabe (Pfeile)

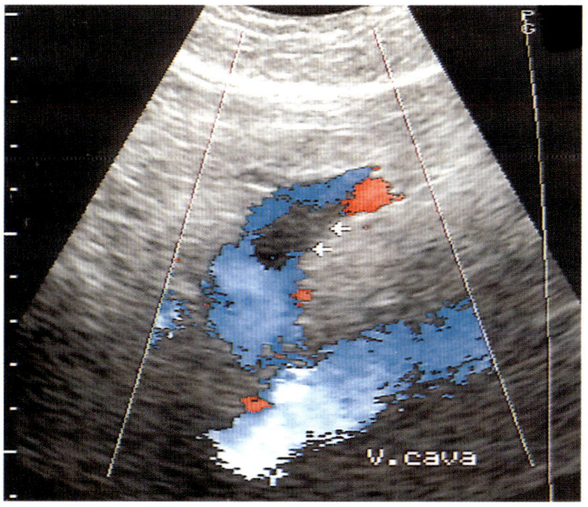

a

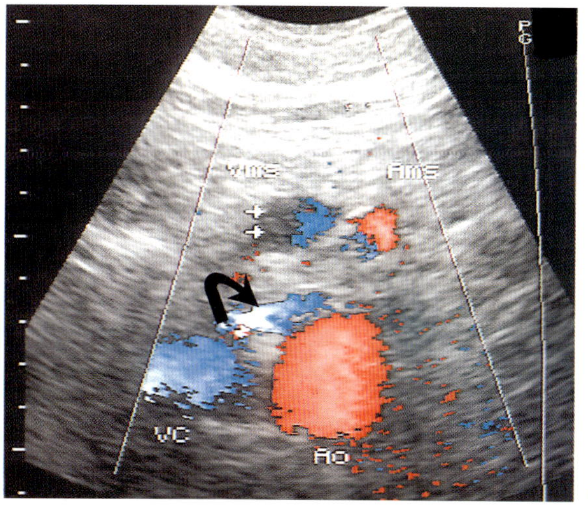

b

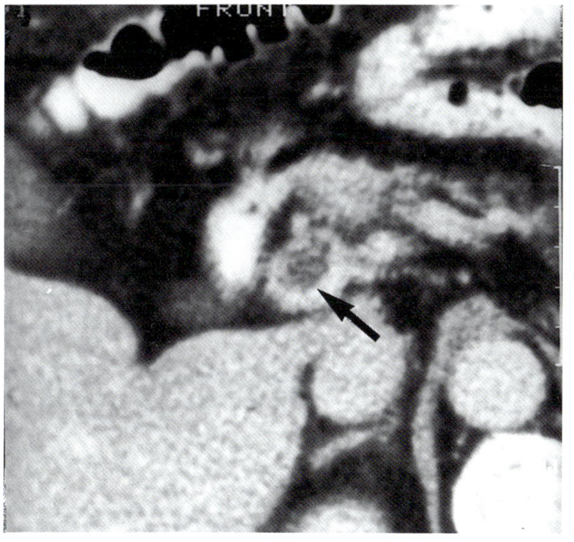

c

Abb. 11.**21 a–c** Isolierte das Lumen teilweise verschließende Thrombose der V. mesenterica superior:
a Längsschnitt durch die V. mesenterica superior mit V. cava und Konfluenz, der Thrombus (Pfeile) ist blutumspült und haftet der dorsalen Gefäßwand an
b Querschnitt mit V. cava inferior (VC), Aorta (Ao), V. renalis sinistra (gebogener Pfeil) und A. mesenterica superior (Ams): Der Thrombus (Pfeile) ist in dieser Höhe linkslateral blutumspült
c CT nach intravenöser Kontrastmittelgabe: Im Lumen der V. mesenterica superior durch den Thrombus (Pfeil) verursachte Aussparung

Die V. coronaria sowie die Vv. gastricae breves führen Blut nach kranial zum Ösophagus. Sie verbinden Magen, den venösen Plexus des Ösophagus und die paraösophagealen Gefäße mit der V. portae. Ihr Nachweis ist Beweis für eine portale Hypertension. Ein Lumen der V. coronaria ventriculi von mehr als 6 mm ist Zeichen dafür, daß mit Ösophagus- und Fundusvarizen zu rechnen ist. Gastrale Varizenknäuel sind in der FKDS einfach zu erkennen (Abb. 11.**22 a–c**). Eine Differenzierung zwischen paraösophagealen Venen, die nicht bluten und Ösophagusvarizen ist mit der FKDS jedoch nicht möglich.

Weitere, sehr effektive Kollateralen sind gastrorenale und splenorenale Anastomosen, die sich als Gefäßkonvolute am Milzhilus, am kaudalen Milzpol sowie zur linken Niere hin darstellen lassen (Abb. 11.**22 a–c**). Die pankreatikoduodenalen Venen drainieren Kolon, Duodenum und Pankreas und stehen mit der V. cava inferior in Verbindung. Zusammen mit den peripankreatischen Venen, die die V. lienalis, V. portae und V. mesenterica superior miteinander verbinden, können sie eine partielle Thrombose der V. mesenterica superior überbrücken.

Beim isolierten Veschluß der V. lienalis erfolgt die Kollateralisation über drei Kanäle: Der erste Weg läuft über die Vv. gastroepiploica entlang der großen Kurvatur des Magens zur V. mesenterica superior. Sie sind sonographisch oft nicht darstellbar. Wesentlich effektiver ist die Verbindung über die Vv. gastricae breves und den Venenplexus des Magens zur V. coronaria ventriculi, die das Blut weiter zur V. portae shuntet. Wenn ihre Mündung jedoch tangiert ist, entstehen Ösophagusvarizen.

Neben den großen, präformierten Kollateralen führt die allgemeine Druckerhöhung beim Verschluß der V. portae zusätzlich zur Hypertrophie präexistierender kleiner Venen, die das Lymph- und Gallenwegssystem umgeben. Sie werden als feines Netzwerk sichtbar (Abb. 11.**18 a, b**). Ihr hepatopetaler Abfluß erfolgt zum Teil über varikös erweiterte Gefäße der Gallenblasenwand (Abb. 11.**22 a–c**) und das Gallenblasenbett in die intrahepatischen Pfortaderäste.

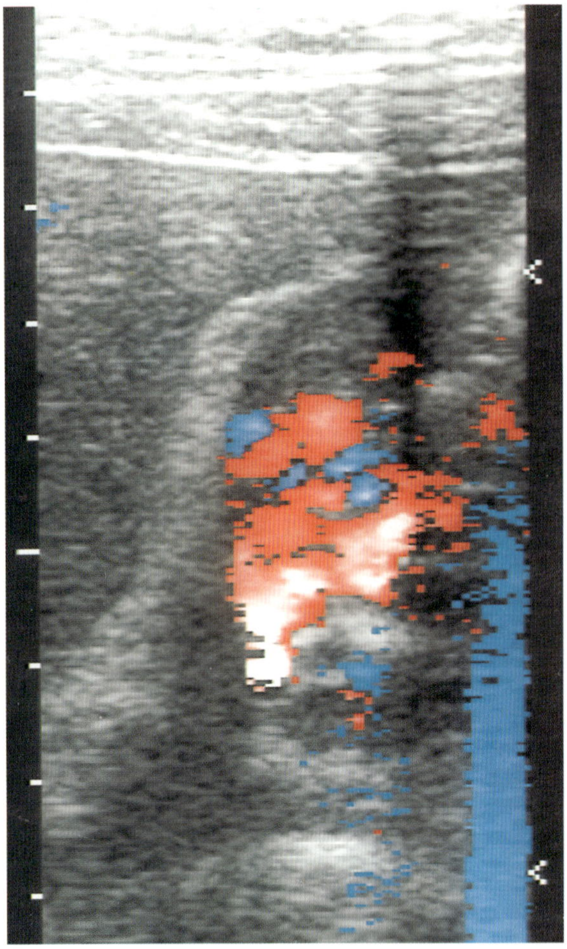

a

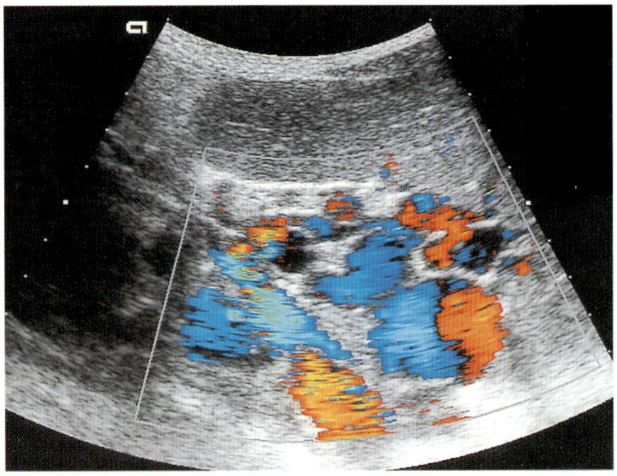

b

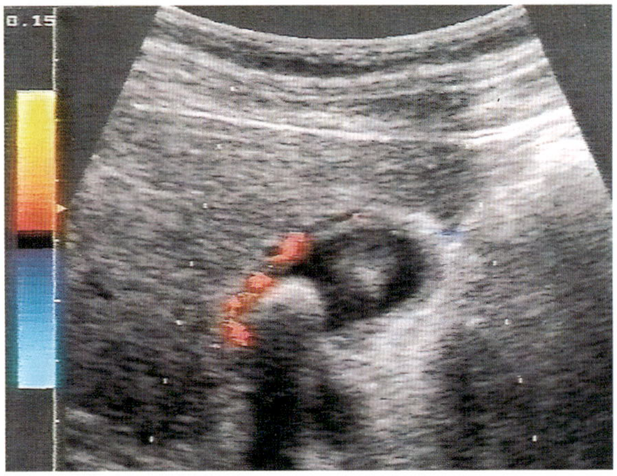

c

Abb. 11.**22a–c** Umgehungsvenen bei portaler Hypertension in der FKDS:
a Magenwandvarizen bei kavernöser Transformation der V. portae (vgl. Abb. 11.**19**)
b Multiple geschlängelt verlaufende und sehr großlumige Kollateralen im Milzhilus
c Erweiterte Venen in der kranialen Gallenblasenwand, Nebenbefund: Gallenblasenstein mit dorsaler Schallauslöschung

Diese Kollateralen sind in der FKDS nachzuweisen und von anderen Veränderungen, die mit einer Gallenblasenwandverdickung einhergehen, zu unterscheiden (23, 34, 48).

11.4.4 Diagnostik von fokalen Leberläsionen

Die Erfassung von fokalen Leberläsionen und ihr präoperatives Staging sind seit über 15 Jahren eine der Domänen des Ultraschalls. Ihre Sensitivität hängt ab von der Sonomorphologie der Läsion: Echodichte oder zystische Raumforderungen, die sich gut vom übrigen Lebergewebe absetzen, sind ab 3 – 5 mm Größe erkennbar, inhomogen echoarme oder echoäquivalente Tumore wie z. B. die fokal noduläre Hyperplasie (FNH) können im Einzelfall jedoch dem Nachweis entgehen. Einziger Hinweis sind oft nur abgedrängte, bogig verlagerte Gefäße. Mit Hilfe der Sonomorphologie ist eine Aussage zur Dignität meist nicht möglich und die Frage der Gefäßmitbeteiligung oft nicht zu beantworten.

Mit Hilfe der FKDS kann die Perfusion fokaler Leberläsionen erfaßt werden. Da die den Tumor versorgenden Gefäße in der Regel zu klein sind, um im Grauwertbild abgegrenzt werden zu können, ist nur eine qualitative Beurteilung im Vergleich zum umliegenden normalen Lebergewebe über die Farbkodierung möglich. Außerdem gestattet die FKDS die Darstellung der Kompression oder Infiltration der größeren intrahepatischen Gefäße (Abb. 11.**23**, 11.**24a, b**). Inwieweit eine Beurteilung der Dignität von Lebertumoren mit Hilfe der Kenntnis der Vaskularisation möglich ist, wird kontrovers diskutiert. Einige Autoren berichten über typische Perfusionsmuster bei hepatozellulären Karzinomen. Auch die Durchblutung von Hämangiomen ist umstritten. Es finden sich Berichte über eine immer vorliegende vermehrte Vaskularisation, im Gegensatz dazu jedoch auch Arbeiten, die erst ab einer bestimmten Größe in Hämangiomen eine Durchblutung nachweisen können. Dies stimmt mit der von der Computertomographie bekannten sehr langsamen Perfusion von Leberhämangiomen überein. In größeren Studien und nach eigenen Erfahrungen ist der Überlappungsbereich zwischen benignen und malignen Herden so groß, daß eine sichere Differentialdiagnose nicht möglich ist (Abb. 11.**25 a–c**) (5, 17, 29, 33, 44). Auch eine Frequenzanalyse aus den Tumorgefäßen trägt nicht zur Dignitätsbeurteilung bei. Hilfreich ist die FKDS zur Identifikation von hypervaskularisierten Tumoren. So können aufgrund der vermehrten Durchblutung Herde erkannt werden, die sich vorher dem sonographischen Nachweis entzogen hatten.

Weitere Beobachtungen, die klinische Relevanz gewinnen können, sind, daß das Ausmaß der Vaskularisation von Lymphomen unter erfolgreicher Chemotherapie abnimmt und sich die Tumorrestdurchblutung nach einer Embolisationsbehandlung nichtinvasiv kontrollieren läßt. Außerdem scheinen hypervaskularisierte Metastasen auf eine lokoregionäre Chemotherapie besser anzusprechen.

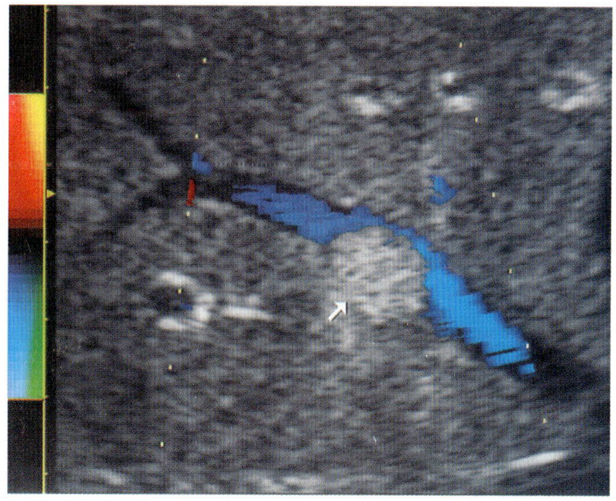

Abb. 11.**23** Lebertumor mit Kompression der V. hepatica dextra: Im Vergleich zum umliegenden Lebergewebe etwas echoreichere homogene nicht scharf abgrenzbare Raumforderung (Pfeil), die das Lumen der Lebervene einengt

a

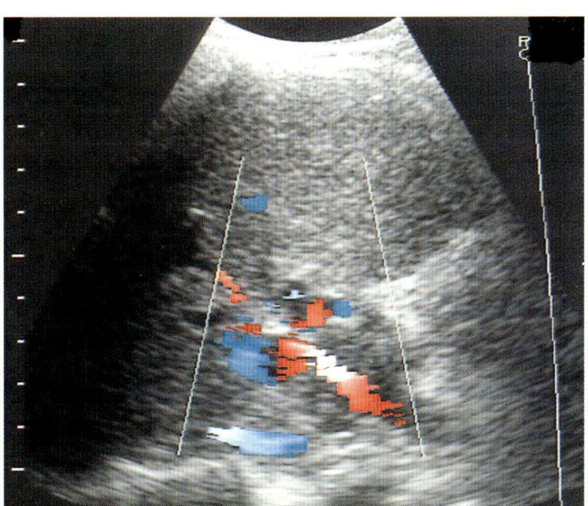

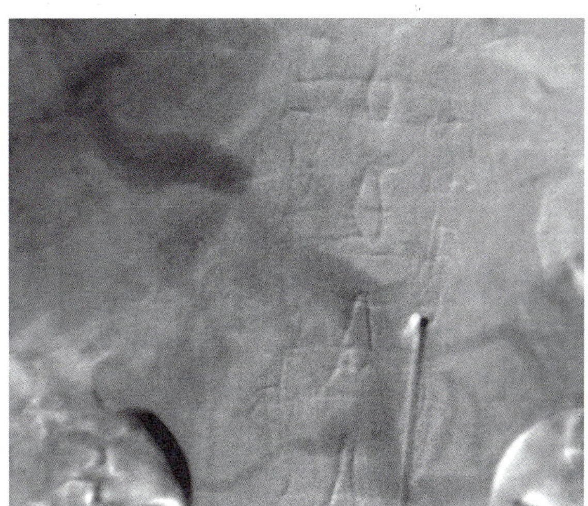

b

Abb. 11.**24a, b** Tumorbedingte Stenose der V. portae:
a Schnitt durch den Leberhilus. Die V. portae ist über einer Länge von 1 cm hochgradig durch einen inhomogen, vom Muster nahezu leberäquivalenten Tumor (Pfeile) eingeengt, durch die Stenose bedingte Flußbeschleunigung (Farbkodierung fast „Weiß")
b Korrespondierendes Angiogramm (DSA) mit Abdrängung und hochgradiger Stenose der V. portae

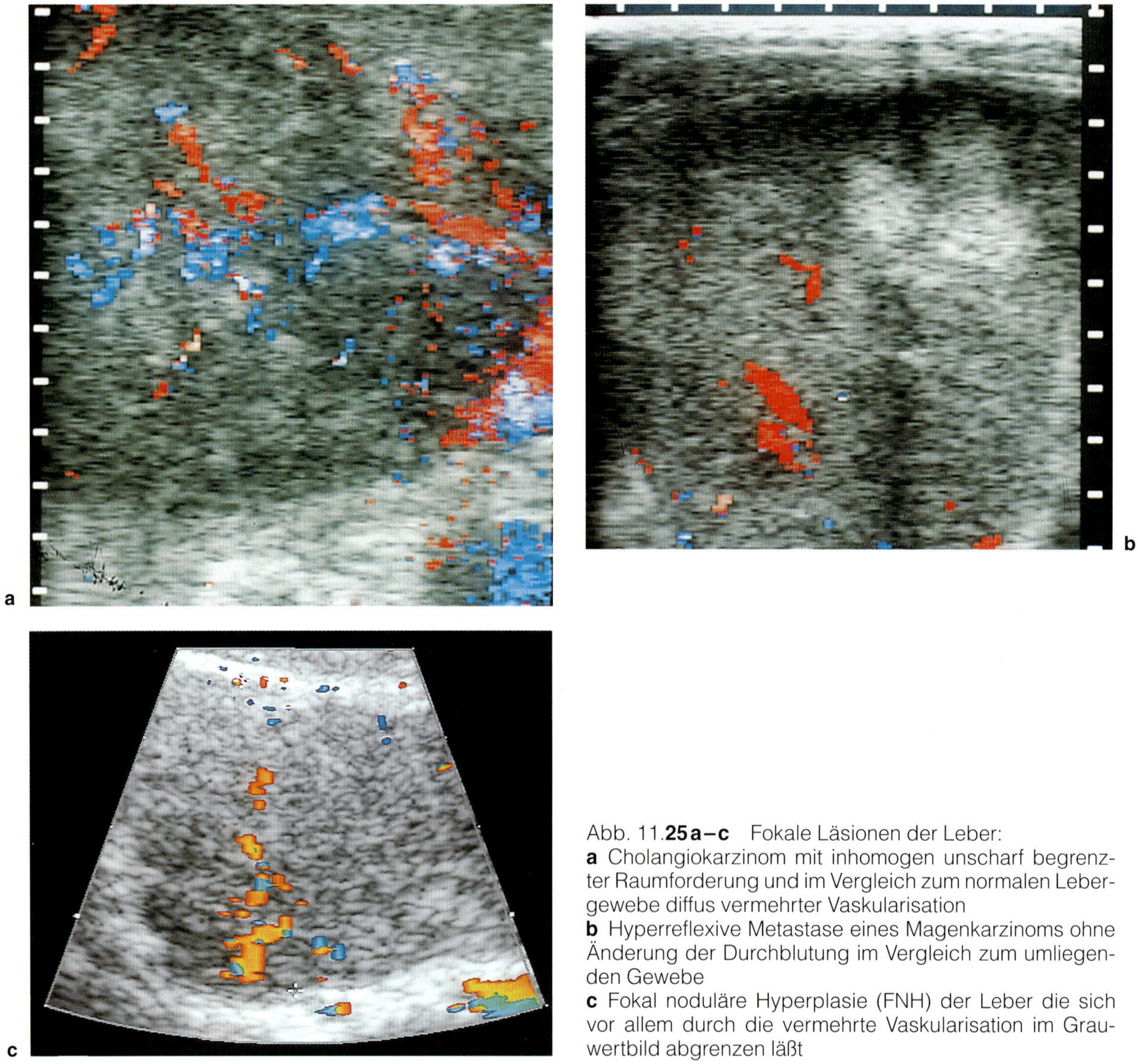

Abb. 11.**25a–c** Fokale Läsionen der Leber:
a Cholangiokarzinom mit inhomogen unscharf begrenzter Raumforderung und im Vergleich zum normalen Lebergewebe diffus vermehrter Vaskularisation
b Hyperreflexive Metastase eines Magenkarzinoms ohne Änderung der Durchblutung im Vergleich zum umliegenden Gewebe
c Fokal noduläre Hyperplasie (FNH) der Leber die sich vor allem durch die vermehrte Vaskularisation im Grauwertbild abgrenzen läßt

11.4.5 Spezielle prä- und postoperative bzw. postinterventionelle Diagnostik

Große Hilfe bietet die FKDS bei der orthotopen Lebertransplantation (36). Das portalvenöse System läßt sich prä- und postoperativ gut beurteilen. Der Nachweis eines Verschlusses der V. portae oder der A. hepatica ist anhand des Flußsignals schnell und einfach möglich.

Shuntoperationen werden durch die Verbreitung der endoskopischen Sklerosierung von Ösophagusvarizen seit 15 Jahren seltener durchgeführt. Vom Prinzip her lassen sich zwei Shunttypen unterscheiden (Abb. 11.**26 a–f**):

– *Nichtselektive Shunts* entlasten das gesamte portalvenöse System. Sie sind operationstechnisch einfacher, haben aber den Nachteil, daß sie die Restdurchblutung der Leber verschlechtern. Häufigste Shuntformen sind der portokavale Shunt, der End-zu-Seit oder Seit-zu-Seit angelegt wird, die proximale splenorenale Anastomose sowie die mesenteriko-kavale Anastomose mit Interponat.

– Der häufigste *selektive Shunt* ist der distale splenorenale Shunt (Warren). Die Milzvene wird mobilisiert und durchtrennt. Der zentrale Anteil wird verschlossen, der distale mit der linken V. renalis anastomosiert. Trotz der Drucksenkung auf der gastro-ösophagealen bzw. gastro-lienalen Achse ist die Leberdurchblutung weitgehend erhalten (35).

Indikationen für die FKDS sind die präoperative Abklärung sowie die Kontrollen nach dem Eingriff (14, 26): Vorraussetzung für die Operation sind exakte Angaben über die Durchgängigkeit von V. portae, V. mesenterica und V. lienalis. Dies kann die FKDS

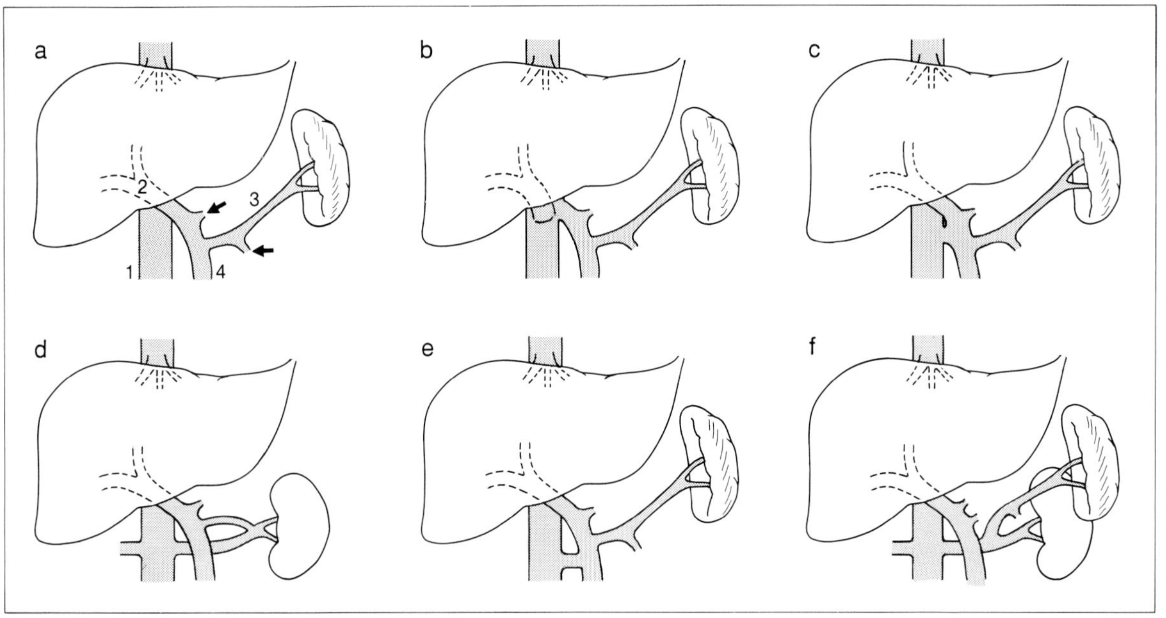

Abb. 11.**26 a–f** Schemazeichnungen der am häufigsten angewendeten Technik porto-systemischer Shunts bei portaler Hypertonie (nach Rikkers):
a Normalbefund mit V. cava inferior (1), V. portae (2), V. lienalis (3) und V. Mesenterica superior (4), von der V. mesenterica inferior und der V. coronaria ventriculi sind die Einmündungen gezeichnet (Pfeile)
b Klassischer portokavaler Shunt mit End-zu-Seit angelegter Anastomose
c Portokavaler Shunt mit Seit-zu-Seit angelegter Anastomose
d Distale splenorenale Anastomose nach Linton, die Milz wird entfernt, die Milzvene End-zu-Seit mit der linken V. renalis anastomosiert
e Mesenterikokavale Anastomose mit Interposition einer Kunststoffprothese (nach Drapanas)
f Distale (zentrale) splenorenale Anastomose nach Warren

für die V. portae, den Konfluenz und die V. mesenterica im allgemeinen problemlos bieten. Schwachstelle ist jedoch, daß die V. lienalis in Einzelfällen nicht in kompletter Länge dargestellt werden kann.

Die nichtselektiven Shuntformen sind sonographisch gut darstellbar. *Direktes Kriterium* der Durchgängigkeit ist der Flußnachweis im Shunt (Abb. 11.**27 a, b**). Er kann bei enger Shuntöffnung „jet-artig" beschleunigt sein. In der V. cava inferior findet man im Einstrombereich erhebliche Verwirbelungen. *Indirekte Zeichen* sind der plötzliche Kalibersprung der V. cava kranial der Einmündungsstelle sowie eine kardiale Modulation im anastomosennahen portalvenösen Schenkel, die als Doppelschlag im B-Bild oder im Doppler-Spektrum zu erkennen sind (vgl. 11.3.1).

Beim distalen splenorenalen Shunt findet sich in der V. lienalis ein hepatofugaler Fluß, die V. renalis ist weit und kavawärts durchblutet. Die Shuntstelle selbst ist in der FKDS oft wegen Überlagerung mit Darmgas nicht erkennbar. Eine normale Perfusion in den hilusnahen Abschnitten der V. lienalis (die immer dargestellt werden können) beweist jedoch den frei durchgängigen Shunt.

Eine weitere, erst kürzlich in der Routine eingeführte Alternative zur Therapie der portalen Hypertension ist der *transjugulär* angelegte, *intrahepatische portosystemische Shunt mit Stent (TIPSS)*: Unter Ultraschallkontrolle wird nach tranjugulärer Sondierung der V. hepatica dextra durch das Leberparenchym die Pfortader nahe dem Leberhilus punktiert und der Punktionskanal erweitert und mit einem Metallgitter („Stent") offengehalten (Abb. 11.**28**). Die Effektivität der Kurzschlußverbindung zwischen Lebervene und Pfortader zur Drucksenkung der portalen Hypertension hängt ab von der Weite des Shunts sowie von der Möglichkeit, ihn permanent offen zu halten. Mit den heute zur Verfügung stehenden Stents lassen sich auch großbogige, über 9 cm lange porto-systemische Shunts modellieren und offen halten (30, 49).

Durch den Einsatz der FKDS während der Intervention kann die Technik vereinfacht werden (30). Die Darstellbarkeit von Lebervenen und Pfortaderästen sowie der Nadelspitze ermöglicht, einen möglichst kurzen Punktionsweg zu wählen unter Vermeidung der Verletzung eines größeren Gallengangs. Nach dem Eingriff kann mit der FKDS die Durchgängigkeit des Shunts überprüft werden.

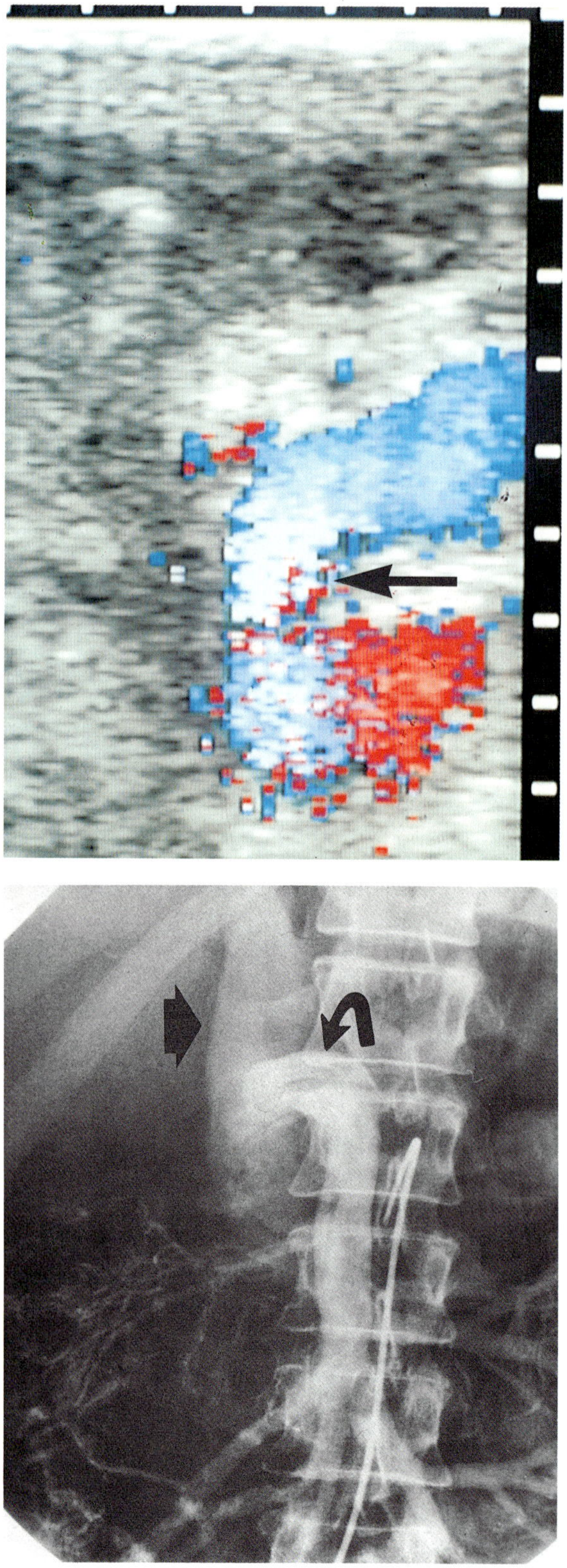

a

b

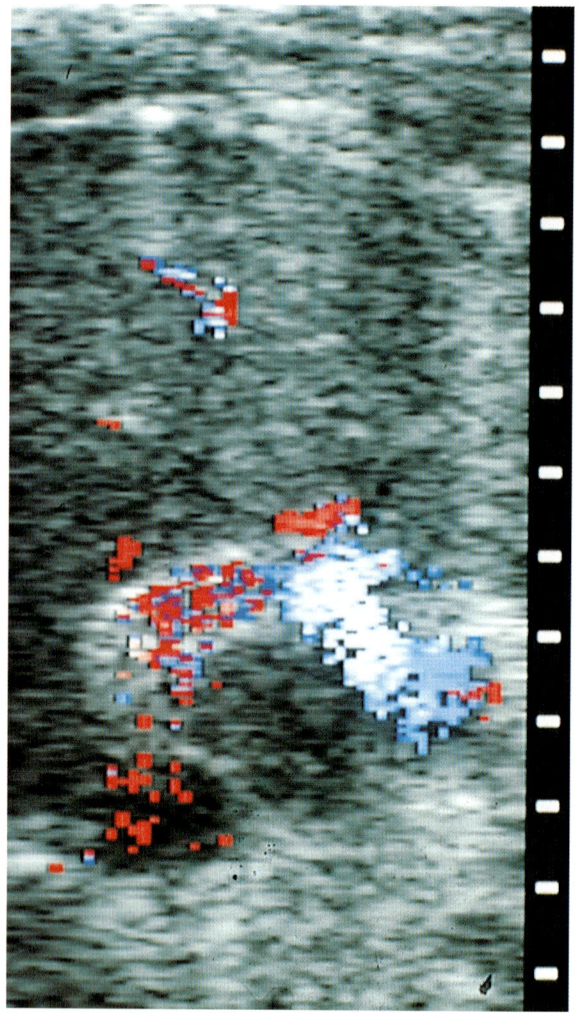

▲ Abb. 11.**28** Transjugulär angelegter, intrahepatischer portosystemischer Shunt mit Stent (TIPSS): Schnitt durch den Leberhilus, „blaue“ Kodierung in der V. portae, Mischung aus „Rot“ und „Blau“ im Stent, die Metallteile des Stents führen zu streifigen hyperreflexiven Arealen

◀ Abb. 11.**27 a, b** Portokavaler Shunt:
a FKDS: Im Querschnitt in Höhe der Anastomose (Pfeil) „Blau“ kodierter Fluß in der V. portae, durch den Einstrom des portalen Blutes Wirbelbildung in der V. cava (Mischung aus „Rot“ und „Blau“)
b Angiographie in der venösen Phase nach selektiver Sondierung der A. mesenterica superior: Das Blut aus der V. mesenterica superior (gerader Pfeil) fließt über den kurzen Stamm der V. portae (gebogener Pfeil) in die V. cava inferior (kurzer Pfeil)

11.5 Stellenwert der FKDS im Vergleich zu anderen Verfahren

11.5.1 V. cava inferior, Vv. renales und Vv. lumbales

Verfahren der ersten Wahl zur Beurteilung der V. cava inferior und ihrer Zuflüsse waren bisher Ablaufaufnahmen bei einer Beinvenenphlebographie sowie die Kavographie. Beide Methoden erfordern jedoch eine ein- oder beidseitige Punktion von Fußrückenvenen oder der Vv. femorales sowie die Gabe von Kontrastmittel. In der Übersichtskavographie lassen sich Leber- und Nierenvenen unter Pressen durch Reflux im Mündungsbereich oder als Einstromartefakt mit Aussparung im Lumen identifizieren. Eine Feinbeurteilung, insbesondere der Nachweis partieller Thrombosen oder eines Tumorzapfens in der V. renalis ist ohne selektive Sondierung nicht möglich.

Im Vergleich zur Phlebographie und Kavographie hat die FKDS für das venöse System 3 Indikationen:

1. Bei bekannter Thrombose der Becken-/Beinetage erlaubt die FKDS häufig besser und mit wenig Aufwand, die kraniale Begrenzung einer aszendierenden Thrombose zu erfassen. Eine Beurteilung der V. cava inferior ist beim Erwachsenen in über 95% der Fälle realistisch.

2. Wie an den Venen der Extremitäten ist auch im Abdomen die primäre Diagnostik von Thrombosen möglich. Die Wertigkeit ist jedoch abhängig von den Untersuchungsbedingungen und von der therapeutischen Konsequenz:
Thrombosen und Tumorthromben lassen sich in der V. cava inferior sowie in den mündungsnahen Abschnitten der Vv. renales problemlos darstellen. Nach eigenen Erfahrungen kann lediglich der Nachweis von kleinen nicht hämodynamisch wirksamen wandständigen Thromben schwierig sein.

Bei geplanter Tumornephrektomie ist die FKDS ausreichend. Soll jedoch eine Tumorenukleation erfolgen, so muß auch ein partieller Verschluß und ein Einbruch in kleinere intrarenale Gefäße erkannt werden. Hier bleibt die Kavographie mit selektiver Darstellung der Nierenvenen Methode der ersten Wahl. In der Neonatologie bzw. der Pädiatrie ist die FKDS zur Thrombosediagnostik bereits etabliert (42, s. Kapitel 9).

3. Beim Verschluß der V. cava inferior oder Anomalien kann der Nachweis von Kollateralen oder atypischen Gefäßen aufgrund des Verdünnungseffekts phlebographisch schwierig werden. Hier hat sich die FKDS bewährt. Seit ihrem routinemäßigem Einsatz nimmt die Zahl von früher als selten angesehenen Varianten deutlich zu (10, 12, 21).

Alternative bildgebende Verfahren sind die kontrastmittelgestützte Computertomographie und die Szintigraphie, die nach radioaktiver Markierung von Thrombozyten den Nachweis und die Lokalisation von gößeren Thrombosen erlaubt. Wenn beim muskulösen oder adipösen Patienten die sonographische Beurteilung der Beckenetage nicht möglich ist, ist ihr komplementärer Einsatz zur FKDS eine Alternative. Nach Kontrastmittelgabe stellen sich Thromben in der Computertomographie als Aussparung bzw. in der Szintigraphie als Anreicherung dar. Ein weiteres Verfahren ist die Kernspintomographie, die ohne Kontrastmittel Thromben nachweisen kann. Die Wertigkeit dieser Methode wird noch kontrovers diskutiert. Die Verfügbarkeit und die hohen Kosten sind limitierende Faktoren.

11.5.2 Vv. hepaticae und portalvenöses System

Nachdem noch in den frühen 60er Jahren lediglich die Szintigraphie als einziges nichtinvasives Verfahren zur Leberdiagnostik zur Verfügung stand, haben sich mittlerweile Ultraschall, CT und seit kurzem die Kernspintomographie als bildgebende Verfahren etabliert. Hauptindikationsgebiet des Ultraschalls war zunächst die Suche nach Tumoren und Gallensteinen. Seit der Einführung der Duplexsonographie bzw. der FKDS ist eine komplette Beurteilung des Lebergefäßsystems möglich geworden. Die Wertigkeit der einzelnen Verfahren hängt ab von der Indikation:

1. Für die Erfassung von Lebererkrankungen und der portalen Hypertension hat das konventionelle B-Bild die größte Bedeutung. Der Nachweis von Tumorthrombosen und -stenosen sowie frischen Thrombosen im portalvenösen System wird durch den Einsatz der FKDS jedoch erheblich vereinfacht. Der Ausschluß einer Thrombose ist in weniger als 5 Minuten möglich, die direkte und indirekte Splenoportographie sind somit weitgehend überflüssig geworden. Dasselbe gilt für die kavernöse Transformation sowie den Nachweis und die Analyse von Kollateralen.

2. Der Nachweis eines frischen Verschlusses der Lebervenen erfordert den Einsatz der Duplexsonographie bzw. der FKDS. Sie sind im Grauwertbild erst nach Organisation des Thrombusmaterials zu erkennen. Bei primär unauffälliger Leber (z. B. der pilleninduzierten Thrombose der jungen Frau) ist der Nachweis eines Budd-Chiari-Syndroms problemlos möglich. Bei vorgeschädigter Leber insbesondere bei Zirrhosen sind durch die umbaubedingte Kompression bzw. Rarefizierung der Venen falsch positive Befunde zu erwarten. Die Differentialdiagnose zur chronischen Verlaufsform des Budd-Chiari Syndroms ist hier nur durch die ergänzende Lebervenenphlebographie möglich.

3. Trotz der methodischen Probleme quantitativer Messungen ließen sich durch Flußmessungen in der V. portae pathophysiologische Änderungen der Leberdurchblutung erfassen:
Patienten mit Leberzirrhose zeigten einen signifikant geringeren Blutfluß in der V. portae, der zum Teil mit dem Schweregrad korreliert. ß-Blocker, Vasopressin und Somatostatin führten zu einer Verminderung des Pfortaderzustroms, Nahrungsaufnahme und Glukagon zu einer Zunahme (37, 39, 50). Letztere ist hilf-

reich, da ein signifikanter Unterschied zwischen Lebergesunden und Patienten mit portaler Hypertension besteht.

Hauptindikationen für die FKDS in der klinischen Routine sind zur Zeit: der Ausschluß einer Thrombose, die Verlaufskontrolle der Durchblutung und der Kollateralen bei portaler Hypertension und Shunt, die Erfassung von Varianten und Anomalien sowie die Diagnostik vor und nach Intervention bzw. Operation.

11.6 Literatur

1 Abu-Youssef, M. M.: Normal and respiratory variations of the hepatic and Portal venous Duplex Doppler waveforms with simultanous electocardiographic correlation. J. Ultrasound Med. 11 (1992) 263–268

2 Baka, J. J., A. S. Lev-Toaff, A. C. Friedman, P. D. Radecki, D. F. Caroline: Ovarian vein thrombosis with atypical presentation: role of sonography and duplex Doppler. Obstet. Gynecol. 73 (1989) 887–889

3 Baran, G. W., K. M. Frisch: Duplex Doppler evaluation of puerperal ovarian vein thrombosis. Amer. J. Roentgenol. 149 (1987) 321–322

4 Bezzi, M., D. G. Mitchell, L. Needleman, B. B. Goldberg: Iatrogenic aneurysmal portal-hepatic venous fistula. Diagnosis by color Doppler imaging. J. Ultrasound Med. 7 (1988) 457–461

5 Boerner, N., T. Clement, P. Herzog, K. F. Kreitner, H. Miltenberger, H. Schild, J. Meyer: Farbcodierte Dopplersonographie (FD-Sonographie) primaerer und sekundärer Lebertumoren. Ultraschall in Med. 11 (1990) 274–280

6 Bolognesi, R., D. Tsialtas, C. Manca: Diagnosis of an aorto-caval fistula by echo 2D color Doppler flow imaging and echocardiographic probe. Cardiology 79 (1991) 151–155

7 Bolondi, L., S. L. Bassi, S. Gaiani, G. Zironi, G. Benzi, V. Santi, L. Barbara: Liver cirrhosis: Changes in Doppler waveform of hepatic veins. Radiolgy 178 (1991) 513–516

8 Brown, B. P., M. Abu-Youssef, R. Farner, D. LaBrecque, R. Gingrich: Doppler Sonography: A noninvasive method for evaluation of hepatic venoocclusive disease. Amer. J. Roentgenol. 154 (1990) 721–724

9 Calliada, F., M. Bergonzi, C. Passamonti, R. Campani, O. Bottinelli, A. Bozzini, G. Beluffi, G. Corsi, G. B. Raimondi, F. Pollini, et al.: L'ipertensione portale di origine epatica. Valutazione qualitativa mediante color ed eco Doppler. Radiol. med. 79 (1990) 339–345

10 Cessot, F., D. Sautereau, P. Lacroix, P. Berry, A. Le Sidaner, B. Devalois, J. C. Bourras, B. Descottes, B. Pillegand: Diaphragme de la veine cave inferieure associe a un syndrome de Budd-Chiari. Apport de l'echographie et du Doppler couleur. Gastroenterol. clin. biol. 15 (1991) 548–550

11 Chermet, J., J. M. Bigot: Venography of the inferior vena cava and its branches. Springer, Heidelberg 1980

12 Chevalier, J. M., M. Jimenez, F. Sorain, A. Choussat, E. Baudet: Retour veineux pulmonaire anormal total infracardiaque. Interet de l'echocardiographie Doppler couleur. Arch. franc. Pediat. 47 (1990) 515–518

13 Chuang, V.P., C. E. Mena, P. A. Hoskins: Congenital anomalies of the inferior vena cava. Review of embryogenesis and presentation of a simplified classification. Brit. J. Radiol. 47 (1974) 206–213

14 Colletti, J. M. Halls: Color Doppler sonography of portocaval shunts. J. clin. Ultrasound 18 (1990) 379–381

15 Couinaud C.: Le foie: etudes anatomiques et chirurgicale. Masson, Paris 1957, Masson

16 Dufour, D., M. H. Delaet, M. Dassonville, S. Cadranel, N. Perlmutter: Midgut malrotation, the reliability of sonographic diagnosis. Pediatr Radiol 22 (1992) 21–23

17 Fobbe, F., M. El-Bedewi, H. Kleinau, D. Wallrabe, K.-J. Wolf: Farbkodierte Duplexsonographie von Lebertumoren – erlaubt die Blutversorgung eine Aussage zur Dignität? Radiologe 32 (1992) 207–210

18 Grant, E. G., R. Perrella, F. N. Tessler, J. Lois, R. Busuttil: Budd-Chiari syndrome: the results of duplex and color Doppler imaging. Amer. J. Roentgenol. 152 (1989) 377–381

19 Herbetko, J., A. P. Grigg, A. R. Buckley, G. L. Phillips: Venoocclusive liver disease after bone marrow transplantation: findings at duplex sonography. Amer. J. Roentgenol. 158 (1992) 1001–1005

20 Jabra, A. A., G. A. Taylor: Ultrasound diagnosis of congenital intrahepatic portosystemic venous shunt. Pediat. Radiol. 21 (1991) 529–530

21 Jimenez, M., E. Hery, N. H. van Doesburg, R. Guerin, S. Spier: Inferior vena cava stenosis in scimitar syndrome: a case report. J. Amer. Soc. Echocardiogr. 1 (1988) 152–154

22 Kadir, S.: Atlas of Normal and Variant Angiographic Anatomy. Saunders, Philadelphia 1991

23 Kainberger, F. M., K. A. Vergesslich, M. Eilenberger, S. Poeltner, W. Ponhold: Color-coded Doppler evaluation of cholecystic varices in portal hypertension. Pediat. Radiol. 21 (1990) 71–72

24 Keusch, G.: Thrombotische Komplikationen beim nephrotischen Syndrom. Schweiz. med. Wschr. 119 (1989) 1080–1085

25 Kubale, R., Vonnahme, F.-J., Broelsch, Ch., Burdelski, W.: Der kongenitale portokavale Shunt – eine seltene Variante. Ultraschall Klin. Prax. (Suppl). 1, (1987) 8

26 Lafortune, M., H. Patriquin, G. Pomier, P. M. Huet, A. Weber, P. Lavoie, P. Blanchard, G. Breton: Hemodynamic Changes after Portosystemic Shunts: Use of Duplex Sonography in 43 Patients. Amer. J. Roentgenol. 149 (1987) 701–706

27 Lafortune, M., F. Madore, H. Patriquin, G. Breton: Segmental Anatomy of the Liver: A Sonographic Approach to the Couinaud Nomenclature. Radiology 181 (1991) 443–448

28 Lalonde, L., B. Van Beers, J. P. Trigaux, M. Delos, M. Melange, J. Pringot: Focal nodular hyperplasia in association with spontaneous intrahepatic portosystemic venous shunt. Gastrointest Radiol 17 (1992) 154–156

29 Leen, E., J. A. Goldberg, J. Robertson, G. R. Sutherland, D. M. Hemingway, T. G. Cooke, C. S. McArdle: Detection of hepatic metastases using duplex/color Doppler sonography. Ann Surg 214 (1991) 599–604

30 Longo, J. M., J. I. Bilbao, H. P. Rousseau, F. G. Joffre, J. P. Vinel, L. Garcia-Villareal, B. Sangro: Color Doppler Guidance in Transjugular placement of intrahepatic portosystemic Shunt. Radiology 184 (1992) 281–283

31 Lusza, G.: Röntgenanatomie des Gefäßsystems. Budapest 1972

32 Priesching, A.: Leberresektionen. Chirurgische Anatomie, Indikationen, Technik. Urban & Schwarzenberg, München 1986

33 Ralls, P. W., M. B. Johnson, K. P. Lee, D. R. Radin, J. Halls: Color Doppler sonography in hepatocellular carcinoma. Amer. J. physiol. Imag. 6 (1991) 57–61

34 Ralls, P. W., D. S. Mayekawa, K. P. Lee, P. M. Colletti, M. B. Johnson, J. M. Halls: Gallbladder wall varices: diagnosis with color flow Doppler sonography. J. clin. Ultrasound 16 (1988) 595–598

35 Rikkers, L.: Surgical complications of cirrhosis and portal hpertension. In D.C. Sabiston (Ed.): Textbook of surgery. Saunders 1991 (1015–1029)

36 Rosh, J. R., S. B. Ritter, K. J. Benkov, C. M. Miller, A. H. Schwersenz, M. Schwartz, E. Katz, Y. McFarlane-Ferreira, N. S. LeLeiko: Endoscopic color Doppler assessment of portal and hepatic vasculature after orthotopic liver transplantation. Gastrointest. Endosc. 37 (1991) 190–191

37 Sabba, C., G. Ferraioli, P. Genecin, L. Colombato, P. Buanamico, E. Lerner, K. J. W. Taylor, R. J. Groszmann: Evaluation of postprandial hyperaemia in superior mesenteric artery and portal vein in healthy and cirrhotic humans: An Operator-blind Echo-Doppler study. Hepatology 13 (1991) 114–118

38 Satomi, G., A. Takao, K. Momma, M. Ando, K. Toyama et al.: Detection of drainage site in anomalous pulmonary venous connections by two-dimensional Doppler color flow mapping echocardiography. Heart and Vess. 2 (1986) 41–44

39 Seitz, K. H., R. Kubale: Duplexsonographie der abdominellen und retroperitonealen Gefäße. VCH, Weinheim 1988

40 Sherlock, S.: Diseases of the Liver and Biliary System. 7. Ed., Blackwell, Oxford 1985

41 Sie, A., M. B. Johnson, K. P. Lee, P. W. Ralls: Color Doppler sonography in spontaneous splenorenal portosystemic shunts. J Ultrasound Med 10 (1991) 167–169

42 Stringer, D. A., J. Krysl, D. Manson, C. Babiak, A. Daneman, P. Liu: The value of Doppler sonography in the detection of major vessel thrombosis in the neonatal abdomen. Pediat. Radiol. 21 (1990) 30–33

43 Tanaka, S., T. Kitamura, M. Fujita, H. Iishi, H. Kasugai, K. Nakanishi, S. Okuda: Intrahepatic venous and portal venous aneurysms examined by color Doppler flow imaging. J. clin. Ultrasound 20 (1992) 89–98

44 Tanaka, S., T. Kitamura, M. Fujita, K. Nakanishi, S. Okuda: Color Doppler flow imaging of liver tumors. Amer. J. Roentgenol. 154 (1990) 509–514

45 Tessler, F. N., B. J. Gehring, A. S. Gomes, R. R. Perrella, N. Ragavendra, R. W. Busuttil, E. G. Grant: Diagnosis of portal vein thrombosis: value of color Doppler imaging. Amer. J. Roentgenol. 157 (1991) 293–296

46 Tranquet, T., J. M. Bescos, B. Reparaz: Noninvasive Methods in the Diagnosis of Isolated Superio Mesenteric Vein Thrombosis: US and CT. Gastrointest. Radiol. 14 (1989) 321–325

47 Vorwerk, D., R. W. Guenther, K. Bohndorf: Erste Erfahrungen mit der Angiodynographie (farbcodierten Duplexsonographie) in der Kontrolle von Kavafiltern. Ultraschall in Med. 8 (1987) 259–262

48 West, M. S., B. S. Garra, S. C. Horii, W. S. Hayes, C. Cooper, P. M. Silverman, R. K. Zeman: Gallbladder varices: imaging findings in patients with portal hypertension. Radiology 179 (1991) 179–182

49 Zemel, G., G.J. Becker, J.W. Bancroft, J.F. Benenati, B.T. Katzen: Technical advances in transjugular intrahepatic portosystemic shunts. Radiographics 12 (1992) 615–622, 623–624

50 Zoller, W.G.: Duplex-Sonographie der Pfortader. Karger, Basel, 1991

12 Transplantatniere

F. Fobbe

12.1 Allgemeine Bemerkungen

Nierentransplantate sind insbesondere in der unmittelbaren postoperativen Phase von einer Reihe schwerwiegender Komplikationen bedroht. Dazu gehören neben dem thrombotischen Verschluß der Transplantatvene und/oder der Arterie, die akute tubuläre Nekrose, die Transplantatrejektion, die Zyklosporin-Nephrotoxizität und eine Obstruktion der ableitenden Harnwege. Eine Anurie ist oft das vorherrschende oder alleinige Zeichen der möglichen Komplikationen. Nach der akuten Phase kann sich eine Transplantatarterienstenose entwickeln. Um das vulnerable Transplantat und den Patienten möglichst wenig zu belasten, ist eine einfache und nichtinvasive diagnostische Methode zur Untersuchung der Transplantatniere notwendig. Die FKDS erfüllt im Vergleich zu anderen Methoden nahezu alle diese Erfordernisse.

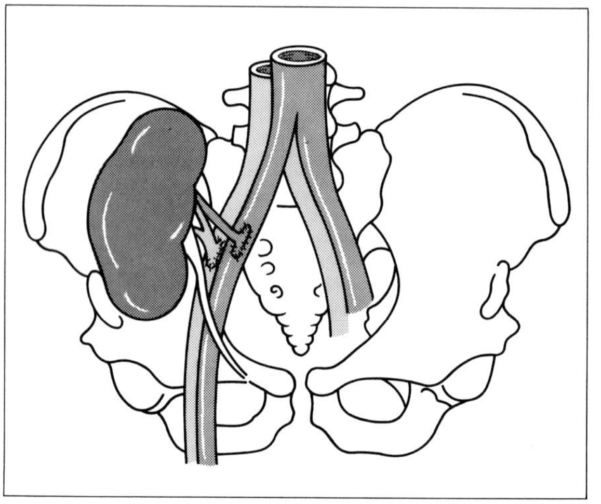

Abb. 12.**1** Schemazeichnung von Lokalisation und Gefäßanastomosen bei Nierentransplantaten

12.2 Normale Anatomie, häufige Varianten und Untersuchungstechnik, Dokumentation

12.2.1 Normale Anatomie

Das Transplantat wird retroperitoneal in die Fossa iliaca implantiert. Dorsal liegt die Niere dem M. iliacus an und ventral ist sie vom Peritoneum bedeckt. Die Nierengefäße werden End-zu-Seit mit den Vasa iliacae externae derselben Seite anastomosiert und der Ureter in die Blasenwand implantiert (Abb. 12.**1**). Wird das Transplantat von mehreren Arterien versorgt, werden entweder die kleineren Nierenarterien vor der Implantation mit der größten anastomosiert oder sie werden jeweils getrennt mit der A. iliaca externa verbunden. Liegen mehrere Transplantatnierenvenen vor, wird in der Regel nur die größte mit der V.iliaca externa verbunden, und die anderen werden verschlossen. Die End-zu-End-Verbindung der Transplantatarterie mit der A. iliaca interna wird heute in Europa nur noch in Ausnahmefällen vorgenommen.

12.2.2 Untersuchungstechnik

Die Untersuchung erfolgt im Liegen, insbesondere adipöse Patienten sollen etwa 20 Grad zur Gegenseite gedreht werden (die Weichteile verschieben sich damit vom Transplantat weg). Bei dieser Lagerung ist auch bei frisch operierten Patienten eine Darstellung der Niere über ein Schallfenster lateral von der Operationswunde möglich, und die Wunde selbst muß nicht freigelegt werden. Nach lateral durch die Haut geleitete Drainageschläuche können die Untersuchung erheblich behindern, nach Möglichkeit sollten sie deshalb bei der Transplantation nach medial geführt werden. Um mit großer Sicherheit eine durch den Schallkopf verursachte Infektion zu vermeiden, sollte nicht das übliche Ultraschallgel verwendet, sondern die Haut mit einem Desinfektionsmittel (oder einem sterilen Gel) angefeuchtet werden. Das Abdecken der Wunde mit einer sterilen Folie hat sich nicht bewährt, da immer Luft zwischen der Folie und der Haut eingeschlossen wird. Diese Lufteinschlüsse führen zu einer erheblichen Störung der Abbildungsqualität. Eine durch die Ultraschalluntersuchung verursachte Wundinfektion ist bisher nicht beschrieben worden.

Die meisten Patienten sind mit einem 5-MHz-Schallkopf (ohne Wasservorlauf) ausreichend zu untersuchen. Nur bei sehr adipösen Patienten ist ein Schallkopf mit einer niedrigeren Frequenz notwendig. Nach der üblichen Abstimmung des Grauwertbilds und der Anpassung der Farbkodierung (Frequenzverschiebungen ab 100 Hz [für 5 MHz] sollten kodiert werden) werden die Morphologie (Größe, Abgrenzbarkeit, Echogenität von Parenchym und Pyramiden, Weite des Nierenbeckenkelchsystems) und die Umgebung der Niere beurteilt. Danach wird über die Farbkodierung die Perfusion des Transplantats erfaßt. Von den großen Hilusgefäßen ausgehend werden die Bewegungssignale bis in die Peripherie verfolgt (Abb. 12.**2**). Bei gleichmäßiger Perfusion der ganzen Niere wird dann aus einer Segmentarterie eine Doppler-Messung mit Frequenzanalyse („Spektrum") angefertigt (Abb. 12.**3**). Das Meßvolumen für das Spektrum sollte – sofern einstellbar – möglichst klein gehalten werden, um Überlagerungen mit angrenzenden Gefäßen zu vermeiden. Von diesem Spektrum werden der „Pourcelot-Index" (Widerstandsindex) und eventuell der „Pulsatilitätsindex" berechnet (s. Kapitel 3). Um Fehlbestimmungen zu vermeiden, muß als Grundlage der Indexberechnung ein artefaktfreies Spektrum vorliegen. Dies ist insbesondere zur Berechnung des „Pulsatilitätsindexes" wichtig (die mittlere Frequenzverschiebung über einen Herzzyklus geht in die Berechnung ein –Artefakte führen deshalb zu einem größeren Fehler als bei der punktuellen Messung für den Pourcelot-Index). Nur bei regional unterschiedlicher Perfusion ist eine Frequenzanalyse von verschiedenen Stellen notwendig. Im Fall einer reduzierten Perfusion muß neben dem Spektrum aus einer Arterie der Fluß in einer großen zentralen Vene sowie in der distalen V. iliaca (zum Ausschluß einer Nierenvenenthrombose) untersucht werden (s. Kapitel 8).

Zur Darstellung der extrarenalen Abschnitte der Nierengefäße werden Arterie und Vene im Echtzeitbild entweder vom Nierenhilus aus verfolgt oder die distale A. iliaca externa wird aufgesucht und nach kranial bis zur Anastomose mit den Nierengefäßen dargestellt. Bei homogener Farbsättigung im gesamten Verlauf kann eine Stenose ausgeschlossen werden. Die Transplantatgefäße verlaufen insbesondere in der Nähe der Anastomose mit der A. iliaca aber oft stark geschwungen. Eine Stenose kann durch die Richtungsänderungen vorgetäuscht werden. Wird eine turbulente Blutströmung (Mischung von „Rot" und „Blau") oder eine erheblicher Erhöhung der Frequenzverschiebung (Farbkodierung fast „Weiß") nachgewiesen, ist zur genauen Beurteilung eine Frequenzanalyse mit Winkelkorrektur anzufertigen (s. Kapitel 6). Bei frisch operierten Patienten sind wegen der Operationswunde und des Weichteilödems die Gefäßanastomosen aber in der Regel nicht darstellbar.

12.2.3 Dokumentation

Die Dokumentation soll die Morphologie und die Perfusion des Transplantats festhalten. Dazu gehört ein Übersichtsbild der Niere im größten Längsdurchmesser (eventuell aus mehreren Teilbildern zusammengesetzt) und die Frequenzanalyse aus einer Arterie. Aus der Dokumentation der Frequenzanalyse sollte die Lokalisation der Meßstelle möglich sein (damit bei Verlaufskontrollen an der gleichen Stelle gemessen werden kann). Extrarenale Veränderungen (z.b. Hämatom, Urinom) müssen gesondert in zwei Ebenen erfaßt werden. Liegt eine lokale Perfusionsstörung vor, sollte eine Videoaufzeichnung erfolgen (im Standbild ist keine genaue Beurteilung der Perfusion möglich).

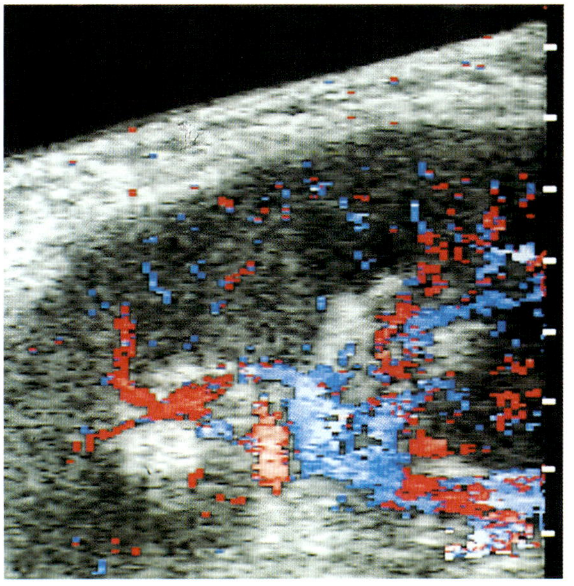

Abb. 12.**2** Normale Transplantatniere im Längsschnitt: Regelrechte Perfusion der ganzen Niere, Flußsignale können bis in der Peripherie des Parenchyms nachgewiesen werden

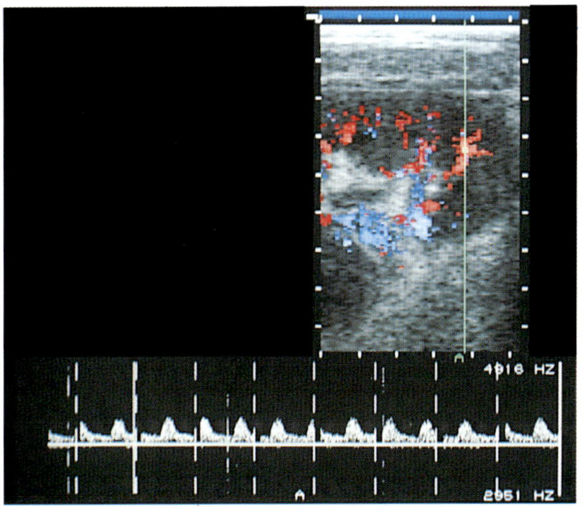

Abb. 12.**3** Normale Transplantatniere mit Frequenzanalyse: Regelrechte Form des Spektrums und antegrader diastolischer Fluß (Pourcelot = 0,7)

12.3 Normale Befunde in der FKDS

Die Transplantatniere liegt in der Fossa iliaca, im Vergleich zur orthotopen Niere ist sie in ihren Achsen etwas verdreht, sie ist jedoch glatt abzugrenzen. Postoperativ kann sich ein schmaler Flüssigkeitssaum in der unmittelbaren Umgebung des Organs finden. Das Parenchym ist homogen mittelreflexiv, die Pyramiden erscheinen oft vergrößert und echoarm (vergleichbar dem Befund bei Kindern und Jugendlichen). Auch das Nierenbeckenkelchsystem ist im Vergleich zur orthotopen Niere weiter. In der Farbkodierung findet sich eine gleichmäßige Perfusion im gesamten Organ. Wegen ihres größeren Lumens sind Bewegungssignale aus den Venen insbesondere in den proximalen Abschnitten in der Regel einfacher zu erfassen als aus den Arterien. Findet sich in bestimmten Arealen eine verminderte oder keine Perfusion so muß dieses Gebiet aus einer anderen Position oder nach Kippen des Schallkopfs erneut untersucht werden (paralleler Verlauf der Gefäße zur Schallkopfoberfläche, „Doppler-Winkel", s. Kapitel 4). Mit Hilfe der Frequenzanalyse sind Signale aus den Arterien eindeutig von denen aus Venen zu trennen. Das arterielle Spektrum zeigt einen schmalen systolischen Gipfel und einen antegraden diastolischen Fluß mit einem Pourcelot-Index von kleiner als 0,9. Der Pulsatilitätsindex soll kleiner als 1,6 sein (4,9,10,25,26,30). In den Venen findet sich ein zyklusunabhängiger Fluß, der gelegentlich durch fortgeleiteten Pulsationen einer anliegenden Arterie geringgradig moduliert ist. Bei sehr adipösen Patienten und/oder unmittelbar postoperativ (bedingt durch das Ödem bzw. Lufteinschlüsse in den Weichteilen) kann wegen der in solchen Fällen starken Absorption und Streuung der Schallwellen eventuell nur die Durchblutung in den hilusnahen Gefäßen erfaßt werden. In solchen Fällen ist die Frequenzanalyse zur Differentialdiagnose besonders wichtig.

12.4 Krankheiten mit pathologischer Anatomie und Befunde in der FKDS

Nach der Operation können eine Reihe von schwerwiegenden und die Integrität des Transplantats bedrohenden Komplikationen auftreten. Die Reihenfolge der Besprechung der einzelnen Krankheiten erfolgt nach der Bedeutung für das Transplantat, nach dem zeitlichen Auftreten nach der Operation und im Zusammenhang mit der wichtigsten Differentialdiagnose.

12.4.1 Akutes Nierenversagen / Verschluß der Transplantatarterie oder -vene

Bei einer fehlenden Funktionsaufnahme nach der Transplantation kann ein Nierenversagen infolge der perioperativen Ischämie oder eine postoperativ eingetretene unzureichende bzw. fehlende Perfusion zugrundeliegen. Die fehlende Perfusion ist in den ersten Stunden nach der Operation meist durch einen Verschluß der Transplantatarterie bedingt, ein akuter Verschluß der Vene tritt häufiger im Verlauf der ersten Tage auf (2). Im Fall des akuten Nierenversagens (bei der Transplantatniere meist durch eine akute tubuläre Nekrose = ATN bedingt) findet sich in der FKDS eine normale Perfusion des Organs mit regelrechtem Spektrum. Als Ursache für das akute Nierenversagen wird die Ischämie vor der Transplantation und/oder unzureichende Vorsorge während des Transports der Niere angegeben.

Beim akuten Verschluß der Transplantatarterie sind in der Frühphase morphologisch noch keine wesentlichen Veränderungen nachzuweisen. Die FKDS zeigt aber eine fehlende Perfusion in allen Nierenabschnitten. Im Gegensatz zur orthotopen Niere – wo bei einem akuten Verschluß der Hauptarterie eine Perfusion über Kapselarterien erfolgen kann – ist dies beim frischen Transplantat nicht möglich. Wegen der Bedeutung der Diagnose für den Patienten und um eine Fehleinstellung des Geräts bzw. einen Gerätedefekt sicher auszuschließen, sollte zur Kontrolle die Perfusion in einem regelrecht perfundierten Organ untersucht werden (z. B. in den Oberschenkelgefäßen). Als häufigste Ursache für den arteriellen Verschluß wird das Abknicken des Gefäßes in Folge einer Lageveränderung des Transplantats angegeben. Ein thrombotischer Verschluß der Transplantatvene kann ebenfalls durch Abknicken oder durch Kompression von außen (z. B. durch ein Hämatom, Urinom oder eine Lymphozele) bedingt sein. Ist die Vene vollständig verschlossen, so sind zwei Befunde möglich:

1. Wegen des fehlenden Abstroms thrombosiert auch die Nierenarterie und es läßt sich im Transplantat, genau wie bei dem primär arteriellen Gefäßverschluß, keinerlei Perfusion nachweisen.

2. Die Nierenarterie bleibt trotz des fehlenden Abstroms offen. In diesem Fall können Bewegungssignale aus der Nierenarterie und eventuell aus den proximalen Segmentarterien nachgewiesen werden. Das Spektrum zeigt hierbei eine relativ typische Veränderung: Ein sehr schmaler und spitzer systolischer Gipfel und unmittelbar nach dem systolischen Maximum ein negativer Ausschlag, der fast die gleiche Höhe wie der positive erreichen kann (Abb. 12.**4 d**). Dieser „Pendelfluß" in den großen Nierenarterien ist durch eine reflektorische Vasokonstriktion bei fehlendem Abstrom des Bluts zu erklären. Wie in einem einseitig verschlossenen elastischen Schlauch wird die Blutsäule in der Systole in den Schlauch gepresst und wieder zurückgeworfen (24). Im Echtzeitbild fällt dieser Pendelfluß durch einen schnellen Wechsel der Farben (Rot/Blau) auf. Zur genauen Beurteilung ist jedoch die Frequenzanalyse notwendig. Bei Patienten mit gut darstellbarer Hilusregion kann auch die thrombosierte Vene selbst als echoarme, bandförmige, durch Kompression nicht veränderbare Struktur dargestellt werden. Morphologisch kann das Transplantat – allerdings unspezifisch – verändert sein mit ödematöser und inhomogener Textur des Parenchyms und sehr prominenten Pyramiden.

12.4.2 Akute Abstoßungsreaktion / akutes Nierenversagen

Eine ausbleibende Funktion kann auch durch eine Abstoßungsreaktion bedingt sein. Es wird zwischen einer hyperakuten, akuten und chronischen Rejektion unterschieden. Die „hyperakute Rejektion" tritt in den ersten Stunden nach der Implantation auf. Sie soll durch zirkulierende Antikörper gegen das Transplantat ausgelöst werden (2). In Folge der verbesserten Selektion ist diese Form der Abstoßung in den letzen Jahren selten geworden. Eine „akute Rejektion" kann sich in den ersten Tagen nach der Operation entwikkeln. Histologisch kann bei dieser Gruppe noch zwischen einer vorwiegend interstitiellen und einer vorwiegend vaskulären Abstoßung unterschieden werden. Neben der immer vorhandenen eingeschränkten Nierenfunktion können Fieber, Schwäche und eine schmerzhafte Schwellung des Transplantats auftreten. Als morphologische Veränderungen werden neben der Größenzunahme eine inhomogene Echotextur des Parenchyms, sehr prominente und echoarme Pyramiden mit unscharfer Begrenzung und eine Verbreiterung der Wand des Nierenbeckens angegeben. Alle diese Veränderungen sind aber unspezifisch und können auch bei anderen Komplikationen auftreten (5,14,17). Die Perfusion des Transplantats ist bei der hyperakuten Rejektion erheblich reduziert, bei der akuten Rejektion in Abhängigkeit vom Typ der Abstoßung unterschiedlich stark beeinträchtigt.

Die Diagnose einer reduzierten Perfusion ist mit der FKDS in der Regel nur im Vergleich mit Voruntersuchungen zu stellen (individuell unterschiedlich starke Absorption und Streuung der Schallwellen, s. auch 12.3). Die reduzierte Perfusion ist durch einen erhöhten peripheren Widerstand bedingt. Ursachen des erhöhten peripheren Widerstands bei der interstitiellen Form sind das Ödem sowie die zelluläre Infiltration des Nierengewebes. Bei der vaskulären Form findet sich primär eine Verdickung der Gefäßwand. Zur besseren Differenzierung ist eine Frequenzanalyse unbedingt notwendig. Im typischen Fall zeigt das Spektrum bei einer akuten Rejektion einen reduzierten bis aufgehobenen diastolischen Fluß, in seltenen Fällen kann sich auch ein kurzzeitiger negativer diastolischer Fluß einstellen (Abb. 12.**4 b** und **c**, Abb. 12.**5**). Der Widerstandsindex (Pourcelot) ist dann größer/gleich 0,9, der Pulsatilitätsindex größer/gleich 1,6. Die Messung kann – sofern die Niere gleichmäßig perfundiert ist – am besten in einer Segmentarterie durchgeführt werden. Sofern nur ein schwaches Signal zu erhalten ist, sollte an mehreren Stellen gemessen werden und der Kurvenzug mit der höchsten Frequenzverschiebung und der besten graphischen Darstellung zur Beurteilung verwandt werden. Eine Messung in verschiedenen Arealen des Transplantats führt nur zu geringen, diagnostisch nicht relevanten Unterschieden (8,9). Die Sensitivität und Spezifität der Spektrumveränderungen für die Unterscheidung zwischen einer Rejektion und einem akuten Nierenversagen wird zwischen 60% und 80% bzw. 80% und 100% angegeben (s. 12.5).

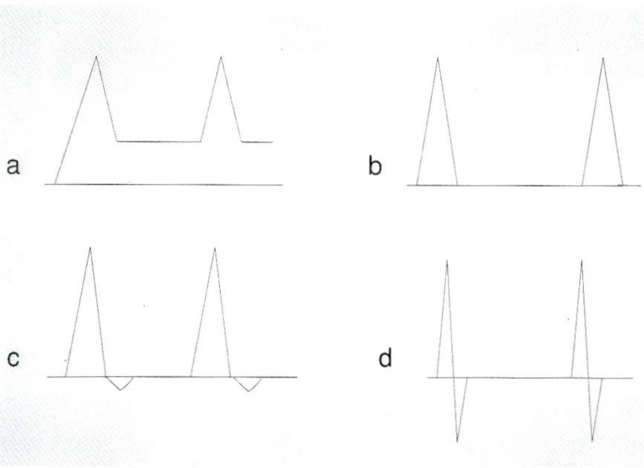

Abb. 12.**4a–d** Schemazeichnung verschiedener in der Transplantatniere vorkommender Spektren:
a Normales Spektrum mit antegradem diastolischen Fluß
b Rejektion mit schmalem systolischen Gipfel und fehlendem diastolischen Fluß
c Schwere Rejektion mit geringer kurzzeitiger frühdiastolischer Flußumkehr (negativer diastolischer Fluß)
d Pendelfluß wie bei Nierenvenenthrombose: sehr schmaler systolischer Gipfel und nahezu gleich großer ebenfalls schmaler unmittelbar aus der Systole folgender negativer Ausschlag

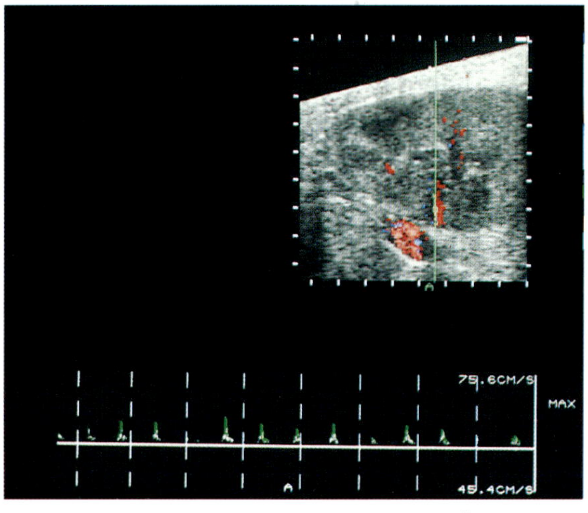

Abb. 12.**5** Transplantatniere mit Rejektion: Ödematöses Parenchym und reduzierte Perfusion, im Spektrum schmaler systolischer Gipfel und kein diastolischer Fluß

12.4.3 Nierenvenenthrombose / akute Abstoßungsreaktion

Bei einer schweren Abstoßung stellt sich nach dem klinischen Verlauf die Differentialdiagnose zu einer Nierenvenenthrombose. In beiden Fällen können ähnliche morphologische Veränderungen vorliegen. Auch die Perfusion ist jeweils erheblich reduziert. Eine Unterscheidung ist aber über die Art der Durchblutung möglich: Bei einer schweren Rejektion können im Parenchym noch – allerdings spärliche – Bewegungssignale mit fehlendem antegraden diastolischen Fluß bzw. auch mit geringen negativen diastolischen Komponenten nachgewiesen werden. Bei einer Nierenvenenthrombose finden sich – wenn überhaupt – nur Flußsignale in den großen Hilusgefäßen. Eine Perfusion im Parenchym ist nicht nachzuweisen. Zusätzlich zeigt das Spektrum die typischen Zeichen des „Pendelflusses" mit spitzem und schmalem systolischen Gipfel und hohen ebenfalls spitzem diastolischen Ausschlag (Abb. 12.**4 c** und **d**).

12.4.4 Chronische Abstoßungsreaktion

Die chronische Rejektion tritt Wochen nach der Transplantation auf. Sie kann übergangslos als Folge einer akuten Rejektion oder auch bei einem Transplantat mit zunächst regelrechter Funktion auftreten. Aus einer chronischen Rejektion kann sich auch eine akute Rejektion entwickeln.

Die Perfusion in der FKDS kann sich bei einer chronische Rejektion normal oder mäßig eingeschränkt darstellen. Auch im Spektrum sind keine spezifischen Veränderungen nachweisbar. Nach unseren Erfahrungen kann sich sogar bei dialysepflichtigen Patienten mit einem Transplantat, das seit Monaten ohne Ausscheidung ist, eine völlig normale Perfusion darstellen. Häufig ist das Organ nur etwas klein und zeigt eine erhöhte Echotextur. Der Grund hierfür kann im bindegewebigen Umbau des Parenchyms und der Ausbildung von arteriovenösen Verbindungen liegen.

12.4.5 Zyklosporin-Nephrotoxizität

Zyklosporin wird heute postoperativ in der Regel bei allen Patienten als vorbeugende Behandlung einer Rejektion eingesetzt. Das Mittel selbst ist aber nephrotoxisch und kann die Nierenfunktion beeinträchtigen. Klinische Parameter lassen die Unterscheidung zwischen einer akuten Rejektion und einer Zyklosporin-Nephrotoxizität nicht zu. Auch die Blutspiegel und/oder die Histologie erlauben oft keine eindeutige Diagnose (4,23). Spezifische morphologische Veränderungen im Ultraschall sind nicht bekannt. Wegen der schwierigen Diagnose liegen nur wenige Studien mit relativ wenigen Patienten mit gesicherter Zyklosporin-Nephrotoxizität vor. In der Mehrzahl der Fälle führte das Zyklosporin nicht zu einem Anstieg des peripheren Widerstands (4,9). Die normalen Widerstandsindizes weisen damit bei Patienten nach initial guter Funktion und Verschlechterung in den ersten Tagen auf eine Zyklosporin-Nephrotoxizität hin.

12.4.6 Extrakapsuläre und subkapsuläre Blutung

Postoperativ kann es zu extrakapsulären und subkapsulären Blutungen kommen. Die Blutung wird begünstigt durch Gerinnungsstörungen im Rahmen der Urämie bzw. durch die Antikoagulation während der Dialyse. Extrakapsuläre Blutungen können von kleinen Kapselarterien der Spenderniere, von den Anastomosen oder von unzureichend versorgten Gefäßen im Transplantatbett ausgehen.

Im Ultraschall findet sich eine die Niere ganz oder teilweise umgebende echoarme Struktur. Die Blutungsquelle wird durch den Druck des Hämatoms in der Regel verschlossen, Flußsignale sind deshalb nicht nachzuweisen. Eine subkapsuläre Blutung ist nach einer Punktion oder bei einer schweren Rejektion möglich. In Folge der schnellen Schwellung der Transplantatniere bei einer schweren akuten Rejektion kann es zu einer Ruptur des Nierengewebes und der Nierenkapsel und zu einer diffusen Blutung in die Umgebung kommen (2,3,18). Sonomorphologisch findet sich eine inhomogene, unscharf begrenzte Strukturstörung in der Niere und – bei Ruptur auch der Nierenkapsel – in der Umgebung der Niere. In ausgeprägten Fällen sind wegen der diffusen Blutung Nierenstrukturen und Umgebung nicht zu unterscheiden. Nach der initial starken Blutung kommt es im Verlauf zur Tamponade oder es persistiert nur eine Sickerblutung. Die Blutungsquelle ist mit der FKDS deshalb nicht nachzuweisen. Die Abbildungsqualität im Ultraschall ist infolge der starken Absorption und Streuung der Schallwellen reduziert – bei entsprechenden Verdacht kann zur definitiven Diagnose eine Computertomographie mit Kontrastmittel erfolgen.

12.4.7 Arteriovenöse Fisteln, Aneurysmata

Nach einer Transplantatbiopsie können als Komplikation in der Niere arteriovenöse Fisteln oder Pseudoaneurysmata entstehen. Die meisten AV-Fisteln sind klinisch stumm, sie sind im Grauwertbild nicht zu erkennen und werden erst seit dem Einsatz der FKDS zunehmend entdeckt. In schweren Fällen können sie aber zu einer Hämaturie (Verbindung mit Calices), zu Hypertension, zur Einschränkung der Transplantatfunktion („Steal-Effekt" wegen des großen Shuntvolumens) und zu einer Herzinsuffizienz führen (6, 22). In der FKDS finden sich typische Veränderungen: An der Fistel zeigt sich eine flächenhafte „nebelartige" Mischung aus roten und blauen Punkten (Abb 12.**6 a,b**). Dieser „Farbnebel" ist durch die Vibration der Gefäßwand infolge der hohen Blutflußgeschwindigkeit zu erklären. In der zuführenden Arterie ist – im Vergleich zu Gefäßen in normalen Arealen – eine erhöhte Flußgeschwindigkeit mit niedrigem peripherem Widerstand nachweisbar und das Signal in den abführenden Venen ist arterialisiert (s.auch Kapitel 6). Bei ausgeprägten Fisteln ist die Perfusion in den übrigen Nierenanteilen stark reduziert.

Pseudoaneurysmata verursachen nur Symptome, wenn sie (selten) in den perinephritischen Raum oder in das Nierenhohlsystem rupturieren. Im Grauwertbild erscheinen sie als Zysten, in der FKDS findet sich entweder eine turbulente oder eine konstante kreisende Blutbewegung (Abb. 12.**7**). In der zuführenden Arterie zeigt das Spektrum – weniger ausgeprägt als bei der AV-Fistel – eine erhöhte Geschwindigkeit und einen niedrigen peripheren Widerstand. Die Veränderungen in der FKDS sowohl bei einer AV-Fistel als auch bei einem Pseudoaneurysma sind eindeutig, eine

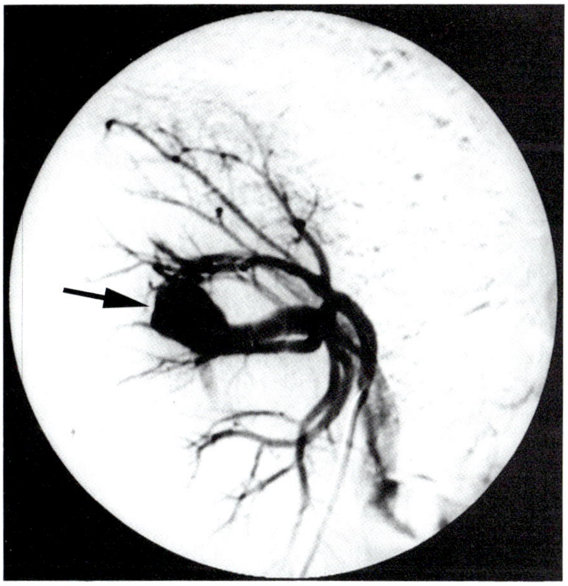

a

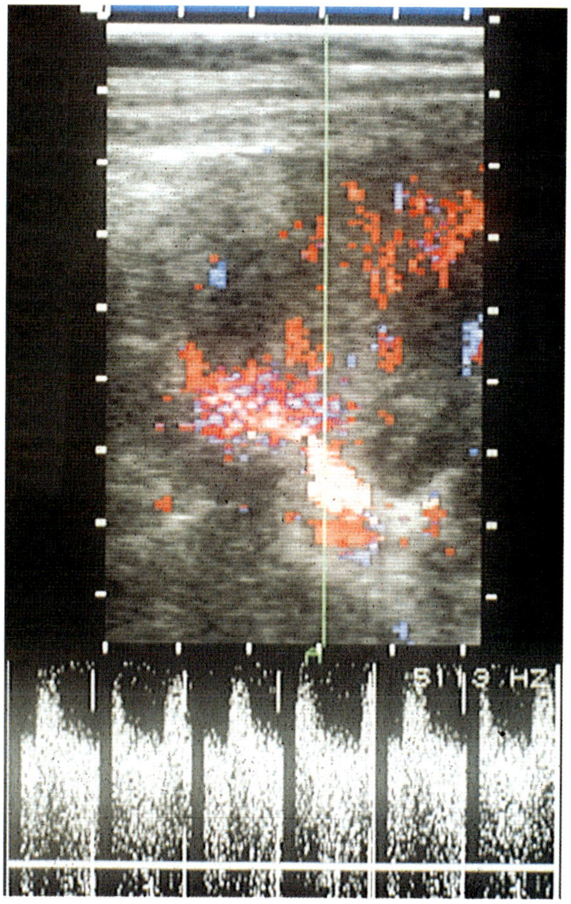

b

Abb. 12.**6a, b** AV-Fistel in der Transplantatniere in der Folge einer Punktion mit Gewebsentnahme:
a Selektive arterielle Angiographie: Sofort nach Kontrastmittelapplikation kontrastiert sich über die große AV-Fistel die Nierenvene, die Fistel hat zusätzlich eine Verbindung zu einem Nierenkelch (Pfeil)
b FKDS: Umschriebene ausgeprägte Erhöhung der Frequenzverschiebung im zuführenden arteriellen Gefäß (Farbkodierung fast „Weiß"), flächige Mischung aus „Rot" und „Blau" („Farbnebel") an der Fistel, im Spektrum (Messung in der zuführenden Arterie) hohe Geschwindigkeit und nahezu vollständige Aufhebung der zyklischen Änderung

Angiographie ist nur dann notwendig, wenn eine Therapie (Embolisation der zuführenden Arterie) notwendig wird (6,13,22,31).

12.4.8 Harnstau, Lymphozele, Urinom

Harnstau, Lymphozele und Urinom können ebenfalls zu einer Einschränkung der Nierenfunktion führen. Als Ursachen des Harnstaus sind eine Knickbildung im Ureter, der Verschluß des Ureters durch ein Blutgerinnsel oder ein Ödem an der Einleitung in die Blasenwand zu nennen. Lymphozele und Urinom können durch Druck von außen zu einem Harnstau und/oder zu einer Abflußbehinderung in den Beckenvenen und damit zu einer Schwellung des Beines führen. Ein Harnstau ist im Grauwertbild über die Erweiterung des Nierenbeckenkelchsystems einfach zu erkennen. Lymphozele und Urinom erscheinen beide als homogen echofreie extrarenale glatt begrenzte Strukturen ohne Perfusion. In ausgeprägten Fällen ist aber auch ein Harnstau nicht sicher von einer Lymphozele oder einem Urinom zu unterscheiden. Eine Differenzierung ist dann nur über eine Punktion möglich. Bei einem akut auftretenden Harnstau findet sich als Folge einer reflektorischen Vasokonstriktion eine zum Teil erhebliche Erhöhung des peripheren Widerstands

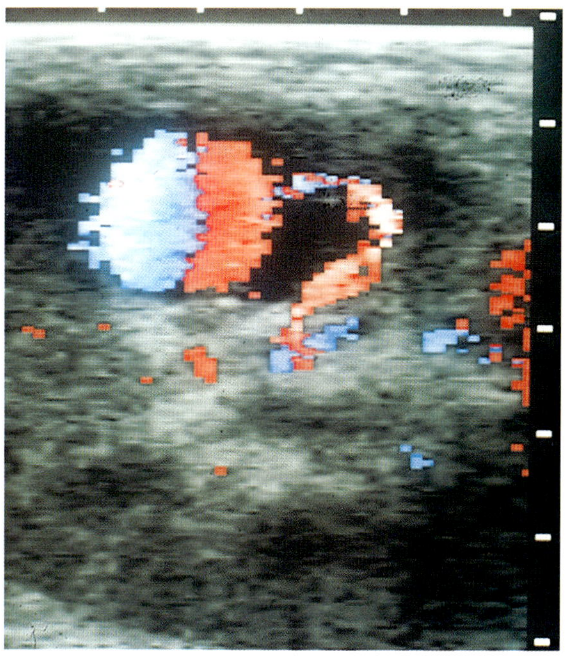

Abb. 12.**7** Falsches Aneurysma nach Punktion und Gewebsentnahme: Im Parenchym rundliche Struktur mit „kreisender" Blutbewegung (scharfe Trennlinie zwischen „Rot" und „Blau"), erhöhte Frequenzverschiebung in der zuführenden Arterie

(mit Verlust des diastolischen oder sogar negativen diastolischen Flußanteils im Spektrum). Diese Widerstandserhöhung kann mit der bei einer akuten Rejektion auftretenden verwechselt werden.

12.4.9 Transplantatarterienstenose

Nach einer Nierentransplantation entwickeln 50 – 60 % der Patienten eine Hypertonie. Der Anteil der Patienten, bei denen eine Nierenarterienstenose hierfür ursächlich ist, ist nicht genau bekannt. Bei Patienten mit schwer einstellbarem Blutdruck soll der Anteil bei 30 % liegen (3,18,27). Bei den meisten Patienten entwickelt sich die Nierenarterienstenose in den ersten drei Jahren nach der Transplantation. In der Mehrzahl der Fälle liegt die Stenose nahe der Anastomose (27). Nach dem Abschluß der Wundheilung ist die Tranplantatarterie bis zur Anastomose mit der A. iliaca externa mit der FKDS gut einsehbar. Die Beurteilung erfolgt nach den gleichen Kriterien wie bei den orthotopen Nieren (laminarer/turbulenter Fluß, Verhältnis der maximalen Frequenzverschiebung vor und in der Stenose, Aufhebung der zyklischen Veränderungen im Spektrum, s. Kapitel 9). Da die Stenosen meist unmittelbar an der Anastomose liegen und die Nierenarterie nach der Anastomose in einem Bogen von mindestens 90 Grad verläuft, ist nur die Diagnose einer hämodynamisch relevanten Stenose, nicht aber eine genaue Quantifizierung möglich (6,13,21).

12.5 Stellenwert der FKDS im Vergleich zu anderen Verfahren

Eine Nierentransplantation erfordert einen großen organisatorischen und technischen Aufwand und ist für den Empfänger eine einschneidende Veränderung. Entsprechend sorgfältig muß auch die postoperative Nachsorge erfolgen. Dazu gehört auch die Wahl der Methode, die mit dem geringsten Aufwand und, ohne den Patienten und das Transplantat zu schädigen, mögliche Komplikationen erfassen kann. Für den Nachweis eines Harnstaus, einer Lymphozele oder eines Urinoms ist der Grauwert-Ultraschall ohne Zweifel die Methode der Wahl.

Zum Ausschluß eines Verschlusses der Nierenarterie oder Vene stehen die Szintigraphie, die Angiographie und die FKDS zu Verfügung. Szintigraphie und Angiographie sind sehr aufwendig. Die Angiographie erfordert einen arteriellen Zugang, und die Verwendung von Kontrastmittel kann das Transplantat möglicherweise zusätzlich schädigen. Die Szintigraphie kann nicht sicher zwischen einer schweren Rejektion und einem Gefäßverschluß unterscheiden. Die FKDS ist dagegen auch am Krankenbett in wenigen Minuten durchzuführen. Die Erfahrungen der letzten Jahre haben gezeigt, daß mit der FKDS die Frage nach der Perfusion des Transplantats sicher beantwortet werden kann. Wenn sonographisch eine Durchblutung der Niere nicht nachzuweisen ist, muß – bei entsprechender Klinik – sofort die Operation erfolgen (6,10). Nur wenn Zweifel an der schwerwiegenden Diagnose bestehen – z. B. Untersucher mit geringer Erfahrung oder ungünstige Untersuchungsbedingungen (z. B. Patient mit ausgeprägter Adipositas) – sollte, vor allem in der unmittelbaren postoperativen Phase, zusätzlich eine Angiographie erfolgen.

Sind Harnabflußstörung und fehlende Perfusion als mögliche Ursachen für ein Transplantatversagen ausgeschlossen, bleiben noch das akute Nierenversagen, die Rejektion und die Zyklosporin-Nephrotoxizität zu unterscheiden. Neben der FKDS sind eine Szintigraphie, eine Kernspintomographie oder eine Spektroskopie möglich. Mit der Szintigraphie ist eine Unterscheidung zwischen einem akutem Nierenversagen und einer Rejektion mit einer Sensitivität zwischen 70 und 80 % möglich (16,28). Die Differenzierung zu einer Zyklosporin-Nephrotoxizität gelingt mit dieser Methode aber nicht. In der Kernspintomographie soll der Grad der kortikomedullären Abgrenzung Hinweise auf eine Rejektion geben. In älteren Veröffentlichungen wurde von einer Treffsicherheit von bis zu 98 % (16) berichtet. Mit der Verbesserung der Bildqualität zeigte es sich aber, daß sich die kortikomedulläre Abgrenzung im Transplantat in Abhängigkeit von der Aufnahmetechnik unterschiedlich darstellt. Eine sichere Diagnose einer Rejektion ist deshalb nicht möglich (20). Die Kernspin-Spektroskopie erlaubt nichtinvasiv die Erfassung von Stoffwechselparametern. Erste Untersuchungen haben gezeigt, daß es unter einer Rejektion zu einer spezifischen Verschiebung in der Verteilung einzelner Stoffwechselparameter kommt (15). Eine Reihe von technischen Problemen sind aber vor einem Einsatz dieser Methode in der Routine zu lösen. Insgesamt ist die Kernspintomographie – als bildgebendes oder spektroskopisches Verfahren – zur Zeit nicht zum Monitoring der Transplantatniere einzusetzen.

Neben der Szintigraphie wird die Duplexsonographie am längsten zur Kontrolle von Transplantatnieren eingesetzt. Der Unterschied von Duplexsonographie und FKDS liegt in der Erfassung und Darstellung der Blutbewegung: Die Duplexsonographie stellt den Blutfluß in der Form eines Kurvenzugs von einer Stelle im Grauwertbild dar, während die FKDS die Blutbewegung gleichzeitig über die ganze Bildfläche erfaßt. Die Kriterien, die zur Unterscheidung zwischen einer Rejektion und einem Nierenversagen benutzt werden, sind aber die gleichen. Durch die farbige Darstellung der Blutbewegung im Echtzeitbild kann das Meßvolumen für die Frequenzanalyse aber präziser und schneller plaziert werden. Auch für die Diagnose von segmentalen Perfusionsausfällen ist die Farbkodierung erforderlich.

Die Bewertung der Duplexsonographie bezüglich der Treffsicherheit in der Unterscheidung zwischen akutem Nierenversagen und Rejektion hat sich in den letzten Jahren geändert: Anfangs wurde die Erhöhung des peripheren Widerstands – der mit Hilfe bestimmter Quotienten aus der Frequenzanalyse reproduzierbar zu bestimmen ist – als sicheres Zeichen für eine Rejektion bewertet. Die Untersuchungen (an allerdings relativ wenigen Patienten) führten zu Angaben über die Sensitivität von bis zu 95 % (29). Mit zunehmender Erfahrung wurden diese Angaben aber relativiert (10,11,12,30). Interessant sind in diesem Zusammenhang die Beiträge von Grant u. Perrella (12) sowie Taylor u. Marks (30). Während die ersteren die Wertigkeit des Dopplerspektrums für die Diagnose einer Rejektion als sehr niedrig beurteilen, kommen Taylor u. Marks zum gegenteiligen Schluß. Unter Berücksichtigung der Klinik ist nach deren Ansicht der Ultraschall zur Differentialdiagnose einsetzbar.

Der periphere Widerstand kann nicht nur bei einer Rejektion ansteigen. Auch ein akuter Harnstau führt zu ähnlichen Veränderungen im Spektrum (7). Auch die Festlegung der Grenze zwischen normal und pathologisch ist schwer zu definieren: Unter Verwendung der Verhältniszahl nach Pourcelot kamen Rifkin et al. (25) bei einem Grenzwert von 0,5 zu einer Sensitivität von 100 % und einer Spezifität von 0 %, bei einem Grenzwert von 0,9 zu einer Sensitivität von 13 % und einer Spezifität von 100 %. Diese extremen Angaben sollen das Problem deutlich machen, sie sagen nichts über den Wert der Methode aus. Eigene prospektive Untersuchungen bei nicht selektionierten Patienten zeigten unter Verwendung des Pourcelot-Indexes (Grenze 0,9) eine Sensitivität von 56 % und eine Spezifität von 86 % (9,10) (Tab. 12.**1**). Nach unseren Erfahrungen verbessert sich die Sensitivität, wenn die klinischen Parameter zusammen mit dem Ergebnis der FKDS beurteilt werden.

Die Festlegung der Grenze auf den Wert von 0,9 ist willkürlich. Als Begründung kann man anführen, daß bei einem Pourcelot-Index von 0,9 ein geringer antegrader diastolischer Fluß vorliegt (1 = kein diastolischer Fluß, >1 = negativer diastolischer Fluß). Das Spektrum in einer normalen orthotopen Niere zeigt einen Quotienten zwischen 0,5 und 0,8. Der Wert von 0,9 demonstriert also eine deutliche Erhöhung des peripheren Widerstands. Nach der Literatur wird dieser Wert auch am häufigsten benutzt (25). Neben dem Pourcelot-Index wird zur Beurteilung der Transplantatniere auch der „Pulsatilitätsindex" benutzt. Beim Pulsatilitätsindex wird nicht nur an zwei Punkten gemessen (s. Kapitel 3), sondern es geht die Form des gesamten Kurvenzugs in die Berechnung des Quotienten ein (26). Damit sind theoretisch Veränderungen im Spektrum empfindlicher zu erfassen. Allerdings ist die Berechnung dieses Quotienten wesentlich aufwendiger (Berechnung der Fläche unter der Kurve) und störanfälliger (z. B. Überlagerung des arteriellen Spektrums von einer benachbarten Vene). Die berechneten Werte sind deshalb abhängiger von der Qualität der Untersuchung und weniger reproduzierbar. Für den routinemäßigen Einsatz ist deshalb der Einsatz des Pourcelot-Index zu empfehlen.

Mit Hilfe der Quotienten ist die Zyklosporin-Nephrotoxizität von einem akuten Nierenversagen nicht zu unterscheiden: Bei beiden Erkrankungen kommt es nicht zu einer Erhöhung des peripheren Widerstands (4,9,10,23). In diesem Zusammenhang muß erwähnt werden, daß auch die Histologie nicht immer sicher eine Ursache für die unzureichende Funktion nennen kann (19,23). Akutes Nierenversagen, akute Rejektion und Zyklosporin-Nephrotoxizität können einzeln oder auch in Kombination auftreten. Die Erfassung des peripheren Gefäßwiderstands kann deshalb nur im Zusammenhang mit der Klinik und den Laborwerten beurteilt werden. Ergibt sich aus den klinischen Daten der Verdacht auf eine Rejektion und findet sich in der Frequenzanalyse eine Erhöhung des peripheren Widerstands (im Vergleich zur Voruntersuchung) so ist eine Rejektion sehr wahrscheinlich und eine entsprechende Behandlung sollte eingeleitet werden. Wegen der komplexen Differentialdiagnosen kann aber in der Regel auf eine Biopsie zur genaueren Beurteilung nicht verzichtet werden.

Tabelle 12.**1** Vergleich der Resultate mehrerer Studien unter Verwendung der Verhältniszahl nach Pourcelot zur Unterscheidung zwischen einem akuten Nierenversagen und einer Rejektion. Grenze = Festlegung der Grenze zwischen Normal und Rejektion, Anzahl = untersuchte Patienten

Autor	Anzahl	Grenze	Sensitivität	Spezifität
Allen (1)	56	0,75	76%	83%
Genkins (11)	77	0,9	9%	–
Rifkin (25)	81	0,9	13%	100%
Rigsby (26)	24	?	60%	90%
Fobbe (9)	50	0,9	56%	86%

In der Zusammenfassung ist die FKDS die Methode, die mit dem geringsten Aufwand am Krankenbett und ohne größere Belästigung des Patienten die nach einer Transplantation auftretenden Fragen am besten beantwortet: Morphologie und Perfusion können beurteilt werden, und unter Berücksichtigung der Klinik, der Laborwerte und des Vergleichs mit der Basisuntersuchung kann eine Rejektion erkannt werden. Eine Computertomographie ist beim Verdacht auf eine Ruptur indiziert und eine Angiographie nur zur Behandlung einer Transplantatarterienstenose oder einer AV-Fistel notwendig.

12.6 Literatur

1 Allen, K.S., D.K. Jorkarsky, P.H.Arger, M.G. Velchik, K. Grumbach, B.G. Coleman, M.C. Mintz, S.E. Betsch, L.J. Perloff: Renal allografts: prospective analysis of doppler sonography. Radiology 169 (1988) 371–376

2 Barker, C.F., A. Naji, D.C. Dafoe, L.J. Perloff: Renal transplantation. In: Textbook of Surgery. D.C. Sabiston (Ed.): Saunders, Philadelphia 1991, 374

3 Belzer, F.O., N. Glass, H. Sollinger: Technical complications after renal transplantation. In: Kidney transplantation. In P.J. Morris (Ed.): Transplantation. Saunders, Philadelphia, 1988 (511)

4 Buckley, A.R., P.L. Cooperberg, C.E. Reeve, A.B. Magil: The distinction between acute renal transplant rejection and cyclosporin nephrotoxicity: value of Duplex sonography. Amer. J. Roentgenol. 149 (1987) 521–525

5 Cochlin, D.L.L., A. Wake, J.R. Salaman, P.J.A. Griffin: Ultrasound changes in the transplant kidney. Clin Radiol 39 (1988) 373–376
6 Dodd, G.D., M.E. Tublin, A.B. Zajko: Imaging of vascular complications associated with renal transplants. Amer. J. Roentgenol. 157 (1991) 449–459
7 Don, S., K.K. Kopecky, R.S. Filo, S.B. Leapman, J.V. Thomalla, J.A. Jones, E.C. Klatte: Duplex Doppler US of renal allografts: causes of elevated resitive index. Radiology 171 (1989) 709–712
8 Flückiger, F., M. Ratschek, H. Steiner: Farbkodierte Duplexsonographie von Nierentransplanataten mit Dysfunktion. Radiologe 31 (1991) 51–55
9 Fobbe, F., L. Schudrowitsch, M. Dietzel, K.-J. Wolf: Verlaufskontrollen von Nierentransplantaten mit der farbkodierten Duplexsonographie. Fortschr Röntgenstr 150 (1989) 76–79
10 Fobbe, F.: Farbkodierte Duplexsonographie (FKDS) bei Transplantatnieren. Z Transplant Med 2 (1990) 23–30
11 Genkins, S.M., F.P. Sanfilippo, B.A. Caroll: Duplex Doppler sonography of renal transplants: lack of sensitifity ans specificity in establishing pathologic diagnosis. Amer. J. Roentgenol. 152 (1988) 535–539
12 Grant, E.G., R.R. Perrella: Wishing won't make it so: Duplex Doppler sonography in the evaluation of renal transplant dysfunction. Amer. J. Roentgenol. 155 (1990) 538–539
13 Grenier, N., C. Douws, D. Morel, J.-M. Ferriere, M.L. Guillou, L. Potaux, J. Broussin: Dectection of vascular complications in renal allografts with color Doppler flow imaging. Radiology 178 (1991) 217–223
14 Griffin, J.F., C.D. Short, W. Lawler, N.P. Mallick, R.W.G. Johnson: Diagnosis of disease in renal allografts: correlation between ultrasound and histology. Clin Radiol 37 (1986) 59–62
15 Grist, T.M., H.C. Charles, H.D. Sostman: Renal transplant rejection: diagnosis with ^{31}P MR spectroscopy. Amer. J. Roentgenol. 156 (1991) 105–112
16 Hricak, H., F. Terrier, M. Marotti, B.L. Engelstad, R.A. Filly, F. Vincenti, R.M. Duca, P.N. Bretan, C.B. Higgins, N. Feduska: Posttransplant renal rejection: comparison of quantitative scintigraphy, US, and MR imaging. Radiology 162 (1987) 685–688
17 Kelcz, F., M.A. Pozniak, J.D. Pirsch, T.D. Oberly: Pyramidal appearence and resistive index: insensitive and nonspecific sonographic indicators of renal transplant rejection. Amer. J. Roentgenol. 155 (1990) 531–535
18 Kirkman, R.L., N.L. Tilney: Surgical complications in the transplant recipient. In Milford, E.L., B.M. Brenner, J.U. Stein (Eds.): Renal transplantation. Churchill Livingstone, New York, 1989, pp. 231
19 Krause, P.H.: Die Histologie des Nierentransplantates. Z Transplant Med 2 (1990) 3–10
20 Liou, J.T., J.K.T. Lee, J.P. Heiken, W.G. Totty, P.L. Molina, W.M. Flye: Renal transplants: can acute rejection and acute tubular necrosis be differentiated with MR imaging? Radiology 179 (1991) 61–65
21 McGee, G.S., L. Peterson-Kennedy, P. Astleford, J.S.T. Yao: Duplex assessment of the renal transplant. Clin. N. Amer. 70 (1990) 133–141
22 Middleton, W.D., G.M. Kellman, G.L. Melson, B.L. Madrazo: Postbiobsy renal transplant arteriovenous fistulas: color Doppler US characterisation. Radiology 171 (1989) 253–257
23 Mihatsch, M.J., G. Thiel, B. Ruffel: Morphology of cyclosporin nephropathy. Prog Allergy 38 (1986) 447–465
24 Reuther, G., D. Wanjura, H. Bauer: Acute renal vein thrombosis in renal allografts: detection with duplex doppler US. Radiology 170 (1989) 557–558
25 Rifkin, M.D., L. Needlemann, M.E. Pasto, A.B. Kurtz, P.M. Foy, E. McGlynn, C. Canino, O.H. Baltarowich, R.G. Pennell, B.B. Goldberg: Evaluation of renal transplant rejection by duplex doppler examination. Amer. J. Roentgenol. 148 (1987) 759–762
26 Rigsby C.M, P.N. Burns, G.G. Weltin, B. Chen, M. Bis, K.J.W. Taylor: Doppler signal quantitation in renal allografts: comparison in normal and rejecting transplants, with pathologic correlation. Radiology 162 (1987) 39–42
27 Roberts, J.P., N.L. Ascher, D.S. Fryd, D.W. Hunter, D.L. Dunn, W.D. Payne, D.E.R. Sutherland, W. Castaneda-Zunica, J.S. Najarian: Transplant renal artey stenosis. Transplantation 48 (1989) 580–583
28 Staab, E.V., F. Whittier, D.D. Patton, E.H. Ginn, J.R. Ackermann: Early evaluation of cadaver renal allotransplant by means of radionuclide imaging. Radiology 106 (1973) 147–151
29 Steinberg, H.V., R.C. Nelson, F.B. Murphy, J.L. Chezmar, B.R. Baumgartner, V.B. Delany, J.D. Whelchel, M.E. Bernadino: Renal allograft rejection:evaluation by Doppler US and MR imaging. Radiology 162 (1987) 337–342
30 Taylor, K.J.W., W.H. Marks: Use of Doppler imaging for evaluation of dysfunction in renal allografts. Amer. J. Roentgenol. 155 (1990) 536–537
31 Tobben, P.J., A.B. Zajko, J.H. Sumkin, A.D. Bowen, C.R. Fuhrman, M.L. Skolnick, K.M. Bron, C.O. Esquivel, T.E. Starzl: Pseudoaneurysmas complicating organ transplantation: roles of CT, duplex sonography, and angiography. Radiology 169 (1988) 65–70

13 Skrotum

F. Fobbe

13.1 Allgemeine Bemerkungen

In der Kombination von Anamnese und klinischer Untersuchung ist die Echtzeitsonographie bei skrotalen Erkrankungen eine bewährte Methode. Die Ultraschallmorphologie und die klinischen Daten erlauben aber nicht immer die genaue Unterscheidung der verschiedenen Ursachen des „akuten Skrotums". Insbesondere bei jüngeren Patienten stellt sich bei plötzlich auftretenden Schmerzen im Skrotum die Differentialdiagnose zwischen einer Hodentorsion und einer Epididymoorchitis (13). Sonomorphologisch können bei beiden Erkrankungen ähnliche Veränderungen vorliegen. Nach einem schweren Skrotaltrauma ist der Hoden palpatorisch oft nicht zu untersuchen. Hier stellt sich die Frage nach dem Ausmaß der Verletzung des Hodens und nach der Perfusion.

Auch die Varikozele stellt ein diagnostisches Problem dar. Während größere Varikozelen durch die Palpation und im B-Bild diagnostiziert werden können, sind wenig ausgeprägte sogenannte „subklinische Varikozelen" („funktionelle Varikozelen") nicht sicher zu erfassen (2). Eine Varikozele ist aber eine der wenigen behandelbaren Ursachen einer Sterilität beim Mann. Ein nichtinvasives, einfaches und zuverlässiges diagnostisches Verfahren ist deshalb wünschenswert.

13.2 Normale Anatomie und Untersuchungstechnik

13.2.1 Normale Anatomie

Das Skrotum ist eine Ausstülpung der vorderen Bauchwand. Darin liegen die Hoden, die Nebenhoden sowie die Samenstränge einschließlich ihrer Gefäße und Nerven. Die Tunica vaginalis kleidet die Skrotalwand von innen aus. In diesem geschlossenen Raum (Cavum serosum testis) sind Hoden und Nebenhoden kranial am Samenstrang aufgehängt, aber sonst frei beweglich. Die Hoden haben eine ellipsoide Form und sind beim Erwachsenen etwa 4 – 5 cm lang sowie 2,5 – 3 cm breit und tief. Das Gewicht eines Hodens liegt zwischen 10,5 – 14 g. Der linke Hoden hängt gewöhnlich etwas tiefer als der rechte. Der Hoden wird von einer bindegewebigen Kapsel umschlossen (Tunica albuginea). Von dieser Kapsel ziehen fibröse Trennwände in das Parenchym und teilen es in 200 – 300 Hodenlobuli. In jedem Läppchen liegen bis zu vier Hodenkanälchen. Jedes Hodenkanälchen kann als ein schleifenartiges Schlauchsystem beschrieben werden. Die Enden jedes Tubulus drainieren in das Rete testis. Das Rete testis ist Teil des Mediastinum testis, das im Ultraschall als bandförmige hyperreflexive Struktur im Hoden zu erkennen ist. Die Fortsetzung des Rete testis sind 10 – 15 Ductuli efferentes, die in den Nebenhoden münden (7,10).

Der Nebenhoden (Epididymis) umgibt den Hoden kappenartig. Er besteht aus einem kranialen (Caput epididymis), einem zentralen (Corpus epididymis), und einem kaudalen Abschnitt (Cauda epididymis). Der Nebenhodenschwanz geht in den Ductus deferens über (Abb. 13.**1**).

Sowohl am Hoden als auch am Nebenhoden finden sich im kranialen Drittel sogenannte „Anhangsgebilde" (Appendizes). In manchen Lehrbüchern und in der englischsprachigen Literatur werden diese Appendizes auch „Hydatide" genannt. Klinisch relevant sind diese Strukturen nur, weil bei einer plötzlich auftretenden Störung der Blutversorgung in einer Hydatide ähnliche Symptome wie bei einer Hodentorsion auftreten können.

Die intraskrotalen Organe werden im wesentlichen von der A. testicularis versorgt. In der Regel entspringen beide Arterien aus der Aorta etwas kaudal der Abgänge der Nierenarterien. Am inneren Leistenkanal tritt die Arterie in den Samenstrang ein. Nach der Abspaltung von Ästen zum Nebenhoden und zum Ductus deferens tritt das Gefäß am Hilus in den Hoden ein. Der Tunica albuginea anliegend verläuft die Arterie an der Hodenoberfläche zuerst nach kaudal, um den unteren Hodenpol herum und dann wieder nach kranial und endet am oberen Hodenpol. Die einzelnen Äste ziehen mit den Läppchensepten in das Hodeninnere (Abb. 13.**1** und 13.**2**). Die venöse Entsorgung erfolgt ebenfalls von außen nach innen. Im Mediastinum testis sammeln sich die Venen und bilden zusammen mit den Zuflüssen aus dem Nebenhoden den Plexus pampiniformis. Dieses Venengeflecht bildet den Hauptbestandteil des Samenstranges. In Höhe des äußeren Leistenrings reduziert sich das Venengeflecht auf 3 – 4 Venen, und am inneren Leistenring liegt meist nur noch eine Hauptvene – die V. testicularis (V. spermatica interna) – vor. Zusätzlich vorhandene kleine Begleitvenen, die nach kranial entweder das Hauptgefäß begleiten oder zu anderen retroperitonealen Organen ziehen, stehen in Höhe des inneren Leistenrings miteinander in Verbindung. Anzahl, Verlauf und Einmündung der Begleitvenen der V. testicularis

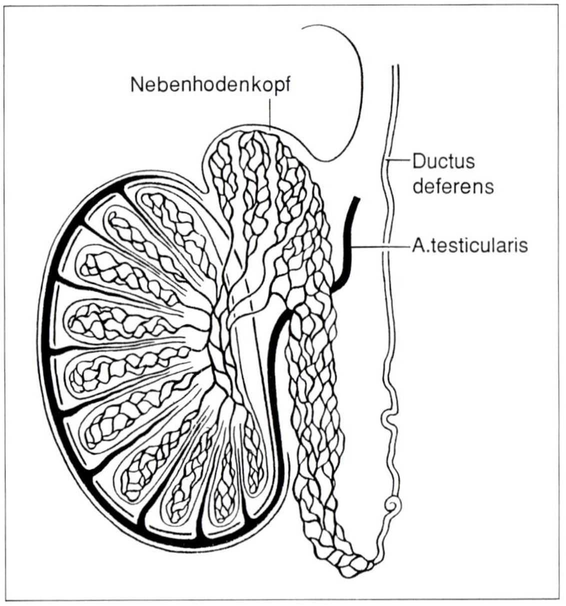

Abb. 13.**1** Schemazeichnung des Skrotalinhaltes (modifiziert nach Williams [7])

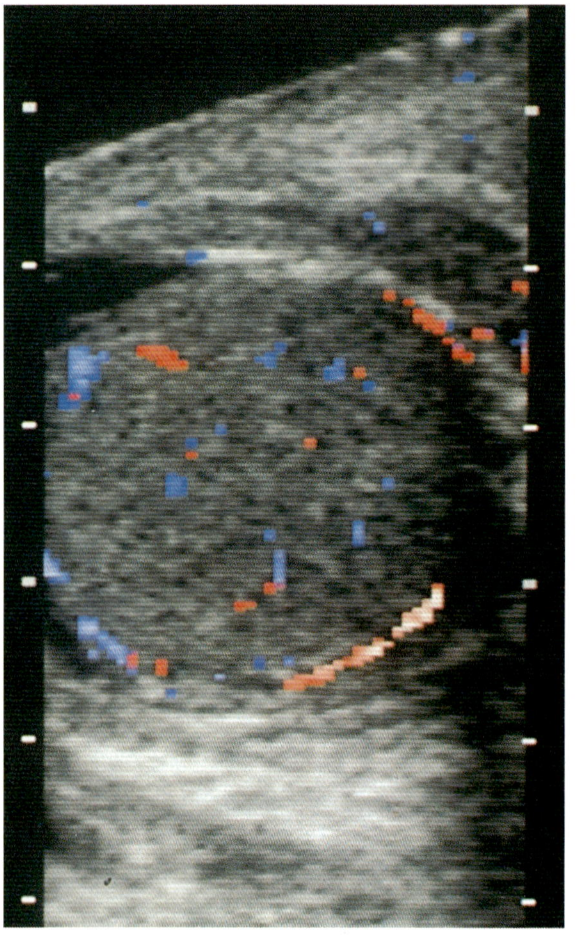

Abb. 13.**2** Normaler Hoden im Querschnitt in der FKDS ▸ mit homogen mittelreflexive Textur, die Gefäße umgeben den Hoden ringförmig von außen und ziehen von dort in die Tiefe (Abb. 13.**1**)

sind sehr variabel. Bei Patienten mit einer Varikozele werden verschiedene Typen unterschieden (1), ähnliche Varianten sind wahrscheinlich auch bei Patienten ohne eine Varikozele zu finden. Die linke V. testicularis mündet in die linke Nierenvene, die rechte V. testicularis in die V. cava unmittelbar kaudal der Einmündung der rechten Nierenvene (6,7,10).

Der Samenstrang (Funiculus spermaticus) besteht im wesentlichen aus dem Ductus deferens, der A. testicularis, dem Plexus pampiniformis, dem M. cremaster, Nerven und Lymphbahnen sowie Fettgewebe. Der Samenstrang entsteht durch den Deszensus der Hoden durch die Bauchwand. Die einzelnen Teile des Samenstrangs verlaufen gemeinsam durch den Leistenkanal zusammen und lösen sich vor dem Hodenhilus wieder auf (7,10).

13.2.2 Untersuchungstechnik

Bei der Diagnostik skrotaler Erkrankungen ist für die richtige Diagnose die Synthese von Anamnese, Palpationsbefund, Sonomorphologie und Perfusion notwendig. Zu Beginn muß deshalb eine gründliche Anamnese und Palpation erfolgen. Die Ultraschalluntersuchung erfolgt in entspannter Rückenlage und mit adduzierten Beinen. In dieser Stellung ist das Skrotum von ventral gut zugänglich und die geschlossenen Oberschenkel dienen als Widerlager. Der Patient hält den Penis nach kranial gegen die Bauchwand. Nur in Ausnahmefällen – z. B. bei der Suche nach einer Varikozele – ist eine ergänzende Untersuchung im Stehen erforderlich. Zur Vermeidung von Farbartefakten muß der Schallkopf ruhig geführt werden und der Patient ruhig liegen. Dies ist bei Säuglingen gelegentlich nur mit Sedierung zu erreichen. In der Regel hat sich aber folgendes Vorgehen bewährt: Das Kind soll möglichst hungrig zur Untersuchung gebracht werden. Die Begleitperson nimmt es dann auf den Schoß und füttert es. Um das Kind nicht zu erschrecken, verwendet man angewärmtes Kontaktgel. Mit dieser Technik ist die Mehrzahl der Kinder ohne Belastung für alle Beteiligten zu untersuchen. Der Untersucher muß bequem sitzen, und die ruhige Schallkopfführung wird durch das Abstützen des Ellenbogens auf den Oberschenkeln des Patienten erleichtert.

Beim Erwachsenen führt die Fältelung und die Behaarung der Skrotalhaut zu Lufteinschlüssen, die die Untersuchbarkeit erheblich beeinträchtigen können. Deshalb muß großzügig Kontaktgel aufgetragen werden. Es sollte ein Schallkopf mit einer Sendefrequenz von mindestens 5 MHz (besser 7,5 MHz) verwandt werden. Um auch die Skrotalhaut erfassen zu können, ist die Verwendung einer Vorlaufstrecke empfehlenswert (keine oder schlechte Abbildung der unmittelbar der Schallkopfoberfläche anliegenden Strukturen). Das Grauwertbild ist so einzustellen, daß der normale Hoden eine homogen mittelreflexive Textur zeigt. Die Farbkodierung ist so zu justieren, daß auch eine langsame Blutbewegung nachzuweisen ist. Insbesondere bei der Untersuchung von Säuglingen ist die Grenze für die farbkodierten Frequenzverschiebungen soweit wie möglich nach unten zu verschieben. Wird ein Schallkopf von 7,5 MHz eingesetzt, sollte die Schwelle für die Farbkodierung so eingestellt werden, daß eine Frequenzverschiebung von 40 Hz erfaßt wird (bei einem Winkel von 72 Grad wird dann noch eine Geschwindigkeit von 1,4 cm/s registriert). Allerdings führt diese empfindliche Einstellung dazu, daß schon durch die langsame Bewegung des Schallkopfs auf der Haut Farbartefakte auftreten. Diese Einstellung braucht aber nur nur dann gewählt werden, wenn mit einer höher liegenden Schwelle eine Perfusion im Hoden nicht nachzuweisen ist.

Nach der Optimierung der Geräteeinstellung (s. Kapitel 4) werden beide Hoden und Nebenhoden vollständig im Längs-und Querschnitt dargestellt und der vorher erhobene Palpationsbefund mit dem Ultraschallbild korreliert. Sowohl die Morphologie als auch die Perfusion von Hoden und Nebenhoden müssen – ohne Änderung der Geräteeinstellung – im Seitenvergleich erhoben werden. Der Plexus pampiniformis ist am besten kranial und etwas lateral des Nebenhodenkopfs im Längs- oder Querschnitt zu erfassen. Nach der sicheren Lokalisation des Samenstranges wird der Patient zum Valsalva-Preßversuch aufgefordert und die Veränderung der Blutbewegungssignale beobachtet. Auch hier ist der Vergleich mit der Gegenseite sinnvoll. Bei unsicheren Befunden kann zusätzlich die Darstellung des Plexus pampiniformis im Stehen notwendig werden. Hierzu steht der Patient vor der Untersuchungsliege und stützt sich dagegen ab. Die weitere Untersuchung erfolgt dann wie im Liegen. Bei unklaren Raumforderungen im Hoden sollte zum Ausschluß von Lymphomen die Paraaortalregion in derselben Sitzung untersucht werden. Einschließlich der Anamnese und der Palpation sind für eine Untersuchung etwa 15 Minuten zu veranschlagen.

13.2.3 Dokumentation

Jeder Hoden soll einzeln im größten Längs- und Querschnitt dokumentiert werden. Auf einer Aufnahme des Nebenhodenkopfs müssen die Größe und die Lagebeziehung des Nebenhodens zum Hoden dargestellt werden (am besten im Längsschnitt). Zum Seitenvergleich sind beide Hoden auf einer Aufnahme (im Querschnitt) zu dokumentieren. Der Plexus pampiniformis ist während des Valsalva-Manövers zu belegen. Um die Einstellung reproduzieren zu können, wird der obere Hodenpol am rechten Bildrand eingestellt und der Schallkopf aus der saggitalen Ebene kranial etwas nach lateral gedreht. Pathologische Befunde werden zusätzlich in 2 Ebenen festgehalten.

13.3 Normale Befunde in der FKDS

Der Hoden des geschlechtsreifen Mannes ist oval, glatt gegenüber seiner Umgebung abzugrenzen und hat eine homogen mittelreflexive Echotextur. Beim normalen Hoden wird das homogene Bild nur unterbrochen vom Mediastinum testis, das den Hoden in seiner Längsachse etwas exzentrisch durchzieht. Es ist als schmales, hyperreflexives Band zu erkennen. Zusätzlich kann gelegentlich am Rand eine größere Vene dargestellt werden. Die Hodentextur im Kindesalter ist echoarm, erst mit der Geschlechtsreife bildet sich die mittelreflexive Echogenität aus (10).

In der FKDS finden sich verteilt über den ganzen Hoden einzelne Blutbewegungssignale. Abgesehen von größeren Venen sind die dazugehörigen Gefäße im B-Bild nicht abzugrenzen (zu geringer Durchmesser). Das Ausmaß der über die Farbkodierung erfaßten Perfusion hängt von der Qualität des Geräts, der Geräteeinstellung, der Frequenz des Schallkopfs und der Absorption und Streuung der Schallwellen im Gewebe ab. Es ist deshalb nur eine qualitative Aussage und keine quantitative Angabe über die Perfusion möglich. Mit Hilfe des Vergleichs mit der Gegenseite kann aber auch eine gestörte Perfusion erkannt werden.

Der Nebenhoden liegt dem Hoden unmittelbar an. Hoden und Nebenhoden lassen sich im Sonogramm wegen der trennenden Bindegewebshülle gut unterscheiden. Der Nebenhodenkopf umgibt den kranialen Hodenpol kappenförmig. Der größte Durchmesser soll zwischen 5 und 12 mm liegen. Beim gesunden Menschen sind Nebenhodenkorpus und -schwanz aber so schmal, daß sie nicht von den umliegenden Strukturen abzugrenzen sind (10). Die Echotextur des Nebenhodens ist isoreflexiv oder gering echoreicher im Vergleich zum Hodengewebe (Abb. 13.**2**). Wegen der geringen Größe sind Blutbewegungssignale nur sehr spärlich nachweisbar. Die Appendizes von Hoden und Nebenhoden sind klein und können normalerweise im Ultraschall nicht abgegrenzt werden. Im Cavum serosum befindet sich eine geringe Menge Flüssigkeit. Diese Flüssigkeit umgibt Hoden und Nebenhoden und kann als schmaler echofreier Saum nachgewiesen werden.

Der Samenstrang stellt sich inhomogen echoreich dar und ist deshalb im Grauwertbild vom umgebenden Fettgewebe schwer abzugrenzen. Beim Valsalva Preßversuch kommt es zu einer geringen Längsverschiebung der Strukturen im Leistenkanal. Die Gefäße des Samenstrangs sind normalerweise zu klein, um im Grauwertbild abgegrenzt werden zu können. Über die Farbkodierung kann aber die Blutbewegung dargestellt werden. In den Arterien finden sich pulssynchron Bewegungssignale, während in den Venen des Plexus pampiniformis sich nur unregelmäßige, schwache Signale zeigen, ohne wesentliche Änderung während des Valsalva-Manövers.

13.4 Krankheiten mit pathologischer Anatomie und Befunde in der FKDS

13.4.1 Entzündung

13.4.1.1 Nebenhoden

Die akute Nebenhodenentzündung (Epididymitis) ist die am häufigsten auftretende Erkrankung der Skrotalorgane. Der Patient klagt über schnell zunehmende Schmerzen mit Schwellung im entsprechenden Hemiskrotum. Wegen der starken Schmerzen ist eine Palpation nur eingeschränkt möglich. Sonomorphologisch findet sich eine Vergrößerung von Teilen oder des gesamten Nebenhodens. Die Veränderungen können in den einzelnen Abschnitten unterschiedlich stark ausgeprägt sein. So ist z. B. eine isolierte inhomogene Vergrößerung des Nebenhodenschwanzes bei regelrechter Darstellung des übrigen Nebenhodens möglich. Neben der Größenzunahme und der teils echoreichen, teils echoarmen Struktur findet sich bei der akuten Entzündung eine deutlich vermehrte Perfusion (Abb. 13.**3a, b**). Kommt es im Rahmen der Entzündung zu einer Einschmelzung (Abb. 13.**4**), so kann dies über die dort fehlende Perfusion frühzeitig (also schon vor der Ausbildung eines Abszesses) erfaßt werden. In Begleitung der Entzündung kann eine Hydrozele (vermehrte Flüssigkeit im Cavum serosum) und eine Verdickung der Skrotalhaut auftreten. Bei einer ausgeprägten Entzündung kann in der verdickten Skrotalhaut eine vermehrte Durchblutung nachgewiesen werden. Diese Veränderungen sind aber nicht spezifisch. In der Mehrzahl der Fälle betrifft die Entzündung nur den Nebenhoden und eventuell Teile des Samenstrangs, eine Beteiligung des Hodens kann aber vorkommen (Epididymoorchitis).

Die chronische Epididymitis zeichnet sich durch anhaltend rezidivierende Schmerzen aus. Der Nebenhoden ist der Palpation zugänglich. Im Sonogramm findet sich eine geringe Vergrößerung eines Nebenhodenteils mit homogener oder inhomogener Echotextur sowie eine nur mäßig vermehrte Perfusion (im Vergleich zur Gegenseite).

13.4.1.2 Hoden

Eine isolierte Orchitis ist relativ selten (z. B. als Komplikation bei einer Parotitis epidemica). In der Mehrzahl der Fälle liegt eine Begleitorchitis bei einer Epididymitis vor. Klinisch ist die Frage nach einer Begleitorchitis nur schwer zu beantworten. Sonomorphologisch findet sich eine Vergrößerung des Organs mit in unterschiedlichem Ausmaß inhomogener hyporeflexiver Echotextur. Der Vergleich mit der gesunden Gegenseite macht das Ausmaß der Veränderungen deutlich. Wie beim Nebenhoden können nur ein Teil oder der gesamte Hoden betroffen sein. In diesen Fällen ist gelegentlich die Differentialdiagnose zu einem zugrundeliegenden Hodentumor schwierig (Verlaufskontrolle!). In den entzündlichen Arealen findet sich

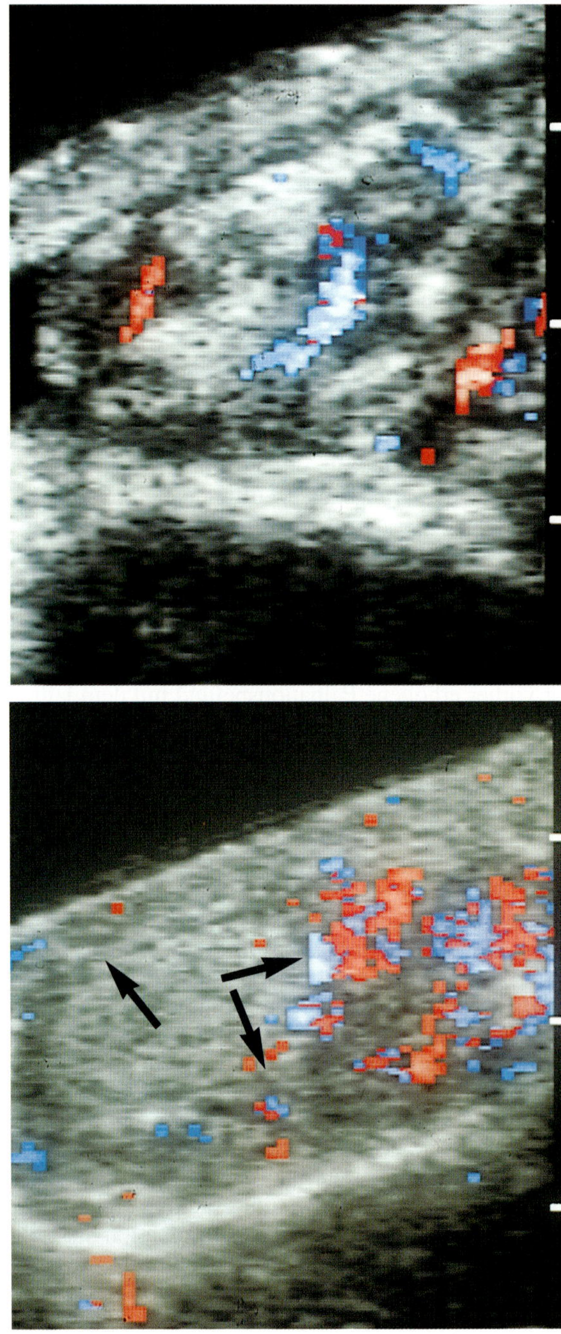

a

b

Abb. 13.**3a, b** Epididymitis:
a Im Längsschnitt erhebliche Vergrößerung des Nebenhodenkopfs mit inhomogener Textur und vermehrter Perfusion
b Der Nebenhoden ist insgesamt vergrößert, mit Betonung des Nebenhodenschwanzes, gute Abgrenzbarkeit gegenüber dem Hoden (Pfeile), ausgeprägte diffus vermehrte Perfusion im Nebenhodenschwanz, normale Echotextur des Hodens

eine diffus verteilte deutlich vermehrte Perfusion (Abb. 13.**5a, b**). Die vermehrte Perfusion kann relativ homogen den gesamten Hoden oder auch nur einzelne Abschnitte betreffen. Wie beim Nebenhoden kann we-

Abb. 13.**4** Abszeß nach schwerer schwanzbetonter Epididymitis: Erhebliche Vergrößerung des Nebenhodenschwanzes mit inhomogener Echotextur, im Zentrum des Nebenhodenschwanzes liegt eine fast echofreie rundliche Struktur die am Rand eine deutlich vermehrte Perfusion aufweist. ▶

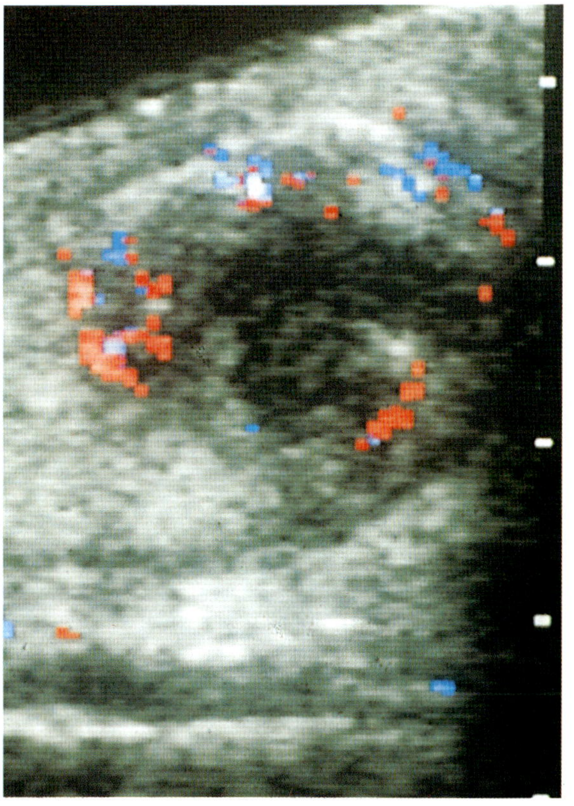

a

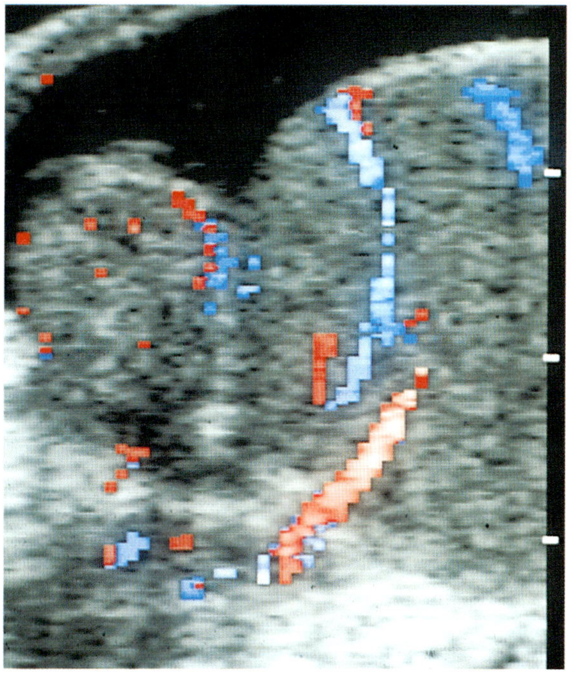

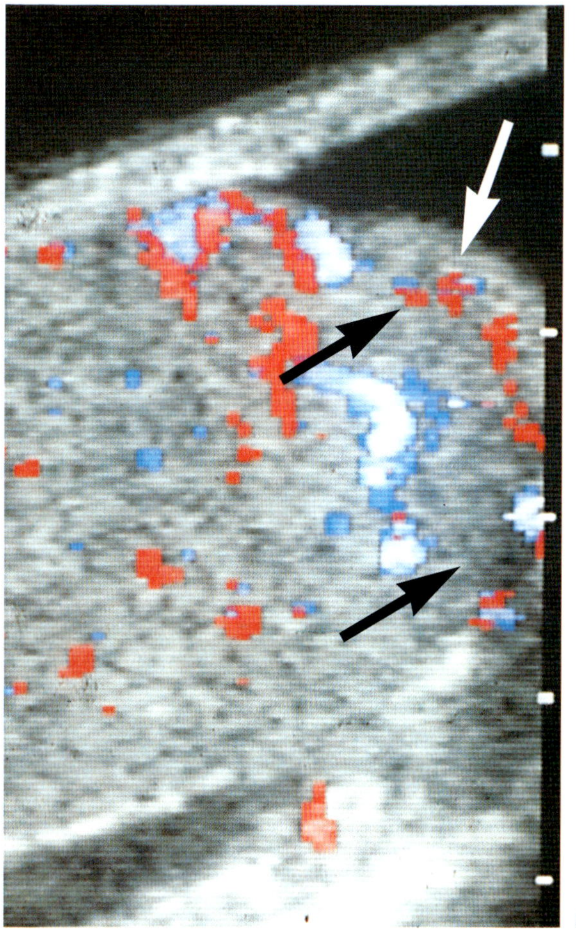

b

Abb. 13.**5 a, b** Epididymoorchitis:
a Oberer Hodenpol mit Nebenhodenkopf im Längsschnitt: Hoden und Nebenhoden sind vergrößert mit inhomogener Echotextur und vermehrter Perfusion, mäßig ausgeprägte Hydrozele
b Kaudaler Hodenpol im Längsschnitt mit inhomogener Textur, vergrößerter Nebenhodenschwanz (Pfeile) der sich nur schwer gegenüber dem Hoden abgrenzen läßt, vermehrte Durchblutung im Hoden und Nebenhoden

gen des Fehlens von Blutbewegungssignalen frühzeitig eine Einschmelzung erkannt werden.

Nach einer akuten Orchitis kann sich der Hoden sonomorphologisch völlig normalisieren. In Einzelfällen bleibt aber die hyporeflexive Textur erhalten, und nur die Volumenzunahme bildet sich zurück. In der Folge einer schweren Orchitis kann es auch zu einer Hodenatrophie mit Ersatz des Hodengewebes durch Narbengewebe kommen. Im Sonogramm stellt sich ein solcher Hoden im Vergleich zur Gegenseite deutlich kleiner und mit inhomogener echoarmer Struktur dar. Die Perfusion in diesem Hoden ist (immer im Vergleich zur Gegenseite) reduziert. Palpatorisch kann ein solcher Hoden normal oder verhärtet sein. Die Differentialdiagnose zu einem „ausgebrannten Hodentumor" ist schwierig und kann nur durch die Anamnese und den Vergleich mit Voruntersuchungen geklärt werden.

13.4.2 Tumoren

13.4.2.1 Hoden

Etwa 95 % der intraskrotalen Tumoren sind bösartig. Nahezu alle dieser bösartigen Tumore wachsen intratestikulär (10). Daraus folgt, daß bis auf wenige Ausnahmen jeder Hodentumor einer histologischen Abklärung bedarf. Im Sonogramm kann ein Hodentumor jede denkbare Gestalt annehmen. Eine Zuordnung von Sonomorphologie und Histologie ist nicht möglich. Am häufigsten findet sich eine solide, von dem umgebenden Hodengewebe scharf abzugrenzende, homogen echoarme Raumforderung. Der Tumor kann aber auch den gesamten Hoden erfassen und teils solide, teils zystische Areale und Verkalkungen aufweisen. Im fortgeschrittenen Stadium kann der Tumor die Organgrenze überschreiten und den Nebenhoden und den Samenstrang infiltrieren. Die Perfusion der Tumore ist unterschiedlich. Es finden sich sowohl homogen oder inhomogen vermehrt als auch vermindert vaskularisierte Hodentumore. Maligne und benigne Tumore weisen keine spezifische Vaskularisation auf. Weder die Sonomorphologie noch die Art der Perfusion erlauben damit eine Aussage zur Dignität der Hodentumore (5). Der entscheidende diagnostische Gewinn des Ultraschalls liegt in der genauen Zuordnung einer Läsion zu testikulären oder paratestikulären Strukturen.

Als Sonderformen gelten intratestikuläre Zysten und eine Fibrose der Tunica albuginea. Nicht palpable, glatt begrenzte, der Tunica albuginea oder dem Mediastinum testis anliegende homogen echofreie Raumforderungen ohne Störung des umliegenden Gewebes gelten als gutartige Hodenzysten. Eine Probeentnahme ist in solchen Fällen nicht notwendig und eine Verlaufskontrolle ausreichend (9). Fibrosen der Tunica albuginea können als Folge eines Traumas oder einer Entzündung entstehen. Sie sind als etwa linsengroße, umschriebene, derbe, nicht druckschmerzhafte Knötchen auf der Oberfläche des Hodens zu tasten. Im Sonogramm sind diese Strukturen oft nur unter Palpationskontrolle darzustellen. Erst der sichere Nachweis einer fehlenden Strukturstörung im Hoden erlaubt die Diagnose einer Fibrose der Tunica albuginea.

13.4.2.2 Nebenhoden

Tumore im Nebenhoden sind sehr selten (10). Der gutartige Adenomatoidtumor ist der häufigste Nebenhodentumor. Meist ist er im Nebenhodenschwanz lokalisiert. Palpatorisch findet sich eine derbe kaum druckschmerzhafte Resistenz. In der FKDS zeigt sich eine rundliche, gut abgrenzbare Raumforderung mit meist inhomogener echoarmer Textur und diffus verteilter, mäßig vermehrter Perfusion (im Vergleich zum normalen Nebenhoden). Diese vermehrte Perfusion erlaubt die Differentialdiagnose gegenüber einem Spermagranulom oder einer chronisch granulomatösen Entzündung, die sonomorphologisch ähnlich erscheint aber keine vermehrte Durchblutung aufweist.

13.4.3 Akutes Skrotum

Unter dem Begriff „akutes Skrotum" wird jeder plötzlich auftretende starke Schmerz im Skrotum – eventuell mit Schwellung und Hautrötung – zusammengefaßt. Es handelt sich dabei nicht um eine spezifische Erkrankung, sondern um einen Symptomenkomplex. Die Bedeutung dieses Begriffs liegt vor allem darin, daß immer möglichst schnell eine operationspflichtige Erkrankung ausgeschlossen werden muß. Ein akutes Skrotum kann verursacht werden von: einer Hodentorsion, einer Hydatidentorsion, einer Epididymitis bzw. Epididymoorchitits, einer akuten Hydrozele, einer strangulierten Hernie, einem Abszeß oder einer traumatischen Hodenruptur (10,12). In vielen Fällen können mit Hilfe von Anamnese, Klinik und Laboruntersuchungen die einzelnen Erkrankungen nicht differenziert werden.

13.4.4 Hodentorsion

Eine Hodentorsion ist eine Drehung des Hodens mit Nebenhoden um die Längsachse, mit Verschluß der abführenden und/oder zuführenden Gefäße und dadurch bedingter Ischämie. Es wird zwischen einer intravaginalen und einer extravaginalen Form unterschieden. Die intravaginale Form ist die häufigste, sie tritt verstärkt im Alter zwischen 12 und 16 Jahren auf. Die supravaginale Torsion soll vor allem bei Neugeborenen auftreten. Die Gefäße werden dabei in Höhe des äußeren Leistenrings verschlossen (12,13). Sonomorphologisch findet sich unabhängig von der Form der Torsion eine homogene oder inhomogene hyporeflexive Vergrößerung von Hoden und Nebenhoden – ähnlich den bei der Epididymoorchitis beschriebenen Veränderungen. Zusätzlich kann eine Hydrozele und eine Verdickung der Skrotalhaut auftreten. Im frischen Stadium ist damit allein mit dem Grauwertbild eine Unterscheidung zwischen einer Hodentorsion und einer Entzündung nicht möglich. Ist die Torsion mehrere

Tage alt, kann die dann eingetretene Nekrose bzw. die sekundäre Einblutung auch im B-Bild erkannt werden. Die Nekrose zeigt sich dann als wenig druckschmerzhafte, inhomogen echoarme bis echofreie Raumforderung im Hoden, die Einblutung manifestiert sich relativ typisch durch eine hyperreflexive Textur. Der Ausschluß einer Hodentorsion im Grauwertbild ist nur dann möglich, wenn pathologische Veränderungen nur am Nebenhoden vorliegen (also bei einer reinen Epididymitis) und der Hoden (im Seitenvergleich!) völlig normal ist. Sofern aber Nebenhoden und Hoden verändert sind, kann auf Grund der Sonomorphologie eine Torsion nicht ausgeschlossen werden.

Bei einer frischen (weniger als 1 Stunde alten) Hodentorsion kann mit der FKDS sowohl im Hoden als auch im Nebenhoden keine Perfusion nachgewiesen werden. Dies ist das entscheidende differentialdiagnostische Kriterium (vermehrte Perfusion bei der Epididymoorchitis). Läßt sich mit der üblichen Einstellung keine Perfusion nachweisen, muß das Gerät auf die niedrigste mögliche Schwelle für die Farbkodierung eingestellt werden. Kann auch dann keine Perfusion nachgewiesen werden und liegen morphologische Veränderungen an Hoden und Nebenhoden vor, ist die Diagnose einer Torsion sicher (Tab 13. **1**). Nach einigen Stunden tritt eine vermehrte Perfusion im peritestikulären Gewebe und insbesondere in der Skrotalhaut auf (Abb. 13.**6 a–c**). Diese vermehrte Durchblutung in der Skrotalhaut ist relativ typisch für eine Torsion. Gelegentlich kann sie aber auch im Verlauf einer schweren Epididymitis beobachtet werden (wegen der dann auch vorliegenden vermehrten Durchblutung im Nebenhoden ist die Differentialdiagnose nicht schwierig). Die Perfusion im peritestikulären Gewebe verstärkt sich mit der Dauer der Ischämie. Bei einer mehrere Tage alten Torsion kann es dann zu einer geringen Perfusion der äußeren Abschnitte des Hodens über diese Gefäße kommen. Diese „Neovaskularisation" betrifft aber immer nur einzelne, schmale und am Rand des Hodens liegende Abschnitte. Mit der vermehrten Perfusion einer Entzündung sollte dies nicht verwechselt werden. Die Diagnose einer Hodentorsion kann deshalb mit großer Sicherheit in der Kombination von Morphologie und Perfusion gestellt werden .

Neben der vollständigen und – in der Regel – einfach zu erkennenden Torsion mit fehlender Perfusion sind aber auch Zwischenstadien möglich, die eine differenzierte Beurteilung verlangen. Bei einer sogenannten „partiellen Torsion" kommt es nur zu einem teilweisen Verschluß der Gefäße, wobei Arterie und Vene auch unterschiedlich stark betroffen sein können. Die klinische Symptomatik ist ähnlich der einer kompletten Torsion. Sonomorphologisch finden sich oft nur geringe Veränderungen an Hoden und Nebenhoden. Entscheidend ist hierbei, daß die Perfusion im Seitenvergleich beurteilt werden muß. Auf der betroffenen Seite wird sowohl im Hoden als auch im Nebenhoden eine verminderte Durchblutung erfaßt. Bei einem isolierten Verschluß der Vene finden sich eine

Tabelle 13.**1** Gegenüberstellung von Sonomorphologie und Perfusion des Hodens und die Wertung bezüglich der Diagnose einer akuten Hodentorsion: – = Hodentorsion unwahrscheinlich, + = Hodentorsion sicher bzw. möglich, (+) = Torsion mit spontaner Lyse möglich, 0 = falsche Geräteeinstellung

	Perfusion			
Morphologie	normal	vermehrt	vermindert	keine
– normal	–	(+)	0	0
– vergrößert	–	–	+	+
– homogen	–	–	+	+
– inhomogen	–	–	+	+

deutliche Hodenvergrößerung und nur schwache arterielle Signale unmittelbar subkapsulär. Diese Befunde bedürfen einer operativen Abklärung.

Noch schwieriger ist die Diagnose einer „Torsion mit spontaner Retorsion". In solchen Fällen liegen wie üblich die plötzlich aufgetretenen starken skrotalen Schmerzen vor. Bis der Patient zur Untersuchung kommt, ist aber schon eine Besserung der Beschwerden eingetreten oder der Patient ist wieder beschwerdefrei. Sonomorphologisch können nur minimale oder keine pathologischen Veränderungen erfaßt werden – auf der betroffenen Seite findet sich aber eine vermehrte Perfusion (im Seitenvergleich!). Diese vermehrte Durchblutung kann als reaktive Hyperämie nach einer Perfusionsstörung erklärt werden.

13.4.5 Hydatidentorsion

Hydatidentorsionen treten am häufigsten in der Pubertät auf. Die Schmerzen sind unterschiedlich stark ausgeprägt, sie können jedoch auch sehr heftig sein. Palpatorisch kann – insbesondere zu Beginn der Symptomatik – oft kein pathologischer Befund erhoben werden. Gelegentlich ist ein durch die Skrotalhaut schimmerndes kleines blaues Knötchen zu sehen (das der torquierten Adnexe entspricht). Nach einigen Stunden ist durch Sekundärveränderungen, wie z. B. der Ausbildung einer Hydrozele, die Palpation nur noch eingeschränkt möglich. In der FKDS finden sich eine normale Morphologie und eine normale Perfusion von Hoden und Nebenhoden. Nur in Ausnahmefällen kann in der symptomatischen Hydrozele die torquierte Hydatide nachgewiesen werden. Neben dem Hoden oder Nebenhoden stellt sich eine gestielte, meist im größten Längsdurchmesser bis zu 1 cm große, hyperreflexive Struktur ohne Nachweis einer Perfusion dar. In solchen Fällen liegt die wesentliche Bedeutung der FKDS aber im Ausschluß einer Hodentorsion.

13.4.6 Hodentrauma

Nach einem Hodentrauma erlaubt die Palpation (Einblutung in das Skrotum, Schwellung, stärkste Schmerzen) keine Beurteilung über den Zustand der Hoden. Bei entsprechendem Trauma (z. B. Quetschung des

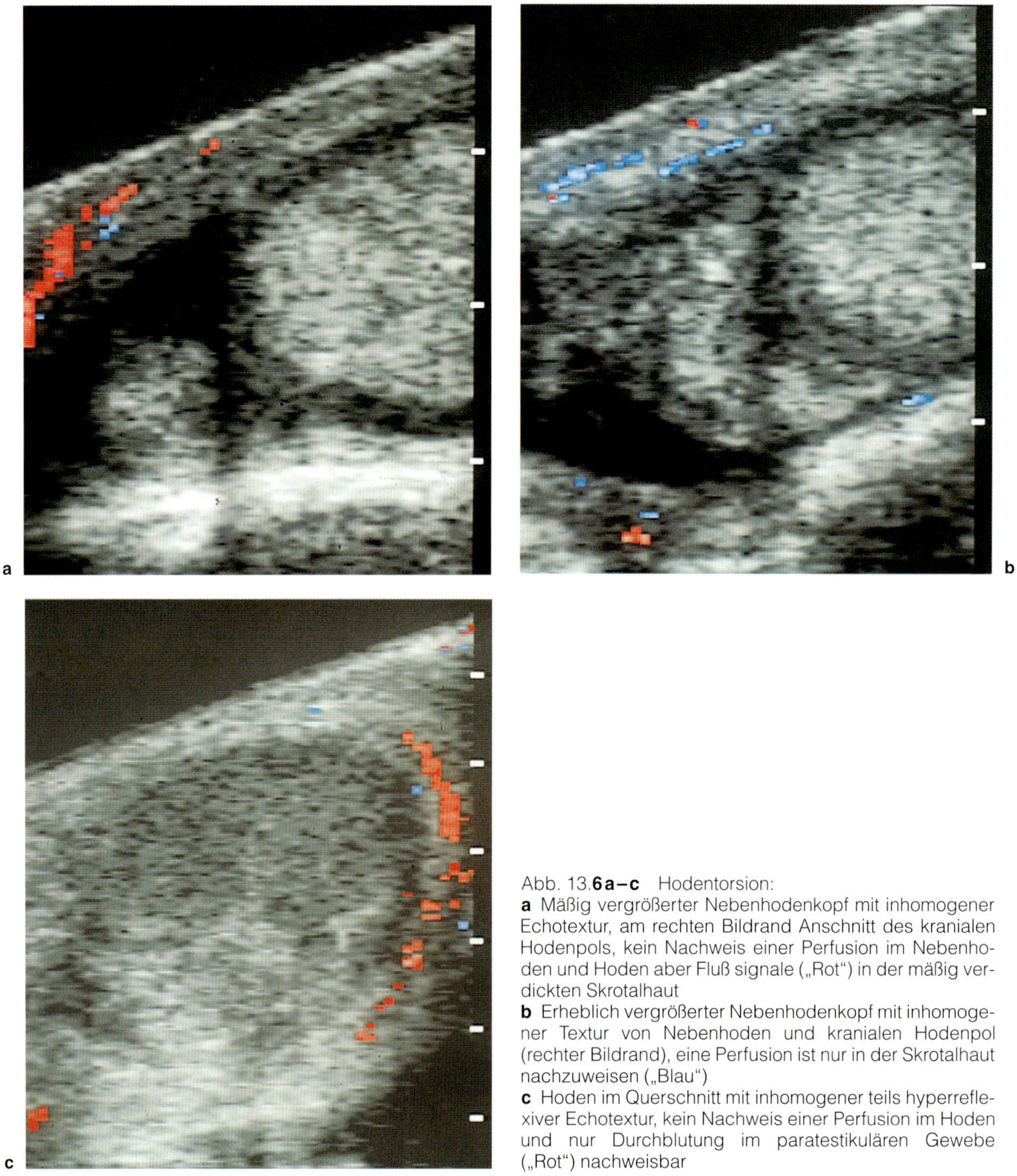

Abb. 13.**6a–c** Hodentorsion:
a Mäßig vergrößerter Nebenhodenkopf mit inhomogener Echotextur, am rechten Bildrand Anschnitt des kranialen Hodenpols, kein Nachweis einer Perfusion im Nebenhoden und Hoden aber Fluß signale („Rot") in der mäßig verdickten Skrotalhaut
b Erheblich vergrößerter Nebenhodenkopf mit inhomogener Textur von Nebenhoden und kranialen Hodenpol (rechter Bildrand), eine Perfusion ist nur in der Skrotalhaut nachzuweisen („Blau")
c Hoden im Querschnitt mit inhomogener teils hyperreflexiver Echotextur, kein Nachweis einer Perfusion im Hoden und nur Durchblutung im paratestikulären Gewebe („Rot") nachweisbar

Hodens gegen das Schambein) kommt es zu einem Einriß in der Tunica albuginea, der sich ins Parenchym fortsetzen kann. Die Einblutung und das Ödem führen zu einem erhöhtem Druck, – das Hodenparenchym quillt aus dem Tunikaeinriß vor. Zur Erhaltung des Hodens ist eine möglichst frühzeitige Diagnose notwendig. Für die Festlegung der optimalen Therapie müssen das Ausmaß, die Lokalisation der Ruptur und des Hämatoms sowie die Perfusion der Fragmente bekannt sein. Sonographisch findet sich bei einer Hodenruptur eine Unterbrechung im Parenchym durch eine echoreiche oder echoarme Struktur (durch die Einblutung bedingt). Die Unterbrechung kann teilweise oder vollständig sein, in besonders schweren Fällen kann der Hoden in mehrere Stücke zerrissen sein (Fragmentation). Durch die Einblutung in der Folge einer Ruptur (auch mäßigen Ausmaßes) kann es zu einer Perfusionsstörung auch des übrigen Hodengewebes kommen. Die FKDS erlaubt in diesen Fällen – wie bei einer Hodentorsion – die Unterscheidung zwischen perfundierten und nicht perfundierten Arealen (Abb. 13.7). Dies gilt vor allem für die Verlaufskontrollen bei konservativer Therapie.

13.4.7 Varikozele

Die Varikozele ist die häufigste behandelbare Ursache einer Sterilität beim Mann. Die Varikozele ist eine Erweiterung der Venen des Plexus pampiniformis und tritt meistens links auf. Die Ursache der idiopathischen Varikozele ist nicht geklärt, es werden mehrere Gründe diskutiert: fehlende oder insuffiziente Klappen in der V. testicularis, Einmündung der linken V. testicularis in die V. renalis in einem hämodynamisch ungünstigen Winkel von 90 Grad, Kompression der linken V. renalis zwischen der Aorta und der A. mesenterica superior und dadurch bedingter Rückstau des Blutes in die V. testicularis.

Phlebographisch kann – neben dem Schweregrad – eine Unterteilung der Varikozele in 5 Gruppen erfolgen (1). Diese Einteilung basiert auf dem unterschiedlichen Verlauf der V. testicularis im Retroperitoneum (kranial des inneren Leistenrings). Die Indikation für eine Sklerotherapie wurde an Hand dieser Typisierung gestellt. Sonographisch können diese Gruppen nicht unterschieden werden. Sie ist aus zwei Gründen auch nicht notwendig: 1. Mit der FKDS soll die Varikozele nur diagnostiziert werden. Unabhängig von dem möglichen Typus der Varikozele folgt daraus eine Therapie – entweder eine Sklerotherapie oder eine Operation. 2. Die Einteilung in die fünf verschiedenen Typen erfolgte zu einer Zeit, als die Verödungstherapie im kranialen Abschnitt der V. testicularis erfolgte (1). Die modernen koaxialen Kathetersysteme erlauben aber die Sondierung der V. testikularis bis zu ihrem Eintritt in den inneren Leistenring. Wird dort das Verödungsmittel appliziert, werden alle Begleitvenen mit erfaßt, unabhängig von dem Verlauf der Vene in den retroperitonealen Abschnitten (4,6). Eine besondere Typisierung ist damit nicht mehr notwendig, für den Therapeuten stellt sich nur die Frage nach der Durchführbarkeit der Katheterisierung.

Auch gering ausgebildete, sogenannte „subklinische Varikozelen" sollen zu einem pathologischen Spermiogramm führen können. „Subklinische Varikozelen" werden auch „funktionelle Varikozelen" genannt (2,10). Man versteht darunter Varikozelen, die nicht palpabel, sondern nur mit anderen Untersuchungsmethoden (Sonographie, Phlebographie) zu erkennen sind.

Varikozelen verursachen selten Beschwerden, gelegentlich werden ziehende Schmerzen im Stehen und nach Belastung angegeben. Die klinische Bedeutung der Erkrankung liegt in der möglichen Ursache für eine Sterilität. Größere Varikozelen sollen zu einer Entwicklungsstörung des Hodens führen und eine prophylaktische Therapie bei Kindern (und damit auch Therapiekontrolle) wird diskutiert. Eine möglichst einfache, sichere und nichtinvasive diagnostische Methode ist deshalb wünschenswert.

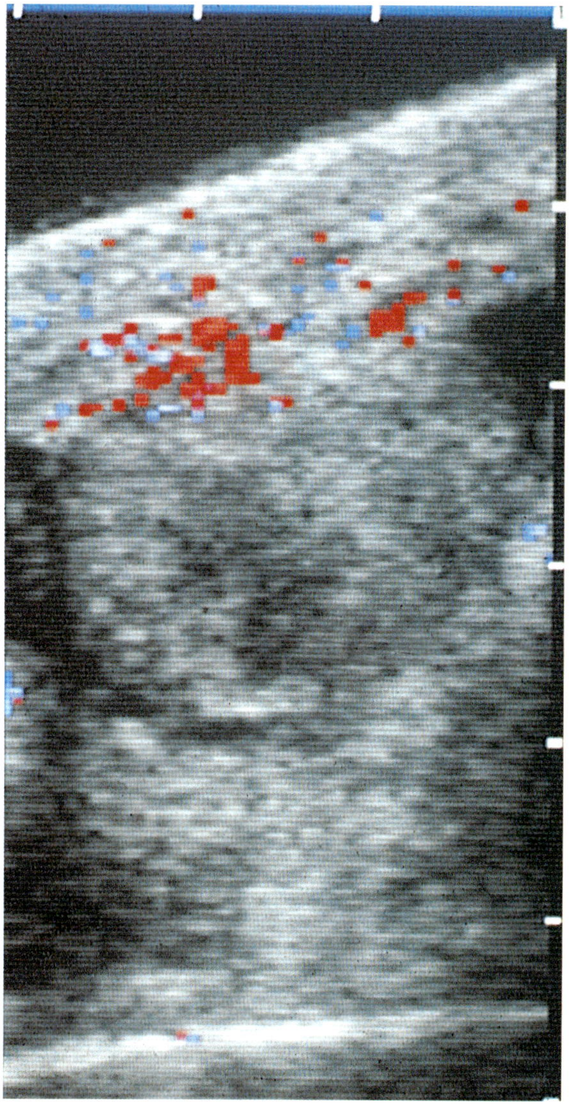

Abb. 13.**7** Avaskulärer Hoden nach Trauma und Ruptur: Querschnitt durch den Hoden mit sagital durch den Hoden verlaufender echoarmer Struktur (Ruptur mit Einblutung) ohne Nachweis einer Durchblutung, verdickte Skrotalhaut mit vermehrter Perfusion

Neben der idiopathischen Varikozele ist auch an die symptomatische Varikozele zu denken. Diese tritt in Folge einer Verlegung der V. testicularis oder der V. renalis auf. In den meisten Fällen liegt ein Nierentumor vor. Insbesondere bei plötzlich aufgetretenen Varikozelen und spontanem retrograden Fluß in entspannter Ruhelage müssen die Nieren sonographisch mit untersucht werden.

Bei der idiopathischen Varikozele sind die Venen des Plexus pampiniformis erweitert. Nach sonomorphologischen Kriterien liegt dann eine Varikozele vor, wenn der Durchmesser der Venen in Ruhe mehr als 2 mm beträgt und wenn beim Valsalva-Preßversuch oder im Stehen der Durchmesser noch weiter zunimmt (8). Mit Hilfe dieser Definition werden aber nur ausgeprägte Varikozelen erfaßt, die problemati-

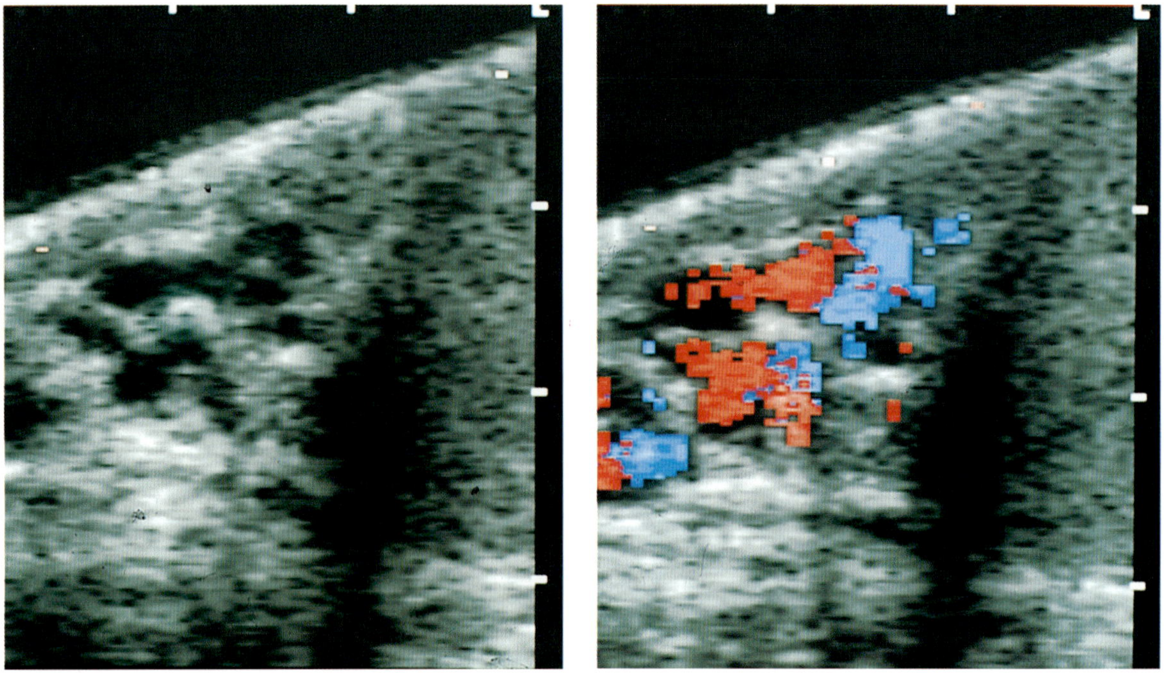

a b

Abb. 13.**8 a, b** Varikozele: Längsschnitt durch den kranialen Hodenpol (rechts im Bild):
a bei normaler Atmung erweiterte und geschlängelt verlaufende Venen des Plexus pampiniformis mit nur vereinzelt nachweisbaren Flußsignalen
b Während des Valsalva-Manövers ausgeprägter retrograder Fluß in den Venen („Rot" und „Blau")

sche „subklinische Varikozele" entgeht dieser Untersuchung. Mit der FKDS kann eine Varikozele ähnlich wie in der Phlebographie erfaßt werden – durch die retrograde Blutbewegung während des Valsalva-Preßversuchs. Im Liegen und bei ruhiger Atmung sind in den Venen des Plexus pampiniformis nur einzelne Bewegungssignale nachzuweisen. Schon zu Beginn des Valsalva-Manövers kann im Fall einer Varikozele – unabhängig von ihrer Ausprägung – eine retrograde Blutbewegung nachgewiesen werden (Abb. 13.**8 a, b**). Am Ende des Vasalva-Manövers stellt sich dann wieder der Ausgangswert ein. Bei manchen Patienten kommt es zu Beginn des Valsalva-Manövers zu einer geringen Längsverschiebung des Samenstranges. Überschreitet diese Bewegung eine bestimmte Grenzgeschwindigkeit, wird sie farbig kodiert und kann als Varikozele fehlgedeutet werden. Diese Bewegung ist in der Regel aber nur sehr kurz. Im Zweifelsfall hilft auch in solchen Fällen der Vergleich mit der Gegenseite (keine retrograde Blutbewegung während des Valsalva-Manövers) oder die Kontrolluntersuchung im Stehen. Im Stehen ist die Varikozele meist stärker ausgebildet und deshalb einfacher nachweisbar.

Die FKDS ist auch zur Kontrolluntersuchung nach kaudaler (Applikation des Verödungsmittels in Höhe des inneren Leistenrings) Verödungstherapie einsetzbar. Nach einer solchen Behandlung thrombosieren die Venen des Plexus pampiniformis. Im Grauwertbild erscheinen alle Venen erweitert und echoarm. Bei einer Persistenz der Varikozele – also einer unvollständigen Verödung – sind über die farbkodierten Blutbewegungssignale thrombosierte von nicht thrombosierten Venen einfach zu unterscheiden.

13.5 Stellenwert der FKDS im Vergleich zu anderen Verfahren

In der Diagnostik des Skrotums ist die Ultraschalluntersuchung in der Ergänzung von Anamnese und Palpation die Methode der Wahl. Nach Hamm (10) ist bei den folgenden Situationen die Indikation für eine Ultraschalluntersuchung gegeben:

- Jede unklare Raumforderung (Zuordnung zum Hoden oder Nebenhoden, solide oder zystische Raumforderung),
- Skrotum palpatorisch nicht zu untersuchen (z. B. bei einer Hydrozele oder starken Schmerzen),
- Verdacht auf einen Hodentumor (z. B. bei Gynäkomastie oder unklaren retroperitonealen Lymphomen, Karzinophobie),
- Hodensuche (Frage nach maldeszendierten Hoden),
- Verlaufskontrolle bei schweren Entzündungen (Frage nach Abszedierung),
- nach einem Hodentrauma,
- beim Verdacht auf eine Hodentorsion,
- zur Diagnostik der Varikozele.

Es stellt sich die Frage, bei welchen der aufgeführten Indikationen die Information über die Perfusion (also die Notwendigkeit des Einsatzes eines FKDS-Geräts) für die Diagnose wichtig ist. Zur Abklärung bzw. zur Suche von Raumforderungen im Skrotum ist die Erfassung der Morphologie ausreichend. Eine Differenzierung von Hodentumoren ist über die Kenntnis der Perfusion nicht möglich (5). Auch für die Hodensuche ist die Darstellung der Vaskularisation nicht notwendig. Damit ist für die ersten vier Indikationen ein Einsatz der FKDS nicht notwendig.

Unerläßlich ist die Darstellung der Durchblutung bei dem Verdacht auf eine Hodentorsion und nach einem schweren Hodentrauma. Hier erlaubt nur die Kenntnis der Perfusion eine genaue Diagnose, und die FKDS kann eine diagnostische Operation ersetzen (3,5,11). Die sichere und nichtinvasive Darstellung der Perfusion gelingt aber nur mit der FKDS. Um Fehlbeurteilungen zu vermeiden, soll hier noch einmal darauf hingewiesen werden, daß mit der FKDS nicht eine Quantifizierung der Durchblutung, sondern nur eine qualitative Aussage möglich ist. Zur Beurteilung der Perfusion muß deshalb immer der gesunde Hoden zum Vergleich herangezogen werden.

Als Alternative kann bei einer fraglichen Hodentorsion auch eine Szintigraphie durchgeführt werden. Im Vergleich mit der FKDS hat diese Methode aber mehrere Nachteile: relativ großer Zeitaufwand (warme Ischämiezeit des Hodens etwa 2 Stunden!), nur indirekte Darstellung der Perfusion (zwischen einer Perfusion im Hoden oder im peritestikulären Gewebe kann nicht differenziert werden) und keine Darstellung der Morphologie (z.B Abszeß ähnlich wie alte Torsion). Zusätzlich erfolgt eine – wenn auch geringe – Strahlenexposition. Die CW-Doppler-Sonographie kann bei einem akuten Skrotum auch eingesetzt werden. Bei dieser Methode ist der entscheidende Nachteil jedoch – genau wie bei der Szintigraphie – die fehlende Erfassung der Morphologie. Bei der Untersuchung des Samenstrangs weisen fehlende Bewegungssignale zwar auf eine Torsion hin – nach unseren Erfahrungen mit der FKDS kommt es aber schon frühzeitig in der Folge einer Torsion zu einer verstärkten Durchblutung des peritestikulären Gewebes. Die Herkunft dieser Blutbewegung kann mit der CW-Doppler-Sonographie nicht geklärt werden. Auch eine partielle Torsion ist mit dieser Methode nicht zu erfassen (10). Mit der (konventionellen) Duplexsonographie ist theoretisch sowohl die Morphologie als auch die Perfusion zu erfassen. Mit dieser Methode kann aber immer nur von einer Stelle im Grauwertbild eine Frequenzverschiebung erfaßt werden. Wegen der geringen Größe der Blutgefäße müßte das Meßvolumen langsam durch das Untersuchungsgebiet gefahren werden, bis ein Bewegungssignal erfaßt wird. In der Praxis kann damit unter günstigen Bedingungen eine Orchitis erkannt werden. Eine fehlende Perfusion kann aber nicht mit der nötigen Sicherheit diagnostiziert werden.

Im Verlauf einer schweren Epididymitis oder Epididymoorchitis kann sich ein Abszeß ausbilden.

Tabelle 13.**2** Liste der am häufigsten vorkommenden Erkrankungen des Skrotalinhaltes: + = zusätzliche Information über die Perfusion zur Diagnose ist wichtig, (+) = zusätzliche Information über die Perfusion zur Diagnose ist von geringer Bedeutung, – = zusätzliche Information über die Perfusion ist ohne Bedeutung für die Diagnose

Entzündung Nebenhoden/Hoden	(+)
Tumor Hoden/Nebenhoden	–
Torsion Hoden/Hydatide	+
Trauma	+
Varikozele	+

Ein Abszeß ist auch sonomorphologisch zu erkennen. Mit Hilfe der Kenntnis der Perfusion kann diese Diagnose aber schon zu einem früheren Zeitpunkt (fehlende Durchblutung in der beginnenden Einschmelzung) gestellt werden (Tab. 13.**2**).

Eine Varikozele kann auch durch den kombinierten Einsatz von Tele-Thermographie und Grauwertsonographie erkannt werden (8). Die Tele-Thermographie ist bei einer Varikozele über die Erfassung der Hyperthermie eine sehr sensitive Methode mit allerdings niedriger Spezifität. Zum Ausschluß einer Entzündung muß sie deshalb durch eine Sonographie ergänzt werden. Die FKDS bietet dagegen den Vorteil, mit einem Untersuchungsgang die Morphologie des Skrotalinhalts zu erfassen und die typischen Veränderungen bei einer Varikozele mit hoher Sensitivität und Spezifität zu erkennen (5). CW-Doppler- und Duplexsonographie sind, aus den gleichen Gründen wie bei der Diagnostik des akuten Skrotums, nur bedingt einsetzbar.

Die Sonographie ist eine wertvolle und inzwischen etablierte Methode zur Untersuchung des Skrotalinhalts. Für bestimmte Fragestellungen ist aber – neben der Morphologie – die Kenntnis der Perfusion für die Diagnose unerläßlich. Beide Informationen liefert nichtinvasiv und mit hinreichender Genauigkeit nur die FKDS. Bei Patienten mit Verdacht auf Hodentorsion, mit einem schweren Trauma oder Varikozelenverdacht ist die FKDS die Methode der Wahl.

13.6 Literatur

1 Bähren, W., M. Lenz, H. Porst, W. Wierschin: Nebenwirkungen, Komplikationen und Kontraindikationen der perkutanen Sklerotherapie der V. spermatica interna zur Behandlung der idiopathischen Varikozele. Fortschr Röntgenstr 138 (1983) 172–179
2 Bähren, W., H. Gall, G. Sigmund: Diagnostik der Varikozele: Vergleichende Untersuchungen mit Doppler-Sonographie und Phlebographie der Vena spermatica interna. Röntgenpraxis 39 (1986) 151–158
3 Burks, D.D., B.J. Markey, T.K. Burkhard, Z.N. Balsara, M.M. Haluszka, D.A. Canning: Suspected testicular torsion and ischemia: evaluation with color Doppler sonography. Radiology 175 (1990) 815–821
4 Fobbe, F., B. Hamm, R. Sörensen, D. Felsenberg: Percutaneous transluminal treatment of varicoceles: where to occlude the internal spermatic vein. Amer. J. Roentgenol. 149 (1987) 983–987
5 Fobbe, F., P. Heidt, B. Hamm, H.-C. Koennecke, G. Hauck, K.-P. Dieckmann, K.-J. Wolf: Verbesserung der Diagnostik skrotaler Erkrankungen mit der farbkodierten Duplexsonographie. Fortschr Röntgenstr 150 (1989) 629–634
6 Gösfay, S.: Untersuchungen der Vena spermatica interna durch retrograde Phlebographie bei Kranken mit Varikozele. Z. Urol. 2 (1959) 105–115
7 Williams, P.L., R. Warwick, M. Dyson, L.H. Bannister: Grays Anatomy, 37th ed. Churchill Livingstone, Edinburgh 1989 (1424)
8 Hamm, B., F. Fobbe, R. Sörensen, D. Felsenberg: Varicoceles: combined sonography and thermography in diagnosis and posttherapeutic evaluation. Radiology 160 (1986) 419–424
9 Hamm, B., F. Fobbe, V. Loy: Testicular cysts: differentiation with US and clinical findings. Radiology 168 (1988) 19–23
10 Hamm, B.: Sonographische Diagnostik des Skrotalinhaltes. Lehrbuch und Atlas. Springer Verlag, Berlin 1991
11 Middleton, W.D., B.A. Siegel, G.L. Melson, C.K. Yates, G.L. Andriole: Acute srotal disorders: prospective comparison of color Doppler US ans testicular scintigraphy. Radiology 177 (1990) 177–181
12 Stewart, R., B.A. Caroll: The scrotum. In Rumack, C.M., S.R. Wilson, J.W. Charboneau (Eds.): Diagnostic ultrasound. Mosby, St. Louis, 1991 (565–589)
13 Waldschmidt, J., B. Hamm, F. Schier: Das akute Skrotum. Hippokrates, Stuttgart 1989

14 Penisgefäße – erektile Dysfunktion

P. Landwehr

14.1 Allgemeine Bemerkungen

Die erektile Dysfunktion stellt eine häufige Erkrankung des Mannes dar. Nach einer Schätzung der Mayo-Klinik leiden in den USA etwa 10 Millionen Männer an Erektionsstörungen (8,19). Nach einer Umfrage errechnet sich die Zahl der Männer, die in der Bundesrepublik Deutschland (alte Bundesländer) wegen ihrer Erektionsprobleme einen Arzt aufsuchen, auf etwa eine halbe Million pro Jahr (50).

Erektionsstörungen wurden lange als überwiegend psychogen eingestuft, solange die physiologischen und pathophysiologischen Zusammenhänge weitgehend ungeklärt waren; so wurde über eine lange Zeit noch angenommen, daß 80–95% der Erektionsstörungen einen psychopathologischen Hintergrund haben (27, 45). Die physiologischen Abläufe bei der Erektion sind vor allem in den letzten 20 Jahren intensiv untersucht worden. Mit zunehmendem Verständnis des Erektionsablaufs und seiner Pathophysiologie war es möglich, erste effektive Therapiekonzepte zu erarbeiten. Heute wird der Anteil rein psychogener Erektionsstörungen nur noch mit etwa 5–15% angenommen (41, 50). Die Problematik in der Festlegung der Ursachen der erektilen Dysfunktion besteht jedoch auch weiterhin darin, daß die Genese häufig multifaktoriell ist und primär organische Erektionsstörungen durch sekundäre psychische Alterationen überlagert werden können.

Die meisten organisch bedingten erektilen Impotenzen sind vaskulärer Ursache. Klassische radiologische Verfahren zur Abklärung der vaskulären Ursachen sind die Pharmakoangiographie (4, 34) der Penisarterien und die Pharmakokavernosographie /-metrie (14, 48). Dopplersonographische Verfahren haben sich in den letzten Jahren in Kombination mit pharmakologischen Tests in der Routinediagnostik der Erektionsstörungen etabliert (7, 14, 18, 28, 39, 42). Das vorliegende Kapitel beschreibt die Möglichkeiten der farbkodierten Duplexsonographie in der Diagnostik der erektilen Dysfunktion (ED).

14.2 Normale Anatomie, häufige anatomische Varianten, Physiologie der Erektion und Untersuchungsablauf

14.2.1 Die erektile Einheit

Die sogenannte erektile Einheit besteht aus den beiden Corpora cavernosa, die miteinander kommunizieren, und dem Corpus spongiosum, das die Urethra umhüllt und am distalen Ende die Glans penis bildet. Der gesamte Penis wird durch eine oberflächliche (Fascia penis superficialis) und eine tiefe (Fascia penis profunda = Buck-Faszie = Fortsetzung der F. diaphragmatis urogenitalis inferior) Hüllschicht umgeben, während die Corpora cavernosa durch die rigide Tunica albuginea corporum cavernosorum vom übrigen Penisgewebe getrennt werden (Abb. 14.**1**). Die Penisbasis ist über die Mm. ischiocavernosi bzw. Mm.bulbospongiosi am Os pubis und am Os ischii sowie am Diaphragma urogenitale fixiert.

Die Schwellkörper selbst bestehen aus einem Netzwerk glatter Muskelzellen und kollagenem Bindegewebe, dessen kavernöse Hohlräume (Abb. 14.**3a, b**) von Endothel ausgekleidet sind. Dieses Netzwerk stellt aktivkontraktile Einheiten dar und ist Erfolgsorgan neurologischer Stimuli (1, 26).

14.2.2 Peniles Gefäßsystem

Die arterielle Gefäßversorgung (Abb. 14.**1** und 14.**2**) erfolgt paarig über das Iliaca-Interna-System. Aus der A. pudenda interna entspringt unter anderem die A. penis. Diese gibt im Bereich der Penisbasis zunächst Äste an den Bulbus und das Corpus spongiosum ab. Anschließend teilt sie sich in die A. profunda penis und die A.dorsalis penis. Die A. profunda penis versorgt den wichtigsten Schwellkörper, das Corpus cavernosum, über zahlreiche, korkenzieherartig geformte Seitenäste (Aa. helicinae). Über Verbindungen der Corpora cavernosa untereinander ist ein gleichmäßiger arterieller Zustrom gewährleistet. Die Versorgung der Penishaut und der Glans penis wird überwiegend durch die A.dorsalis penis sichergestellt, die auch kleinere Äste zum Corpus cavernosum abgeben kann.

Die arterielle Versorgung des Penis unterliegt zahlreichen Variationen, ohne daß diese unbedingt zu

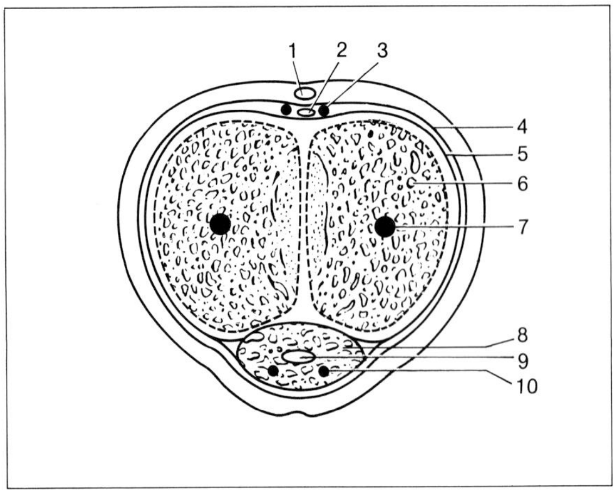

Abb. 14.**1** Normale Querschnittsanatomie des Penis: 1 = V. dorsalis penis, 2 = V. dorsalis penis profunda, 3 = A. dorsalis penis, 4 = Fascia penis profunda, 5 = Tunica albuginea corporum cavernosorum, 6 = Corpus cavernosum, 7 = A. profunda penis, 8 = Corpus spongiosum, 9 = Urethra, 10 = A. urethralis

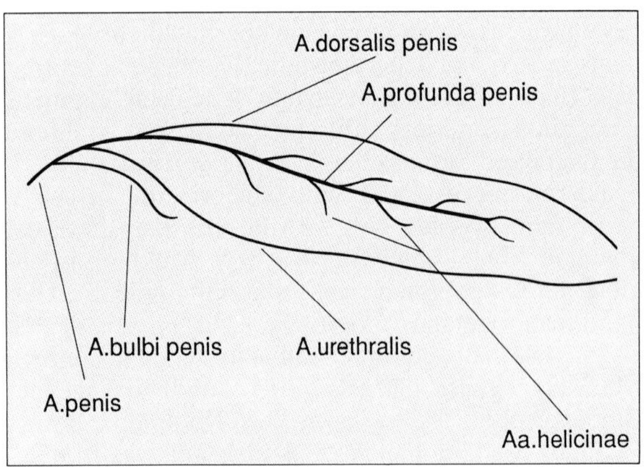

Abb. 14.**2** Schemazeichnung der Arterien des Penis (einer Seite)

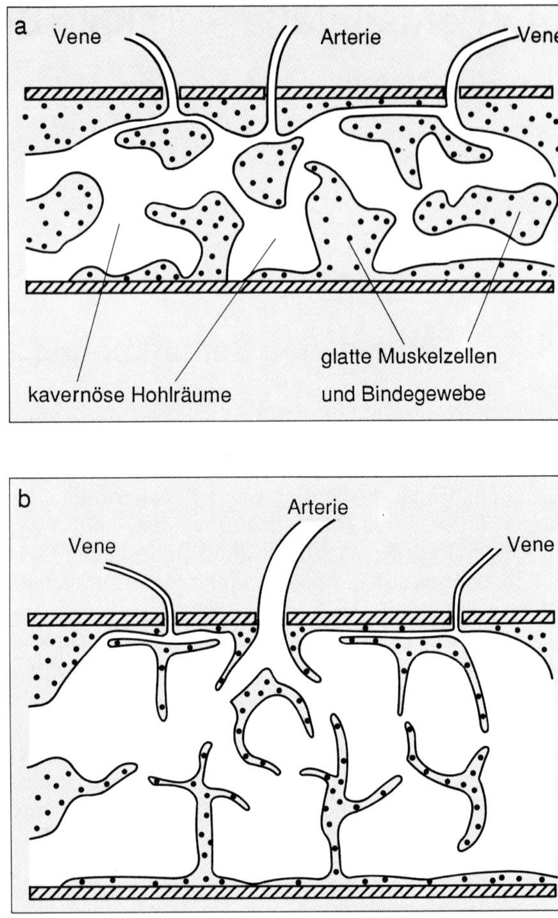

Abb. 14.**3 a, b** Mechanismus der Erektion auf der Ebene des Schwellkörpers (Schemazeichnung):
a Flazider Penis: Maximale Kontraktion der Schwellkörpermuskulatur, freier venöser Abfluß aus den Sinusoiden
b Erektion: Durchmesserzunahme der zuführenden Arterie, Relaxation der Muskelzellen. Relative Reduktion des venösen Abflusses durch Volumenzunahme der Sinusoide und intrakavernosalen Druckanstieg

einer arteriellen Minderperfusion führen müssen. Nach angiographischen Studien liegt in nur etwa 40% der Fälle die oben beschriebene Situation vor (4). Doppelungen der A.profunda penis, Verbindungen zwischen oberflächlicher und tiefer Arterie bzw. tiefer Arterie und A.urethralis sind ebenso möglich wie Kommunikationen der Profundae untereinander sowie Hypoplasien der oberflächlichen bzw. tiefen Arterie (4, 12). Schwere Hypoplasien oder Aplasien entsprechen nicht mehr einer klinisch irrelevanten Normvariante, sondern führen zur primären, arteriell bedingten, erektilen Dysfunktion (43).

Die venöse Drainage erfolgt über Vv.profundae penis und Vv.dorsales profunda et superficialis in den periprostatischen Venenplexus sowie in das System der Vv.pundendae internae et externae.

Auf die penile Nervenversorgung soll hier nicht eingegangen werden; eine Übersicht findet sich bei (2).

14.2.3 Physiologie der Erektion

Es können 6 Phasen der Erektion beschrieben werden (2). In der Ruhephase (flazider Penis) liegt ein geringer, arterieller und venöser Blutfluß vor, der einem minimalen Erhaltungsfluß entspricht. Kommt es zu kognitiv-emotionalen Reizen, werden via limbisches System und thorakale bzw. sakrale Erektionszentren die Nn.cavernosi stimuliert, was zur Ausschüttung von Neurotransmittern führt (3, 6, 17). Diese bewirken eine Relaxation der glatten Muskelzellen der Penisarteriolen, was zu einer Widerstandssenkung mit massia 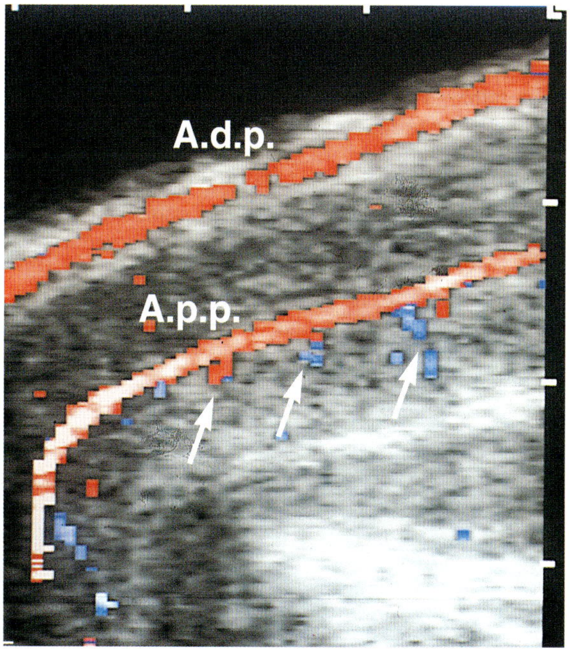

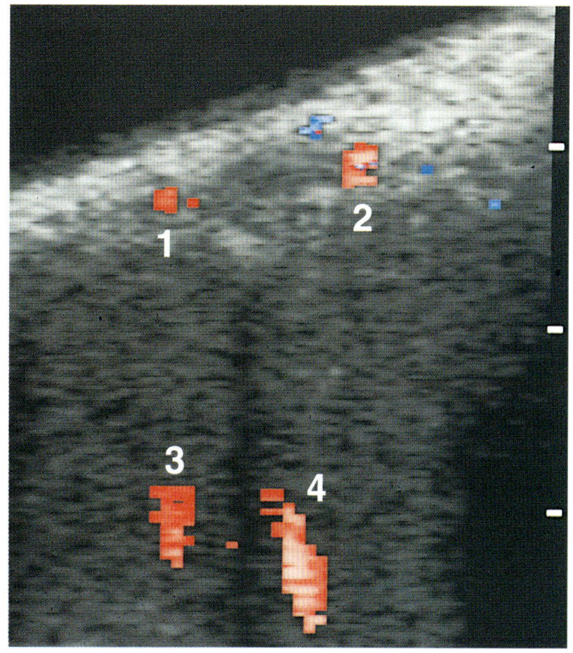 b

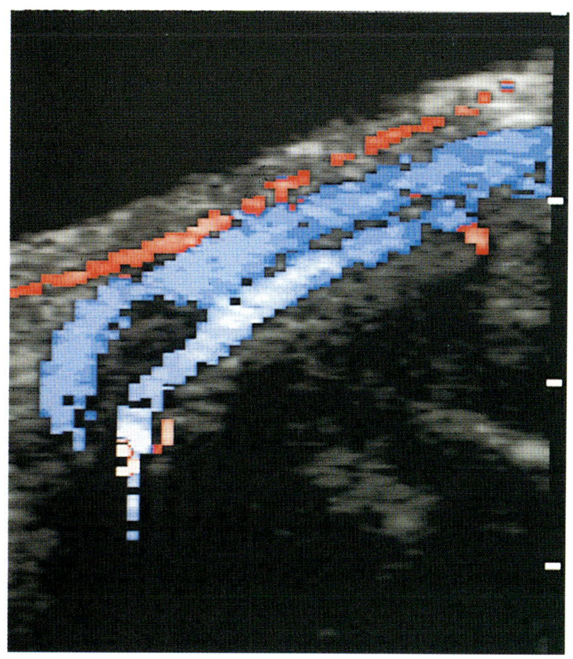 c

Abb. 14.**4a–c** Normalbefunde in der FKDS jeweils nach intrakavernosaler Injektion von PGE_1:
a Längsschnitt im proximalen Penisdrittel: Homogene Farbkodierung des Blutflusses in beiden großen Penisarterien. Zusätzlich Darstellung von Aa. helicinae (Pfeile). A.p.p. = A. profunda penis, A.d.p. = A. dorsalis penis
b Querschnitt in Penismitte: Darstellung aller vier großen Penisarterien. 1 = A. dorsalis penis rechts. 2 = A. dorsalis penis links. 3 = A. profunda penis rechts. 4 = A. profunda penis links
c Gedoppelt verlaufende V. dorsalis penis profunda („blaue" Flußkodierung). Detumeszenzphase. Der Fluß in der A. dorsalis penis ist rot kodiert

ver Steigerung des arteriellen Flusses führt. Gleichzeitig erschlaffen auch die Muskelfasern der Corpora cavernosa, so daß Raum frei wird für das vermehrt einströmende Blut. Diese Initialphase wird Latenz- oder Füllungsphase genannt. Sie ist dadurch charakterisiert, daß im Gegensatz zur Tumeszenzphase der intrakavernöse Druck noch nicht ansteigt. In der Tumeszenzphase vergrößern sich das Volumen und die Länge des Penis bei weiterhin gesteigertem Blutzustrom durch die Drosselung des venösen Rückstroms (Abb. 14.**3 a,b**). Der intrakavernöse Druck steigt deutlich an, bis er in der Erektionsphase fast 90% des systolischen arteriellen Drucks erreicht. Der arterielle Zustrom ist nun geringer als in der Füllungs- und Tumeszenzphase, jedoch deutlich höher als in der Ruhephase. Die Rigiditätsphase wird durch willkürliche und/ oder unwillkürliche Kontraktionen des M.ischiocavernosus erreicht, der intrakavernöse Druck steigt zum Teil über den systolisch-arteriellen Druck an, so daß der arterielle Zustrom für kurze Zeit sistieren kann. Das Ende der Erektion wird durch die Detumeszenzphase repräsentiert, in der es durch Kontraktion der glatten Muskelzellen zu einer Reduktion des arteriellen Zustroms und einer massiven Zunahme des venösen Abstroms kommt. Dies führt zur raschen, penilen Volumen- und kavernosalen Druckreduktion.

14.2.4 Untersuchungstechnik

Hinsichtlich der grundsätzlichen methodischen Voraussetzungen zur optimalen Gefäßdarstellung mit der FKDS wird auf die Ausführungen in Kapitel 4 verwiesen. Auf die speziellen Untersuchungsumstände bei der Darstellung der Penisarterien wird im folgenden eingegangen.

14.2.4.1 Voruntersuchungen

Die Diagnostik der erektilen Dysfunktion (ED) sollte in Anbetracht der häufig multifaktoriellen Genese immer in Form eines multidisziplinären Konzepts erfolgen, an dem – je nach Schwerpunkten der einzelnen Disziplinen – Urologie, Radiologie, innere Medizin, Neurologie, Psychiatrie und Dermatologie beteiligt sind (42). Den Voruntersuchungen müssen eine exakte allgemeine Anamnese unter besonderer Berücksichtigung von Risikofaktoren (z. B. Medikamente, Voroperationen und Unfälle, Stoffwechselerkrankungen, Nikotinabusus, neurologische Erkrankungen, Gefäßerkrankungen) sowie eine Sexualanamnese vorausgehen. Zur umfassenden Diagnostik gehören unter anderem die klinische Untersuchung (z. B. Nachweis von Fehlbildungen, Penisdeviationen oder fehlenden Leistenpulsen), Labortests (z. B. Nachweis eines Diabetes mellitus oder einer Hormonstörung) sowie gegebenenfalls nächtliche Tumeszenzmessungen und die Ableitung des Bulbokavernosusreflexes.

14.2.4.2 Apparative Voraussetzungen

Die Untersuchung der Penisgefäße sollte grundsätzlich mit hochfrequenten Linear-Array-Schallköpfen erfolgen (mindestens 7-MHz-Sendefrequenz). Wegen der vor allem bei arterieller Zustromstörung reduzierten Flußgeschwindigkeiten ist eine hohe Empfindlichkeit für langsame Blutbewegungen des verwendeten Geräts erforderlich. Die zum Teil rasch wechselnden Befunde in der Dynamik der pharmakologisch induzierten Erektion erfordern ein analoges oder digitales Aufzeichnungssystem, mit dem nach Abschluß der Untersuchung eine Auswertung der Doppler-Spektren möglich ist.

14.2.4.3 Aufklärung des Patienten

Die FKDS der Penisarterien wird üblicherweise mit der intrakavernosalen Injektion einer vasoaktiven Substanz verbunden. Über die möglichen Komplikationen dieser invasiven Untersuchung muß der Patient aufgeklärt werden. Schmerzen und Spannungsgefühl sind mögliche, subjektiv beeinträchtigende Folgen der Injektion. Insbesondere muß aber über die Möglichkeit der Entwicklung eines Priapismus, eines Hämatoms, einer Schwellkörperfibrose, einer kardialen Komplikation (z. B. Angina pectoris), einer Harnröhrenverletzung und einer Infektion gesprochen werden. Der Patient muß darüber informiert sein, daß bei Auftreten eines Priapismus im ungünstigsten Fall der irreversible Verlust der Erektionsfähigkeit möglich ist. Da in Einzelfällen tödliche Ausgänge bei pharmakoninduzierten Priapismen beobachtet wurden (Übersicht bei 31), muß auch auf diese, extrem selten auftretende Komplikation aufmerksam gemacht werden. Dauerfolgen eines Priapismus können vermieden werden, wenn eine frühzeitige Behandlung erfolgt. Der Patient muß darauf hingewiesen werden, daß eine Therapie erforderlich ist, wenn die Erektion länger als 3 Stunden persistiert oder deutlich schmerzhaft ist. Irreversible Schwellkörperschäden sind erst bei einer Priapismusdauer von mehr als 24 Stunden beobachtet worden (33).

14.2.4.4 Patientenlagerung und Position des Untersuchers

Die Untersuchung soll in einer ruhigen Atmosphäre unter besonderer Würdigung der psychisch belastenden Situation durchgeführt werden. Der Patient liegt bequem auf dem Rücken; der Penis kann dabei entweder in normaler Ruheposition oder nach oben geschlagen auf der Bauchhaut liegend untersucht werden. Der Untersucher sitzt neben dem Patienten. Eine Hilfsperson kann während der Untersuchung von Vorteil sein, um bei der Injektion Handreichungen zu machen und Befunde zu protokollieren; dies erleichtert die rasch nach Injektion zu startende Untersuchung und schafft bessere Voraussetzungen für eine rationelle nachträgliche Auswertung.

14.2.4.5 Untersuchungsablauf

Die Penisgefäße können sowohl von dorsal (Abb. 14.**4**, 14.**5**) als auch von ventral dargestellt werden. Insbesondere bei maximaler Erektion kann die ventrale Schallkopfposition von Vorteil sein, da so der Penis seine physiologische Position beibehalten kann. Eine Schichtführung von lateral ermöglicht die synchrone Darstellung beider tiefer Penisarterien (Abb. 14.**6 a**).

Die Untersuchung erfolgt zunächst im flaziden Zustand des Penis im Längs- und Querschnitt. Dabei werden die Aa. dorsales penis und Aa. profundae penis mit Hilfe der farbkodierten Blutbewegungssignale zunächst an der Penisbasis aufgesucht und nach distal verfolgt. Da gerade in Ruhe die arterielle Penisperfusion gering ist, muß mit maximaler Geräteempfindlichkeit gearbeitet werden. An der Penisbasis sollten im Längsschnitt Doppler-Spektren aus allen 4 Arterien abgeleitet werden. Die Schwellkörper sollten nach Strukturinhomogenitäten und vor allem echoreichen Regionen untersucht werden (Verkalkungen, Fibrosierungen).

Anschließend erfolgt die Injektion einer vasoaktiven Substanz in das Corpus cavernosum. Hierzu stehen Prostaglandin E_1 (PGE_1) und Papaverin bzw. ein Papaverin-Phentolamin-Gemisch zur Verfügung. Dem PGE_1 wird in der letzten Zeit vor allem in Europa der Vorzug gegeben, da die Komplikationsrate nach intrakavernosaler Injektion von Papaverin bzw. des Papaverin-Phentolamin-Gemisches signifikant höher ist als nach PGE_1 (10, 23, 31, 32, 40). Dies gilt insbesondere für die Entstehung von Priapismen, die nach papaverinhaltigen Pharmaka deutlich häufiger auftreten als nach PGE_1. Für PGE_1 wird für die erste Testinjektion im allgemeinen eine Dosis von 20 µg in 1 ml Kochsalzlösung empfohlen; gelegentlich werden auch 10 µg als ausreichend angesehen. Im amerikanischen Sprachraum ist – entsprechend dem Stand der Literatur 1993 – noch überwiegend das Papaverin als vasoaktive Substanz in der Diagnostik und Therapie der erektilen Dysfunktion in Benutzung. In den meisten Studien werden als erste Testdosis 60 mg empfohlen (7, 11, 21, 35, 36). Die Injektion erfolgt mit einer 26 oder 28 Gauge-Nadel seitlich in das Corpus cavernosum. Wegen der anatomischen Verbindungen beider Corpora cavernosa genügt die Injektion in eine Seite; nach Injektion sollte die Injektionsstelle kurz komprimiert und der Penis unter leichter manueller Kompression an der Penisbasis durch den Patienten kurz massiert werden, um die Verteilung des Pharmakons zu verbessern.

Nach Dokumentation des Zeitpunkts der Injektion erfolgt die Darstellung der tiefen Penisarterien im Längsschnitt und die Ableitung und Aufzeichnung von Doppler-Spektren. Um die Dynamik der Penisperfusion während des Erektionsvorgangs zu erfassen, muß möglichst rasch nach Injektion mit der Aufzeichnung der Spektren begonnen (Abb. 14.**7 b** und 14.**8 b**) und diese in Abständen von 1 Minute über einen Zeitraum von 10 Minuten fortgeführt werden. Anschließend können die Zeitintervalle auf 2 Minuten verlängert werden, entweder bis zum Eintreten der vollen Erektion oder bis 30 Minuten nach Injekton (11). Beobachtet man in der Frühphase ein gleichförmiges Verhalten der Perfusionsänderung in beiden tiefen Penisarterien, so kann sich im folgenden die Untersuchung auf eines der beiden Gefäße beschränken; bei differentem Verhalten sollte das kräftigere der beiden Gefäße weiter untersucht, nach 5, 10, 20 und 30 Minuten jedoch auch ein Spektrum aus der anderen Arterie abgeleitet werden. Da die Dorsalarterien primär nicht für die Erektion relevant sind, genügt es, aus ihnen Spektren ebenfalls nach 5, 10, 20 und 30 Minuten zu gewinnen; sind beide tiefen Arterien verschlossen, müssen die Dorsalarterien engmaschiger untersucht werden (Abb. 14.**5**).

Ist während der Tumeszenz- oder Erektionsphase in einem bestimmten Zeitintervall die Charakteristik der Doppler-Spektren konstant, so ist Zeit für die systematische Darstellung der arteriellen und venösen Gefäßsituation im Längs- und Querschnitt. Dabei ist auf Gefäßverlaufsvariationen, Gefäßabbrüche und Kaliberschwankungen zu achten. Der positive oder negative Nachweis der Perfusion in den 4 Arterien im proximalen, mittleren und distalen Penisdrittel sollte registriert werden. Während der Darstellung der Arterien sollte darauf geachtet werden, ob sich die großen venösen Gefäße (Vv. dorsales) darstellen

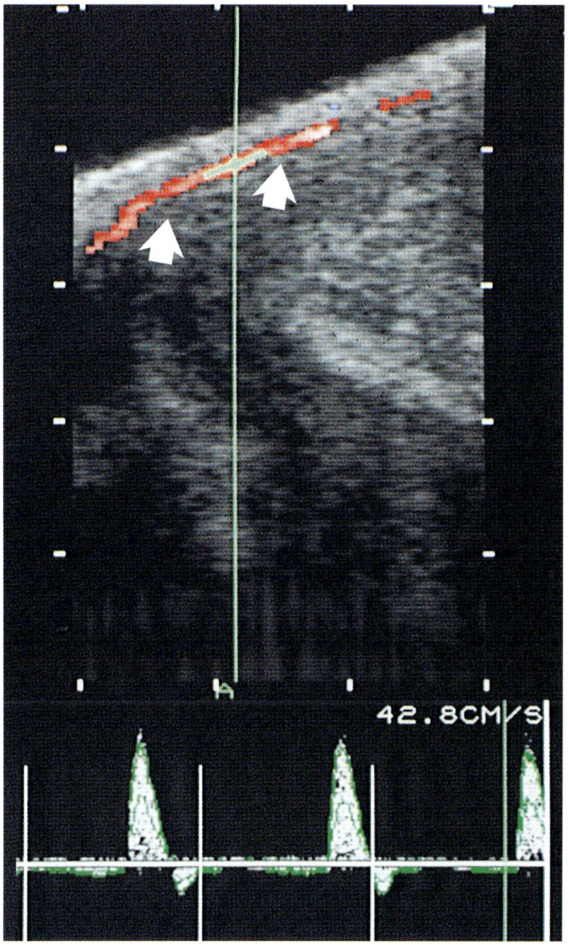

Abb. 14.**5** FKDS der A. dorsalis penis (Pfeile) im Längsschnitt mit Ableitung eines Doppler-Spektrums. Normalbefund bei voller Erektion nach intrakavernosaler Injektion von PGE_1. Flußrichtung von links nach rechts. Das Spektrum zeigt einen hohen peripheren Gefäßwiderstand

(Abb. 14.**4 c**). Eine Ableitung von Spektren aus den Penisvenen ist nicht notwendig.

Kommt es nach 10–15 Minuten nur zu einer deutlichen Tumeszenz, nicht jedoch zu einer rigiden Erektion, so sollte die Untersuchung kurz unterbrochen und der Patient für einige Minuten allein gelassen werden; erfahrungsgemäß kommt es – insbesondere nach Injektion von PGE_1 – durch die Anspannung in der Untersuchungssituation (permanenter Kontakt des Schallkopfs mit dem Penis) gerade bei jüngeren Männern zu einer vorübergehenden, psychogenen Beeinträchtigung der Ausbildung einer vollen Erektion, was durch die kurzfristige Unterbrechung der Untersuchung aufgehoben werden kann. In der Literatur werden daher auch gelegentlich in Ergänzung der pharmakologischen Provokation manuelle, visuelle oder gedankliche erotische Stimuli empfohlen (38, 39).

Liegt eine arterielle Perfusionsstörung vor, sollten zusätzlich die Beckenarterien mit der FKDS untersucht werden (s. Kapitel 6). Zwar ist eine direkte

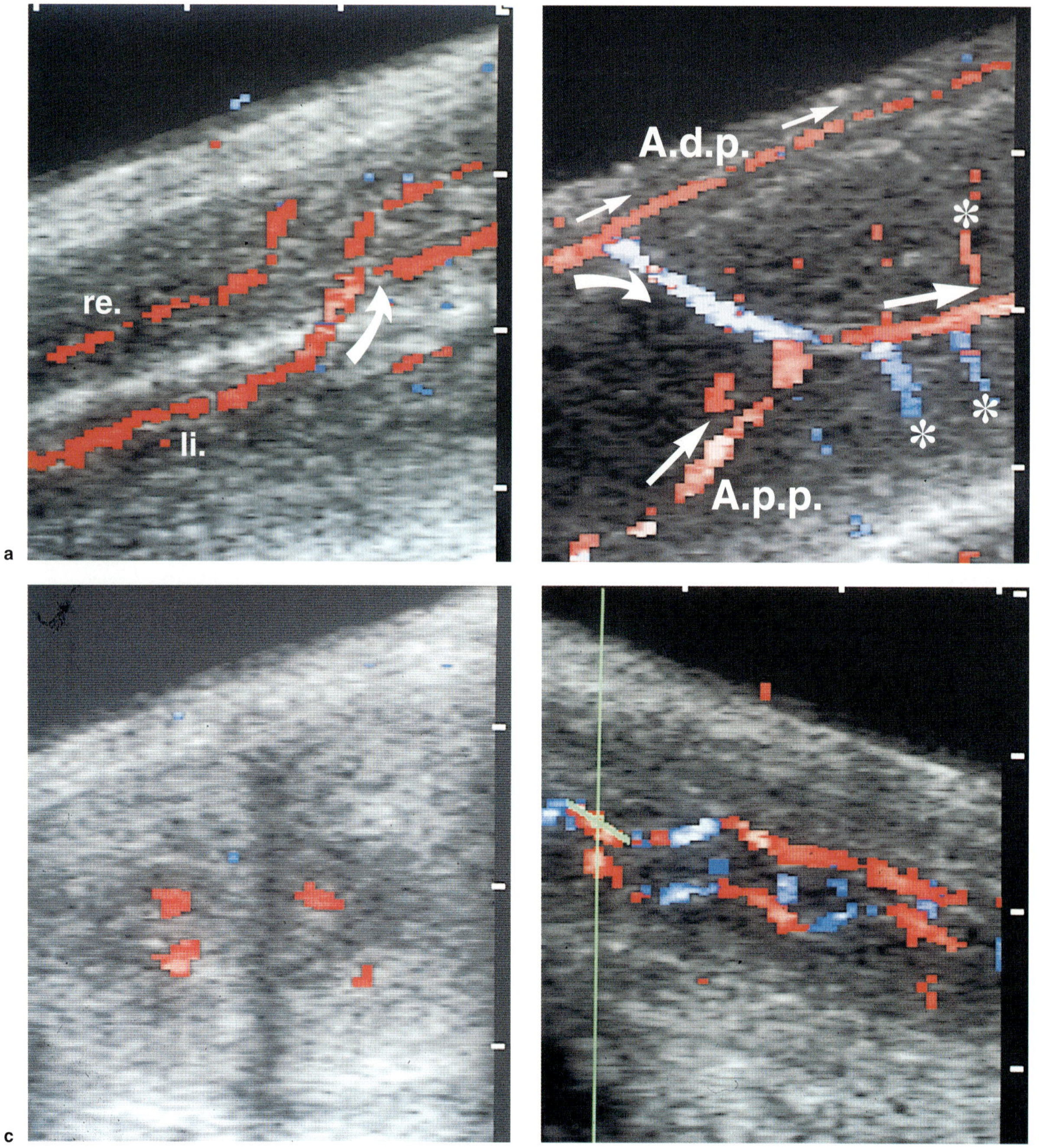

Abb. 14.**6a–d** Varianten der arteriellen Penisgefäße:
a Längsschnitt von rechts lateral. Hypoplasie der rechten A. profunda penis (rechts) mit Abbruch des Gefäßes im mittleren Penisdrittel. Sehr kräftige linke A. profunda penis (links), die das interkavernosale Septum kreuzt (Pfeil)

b Kommunikation (gebogener Pfeil) zwischen der A. dorsalis penis (A.d.p.) und der A. profunda penis (A.p.p). Kräftige Helizinalarterien (Sternchen), gerade Pfeile = Flußrichung in der A. dorsalis penis bzw. der A. profunda penis

c Doppelung der A. profunda penis, Querschnitt in Penismitte: Signale aus 4 arteriellen Gefäßen in den Corpora cavernosa, kein Nachweis einer Perfusion im Verlauf der der A. dorsalis penis beidseits (nicht angelegte Gefäße?)

d Doppelung der A. profunda penis, Längsschnitt. Identischer Patient wie in Abb. 14.**6 c**: kräftige und geschlängelt verlaufende Aa. profundae penis

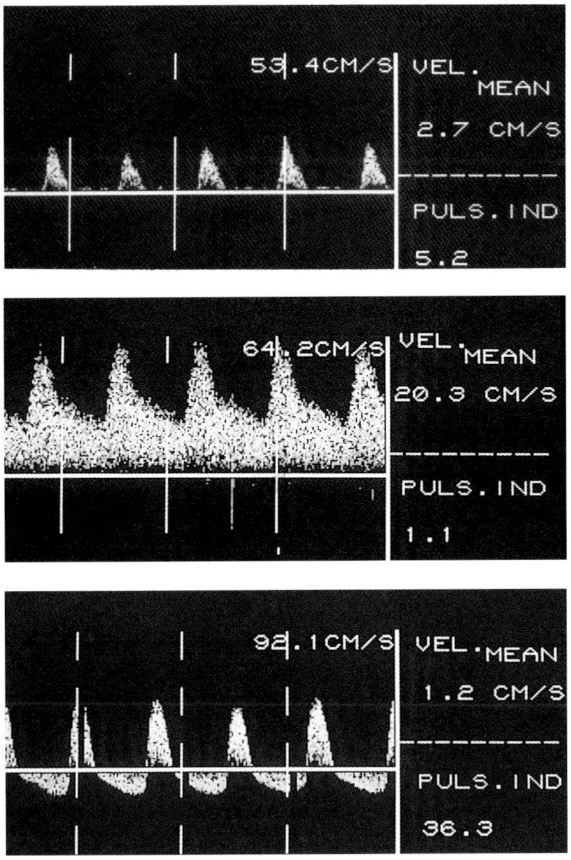

Abb. 14.**7a–c** Änderung der Doppler-Spektren in unterschiedlichen Erektionsphasen. Normalbefund. Messung in der A. profunda penis vor und nach Injektion von 10 µg PGE_1:
a Ruhephase: Steiler systolischer Anstieg. Systolische Maximalgeschwindigkeit = 18 cm/s. Nur minimaler antegrader Fluß in der Diastole (hoher peripherer Gefäßwiderstands, PI = 5,2). Die über die Zeit integrierte mittlere Strömungsgeschwindigkeit beträgt 2,7 cm/s
b Füllungsphase 30 Sekunden nach Injektionsende: Anstieg der systolischen Spitzengeschwindigkeit auf 61 cm pro s. Starker diastolischer Vorwärtsfluß als Ausdruck des niedrigen peripheren Widerstandes (PI = 1,1). Starke Erhöhung der mittleren Strömungsgeschwindigkeit auf 20,3 cm/s (etwa das 7fache des Ausgangswerts)
c Rigidität, 15 Minuten nach Injektion: Absinken der systolischen Maximalgeschwindigkeit auf 45 cm/s, erheblicher diastolischer Rückwärtsfluß (peripherer Widerstand höher als im Ruhezustand, PI = 36,3) Reduktion der integralen Strömungsgeschwindigkeit (1,2 cm/s) unter den Ruhewert als Ausdruck des geringen Erhaltungsflusses bei maximaler Erektion

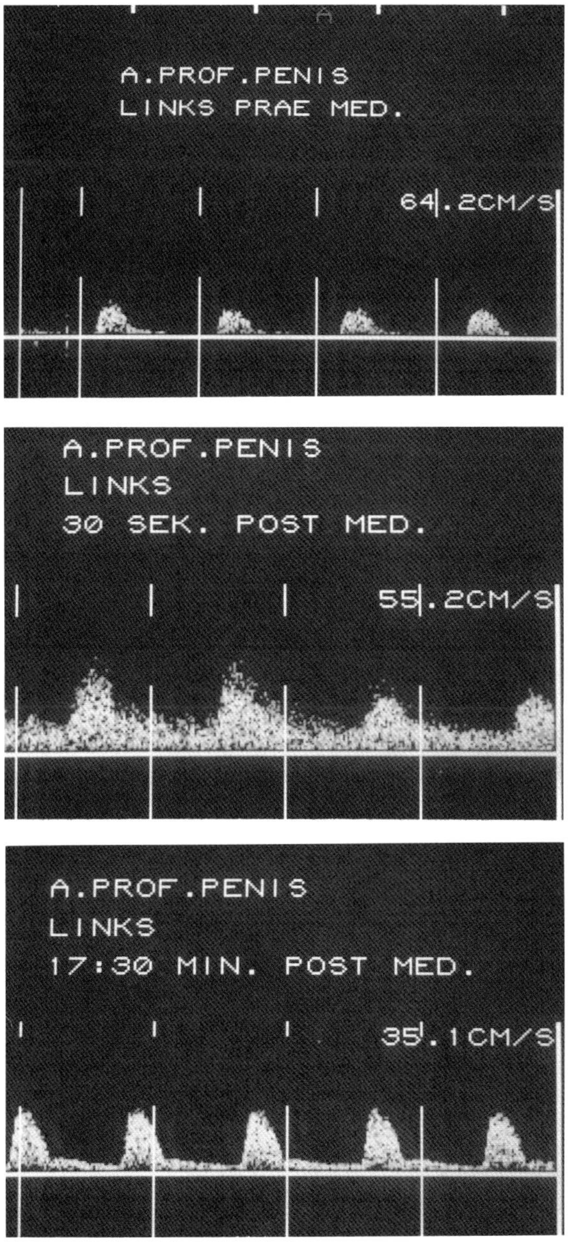

Abb. 14.**8a–c** Doppler-Spektren bei einem Patienten mit arteriell bedingter ED:
a Ruhezustand: Verbreiterter systolischer Gipfel (poststenotisches Spektrum). Systolische Maximalgeschwindigkeit = 12 cm/s
b Nach Injektion von 20 µg PGE_1: Nur mäßiger Anstieg der systolischen Geschwindigkeit auf 22 cm/s bei Absenkung des peripheren Widerstands
c Auch im späteren Verlauf wird der Grenzwert der systolischen Spitzengeschwindigkeit von 25 cm/s nicht erreicht

Beurteilung des Iliaca-Interna-Stromgebietes mit der FKDS nicht möglich, Stenosen oder Verschlüsse der A.iliaca communis oder der Aorta – die für eine Minderperfusion des Penis ursächlich sein können – werden jedoch erfaßt.

Nach Abschluß der Untersuchung muß der Patient nochmals darauf aufmerksam gemacht werden, daß ein Urologe aufzusuchen ist, wenn die Erektion länger als 3 Stunden anhält oder schmerzhaft ist.

Bei der Auswertung der Doppler-Spektren müssen nach Winkelkorrektur die maximale systolische Geschwindigkeit (Vmax) und die minimale diastolische Geschwindigkeit (Vmin) in der A. profunda penis ermittelt werden. Da trotz identischer Dosis der vasoaktiven Substanz der jeweils maximale systolische Spitzenwert bzw. der minimale diastolische Wert zu unterschiedlichen Zeitpunkten vorkommen können (11), ist häufig die Betrachtung der gesamten Videoaufzeichnung des Untersuchungsablaufes erforderlich. Um die Auswertung etwas rationeller zu gesalten, sollte während der Untersuchung notiert werden, in welcher Zeitspanne die offensichtlich höchsten systolischen Spitzenwerte bzw. diastolischen Minimalwerte beobachtet wurden.

14.2.4.6 Dokumentation

Entscheidend für die Diagnostik der erektilen Dysfunktion ist die möglichst engmaschige Erfassung der Dynamik der hämodynamischen Veränderungen nach Injektion der vasoaktiven Substanz. Dazu ist eine möglichst rasch nach Injektion beginnende und häufig wiederholte Dokumentation von Spektren, vor allem aus den tiefen Penisarterien wichtig. Dabei ist darauf zu achten, daß bei der nachträglichen Auswertung die Zuordnung des jeweiligen Spektrums zum jeweiligen Zeitpunkt nach Injektion möglich ist. Eine nachvollziehbare Beschriftung der einzelnen Videoszenen (Gefäß, Seite, Zeitpunkt) ist daher unbedingt erforderlich.

Neben den oben beschriebenen, häufig abgeleiteten Doppler-Spektren sollten in der Tumeszenz- und Erektionsphase per Videodokumentation erfaßt werden:

- Längschnitt der vier Hauptarterien
- Querschnitt im proximalen, mittleren und distalen Drittel
- gegebenenfalls Aufzeichnung beobachteter Gefäßanomalien oder Gefäßverschlüsse.

Nach Auswertung der Spektren sollten bei der anschließenden Befunderstellung als Fotodokumentation vorliegen:

- Längschnitt der vier Hauptarterien in der Tumeszenzphase,
- Querschnitt im proximalen, mittleren und distalen Drittel,
- beobachtete Gefäßanomalien oder Gefäßverschlüsse,
- Spektrum aus einer der beiden Aa. profundae penis zum Zeitpunkt der maximalen systolischen Geschwindigkeit mit Dokumentation der Geschwindigkeitsmessung und des Zeitpunkts,
- Spektrum aus einer der beiden Aa. profundae penis zum Zeitpunkt der minimalen diastolischen Geschwindigkeit mit Dokumentation der Geschwindigkeitsmessung und des Zeitpunkts.

Die Befundniederschrift kann entweder frei formuliert oder in einen Standardbogen eingetragen werden, in den die gemessenen Geschwindigkeiten vermerkt sowie die beobachteten Gefäßverläufe skizziert werden. Der Zeitpunkt und das Ausmaß der maximalen Erektionsstärke müssen ebenfalls dokumentiert werden.

14.3 Normalbefunde

In den einzelnen Phasen der Erektion können unterschiedliche Charakteristika der Doppler-Spektren beobachtet werden. In Ruhe liegt normalerweise ein typisches Spektrum vom „Extremitätentyp" vor, d. h., daß die Pulsatilität hoch ist bei niedrigem oder sogar kurzzeitig negativem diastolischen Fluß (Abb. 14.**7 a**). Der systolische Gipfel ist steil und kurzdauernd. Normwerte absoluter Geschwindigkeiten in Ruhe existieren nicht, sind wahrscheinlich auch nicht zu erheben und diagnostisch nicht relevant. Wegen der geringen Flußgeschwindigkeiten in den Arterien des flaziden Penis sind die Gefäße häufig über die Farbkodierung nur an der Penisbasis darstellbar, der fehlende Nachweis der Perfusion in Ruhe darf nicht mit einem Gefäßverschluß verwechselt werden. Bei fehlender oder geringer Tumeszenz verlaufen die großen Penisarterien meist geschlängelt, bei der Erektion mit Volumen- und Längenzunahme des Penis werden sie gestreckt. Helizinalarterien sind in Ruhe im allgemeinen nicht darstellbar.

Nach intrakavernosaler Injektion einer vasoaktiven Substanz kommt es sehr rasch zu einer dramatischen, qualitativen und quantitativen Änderung der Durchblutung. Durch die periphere Vasodilatation senkt sich der periphere Widerstand, der arterielle Zustrom steigt stark an, das Spektrum zeigt die Charakteristik einer Parenchymarterie mit kräftigem diastolischen Vorwärtsfluß. Gleichzeitig erhöht sich die systolische Spitzengeschwindigkeit (Abb. 14.**7 b**). Diese Flußcharakteristik liegt in unterschiedlichem Ausmaß in der Füllungs- und Tumeszenzphase vor und repräsentiert die rasche Auffüllung der kavernösen Hohlräume des Schwellkörpers. In dieser Phase ist die Darstellbarkeit der Penisgefäße mit der FKDS am besten, da die Flußrate am höchsten ist (Abb. 14.**4**). Neben den Hauptarterien können auch Aa. helicinae nachgewiesen werden.

Mit Anstieg des intrakavernösen Drucks in der späten Tumeszenz- und vor allem Erektionsphase sinkt bei weiterhin erhöhter systolischer Spitzengeschwindigkeit der diastolische Fluß wieder ab, bis er in der Rigiditätsphase negative Werte erreicht, die Pulsatilität also maximal ist (Abb. 14.**7 c**). Diese Situation repräsentiert den maximalen intrakavernösen Druck mit nur noch geringem Nettoeinstrom von Blut. In der FKDS ist in den Hauptarterien in Systole Vorwärtsfluß, in Diastole reverser Fluß zu beobachten. Helizinalarterien stellen sich deutlich schlechter dar als in der Tumeszenzphase.

In der Detumeszenzphhase reduziert sich der arterielle Zustrom deutlich bei wieder etwas erhöhtem diastolischen Fluß wegen der Eröffnung der venösen Strombahn; die größeren Venen können auch im Normalfall darstellbar sein (Abb. 14.**4 c**).

Die meisten der bisher durchgeführten Duplexstudien (alle unter Verwendung von Papaverin) geben als unteren Normalwert der systolischen Maximalgeschwindigkeit 25 cm/s an (11, 13, 24, 25, 26, 30), wobei in reinen Normalkollektiven meist höhere Geschwindigkeiten erreicht werden (z. B. 47 +/- 9 cm/ s) (7). Als Normalwert der niedrigsten diastolischen Flußgeschwindigkeit, die als Maß für die Kompetenz des venösen Verschlußmechanismus angesehen wird, wird in der neueren Literatur 5 cm/s angegeben (11, 35).

Nach Injektion nimmt der Durchmesser der Penisarterien signifikant zu. Bei Normalpersonen liegt die Zunahme der Gefäßweite bei etwa 0,6 mm (18). Eine relevante diagnostische Aussage ist jedoch aus der Durchmesserbestimmung nicht abzuleiten, eine genaue Entfernungsmessung in dieser Größenordnung ist mit den handelsüblichen Geräten mit 7,5-MHz-Schallköpfen auch nicht möglich.

Ein vorübergehender Fluß in den Dorsalvenen des Penis kann in den ersten Minuten beobachtet werden. Persistiert der Fluß über einen nachfolgenden Zeitraum von mehr als 10 Minuten nach Ablauf der ersten 5 Minuten post injectionem, ist ein venöses Leck wahrscheinlich (11).

14.4 Pathologische Befunde

14.4.1 Vorbemerkungen

Die mögliche Ätiologie der erektilen Dysfunktion (ED) ist vielfältig und nicht selten multifaktoriell. Sie beinhaltet vaskuläre (arterielle, venöse und Mischformen), neurogene, hormonelle, medikamentöse, psychogene und anatomische Ursachen. Vaskuläre Veränderungen stellen die häufigsten Ursachen für eine ED dar. Dabei sind bei etwa zwei Dritteln der Patienten überwiegend das arterielle und in etwa einem Drittel überwiegend das venöse System betroffen (47).

Bei den Erektionsstörungen muß eine primäre von einer sekundären Form unterschieden werden. Unter der primären ED wird diejenige erektile Impotenz verstanden, die seit der Kindheit/Pubertät vorliegt. Sie soll eine Häufigkeit von 0.4% in einem unselektionierten Kollektiv von Männern unter 25 Jahren haben (20). Ursachen primärer Erektionsstörungen sind häufig arterielle oder venöse Mißbildungen (43).

Die sekundäre ED ist eine Erkrankung, die sich nach initial regelrechter Erektionsfähigkeit manifestiert. Sie kann alle eingangs genannten Ursachen haben.

In den folgenden Abschnitten wird lediglich auf arterielle und venöse Pathologien eingegangen; sämtliche Doppler-Verfahren erlauben bei Patienten mit nichtvaskulärer ED nur eine Ausschlußdiagnostik hinsichtlich einer vaskulären Komponente, die Artdiagnose muß im Rahmen des multidiziplinären Untersuchungskonzeptes gestellt werden.

14.4.2 Arterielle Perfusionsstörungen als Ursache der erektilen Dysfunktion

Die Ursachen einer arteriellen Perfusionsstörung des Penis sind vielfältig; sie reichen von angeborenen Gefäßhypoplasien oder -aplasien über traumatisch bedingte Gefäßveränderungen bis zur Arteriosklerose mit allen für deren Entwicklung bekannten Risikofaktoren (4, 5).

Der Ort der arteriellen Gefäßobstruktion, die zur Erektionsstörung führt, kann im gesamten Zustromgebiet des Penis wie auch im Penis selbst liegen. Stenosen und Verschlüsse von der Aorta über die A.iliaca communis und interna bis zur A. pudenda und den einzelnen Penisarterien führen prinzipiell zur selben Symptomatik. Wie auch in den übrigen Gefäßregionen können jedoch Gefäßobstruktionen über lange Zeit durch Kollateralsysteme funktionell kompensiert werden. Liegt zum Beispiel eine einseitige Stenose der A.iliaca communis vor, ist bei sonst intakten Arterien eine ED nicht zu erwarten. Eine beidseitige Stenose der A.pudenda führt jedoch mit großer Wahrscheinlichkeit zur arteriell bedingten ED, da Kompensationsmöglichkeiten aus anatomischen Gründen kaum wahrscheinlich sind. Alle Doppler-Verfahren – auch die FKDS – sind lediglich in der Lage, am Erfolgsorgan die arterielle Perfusion zu beurteilen. Sie stellt immer das Gesamtresultat aus originärer Strombahn und Kollateralsystem dar. Auch wenn Gefäßverschlüsse auf peniler Ebene nachgewiesen werden, ist eine zusätzliche proximale Arterienobstruktion möglich.

Verschlüsse und Verlaufsanomalien der Penisarterien lassen sich nach Pharmakonstimulation mit der FKDS einfach nachweisen (Abb. 14.**6 a–d**). Arterielle Perfusionsstörungen zeigen ein im Vergleich zum Normalkollektiv differentes Verhalten, das sich vor allem in der Doppler-Frequenzanalyse dokumentieren läßt. Die maximale systolische Geschwindigkeit steigt nach Injektion deutlich geringer an als im Normalkollektiv (Abb. 14.**8 a–c** und 14.**9 b**). Als Grenzwert für die systolische Spitzengeschwindigkeit wird 25 cm/s angegeben (11, 13, 24, 25, 26, 30). Dabei hat sich gezeigt, daß eine Messung innerhalb der ersten 5 Minuten nach Injektion (7, 24, 35) oder zu einem Zeitpunkt, der sich an der klinischen Entwick-

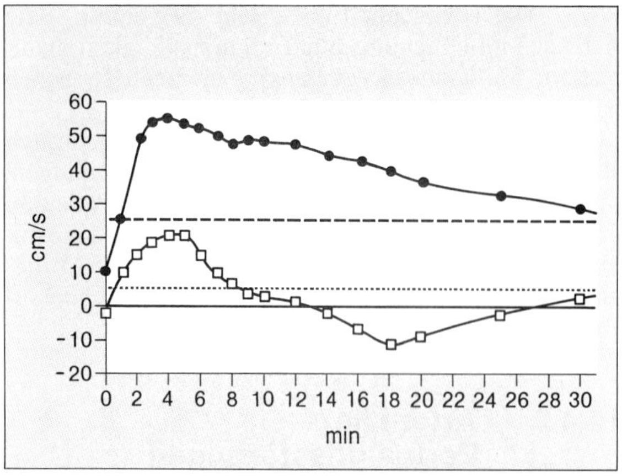

a

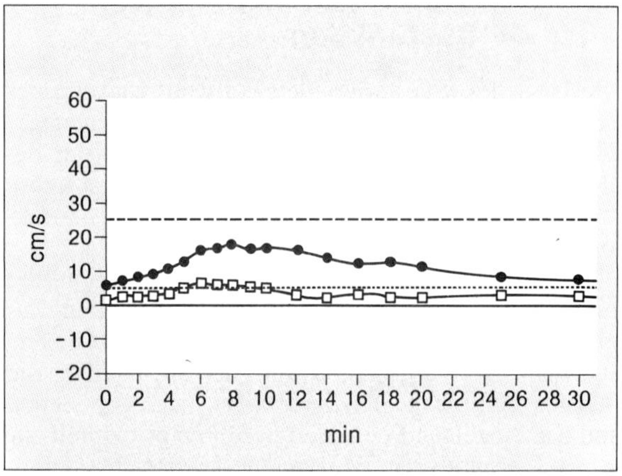

b

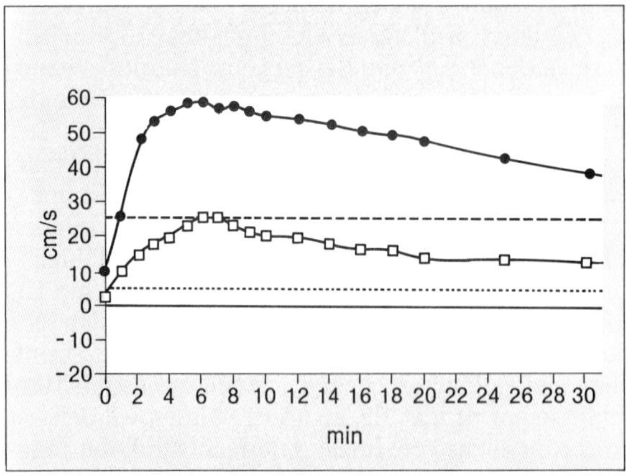

c

Abb. 14.**9a–c** Verlauf der maximalen systolischen Strömungsgeschwindigkeit (obere Kurve) und der minimalen diastolischen Strömungsgeschwindigkeit (untere Kurve) bei pharmakoninduzierter Erektion. Markiert sind die 25 cm/s-Grenze (systolisches Unterschreiten bei arteriell bedingter ED) und die 5 cm/s-Grenze (diastolisches Überschreiten bei venösem Leck; s. Text). Intrakavernosale Injektion zum Zeitpunkt „0“:

a Normalbefund. Die maximale systolische Spitzengeschwindigkeit wird mit 56 cm/s nach 4 Minuten erreicht. Nach initialem Anstieg der diastolischen Geschwindigkeit (Füllungs- und Tumeszenz-Phase) sinkt diese auf negative Werte ab. Die maximale Erektion ist nach etwa 15 Minuten erreicht

b Schwere, arteriell bedingte erektile Dysfunktion: Die systolische Maximalgeschwindigkeit steigt auf höchstens 18 cm/s an. Wegen der unzureichenden arteriellen Auffüllung nur geringe Änderungen der Flußrate in der Diastole (vgl. Abb. 14.**8**)

c Erektile Dysfunktion aufgrund eines venösen Lecks: Die minimale diastolische Flußgeschwindigkeit liegt während der gesamten Untersuchungszeit weit über der 5 cm pro s-Grenze. Adäquate systolische Perfusion, die wegen des kontinuierlich gesteigerten venösen Abflusses länger erhöht bleibt als bei Entwicklung einer vollen Erektion; auch nach Injektion von 40 µg PGE_1 Ausbildung einer nur mäßigen Tumeszenz (kavernosographische und kavernosometrische Sicherung des Befundes)

lung der Tumeszenz/Rigidität orientiert (29, 39), nicht ausreichend ist; lediglich etwa 75% der Patienten erreichen innerhalb der ersten 5 Minuten nach Injektion ihren maximalen systolischen Geschwindigkeitswert. Während Normalpersonen nur geringe Differenzen der Geschwindigkeitswerte beider tiefer Penisarterien aufweisen, soll eine Differenz von größer 10 cm/s zwischen beiden Aa. profundae auf eine beginnende arterielle Störung hinweisen (7).

Alle erwähnten Studien wurden unter Verwendung von Papaverin bzw. Papaverin-Phentolamin-Gemischen durchgeführt, Grenzwerte bei Einsatz des PGE_1 sind bisher nicht publiziert.

Eine besondere Form der arteriellen Minderperfusion des Penis ist beim sogenannten „Pelvic-Steal-Syndrom“ gegeben. Hierbei kommt es zur Minderperfusion im Pudendastromgebiet, wenn das Iliaca-Interna-System als Kollateralkreislauf fungiert (z. B. bei Verschlüssen der A. iliaca externa).

14.4.3 Venöse Abflußstörungen als Ursache der erektilen Dysfunktion (venöses Leck)

Eine rigide Erektion ist nur durch effektive Drosselung des venösen Abflusses möglich. Voraussetzungen sind der ungestörte maximale arterielle Zufluß und die maximale Relaxation der glatten Muskelzellen in den Sinusoiden des Schwellkörpers. Störungen des venösen Verschlußmechanismus („venöses Leck") können auf der Ebene der Sinusoide, der subtunikalen Venengeflechte und der tiefen Schwellkörpervenen entstehen. Trotz suffizientem arteriellen Zustrom entsteht keine volle Erektion, da der intrakavernosale Druck nicht ausreichend ansteigt. Bei der Pharmakontestung zeigen Patienten mit einem venösen Leck keine ausreichende Erektion („non-responder") (48).

Der pathologisch erhöhte venöse Abstrom trotz maximalem systolischen Zustrom führt wegen des erniedrigten peripheren Gefäßwiderstands zu einer charakteristischen Änderung des arteriellen Doppler-Spektrums im Pharmakontest. Es persistiert der diastolische Vorwärtsfluß, die Pulsatilität bleibt relativ niedrig (Abb. 14.**9 c**). Oberhalb einer diastolischen Flußgeschwindigkeit von 5 cm/s besteht der Verdacht auf ein venöses Leck (35). Wie schon bei den arteriellen Perfusionsstörungen beschrieben, gilt auch für die Diagnostik der venösen Insuffizienz, daß über das 5-Minuten-Intervall hinaus untersucht werden muß (bis 30 Minuten post injectionem), sofern keine komplette Erektion eingetreten ist. Unter diesen Voraussetzungen liegt die Sensitivität der 5 cm/s-Grenze bei 95% und die Spezifität bei 83% (11), allerdings mit der methodischen Einschränkung, daß bisher alle Studien unter Verwendung von Papaverin, nicht jedoch von PGE_1 durchgeführt wurden.

Wird ein nach den ersten 5 Minuten auftretender oder bestehender und mehr als 10 Minuten andauernder kontinuierlicher Fluß in den Dorsalvenen beobachtet, sind ebenfalls Anhaltspunkte für ein venöses Leck gegeben (Sensitivität 80%, Spezifität 100%) (11).

14.4.4 Befundkontrolle nach Therapie

Liegen keine anderweitig korrigierbaren, psychogenen oder organischen Ursachen der Impotenz vor und reagiert der Patient bei der Pharmakontestung positiv, wird in den letzten Jahren zunehmend die Schwellkörperautoinjektionstherapie (SKAT) durchgeführt (44, 49). Bei leichten bis mittelschweren arteriell bedingten Impotenzen kann diese Behandlung den gewünschten klinischen Erfolg bringen. Die FKDS hat in der Verlaufskontrolle dieser Patienten nur dann eine Bedeutung, wenn der initial gute Therapieerfolg ausbleibt und eine Progression der zugrundeliegenden Perfusionsstörung vermutet wird.

In bestimmten Fällen kann eine operative Revaskularisation zu einer Besserung der Symptomatik führen. Beispielsweise kann durch die Anastomosierung der A. epigastrica inferior mit einer A. dorsalis penis unter gleichzeitiger Verbindung des letztgenannten Gefäßes mit der V. dorsalis penis profunda eine signifikante Zustromverbesserung zum Schwellkörper erreicht werden (16). In der Nachsorge nach peniler Gefäßanastomose kann die FKDS die Durchgängigkeit des zu- und abführenden Gefäßes sowie die Suffizienz der Anastomose nachweisen (15).

Die operative Therapie des venösen Lecks ist umstritten (16, 46), mit der interventionell-radiologischen Behandlung existieren bisher nur limitierte Erfahrungen (9, 37). Die FKDS kann im Verlauf nach Operation bzw. radiologischer Intervention unter Beurteilung der in 14.4.3 erwähnten Kriterien eine Verlaufskontrolle durchführen.

14.5 Diagnostischer Stellenwert der FKDS im Vergleich mit anderen Verfahren

Die funktionelle und bildgebende Diagnostik der erektilen Impotenz beinhaltet zunehmend sonographische Methoden, während invasive Maßnahmen wie die Pharmakoarteriographie und Pharmakokavernosometrie/-graphie nur noch nach ausgiebiger Vordiagnostik erforderlich sind, wenn invasive Therapien geplant werden sollen. Allerdings stellen diese radiologischen Verfahren auch weiterhin einen Goldstandard dar, da sie allein über die Integrität der gesamten Strombahn, gerade auch im Beckenbereich, direkt Auskunft geben können.

Die FKDS ist in der bildgebenden Diagnostik der erektilen Dysfunktion das jüngste Verfahren (11, 15, 22, 35, 38, 51). Die konventionelle Duplexsonographie ist ebenso wie die inzwischen weitverbreitete CW-Doppler-Sonographie schon länger im klinischen Einsatz (7, 14, 18, 21, 24, 28, 29, 34, 36, 39). Alle Doppler-Verfahren werden grundsätzlich unter medikamentöser Provokation einer Erektion eingesetzt.

Der Vorteil der CW-Doppler-Sonographie liegt in der weiten Verbreitung und im niedrigen Preis der Geräte. Allerdings ist mit ihnen keine quantitative Aussage (Geschwindigkeitsmessung) möglich, da hierzu eine Bildinformation über den Gefäßverlauf erforderlich ist.

Duplexsonographische Verfahren erlauben eine Korrektur des Doppler-Winkels entsprechend dem Längsverlauf des Gefäßes; absolute Geschwindigkeitsmessungen sind somit möglich. Der entscheidende Vorteil der farbkodierten Duplexsonographie im Vergleich mit der einkanaligen Duplexsonographie liegt im wesentlich einfacheren und rascheren Aufsuchen der Gefäße im Echtzeitbild; Verlaufsanomalien und Gefäßverschlüsse sind einfach darstellbar, und die Doppler-Frequenzanalyse nach Injektion vasoaktiver Substanzen kann in erheblich kürzeren

Zeitabständen vorgenommen werden, was der Dynamik der hämodynamischen Veränderungen während Tumeszenz und Erektion besser Rechnung trägt. Nach den bisherigen Studien kann kein Zweifel daran bestehen, daß in der Diagnostik der ED der farbkodierten vor der nicht-farbkodierten Duplexsonographie der Vorzug zu geben ist. Die wesentliche – und nach dem Stand der derzeitigen Literatur bisher nicht beantwortete Frage – lautet: Ist für die rationelle Diagnostik der erektilen Dysfunktion überhaupt die absolute Geschwindigkeitsmessung mittels Duplexsonographie erforderlich? Prospektive Vergleichsstudien zwischen FKDS und CW-Doppler-Sonographie existieren zur Zeit nicht. In Anbetracht der erheblich höheren Kosten des Verfahrens und der – im Vergleich zur CW-Doppler-Sonographie – noch geringen Verbreitung sollte zum gegenwärtigen Zeitpunkt die pharmakonunterstützte FKDS nicht als erste Screening-Methode eingesetzt werden. Sie ist indiziert bei der primären erektilen Dysfunktion zum Ausschluß penilvaskulärer Fehlbildungen, bei allen, ursächlich nicht anderweitig klärbaren organischen Impotenzen, bei denen höhere Dosen bei der SKAT-Testung benötigt werden als zur Primärtestung empfohlen wird (vor allem schwerere arterielle Störung) und bei allen Non-Respondern des SKAT-Tests, bei denen der Verdacht auf ein venöses Leck besteht. Grundsätzlich sollte eine FKDS immer dann erfolgen, wenn invasive Maßnahmen zur Diagnostik (Pharmakoarteriographie, Pharmakokavernosometrie/-graphie) und zur Therapie (arterielle Revaskularisation, Venenchirurgie, radiologische Venenokklusion) geplant sind.

Die Problematik der Geschwindigkeitsmessungen in den Penisarterien ist bisher nicht abschließend gelöst worden. Lokale Geschwindigkeitserhöhungen im Rahmen peniler Gefäßstenosen können zu falsch-negativen Ergebnissen führen, wenn immer an einem Meßort untersucht wird. Geschwindigkeitsmessungen in einem Gefäß berücksichtigen die komplexe Kollateralisation auf peniler Ebene nur unzureichend. Zusätzlich wird das jeweilige Herzzeitvolumen die Penisperfusion beeinflussen. Kombinationen aus arteriellen und venösen Veränderungen überlagern sich und können nicht immer hinreichend mit der Doppler-Frequenzanalyse hinsichtlich ihres jeweiligen Anteils differenziert werden. Die bisher publizierten Grenzwerte der systolischen und diastolischen Strömungsgeschwindigkeiten basieren auf Studien mit Papaverin-Stimulation; unter dem Aspekt geringerer Nebenwirkungen sollte jedoch Prostaglandin E_1 eingesetzt werden. Nach eigenen Erfahrungen ist die Rate falsch positiver Resultate hinsichtlich der Diagnose eines venösen Lecks auch bei höheren Dosierungen von PGE_1 höher als bei Papaverin-Injektion, möglicherweise weil mit der beschriebenen Untersuchungstechnik ein erheblicher Untersuchungsstreß entsteht, der die Wirkung des (physiologischeren) PGE_1 eher zu hemmen vermag als diejenige des Papaverin.

Im Gegensatz zu zahlreichen anderen Indikationen (z. B. Karotissystem, Extremitätenarterien), bei denen Duplexverfahren definitive Diagnosen liefern und häufig letzte Diagnostikstation vor Festlegung der Therapie sind, stellt die FKDS in der Abklärung der erektilen Dysfunktion bisher einen weniger bedeutenden, jedoch nicht unwichtigen Baustein in der Diagnostik dar. Sie vermag den wesentlichen Anteil der organisch bedingten Impotenzen differentialdiagnostisch einzuengen. Ohne begleitende Diagnostik ist jedoch die Abklärung der ED inkomplett. Der endgültige Stellenwert der FKDS in der Diagnostik der erektilen Dysfunktion muß noch in größeren prospektiven Studien festgelegt werden.

14.6 Literatur

1 Aboseif, S.R., T.F. Lue: Hemodynamics of penile erection. Urol. Clin. Amer. 15 (1988) 1–7

2 Aboseif, S.R., T.F. Lue: Fundamentals and hemodynamics of penile erection. Cardiovasc. intervent. Radiol. 11 (1988) 185–190

3 Andersson, K.E., H. Helund, A. Mattiasson: Relaxation of isolated human corpus spongiosum induced by vasoactive intestinal polypeptide, substance P, carbachol and electrical field stimulation. Wld. J. Urol. (1983) 203–208

4 Bähren, W., H. Gall, W. Scherb, C. Stief, W. Thon: Arterial anatomy and arteriographic diagnosis of arteriogenic impotence. Cardiovasc. intervent. Radiol. 11 (1988) 195–210

5 Bähren, W., W. Scherb, H. Gall, A. Gallwitz, J.E. Altwein: Selektive Arteriographie der A.pudenda interna bei posttraumatischer erektiler Dysfunktion. Fortschr. Röntgenstr. 143 (1985) 334–341

6 Benson, G.S., J.A. McConnell, W.A. Schmidt: Penile polsters: functional structures or atherosclerotic changes? J. Urol. 125 (1981) 800–803

7 Benson, C.B., M.A. Vickers: Sexual impotence caused by vascular disease: diagnosis with duplex sonography. Amer. J. Roentgenol. 153 (1989) 1149–1153

8 Collins, W.E., J.B.R. McKendry, M. Silverman, L.E. Krul, J.P. Collins, A.H. Irvine: Multidisciplinary survey of erectile impotence. Canad. med. Ass. J. 128 (1983) 1393–1399

9 Courtheoux, P., D. Maiza, J.-P. Henriet, C.D. Vaislic, C. Evrard, J. Theron: Erectile dysfunction caused by venous leakage: treatment with detachable balloons and coils. Radiology 161 (1986) 807–809

10 Earle, C.M., E.J. Keogh, Z.S. Wisniewski, A.G.S. Tulloch, D.J. Lord, G.R. Watters, C. Glatthaar: Prostaglandin E1 therapy for impotence, comparison with papaverine. J. Urol. 143 (1990) 57–59

11 Fitzgerald, S.W., S.J. Erickson, W.D. Foley, E.O. Lipchik, T.L. Lawson: Color Doppler sonography in the evaluation of erectile dysfunction. Amer. J. Roentgenol. 157 (1991) 331–336

12 Forster, A.: Beiträge zur Anatomie der äußeren männlichen Geschlechtsorgane des Menschen. Z. Morphol. Anthropol. 6 (1903) 435–501

13 Fried, J.J., B.C. Mellinger, E.D. Vaughan: Papaverine-induced penile blood flow acceleration in impotent men measured by duplex scanning. J. Urol. 141 (1989) 418

14 Gall, H., C.H. Sparwasser, C.G. Stief, W. Bähren, W. Scherb, G. Holzki: Diagnosis of venous incompetence in erectile dysfunction. Urology 35 (1990) 235–238

15 Gehl, H.-B., R. Sikora, K. Bohndorf, M. Sohn, D. Vorwerk: Darstellung von Penisgefäßanastomosen mittels farbkodierter Doppler-Sonographie: Vergleich mit CW-Dopplersonographie und Klinik. Ultraschall in Med. 11 (1990) 155–160

16 Hauri, D.: Operative Möglichkeiten in der Therapie der vaskulär bedingten erektilen Impotenz. Urologe, Ausg. A 28 (1989) 260–265

17 Jünemann, K.P., J.A. Luo, N.L. Benowitz, E.A. Tanagho: The effect of cigarette smoking on penile erection. J. Urol. 137 (1987) 186

18 Jünemann, K.-P., M.Siegsmund, M.Löbelenz, P.Alken: Doppler-Sonographie der Penisarterien. Urologe Ausg. A 29 (1990) 113–119

19 Kiely, J.M., H.D.Pohle: Impotenz in den USA – eine weitverbreitete und häufig erfolgreich behandelbare gesundheitliche Störung. Mayo Clin. Hlth. Lett. 9 (1986) 1–9

20 Kinsey, A.C., W.B. Pomeroy, C.E. Martin: Sexual behavior in the human male. W.B.Saunders Co., Philadelphia 1948

21 Krysiewicz, S., B.C. Mellinger: The role of imaging in the evaluation of impotence. Amer. J. Roentgenol. 153 (1989) 1133–1139

22 Landwehr, P., R.A. Zink: Farbkodierte Duplexsonographie des Penis bei erektiler Dysfunktion. Ultraschall. Klin. Prax. (Suppl.) 1 (1989) 134
23 Liu, L.-C., C.-C. Wu, L.-H. Liu, C.-P. Chiang, C.H. Huang, Y.-H. Chou, L.-B. Tan: Comparison of the effects of papaverine versus prostaglandin E1 on penile blood flow by color duplex sonography. Europ. Urol. 19 (1991) 49–53
24 Lue, T.F., H. Hricak, K.W. Marich, E.A. Tanagho: Vasculogenic impotence evaluated by high resolution ultrasonography and pulsed Doppler spectrum analysis. Radiology 155 (1989) 777–781
25 Lue, T.F., H. Hricak, K.W. Marich, E.A. Tanagho: Evaluation of arteriogenic impotence with intracorporeal injection of papaverine and the duplex ultrasound scanner. Semin. Urol. 3 (1985) 43–48
26 Lue, T.F., E.A. Tanagho: Physiology of erection and pharmacological management of impotence. J. Urol. 137 (1987) 829–836
27 Masters, W.H., Johnson,V.E.: Human sexual inadequacy. Little Brown, Boston (1970)
28 Melman, A.: The evaluation of erectile dysfunction. Urol. Radiol. 10 (1988) 119–128
29 Müller,S.C., H.v. Wallenberg-Pachaly, G.E. Voges, H.H. Schild: Comparison of selective internal iliac pharmaco-angiography, penile brachial index and duplex sonography with pulsed Doppler analysis for the evaluation of vasculogenic (arteriogenic) impotence. J. Urol. 143 (1990) 928–932
30 Padma-Nathan, H., I. Goldstein, R.J. Krane: Evaluation of the impotent patient. Semin. Urol. 4 (1986) 225–232
31 Porst, H.: Prostaglandin E1 bei erektiler Dysfunktion. Urologe, Ausg. A 28 (1989) 94–98
32 Porst, H.: Stellenwert von Prostaglandin E1 (PGE1) in der Diagnostik der erektilen Dysfunktion (ED) im Vergleich zu Papaverin und Papaverin / Phentolamin bei 61 Patienten mit ED. Urologe, Ausg. A 27 (1988) 22–26
33 Porst, H., H.v. Ahlen: Pharmakon-induzierte Priapismen – ein Erfahrungsbericht über 101 Fälle. Urologe, Ausg. A 28 (1989) 84–87
34 Porst, H., H.v. Ahlen, O. Köster, K.-H. Schlolaut: Vergleich von Papaverin-induzierter Doppler-Sonographie und Angiographie in der Diagnostik der erektilen Dysfunktion. Urologe, Ausg. A 27 (1988) 8–13
35 Quam, J.P., B.F. King, E.M. James, R.W. Lewis, D.M. Brakke, D.M. Ilstrup B.G. Parulkar, R.R. Hattery: Duplex and color Doppler sonographic evaluation of vasculogenic impotence. Amer. J. Roentgenol. 153 (1989) 1141–1147
36 Rajfer, J., V. Canan, F.J. Dorey, C.M. Mehringer: Correlation between penile angiography and duplex scanning of cavernous arteries in impotent men. J. Urol. 143 (1990) 1128–1130
37 Schild, H., S.C. Müller, R.A. Bürger, Th. Fritz: Transpenile Venenokklusion zur Therapie der erektilen Impotenz. Fortschr. Röntgenstr. 151 (1989) 470–472
38 Schwartz, A.N., K.Y. Wang, L.A. Mack, M. Lowe, R.E. Berger, D.R. Cyr, M. Feldman: Evaluation of normal erectile function with color flow Doppler sonography. Amer. J. Roentgenol. 153 (1989) 1155–1160
39 Shabsigh, R., I.J. Fishman, E.T. Quesada, C.K. Seale-Hawkins, J.K. Dunn: Evaluation of vasculogenic erectile impotence using penile duplex ultrasonography. J. Urol. 142 (1989) 1469–1474
40 Stackl, W., R. Hasun, M. Marberger: Intracavernous injection of prostaglandin E1 in impotent men. J. Urol. 140 (1988) 66–68
41 Stief, C.G., W. Bähren, H. Gall, W. Scherb, J.E. Altwein: Erektile Dysfunktion. Dtsch. Ärztebl. 84 (1987) 862–867
42 Stief, C.G., W. Bähren, H. Gall, W. Scherb: Functional evaluation of penile hemodynamics. J. Urol. 139 (1988) 734–737
43 Stief, C.G., W. Bähren, W. Scherb, H. Gall: Primary erectile dysfunction. J. Urol. 141 (1989) 315–319
44 Stief, C.G., H. Gall, W. Scherb, W. Bähren: Mid-term results of autoinjection therapy for erectile dysfunction. Urology 31 (1988) 483–485
45 Strauss, E.B.: Impotence from the psychiatric stand point. Brit. Med. J. 1 (1950) 697
46 Treiber, U., P. Gilbert: Venous surgery in erectile dysfunction: a critical report on 116 patients. Urology 34 (1989) 22–27
47 Virag, R., P. Bouilly, D. Frydman: Is impotence an arterial disorder? A study of arterial risk factors in 440 impotent men. Lancet I (1985) 181–184
48 Weiske, W.-H.: Pharmakokavernosometrie und Pharmakokavernosographie bei erektiler Dysfunktion. Urologe, Ausg. A 29 (1990) 126–134
49 Weiske, W.-H.: Drei Jahre Erfahrungen mit der Schwellkörperautoinjektionstherapie. Urologe, Ausgabe A 28 (1989) 253–257
50 Zentgraf, M., B.Iffländer: Erektile Dysfunktion – Impotenz. Dtsch. Ärztebl. 84 (1987) 1998
51 Zink, R.A., P. Landwehr: Color duplex sonography. A new tool in the evaluation of erectile dysfunction. J. Urol. 141 (1989) 187

15 Schilddrüse

F. Fobbe

15.1 Allgemeine Bemerkungen

Schilddrüsenerkrankungen treten in vielen Teilen der Welt endemisch auf. Insbesondere spielt die diffuse Vergrößerung, die Struma, eine große Rolle. In den alten Bundesländern der BRD sollen bis zu 15 % der Bevölkerung unter dieser Erkrankung leiden (16). Vorwiegend bei älteren Patienten kann sich bei alimentärem Jodmangel aus einer Struma nodosa ein autonomes Adenom entwickeln. Wahrscheinlich besteht auch eine Beziehung zwischen Jodmangel und Schilddrüsenmalignomen, zumindestens aber besteht ein Zusammenhang zwischen Jodmangel und der Entdifferenzierung eines Karzinoms (12,16,21). Aus diesen Gründen werden nichtinvasive, einfache, reproduzierbare und preiswerte Untersuchungstechniken gefordert. Mit modernen Geräten können sonographisch auch kleine Strukturstörungen in der Schilddrüse erfaßt werden. Leider gestattet die Sonomorphologie es aber nicht, bei einem Patienten mit einer Struma ein autonomes Adenom oder ein Karzinom auszuschließen. Zur Standarddiagnostik gehört deshalb bisher neben der klinischen Untersuchung und den Laborwerten die Szintigraphie und die Feinnadelbiopsie (16).

1976 publizierte Zachrisson (28) seine Ergebnisse von angiographischen Untersuchungen bei Patienten mit Schilddrüsenerkrankungen. Er fand heraus, daß die Art der Vaskularisation Rückschlüsse auf die Dignität und auf die Funktion der Schilddrüse zuließ. Mit der FKDS ist auch die Perfusion von parenchymatösen Organen zu erfassen. Unsere Untersuchungen haben gezeigt, daß damit eine Aussage zur Differentialdiagnose einer Struma möglich ist.

15.2 Normale Anatomie und häufige Varianten, Untersuchungstechnik und Dokumentation

15.2.1 Normale Anatomie und häufige Varianten

Die Schilddrüse hat zwei ovale Lappen, die der Luftröhre bzw. dem kaudalen Kehlkopf beidseits ventrolateral anliegen. Über eine Gewebsbrücke – den Isthmus – werden beide Lappen vor der Trachea (2. – 3. Trachealknorpel, HWK 7) verbunden. Von diesem Isthmus aus zieht gelegentlich ein schmaler Gewebestreifen nach kranial zum Zungenbein (Lobus pyramidalis). Jeder Lappen ist etwa 5 cm lang und hat in antero-posteriorer bzw. transversaler Richtung einen Durchmesser von 2 – 3 cm. Während der Menstruation und der Schwangerschaft kommt es zu einer Größenzunahme.

Das Organ ist von einer bindegewebigen Faszie umhüllt. Ventral wird die Schilddrüse von den unteren Zungenbeinmuskeln und von venterolateral vom M. sternocleidomastoideus bedeckt. Dorsolateral liegen von medial nach lateral die A. carotis communis, der N. vagus und die V. jugularis interna dem Schilddrüsenlappen an. An der Rückseite jedes Lappens – aber innerhalb der Kapsel – liegen gewöhnlich 4 Epithelkörperchen (Glandulae parathyroideae). Sie sind etwa 6 mm lang und 3 – 4 mm breit und tief. Neben diesen 4 können zusätzliche Epithelkörperchen sowohl innerhalb der Kapsel als auch außerhalb vorkommen.

Die arterielle Versorgung der Schilddrüse erfolgt über die jeweils paarige A. thyroidea inferior aus dem Truncus thyro-cervicalis und der A. thyroidea superior aus der A. carotis externa. Beide Arterien erreichen die Schilddrüse über den unteren bzw. oberen Pol. Von dort laufen sie subkapsulär um das Organ herum und geben Äste nach innen ab. Eine fünfte, nicht paarige Arterie, die A. thyroidea ima kann vorkommen. Das Gefäß entspringt entweder aus dem Aortenbogen oder aus dem Truncus brachiocephalicus. Zwischen den einzelnen Arterien gibt es viele Verbindungen. Die Venen bilden einen Plexus an der Oberfläche der Schilddrüse. Aus diesem Plexus formt sich die jeweils paarige Vv. thyroideae superior, media et inferior. Die Vv. thyreoideae superior et media münden in die V. jugularis interna, die V. thyreoidea inferior mündet entweder getrennt oder zusammen mit dem Gefäß der Gegenseite in die linke V. brachio-cephalica. Die innerhalb der Kapsel der Schilddrüse liegenden Epithelkörperchen werden von den Schilddrüsengefäßen mit versorgt (8).

15.2.2 Untersuchungstechnik

Die Untersuchung erfolgt am besten in Rückenlage des Patienten. Ein Polster unter dem Rücken sorgt für eine Hyperextension des Halses und damit leichteren Zugang zur Schilddrüse. Durch die Überstreckung kommt es zu einer Verschiebung der Schilddrüse nach kranial, und die kaudalen Abschnitte können besser eingesehen werden. Es ist jedoch darauf zu achten, daß der Hinterkopf des Patienten auf der Unterlage aufliegt (insbesondere wichtig bei älteren Menschen mit eingeschränkter Beweglichkeit der HWS). Bei einem frei nach hinten hängenden Kopf wird die Halsmuskulatur angespannt und dadurch die Anpassung des Schallkopfs an die Haut behindert. Zusätzlich führt die angespannte Muskulatur zu einer stärkeren Absorption und Streuung der Schallwellen. Jeder Schilddrüsenlappen wird längs und quer vollständig erfaßt. Das gleiche gilt für den Isthmus. Bei umschriebenen pathologischen Befunden kann in zusätzlichen Ebenen untersucht werden. Für die nötige räumliche Auflösung ist ein Schallkopf mit einer Frequenz von 7,5 MHz am besten geeignet. Nach der Optimierung des Grauwertbilds soll die Farbkodierung so eingestellt werden, daß eine Frequenzverschiebung ab 80 Hz (bei Verwendung eines Schallkopfs von 7,5 MHz) erfaßt wird. Bei dieser Einstellung muß das Lumen der A. carotis in der Systole vollständig mit Farbsignalen gefüllt sein. Beurteilt wird immer die örtlich umschriebene oder diffuse Vermehrung der Blutbewegungssignale. Während der Untersuchung dürfen deshalb die Geräteparameter nicht verändert werden. Für eine gute Grauwertdarstellung soll der Schallkopf möglichst senkrecht zur Haut geführt werden. Da die Gefäße im Schilddrüsenparenchym in alle Richtungen verlaufen, stört die Schallkopfhaltung nicht die Erfassung der Perfusion. Ein Wasservorlauf erlaubt die einfachere Anpassung des Schallkopfs an die Haut und eine bessere Darstellung der schallkopfnahen Strukturen.

15.2.3 Dokumentation

Zur Dokumentation sollen jeder Schilddrüsenlappen sowie der Isthmus in 2 Ebenen (im maximalen Durchmesser) erfaßt werden. Zusätzlich müssen pathologische Veränderungen ebenfalls in 2 Ebenen festgehalten werden. Da die Gewebeperfusion nur im Echtzeitbild beurteilt werden kann, ist hierfür eine Videoaufzeichnung notwendig. Für Verlaufskontrollen sind zusätzlich die Geräteparameter wichtig (Einstellung des Grauwertbilds, Schwelle und Intensität der Farbkodierung).

15.3 Normale Befunde in der FKDS

Die normale Schilddrüse ist glatt begrenzt, läßt sich gut zu den umgebenden Strukturen abgrenzen und zeigt ein homogenes, im Vergleich zur anliegenden Muskulatur hyperreflexives Gewebeecho. Das Volumen der Schilddrüse ist am einfachsten (und hinreichend genau) mit der vereinfachten Formel zur Berechnung eines Ellipsoids zu bestimmen (= Multiplikation des größtes Durchmesser in allen 3 Ebenen mal 0,5 [getrennte Berechnung für jeden Schildrüsenlappen und für den Isthmus]) (4). An den Polen der Schilddrüsenlappen sind die großen zu- bzw. abführenden Gefäße über die farbkodierten Signale gut abzugrenzen. Im Schilddrüsengewebe lassen sich nur vereinzelt Blutbewegungssignale nachweisen (Abb. 15.**1**). Diese Signale sind gleichmäßig über das ganze Organ verteilt, und eine örtlich umschriebene vermehrte Perfusion ist nicht zu erkennen.

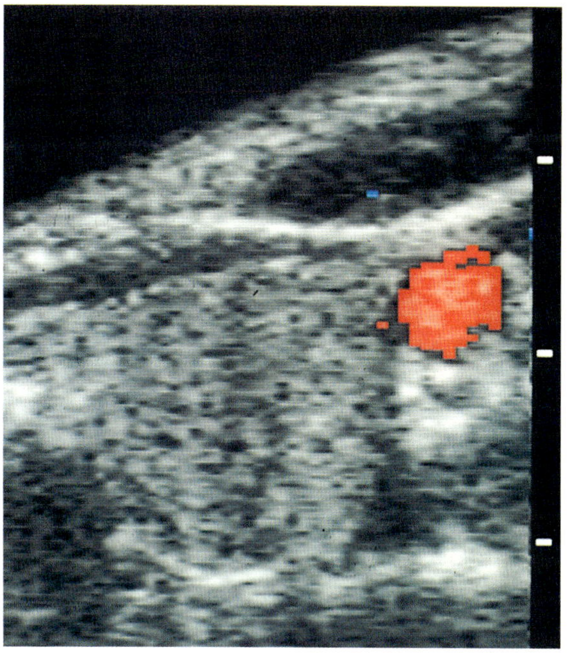

Abb. 15.**1** Normaler linker Schilddrüsenlappen im Querschnitt: Regelrechte Konfiguration, Größe und Abgrenzbarkeit, homogen hyperreflexive Echotextur (im Vergleich zum M. sternocleidomastoideus), nur vereinzelt und gleichmäßig verteilt Perfusionssignale aus dem SD-Gewebe, „Rot“ markierter Fluß in der A. carotis communis

15.4 Krankheiten mit pathologischer Anatomie und Befunde in der FKDS

Die Struma diffusa oder Struma nodosa ist in vielen Teilen der Welt endemisch. In den alten Bundesländern der BRD lag der Anteil der betroffenen Bevölkerung bei 15 % (10,16). Bei 70 % der Patienten liegt lediglich eine blande Struma im Sinne einer Anpassungshyperplasie an den Jodmangel ohne Funktionsstörung im Sinne einer Hyperthyreose oder Hypothyreose vor. Bei 15 % ist eine hyperthyreote und bei 5 % eine hypothyreote Stoffwechsellage zu finden. Nur 10 % dieser Patienten leiden an Schilddrüsenerkrankungen, die mit Entzündungen oder Tumoren einhergehen (16). Das Verhältnis benigner zu maligner Strumen beträgt in einem Endemiegebiet, wie z. B. Würzburg, 100:2 (2).

Die Entwicklung einer Struma multinodosa aus einer einfachen Struma ist ebenso bekannt wie das Entstehen von autonomen Bezirken oder autonomen Adenomen bei länger bestehenden Strumen in Jodmangelgebieten (15,20,22,23). Histologisch kann bei Strumen zwischen echten Neubildungen (follikuläre Adenome) und der follikulären bzw. nodulären Hyperplasie unterschieden werden (7). In Knotenstrumen besteht eine höhere Inzidenz von Karzinomen. Abhängig von der Region und den angelegten Untersuchungskriterien, finden sich Angaben, daß bei 2 – 13% der Patienten mit einer Knotenstruma eine maligne Transformation vorliegen soll, wobei Frauen häufiger betroffen sind als Männer (12,21,25). Der häufigste maligne Schilddrüsentumor ist das papilläre Karzinom (45 – 70 % der Fälle), gefolgt vom follikulären Karzinom (25 %), dem anaplastischen Karzinom (10 – 25%) und dem medullären Karzinom (5 – 10%). Von diesen schilddrüseneigenen Malignomen sind Metastasen und ein Befall bei einem generalisierten Lymphom zu unterscheiden (7).

Tabelle 15.**1** Vergleich der sonographischen morphologischen Kriterien von Schilddrüsenknoten mit der Szintigraphie und der Histologie (nach Sciuk u. Schober)

	kalt		warm
	maligne n = 164 (%)	benigne n = 234 (%)	benigne n = 164 (%)
Solide	70	44	71
Liquide	26	47	28
Echoarm	75	29	77
Echogleich/ echoreich	22	71	23
„Halo"	4	34	52
Scharf	20	20	41
Unscharf	40	30	7

15.4.1 Struma diffusa/nodosa

Die diffuse Struma ist vor allem durch ihre Größe zu erkennen. Die Echogenität ist im Vergleich zur umliegenden Muskulatur hyperreflexiv und gelegentlich etwas inhomogen. Bei der Struma nodosa finden sich ein oder mehrere fokale Veränderungen im Schilddrüsengewebe. Im frühen Stadium kann der Knoten nahezu die gleiche Echogenität wie das umliegende Gewebe haben, und die Abgrenzung gelingt nur durch einen hyporeflexiven Saum. Im fortgeschrittenen Stadium können sowohl echoreiche als echoarme Knoten auftreten. Meist ist die Binnenstruktur homogen, insbesondere bei größeren Knoten finden sich aber auch inhomogene Anteile mit Verkalkungen. Diese Verkalkungen können einzeln oder in Gruppen auftreten. Im Extremfall ist die gesamte Schilddrüse knotig umgewandelt und normales Schilddrüsengewebe nicht mehr nachweisbar. Solide Knoten können ganz oder teilweise degenerieren und sich zystisch umwandeln. Infolge dieser Umwandlung ist die Wand der Zysten nicht glatt, und es können Gewebereste in Form von hyperreflexiven Strukturen im Lumen nachgewiesen werden. Eine Blutung in eine solche Zyste ist relativ häufig, in Abhängigkeit von dem Alter der Einblutung können unterschiedliche sonographische Bilder vorliegen. Eine echte, mit Epithel ausgekleidete Schilddrüsenzyste ist sehr selten (13,14).

Die sonomorphologischen Veränderungen der Schilddrüse erlauben keine Aussage zur Funktion und auch nicht den Ausschluß einer malignen Umwandlung. Weder die Zusammensetzung des Knotens (echoreich, echoarm, homogen, inhomogen, Verkalkungen), die Art der Abgrenzung zur Umgebung (scharf, unscharf) oder die Größe der Strukturstörung geben eindeutige Hinweise. Auch die Kombination von Ultraschallmorphologie und Szintigraphie ermöglicht nicht die Diagnose einer malignen Umwandlung (Tab. 15.**1**). Gleichermaßen ist der sogenannte „Halo", ein echoarmer Saum um den Knoten, kein sicherer Hinweis auf ein benignes Geschehen (13,14,19).

Die Perfusion bei Patienten mit einer Struma bzw. mit einer Struma nodosa unterscheidet sich nicht von der normalen Schilddrüse: Es können über das gesamte Organ gleichmäßig verteilt einzelne Blutbewegungssignale erfaßt werden. Prominent erscheinen nur die insbesondere an den Polen oberflächlich der Schilddrüse verlaufenden Gefäße (Abb. 15.**2 a,b**). Bei der Beurteilung ist es besonders wichtig, immer die Perfusion im gesamten Organ zu beurteilen und eine örtlich umschriebene oder diffuse vermehrte Durchblutung zu erkennen. Bei sehr großen Schilddrüsen, die vollständig knotig umgewandelt sind, kann dies gelegentlich schwierig sein, da kein normales Gewebe zum Vergleich vorhanden ist und die Lage und der Verlauf der großen versorgenden Gefäße nicht sicher zu erkennen ist.

15.4.2 Adenome/Karzinome

Im Gegensatz zur follikulären bzw. nodulären Hyperplasie zeigen die meisten Adenome und nahezu alle autonomen Adenome eine vermehrte Perfusion (Tab. 15.**2**). Die vermehrte Perfusion ist vor allem am Rand des Knotens nachzuweisen. Im Grauwertbild kann diese randständige vermehrte Durchblutung als ringförmige echoarme Zone erscheinen und sie wird wahrscheinlich dem in der Literatur beschriebenen sogenannten „Halo" entsprechen. Ab einer Größe von etwa 2 cm findet sich aber ebenfalls eine vermehrte Durchblutung im Inneren der fokalen Läsion (Abb. 15.**3 a–c**). Eine Hypervaskularisation weisen auch Schilddrüsenmalignome auf. Dies trifft sowohl für die schilddrüseneigenen Tumore als auch für Metastasen zu (Tab. 15.**2**). Die vermehrte Perfusion ist bei Karzinomen eher diffus und nicht – wie bei den kleinen autonomen Adenomen – auf die Oberfläche beschränkt. Zusätzlich können auch in der morphologisch normalen Umgebung des Karzinoms vermehrt Flußsignale nachgewiesen werden (Abb. 15.**4 a–c**). Diese Unterschiede in der Art der vermehrten Perfusion reichen nach unserer Erfahrung aber nicht aus, um zwischen einem (autonomen) Adenom und einem Malignom zu unterscheiden. Mit Hilfe der Kenntnis

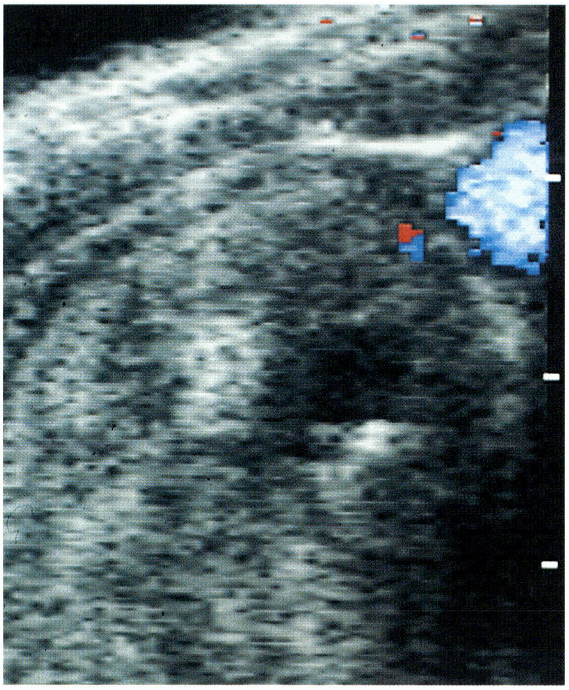

a

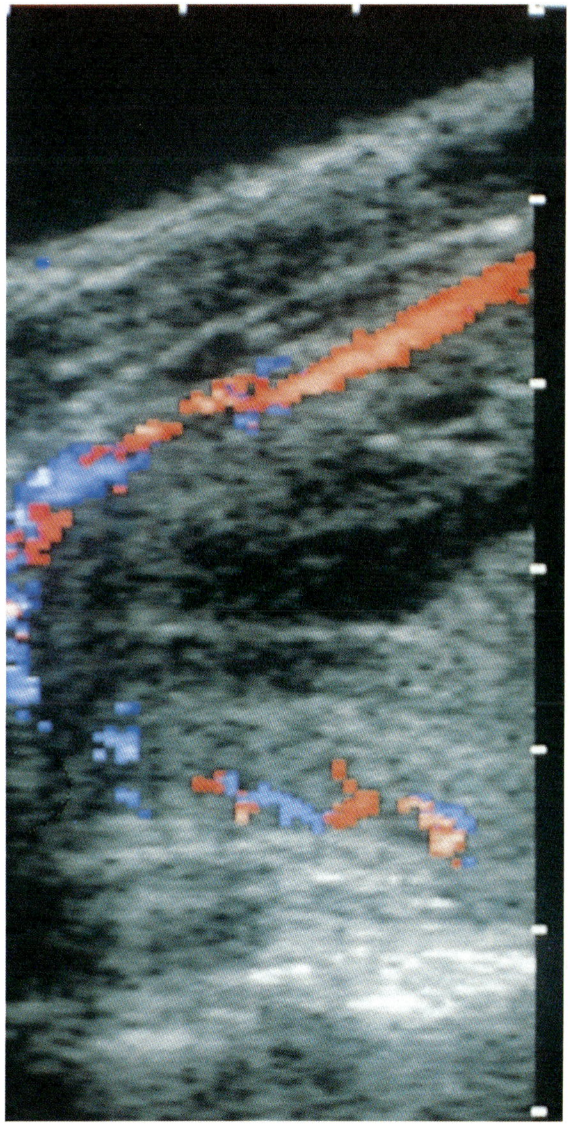

b

Abb. 15.**2 a, b** Struma nodosa mit normaler Perfusion:
a Querschnitt durch den linken Schilddrüsenlappen: Vergrößertes rundlich konfiguriertes Organ mit inhomogener Textur und gut abgrenzbarer homogen echofreier Struktur im lateralen Drittel mit dorsaler Schallverstärkung (Zyste), nur vereinzelt und gleichmäßig verteilt Perfusionssignale aus dem SD-Gewebe, „Blau" markierter Fluß in der A. carotis communis
b Längsschnitt durch den oberen Schilddrüsenpol: Sehr prominente Gefäße in der Schilddrüsenkapsel, keine vermehrte Perfusion im Schilddrüsengewebe

Tabelle 15.**2** Vergleich der Perfusion in der FKDS mit der Histologie und Szintigraphie bei strumektomierten Patienten (n = 174): + = vermehrte Durchblutung im Vergleich zur Umgebung, – gleiche oder verminderte Perfusion im Vergleich zur Umgebung

Histologie (Szintigraphie für autonomes Adenom)		Vaskularisation +	–
Follikuläre/noduläre Hyperplasie	61	29	32
Adenome	35	29	6
autonomes Adenom	37	33	4
Morbus Basedow	13	12	1
Riedel Struma	1	–	1
Papilläres Karzinom	16	14	2
Follikuläres Karzinom	3	2	1
Anaplastisches Karzinom	4	3	1
Medulläres Karzinom	1	1	–
Malignes Lymphom	1	1	–
Metastasen	2	2	–
	174	126	48

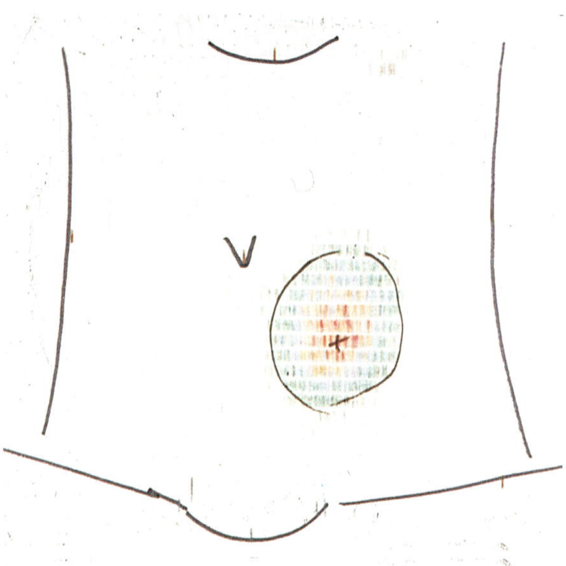

a

Abb. 15.**3a–c** Autonome Adenome der Schilddrüse:
a Im Szintigramm umschriebene Anreicherung im linken Schilddrüsenlappen mit Suppression des übrigen Gewebes
b In der FKDS im Querschnitt nahezu den gesamten linken Schilddrüsenlappen einehmende inhomogene Raumforderung mit verstärkter Durchblutung insbesondere am Rand, das normale Schilddrüsengewebe ist nur noch ventralmedial vorhanden (Pfeile), „Rot“ markierter Fluß in der A. carotis communis
c Im Längsschnitt der FKDS ovalförmige an der Oberfläche liegende homogen echoarme Struktur mit einem größten Durchmesser von etwa 1 cm und mit verstärkter Duchblutung am Rand

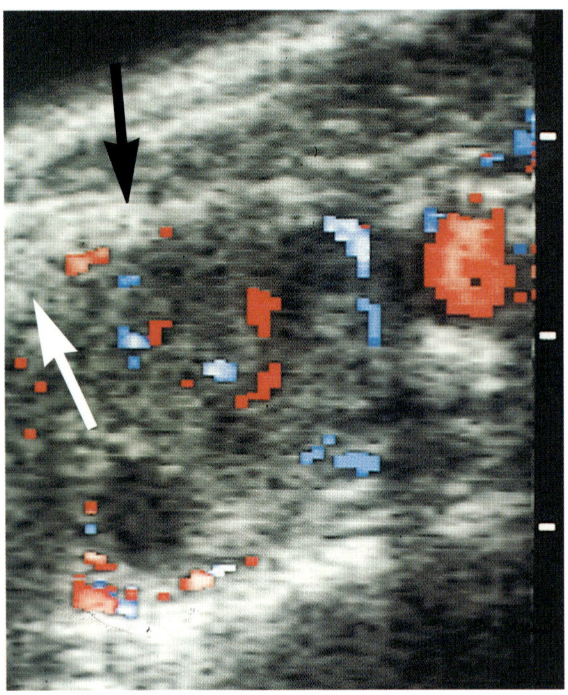

b

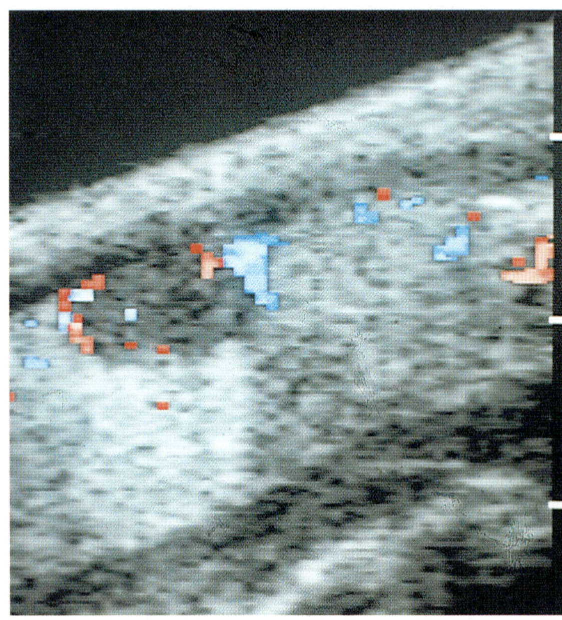

c

der Perfusion kann nur zwischen einer gutartigen Struma nodosa (mit normaler Durchblutung) und einem autonomen Adenom oder einem Malignom (mit vermehrter Durchblutung) unterschieden werden.

15.4.3 Morbus Basedow

Der Morbus Basedow (diffuse toxische Struma) ist nach der blanden Struma nodosa die häufigste Erkrankung der Schilddrüse. In Folge einer abnormen Stimulation der Schilddrüse werden exzessiv Schilddrüsenhormone gebildet (26). Im Ultraschall findet sich eine diffuse, das ganze Organ betreffende Vergrößerung mit homoger, meist hyporeflexiver Textur. In seltenen Fällen kann auch eine homogen hyperreflexive Textur (ähnlich der Struktur einer normalen Schilddrüse) vorliegen (14). Bei Patienten mit unbehandeltem Morbus Basedow liegt eine diffuse, im gesamten Organ vorliegende, erheblich vermehrte Perfusion vor (6,17). Diese vermehrte Durchblutung ist so ausgeprägt, daß die Beurteilung auch ohne den Vergleich mit normalen Gewebe (das in solchen Fällen nicht vorhanden ist) ohne Zweifel möglich ist (Abb. 15.**5**). Klinik, Laborwerte und Ultraschallmorphologie sind in der Regel eindeutig und lassen selten eine Differentialdiagnose zu. Die FKDS kann eventuell zu Verlaufsbeobachtungen eingesetzt werden (Veränderung der Perfusion unter der Therapie).

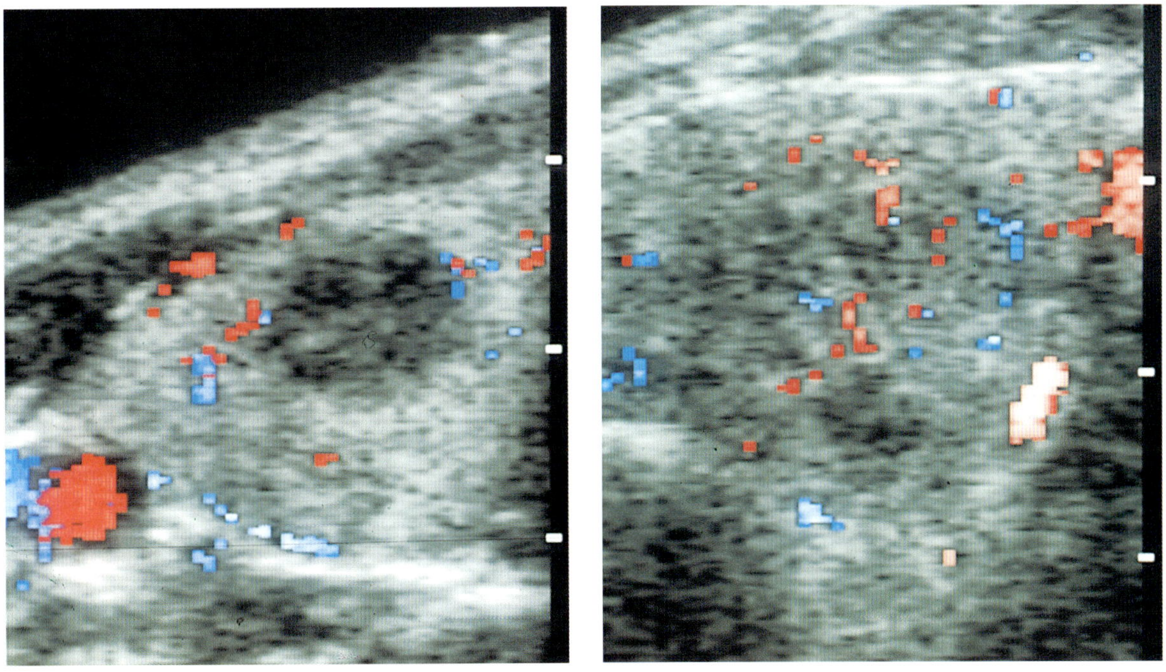

a b

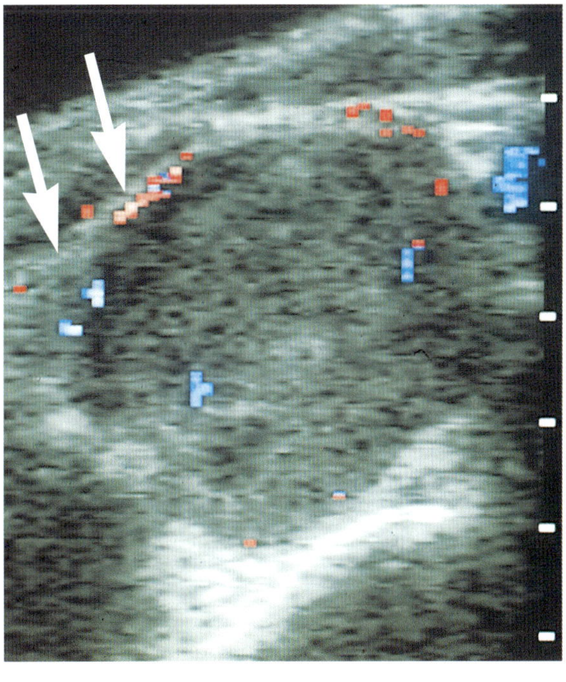

c

Abb. 15.**4 a–c** Schilddrüsenkarzinome:

a Follikuläres Schilddrüsenkarzinom im rechten Schilddrüsenlappen: etwas unscharf begrenzte inhomogen echoarme Struktur mit einem größten Durchmesser von etwa 1 cm und mit vermehrter Durchblutung am Rand und in der näheren Umgebung, „Rot" markierter Fluß in der A. carotis communis

b Diffus wachsendes Karzinom im linken Schilddrüsenlappen: unscharf begrenzte inhomoge Raumforderung mit diffus vermehrter Vaskularisation

c Papilläres Schilddrüsenkarzinom im linken Schilddrüsenlappen: Nahezu homogen echoarme glatt begrenzte Raumforderung mit vermehrter Durchblutung am Rand, das normale Schilddrüsengewebe ist als schmaler Saum medialventral (Pfeile) zu erkennen, „Blau" markierter Fluß in der A. carotis communis (linker Blidrand)

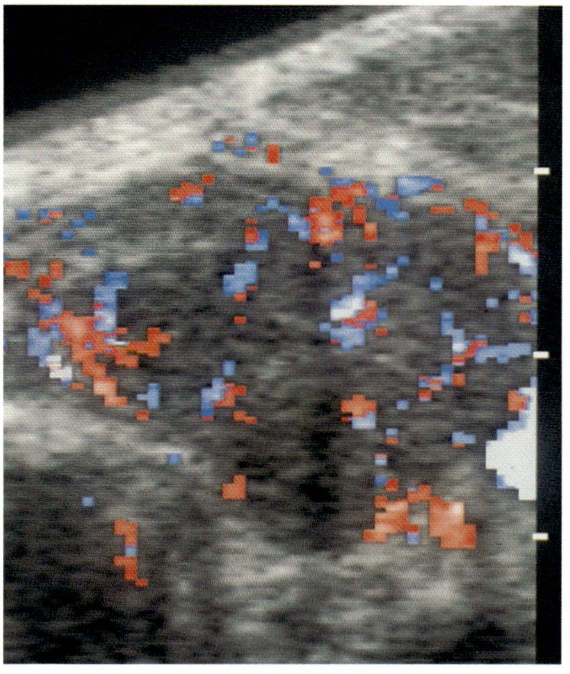

Abb. 15.**5** Morbus Basedow, linker Schilddrüsenlappen im Querschnitt: Inhomogen hyporeflexives Gewebe mit ausgeprägter diffus vermehrter Durchblutung in der gesamten Schilddrüse

15.4.4 Thyreoiditiden

Als Schilddrüsenentzündungen gelten die granulomatöse Thyreoiditis (subakute Thyreoiditis de Quervain), die lymphozytäre Thyreoiditis (z. B. Hashimoto-Thyreoiditis), die invasive fibröse Thyreoiditis (Riedel-Thyreoiditis) und die akute eitrige Thyreoiditis. Entzündliche Schilddrüsenerkrankungen sind relativ selten, am häufigsten treten die granulomatöse Thyreoiditis und die lymphozytäre Thyreoiditis auf. Eine akute eitrige Thyreoiditis ist sehr selten und eine invasive fibröse Thyreoiditis extrem selten (20 Fälle unter 42 000 thyreodektomierten Patienten der Mayo Clinic in Minnesota) (7).

Die sonomorphologischen Veränderungen bei einer Thyreoiditis sind unspezifisch. Bei Patienten mit neu aufgetretener Erkrankung findet sich eine vergrößerte Schilddrüse mit homogener hyporeflexiver Textur. Abhängig vom Verlauf der Krankheit kann das Gewebe narbig umgebaut werden, und in der Sonographie zeigt sich dann ein kleines Organ mit inhomogener Echotextur. Ähnlich verändert sich die Perfusion: Ist die Krankheit neu aufgetreten, zeigt sich eine diffus vermehrte Perfusion (ähnlich, aber weniger ausgeprägt als beim Morbus Basedow). Mit der narbigen Umstrukturierung geht auch die Perfusion zurück. Wegen des seltenen Auftretens dieser Erkrankungen gibt es aber nur begrenzte Erfahrungen über das Erscheinungsbild der Thyreoiditiden in der FKDS. Eine sichere Bewertung ist deshalb bisher nicht möglich (5,6,17).

15.5 Stellenwert der FKDS im Vergleich zu anderen Verfahren

Aufgrund der Häufigkeit von Erkrankungen der Schilddrüse ist die Diagnostik von großer gesundheitspolitischer Bedeutung. Erwünscht ist ein Verfahren, mit dem pathologische Veränderungen frühzeitig erkannt werden können und das eine Aussage sowohl über die Dignität als auch über die Funktion zuläßt. Die Grauwertsonographie erlaubt mit hoher Sensitivität die Entdeckung auch sehr kleiner morphologischer Veränderungen (18). Eine Differenzierung zwischen benignen und malignen Veränderungen ist jedoch nicht möglich (13,14,19). Das gleiche gilt für die Funktion: Eine autonomes Adenom kann mit Hilfe der Sonomorphologie nicht erkannt werden (18).

Eine der Möglichkeiten, nichtoperativ eine Strukturunregelmäßigkeit in der Schilddrüse weiter abzuklären, ist die Feinnadelpunktion. Die Aussagekraft dieser Untersuchung ist jedoch von adäquater Punktionstechnik, korrekter Ausstrichtechnik und von der ausreichend großen Erfahrung des punktierenden Arztes und des Zytologen abhängig. Die Zahlen der falsch-negativen Feinnadelpunktionsergebnisse schwanken zwischen 1 und 8 % (1,3,9). Neben der diagnostischen Unsicherheit ist zu beachten, daß die Feinnadelpunktion als invasives Verfahren Komplikationen wie Infektion und Blutung im Punktionsbereich nach sich ziehen kann und eine psychische Belastung für den Patienten darstellt.

Die mit 99m-Tc-Pertechnetat oder 123-Jod durchgeführten Szintigraphien geben über die Radionuklidverteilung und damit über die lokoregionäre Funktion der Schilddrüse Aufschluß. So werden Unterschiede zwischen normalem Gewebe, nichtspeichernden Bezirken (sogenannte „kalte Knoten") und übermäßig speichernden Bezirken („heiße Knoten") durch die Menge und die Lokalisation des eingelagerten Radionuklids deutlich. Über diese Methode sind somit Informationen über die Stoffwechsellage zu erhalten. Auch hier müssen jedoch Einschränkungen bezüglich der Sensitivität gemacht werden, da durch die örtliche Auflösung der Szintigraphie (Knoten ab 1 cm Größe können erfaßt werden) kleinere Speicherdefekte übersehen werden können oder durch Überlagerung von gesundem Gewebe überdeckt werden. Eine weitere Schwierigkeit liegt in der Entdeckung von kompensierten Adenomen, die nur mit Hilfe der Suppressionsszintigraphie zu entdecken sind. Wie schon bei der konventionellen Sonographie ist bei Nachweis einer Anreicherungsstörung eine Aussage über die Dignität der Läsion nicht möglich. Szintigraphisch kalte Areale können sowohl zystischen oder degenerativen Bezirken als auch einem Karzinom, Lymphom oder einer Metastase entsprechen. Ein szintigraphisch warmer Knoten kann sowohl für ein autonomes Adenom als auch in seltenen Fällen für ein Karzinom sprechen (18). Das pathologische Szintigramm führt deshalb auch wieder zu weiteren Untersuchungen.

Die von Zachrisson 1976 (28) vorgestellten Ergebnisse seiner angiographischen Untersuchungen zeigten eine hohe Korrelation zwischen pathologischer Kontrastmittelanreicherung und autonomen Adenomen bzw. Karzinomen. Der klinische Einsatz dieser Methode verbietet sich jedoch wegen der Invasivität und der Jodkontamination. Die Duplexsonographie mit Messung der Frequenzverschiebung an einzelnen Stellen (27) kann schon aus theoretischen Erwägungen nicht zur Unterscheidung herangezogen werden (in der Schilddrüse sind Verlauf und Durchmesser der Gefäße nicht zu bestimmen, die Höhe der gemessenen Frequenzverschiebung ist aber davon abhängig, s. Kapitel 4).

Mit der FKDS ist die Perfusion über den Vergleich verschiedener Areale qualitativ zu bestimmen. Die Größe eines einzelnen Gefäßes und der Gefäßverlauf brauchen nicht berücksichtigt zu werden. Die Ergebnisse der bisher vorliegenden – allerdings wenigen – Studien zeigen eine gute Übereinstimmung zwischen der Perfusion und der Funktion bzw. der Dignität von pathologischen Veränderungen der Schilddrüse (5,6,24). 88 % der autonomen Adenome und 85 % der Malignome (Histologie jeweils vom Operationspräparat) (Tab 15.**2**) zeigen eine vermehrte Perfusion. Allerdings hatten auch 60 % der Adenome ohne vermehrte Funktion eine vermehrte Durchblutung. An Hand dieser Ergebnisse können die Probleme der Methode besprochen werden:

1. Die umschriebene oder diffus vermehrte Perfusion im Schilddrüsengewebe gibt nur Hinweise auf pathologische Veränderungen, die über eine Struma diffusa/nodosa hinausgehen. Eine Beurteilung der Dignität ist damit nicht möglich. Es kann mit Hilfe der Perfusion also z. B. nicht zwischen einem autonomen Adenom und einem Karzinom unterschieden werden. Bei jedem Patienten mit einer vermehrten Perfusion in der Schilddrüse muß eine weitergehende Diagnostik erfolgen (5,6,11,24).

2. Die Größe der Struma: Die Methode basiert auf dem Vergleich der Perfusion zwischen unterschiedlichen Arealen. Hierzu ist die Festlegung auf eine „normale“ Perfusion notwendig. Je größer die Struma ist, desto schwieriger gestaltet sich aber diese Beurteilung. Bei sehr großen Strumen ist die Perfusion sehr inhomogen und – allein schon wegen der Größe des Organs – insgesamt vermehrt. Dieses Problem der Definition der normalen Durchblutung erklärt die hohe falsch positive Rate bei den Adenomen. 4 von 27 Malignomen (eigene Untersuchungen an strumaresektierten Patienten, Tab. 15.**2**) waren nicht vermehrt durchblutet. Bei einem dieser Fälle lag ein großes, in die Umgebung infiltrierendes Karzinom vor. Bei einem zweiten wurde in der histologischen Aufarbeitung eine kleinherdige (Durchmesser etwa 2 mm) diffuse Metastasierung eines papillären Karzinoms gefunden. In solchen Fällen ist die Ortsauflösung des Ultraschalls überfordert. Zwei weitere Karzinome mit einem Durchmesser von 8 mm (Onkozytom) und 10 mm (follikuläres Karzinom) waren ebenfalls nicht vermehrt perfundiert. Im klinischen Alltag werden Patienten mit sehr großen Strumen in der Regel operiert, und die Frage der Verlaufsbeurteilung in der FKDS wird nicht gestellt. Als relevantes Problem bleibt aber, daß sehr kleine Karzinome übersehen werden können.

3. Geräteeinstellung: Um einen Unterschied in der Perfusion zu erkennen, muß das Ultraschallgerät auf die Untersuchungssituation optimal abgestimmt sein. Die untere Grenze der farbig kodierten Frequenzverschiebung muß so eingestellt werden, daß langsame Blutflußgeschwindigkeiten hinreichend erfaßt werden. Diese Grenze darf aber nicht zu niedrig liegen, da dann durch Überlagerung und Artefakte Perfusionsunterschiede – vor allem in kleineren Arealen – übersehen werden können. Für das von uns für diese Untersuchungen verwandte Gerät (QAD I) liegt die optimale Einstellung bei einer Frequenzverschiebung von 80 Hz (für 7,5–MHz-Schallkopf). Da jedes Gerät unterschiedlich empfindlich die Perfusion erfaßt, müssen – um die Ergebnisse verschiedener Gruppen vergleichen zu können – die genauen Untersuchungsparameter und die Empfindlichkeit des jeweiligen Gerätes bekannt sein.

4. Subjektiv: Der Unterschied zwischen einer homogen perfundierten Schilddrüse und einem Organ mit einer umschriebenen Perfusionsänderung ist nicht genau zu definieren. Bei den meisten Patienten ist die lokale vermehrte Durchblutung so ausgeprägt, daß die Bewertung ohne Zweifel möglich ist. Die Beurteilung diskreter Änderungen hängt sehr von der Erfahrung des Untersuchers ab. Mit zunehmender Größe der Schilddrüse wird die Einschätzung schwieriger. Dies trifft insbesondere für den kranialen und kaudalen Schilddrüsenpol zu. Hier konzentrieren sich die großen Schilddrüsengefäße und können eine Perfusionsvermehrung vortäuschen. Da im Zweifel immer eine vermehrte Perfusion zu diagnostizieren ist, führt dies zu einer erhöhten falsch-positiven Rate.

Mit Hilfe der Kenntnis der Perfusion kann bei Strumapatienten durch die FKDS eine autonomes Adenom und/oder ein Malignom ausgeschlossen werden. Nach den bisherigen Erfahrungen kann das Verfahren sinnvoll zur Verlaufsbeurteilung bei Patienten mit moderaten Strumen eingesetzt werden. Solange eine gleichmäßige Durchblutung der Schilddrüse vorliegt, kann bei diesen Patienten auf weitergehende (invasive) Untersuchungen verzichtet werden. Bei allen Patienten mit einer umschriebenen Perfusionsänderung und sehr großen Strumata muß aber die Diagnostik wie bisher durchgeführt werden.

15.6 Literatur

1 Al-Sayer, H.M., Z.H. Krukowski, V.M.M. Williams and N.A. Matheson, N.A.: Fine needle aspiration cytology in isolated thyroid swellings:A prospective two year evaluation. Brit. Med. J. 20 (1985) 1490–1494

2 Baum, K., C. Reiners, W. Wiedemann, H.A. Müller, W. Börner: Differentialdiagnose von Schilddrüsenknoten. Sonographie als Ergänzung der Szintigraphie und Punktionszytologie. Dtsch. med. Wschr. 108 (1983) 1359–1364

3 Boey, J., C. Hsu, R.J. Collins: False negative errors in fine-needle aspiration biopsy of dominant thyroid nodules: A prospective follow-up study. Wld. J. Surg. 10 (1986) 623–630

4 Brunn, J., G. Block, G. Ruf, I. Bos, P. Kunze, C. Scriba: Volumetrie der Schildrüsenlappen mittels Real-time-Sonographie. Dtsch. Med. Wschr. 106 (1981) 1338–1340

5 Fobbe, F., R. Finke, E. Reichenstein, H. Schleusener, K.-J. Wolf: Appearance of thyroid diseases using color-coded duplex sonography. Europ. J. Radiol. 9 (1989) 29–31

6 F. Fobbe: Farbkodierte Duplexsonographie als neue nicht invasive diagnostische Methode – Grundlagen, phantom-, kontrastmittel- und tierexperimentelle Studien. Habilitationsschrift, Berlin 1990

7 Franssila, K.O.: Thyroid gland. In Kissane J.M. (Ed.): Anderson's pathology. 9th ed. Mosby, St. Louis, 1990 (1544)–1569

8 Williams, P.L., R. Warwick, M. Dyson, L.H. Bannister (Eds.), Gray´s anatomy, 37th ed., Churchill Livingstone, Edinburgh 1989, pp 1459

9 Harsoulis, P., M. Leontsini, A. Economou, T. Gerasimidis, Smbarounis: Fine needle aspiration biopsy, cytology in the diagnosis of thyroid cancer: comparative study of 213 patients. Brit. J. Surg. 73 (1986) 461–464

10 Hötzel, D.: Die Jodmangelsituation in der Bundesrepublik Deutschland – Möglichkeiten zur Prophylaxe von Schilddrüsenerkrankungen. In Pfannestiel, P., D. Emmerich, B. Weinheimer, Schilddrüse 1985, 7. Konferenz über die menschliche Schilddrüse, Homburg/Saar. Thieme, Stuttgart 1986, (330–359)

11 Hübsch, P., B. Niederle, P. Barton, B. Pesau, M. Knittel, M. Schratter, M. Hermann, F. Längle: Farbkodierte Doppler-Sonographie der Schilddrüse: Ein Fortschritt in der Karzinomdiagnostik? Fortschr. Röntgenstr. 156 (1992) 125–129

12 Hurxthal, L.M., A.C. Heinemann: Nodular goiter and thyroid cancer. New Engl. J. Med. 258 (1958) 457–465

13 James, EM., J.W. Charboneau, I.D. Hay: The thyroid. In Diagnostic Rumack, C.M., S.R. Wilson, J.W. Charboneau, (Eds.): Diagnostic Ultrasound, Mosby, St. Louis 1991 pp (507)

14 Maier, R.: Ultraschalldiagnostik der Schilddrüse. Schattauer Verlag, Stuttgart, 1984

15 Peter, H.J., H. Studer, R. Forster, H. Gerber: The pathogenesis of „hot" and „cold" follicles in multinodular goiters. J. Clin. Endocrinol. 55 (1982) 941–946

16 Pfannenstiel, P.: Schilddrüsenerkrankheiten – Diagnose und Therapie. Henning, Berlin 1985

17 Ralls, P.W., D.S. Mayekawa, K.P. Lee, P.M. Colletti, D.R. Radin, W.D. Boswell, J.M. Halls: Color-flow Doppler sonography in Graves disease. Amer. J. Roentgenol. 150 (1988) 781–784

18 Rojeski, M.T., H. Gharib: Nodular thyroid disease. Evaluation and management. New Engl. J. Med. 313 (1985) 428–436

19 Sciuk J., O. Schober: Die Sonographie der Schilddrüse. Radiologe 29 (1989) 95–102

20 Scriba, P.C.: Die Rolle einer unzureichenden Jodversorgung bei der Entstehung der Schilddrüsenautonomie. In Pickardt, C.R., H. Schleusener, B. Weinheimer, (Hrsg.): Schilddrüse 1983,6. Konferenz über die menschliche Schilddrüse. Stuttgart (1985) 291–295

21 Sokal, J.E.: The problem of malignancy in nodular goiter- recapitulation and a challenge. J. Amer. med. Ass. 170 (1959) 405–412

22 Studer, H., Ramelli, F.: Simple goiter and its variants: Euthyroid and hyperthyroid multinodular goiters. Endocr. Rev. 3 (1982) 40–61

23 Studer, H., H. Gerber, H.J. Peter: Pathogenese der multinodulären und hyperthyreoten Strumen. In Pickardt, C.R., H. Schleusener, B. Weinheimer, (Hrsg.): Schilddrüse 1983, 6. Konferenz über die menschliche Schilddrüse. Stuttgart (1985) 283–291

24 Thomas, C., W. Bautz, W. Müller-Schauenburg, U. Feine: Angiodynographie bei umschriebenen Schilddrüsenveränderungen. Fortschr. Röntgenstr. 150 (1989) 72–75

25 Veith, F.J., J.R. Brooks, W.P. Grigsby, H.A. Selenkow: The nodular thyroid gland and cancer: a practical approach to the problem. New Engl. J. Med. 270 (1964) 431–436

26 Wartofsky, L., S.H. Ingbar: Diseases of the thyroid. In Wilson, J.D., E. Braunwals, K.J. Isselbacher, R.G. Petersdorf, J.B. Martin, A.S. Fauci, R.K. Root, (Eds.): Harrisons's principles of internal medicine, 12. ed., McGraw-Hill, New York 1991 pp (1692)

27 Woodcock, J.P., G.M. Owen, E.J. Shedden, K.J. Hodgson, A. MacGregor, A. Srivastava: Duplex scanning of the thyroid. Ultrasound Med. Biol. 11 (1985) 659–663

28 Zachrisson, B.F.: Thyroid angiography. Acta radiol., (Suppl.) 350, (1976) 1–112

16 Ultraschallkontrastmittel

F. Fobbe, J. Siegert

Ultraschallwellen werden bei der Passage durch das Gewebe abgeschwächt. Die Abschwächung ist abhängig von der Entfernung zwischen dem Schallkopf und dem zu untersuchenden Organ, von der Sendefrequenz und der Zusammensetzung des Gewebes. Je größer die Entfernung zwischen dem Schallkopf und dem untersuchten Organ ist, umso schwächer wird das vom Schallkopf wieder aufgenommene Signal sein. Die Blutbestandteile sind deutlich kleiner als die Länge der verwendeten Ultraschallwellen. Es kommt deshalb nicht zu einer Reflexion, sondern zu einer Streuung (= ungerichtete Reflexion) der Schallwellen in alle Richtungen (s. Kapitel 1 und 17). In der Folge ist das Signal aus dem Gefäßlumen deutlich schwächer als z. B. das Signal der Gefäßwand (die Gefäßwandstrukturen sind deutlich größer als die Wellenlänge des Ultraschalls, es findet eine Reflexion und nur in geringem Umfang eine Streuung statt). Bei entsprechend großer Entfernung und/oder Untersuchung durch stark schallabsorbierendes Gewebe können zwar die Weichteilstrukturen im Grauwertbild noch erfaßt werden, aufgrund der wesentlich stärkeren Reflexion bzw. der stärkeren Streuung der Schallwellen im Gewebe gegenüber dem Blut gelingt die Messung der Blutbewegung wegen des dann zu schwachen Signals nicht mehr. Eine Lösung dieses Problems wäre, die Ultraschallsendeenergie zu erhöhen. Dies würde aber neben einer stärkeren Reflexion an der Gefäßwand nur eine geringere Zunahme des rückgestreuten Signals von den Blutbestandteilen ergeben. Wegen der möglichen biologischen Wirkung der Schallwellen sind der Erhöhung der Sendeenergie ohnehin enge Grenzen gesetzt (s. Kapitel 2). Die andere Möglichkeit ist, die Signale aus dem Gefäßlumen zu verstärken. Dies ist der Ansatz für Ultraschallkontrastmittel (US-KM). Es wird dem Blut eine Substanz zugegeben, die einen möglichst hohen Impedanzunterschied zur Umgebung aufweist. Trifft eine Schallwelle auf diese Substanz, so wird ein größerer Anteil der Energie gestreut. Das zum Schallkopf zurücklaufende Signal hat eine höhere Amplitude und wird besser von Artefakten bzw. Umgebungsrauschen unterschieden. Das US-KM kann auch in Hohlräumen verwendet werden, in denen normalerweise keine oder nur wenige Streukörper vorhanden sind (z. B. Harnblase, Tuben). Die Bedeutung der US-KM – insbesondere in der Kombination mit der FKDS – wird weiter zunehmen. Es werden deshalb hier neben den physikalischen Grundlagen und den Eigenschaften von US-KM die bisherigen Erfahrungen (der Kombination von FKDS und US-KM) in der klinischen Anwendung beschrieben.

16.1 Grundlagen und vorklinische Ergebnisse

J. Siegert

16.1.1 Einleitung

Seit der Erstbeschreibung der Kombination von kontrastgebenden Substanzen (Ultraschallkontrastmittel = US-KM) mit Ultraschallbildern durch Gramiak und Shah (33) (Abb. 16.**1**) Ende der 60iger Jahre ist sowohl bei den ultraschallkontrastgebenden Substanzen als auch bei der Ultraschalltechnik eine rasante Entwicklung abgelaufen. Während damals Ultraschallbilder nur im A-Mode oder M-Mode möglich waren, stehen heute hochauflösende Verfahren zur Verfügung, die die simultane zweidimensionale farbkodierte Darstellung von Weichteilstrukturen und Blutbewegung ermöglichen. Bei den Ultraschallkontrastmitteln verlief die Entwicklung von der Nutzung kleinster, auch normalerweise schon vorhandener Gasbläschen in Injektionslösungen über experimentelle „Handmethoden" (Tab. 16.**1** und 16.**2**) zur Entwicklung von standardisierten Präparaten (Tab. 16.**3**). Die erste dieser Substanzen ist bereits als Diagnostikum zugelassenen. Bei den „Handmethoden" die Gas als Wirkprinzip enthalten (Tab. 16.**1**), finden sich Ansätze, bei denen durch Schütteln oder mechanische Behandlung

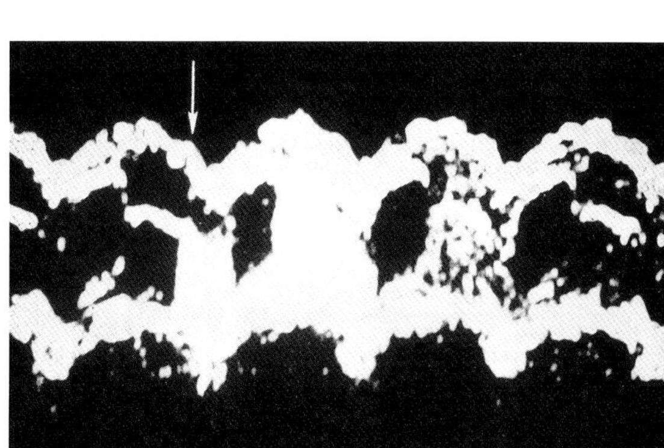

Abb. 16.**1** M-Mode-Darstellung einer intraaortale Injektion von physiologischer Kochsalzlösung bei einem Patienten mit normaler Aortenklappe (Erstveröffentlichung der Anwendung von kontrastgebenden Substanzen in der Ultraschalltechnik aus: Gramiak R., P. Shah: Echocardiography of the aortic root. Invest. Radiol. 3 [1968] 356-366). Der Pfeil markiert die Kontrastmittelgabe

Tabelle 16.**1** Ultraschallkontrastgebende Substanzen, Handmethoden, Gas als Wirksubstanz

Substanz	Organ (Methode)*	Literatur
physiologische NaCl-Lösung (schnelle Injektion)	Aortenwurzel	33
schnelle Injektion von Glukoselösung	Herz (rechter Ventrikel)	67
Indocyaningrün 1–5%	Herz (rechter Ventrikel)	34
Vitaminlösungen (mit CO_2)	Herz (rechter Ventrikel)	10
Wasserstoffsuperoxid	Herz (rechter und linker Ventrikel)/Leber	76, 77
Äther, CO_2	A. femoralis (Hund), Herz (linker Ventrikel)	79
Gelatinekapseln mit Stickstoff gefüllt	VX_2-Tumor (Kaninchen)/ Myokard (Katheter)	9
Wassser durch einen Strohhalm getrunken	Magen	78
Zuckerlösungen beschallt	Myokard (Katheter)	16
Albumin beschallt	Myokard (Injektion in die Aortenwurzel)	17, 18, 39
Röntgenkontrastmittel beschallt	Myokard (Katheterinjektion)	39, 49
Plasmaexpander gepumpt/ geschüttelt	Herz	80
Fettemulsion/Plasmaexpander/ Eisen-(III)-salz-Lösung gepumpt	Myokard	5
Iodipamideethylester mit Gasblasen („bubbicles“)	Leber	53
gasgefüllte Liposomen („Aerosomes“)	Herz (linker Ventrikel, Aorta)	73
Lipidmikrobläschen („filmix“)	Gehirn	66

* In der Literatur beschriebene Anwendungsgebiete (dargestellte Strukturen, verwendete Technik, experimentelle Methode)

Tabelle 16.**2** Ultraschallkontrastgebende Substanzen, „Handmethoden“, andere Substanzen

Substanz	Organ*	Literatur
Gelatinemikrosphären	Leber (Hund)	52
Kollagenmikrosphären	Leber (Hund)	51
Lösungen (Citrat-, Zucker-, Chelatbildner-, Aminosäurelösung)	Maus	72
Perfluorierte Kohlenwasserstoffe	Myokard (Hund), Leber, Milz, Niere	47, 48
Bariumsulfat	Darm	46
Iodipamideethylesterpartikel	Leber	71
Fettemulsion	Leber	21

* s. Tab. 16.**1**

Tabelle 16.**3** Ultraschallkontrastgebende Substanzen, Entwicklungspräparate

Substanz	Organ (Methode)*	Literatur
Standardisierte Mikrobläschen (SH U 454 = Echovist)	Eileiter (Fertilitätsdiagnostik)	22, 60
	Gefäßdarstellung (venös oder Katheter)	31, 75
	Myokard (Katheter)	54
	Leber (intraoperativ)	14
	Magen	20
Stabilisierte, standardisierte Mikrobläschen (SHU 508, = vorgesehener Handelsname: Levovist)	Herz (rechter und linker Ventrikel)	58, 58, 68
	(Organ-)Perfusion	23, 63
	Farbdoppler	6
	farbkodierte Duplexsonographie	64
Albuminstabilisierte Mikrobläschen (Albunex)	Herz (rechter und linker Ventrikel)	19, 38
	Myokard	40
	Leber	32
	Doppler	7, 36
Gasmikropartikel	Leber, Milz, Perfusion	70
Polyaminodicarbonsäure-coimide mit Gas	Herz (linker Ventrikel)	15
Mikroschaum (By 20)	Herz	42, 57, 61

* s. Tab. 16.**1**

(z. B. „sonication" = Behandlung mit einem Ultraschallstab; hin und her pumpen zwischen 2 Spritzen über einen 3-Wege-Hahn) Gasbläschen in Lösungen erzeugt werden (Kochsalzlösungen, Plasmaexpander, Röntgenkontrastmittel, Albuminlösung). Weiterhin wurden mikroverkapselte Gasbläschen verwendet sowie Substanzen, die durch Änderung der physikalischen Zustandsform (z. B. Äther = siedet bei Körpertemperatur und bildet Gasbläschen) oder durch chemische Reaktionen (z. B. Wasserstoffsuperoxid, enzymatische Gasabspaltung) Gasbläschen freisetzen.

Die US-KM mit einem anderen Wirkprinzip als Gas (Tab. 16.**2**) beinhalten Mikropartikelsysteme (Mikrosphären), Lösungen und Emulsionen.

Die Zuordnung der perfluorierten Kohlenwasserstoffe (PFOB) bereitet Schwierigkeiten, da in diesem Fall der Wirkmechanismus nicht hinreichend geklärt ist. Diese Substanzen wurden als Blutersatzmittel, die einen Gastransport ermöglichen, entwickelt. Ob diese Eigenschaft bei der Kontrastgebung im Ultraschall eine Rolle spielt und deshalb eine andere Zuordnung (gashaltige Systeme) sinnvoll wäre, ist nicht bekannt. Auffällig ist die hohe, bei dieser Substanz notwendige Dosis (2-3 g/kg KG)(31). Dies spricht eher gegen die Beteiligung von Gas am Wirkmechanismus, da Gase hocheffiziente Streukörper sind (s. Abschnitt 16.1.2).

Neben den erwähnten Handmethoden besteht eine zielgerichtete Entwicklung von US-KM als Diagnostika. Die Kontrastmittel, die freie Bläschen (standardisierte Mikrobläschen) oder stabilisierte Bläschen (stabilisierte/standardisierte Mikrobläschen, albuminstabilisierte Mikrobläschen) enthalten, sind in ihrer Entwicklung relativ weit fortgeschritten. Die Systeme, die Gas/Mikropartikel beinhalten, befinden sich in einem frühen experimentellen Stadium (Tab. 16.**3**).

16.1.2 Physikalische Basis

Zur Bewertung der Ultraschallkontrastmittelansätze ist eine Betrachtung der physikalischen Gesetze zur Schallreflexion und -streuung notwenig. Die Echogenität von Streukörpern ergibt sich in Abhängigkeit von der Streukörpergröße im Verhältnis zur Wellenlänge, die durch die Frequenz der Schallwelle und ihrer Ausbreitungsgeschwindigkeit im Medium (ca. 1540 m/s für Gewebe [außer Lunge und Knochen]) ergibt. Ein Streukörper im akustischen Feld kann deutlich kleiner, etwa gleich groß, oder deutlich größer als die Wellenlänge sein. Bei den, bedingt durch die technischen Möglichkeiten, im Ultraschall verwendeten Frequenzen von 1 – 10 MHz ergeben sich Wellenlängen im Bereich von 1540 – 154 μm. Für die intravasale Anwendung kommen nur Streukörper in Frage, die nicht größer als die Erythrozyten sind und damit die Hämodynamik möglichst wenig verändern. Damit können als US-KM nur Substanzen verwendet werden, die deutlich kleiner sind als die Länge der Ultraschallwellen. Streukörper, deren Größe im Bereich der Wellenlänge oder darüber liegt, sind medizinisch allenfalls im Bereich des Gastrointestinaltrakts anwendbar.

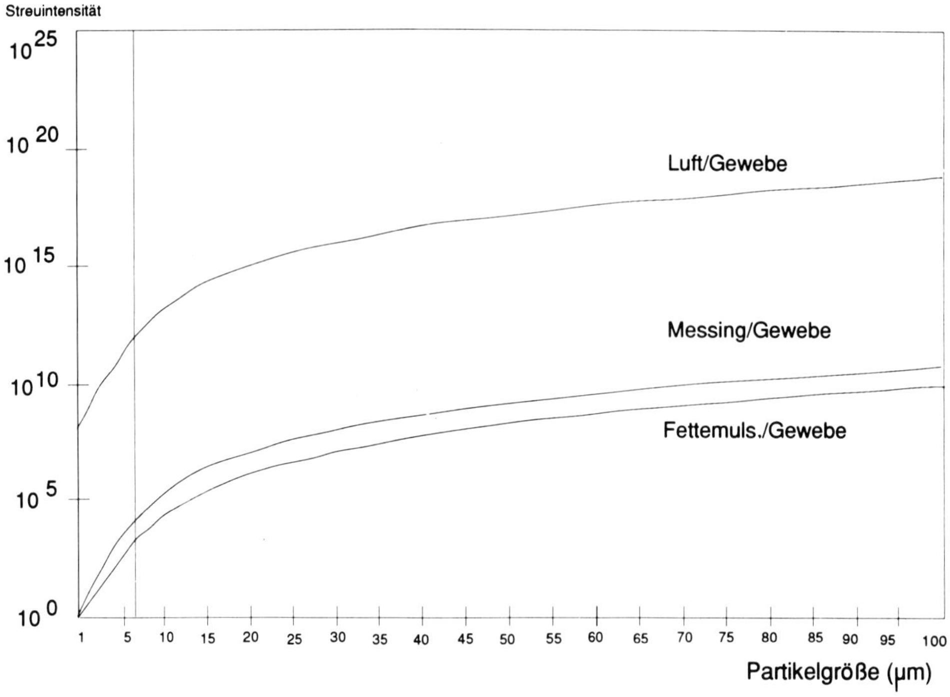

Abb. 16.**2** Verhältnis zwischen Partikelgröße und Streuintensität, berechnet für die Grenzflächen Luft/Gewebe, Messing/Gewebe und Fettemulsion/Gewebe (für eine Schallkopffrequenz von 5 MHz in einem parenchymatösen Organ): Die Grenzfläche Luft/Gewebe führt zu einer um Größenordnungen höheren Streuintensität

Bedingt durch die Größenverhältnisse wird nur der Fall von Streukörpern, die deutlich kleiner als die Wellenlänge sind, einer näheren Betrachtung unterzogen. Hierbei ist die Streuintensität der Partikel durch ihren Durchmesser, die verwendete Ultraschallfrequenz und die Eigenschaften der Grenzfläche zwischen Partikel und dem ihn umgebenden Medium (Impedanzdifferenz) gegeben. Abb. 16.**2** stellt die Abhängigkeit zwischen der Partikelgröße und der Streuintensität (dimensionslos) für verschiedene Substanzen gegenüber Gewebe dar. Die Grenzfläche Luft/Gewebe wurde als Beispiel gewählt, da hierbei die niedrige Dichte und die langsame Schallgeschwindigkeit in Luft eingehen. Die Grenzfläche Messing/Gewebe verdeutlicht die Verhälnisse für eine hohe Dichte mit relativ hoher Schallgeschwindigkeit, während die Grenzfläche Fettemulsion/Gewebe eine relativ geringe Schallgeschwindigkeits- und Dichtedifferenz zeigt. Die Daten wurden für eine Frequenz von 5 MHz berechtet und logarithmisch dargestellt.

Aus den Daten in Abb. 16.**2** ergibt sich, daß Gasbläschen unter den hier gewählten Voraussetzungen mit deutlichem Abstand günstigere Streuverhältnisse bieten als Substanzen mit hoher Dichte und relativ hoher Schallgeschwindigkeit. Bei geringen Dichte- und Schallgeschwindigkeitsunterschieden ergeben sich auch nur relativ geringe Unterschiede in der Streuintensität und somit eine geringe Echogenität. Um diese Unterschiede in der Streuintensität und somit in der Echogenität auszugleichen, sind bei anderen Grenzflächen als Gas/Gewebe deutliche höhere Partikeldurchmesser (30 – 50 µm Partikel) notwendig. Solche Partikelgrößen sind für intravasale Anwendungen medizinisch nicht verwendbar. Andere Ausgleichsmöglichkeiten, z. B. über eine Erhöhung der Konzentration oder die Veränderung der Schallkopfsendefrequenz (höhere Frequenzen erhöhen die Streuintensität, geringere Frequenzen führen zu geringeren Streuintensitäten) scheitern aber an technischen oder medizinischen Problemen.

Medizinisch verwertbare Echogenitätserhöhungen der intravasalen Strukturen durch US-KM können nach diesen Überlegungen nur auf der Basis von gashaltigen Systemen entwickelt werden. Alle Entwicklungspräparate und das bereits als Diagnostikum zugelassene US-KM nutzen diese Basis.

16.1.2.1 Bedeutung der Echogenitätserhöhung durch US-KM in farbkodierenden Ultraschallverfahren

In Doppler-Verfahren erfolgt eine Messung der Frequenzverschiebung zwischen dem ausgesandten und dem von einem sich bewegenden Objekt (z. B. Erythrozyten) zurückgestreuten Signal. Die Frequenzverschiebung ist proportional zur Geschwindigkeit des erfaßten Objekts (Blutfluß über Bewegungsgeschwindigkeit der Erythrozyten, s. Kapitel 17). Bei der Darstellung geringvolumiger und/oder langsamer Flüsse sowie bei der Erfassung von Blutflüssen in größerer Tiefe ergeben sich aufgrund des in diesen Fällen gerin-

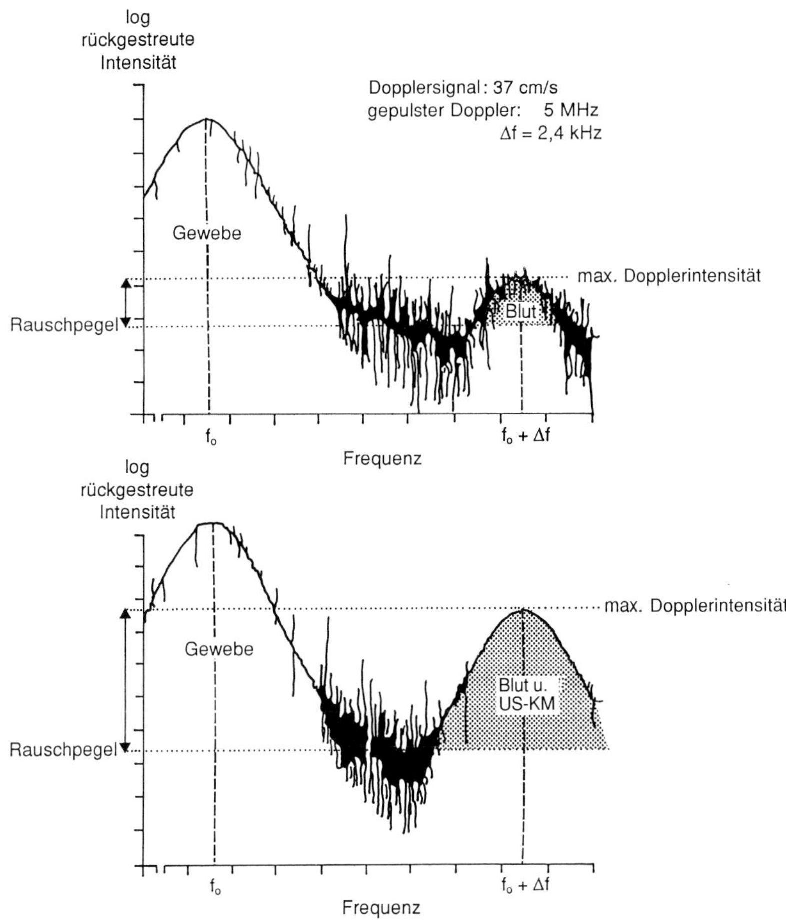

Abb. 16.**3** Schematische Darstellung eines Doppler-Signals für einen geringvolumigen Fluß (kleines Gefäß). Ohne US-KM (oben) läßt sich das Doppler-Signal nicht oder nur unzureichend vom Rauschen abgrenzen. Nach Gabe von US-KM (unten) ist die Erkennbarkeit des Signals verbessert.
f_0 = Sendefrequenz, Δf = Frequenzverschiebung („Doppler-Shift"), ↕ = technisch nutzbarer Anteil der Signalintensität

gen Signal-zu-Rausch-Verhältnisses Probleme in der Erfassung der Frequenzverschiebung und somit der Doppler-Darstellung. US-KM führen über eine verstärkte Rückstreuung des Signals zu einer Verbesserung des Signal-zu-Rausch-Abstands. Dadurch ergibt sich eine verbesserte Erkennbarkeit der Frequenzverschiebung für das Ultraschallgerät. Die Abb. 16.**3**und 16.**4** stellen diese Effekte schematisch dar.

Im Mustererkennungsverfahren (Color-Velocity-Imaging, CVI) wird im Gegensatz zu den konventionellen Doppler-Verfahren keine Information der Frequenz- oder Phasenverschiebung verwendet. Bei diesem Verfahren werden Datensätze charakteristischer Signalanteile definierter Volumenelemente zu kurz aufeinanderfolgenden Zeitpunkten korreliert. Die Bewegung dieser charakteristischen Signalanteile in definierten Zeitabständen erlaubt es, Flußgeschwindigkeiten zu berechnen (s. Kapitel 1). Da letztlich die gleichen Signale verwendet und nur auf andere Art ausgewertet werden, kommt es bei einem zu geringen Signal-zu-Rausch-Verhältnis (z. B. großer Abstand zwischen zu untersuchendem Gefäß und Schallkopf, geringvolumige Blutflüsse, schwierige anatomische Bedingungen) auch zu einer unzureichenden Darstellung der Blutbewegung. Der Einsatz von US-KM kann auch bei dieser Methode das Signal-zu-Rausch-Verhältnis verbessern und damit die Erkennbarkeit bestimmter Signale verbessern oder überhaupt erst möglich machen.

Die farbkodierenden Ultraschallverfahren erlauben nativ keine Darstellung von Bewegungen in Hohlräumen, die nicht von Streukörpern (z. B. Erythrozyten) durchflossen werden (Tuben, Uretheren, Urethra). Die Instillation von US-KM in diese Hohlräume führt zu einem Fluß von Streukörpern, der sich mit den farbkodierenden Ultraschallverfahren darstellen läßt.

Die Wirkung von Ultraschallkontrastmitteln in farbkodierenden Ultraschallverfahren (Doppler-Verfahren, Mustererkennungsverfahren) beruht auf einer Anhebung der Echogenität. Dadurch wird ein größerer Anteil der Ultraschallenergie gestreut und das Signal-zu-Rauschverhältnisverhältnis verbessert (Abb. 16.**5a**, **b**).

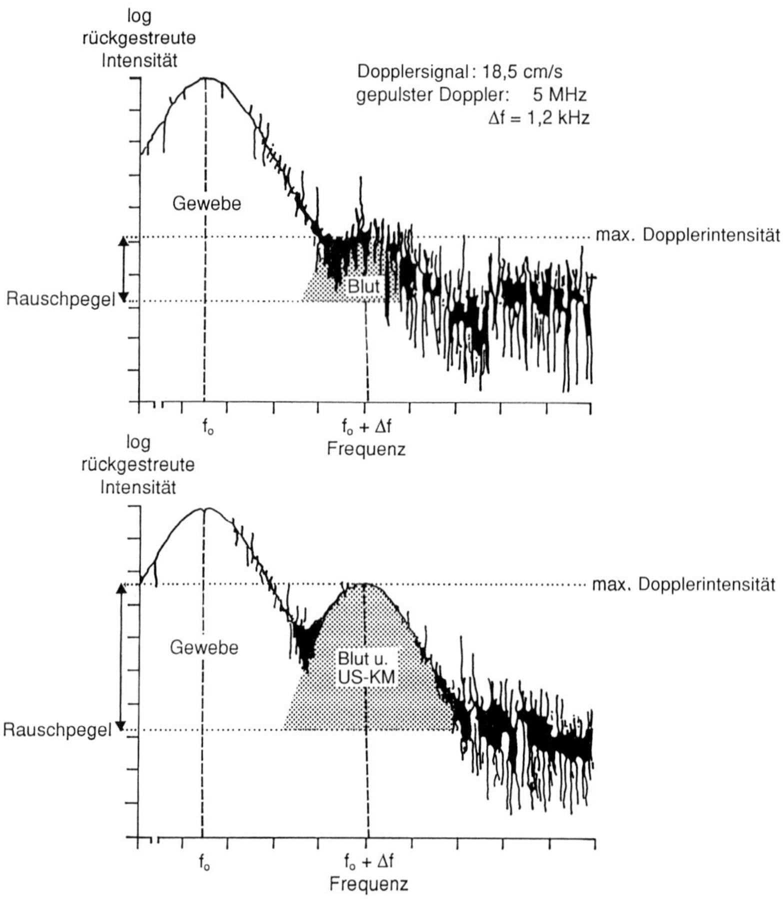

Abb. 16.**4** Wie Abb. 16.**3** für einen langsamen Fluß (geringe Frequenzverschiebung). Ohne US-KM ist das Doppler-Signal nicht oder nur unzureichend vom Signal des unbewegten Gewebes abzugrenzen. Nach Gabe des US-KM ergibt sich eine Erhöhung der Intensität des Doppler-Signals, die Erkennung des frequenzverschobenen Anteils wird erleichtert.
f_0 = Sendefrequenz, $f\Delta$ = Frequenzshift („Doppler-Shift"), ↕ = technisch nutzbarer Anteil der Signalintensität

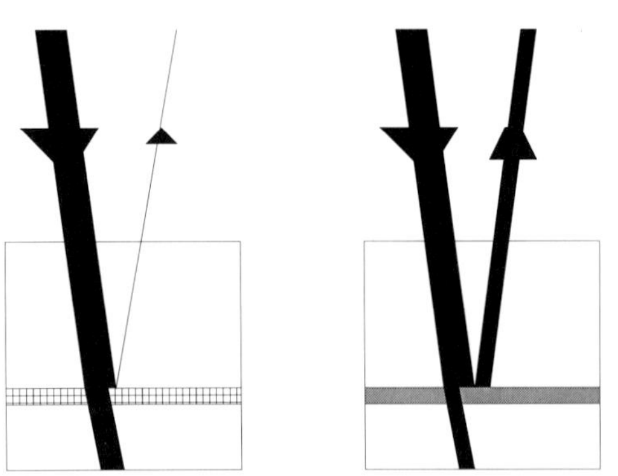

Abb. 16.**5a**, **b** Schematische Darstellung der Wirkung von US-KM auf die Signalintensität im Ultraschall:
a Nativ wird nur ein geringer Teil der Energie der Ultraschallwelle beim Durchlaufen des Gefäßlumens zurückgestreut
b Nach Zugabe von Ultraschallkontrastmittel erhöht sich die Amplitude der zum Schallkopf zurückgestreuten Welle

16.1.3 Eigenschaften von Ultraschallkontrastmitteln (in Entwicklung befindliche und zugelassene Präparate)

Bei den in den Tab. 16.**1** und 16.**2** aufgeführten Ansätzen zur Herstellung echogener Substanzen (sogenannte „Handmethoden") bestehen Probleme in der Reproduzierbarkeit und Homogenität der Ultraschallkontrasteffekte. Dies ist bedingt durch die mangelnde Standardisierbarkeit solcher Methoden (44). Weiterhin ist die toxikologische Unbedenklichkeit solcher Präparationen nicht überprüft, Nebenwirkungen durch die mangelnde Standardisierung sind beschrieben (45). Zusätzlich führen die schlechten Streueigenschaften der in der Tab. 16.**2** aufgeführten Substanzen unter praxisnahen physiologischen Bedingungen zu einer geringen Effektivität.

Um die bei den „Handmethoden" bestehenden Probleme zu lösen, wurden in den letzten Jahren mehrere Präparate auf der Basis von Gas als Wirksubstanz entwickelt. In der Tabelle 16.**3** sind diese Präparate zusammengefaßt. Die oberen 3 Substanzen sind in der klinischen Erprobung bzw. in Deutschland schon für bestimmte Indikationen zugelassen. Diese 3 Substanzen können in 2 Gruppen eingeteilt werden:

1. Den sogenannten „Rechtsherzkontrastmitteln", die nach peripher-intravenöser Gabe bei der Lungenpassage zerstört werden, und 2. den sogenannten „Linksherzkontrastmitteln", die nach der gleichen Applikationsform die Lungenpassage überstehen und zu einer Verstärkung des Doppler-Signals im arteriellen System führen. Bei den „Gas-Mikropartikeln" und den „Polyaminodicarbonsäurecoimiden mit Gas" handelt es sich um relativ neue experimentelle Ansätze, die für klinische Anwendungen derzeit noch nicht zur Verfügung stehen; zum Mikroschaum (By 20) sind kaum neuere Daten (nach 1988) verfügbar. Diese Ansätze werden deshalb im folgenden nicht weiter betrachtet.

Abb. 16.**6** Elektronenmikroskopische Aufnahme von Echovist: Auf der Oberfläche der beiden abgebildeten Granulen sind die Galaktosemikropartikel zu erkennen. In den Zwischenräumen befinden sich die Gasbläschen

16.1.3.1 Rechtsherzkontrastmittel

Von dieser Gruppe gibt es eine Substanz (Echovist), die für die Echokardiographie in Deutschland bereits zugelassen ist. Dieses Ultraschallkontrastmittel besteht aus einem 2-Vial System. In einem Vial sind Mikropartikel (Durchmesser 3.5 μm [Median], 99% kleiner als 12 μm, 27) enthalten, die in trockenem Zustand zu kleinen Kügelchen (Granulen) zusammengelagert sind (Abb. 16.**6**). Bei der Zugabe des Suspensionsmediums zerfallen diese Granulen in die einzelnen Mikropartikel. Im anderen Vial befindet sich ein Suspensionsmedium (Galaktoselösung). Vor Anwendung der Substanz wird die benötigte Menge Suspensionsmedium in das Vial mit den Mikropartikeln überführt, nach Schütteln entsteht eine milchige Suspension, die gebrauchsfertig ist. Diese Suspension ist bei Raumtemperatur für einen Zeitraum von mindestens 5 Minuten stabil (43). Die Kontrasteffekte werden durch an die Galaktosemikropartikel angelagerte Mikrogasbläschen erzeugt und sind abhängig von der Konzentration (mg/ml) der Mikropartikel (24). Die Größe dieser Gasbläschen beträgt ca. 3 μm (Median), 97% sind kleiner als Erythrozyten (62). Der Gasgehalt pro ml Suspension beträgt weniger als 40 μl (1 g der Substanz enthält weniger als 100 μl Gas).

In umfangreichen toxikologischen Studien ergab sich kein Hinweis auf eine Unverträglichkeit der Substanz (25). In tierexperimentellen Studien wurde die Effektivität der Substanz zur Darstellung des rechten Ventrikels (44, 68), des Myokards (35, 55, 56), der Leber sowie in gynäkologischen und urologischen Anwendungen (25) belegt. Klinische Prüfungen an großen Patientenkollektiven erfolgten in einer Vielzahl von klinischen Fragestellungen in den Bereichen Kardiologie, Urologie und Gynäkologie (27). Die Substanz steht als zugelassenes Arzneimittel für den Bereich der Rechtsherzdarstellung zur Verfügung, weitere Indikationen befinden sich noch in der Entwicklung und sollen folgen.

16.1.3.2 Linksherzkontrastmittel

Von dieser Gruppe gibt es zwei Substanzen die sich zur Zeit (Ende 1992) in Deutschland in der klinischen Erprobung befinden. Das eine (SH U 508, vorgesehener Handelsname = Levovist und im folgenden deshalb immer so genannt) ist eine Weiterentwicklung von Echovist (s. oben), das zweite besteht aus albuminstabilisierten Mikronläschen (Albunex). Levovist besteht aus Galaktosemikropartikeln (Galaktosegehalt > 99%, Median < 2 μm, 99% < 7 μm), an deren Oberfläche sich standardisierte Mikrogasbläschen befinden. Diese Mikrobläschen werden durch den Zusatz einer physiologisch vorkommenden Fettsäure (Gehalt < 0,5 %) zu den Galaktosemikropartikeln stabilisiert. Der Median der Bläschengröße liegt unter 2 μm, 97 % sind kleiner als 6 μm. In 1 ml Suspension mit einer Konzentration von 400 mg/ml befinden sich ca. 2 x 10^{10} Mikrogasbläschen mit einem Durchmesser größer als 1 μm. Die Mikropartikel werden in Wasser für Injektionszwecke suspendiert, das Volumen an Wasser, das zur Suspendierung der vorgelegten Mikropartikelmenge verwendet wird, bestimmt die Konzentration der Suspension. Nach der Herstellung ist die Suspension für einen Zeitraum von mehr als 15 Minuten stabil. Das Gasvolumen der Suspension entspricht in etwa dem von Echovist. Übliche Mikropartikelkonzentrationen liegen in einem Bereich von 50 – 400 mg/ml.

Umfangreiche tierexperimentelle Untersuchungen zur Verträglichkeit (akute und subakute Toxizität mit umfangreicher histologischer Begutachtung, lokale Verträglichkeit, Embryo- und Genotoxizität, Messung hämodynamischer Parameter nach intravenöser und intraarteriellerGabe, direkte Beobachtung der Mikrozirkulation) zeigten keine medizinisch bedeutsamen substanzbedingten unerwünschten Effekte (31). Die diagnostische Effektivität von Levovist wurde sowohl im B-Bild wie auch in Doppler-Verfahren tierexperimentell belegt (23,26,28,29,).

Albuminstabilisierte Mikrobläschen (Albunex). Albunex wird durch die Beschallung von 5%iger Humanalbuminlösung hergestellt. Hierbei bilden sich stabile gasgefüllte „eiweißartige" Hüllen, die sich in Albuminlösung nicht auflösen (3). Ein Teil der Eiweißhülle zeigt Eigenschaften, die von nativem Albumin abweichen (isoelektrischer Punkt, Anionenbindung) (4). Die Teilchenzahl wird mit 437 Mill./ml angegeben (40), die Wandstärke der Hülle mit 40 – 50 nm (3) und der Durchmesser der Teilchen mit 1,4 – 18,3 μm (Median 4,0 μm, 90 % < 10 μm) (19, 12). Die Angaben zur Stabilität von Albunex schwanken zwischen 6 und 12 Monaten (bei einer Lagerung zwischen 4 und 22 °C) (3, 40). Nach i. v. Gabe dieser Substanz ist im Grauwertbild nur eine Signalanhebung im linken Ventrikel nachzuweisen. In den nachgeordneten Strukturen (große arterielle Gefäße) findet sich keine Veränderung (37). Nach der zweiten Kapillarpassage ist auch keine Verstärkung des Doppler-Signals mehr nachzuweisen (11).

Zur Verträglichkeit von Albunex wurde eine größere Anzahl von Studien durchgeführt. Im Bereich der Hämodynamik und klinischen Beobachtung zeigten sich bei Hund, Affe und Mensch keine oder nur geringe substanzbedingte Änderungen, die als nicht klinisch relevant eingeschätzt werden (17,19,74,). Bei Ratte, Hund und Affe ergaben sich in akuten und subakuten Untersuchungen keine wesentlichen Veränderungen der hämatologischen, serologischen Parameter und der Urinzusammensetzung (2). Bei Schweinen führt die Gabe von Albunex zu deutlichen pulmonalarteriellen Blutdruckanstiegen, die durch die Gabe von Indomethacin in hoher Dosierung verhindert werden können. Aus immunologischen Untersuchungen (3) ist bekannt, daß die Eiweißhülle von Albunex bei einigen Spezies als Antigen wirkt, bei Mensch und Cynomolgus Affe jedoch nicht.

Zur Effektivität sind tierexperimentelle Untersuchungen zur Darstellung der Leber und Niere im Doppler-Verfahren bei Murmeltieren (8, 37) sowie des Herzens bei unterschiedlichen Spezies bekannt. In klinischen Studien zeigte sich, daß die i. v. Gabe von ca. 0,05 ml/kg KG bei allen Patienten zu Kontrasteffekten im rechten Ventrikel führte, die Gabe von 0,08 ml/kg KG führte bei 90 % der Patienten zu einer Kontrastierung des linken Ventrikels. Eine Steigerung der Dosis führte zu keinen besseren Ergebnissen (19). In einer Studie wurden bei Patienten Kontrasteffekte im Myokard nach Bildverarbeitung beobachtet (49).

Die kardialen Anwendungsgebiete sind bei diesem Präparat am weitesten entwickelt, die Unterlagen für diese Anwendung sind in einzelnen Ländern bei den Behörden eingereicht (1). Andere Anwendungsgebiete sollen später noch folgen (1).

16.1.4 In-vitro-Untersuchungen zu Ultraschallkontrastmitteln in der FKDS

Zur Überprüfung der theoretischen Überlegungen zur Wirkungsweise und zu Anwendungsmöglichkeiten von US-KM (s. Abschnitt 16.1.2.1) wurden an Agar-Agar/Graphit-Phantomen mit in verschiedenen Tiefen eingebetteten PTFE-Schläuchen Messungen mit Echovist und Levovist durchgeführt. Um Perfusionsverhältnisse zu simulieren wurden mit unterschiedlichen Pumpen sowohl kontinuierliche als auch pulsatile Blutflüsse (rekonstituierte Erythrozytenkonzentrate am Ablauftermin) erzeugt. Dabei zeigte sich, daß Geschwindigkeiten, die bei den vorgegebenen Parametern zu keinen nachweisbaren Signalen führten, nach Austausch eines Teils des Perfusionsvolumens gegen Echovist (200 mg/ml) nachzuweisen waren (Abb. 16.**7a**, **b**). Die Nachweisgrenze für langsame Flüsse ließ sich somit um den Faktor 2-4 herabsetzen.

Um die Darstellung von Hohlräumen, die physiologischerweise nicht oder nur von sehr wenigen Streukörpern durchflossen werden (z. B. Ureteren, Urethra, Eileiter) nachzubilden, wurden die Schläuche im Phantom mit physiologischer Kochsalzlösung und mit reinem Kontrastmittel perfundiert. Die Bewegung der Kochsalzlösung in den Schläuchen führte zu keiner oder nur ganz vereinzelt auftetenden Farbsignalen (Doppler-System = QAD I, Mustererkennungssystem = Platinum [Philips]). Die Injektion von US-KM führte bereits bei geringen Konzentrationen (50 mg/ml) in beiden Verfahren zu deutlichen Flußsignalen in den durchströmten Schlauchabschnitten.

Die In-vitro-Untersuchungen bestätigten die Erwartungen, die sich aus den theoretischen Betrachtungen ergaben. Weiterhin konnte gezeigt werden, daß Ansätze, die nicht auf dem Wirkprinzip Gas basieren, zu keinen ausreichenden Effekten in den farbkodierenden Ultraschallverfahren führen (65).

16.1.5 Darstellung der Perfusion in tierexperimentellen Untersuchungen

Zur Bestätigung der in vitro erhobenen Befunde wurden tierexperimentelle Untersuchungen an Beagle-Hunden durchgeführt. In diesen Studien wurden die Unterschiede zwischen Nativbildern und „Kontrastbildern" (nach i.v.-Gabe von Levovist) in der Perfusionsdarstellung von Leber, Niere und Gefäßen in farbkodierenden Ultraschallverfahren erhoben.

16.1.5.1 Linksherzkontrastmittel, Dopplerverfahren

In den Untersuchungen zur Nierenperfusion zeigte sich, daß die i. v. Gabe von Levovist in einer Konzentration von 300 mg/ml und einem Volumen von 2 ml in der FKDS (QAD I) zu einer deutlichen Anhebung der farbig kodiert dargestellten Areale der Niere führt (Abb. 16.**8a**, **b**). In dieser Konstellation führt die Gabe des US-KM zu einer fast vollständigen Farbkodierung der perfundierten Anteile der Niere, während in den nativ abgeleiteten Bildern nur der Blutfluß in den großen hilusnahen Gefäßen erkennbar ist. In weiterführenden Untersuchungen konnte nachgewiesen werden, daß auch kleinere Perfusionsdefekte in der Niere nach der intravenösen US-KM-Gabe in der FKDS sicher nachzuweisen waren (Levovist, 2 ml, 300 mg/ ml). Die im Ultraschall dargestellten Perfusionsausfälle zeigten eine gute Korrelation mit der parallel durchgeführten Angiographie (Abb. 16.**9a**, **b**). Bei der Beobachtung des Verlaufs des Perfusionsdefekts nach Wiedereröffnung der Gefäße konnte in der

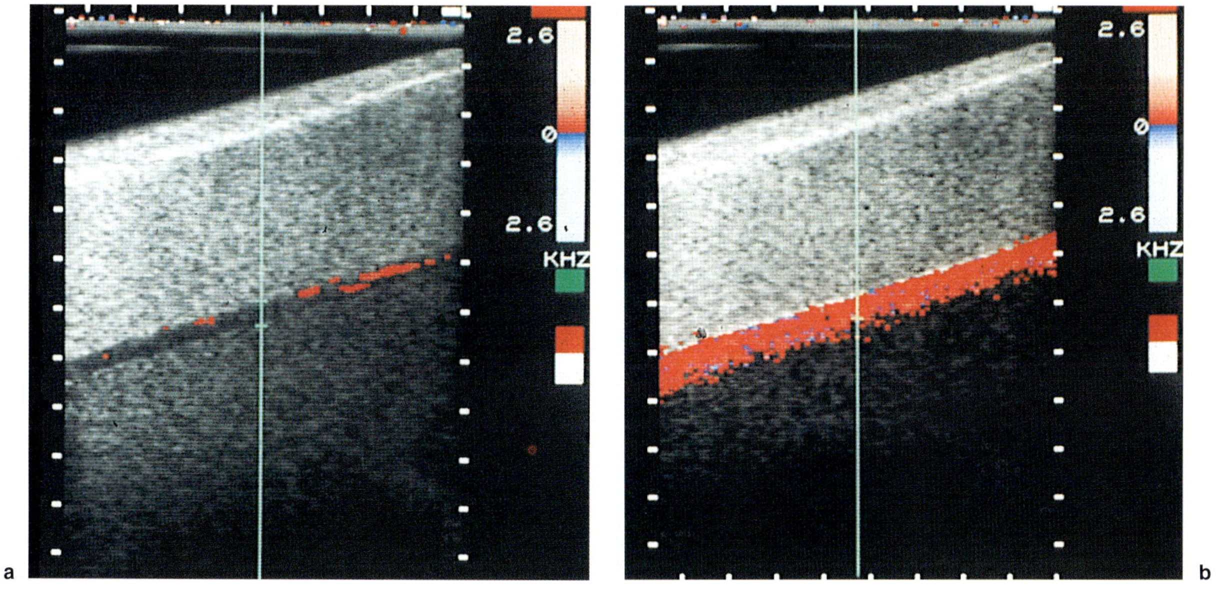

Abb. 16.**7 a**, **b** Perfusion eines Kunststoffschlauchs in einem Agar-Agar/Graphit Phantom in der FKDS (QAD I):
a Perfusion mit Blut mit einem Fluß von 45 ml/min. Das Schlauchlumen ist als echoarme Struktur zu erkennen, die grüne vertikale Linie mit den beiden horizontalen Strichen repräsentiert das Volumen für die quantitative Messung: Im Echtzeitbild sind nur vereinzelt farbkodierte Signale nachzuweisen.

b Fluß mit gleicher Geschwindigkeit, 5 ml des Blutes sind durch US-KM (Echovist, 200 mg/ml) ersetzt: Das Schlauchlumen ist jetzt vollständig mit Farbsignalen gefüllt, am dorsalen Rand des Schlauchs treten die Signale über das Lumen hinaus (zu hohe Konzentration des US-KM)

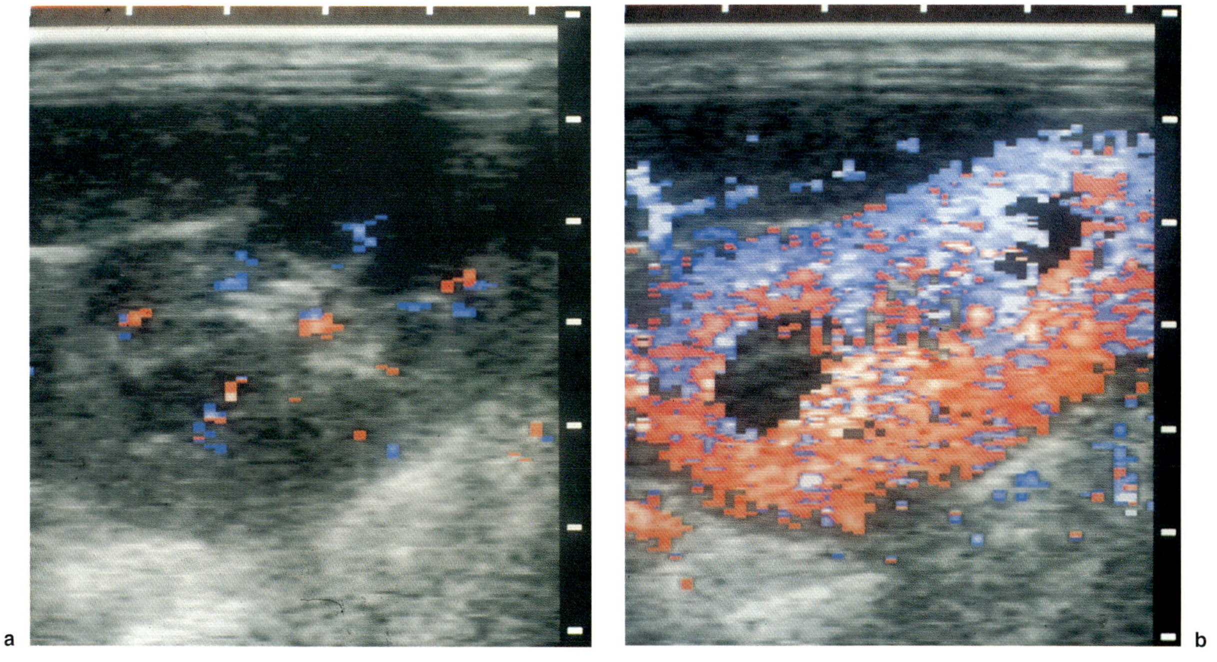

Abb. 16.**8 a**, **b** Normale linke Niere eines Hundes (12 kg) vor und nach intravenöser Gabe von US-KM (QAD I):
a Vor der Kontrastmittelgabe: Nur in den großen hilusnahen Gefäßen sind farbkodierte Blutbewegungssignale nachzuweisen

b Nach Applikation von 2 ml (300 mg/ml) Levovist: Das gesamte Parenchym der Niere ist jetzt mit Flußsignalen ausgefüllt und nur das Nierenbecken wird ausgespart

a
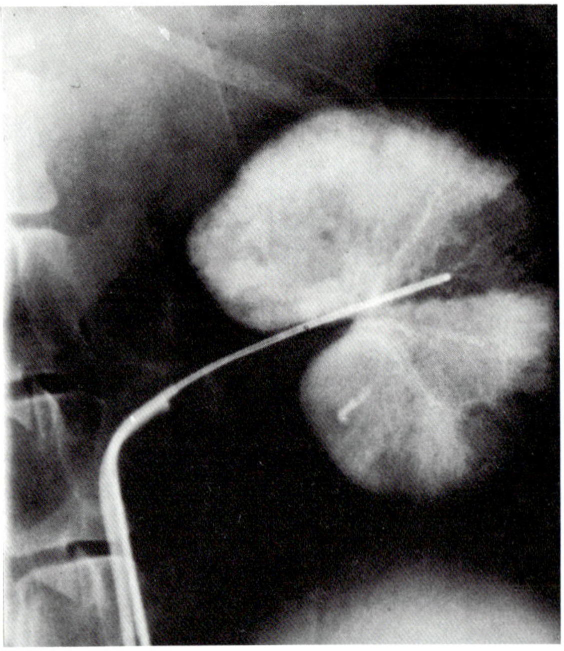

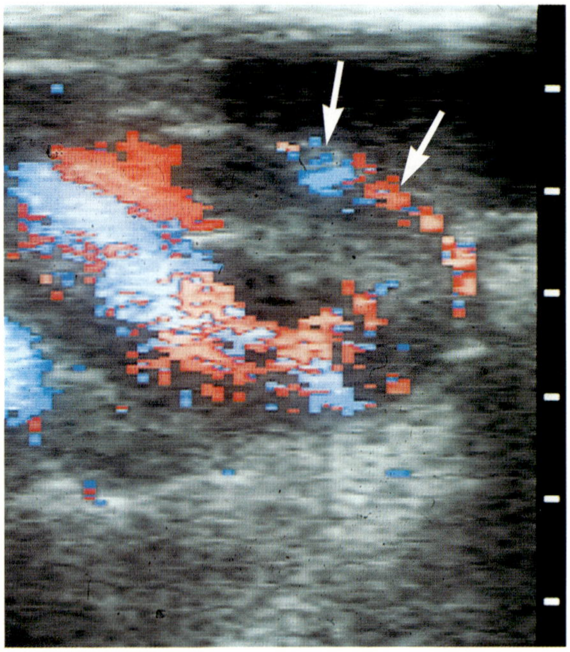
b

Abb. 16.**9a**, **b** Experimentell erzeugter temporärer Verschluß von Nierensegmentarterien beim Hund (12 kg):
a Selektive Angiographie: In der Parenchymphase keilförmige Defekte im mittleren und kaudalen Abschnitt der Niere

b FKDS (QAD I) nach i.v. US-KM-Gabe (2 ml [300 mg/ml] Levovist): Ähnlich wie in der Angiographie keilförmige Perfusionsausfälle (ohne Farbkodierung) im Nierenparenchym. Im Unterschied zur selektiven Angiographie wird aber eine Perfusion über Nierenkapselgefäße (Pfeile) erfaßt

Kontrast-FKDS über die Perfusionsstörung über einen längeren Zeitraum erfaßt werden als dies in der Angiographie möglich war. Dies ist möglicherweise ein Hinweis darauf, daß die farbkodierte Kontrastduplexsonographie das sensitivere Verfahren zur Erfassung von Perfusionsverminderungen ist.

Wegen der starken Schallabsorption und -streuung in der Haut des Hundes sind auch oberflächlich liegende Gefäße im B-Bild nur schwer abzugrenzen. Nach i. v.-Gabe von Levovist kam es im Vergleich zur Nativdarstellung auch hier zu einer dosisabhängigen deutlichen Verstärkung der Blutflußsignale. Bei einem Hund kam es nach der Applikation von 2 ml (300 mg/ml) Levovist zu einer optimalen Verstärkung der Doppler-Signale, die für etwa 3 Minuten anhielt (Abb. 16.**10a**, **b**). Die Farbkodierung füllte das Gefäßlumen in der Systole vollständig aus, und es kam bei dieser Dosierung nicht zu Artefakten. Auch nach der zweiten Kapillarpassage führte das US-KM noch in den Venen zu einer Verstärkung der Flußsignale. Wird die Dosis des US-KM erhöht, kommt es insbesondere zu Beginn der Kontrastmittelwirkung zu ausgeprägten Artefakten. Die Farbsignale überschreiten das Gefäßlumen, und es bildet sich eine „nebelartige" Mischung aus „Rot" und „Blau" um das Gefäß herum. Diese Artefakte gehen nach einer Initialphase zurück. Bei Hunden kam es bei proximal verschlossener A. femoralis (operative Unterbindung des Gefäßes im Rahmen von Voruntersuchungen) nach i.v. Gabe von Levovist eine – gegenüber den Nativbildern – deutlich verbesserten Darstellung der distalen Anschlußgefäße. Die Form und die Lokalisation der Anatomie stimmten mit der Angiographie (i.v.-DSA) überein (Abb. 16.**11a**, **b**).

Auch in den extrakraniellen Anteilen der A. carotis kommt es nach i.v. Gabe von Levovist zu einer Verstärkung der Flußsignale. In diesem Gefäßbereich bestehen im Regelfall ausreichend großvolumige und schnelle Blutflüsse, deshalb dürfte hier nur selten eine Indikation zur Verwendung von US-KM gegeben sein. Im intrakraniellen Gefäßbereich (transkranielle Doppler-Sonographie) besteht jedoch ein ungünstiges Signal-zu-Rausch-Verhältnis, das durch die Anwendung von geeigneten US-KM positiv zu beeinflussen ist. Erste tierexperimentelle Untersuchungen in entsprechenden Bereichen (transvitriale Darstellung der retroorbitalen Perfusion beim Hund) zeigten, daß hier eine Zunahme der farbkodiert dargestellten Areale zu erreichen ist. Dies läßt erwarten, daß bei der Anwendung transkranieller Doppler-Techniken beim Menschen mit einem diagnostischen Zugewinn zu rechnen ist.

Für die Untersuchung am Herzen ist Echovist bereits zugelassen. Insbesondere in der Diagnostik von Herzfehlern bietet der Einsatz von US-KM Vorteile. Kleinere Jets bei Klappen- oder bei kleinen Vorhof- oder Ventrikelseptumdefekten (ASD, VSD) sowie im kardialen Niederdrucksystem (vergleichsweise langsame Flüsse) sind nach der Kontrastmittelgabe besser zu erkennen. Abb. 16.**12** zeigt einen geringen Jet über

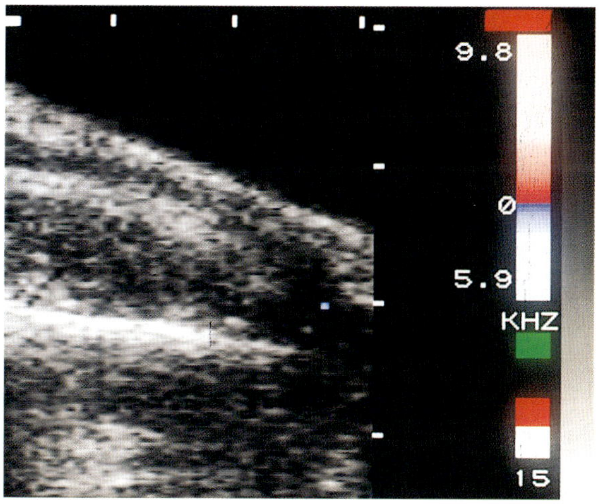

a

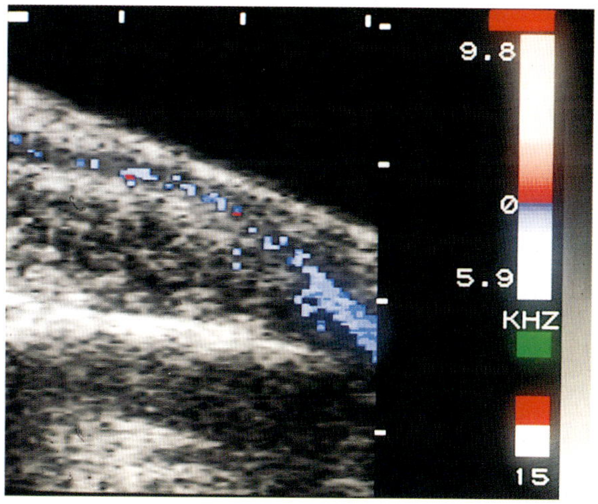

b

Abb. 16.**10 a**, **b** Oberflächliche Hinterlaufvene eines Hundes in der FKDS (QAD I):
a Ohne Kontrastmittel ist das Gefäß abgrenzbar, bei der gewählten Einstellung werden aber keine Bewegungssignale erfaßt
b Identischer Schnitt nach i.v. Gabe (V. brachialis) von 2 ml 300 mg/ml Levovist. Ohne Manipulation an den Weichteilen werden jetzt die venösen Flußsignale erfaßt und farbig kodiert. Die Darstellung der Kontrasteffekte erfolgt hier nach der zweiten Kapillarpassage

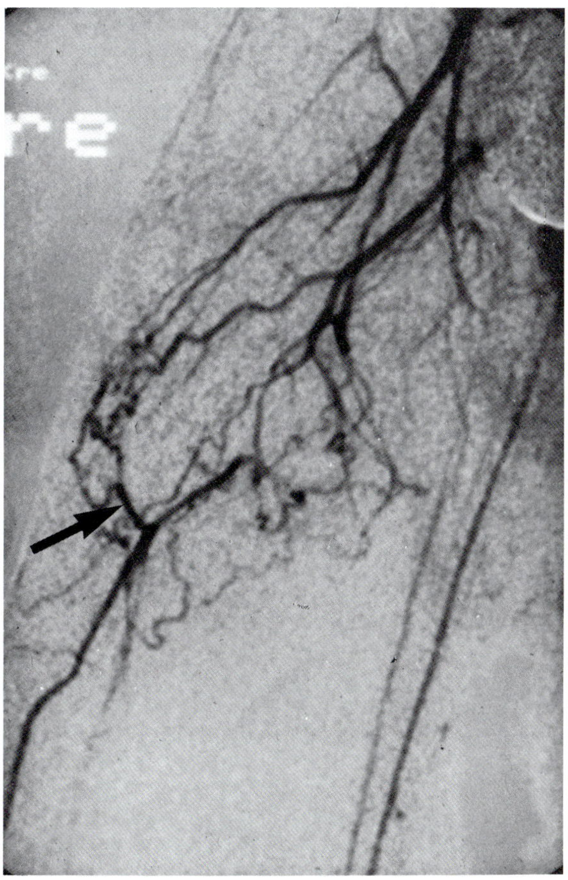

a

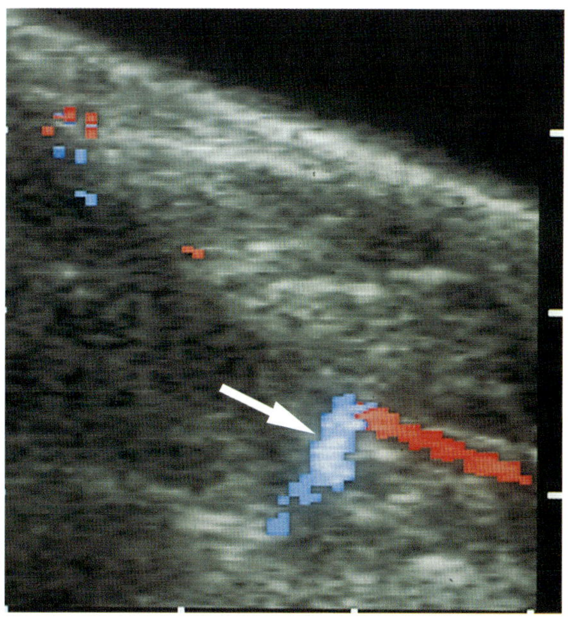

b

Abb. 16.**11 a**, **b** Proximal verschlossene A. femoralis eines Hundes (operative Ligatur bei einer Voruntersuchung):
a Intravenöse DSA: Langstreckiger Verschluß der A. femoralis, über eine großlumige Kollaterale (Pfeil) wird die A. poplitea im proximalen Drittel wieder aufgefüllt
b FKDS (QAD I) nach i.v. US-KM-Gabe (2 ml [300 mg/ml] Levovist): Die in der Nativuntersuchung nicht darstellbare Kollaterale (Pfeil) sowie das Anschlußgefäß sind jetzt über die Flußsignale eindeutig zu erkennen

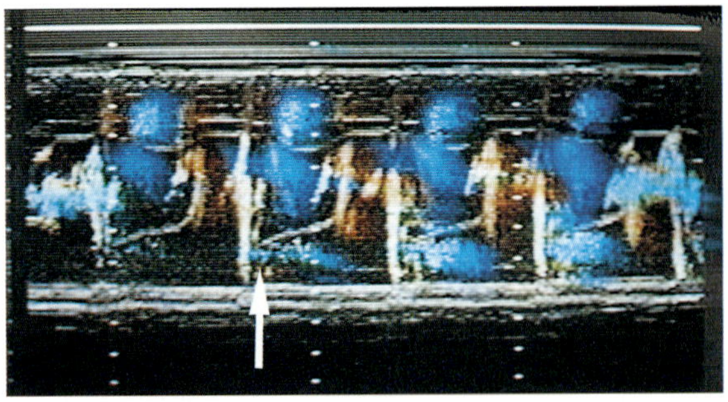

Abb. 16.**12** M-Mode Ableitung im Farbdoppler bei einem Hund mit einer mäßigen Mitralinsuffizienz. Der „Blau" kodierte Rückfluß über die Klappe wird erst nach Kontrastmittelgabe (Pfeil) sichtbar (unterer Bildrand)

der Mitralklappe eines Hundes, der nativ (linker Bildrand im M-Mode) praktisch nicht nachweisbar war. Die i. v. Gabe von Levovist führt in diesem Fall erst zu einer Nachweisbarkeit der Mitralinsuffizienz (Bildmitte im M-Mode).

Nach i.v. Gabe von Albunex konnte in der FKDS eine verbesserte Darstellung von Lebertumoren bei Kaninchen (experimenteller VX2-Tumor) sowie der Nierenperfusion von Murmeltieren nachgewiesen werden (37). Weiterhin ist nach i. v. Gabe von Albunex eine Signalanhebung in Doppler-Ableitungen der Kaninchenaorta beschrieben worden (36).

16.1.5.2 Linksherzkontrastmittel, Mustererkennungsverfahren

Ähnlich wie beim Doppler-Verfahren führt die Gabe von Levovist auch im Mustererkennungsverfahren (Platinum) zu einer deutlichen konzentrationsabhängigen Verstärkung der Flußsignale. Dies gilt sowohl für die Messungen am Phantom als auch für die tierexperimentellen Untersuchungen. Die Signalverstärkung im Mustererkennungsverfahren ist aber im Vergleich zum Doppler-Verfahren etwas schwächer. Nach i. v.-Gabe von Levovist zeigte sich bei einem Hund in der Leber eine zweigipfelige Zunahme der farbkodiert dargestellten Areale (Abb. 16.**13a**, **b**). Der erste schwächere Gipfel war auf den Zustrom von US-KM über die Arterie und der zweite stärkere Gipfel auf den zusätzlichen Zustrom über das portale System zurückzuführen. Eine fundierte Bewertung der diagnostischen Möglichkeiten bei pathologischen Befunden in der Leber und dem portalen System in kontrastverstärkten farbkodierenden Ultraschallverfahren erfordert aber weitere Untersuchungen.

16.1.5.3 Bewertung

Bei der Betrachtung der tierexperimentellen Befunde ist zu beachten, daß die untersuchten Gefäße im Regelfall kleiner sind als die entsprechenden menschlichen Gefäße. Bei der Übertragung der Ergebnisse auf den Menschen sind deshalb eher günstigere Ergebnisse zu erwarten.

Mit Hilfe der Tierexperimente konnte sowohl bei der Darstellung der Organperfusion als auch von peripheren Gefäßen ein positiver Effekt von US-KM gezeigt werden. Langsame und/oder relativ geringvolumige Flüsse und/oder Signale unter anatomisch ungünstigen Bedingungen (hohe Gewebedämpfung, größere Eindringtiefe) waren nach der intravenösen US-KM-Gabe in der FKDS wesentlich besser zu beurteilen.

16.1.6 Darstellung von Hohlräumen in tierexperimentellen Untersuchungen

Hohlräume, in denen physiologischerweise keine beweglichen Streukörper (= Erythrozyten) oder nur sehr geringe Mengen an Streukörpern (z. B. Epithelien in der Blase) fließen, können in farbkodierenden Ultraschallverfahren nicht ausreichend erfaßt werden. Die Zugabe eines US-KM in diese Strukturen (z. B. ableitende Harnwege, Tubae uterinae) sollte nach den Er-

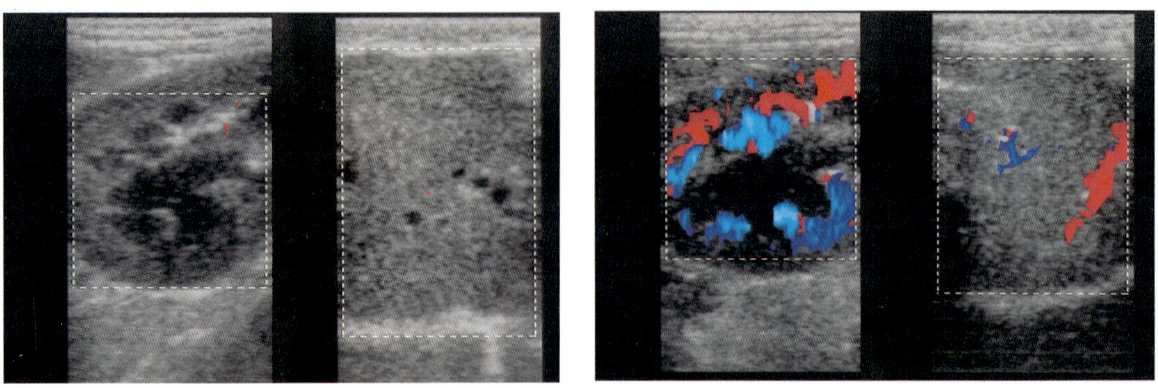

Abb. 16.**13a**, **b** Niere und Leber eines Hundes im Mustererkennungsultraschall (s.Kapitel 17, Platinum):
a Nativ sind sowohl in der Niere (links) als auch in der Leber (rechts) nur einzelne farbkodierte Bewegungssignale erfaßt
b Nach i.v.-Gabe von 2 ml, 300 mg/ml Levovist: In beiden Organen jetzt bessere Darstellung der Perfusion, das US-KM führt in der Niere zu einer wesentlich stärkeren Anhabung der Signale als in der Leber (geringerer Anteil der Leber an der Gesamtperfusion)

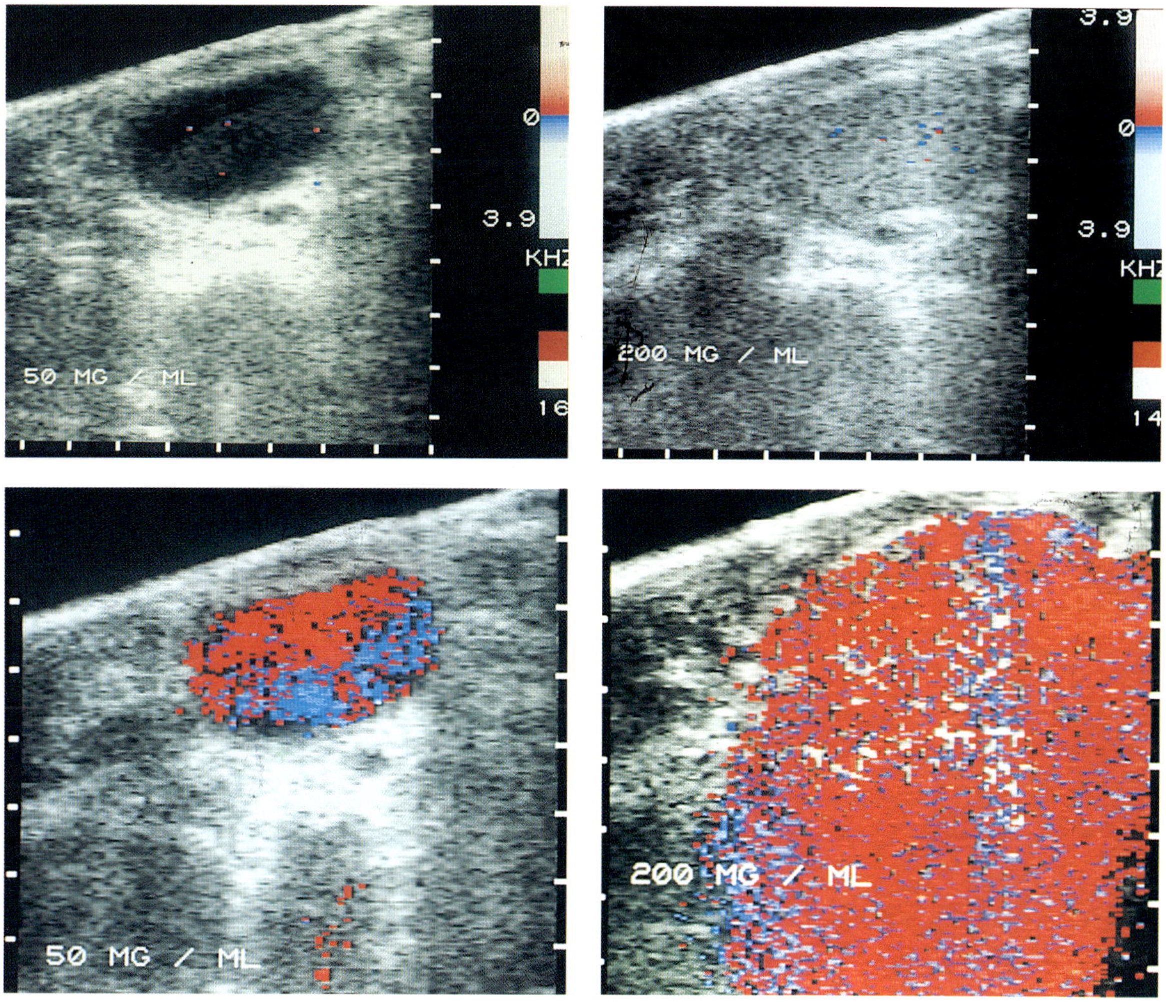

Abb. 16.**14 a–d** Harnblase eines Hundes, Darstellung mit QAD I:
a u. **b** Harnblase mit 10 ml, 50 mg/ml Levovist (**a**) und mit 10 ml, 200 mg/ml, Levovist (**b**) gefüllt: Das US-KM führt in der Konzentration von 50 mg/ml nur zu einer dezenten Anhebung der Grauwerte im Blasenlumen, in der Konzentration von 200 mg/ml wird das Lumen der Harnblase hyperreflexiv
c u. **d** Die Harnblase wird zusätzlich mit 0,9%iger Kochsalzlösung gefüllt. Es kommt zu einer kreisenden Bewegung des Blaseninhalts. Die Konzentration von 50 mg/ml (**c**) führt dabei zu farbkodierten Signalen, die auf das Lumen der Harnblase beschränkt bleiben. In der stärkeren Konzentration (200 mg/ml)(**d**) kommt es zu einer deutlichen Übersteuerung und Artefakten. Durch diese Signale wird die Beurteilbarkeit der Blase erheblich eingeschränkt.

gebnissen der Phantomuntersuchungen aber eine Darstellung ermöglichen (s. Abschnitt 16.1.4). Im Gegensatz zu Röntgenuntersuchungen wird hier jedoch nicht die Füllung des Hohlraums mit dem Kontrastmittel dargestellt, sondern der Kontrastmittelfluß in diesem Hohlraum. Zur Überprüfung der in vitro erhobenen Befunde wurden auch hier tierexperimentelle Untersuchungen durchgeführt. Bei Experimenten zur Darstellung der Harnblase des Hundes ergab sich, daß die FKDS Kontrastmittelflüsse mit höherer Sensitivität erfassen und darstellen kann als dies bei der Grauwertdarstellung von US-KM im konventionellen B-Bild der Fall ist. Die Füllung der Blase mit Levovist in geringer Kontrastmittelkonzentration (50 mg/ml, 10 ml) führt ohne Bewegung des Blaseninhalts nur zu einer marginalen Grauwertanhebung. Wurde ein zirkulärer Fluß in der Blase erzeugt, zeigte sich eine lumenfüllende, farbig kodierte Darstellung der Blase. Um eine stärkere Grauwertanhebung in diesem Modell zu erzielen sind deutlich höhere Kontrastmittelkonzentrationen notwendig (200 mg/ml, 10 ml). In diesem Fall führte der zirkuläre Fluß zu ausgeprägten Überstrahlungsphänomenen und Artefakten, die durch Übersteuerung und Signalverzerrung hervorgerufen werden (Abb. 16.**14 a-d**).

Bei einem Hund mit einem experimentell angelegten einseitigen vesiko-ureteralen Reflux (Absetzen des Ureters mit Neuimplantation außerhalb des

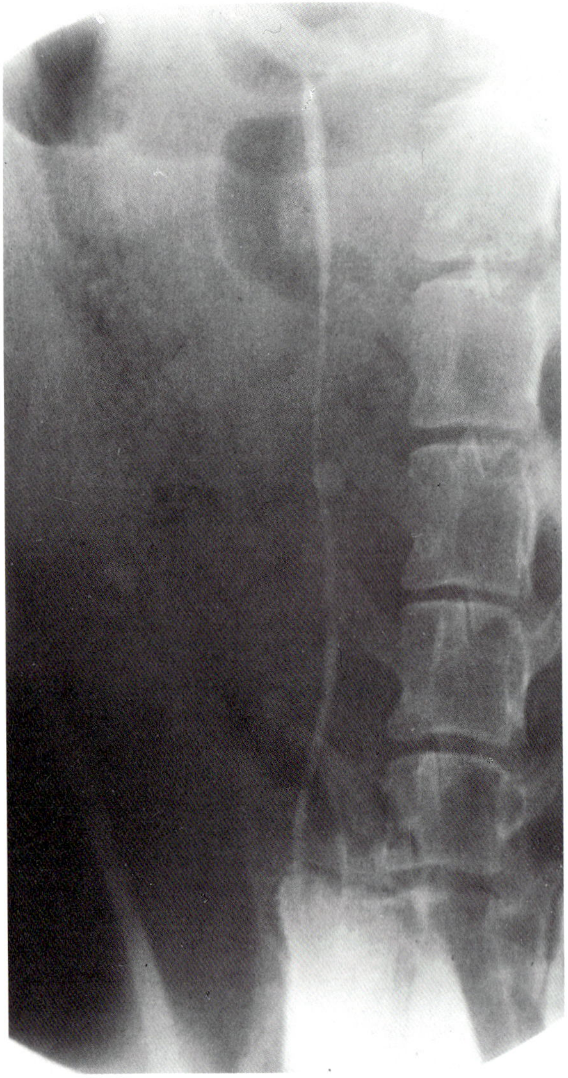

a

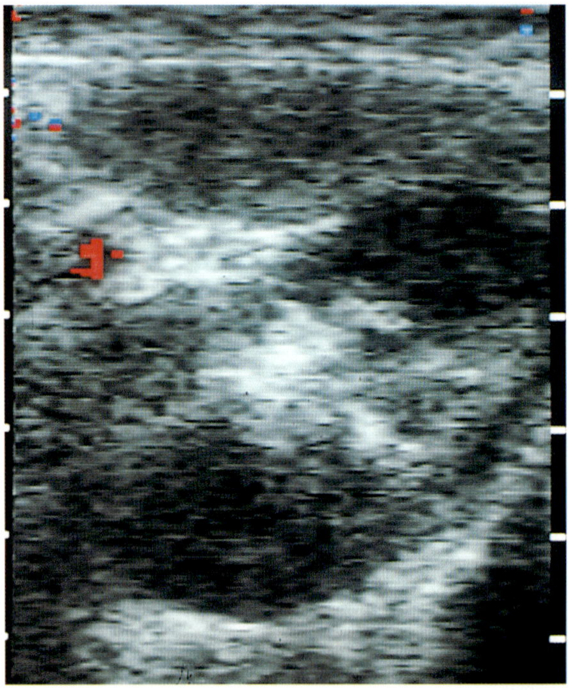

b

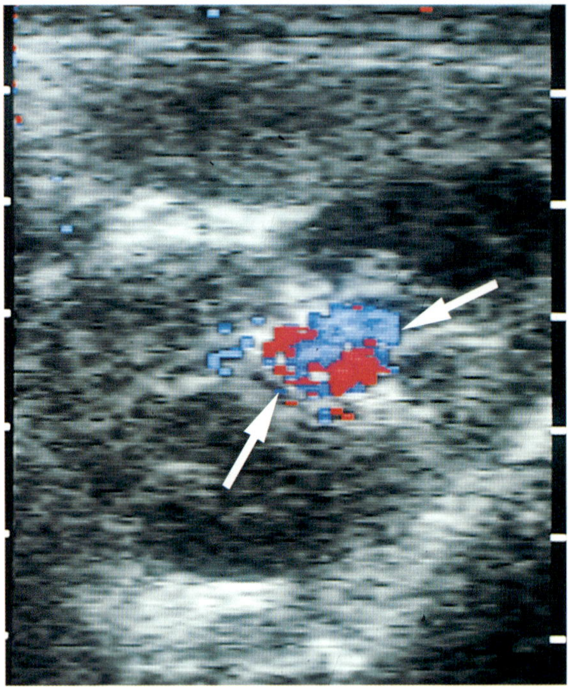

c

Abb. 16.**15a–c** Experimentell angelegter vesiko-ureteraler Reflux bei einem Hund:
a Retrograde Darstellung des rechten Ureters in seinem gesamten Verlauf nach Füllung der Harnblase mit Röntgenkontrastmittel
b Vor der Füllung der Harnblase mit US-KM sind in der FKDS (QAD I) nur Bewegungssignale aus den umliegenden großen Gefäßen zu erkennen
c Nach Instillation von 10 ml (300 mg/ml) Echovist in die Blase verursacht das in das Nierenbecken übertretende US-KM dort ausgeprägte Farbsignale (Pfeile)

Trigonums) wurde überprüft, ob mit der FKDS das in das Nierenbecken aufsteigende Kontrastmittel nachgewiesen werden kann. Während der Füllung der Harnblase wurden die Nieren alternativ untersucht. Nach Füllung der Blase mit einer Mischung aus US-KM (Echovist oder Levovist) und Kochsalzlösung waren nur auf der Seite des röntgenologisch bestätigten Refluxes farbkodierte Signale aus dem Nierenbecken zu erkennen (Abb. 16.**15a-c**). Ein wesentlicher Unterschied zwischen den verwendeten Kontrastmitteln war nicht zu erkennen, allenfalls war beim Levovist ein besserer Effekt bei einer niedrigeren Konzentration zu beobachten.

Eine der möglichen Indikationen der Kombination von US-KM und FKDS in der Gynäkologie ist die Überprüfung der Durchgängigkeit der Tubae uterinae bei sterilen Frauen. In tierexperimentellen Untersuchungen wurde Echovist in das Uteruslumen von

Hunden instilliert. Hierbei zeigte sich, daß während der KM-Applikation im Verlauf der Tuben Flußsignale zu verfolgen sind, obwohl die Tuben selbst im B-Bild (wegen Überlagerung mit Darmgas und wegen ihrer geringen Größe) nicht abgegrenzt werden können. Dies belegt die freie Durchgängigkeit der Tubae uterinae (über den Abfluß des Kontrastmittels) und schließt eine Okklusion aus. Ob die Kombination von US-KM und FKDS in dieser Indikation über die Aussage der Durchgängigkeit der Tuben hinaus auch Aussagen über ihre physiologische Funktionsfähigkeit ermöglicht, ist in klinischen Untersuchungen zu überprüfen.

16.1.7 Zusammenfassung

Die Kombination von farbkodierenden Ultraschallverfahren und US-KM führt in phantom- und tierexperimentellen Untersuchungen zu einer erheblichen Anhebung der Blutbewegungssignale und damit zu einer Verbesserung der Darstellung langsamer und/oder geringvolumiger Flüsse. Insbesondere in Situationen eines ungünstigen Signal-zu-Rausch-Verhältnisses (Untersuchung tief liegender Strukturen, Gewebe mit hoher Schallabsorption) kann auch noch ein langsamer und/oder geringvolumiger Blutfluß erkannt werden. Zusätzlich ermöglicht erst diese Kombination die Darstellung von Bewegung in nicht mit beweglichen Streukörpern durchflossenen Hohlräumen.

16.2 Klinische Anwendung

F. Fobbe

16.2.1 Einleitung

Nach den phantom- und tierexperimentellen Studien ist das US-KM eine vielversprechende Ergänzung zur FKDS. Dies trifft vor allem für die Kontrastmittel zu, die nach peripher-intravenöser Gabe die Lungenpassage überstehen und zu einer Signalverstärkung im arteriellen System führen. Die durch das US-KM erzeugte Signalanhebung kann im Echtzeitbild mittels der Farbkodierung schnell erkannt und das jeweilige Organ in seiner Ausdehnung untersucht werden. Trotz der vielen tierexperimentellen Studien sind die klinischen Erfahrungen mit der Kombination von FKDS und US-KM zur Zeit noch begrenzt. Dies liegt vor allem an der Verfügbarkeit des US-KM. Bisher ist in Deutschland nur ein Kontrastmittel für die Anwendung am Herzen zugelassen (Echovist). Die Kontrastgebung dieses US-KM wird aber bei der Lungenpassage zerstört. In klinischer Erprobung sind zur Zeit 2 weitere Substanzen, die nach peripher-venöser Applikation auch nach der Lungenpassage im arteriellen System zu einer Signalverstärkung führen (Levovist, Albunex). Die Mehrzahl der klinischen Veröffentlichungen über die Verwendung dieser Kontrastmittel betrifft aber deren Einsatz in der kardiologischen Diagnostik (1,2,3,7,9). Die bisherigen klinischen Erfahrungen mit der Kombination von FKDS und US-KM (Echovist und Levovist, noch keine klinischen Studien mit FKDS und Albunex bekannt) außerhalb der Kardiologie sind jedoch zum Teil sehr vielversprechend und sollen deshalb hier vorgestellt werden. Auf die vollständige Beschreibung der Untersuchungen wird verzichtet, und nur die wesentlichen Ergebnisse werden vorgestellt. Für weitergehende Fragen wird auf die Literatur verwiesen.

16.2.2 Intravasale Anwendung

16.2.2.1 Direkt

Die direkte Applikation des US-KM wurde bei Patienten mit tiefer Beinvenenthrombose untersucht. Das US-KM (Echovist) wurde im Liegen genau wie bei der Phlebographie in eine Fußrückenvene appliziert und der Abfluß des Kontrastmittels verfolgt. Bei diesem Vorgehen ist die Konzentration des Kontrastmittels aber zu hoch und es kommt zu ausgeprägten Artefakten. Zusätzlich läuft das Kontrastmittel im wesentlichen über die nicht thrombotisch veränderten Venen ab (5). Außerdem ist die Kontrastmittelmenge (10 ml) zu gering. Es kommt nur zu einer kurzzeitigen Verstärkung, die – selbst wenn keine Artefakte aufträten – für die Beurteilung der Unterschenkelvenen nicht ausreicht. Diese Erfahrung deckt sich mit den tierexperimentellen Ergebnissen: Neben der Injektion in periphere Venen wurden auch Direktinjektion in Arterien vorgenommen. Auch hierbei kam es zu ausgeprägten Artefakten und Einschränkungen der Beurteilbarkeit (5).

16.2.2.2 Indirekt

Bei der indirekten Kontrastmittelanwendung wird die Substanz (Levovist) in eine periphere Vene appliziert und die Wirkung des Kontrastmittel nach der Lungenpassage in den Arterien ausgenutzt. Diese Applikationstechnik führt zu einer dosisabhängigen – und damit gut steuerbaren – Verstärkung der Blutbewegungssignale. Durch die Lungenpassage wird das Kontrastmittel so verteilt, daß auch nach bolusförmiger Applikation die Wirkung für 2 – 3 Minuten anhält. Die peripheren Arterien von zwanzig Patienten mit ausgeprägter chronisch-arterieller Verschlußkrankheit wurden mit dieser Technik untersucht. Nach der Kontrastmittelgabe ergab sich immer eine Verstärkung der Doppler-Signale aus dem Blut. Auch ein langsamer Blutfluß, z.B. distal eines Gefäßverschlusses, war nach der Gabe des US-KM sicher zu beurteilen (Abb. 16.**16a-c**). Zusätzlich konnte auch der Blutfluß in kleineren Kollateralgefäßen erkannt werden. Selbst nach der zweiten Kapillarpassage konnte noch eine Verstärkung der Signale aus den Beinvenen beobachtet werden (6). Die indirekte Gabe des US-KM Levovist führte auch unter schwierigen Untersuchungsbedingungen zu einer erheblichen Verbesserung der Blutflußdarstellung.

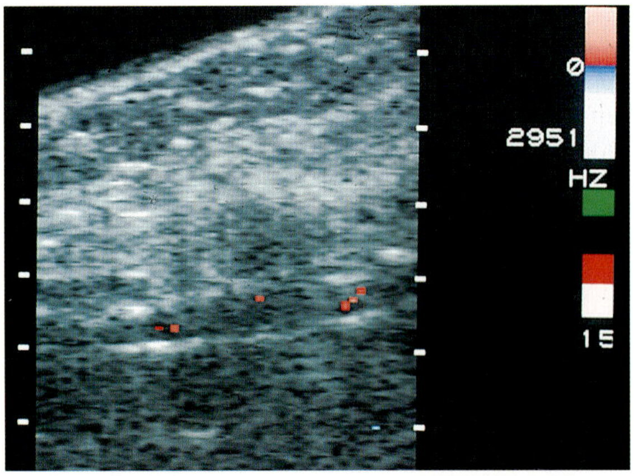

a

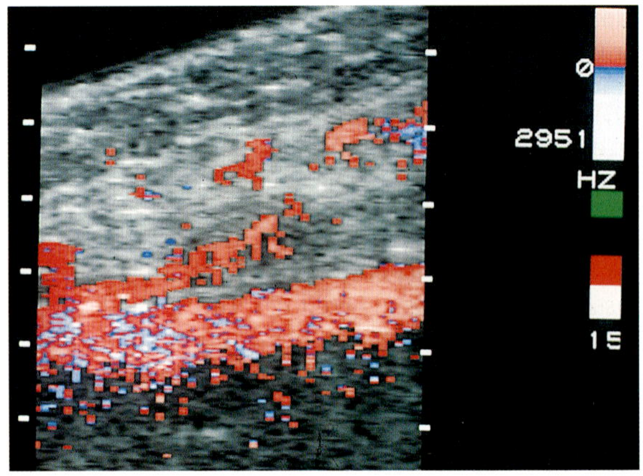

b

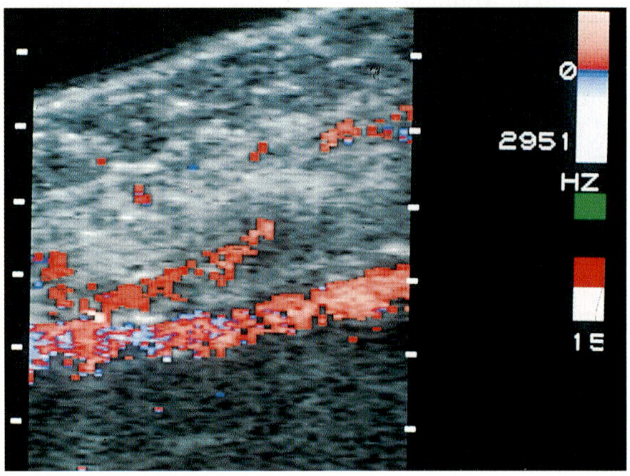

c

Abb. 16.**16a–c** Distale A. femoralis superficialis vor und nach peripherer intravenöser US-KM-Gabe in der FKDS (QAD I):
a Nativuntersuchung: Die Gefäßwand ist abgrenzbar, nur vereinzelt werden Blutbewegungssignale erfaßt
b Initialphase nach 10 ml US-KM (Levovist, 300 mg/ml): Die Signalanhebung ist zu stark, es kommt zu Artefakten, die Farbsignale überschreiten das Gefäßlumen. Neben der A. femoralis zusätzlich Signale aus Kollateralgefäßen
c Plateauphase: Ideale Verstärkung, die Farbsignale füllen jetzt genau das Gefäßlumen. Lumeneinengung mit Wirbelbildung (Mischung aus „Rot“ und „Blau“) distal des Abganges eines Seitenastes (Pfeil) im kranialen Abschnitt des Gefäßes

16.2.3 Extravasale Anwendung

Neben der Verwendung des US-KM zur Verstärkung der Blutbewegungssignale ist auch ein Einsatz des Kontrastmittels in Hohlräumen möglich, in denen keine oder zu wenige Streukörper für die Erfassung von Bewegungen vorhanden sind. Die Methode wurde bereits zum Nachweis der freien Durchgängigkeit der Tubae uterinae bei sterilen Patientinnen und bei Kindern mit dem Verdacht auf einen vesikoureteralen Reflux erprobt.

In 2 Studien wurden insgesamt 27 sterile Frauen mit der Kombination von FKDS und US-KM (Echovist) untersucht und das Ergebnis mit der Röntgen-HSG (Hysterosalpingographie) verglichen. Das US-KM wurde langsam über einen Katheter in das Cavum uteri appliziert. Bei 17 Patientinnen wurde transabdominell und bei 10 transvaginal untersucht. Bei frei durchgängigen Tuben konnte in beiden Untersuchungstechniken die Passage des Kontrastmittels – über die ausgeprägten Farbsignale – bis zum Austritt in die Bauchhöhle verfolgt werden (Abb. 16.**17a**, **b**), und es zeigte sich eine gute Übereinstimmung zwischen dem Ergebnis der FKDS und der HSG (4,8). Zur Darstellung waren nur etwa 5 ml des US-KM notwendig. Die transvaginale Technik hat den Vorteil, daß die Harnblase für die Untersuchung nicht gefüllt sein muß und Uterus und Eierstöcke weniger von Darmschlingen überlagert sind. Die einfache und die Patientin wenig belastende Technik könnte die Röntgen-HSG ersetzen.

Der vesikoureterale Reflux ist die häufigste Ursache von rezidivierenden Harnwegsinfekten bei Kindern. Mit ausreichender diagnostischer Sicherheit kann diese Diagnose bisher nur radiologisch gestellt werden. Nach den positiven Tierversuchen (s. 16.2) wurde eine Studie unter Verwendung von Echovist im Vergleich zum Miktions-Cyst-Urethrogramm initiiert. Die guten Ergebnisse der Tierexperimente konnten aber nicht bestätigt werden (5). Der Grund war die zu kurze Halbwertszeit (5 Minuten) und die schnelle Sedimentierung des US-KM in der Harnblase. Das neuere Kontrastmittel (Levovist) mit einer längeren Halbwertszeit (15 Minuten) und einer langsameren Sedimentierung ist für den Nachweis eines vesiko-ureteralen Refluxes wahrscheinlich besser geeignet. Klinische Untersuchungen zu dieser Fragestellung und mit diesem US-KM liegen aber zur Zeit noch nicht vor.

16.2.4 Perspektive

In der Kombination mit der FKDS führen US-KM zu einer Erweiterung der diagnostischen Möglichkeiten

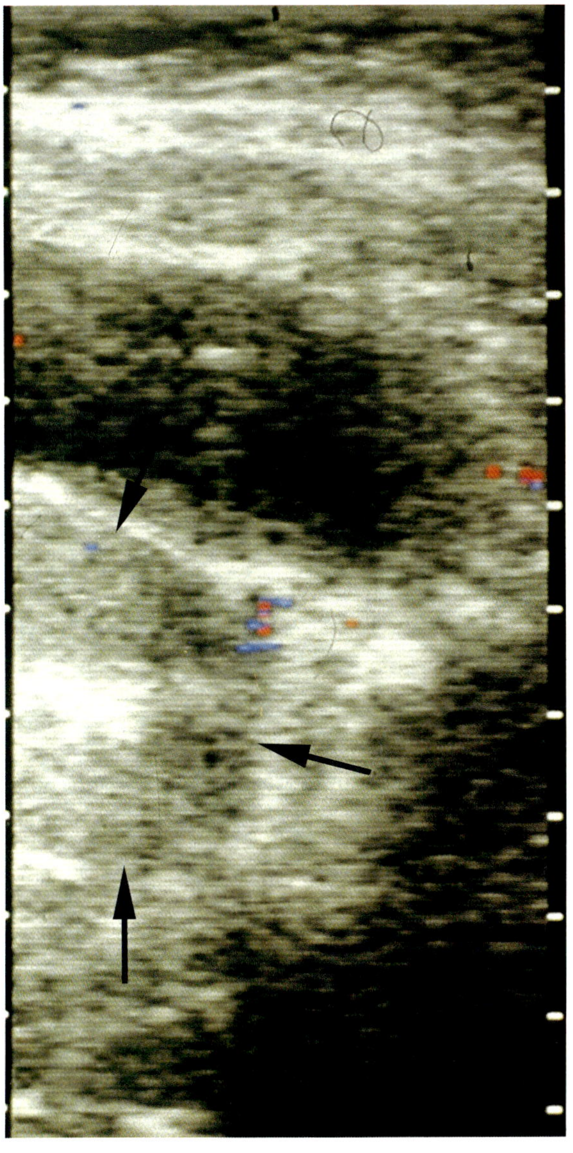

a

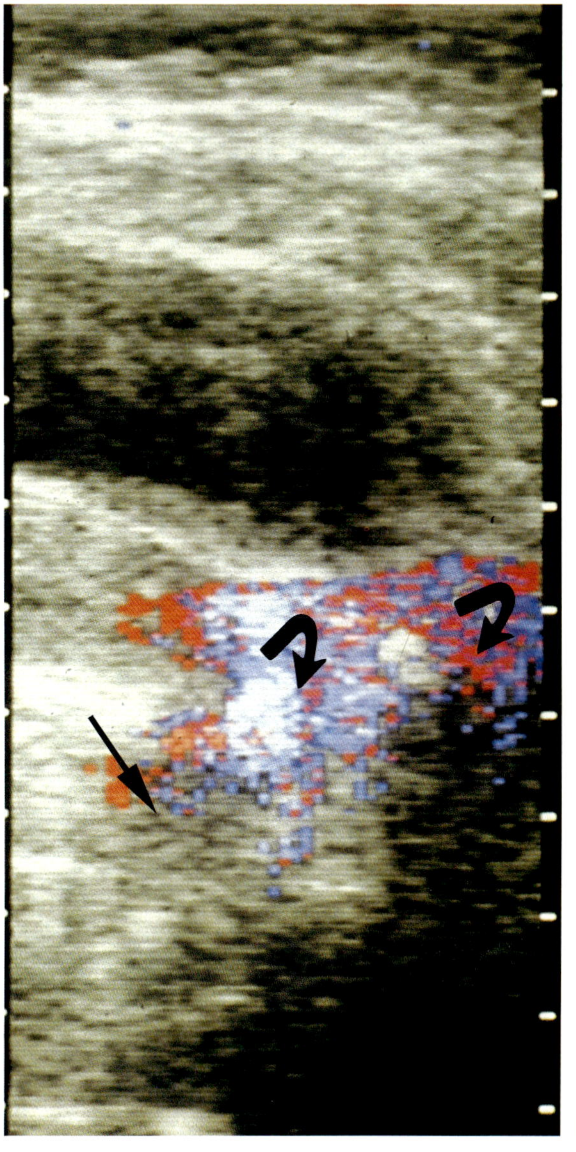

b

Abb. 16.**17 a, b** Prüfung der Tubendurchgängigkeit mit der FKDS (QAD I), Querschnitt durch das kaudale Abdomen mit gefüllter Harnblase:
a Vor der Kontrastmittelgabe ist nur der Uterus (Pfeile) aber nicht die Tuben abgrenzbar
b Unter der Kontrastmittelgabe (Echovist) ausgeprägte Bewegungssignale aus dem Cavum uteri (gestreckter Pfeil) und aus der linken Tube (gebogene Pfeile)

des Ultraschalls. Neben dem schon untersuchten Einsatz der Methode zur Sterilitätsdiagnostik bei Frauen und bei Patienten mit ausgeprägter peripherer arterieller Verschlußkrankheit bieten sich eine Reihe weiterer Indikationen an. Die zu erwartende Verbesserung der Beurteilbarkeit durch den Einsatz von US-KM bezieht sich in der Regel auf Organe oder Organsysteme, die in der FKDS immer oder nur unter bestimmten Bedingungen nicht hinreichend zu untersuchen sind. Dazu zählen z. B. der Nachweis von Perfusionsstörungen in der orthotopen Niere und der Leber bei adipösen Patienten, die Erfassung der Nierenarterie in ihrem gesamten Verlauf zum Ausschluß einer Stenose und die Darstellung des Blutflusses im portalen System bei ausgeprägtem Aszites. Nach den vorliegenden Ergebnissen kann durch eine entsprechende Applikationstechnik die Wirkdauer des US-KM so verlängert werden, daß mit nur einer Kontrastmittelgabe eine Untersuchung auch unter schwierigen Bedingungen möglich ist.

16.3 Literatur

Grundlagen und vorklinische Ergebnisse

1 Anonymous: Shionogi submits NDA of CM for Echocardiography for the first time in the world (in Japanisch). Nikkan Yakugyo Nov 7 (1991) Nr. 8267

2 Barnhart, J., E. Levene, E. Villapando, J. Maniquis, J. Fernandez, S. Rice, E. Jablonski: Albunex, Air-filled Albumin Microspheres as an Ultrasound Contrast Agent: Preliminary Findings. Abstracts of CMR '89 Contrast Media Research Symposium, Sydney (1989) US3

3 Barnhart, J. L., H. B. Levene, R. Keen, C. Saravis, J. Maniquis, Villapando, E: Albunex Microsphere Shells, the Unique Feature of a New Ultrasound Contrast Agent. Abstracts of the 2nd International Symposium on Contrast Media, Osaka, Nov 9 – 10 (1990) 54

4 Barnhart, J., H. Levene, E. Villapando, J. Maniquis, J. Fernandez, S. Rice, E. Jablonski, T. Gjoen, H. Tolleshaug: Characteristics of Albunex: air-filled Albumin microspheres for echocardiography Contrast enhancement. Invest Radiol 25 (1990) 162-164

5 Berwing, K., M. Schlepper: Echocardiographic imaging of the left ventricle by peripheral intravenous injection of echo contrast agent. Amer. Heart J. 115 (1988) 399-408

6 Bibra, H., F. Hartmann, M. Petrik, R. Schlief, U. Renner, H. Bloemer: Kontrast-Farbdoppler-Echokardiographie verbesserte Rechtsherzdiagnostik nach intravenöser Injektion von Echovist. Z. Kardiol. 78 (1989) 101-108

7 Bleeker, H., K. Shung, J. Barnhart: On the application of ultrasonic contrast agents for blood flowmetry and assessment of cardiac perfusion. J. Ultrasound. Med. 9 (1990) 461-471

8 Burns P. N., P. Hilpert, B. B. Goldberg: Intravenous Contrast Agent for Ultrasound Doppler In Vivo Measurement of Small Tumor vessel dose response. Annual International Conference IEEE Engineering in Medicine and Biology Society 12 (1990) 0322-0324

9 Carroll, B. A., S. W. Young, J. S. Rasor, R. B. Briller, D. M. Cessel: Ultrasonic contrast enhancement of tissue by encapsulated microbubbles. Radiology 143 (1982) 747-750

10 Chiang, C. W., F. C. Lin, M. Fu, B. R. Fang, T. S. Hsu, Y. S. Lee: Importance of adequate gas-mixing in contrast echocardiography. Chest 89 (1986) 723-726

11 D'Agincourt: Ultrasound Succumbs to allure of contrast media. Diagn. Imag. July (1990) 119-129

12 De Jong, N., L. Hoff: Simulations and Measurements on Albunex Contrast Agent. Abstracts 9th Symposium on Echocardiography, Rotterdam, June 26-28 (1991) 63-64

13 Dougherty, C., M. Schartl, H. Schmutzler: Quantitative Kontrastechokardiographie bei Patienten mit Vorhofseptumdefekt und Trikuspidalinsuffizienz. Z. Kardiol. 75, Suppl. 4 (1986) 41

14 El Mouaaouy, A., T. Riemenschneider: Erweiterung der intraoperativen Lebersonographie mittels Echokontrastmittel. Eine klinische und tierexperiementelle Studie. Ultraschall in Klinik und Praxis, Suppl. 1 (1987) 92-93

15 Erbel, R., R. Zotz, V. Krone, M. Magerstadt, A. Walch: Ultrasound Contrast Agent for Diagnosis of Heart and Circulation Disorders – Compromising Microparticles containing Gas and N-Dicarboxylic Acid Derivate of (Poly) Amino Acid-(Poly) Cyclic Imide. Europäisches Patent EP 458079A2 (1991)

16 Feinstein, S. B., K. Ong, P. M. Shah, H. Staniloff, Y. Fujiyabashi, W. Zwehl, S. Meerbaum, E. Corday: A new standardized, reproducible method for assessing regional myocardial blood flow with sonoicated echo contrast agents. Circulation 70, Suppl. II (1984) II-4

17 Feinstein, S. B., M. W. Keller, C. D. Dick, T. R. Bridenstine, R. W. Wissler: Successfull transpulmonary contrast echocardiography in monkeys. J. Amer. Coll. Cardiol. 9 (1987) 111A

18 Feinstein S. B.: Assessment of myocardial perfusion using contrast echocardiography. Echocardiography 6 (1989) 17-25

19 Feinstein, S., J. Cheirif, F. Ten Cate, P. Silverman, P. Heidenreich, C. Dick, R. Desir, W. Armstrong, M. Quinones, P. Shah: Safety and efficacy of a new transpulmonary ultrasound contrast agent: initial multicenter clinical results. J. Amer. Coll. Cardiol. 16 (1990) 316-324

20 Feßler, B., R. Schlief, W. Fiegler, R. Felix: Verbesserte sonographische Magendarstellung durch Anwendung eines neuen Ultraschallkontrastmittels. Ultraschall Klin. Prax. 1, Suppl. 1 (1986) 91

21 Fink, I. J., D. L. Miller, T. H. Shawker, M. Girton, K. Morrish: Lipid emulsions as contrast agents for hepatic sonography: an experimental study in rabbits. Ultrasonic Imag. 7 (1985) 191-197

22 Fobbe, F., J. Siegert, T. Fritzsch, K.-J. Wolf: Ultraschall-Kontrastmittel in der farbkodierenden Duplexsonographie – Neue Möglichkeiten für die gynäkologische und urologische Diagnostik? Ultraschall Klin. Prax. 4, Suppl. 1(1989) 133

23 Fobbe, F., J. Siegert, T. Fritzsch, H.-C. Koch, K.-J. Wolf: Farbkodierte Duplexsonographie und Ultraschallkontrastmittel – Nachweis von renalen Perfusionsdefekten im Tierexperiment. Fortschr. Röngenstr. 154 (1991) 242-245

24 Fritzsch, T., J. Hilmann, W. Mützel, L. Lange: Right-heart echocontrast in the anesthetized dog after I. V. Administration of a New Standardized Contrast Agent. 1st Communication: Dose-Response Relationship. Arzneimittel-Forsch 36 (1986) 1030-1033

25 Fritzsch, T., W. Mützel, M. Schartl: First experiences with a standardized contrast medium for sonography. In Otto, R.C.; Higgins, C.B, (Eds.): New Developments in Imaging. Thieme, Stuttgart 1986 (141-149)

26 Fritzsch, T., J. Siegert, W. Mützel, W. Bothe: Ein lungenkapillargängiges Echokontrastmittel. In: Otto, R. CH., Schnaars, P. (Hrsg.): Ultraschalldiagnostik 85, Thieme, Stuttgart, 1986 (727-728)

27 Fritzsch, T., M. Schartl, J. Siegert: Preclinical and Clinical Results with an ultrasonic contrast agent. Invest. Radiol. 23, Suppl. 1, (1988) 302-305

28 Fritzsch, T., M. Schartl, J. Siegert: Kontrastkardiographie des rechten und linken Herzens nach intravenöser Injektion standardisierter Mikrobläschen. In: Grube, E. (Edt.): Farb- Doppler und Kontrast-Echokardiographie, Thieme, Stuttgart, 1989 (354-367)

29 Fritzsch, T., J. Hilmann, M. Kämpfe, N. Müller, C. Schöbel, J. Siegert: SH U 508, a transpulmonary echocontrast agent, initial experience. Invest. Radiol. 25, Suppl. (1990) 160:161

30 Fritzsch, T., B. Maaß, B. Müller, C. Schöbel, J. Siegert, K. Stevens: Composition and tolerance of galactose-based echocontrast media. In: Katayama, H., R. C. Brasch (Eds.): New Dimensions in Contrast Media. Proceedings of the Second International Symposium on Contrast Media, Osaka, Japan, Excerpta Medica Ldt. (1991) 156-162

31 Fritzsch, T., W. Krause, H. J. Weinmann: Status of contrast media research in MRI, Ultrasound and X-Ray. Europ. Radiol. 2 (1992) 2-13

32 Goldberg, B. B., P. L. Hilpert, P. N. Burns, J. B. Liu, L. M. Newman, D. A. Merton, L. A. Witlin: Hepatic Tumors: signal enhancement at Doppler US after intravenous injection of a contrast agent. Radiology 177 (1990) 713-717

33 Gramiak R., P. Shah: Echocardiography of the aortic root. Invest. Radiol. 3 (1968) 356 – 366

34 Gramiak, R., P. M. Shah, D. H. Cramer: Ultrasound Cardiography: contrast studies in anatomy and function. Radiology 92 (1969) 939-948

35 Heidelmeyer, C.F., J. B. Brückner, M. Schartl: Myocardial Contrast Echocardiography: Cardiovascular effects of the contrast medium SH U 454 in dogs. J. Cardiothorac. Anesth. 4 (1990) 60-67

36 Hilpert, P. L., R. F. Mattrey, R. M. Mitten, T. Peterson: Iv injection of air-filled human albumin microspheres to enhance arterial Doppler signal: A preliminary study in rabbits. Amer. J. Roentgenol. 153 (1989) 613-616

37 Hilpert, P. L.: Contrast agents in diagnostic ultrasound. In Rumach, C.M., Wilson, S.R., Charboneau, J.W.: Diagnostic Ultrasound, Mosby Year Book, St. Louis 1991 (30-42)

38 Keller, M. W., S. B. Feinstein, D. D. Watson: Successful left ventricular opacification following peripheral venous injection of sonicated contrast agent : an experimental evaluation. Amer. Heart J. 114 (1987) 570-575

39 Keller, M. W., W. Glasheen, K. Teja, A. Gear, S. Kaul: Myocardial contrast echocardiography without significant hemodynamic effects or reactive hyperemia: a major advantage in the imaging of regional myocardial pefusion. J. Amer. Coll. Cardiol. 12 (1988) 1039-1047

40 Keller, M. W., W. Glasheen, S. Kaul: Albunex: A safe and effective commercially produced agent for myocardial contrast echocardiography. J. Amer. Soc. Echo. 2 (1989) 48-52

41 Koester, W., W. Kasper, T. Meinertz, T. Hofmann, A. Geibel, P. Billmann, H. Just: Echokontrastphlebographie. Ultraschall Klin. Prax. 1, Suppl. 1 (1986) 82

42 Kubale, R., R. M. Schmidt, H. J. Schmitt, A. Irion, A. Seelinger: Kontrastmittelgestützte Darstellung von kleinen Gefäßen am Beispiel des Kaninchens. Ultraschall Klin. Prax. 5 (1990) 235

43 Lange, L., T. Fritzsch, J. Hilmann, G. Kubowicz, W. Mützel: Right-heart echocontrast in the anesthetized dog after I. V. Administration of a New Standardized Sonographic Contrast Agent. 2nd Communication: Dependence of the Intensity of Contrast on the Interval between Preparation of the Suspension and its Injection. Arzneimittel-Forsch. 36 (1986) 1034-1036

44 Lange, L., T. Fritzsch, J. Hillman, G. Kubowicz, W. Mützel: Right-heart echocontrast in the anesthetized dog after I. V. Administration of a New Standardized Sonographic Contrast Agent. 3rd Communication: Comparison of various contrast agents employed in contrast echocardiography. Arznei-Forsch. 36 (1986) 1037-1040
45 Lee, F., L. Ginzton: A central nervous system complication of contrast echocardiography. J. Clin. Ultrasound 11 (1983) 292-294
46 Leopold, G. R., W. M. Asher: Deletrious effects of gastrointestinal contrast material on abdominal echocardiography. Radiology 98 (1971) 637-640
47 Mattrey, R. F.: Perfluorochemicals as liver- and spleen-seeking ultrasound contrast agents. J. Ultrasound Med. 2 (1983) 173-176
48 Mattrey, R. F.: Sonographic enhancement of Doppler signals and perfused tissue with perfluorooctylbromide. Invest. Radiol. 25 (1990) 158-159
49 Monaghan, M. J., J. M. Metcalfe, S. O. Odunlami, S. D. Thomas, A. Waaler, D. E. Jewitt: Digital Radiofrequency in Ultrasound Analysis of Myocardial Contrast Following I. V. Albunex Injection. Abstract of the 9th Symposium on Echocardiology, Rotterdam, June 26-28 1991 S68
50 Monaghan, M. J., J. P. Quingley, J. M. Metcalfe, S. D. Thomas, D. E. Jewitt: Digital substraction contrast echocardiography: a new method for the evaluation of regional myocardial perfusion. Brit. Heart J. 59 (1988) 12-19
51 Ophir, J., A. Gobuty, R. E. McWhirt, N. F. Maklad: Ultrasonic backscatter from contrast producing collagen microspheres. Ultrasonic Imag. 2 (1980) 67-77
52 Ophir, J., A. Gobuty, N. F. Maklad, T. Tyler, P. Jaeger, R. E. McWhirt: Quantitative assessment of in vivo backscatter enhancement from gelatin microspheres. Ultrasonic Imaging. 7 (1985) 293-299
53 Parker, K. J., M. R. Violante, T. A. Tuthill, P. Dentiger: A novel echogenic bubble-particle contrast agent. Ultrasonic Imag. 13 (1991) 194
54 Rovai, D., M. Lombardi, A. Distante, A. L'Abbate: Myocardial perfusion by contrast echocardiography. From off-line processing to radio frequency analysis. Circulation 83 (1991) III 97-103
55 Schartl, M., T. Fritzsch, W. Friedmann, L. Lange: Quantifizierung myokardialer Perfusionsdefekte mittels zweidimensionaler Kontrastechokardiographie. Z. Kardiol. 73 (1984) 560-567
56 Schartl, M., T. Fritzsch, V. Miszalok: Quantification of Myocardial Perfusion by Contrast Echocardiography. Canad. J. Cardiol. 2 Suppl. (1986) 25A-31A
57 Schlief, R., G. Grau, H. P. Niendorf: Entwicklungsstand von Ultraschall-Kontrastmitteln. Ultraschall Klin. Prax., Suppl. 1 (1989) 132
58 Schlief, R., T. Staks, M. Mahler, M. Rufer, T. Fritzsch, W. Seifert: Successful opacification of the left heart chambers on echocardiographic examination After Intravenous Injection of a New Saccharide Based Contrast Agent. Echocardiography 7 (1990) 61-64
59 Schlief, R., T. Staks, M. Mahler, M. Rufer, T. Fritzsch, W. Seifert: Contrast echocardiographic examination of left-heart chambers after intravenous injection of a new saccharide based contrast agent in humans. J. Amer. Coll. Cardiol. 15 (1990) 18-22
60 Schlief, R., U. Deichert: Hysterosalpingo-contrast sonography of the uterus and fallopian tubes: Results of a clinical trial of a new contrast medium in 120 patients. Radiology 178 (1991) 213-215
61 Schmitt, R. M., H. J. Schmidt, A. Irion: Ultrasonic characterization of ultrasound contrast agents. IEEE Engineering in Medicine and Biology Society, 11th Annual Interational Conference Proceedings (1989)
62 Siegert, J., R.M. Schmitt, H.J. Schmidt, T. Fritzsch: Application of a resonance method for measuring the size of bubbles in an echocontrast agent. Proceedings of the IEEE Engineering in Medicine and Biology Society, Boston (1987) 691-692
63 Siegert, J., F. Fobbe, T. Fritzsch: Enhancement of Arterial Blood Flow Imaging in Color-Encoded Duplex Sonography (CEDS) After Intravenous Injection of a Lung-Crossing Ultrasound Contrast Agent. J. Ultrasound Med. 7 (1988) 121
64 Siegert, J., F. Fobbe, T. Fritzsch, K.-J. Wolf: Verstärkte Darstellung von arteriellen Blutflüssen in der farbkodierten Kontrastduplexsonographie (FKKDS) nach i. v. Gabe eines lungenkapillargängigen Ultraschallkontrastmittels. Ultraschall Klin. Prax. 3, Suppl. 1 (1988) 68
65 Siegert, J., F. Fobbe, T. Fritzsch, K.-J. Wolf: Ultraschallkontrastmittel im Farbdoppler-Sonogramm. In: Flesch, U., Mosler, F., Witt, H.: Qualitätssicherung in der Röntgendiagnostik, Farbdopplersonographie, Schnetztor-Verlag, Konstanz 1990 (166-177)
66 Simon, R. H., S. Y. Ho, J. D'Arrigo, A. Wakefield, S. G. Hamilton,: Lipid-Coated ultrastable microbubbles as a contrast agent in neurosonography. Invest. Radiol. 25 (1990) 1300-1304
67 Skjaerpe, T., L. Hatle: Diagnosis of tricuspid regurgitation. Sensitivity of Doppler ultrasound compared with contrast echocardiography. Europ. Heart J. 6 (1985) 429-436
68 Smith, M.D.; O.L. Kwan, H.J. Reiser, A. DeMaria: Superior intensity and reproducibility of SH U 454 a new right-heart contrast agent. J. Amer. Coll. Cardiol. 3 (1984) 992-998
69 Smith, M., O. L. Kwan, S. T. Nissen, J. Elion, D. Rovai, A. Demaria: Left heart opacification after peripheral venous injection: pulmonary transmission of ZK44012, a new echocontrast agent. Circulation, Part II, 72, Suppl. III (1985) III-57
70 Stein, M., D. Heldmann, T. Fritzsch, J. Siegert, G. Rössling, U. Speck: Ultraschallkontrastmittel, Verfahren zu deren Herstellung und deren Verwendung als Diagnostika und Therapeutika. Europäisches Patent EP 0327490 (1989)
71 Tuthill, T. A, M. R. Violante, K. J. Parker: Liver backscatter enhancement with particle uptake. Ultrasonic Imag. 12 (1990) 150-151
72 Tyler, T. D., J. Ophir, N. F. Maklad: In vivo enhancement of ultrasonic image luminance by aqueous solutions with high speed of sound. Ultrasonic Imag. 3 (1981) 323-329
73 Unger, E. C., P. Lund, D. Shen, T. Fritz, L. Fuller: Aerosomes as blood pool and cardiovascular contrast agent for US: In vivo studies. Radiology 188, Suppl. (1991) 225
74 Villanueva, F. S., W. P. Glasheen, J. Sklenar, A. R. Jayaweera, W. D. Spotnitz, S. Kaul: Factors affecting successful left ventricular myocardial opacification following right atrial injection of contrast in dogs: preliminary results. J. Amer. Soc. of Echo. 4 (1991) 286
75 Vorwerk, D., H. B. Gehl, R. Schlief, A. Nelles, R. W. Günther: Dynamische kontrastmittelgestützte Ultraschallkavographie bei Kavafilterpatienten. Ultraschall Med. 11 (1990) 146-149
76 Wang, XF., J. Wang, Y. Huang, C. Cai: Contrast echocardiography with hydrogen peroxide – I. Experimental Study. Chin. Med. J. 92 (1979) 595-599
77 Wang, XF., Y. Z. Huang, H. R. Chen, C. F. Lu, J. E. Wang, J. K. Zhang: Hydrogen peroxide contrast hepatosonography. Chin. Med. J. 104 (1991) 336-342
78 Yeh, H C., B. S. Wolf: Ultrasonic contrast study to identify stomach tap water microbubbles. J. clin. Ultrasound 5 (1977) 170-174
79 Ziskin, M. C., A. Bonakdarpour, D. P. Weinstein, P. R. Lynch: Contrast agents for diagnostic ultrasound. Invest. Radiol. 7 (1972) 500-505
80 Zotz, R., L. Duwe, R. Erbel, P. Frank, R. Brennecke, J. Meyer: Rechtsherzechoventrikulographie mittels Gelifundol. Z. Kardiol. 78 (1989) 95-100

Klinische Anwendung

1 Barnhart, J., H. Levene, E. Villapando, J. Maniquis, J. Fernandez, S. Rice, E. Jablonski, T. Gjoen, H. Tolleshaug: Caracteristics of Albunex – airfilled albumin microspheres for echocardiography contrast enhancement. Invest. Radiol. 25 (1990) 162-164
2 Becher, H., R. Schlief: Improved sensitivity of color Doppler by SH U 454. Amer. J. Cardiol. 64 (1989) 374-377
3 v. Bibra, H., F. Hartmann, M. Petrik, R. Schlief, U. Renner, H. Blömer: Kontrast-Farbdoppler-Echokardiographie. Verbesserte Rechtsherzdiagnostik nach intravenöser Injektion von Echovist. Z. Kardiol. 78 (1989) 101-108
4 Fobbe, F., R. Becker, H.-Ch. Koch, J. Hammerstein, K.-J. Wolf: Nachweis der Durchgängigkeit der Tubae uterinae mit der farbkodierten Duplexsonographie. Fortschr Röntgenstr 154 (1991) 349-353
5 Fobbe, F.: Farbkodierte Duplexsonographie als neue nicht invasive diagnostische Methode – Grundlagen, phantom-, kontrastmittel- und tierexperimentelle Studien. Habilitationsschrift, Berlin 1990
6 Fobbe, F., I. Ohnesorge, M. Reichel, P. Dollinger, R. Schürmann,K.-J. Wolf: Farbkodierte Duplexsonographie und Ultraschallkontrastmittel zur Untersuchung peripherer Arterien – Erste klinische Erfahrungen. Ultraschall. Med. 13 (1992) 193-198
7 Schlief, R., T. Staks, M. Mahler,M. Rufer, T. Fritzsch, W. Seifert: Succesful opacification on echocardiography examination after intravenous injection of a new saccharide based contrast agent. Echocardiography 7 (1990) 61-64
8 Schlief, R, U. Deichert: Hysterosalpingo-contrast sonography of the uterus and Fallopian tubes: results of a clinical trial of a new contrast medium in 120 patients. Radiology 178 (1991) 213-215
9 Ten Cate, F.J., J.H. Cornel, P. Widimsky, Wim. Vletter, P. Serruys, A. Waaler: Clinical experience with Albunex: A standard echocontrast agent for intravenous and intracoronary use. Amer. J. Cardiac. Imag. 5 (1991) 217-243

17 Physik und Technik der farbkodierten Duplexsonographie (FKDS)

P.-M. Klews

Die korrekte Erzeugung und Interpretation der Ultraschallbilder, Doppler-Spektren und FKDS-Abbildungen ist abhängig von der Erfahrung und dem Geschick des Anwenders. Ein grundlegendes Verständnis für die physikalischen und technischen Vorgänge bei der Bildentstehung ist unverzichtbar. In diesem Kapitel sollen auf möglichst einfache Weise dem Ultraschallanwender und -techniker die zum Verständnis der Ultraschallbilder und Doppler-Spektren notwendigen Grundlagen aufgezeichnet werden. Hierbei liegt die besondere Betonung auf einer allgemeinen Verständlichkeit und weniger auf einer wissenschaftlichen Exaktheit.

17.1 Einleitung

Menschen und Tiere besitzen natürliche Rezeptoren für Licht und Schall. Die Augen können elektromagnetische Signale nur aus einem eng begrenzten Frequenzbereich verarbeiten. Dies gilt in bezug auf den Schall im gleichen Maß für die Ohren. Erst durch die Entwicklung spezieller technischer Hilfsmittel sind die dem Menschen von der Natur aus nicht zugänglichen Frequenzbereiche erschlossen worden. Die so gewonnenen Bilder sind also „künstliche" Bilder. Die mit Hilfe der Röntgenstrahlung bzw. mit Ultraschall gewonnenen Bilder sind somit abhängig von der Art der Datenakquisition und der Bildverarbeitung. Ein Bild wird als gut angesehen, wenn eine hohe räumliche Auflösung nachgewiesen werden kann und gleichzeitig bei Grauwertbildern eine bestimmte, als subjektiv angenehm empfundene Grauwertverteilung vorliegt. Weiterhin wird noch eine hohe Kontrastauflösung erwartet. Die Kontrastauflösung ist gleichbedeutend mit der Erkennung geringfügiger Grauwertunterschiede.

Im Bereich der Ultraschalldiagnostik interessiert man sich in zunehmendem Maß für die Detektion des Blutflusses. 1843 beschrieb C. Doppler den nach ihm benannten Effekt. Hierbei ist die Wellenlänge des Lichts (und des Schalls), die von einem Beobachter gemessen wird, abhängig von den relativen Bewegungen von Sender und Empfänger. Dieser Effekt wird in der Medizin seit ca. 1959 angewandt. Der Einführung des bidirektionalen Dopplers (1966) folgte der Puls-Doppler (1967). An der Entwicklung einer farbigen Kodierung des Blutflusses im Grauwertbild wird seit 1981 intensiv gearbeitet (15). Die farbige Kodierung des Blutflusses im Grauwertbild in Echtzeit wird im Englischen als Color-Flow-Mapping (CFM) bezeichnet (34, 35). Im deutschen Sprachraum hat sich die Bezeichnung „farbkodierte Duplexsonographie" (FKDS) durchgesetzt (1). Dieser Begriff wird deshalb in diesem Buch verwandt. Seit 1986 arbeitet man an FKDS-Methoden, die ohne die übliche Auswertung der Doppler-Verschiebung auskommen (4).

17.2 Allgemeine Ultraschallbildgebung

Neben der konventionellen Röntgenabbildung ist die Ultraschallabbildung das am häufigsten in der Medizin benutzte bildgebende Verfahren. Das Ultraschall-Abbildungsverfahren ist ein Schnittbildverfahren. Sämtliche hier betrachteten Ultraschallverfahren beruhen auf der Auswertung multipler Puls-Echo-Zyklen. Die einzelnen Pulse werden zeitlich nacheinander ausgesandt und die empfangenen Echos nach ihren Amplituden, Phasen und Frequenzen ausgewertet. Sämtliche hier betrachteten Ultraschallverfahren mit Ausnahme des CW-Dopplers sind Laufzeitverfahren, d. h. die Tiefe, aus der die Echos kommen, berechnet sich bei Annahme einer konstanten Schallgeschwindigkeit aus der gesamten Puls-Echo-Laufzeit. Erst nach dem Empfang des aus größtmöglicher Tiefe am Schallkopf angekommenen Echos wird zur Wahrung der Eindeutigkeit der nächste Puls ausgesandt.

Ganz allgemein wird eine Ultraschallinie als eine senkrecht bzw. radial zum Schallkopf verlaufende Linie im Ultraschallbild definiert. Dies ist unabhängig von der Anzahl der Puls-Echo-Zyklen, die zur Erzeugung der betrachteten Ultraschallinie benötigt werden. Viele einzelne Ultraschallinien nebeneinander angeordnet ergeben ein zweidimensionales Ultraschallbild. Ein Ultraschallbild entsteht somit innerhalb eines Zeitraums, der durch die Bildtiefe, die Anzahl der Puls-Echo-Zyklen pro Linie und der Anzahl der Linien pro Bild definiert ist. Im Gegensatz hierzu entstehen sämtliche Bildpunkte einer normalen Photographie zeitgleich (außer bei einer Schlitzverschlußkamera). Die äußeren Linien eines Ultraschallbilds können durchaus zeitlich 0,2 s und mehr auseinanderliegen. Dies darf insbesondere bei der farbkodierten Blutflußdarstellung nicht außer acht gelassen werden. Während z. B. links im Bild der systolische Blutpuls erkennbar ist, kann auf der rechten Bildseite noch die

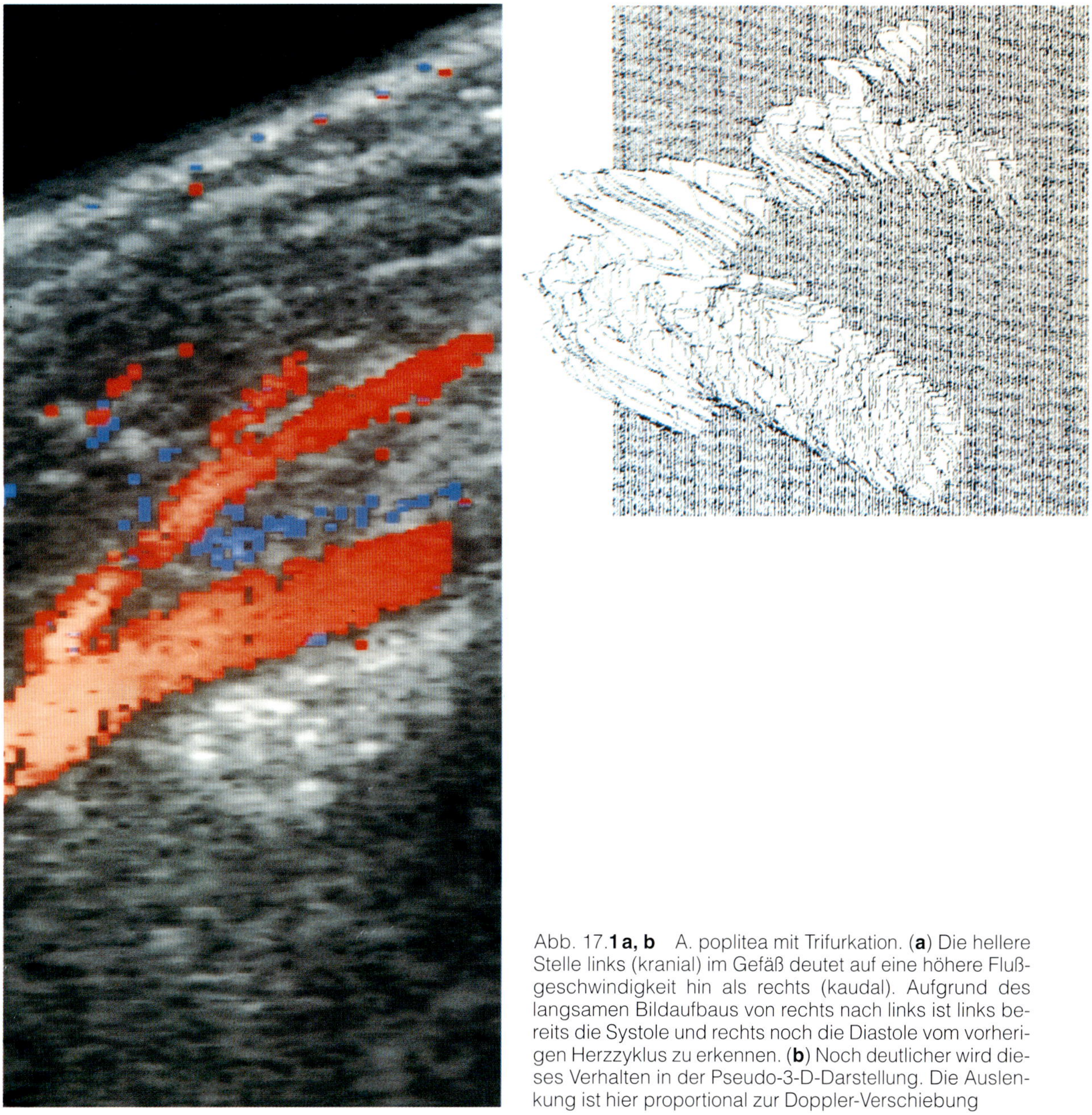

Abb. 17.**1 a, b** A. poplitea mit Trifurkation. (**a**) Die hellere Stelle links (kranial) im Gefäß deutet auf eine höhere Flußgeschwindigkeit hin als rechts (kaudal). Aufgrund des langsamen Bildaufbaus von rechts nach links ist links bereits die Systole und rechts noch die Diastole vom vorherigen Herzzyklus zu erkennen. (**b**) Noch deutlicher wird dieses Verhalten in der Pseudo-3-D-Darstellung. Die Auslenkung ist hier proportional zur Doppler-Verschiebung

diastolische Herzphase zu erkennen sein (Abb. 17.**1a, b**).

Das am häufigsten verwandte bildgebende Verfahren in der Ultraschalldiagnostik ist der B-Mode (Brightness-Mode, Helligkeits-Mode). Hierbei handelt es sich um ein reines Grauwertbild. Viele einzelne zeitlich aufeinander folgende und örtlich nebeneinander liegende Ultraschallinien werden auf dem Monitor nebeneinander angeordnet und ergeben so ein zweidimensionales Bild. Die Grauwerte entsprechen den Amplituden der Ultraschallechos. Je größer die Amplitude, desto heller wird der entsprechende Punkt im Bild dargestellt. In der Abb. 17.**2** ist das Grauwertbild einer Niere zu sehen. Das B-Mode-Bild dient der Strukturdarstellung.

Die heute nur noch selten benutzte A-Mode-Abbildung (Amplituden-Mode) ist die Grundlage des B-Mode-Verfahrens. Der A-Mode ist die graphische Auftragung der Echoamplituden der einzelnen Ultraschallinien (y-Achse) als Funktion der Zeit (x-Achse). Die Auslenkung parallel zur y-Achse des Bildschirms ist dabei proportional zur Amplitude des empfangenen Echos (Abb. 17.**18**).

Ein weiteres Grauwertverfahren ist das M-(Motion-) oder TM- (Time-Motion-) Mode-Verfahren. Hierbei wird stets die gleiche Stelle im Körper beschallt. Die Ultraschallinien werden aber zeitlich nebeneinander auf dem Monitor angeordnet, obwohl sie zum selben Ort im Körper gehören. Hierdurch können dynamische Prozesse im Körper dargestellt werden.

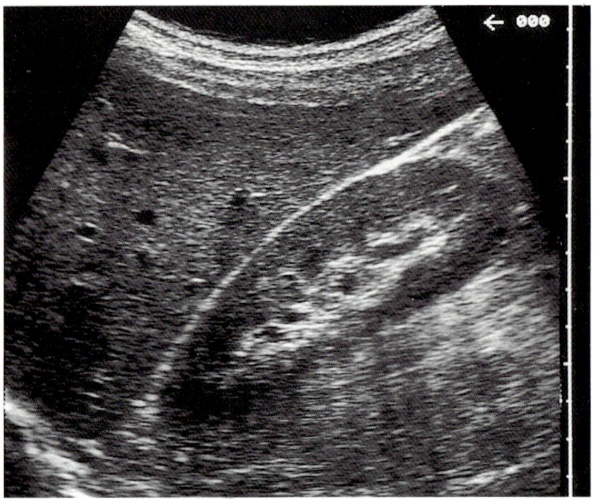

Abb. 17.2 Normale Niere im Längsschnitt im Grauwertbild (B-Mode-Bild)

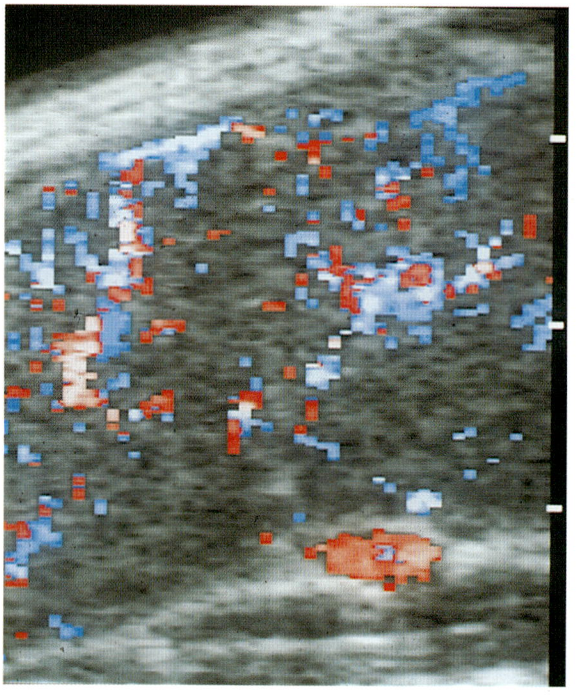

Abb. 17.3 Schilddrüse eines Patienten mit Morbus Basedow (im Längsschnitt) in der FKDS: Homogen hyporeflexive Echotextur und im gesamten Organ diffus vermehrte Perfusion („rote" und „blaue" Punkte)

Dieses Verfahren findet vor allem in der Kardiologie bei der Auswertung der Klappenbewegung Anwendung. Dies ist nicht Thema dieses Buchs. Zur Vertiefung in dieses Verfahren wird der interessierte Leser auf die Literaturliste verwiesen (19).

Das FKDS-Verfahren kodiert die Stellen im Bild farbig, an denen eine Bewegung detektiert wird. Im allgemeinen werden Blutflüsse gemessen. Orte, die keinen Blutfluß aufweisen, werden in Grauwerten dargestellt. Der FKDS- oder CFM-Mode ist also eine Kombination eines B-Bilds mit einer farbigen Bewegungsanzeige (Abb. 17.**3**). Bezugspunkt für die Blutflußrichtung ist der Schallkopf. Es werden nur Bewegungskomponenten vom Schallkopf weg und zum Schallkopf hin gemessen. Üblicherweise werden die unterschiedlichen Flußrichtungen in Rot- und Blauschattierungen angezeigt. Welche Flußrichtung „Blau" kodiert und welche „Rot" kodiert wird, bleibt häufig dem Anwender überlassen. Die von allen Verfahren angezeigte Blutflußgeschwindigkeit ist die intensitätsgewichtete mittlere Blutflußgeschwindigkeit bzw. Doppler-Verschiebung. Die Bestimmung der Flußgeschwindigkeit und -richtung erfolgt bei den meisten Ultraschallgeräten über die Bestimmung der Doppler-Phasen- oder -Frequenzverschiebung. Neuerdings kann man auch den Blutfluß über die Ermittlung der zeitlichen Verschiebung der A-Mode-Echos nacheinander ausgesandter Pulse messen (5). Je größer die Doppler-Verschiebung bzw. je höher die Blutflußgeschwindigkeit relativ zum Schallkopf, desto heller ist die angezeigte Farbschattierung. Insbesondere primär kardiologisch ausgerichtete Geräte mischen den Rot- und Blauschattierungen zur Anzeige der Varianz noch grün bei. Die Varianz wird in der Medizin häufig als Maß für die Turbulenz angesehen. Weitere Informationen hierzu findet man ebenfalls in Büchern aus dem Bereich der Kardiologie (18).

Der Farb-M-Mode (Abb. 17.**4**) ist eine Kombination des Grauwert-M-Mode-Verfahrens und der farbigen Anzeige des Blutflußverhaltens längs der vom Anwender ausgewählten Ultraschallinie. Die Auftragung erfolgt längs der Abszisse als Zeitachse. Die Ordinate ist die Skala für die Bildtiefe. Die Farbkodierung erfolgt wie oben beschrieben, stellt hier jedoch das Blutflußverhalten nur auf der ausgewählten Ultraschallinie als Funktion der Zeit dar. Der Farb-M-Mode findet ebenfalls seine hauptsächliche Anwendung in der Kardiologie (18). Man hofft, das Verfahren auch in der Gefäßdiagnostik zur Bestimmung des Blutflußvolumens anwenden zu können (14, 21).

Eine weitere Art, Ultraschallechos auszuwerten, ist die Spektralanalyse. Hierbei werden die Echos auf ihre Frequenzverteilung hin untersucht. Man interessiert sich für das Frequenzspektrum der Echos bewegter Reflektoren, wie z. B. der Blutkörperchen. Die Echo-Mittenfrequenz und alle weiteren Echo-Frequenzen sind aufgrund der Bewegung des Bluts relativ zum Schallkopf dopplerverschoben. Das Spektrum wird das Doppler-Frequenzspektrum bzw. das Doppler-Intensitätsspektrum genannt und beschreibt bei Angabe eines Doppler-Flußwinkels die Geschwindigkeitsverteilung des Bluts an einem vom Anwender gewählten Ort. Hierbei bildet die Ordinate die Frequenzachse. Längs der Abszisse, die der Zeitachse entspricht, werden die Frequenzspektren aufgetragen. Die Helligkeit der einzelnen Punkte in der Graphik ist proportional zur Intensität der jeweiligen Frequenzkomponente bzw. Geschwindigkeitskomponente

(Abb. 17.**5**). Umgangssprachlich wird das gesamte zeitliche Intensitäts-Frequenz-Spektrum als Doppler-Spektrum bezeichnet. In der Abb. 17.**6a, b** ist als Beispiel das normale Doppler-Spektrum einer A. carotis communis zu sehen.

Man unterscheidet den PW- (Puls-Wave, gepulsten) Doppler und den CW- (Continuous-Wave, kontinuierlichen) Doppler. Im ersteren Fall wird ein Doppler-Meßfenster vom Anwender gesetzt. Nur Echos aus diesem vom Anwender definierten Bereich werden spektral analysiert. Beim CW-Doppler werden sämtliche ankommenden Echos spektral zerlegt und auf ihre Doppler-Verschiebung relativ zur Mittenfrequenz des verwendeten Schallkopfs untersucht.

17.2.1 Allgemeine physikalische Eigenschaften

Das Licht und der Schall haben vieles gemeinsam. In beiden Fällen handelt es sich um die Fortpflanzung von Wellen. Somit unterliegen beide Größen im Grundsätzlichen denselben Gesetzmäßigkeiten. Es tritt in beiden Fällen Reflexion, Brechung, Interferenz, Beugung und Absorption auf.

Bei der elektromagnetischen Strahlung und der Schallstrahlung handelt es sich um eine Wellenausbreitung. Während die Ausbreitung elektromagnetischer Strahlung nicht an Materie gebunden ist, bedarf es zur Schallausbreitung eines Trägermediums, wie z. B. der Luft. Die Schallwelle ist eine Druckwelle

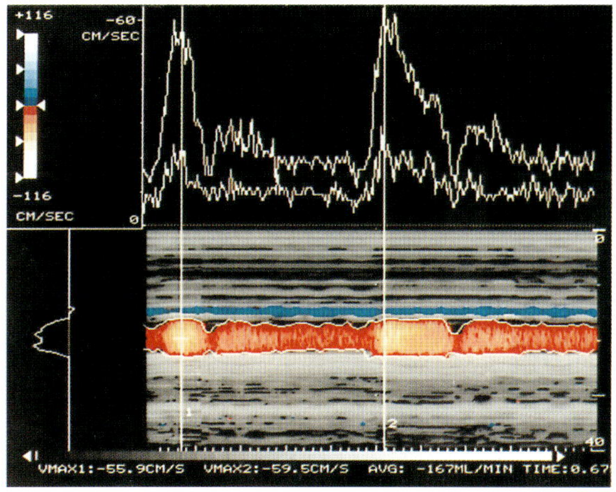

Abb. 17.**4** Farb-M-Mode-Aufzeichnung des Blutflusses in der A. carotis communis (rot) und der V. jugularis (blau). Oben im Bild ist das Blutflußverhalten graphisch aufgetragen worden. Die zum jeweiligen Zeitpunkt höchsten und niedrigsten Flußgeschwindigkeiten im Gefäß wurden in der Graphik berücksichtigt. Die angezeigten Flußgeschwindigkeiten müssen nicht zu allen Zeiten innerhalb des Pulszyklus am gleichen Ort innerhalb des Gefäßes sein. Links im Bild ist das Geschwindigkeitsprofil eingezeichnet worden

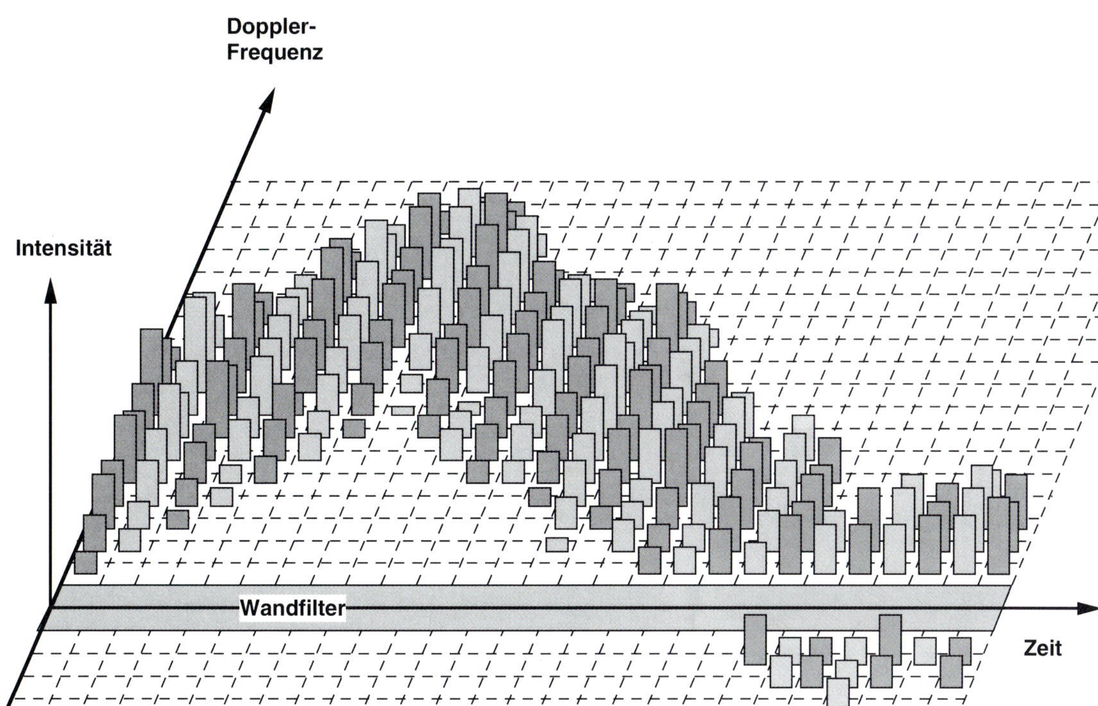

Abb. 17.**5** Darstellungsart des Doppler-Frequenzspektrums. Die Amplituden werden im allgemeinen in unterschiedlichen Grauwerten kodiert. Je größer die Amplitude, desto heller erscheint die Frequenz im Spektrum

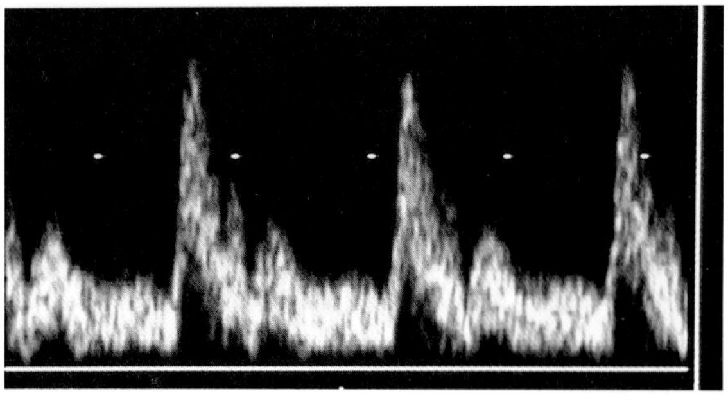

a

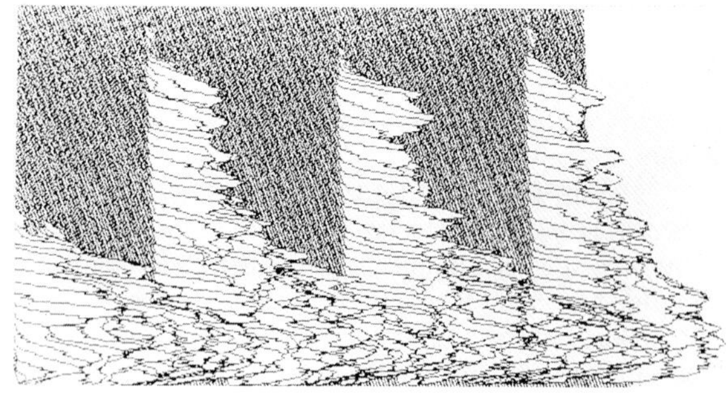

b

Abb. 17.**6 a, b** Doppler-Spektrum einer gesunden A. carotis communis (**a**) in der üblichen Grauwertdarstellung und (**b**) in einer Pseudo-3-D-Darstellung

und beruht auf der Kompression und Dekompression des Trägermediums. Der Druck an einem bestimmten Ort ändert sich mit der Zeit. Im Weltraum ist es somit vollkommen still.

Man unterscheidet Transversal- und Longitudinalwellen (Abb. 17.**7a, b**). Bei der Transversalwelle oszillieren die schwingungsfähigen Gebilde um ihre Ruhelage senkrecht zur Ausbreitungsrichtung der Welle und des Energietransports. Bei der Longitudinalwelle erfolgt die Schwingung parallel zur Ausbreitungsrichtung, und der Energietransport erfolgt ebenfalls in diese Richtung. Der Energietransfer erfolgt,

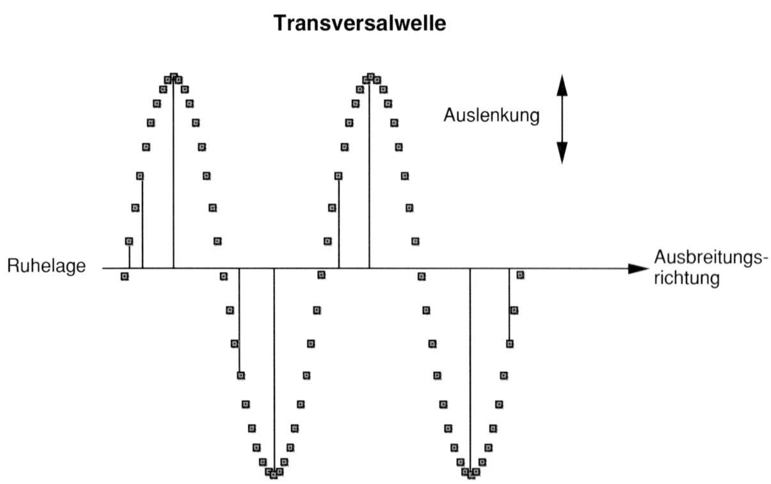

a

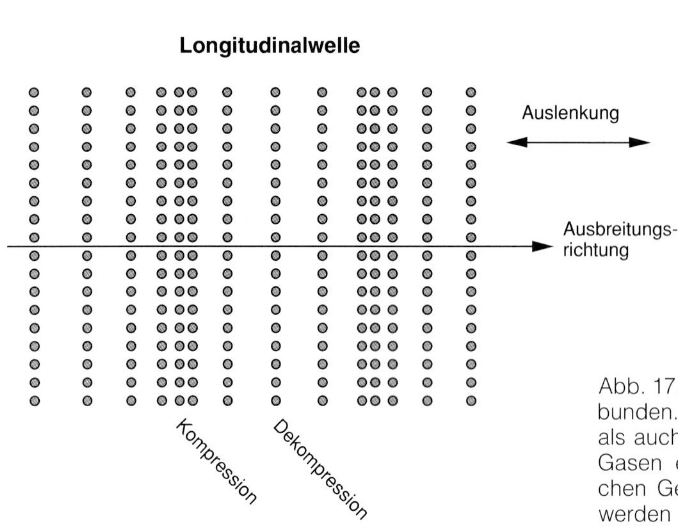

b

Abb. 17.**7 a, b** Die Schallausbreitung ist an Materie gebunden. Es treten in Festkörpern sowohl (**a**) Transversal- als auch (**b**) Longitudinalwellen auf. In Flüssigkeiten und Gasen existieren nur Longitudinalwellen. Im menschlichen Gewebe können Transversalwellen vernachlässigt werden ohne daß die Teilchen mitwandern. Sofern keine bleibenden Deformationen entstehen (d. h. die Amplituden liegen innerhalb des Hookschen Bereichs), stellt die Druckwelle nur eine vorübergehende Störung des Mediums dar. Die Schallausbreitung kann auf beide Arten erfolgen. Da Flüssigkeiten und Gase keine Scherkräfte übertragen, sind dort nur longitudinale Schallwellen möglich. Der Mensch besteht bis auf die Knochen zum größten Teil aus Wasser, somit basiert die Ultraschalldiagnostik auf der longitudinalen Wellenausbreitung.

Die Fortpflanzungsgeschwindigkeit c einer Welle ist gleich dem Produkt aus der Wellenlänge λ und der Frequenz f:

$$c = \lambda \cdot f \qquad (G\ 17.1)$$

Die Schallgeschwindigkeit hängt ab von der Kompressibilität und der Dichte des Mediums und somit ebenfalls von der Temperatur des jeweiligen Materials. In dem hier betrachteten Fall können die Temperatur und der äußere Druck in allen Fällen als konstant angenommen werden. Damit wird die Schallgeschwindigkeit zur Materialkonstante. In der Abb. 17.**8** sind die Schallgeschwindigkeiten einiger Gewebearten und Flüssigkeiten aufgezeichnet (48, 49).

Während die mittlere Schallgeschwindigkeit im Gewebe zu 1540 m/s angenommen wird, ist die Lichtgeschwindigkeit im Gewebe mit $3{,}3 \cdot 10^7$ m/s um einen Faktor $2 \cdot 10^4$ höher. Dies bedeutet, daß bei gleicher Frequenz die Wellenlänge des Schalls um den eben aufgeführten Faktor c_{EM}/c_{Schall} kürzer ist als die einer elektromagnetischen Welle (Abb. 17.**9a, b**). Die relativ niedrige Schallgeschwindigkeit im Gewebe ist eine der zentralen Größen zum Verständnis der Vorgänge bei der Ultraschallbildentstehung.

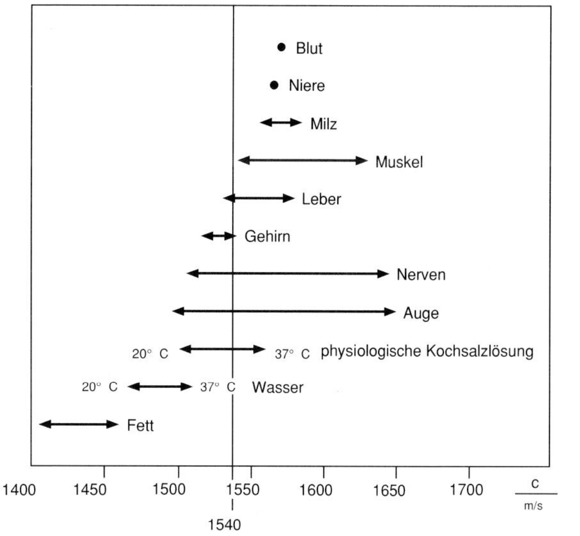

Abb. 17.**8** Schallgeschwindigkeitsbereiche einiger biologischer Materialien. Eine gute Übersicht findet man bei P.N.T. Wells (49)

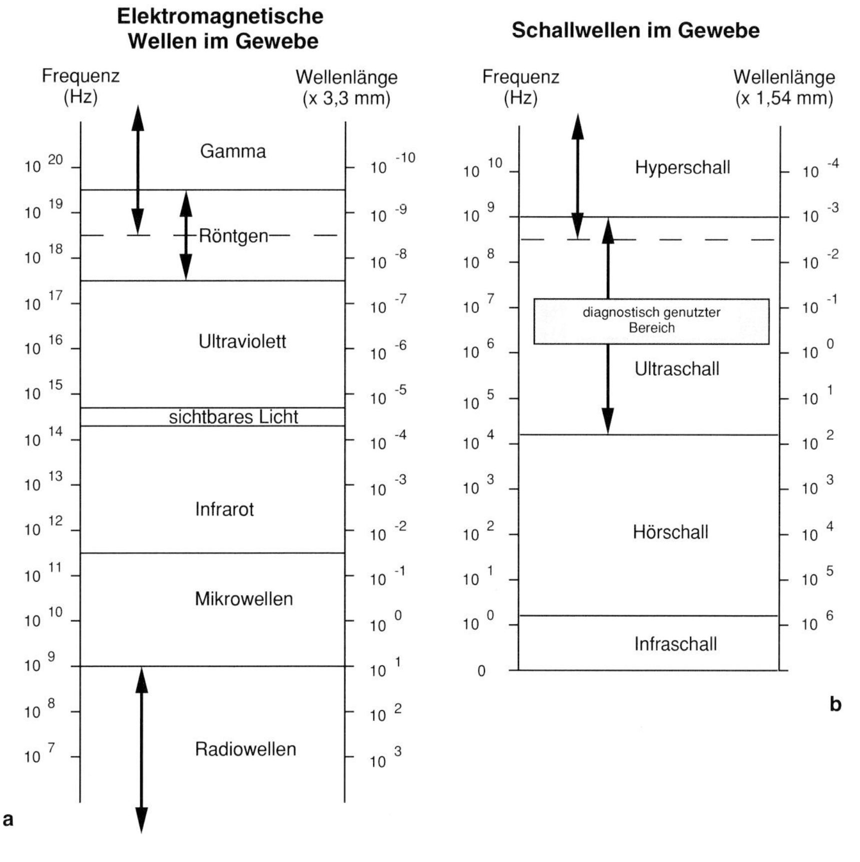

Abb. 17.**9a, b** Ein Vergleich der Frequenzbereiche (**a**) der elektromagnetischen (EM-)Strahlung und (**b**) des Schalls. In beiden Fällen gilt $c = \lambda \cdot f$. Da die Lichtgeschwindigkeit im Gewebe ($3{,}3 \cdot 10^7$ m/s) um einen Faktor $2 \cdot 10^4$ höher ist als die Schallgeschwindigkeit im Gewebe (1540 m/s), ist bei gleicher Frequenz die Wellenlänge der EM-Strahlung um diesen Faktor größer als die des Schalls

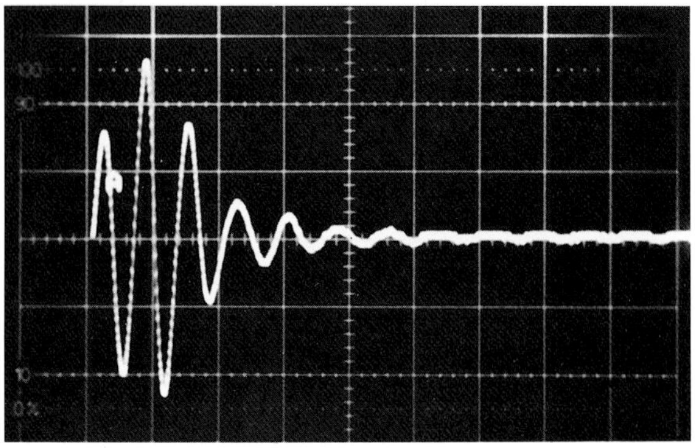

Abb. 17.**10** Oszillographenbild eines 3,17 MHz-Pulses

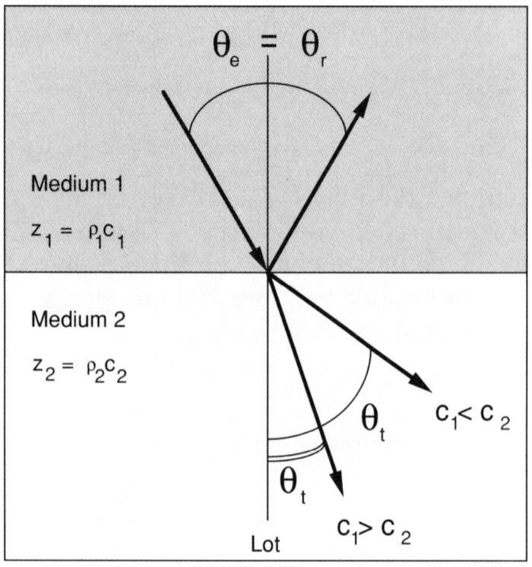

Abb. 17.**11** Ein Ultraschallpuls trifft unter dem Winkel Θ_e auf einen Grenzübergang zwischen einem Medium 1 und einem Medium 2. An dieser Stelle wird ein Teil der Intensität des Pulses unter dem Reflexionswinkel Θ_r reflektiert und ein weiterer Teil der Intensität unter dem Brechungs- bzw. Transmissionswinkel Θ_t transmittiert. Ob der Transmissionswinkel größer oder kleiner als der Einfallswinkel ist, hängt von dem Verhältnis der Schallgeschwindigkeiten in den Medien ab

Bei der Ultraschallbildgebung wird ein Ultraschallpuls vom Schallkopf ausgesandt, und die zeitlich nacheinander aus verschiedenen Tiefen kommenden Echos werden von demselben Schallkopf empfangen. Ein Ultraschallpuls ist nur wenige Wellenlängen lang (Abb. 17.**10**). Je größer der zeitliche Abstand zwischen dem Aussenden des Pulses und dem Empfang des Echos, desto größer ist die Laufzeit des Schalls und somit die Entfernung zwischen dem Schallkopf und dem Reflektor, von dem die Schallwelle reflektiert wurde.

Ein Echo entsteht an einem Grenzübergang zweier Medien mit unterschiedlichen Schalleigenschaften. Entscheidend für die Stärke des Echos sind die Impedanzen z der einzelnen Medien. Die Impedanz kann als eine Art Übergangswiderstand betrachtet werden. Die Impedanz z ist gleich dem Produkt aus der Schallgeschwindigkeit c im Medium und der Dichte ρ des Mediums:

$$z = c \cdot \rho$$

Am Grenzübergang zweier Medien tritt neben der Reflexion auch Brechung auf (Abb. 17.**11**). Ist die Schallgeschwindigkeit im ersten Medium größer als im zweiten Medium, so findet eine Brechung zum Lot hin statt. Im umgekehrten Fall erfährt der Puls eine Brechung vom Lot weg. Das Auftreten von Brechung kann zu einer Fehlinterpretation bezüglich der genauen räumlichen Lage und Ausdehnung einer gesuchten Struktur führen (Abb. 17.**12**). Jeder, der einmal nach einem im Wasser befindlichen Objekt gegriffen hat, kennt das Phänomen, daß sich das Objekt an einem etwas anderen Ort befindet als man es scheinbar gesehen hat. Diese durch die Brechung bedingte Mißweisung dürfte im Bereich der Ultraschalldiagnostik nur gering sein, darf aber insbesondere bei der ultraschallgeführten Punktion nicht außer acht gelassen werden.

Die Intensitäten I_t bzw. I_r der transmittierten und reflektierten Pulse bzw. Echos hängen von dem Verhältnis der Impedanzen und den jeweiligen Einfalls-, Reflexions- und Brechungswinkeln ab. Für den Reflexionskoeffizienten R und den Transmissionskoeffizienten T gilt jeweils für den Übergang von Medium 1 zu Medium 2:

$$R = \frac{I_r}{I_e} = \frac{(z_2\cos(\Theta_e) - z_1\cos(\Theta_t))^2}{(z_2\cos(\Theta_e) + z_1\cos(\Theta_t))^2}$$

$$T = \frac{I_t}{I_e} = \frac{4z_1z_2\cos(\Theta_e)\cos(\Theta_t)}{(z_2\cos(\Theta_e) + z_1\cos(\Theta_t))^2}$$

Für den Fall eines senkrechten Einfalls ($\Theta_r = \Theta_t = \Theta_e = 0$) auf die Grenzfläche gilt:

$$R = \frac{I_r}{I_e} = \frac{(z_2 - z_1)^2}{(z_2 + z_1)^2}$$

$$T = \frac{I_t}{I_e} = \frac{4z_1z_2}{(z_2 + z_1)^2}$$

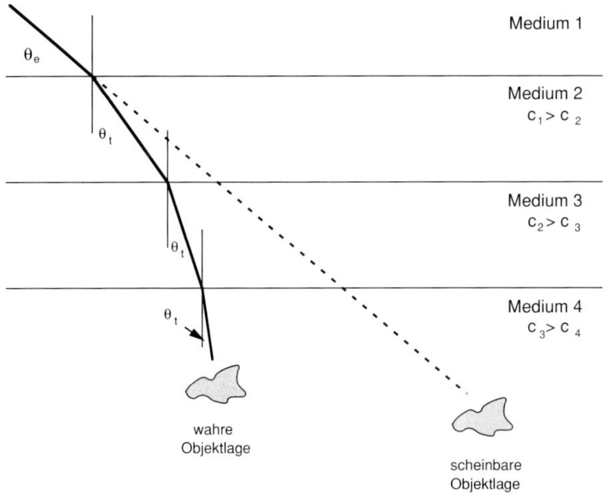

Abb. 17.**12** Beim Durchgang des Schalls durch unterschiedliche Medien kann es aufgrund der Brechung zu einer Mißweisung kommen

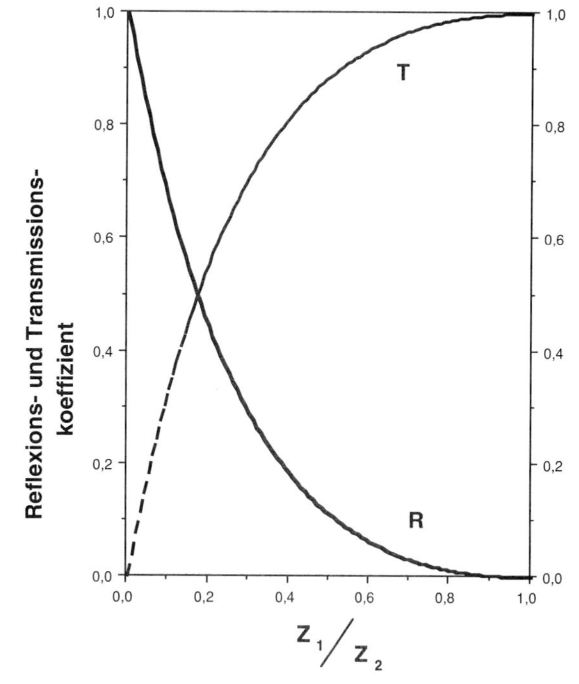

Abb. 17.**13** Reflexionskoeffizient R und Transmissionskoeffizient T im Falle eines senkrechten Einfalls als Funktion des Verhältnisses der Impedanzen

In der Abb. 17.**13** erkennt man, daß bei einem großen Impedanzsprung nur eine sehr geringe Transmission stattfindet und der überwiegende Teil der Intensität reflektiert wird. Die Impedanz der Luft liegt aufgrund der niedrigen Dichte und der niedrigen Schallgeschwindigkeit bei ca. $0{,}0004 \cdot 10^6 \frac{kg}{m^2s}$, wogegen die Impedanz von Gewebe ca. $1{,}62 \cdot 10^6 \frac{kg}{m^2s}$ beträgt. Hieraus ergibt sich automatisch die Notwendigkeit, ein wasserhaltiges Kopplungsmittel bei der Ultraschalluntersuchung zu verwenden, da sonst nur eine sehr geringe Schallintensität in den Körper gebracht werden kann. Da die Impedanzsprünge im Gewebe selbst gering sind, treten hier nur schwache Echos auf, wodurch eine hohe Eindringtiefe gewährleistet wird.

Eine weitere Eigenschaft neben der Reflexion ist die Streuung. Die Reflexion tritt nur an Grenzübergängen auf, die groß gegenüber der Wellenlänge sind. Sind die Strukturen ähnlich groß oder kleiner als die Wellenlänge, so wird ein Teil der Intensität gestreut. Die schwache Streuung an den Erythrozyten erfolgt fast gleichmäßig in sämtliche Raumrichtungen (Abb. 17.**14**). Deshalb sind die vom Schallkopf empfangenen Echos des Bluts extrem schwach, und die Blutgefäße erscheinen im B-Bild relativ zum Gewebe, in dem sowohl Streuung als auch Reflexion stattfindet, in gleicher Tiefe fast schwarz. Die Streuintensität an den Erythrozyten ist proportional zur vierten Potenz der Schallfrequenz (16, 38). Die Absorption steigt mit der Frequenz. Die Streuintensität eines 7,5 MHz-Signals ist also um einen Faktor 21 größer als die eines 3,5 MHz-Signals. Bei einem 5 MHz-Schallkopf hat man immerhin gegenüber dem 3,5 MHz-Schallkopf noch eine Verbesserung um einen Faktor 4. Somit kann das günstigere Streuverhalten bei höheren Frequenzen die Absorption im Gewebe etwas ausgleichen. Die Streuung spielt bei der Ultraschallabbildung und beim Doppler eine zentrale Rolle. Kleine Strukturen unterschiedlicher Dichte wirken wie Streuzentren. Dies gilt insbesondere für die Erythrozyten, deren großer Durchmesser ca. 7 μm und deren kleiner Durchmesser ca. 2 μm beträgt. Für die Bestimmung des Blutflusses sind die Streueigenschaften des Bluts von entscheidender Bedeutung. Leider sind sie in vivo nur sehr schlecht zu messen.

Zwei sich überlagernde Wellen können miteinander wechselwirken (Abb. 17.**15**). Dies wird als Interferenz bezeichnet. Hierbei kann es innerhalb der Wechselwirkungszone je nach Phasenlage der Wellen zu einer Verstärkung der Amplituden oder zu einer Amplitudenverminderung kommen.

Die Beugung oder Diffraktion beschreibt die nicht geradlinige Ausbreitung von Wellen. Mit Hilfe des Huygensschen Prinzips, wonach jeder von einer Welle getroffene Ort Ausgangspunkt einer Kugelwelle wird, läßt sich das Schallfeld ausgehend vom Schallkopf qualitativ beschreiben. Ohne die Beugung wäre das Hören von Geräuschen hinter einem Hindernis nicht möglich. Durch Beugung und Interferenz ergibt sich die Form des Schallfelds.

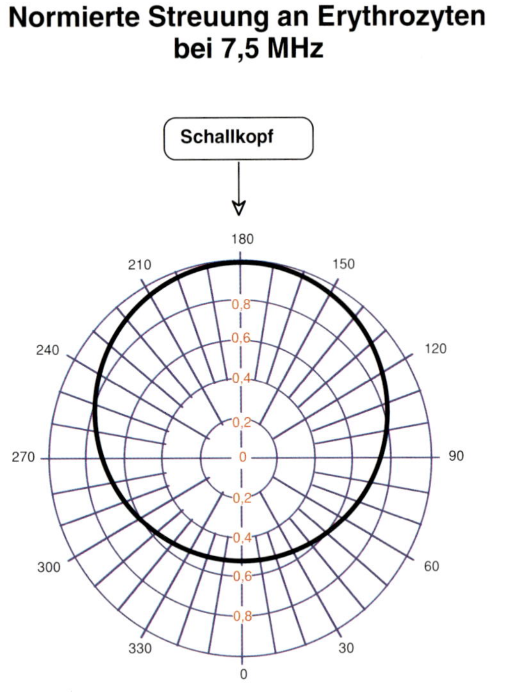

Abb. 17.**14** Die Streuung des Ultraschalls an Erythrozyten erfolgt in sämtliche Raumrichtungen mit einer leichten Betonung der Rückstreuung (16, 38)

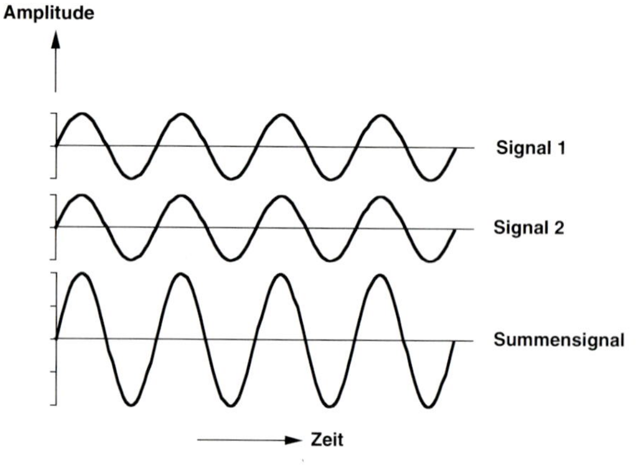

Abb. 17.**15** Durch die Interferenz zweier phasen- und frequenzgleicher Wellen kommt es zu einer Verdoppelung der Amplituden. Wären die Wellen um π (eine halbe Wellenlänge) phasenverschoben, käme es in diesem Fall zur vollständigen Auslöschung

Die Eindringtiefe des Schallpulses ist durch die Absorption beschränkt. Die Absorption bewirkt eine Verminderung der Anfangsintensität I_0 des Ultraschalldruckpulses. Die Intensität I nimmt exponentiell mit dem Weg s ab, wobei der Absorptionskoeffizient α eine Materialkonstante ist. Die Energie wird dabei in Wärme umgewandelt abgesehen von der Intensitätsverminderung durch Reflexion und Streuung:

$$I = I_0 \, e^{-\alpha s} \qquad \text{(G 17.2)}$$

Der menschliche Körper ist sicherlich kein homogenes, sondern eher ein geschichtetes Medium. Die einzelnen Gewebearten wie Fett, Muskulatur, Blut, Sehnen sowie die einzelnen Organe besitzen jeweils ihre eigenen Absorptionskoeffizienten (13, 42). Im Mittel geht man (24) trotz der unterschiedlichen Schichtung von 0,3 bis 0,6 $\frac{\text{dB}}{\text{MHz cm}}$ aus. Dies entspricht einem Wert von 0,6 bis 1,2 $\frac{\text{dB}}{\text{MHz cm}}$ für das Puls-Echo-System (Hin- und Rückweg).

Die Absorption muß durch die entsprechende Verstärkungseinstellung am Ultraschallgerät ausgeglichen werden (Abb. 17.**16**). Hiermit ist die kombinierte Einstellung der TGC-(Time-Gain-Compensation), auch „Swept Gain", DGC-Einstellung (Depth-Gain-Compensation) oder Tiefenausgleich genannt, und der Gesamtverstärkung (Gain) gemeint. Aufgrund der unterschiedlichen gewebeabhängigen Absorptionsverhalten von Ort zu Ort und Mensch zu Mensch muß die Verstärkung bei jeder Abbildung optimiert werden.

Weiterhin ist wie bereits oben angedeutet die Absorption frequenzabhängig. Je höher die Frequenz, desto stärker ist die Absorption und somit – bei gegebener maximaler Verstärkung und Sendeenergie – desto geringer die Eindringtiefe, aus der noch ein interpretierbares Signal gewonnen werden kann. Außerdem verschiebt sich die Mittenfrequenz des Pulses durch die stärkere Absorption höherer Frequenzen gegenüber niedrigeren Frequenzen mit der Tiefe zu niedrigeren Werten hin. Ein Problem kann dies bei der Interpretation der Doppler-Spektren aus größeren Tiefen sein. Dies gilt insbesondere bei Verwendung kurzer breitbandiger Pulse gleichbedeutend mit einem kleinen Doppler-Meßfenster. Je schmalbandiger die Pulse sind, desto unbedeutender ist dieser Effekt. (Zum Begriff Bandbreite s. 17.2.4.) Er spielt somit beim CW-Doppler praktisch keine Rolle.

Entscheidend für die Eindringtiefe ist die Signaldynamik. Mit der Signaldynamik ist der Unterschied zwischen der maximalen Echoamplitude und der minimalen Amplitude, die sich noch vom Rauschen abhebt, gemeint. Die maximale Amplitude richtet sich nach der maximalen Ultraschalleistung, die dem Körper ohne Schädigung zugeführt werden kann. In der Nähe des Schallkopfs ist ein Dynamikumfang von ca. 110 dB möglich. In der Tiefe nimmt der Dynamikumfang durch Absorption ab.

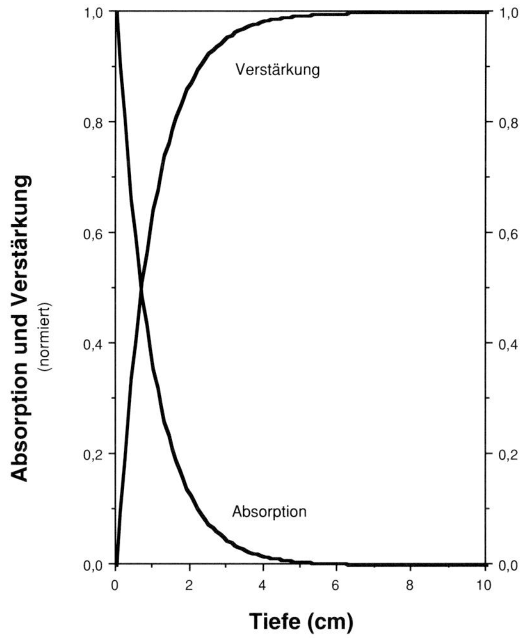

Abb. 17.**16** Die Absorption im Gewebe muß durch die tiefenabhängige Verstärkungseinstellung ausgeglichen werden

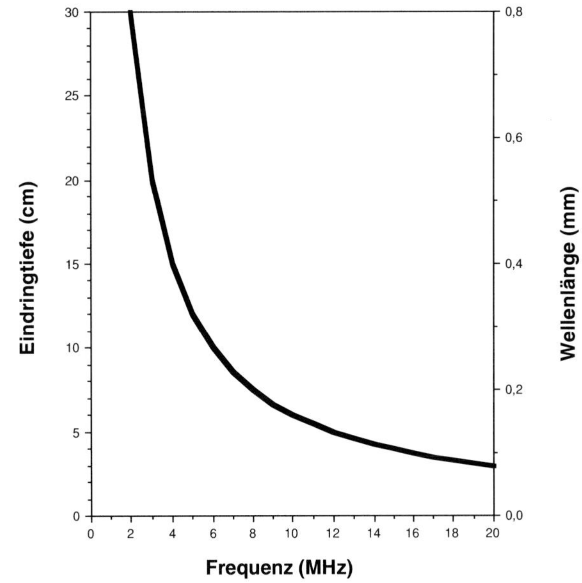

Abb. 17.**17** Die Wellenlänge und die zu erzielende Eindringtiefe als Funktion der Mittenfrequenz bei einer angenommenen Absorption von 0,9 $\frac{\text{dB}}{\text{MHz cm}}$

Die Ortsauflösung, insbesondere in axialer Richtung, ist an die Wellenlänge gekoppelt (s. 17.2.4). Je höher die Frequenz, desto kürzer ist nach Gleichung 17.1 die Wellenlänge und somit desto besser die Ortsauflösung. Um bei sämtlichen Anwendungen vom Abdomen bis zur Schilddrüse mit optimaler Auflösung bei gegebener maximaler Eindringtiefe arbeiten zu können, benötigt man somit mehrere Schallköpfe mit unterschiedlicher Mittenfrequenz. Das Verhältnis von Eindringtiefe und Wellenlänge als Funktion der Sendefrequenz ist in der Abb. 17.**17** skizziert worden. Es ist zu beachten, daß diese Kurve bezüglich der maximalen Eindringtiefe nur eine Schätzung darstellt, da die tatsächlich zu erzielende Eindringtiefe stark patientenabhängig ist. Hier spielen insbesondere die Dicke der Fettschicht, die zu einer verstärkten Streuung führt, als auch die Totalreflexion an Luftüberlagerungen eine entscheidende Rolle.

17.2.2 Bedeutung der Schallgeschwindigkeit für die Bildgebung

Die Ultraschallbildgebung beruht auf multiplen Puls-Echo-Zyklen – den einzelnen Ultraschallinien. Aus der Messung des Zeitraums zwischen der Aussendung eines kurzen Pulses und dem Empfang des Echos wird bei Annahme einer konstanten Schallgeschwindigkeit die Tiefe berechnet, in der ein bestimmtes Echo entsteht. Damit das Echo dem jeweiligen Entstehungsort eindeutig zuordbar ist, muß stets sichergestellt werden, daß vor dem Aussenden des zeitlich nächsten Pulses sämtliche möglichen Echos des vorherigen Pulses bereits am Schallkopf angekommen sind. Die maximale Tiefe, aus der noch Echos registriert werden können, wird bestimmt durch die Absorptions- (Gleichung 17.2) und Streueigenschaften des Mediums einerseits und durch die Empfangs- und Sendecharakteristiken sowie das Signal-zu-Rausch-Verhältnis des Ultraschallgeräts andererseits.

Die Wegstrecke s, die der Schall in der Zeit t zurücklegt, beträgt:

$$s = ct \qquad \text{(G 17.3)}$$

Als die mittlere Schallgeschwindigkeit in der Ultraschalldiagnostik wird ein Wert von c = 1540 m/s angenommen (Abb. 17.**8**). Diese Zahl ist für alle Ultraschallgerätehersteller bindend. Da es sich um ein Puls-Echo-System handelt, ist der Schallweg s doppelt so lang wie die am Ultraschallgerät angezeigte Entfernung d zwischen dem Schallkopf und dem Reflektor. Erst muß der Puls bis zum jeweiligen Reflektor gelangen, und dann muß das Echo den gleichen Weg wieder zurückkommen. Es gilt bei einer Laufzeit t:

$$d = \frac{ct}{2} \qquad \text{(G 17.4)}$$

Die maximal zugelassene Distanz d_{max} wird als Eindringtiefe oder Bildtiefe bezeichnet. Tatsächlich wird vor dem Aussenden des nächsten Pulses noch einige Mikrosekunden gewartet, die für Umschaltprozesse im Gerät benötigt werden. Es folgt bei einer vorgegebenen Bildtiefe d_{max} zur Wahrung der Eindeutigkeit sofort die maximal zulässige Pulswiederholfrequenz f_{PRFmax} zu:

$$f_{PRFmax} = \frac{c}{2d_{max}} \qquad \text{(G 17.5)}$$

Das A-Mode-Ultraschallbild besteht aus einer einzigen Ultraschallinie. Hier wird die Echoamplitude als Funktion der Laufzeit aufgezeichnet (Abb. 17.**18**). Sämtliche weiteren Bildmodi benötigen mehr als einen Puls-Echo-Zyklus. Beim B-Bild (Brightness) bilden mehrere örtlich nebeneinander liegende Linien ein Bild. Ein Puls-Echo-Zyklus entspricht hier bei Wahl nur eines Sendefokus einer Ultraschallinie. Im farbkodierten FKDS-Mode benötigt man, wie später ausführlich erklärt wird, zur Ermittlung der Flußinformation mehrere Pulse pro Linie.

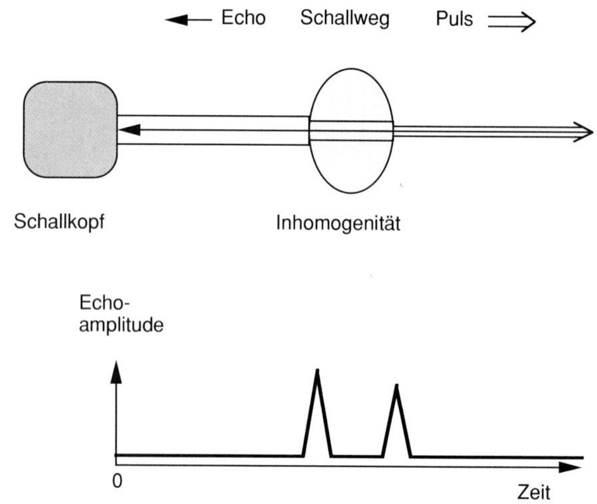

Abb. 17.**18** Ein Ultraschallpuls trifft auf einen Grenzübergang. An dieser Stelle wird ein Teil der Energie reflektiert, wodurch ein Echo entsteht, das zum Schallgeber zurückläuft und dort registriert wird. Unten im Bild sind die Echoamplituden als Funktion der Zeit dargestellt (A-Mode-Bild). Der zeitliche Nullpunkt wird durch die Aussendung des Ultraschallpulses festgelegt

Die Schallgeschwindigkeit bestimmt das Verhältnis der Bildwiederholfrequenz zur Liniendichte und zur dargestellten Bildtiefe (Abb. 17.**19**). Anhand des Beispiels eines FKDS-Mode-Bilds mit einem Sendefokus kann man dies am besten veranschaulichen.

Es soll eine Bildwiederholfrequenz von 20 Bildern pro Sekunde erreicht werden. Somit stehen 0,05 Sekunden zur Erzeugung eines Bilds zur Verfügung. Dies bedeutet, daß gemäß Gleichung 17.3 die gesamte Schallaufstrecke s 77 Meter beträgt. Da die Ultraschallbilderzeugung auf multiplen Puls-Echo-Zyklen beruht, ist der dargestellte Weg d gemäß Gleichung 17.4 genau halb so groß, nämlich 38,5 m. Es soll nun die Bildtiefe auf z. B. 20 cm festgelegt werden. Hieraus ergibt sich sofort eine maximale Linienzahl pro Bild für das B-Bild von 192 Linien (38,5 m/0,2 m). Soll das Bild gleichzeitig noch farbig kodiert werden, so reduziert sich die Linienzahl um die Anzahl der Puls-Echo-Zyklen pro Linie. Bei z. B. 10 Pulsen pro Linie reduziert sich die Linienzahl in diesem Fall auf 19 Linien pro Bild. Bei der Wahl von mehr als einem Sendefokus reduziert sich die Linienzahl um die Anzahl der Sendefokusse, da pro Sendefokuspunkt ein Puls-Echo-Zyklus benötigt wird.

Handelsübliche Ultraschallgeräte arbeiten bei einer Bildfeldbreite (Linearschallkopf) von 10 cm im B-Mode mit ca. 64 bis 192 echten Ultraschallinien. Der Lateralabstand der Ultraschallinien im B-Bild sollte als sinnvolle Annahme etwa 3–4 Wellenlängen nicht überschreiten. Bei einem 3,5-MHz-Linearschallkopf entspricht dies einem Linienabstand von 3 · 0,44 = 1,32 mm entsprechend einer Liniendichte von 7,58 Linien pro Zentimeter. Ist eine höhere Liniendichte erwünscht, so reduziert sich sofort die Bildwiederholfrequenz. Alternativ kann man ohne Qualitätsverluste

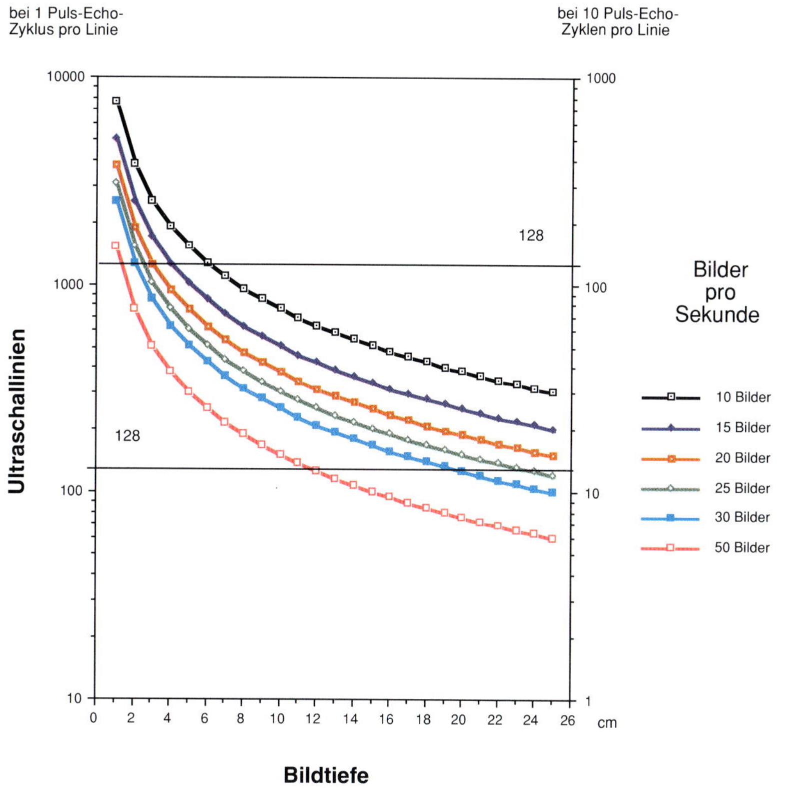

Abb. 17.**19** Bei Wahl einer bestimmten Bildwiederholfrequenz und Eindringtiefe läßt sich die maximal mögliche Anzahl der Puls-Echo-Zyklen berechnen. Im FKDS-Mode oder bei der Wahl mehrerer Sendefokusse müssen mehrere Puls-Echo-Zyklen zur Erzeugung einer Ultraschallinie zusammengefaßt werden. Hier wurden jeweils 1 (links) und 10 (rechts) Puls-Echo-Zyklen pro Ultraschallinie zugrunde gelegt

die Breite des Bildfelds reduzieren. Letzteres wird im allgemeinen im FKDS-Mode gemacht. Hier überläßt man die Wahl der Breite des Farbfensters bei konstanter Breite des Grauwertbilds dem Anwender (Abb. 17.**20**). Eine Veränderung der Länge oder der Position des Farbfensters hat keinen Einfluß auf die Bildwiederholfrequenz, da in diesen Fällen keine zusätzlichen Linien benötigt werden. Dies gilt nur, sofern die Pulswiederholfrequenz nicht auf die Tiefe des Farbfensters optimiert wird. Dies ist jedoch im allgemeinen nicht der Fall.

Die niedrige Schallgeschwindigkeit im Gewebe begrenzt auch den Geschwindigkeitsbereich für die Doppler-Spektralanalyse. Da die örtliche Eindeutigkeit bei der Puls-Doppler-Spektralanalyse erhalten bleiben soll, muß auch hier die Ankunft des Echos aus der zu untersuchenden Tiefe vor dem Aussenden des nächsten Pulses abgewartet werden. Wie im Abschnitt 17.3.1 erläutert, liegt die Eindeutigkeitsgrenze (Nyquist-Grenze) bei der Bestimmung der Doppler-Verschiebung bei der halben Pulswiederholfrequenz. Doppler-Verschiebungen oberhalb dieser Grenze sind ohne zusätzliche Annahmen nicht eindeutig bestimmbar. Die Pulswiederholfrequenz richtet sich aber nach der Bildtiefe und ist somit an die Schallgeschwindigkeit gekoppelt.

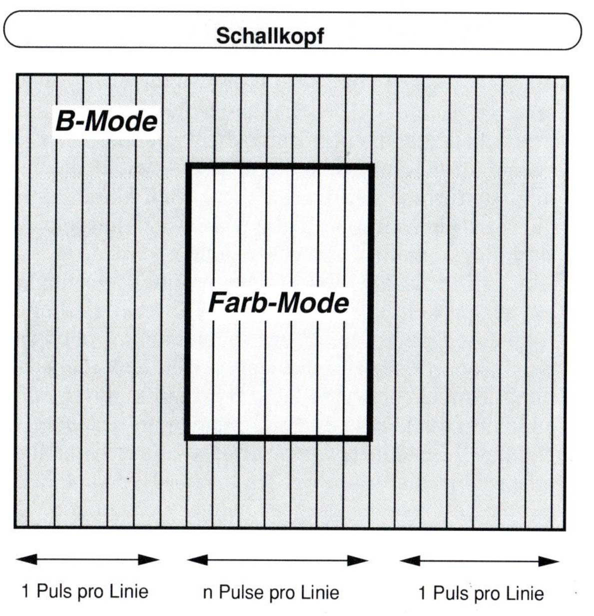

Abb. 17.**20** Ein FKDS-Mode-Bild besteht aus mehreren Ultraschallinien, für deren Erzeugung mehrere Puls-Echo-Zyklen benötigt werden. Im reinen B-Bild wird bei der Wahl nur eines Sendefokuspunkts nur ein Puls-Echo-Zyklus benötigt. Die Breite des Farbfensters wird zur Optimierung der Bildwiederholfrequenz an die Aufgabe im allgemeinen dem Anwender überlassen

17.2.3 Schallkopf

Ein Ultraschallsystem besteht stets aus einem Schallkopf und einer Steuereinheit. Die Qualität eines Systems wird zu einem wesentlichen Teil vom Schallkopf bestimmt. Dies klingt selbstverständlich, wird in der Praxis aber leider nur zu häufig vergessen.

Man unterscheidet elektronische Linear- (LA-), Curved- (CA-) und Phased-Array-Schallköpfe sowie mechanische Schallköpfe. Mechanische Schallköpfe können sowohl ein einziges (Fix Fokus) als auch mehrere Piezoelemente (Annular-Array) besitzen. Bei Verwendung mehrerer Piezoelemente (im allgemeinen bis 12) handelt es sich um eine konzentrische Anordnung ringförmiger Piezoelemente. Die LA-Schallköpfe liefern ein rechteckiges Bild. Die Bildfeldbreite wird durch die Breite des Schallkopfes bestimmt. Der Phased-Array und die mechanischen Schallköpfe haben sektorförmige Bildfelder. LA- und Phased-Array-Schallköpfe besitzen eine lineare Anordnung von Piezoelementen und unterscheiden sich in der zeitlichen Ansteuerung der Elemente. Weiterhin darf die Elementbreite bei Phased-Arrays nicht breiter als die halbe Wellenlänge der jeweiligen Mittenfrequenz des Schallkopfs sein. Diese Einschränkung gilt für LA-Schallköpfe nicht. Ein Curved-Array ist eine gebogene, lineare Anordnung von Piezoelementen. Das Bildfeld der CA-Schallköpfe entspricht der Kombination eines LA- und eines Sektorbilds. In der Nähe des Schallkopfs besitzen die CA-Schallköpfe ein breites Bildfeld ähnlich den LA-Schallköpfen. Das Bildfeld verbreitert sich mit wachsendem Abstand zum Schallkopf sektorförmig. Während die Richtung der Schallabstrahlung bei den elektronischen Schallköpfen durch die zeitliche Reihenfolge der Ansteuerung der einzelnen Piezoelemente definiert wird, muß bei den mechanischen Schallköpfen die akustische Gruppe in die jeweils gewünschte Abstrahlungsrichtung bewegt werden.

Die Schallemission erfolgt unter Ausnutzung des reziproken piezoelektrischen Effekts. Hierbei erfolgt eine Kontraktion oder Elongation eines Festkörpers proportional zu einer angelegten äußeren Spannung. Umgekehrt treten beim Piezoeffekt durch einen äußeren Druck elektrische Ladungen an der Oberfläche eines Festkörpers auf. Dabei wird das Kristallgitter verzerrt, und somit werden die positiven und negativen Ladungsträger gegeneinander verschoben. Die so resultierende, dem ausgeübten Druck proportionale Spannung kann gemessen werden. Kristalle mit polaren Achsen ohne Symmetriezentren weisen piezoelektrische Eigenschaften auf. Hierzu zählt z. B. Quarz. In bildgebenden Schallköpfen wird zur Zeit im wesentlichen eine Blei-Zirkonat-Titanat-Oxid-Keramik ($PbZiTiO_2$), PZT genannt, verwandt. Diese Keramik wird in einem starken elektrischen Feld polarisiert und erhält so seine piezoelektrischen Eigenschaften (28). In jedem Schallkopf befinden sich ein oder mehrere Piezoelemente. Neuerdings experimentiert man mit piezoelektrischen Kunststoffolien aus Polyvinylidenfluorid (PVDF). Diese Folien weisen hervorragende Empfängereigenschaften wie eine große Breitbandigkeit und eine hohe Empfindlichkeit auf, sind aber als Emitter ungeeignet (12).

Der grundsätzliche Aufbau eines Schallkopfs ist in der Abb. 17.**21** am Beispiel eines Linear-Arrays zu sehen. Der Aufbau ist für alle Schallköpfe im wesentlichen gleich. Der akustischen Linse folgt von oben nach unten die $\lambda/4$-Schicht, die Piezostrecke, das Dämpfungsmaterial und schließlich die Trägerplatte. Die Form und die Materialzusammensetzungen bestimmen die akustischen Eigenschaften. Zur Verhinderung einer elektromagnetischen Einstrahlung und Abstrahlung wird der eben beschriebene akustische Block mit einer geerdeten Metallfolie abgeschirmt. Außen befindet sich schließlich das hermetisch verschlossene Kunststoffgehäuse.

Die Resonanzfrequenz des Piezoelements wird durch die Dicke des Elements bestimmt. Die Dikke der Piezoelemente ist gleich der halben Wellenlänge der Resonanzfrequenz im Piezomaterial (und nicht im zu untersuchenden Gewebe). Zur besseren Ladungsverteilung und Kontaktierung sind die Piezoelemente oben und unten mit Silber oder Aluminium beschichtet. Auf diese Metallelektroden wird pro Piezoelement ein Draht zur Signalübertragung angebracht (Bonding). Entweder wird auf der Vorderseite insbesondere bei Einelementsystemen ein Massedraht angebracht, oder die Dämpfungsschicht wird leitfähig ausgebildet durch Zugabe von z. B. Wolframpulver und insgesamt als Massekontakt verwandt.

Die Eigenschaften der Dämpfungsschicht müssen der Aufgabe des Schallkopfs angepaßt werden. Sie besteht in vielen Fällen aus einem Epoxidharz mit Beigabe von Wolfram- oder Aluminiumteilchen (23). Bei reinen CW-Doppler-Stiftsonden soll die Schicht möglichst wenig dämpfen, um so für eine schmale Bandbreite der emittierten Ultraschallsignale zu sorgen. Bei Schallköpfen, die nur zur Abbildung verwandt werden, versucht man, eine hohe Dämpfung einzustellen, damit die Pulslänge möglichst kurz ist. Je kürzer der Puls ist, desto breitbandiger ist der Schallkopf. Je höher die Dämpfung, desto geringer ist leider die Empfindlichkeit der Elemente. Duplexschallköpfe, die gleichzeitig zur Abbildung und zur Doppler-Analyse verwandt werden, sollten gleichzeitig breitbandig und schmalbandig sein. Dies ist ein Widerspruch in sich. Man muß somit eine Kompromißlösung finden und eine Anwendung favorisieren.

Die Piezoelemente werden in Schallabstrahlrichtung noch mit einer Antireflexschicht beschichtet. Diese Schicht hat die gleiche Funktion wie die Entspiegelung bei einer Brille. Sie vermindert die Reflexionsverluste beim Übergang vom Schallkopf zum Gewebe. Die Schicht besitzt eine Dicke von einer viertel Wellenlänge ($\lambda/4$), und die Impedanz soll $Z_{Schicht} = \sqrt{Z_{Piezo} \cdot Z_{Gewebe}}$ betragen.

Abb. 17.**21** Alle Schallköpfe besitzen einen prinzipiell ähnlichen Aufbau. Hier ist ein Linear-Array-Schallkopf im Längs- und Querschnitt schematisch gezeigt

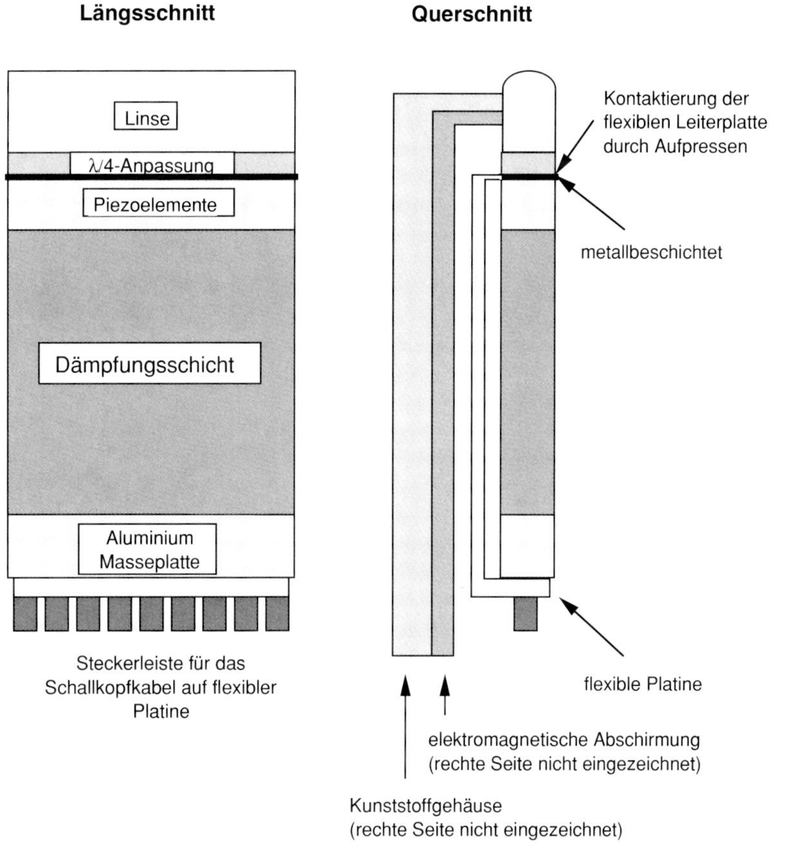

Array-Schallköpfe bestehen aus einer linearen Anordnung einzelner mechanisch getrennter Piezoelemente. Eine für die Anwendung passend geformte Platte wird entweder mit einer Diamantsäge oder einem Laser in Streifen geschnitten. Die Anzahl und die Breite der Streifen richtet sich nach der gewünschten Anwendung und der Anzahl der vom Ultraschallgerät elektronisch ansteuerbaren Elemente. Bei Phased-Array-Schallköpfen werden 32–64 unabhängige Elemente verwandt. Bei Linear- und Konvexschallköpfen liegt die Anzahl der Elemente zwischen ca. 64 und 192. Hiermit ist keinesfalls die Anzahl der Kanäle gemeint, die die Sende- oder Empfangsapertur bilden. Dies ist im allgemeinen eine Untermenge der zur Verfügung stehenden unabhängigen Elemente. Die Anzahl der im Schallkopf tatsächlich vorhandenen Piezoelemente kann dabei doppelt oder vier mal so hoch wie oben angegeben sein. Durch eine mechanische Unterteilung der Elemente, wobei sie elektrisch verbunden bleiben, kann man die Schallnebenkeulen vermindern. Dieses Verfahren wird als „Subdicing" bezeichnet. Die Anzahl der Elemente, die tatsächlich in einem Schallkopf vorhanden sind, richtet sich auch nach der Geometrie des Schallkopfs.

Array-Schallköpfe besitzen als oberste Schicht eine Linse, die direkt auf die λ/4-Schicht geklebt wird. Als Material wird häufig Silikonkautschuk mit Additiven verwandt. Die Funktion der Linse besteht in einer Fokussierung des Schallbündels in der Richtung quer zum Schallkopf, da in dieser Richtung eine elektronische Fokussierung zur Zeit noch nicht möglich ist. Da die Piezoelemente nur einreihig und flach sind, kann in Querrichtung nur eine brechungsbedingte Fokussierung erfolgen. Die Lage des Fokus wird vom Hersteller festgelegt. Der Ort des Fokus wird bestimmt durch die Form der Linse und durch den Brechungsindex des gewählten Materials. In Längsrichtung erfolgt eine elektronische Fokussierung. Abhilfe können hier in der Zukunft Komposit-Piezoelemente bringen. Hier werden dünne, einzeln ansteuerbare Piezofäden in eine Epoxidmatrix eingebunden. Dadurch wird eine elektronische Steuerung der Schallemission in alle Richtungen möglich (44). Mit der industriellen Verwirklichung ist leider jedoch nicht in näherer Zukunft zu rechnen.

Der Aufbau der mechanischen Schallköpfe ist durch die Notwendigkeit der exakten mechanischen Lagesteuerung der akustischen Gruppe anders als bei rein elektronischen Schallköpfen. Die akustische Gruppe selbst besteht ebenfalls aus der λ/4-Antireflexschicht gefolgt von einem oder mehreren Piezoelementen mit einer an die Aufgabe angepaßten Dämpfungsschicht. Die akustische Gruppe wird von einem Motor über unterschiedliche Kraftübertragungselemente angetrieben. Die Bewegungsgeschwindigkeit der Piezoelemente richtet sich dabei nach der gewünschten Abbildungstiefe und -richtung. Je größer die Abbildungstiefe, desto langsamer muß das Piezo-

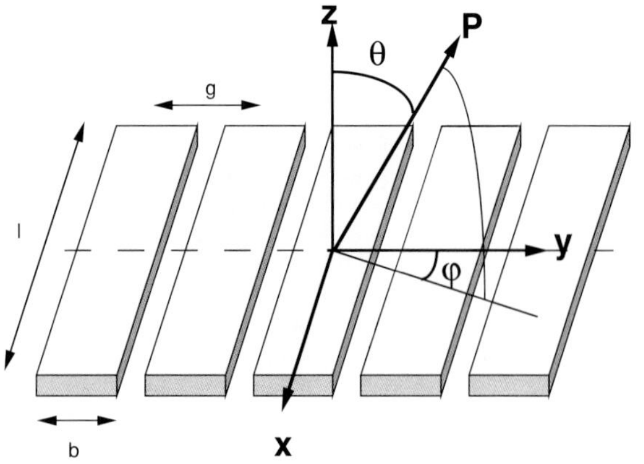

Abb. 17.**22** Bezugssystem für einen Linear-Array-Schallkopf: l = Länge und b = Breite eines Piezoelements, g = Abstandskonstante (Pitch) der Piezoelemente, θ = Polarwinkel, φ = Azimutwinkel

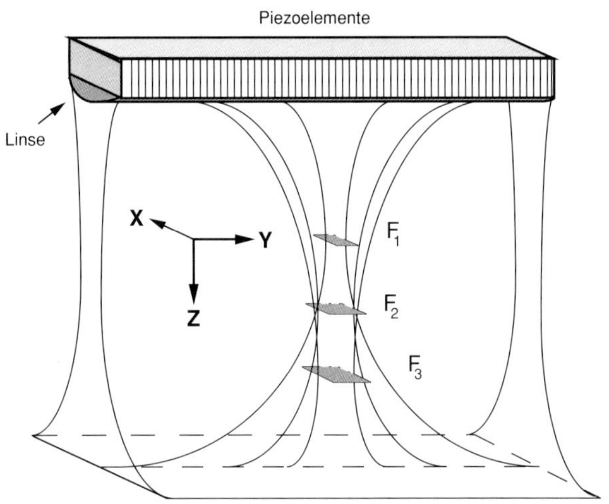

Abb. 17.**23** Schallfeld eines Linear-Array-Schallkopfs, F_1, F_2 und F_3 sind Sendefokuszonen

element bewegt werden. Die Piezoelemente werden in einem akustisch wenig dämpfenden Öl bewegt. Die äußere Kappe muß hinreichend stabil sein, um einem vom Anwender ausgeübten Druck zu widerstehen, damit die Bewegung des Piezoelements nicht gestört wird.

Bei der Fokussierung der mechanischen Schallköpfe muß zwischen dem Annular-Array und dem Fixfokusschallkopf unterschieden werden. Beim Annular-Array ist eine elektronische Fokussierung in allen Richtungen möglich und nicht nur in einer Richtung wie beim Linear-Array. Beim Fixfokus-Piezoelement wird durch einen Hohlschliff ein mechanischer Fokus vom Hersteller festgelegt.

17.2.4 Schallfeld

Einer der am häufigsten verwandten Schallkopftypen ist der Linear-Array-Schallkopf (Abb. 17.**22**). Das im folgenden über diesen Schallkopf Gesagte gilt so oder zumindest sehr ähnlich für den Phased-Array und den Curved-Array. In all diesen Fällen handelt es sich um eine lineare Anordnung von Piezo-Elementen, die in Gruppen zusammengefaßt werden und somit gemeinsam Schall aussenden und empfangen. In der Abb. 17.**23** ist das gesamte Schallfeld eines LA-Schallkopfs schematisch dargestellt worden. Die Piezostrekke befindet sich in der x,y-Ebene. Die Schallausbreitung erfolgt in z-Richtung. Ein Ultraschall B- oder FKDS-Bild besteht aus vielen einzelnen, in y-Richtung nebeneinander liegenden Ultraschallinien. Das entstehende Schnittbild ist nicht die Abbildung der unendlich dünnen y,z-Ebene, sondern die zweidimensionale Darstellung eines in verschiedenen Tiefen unterschiedlich breiten Ultraschallfelds. Die Qualität eines Ultraschallbilds ist gleichmäßig abhängig von der Sendefokussierung und der Empfangsfokussierung. Weiterhin spielt die gesamte analoge und digitale Bildverarbeitung eine entscheidende Rolle.

Die Breite des Schallfelds in x-Richtung wird durch die Form und die akustischen Eigenschaften der Linse bestimmt (s. Abschnitt 17.2.3). Die Form des Schallfelds in dieser Richtung wird somit vom Hersteller festgelegt und kann elektronisch nicht beeinflußt werden. Man versucht, ein über große Strecken möglichst schmales Schallbündel zu erzeugen und somit für eine hohe Tiefenschärfe zu sorgen. Die Fokussierung in y-Richtung erfolgt durch die Art der Ansteuerung der einzelnen Elemente. Es soll zunächst der Sendefall betrachtet werden. Der Sendefall ist zu dem Empfangsfall bis auf wenige Ausnahmen völlig analog. Die Piezoelemente werden in Gruppen zusammengefaßt.

Sendefall

Die Größe der zum Senden verwandten Piezogruppe richtet sich nach dem Abstand des gewünschten Fokus vom Schallkopf und nach der Elektronik des Ultraschallsystems, d. h. wieviele einzelne Kanäle zu einer Sendegruppe zusammengefaßt werden. Die Anzahl der Kanäle kann maximal so groß sein wie die Anzahl der Piezoelemente. Es ist zu beachten, daß pro Sendepuls nur ein Sendefokus angesteuert werden kann. (Der Fall der axikonalen Fokussierung wird hier nicht behandelt.) Sind mehrere Sendefokusse erwünscht, so bewirkt dies zwangsläufig eine Reduktion der Bildwiederholfrequenz. Bei Verwendung mehrerer Sendefokusse pro Ultraschallinie wird im allgemeinen der am weitesten vom Schallkopf entfernt liegende Fokus zuerst angesteuert. Danach folgen die anderen Fokusse in der umgekehrten Reihenfolge ihres Abstands zum Schallkopf. Bereits zu dem Zeitpunkt, an dem das letzte Echo aus der jeweiligen Fokuszone den Schallkopf erreicht, wird der nächste Puls abgeschickt. Da die Echos aus dem Nahfeld wesentlich stärker sind als die Echos aus dem Fernfeld, spielt der Signaluntergrund, erzeugt durch die aus großer Tiefe kommenden Echos, keine Rolle. Hierdurch verhindert man bei Verwendung mehrerer Sendefokusse ein zu starkes Abfallen der Bildwiederholfrequenz. Die empfangenen ausgewerteten Echos werden den jeweiligen Fokuszonen zugeordnet und ergeben so eine gesamte Ultraschallinie.

In der Abb. 17.**23** sind 3 Sendefokuszonen mit den Bezeichnungen F_1, F_2 und F_3 eingezeichnet worden. Man erkennt, daß je näher eine Fokuszone am Schallkopf liegt, desto weniger Elemente werden bei der Pulserzeugung zusammengefaßt. Man verwendet hier einige Begriffe aus der Photographie, die dort eine ähnliche Bedeutung haben. Mit der Apertur A ist hier die Gesamtlänge der zum Senden verwandten Piezogruppe gemeint und keinesfalls die Länge der gesamten Piezostrecke. Die „F-Zahl" (in der Optik Öffnungsverhältnis genannt) ist gleich dem Quotienten aus der Tiefe z_t, in der die Apertur verwandt wird, und der Apertur selbst:

$$F = \frac{z_t}{A}$$

Bei einer Apertur von 10 cm und einer Tiefe von 20 cm ist die F-Zahl gleich 2. Je kleiner die Zahl ist, desto besser ist in einem homogenen Medium die Auflösung. Leider ist der Mensch kein homogenes Medium, und somit gilt diese Aussage nur bedingt (26). Eine kleine F-Zahl ist z. B. bei der Untersuchung der Schwangerschaft bei einer Hinterwandplazenta sinnvoll. Im Abdomen mit vielen unterschiedlichen Gewebeschichtungen und Luftüberlagerungen kann man dies anzweifeln. Aufgrund der unterschiedlichen Schallgeschwindigkeiten in den einzelnen Gewebearten und dadurch bedingte unterschiedliche Schallaufzeiten verändert sich das gesamte Schallfeld. Die Laufzeit des Schalls von den rechten und linken äußeren Piezoelementen zum Objekt und zurück kann sehr unterschiedlich sein. Hierbei kann aus einem Punktfokus ein Ellipsoid werden. Die gewebeabhängige Absorption wurde hierbei noch gar nicht berücksichtigt. Weiterhin stören Streuung und Beugung die Bildqualität. Viele Ultraschallgeräte verwenden in größeren Tiefen eine F-Zahl um 6.

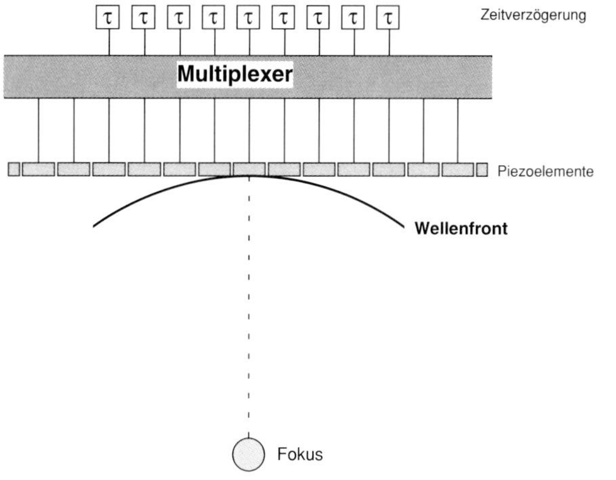

Abb. 17.**24** Durch das zeitverzögerte Ansprechen der Piezoelemente erfolgt die Fokussierung der Wellenfront. Durch die Wahl der Zeitverzögerung τ kann man die Lage des Fokuspunkts frei bestimmen. Mit Hilfe des Multiplexers wird die zum Senden und Empfangen benutzte Piezoelementgruppe ausgewählt

Die Fokussierung wird, wie in Abb. 17.**24** gezeigt, technisch realisiert durch ein zeitlich verzögertes Ansprechen der einzelnen Elemente der Gruppe. Die äußeren Elemente der Gruppe werden zuerst angesprochen, und gemäß der Lage des gewählten Fokus erfolgt eine nach innen wachsende Zeitverzögerung beim Ansprechen der Elemente. Die phasenkorrigierte bzw. laufzeitkorrigierte Summation der Elementarwellen ergibt gemäß Abb. 17.**25** die resultierende Wellenfront. Beim Linear- und Curved-Array ist die Verzögerung außer am Rand symmetrisch zum Mittelelement. Beim Phased-Array wird die Ablenkung über die Verzögerung gesteuert (Abb. 17.**26**). Das Verfahren wird „Beam Steering" genannt. Hier herrscht keine Symmetrie, was den Schaltungsaufwand unwesentlich erhöht. Der Aufwand für die wesentlich größeren

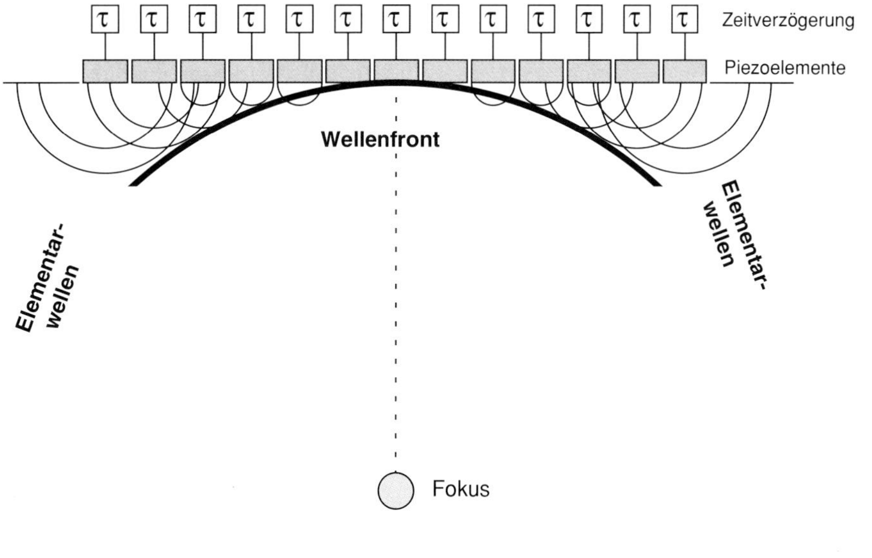

Abb. 17.**25** Durch Ausnutzung des Huygensschen Prinzips kann man die Wellenfront aus den Elementarwellen konstruieren. Beim Linear-Array ist die Zeitverzögerung symmetrisch zum Zentrum der Wellenfront

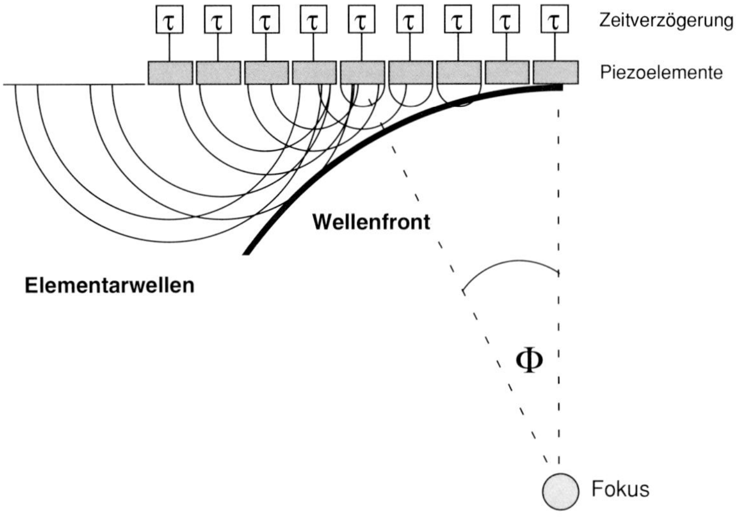

Abb. 17.**26** Beim Phased-Array wird der Ablenkungswinkel Φ der Wellenfront durch die Wahl der Zeitverzögerung τ bestimmt. Bei diesem Schallkopf werden stets sämtliche Elemente zur Erzeugung der Wellenfront verwandt

Verzögerungszeiten bei großen Ablenkwinkeln gegenüber einem Linear-Array ist jedoch beträchtlich. Bei farbkodierten Systemen wird zum Erreichen eines günstigeren Doppler-Winkels oft der Strahl um 10° bis 20° seitlich abgelenkt (Kleinwinkelablenkung). Dies erfolgt bei Linear-Array-Schallköpfen auf genau die gleiche Art und Weise wie beim Phased-Array.

Mit Hilfe des Multiplexers werden die Piezoelemente ausgewählt. Es werden z. B. die Elemente 25–56 angewählt (32 Elemente). Diese Elemente werden dann zeitverzögert angesprochen. Es pflanzt sich dann eine fokussierte Wellenfront im Gewebe fort. Nach dem Empfang des aus der größtmöglichen Tiefe kommenden Echos wird die Gruppe um ein Element auf die Elemente 26–57 weitergeschaltet. Hieraus resultiert dann die nächste Ultraschallinie. Mit Hilfe des Multiplexers kann man sehr schnell ohne zusätzlichen elektronischen Aufwand die Liniendichte um einen Faktor 2 erhöhen. Durch abwechselndes Anwählen einer ungeraden Anzahl N von Piezoelementen und bei der nächsten Linie einer geraden Anzahl (N-1) kann man die Ultraschallinien um ein halbes Piezoelement verschieben. Durch eine Erhöhung der Liniendichte verringert sich sofort die Bildwiederholfrequenz um den gleichen Faktor. Man kann also sehr leicht bei z. B. 128 Piezoelementen die Anzahl der Ultraschallinien von 128 auf 256 erhöhen. Die Anzahl der Ultraschallinien pro Bild hat somit nur bedingt etwas mit der Anzahl der elektronischen Kanäle zu tun. Die Anzahl der Kanäle zusammen mit der Abstandskonstanten der Piezoelemente bestimmt die Größe der Apertur und somit die F-Zahl.

Ein Problem tritt bei LA- und CA-Schallköpfen natürlich an den Enden der Piezostrecke auf. Hier ist eine symmetrische Fokussierung nicht immer möglich. Teilweise werden noch zusätzliche Piezoelemente der Piezostrecke hinzugegeben, so daß die Piezostrecke größer wird als die Abbildungsbreite. Ansonsten müssen die Schallintensitäten an den Endelementen anders gewichtet werden als im symmetrischen Fall. Häufig ist das Bild am Rande etwas schlechter als in der Mitte. Dies gilt aus anderen Gründen, die weiter unten erläutert werden, besonders für den Phased-Array-Schallkopf.

Ein Ultraschallbild besteht also aus einer Anzahl von Einzellinien. Diese Linien entsprechen jeweils einem Puls-Echo-Zyklus oder bei mehreren Sendefokussen mehreren Puls-Echo-Zyklen entsprechend der Anzahl der Sendefokusse.

Orts- und Frequenzauflösung

Die Ortsauflösung bezeichnet die Fähigkeit, zwei benachbarte punktförmige Objekte als getrennte Objekte zu erkennen. Ein punktförmiges Objekt wird im B-Bild als eine Scheibe erscheinen, dessen Helligkeit zum Rand hin abnimmt. In der Abb. 17.**10** ist ein Ultraschallpuls abgebildet. Es darf nicht unbeachtet bleiben, daß neben der Sendecharakteristik auch die Empfangscharakteristik und insbesondere der Dynamikbereich des Ultraschallgeräts wichtig ist. Hinzu kommt noch die Fähigkeit des Auges, Helligkeitsunterschiede zu erkennen. Das Auge kann einen Dynamikumfang von ca. 30 dB und ca. 35 verschiedene Grauwerte wahrnehmen (37). Vielfach wird angenommen, daß ein relativer Intensitätsabfall von –6 dB (Halbwertsbreite) zwischen den Objektbildern und somit den jeweiligen Echos vorliegen muß, um die Objekte getrennt wahrzunehmen. Das wahrgenommene Summensignal aus den Sende- und Empfangseigenschaften weist dann ein Minimum von nur ca. 0,7 dB zwischen den Bildern der Objekte auf (Abb. 17.**27**). Weiterhin nimmt die Dynamik des Signals aufgrund der absorptionsbedingten Intensitätsminderung sowie der Verschiebung der Mittenfrequenz zu niedrigeren Frequenzen mit der Tiefe ab (s. 17.2.1). Dies führt ebenfalls zu einer tiefenabhängigen Ortsauflösung.

Die axiale Auflösung Δz wird von der zeitlichen Länge des Pulses τ und der Pulsform bestimmt. Es gilt (25):

$$\Delta z = \frac{\tau c}{2} \qquad \text{(G 17.6)}$$

Die zeitliche Länge des Pulses muß zur Bestimmung der axialen Auflösung definiert werden. Sie hängt unter anderem von der Mittenfrequenz ab. Je höher die Frequenz, desto besser ist die axiale Auflösung. In der Abb. 17. **28** ist ein Ultraschallpuls schematisch dargestellt worden. Die angenommene Länge des Pulses richtet sich nach dem Intensitätsunterschied, der vom Betrachter noch erkannt werden kann. Wird ein Abfall der Signalintensität auf –6 dB (Halbwertsbreite) beachtet, so ist die scheinbare Ortsauflösung in axialer Richtung sehr gut. Muß aber der Intensitätsabfall bis –40 dB beachtet werden, so ist die Pulslänge wesentlich größer und damit die Ortsauflösung scheinbar schlechter. Häufig werden vom Hersteller die –6 dB, –20 dB und –40 dB-Werte angegeben. Welche Auflösung tatsächlich erreicht werden kann, hängt jedoch vom Einzelfall während der Untersuchung ab. Die scheinbare Änderung der axialen Auflösung kann sehr leicht am Drahtphantom durch Änderung der Signalverstärkung beobachtet werden. Bei der Verwendung der Halbwertsbreite können axiale Auflösungen von einer Wellenlänge beobachtet werden.

Direkt verbunden mit der zeitlichen Pulslänge τ ist die Bandbreite B des Pulses (Abb. 17.**29**), die für die Doppler-Frequenzauflösung wichtig ist (siehe Abschnitt 17.3.3). τ_{-6dB} bzw. B_{-6dB} bezeichnet die Halbwertsbreite respektive die Bandbreite des Pulses. Es gilt:

$$B_{-6dB} = \frac{1}{\tau_{-6dB}} \qquad \text{(G 17.7)}$$

Diese Gleichung in die Gleichung 17.6 eingesetzt, ergibt:

$$\Delta z_{-6dB} = \frac{c}{2B_{-6dB}} \qquad \text{(G 17.8)}$$

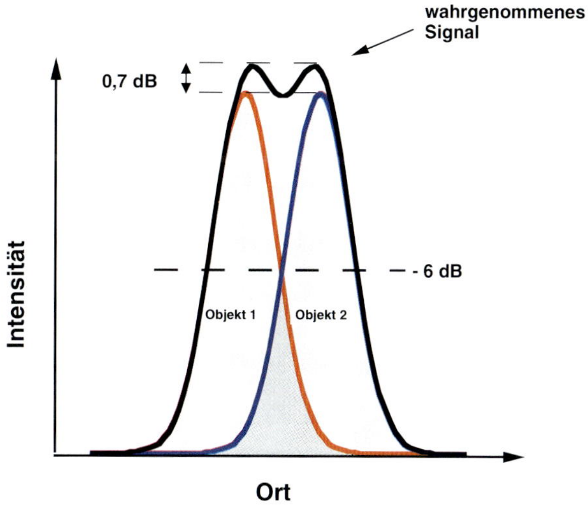

Abb. 17.**27** Zwei Objekte werden getrennt wahrgenommen, wenn das Maximum des einen in das Minimum des anderen fällt. Üblicherweise wird die Halbwertsbreite der Einhüllenden betrachtet. Das Summensignal besitzt zwischen den Objekten nur noch ein Intensitätsminimum von ca. 0,7 dB

Die Bandbreite eines Ultraschallpulses kennzeichnet den Frequenzbereich, der eine gewählte Signalhöhe überschreitet. Im allgemeinen wird die Halbwertsbreite (–6 dB) bestimmt. Die Bandbreite wird häufig in Prozent der Mittenfrequenz angegeben. Liegen die –6 dB-Werte z. B. bei 3,75 und 6,25 MHz entsprechend 2,5 MHz bei einer Mittenfrequenz von 5,0 MHz, so spricht man von einer Bandbreite von 50%. Die Bandbreite des Pulses ist besonders wichtig für die Doppler-Spektralanalyse.

Um eine gute Frequenzanalyse zur Bestimmung der Doppler-Verschiebung zu ermöglichen, benötigt man einen möglichst schmalbandigen Puls, d. h. mit einer kleinen Bandbreite. Je länger die Meßzeit, desto besser ist die Frequenzauflösung. Das be-

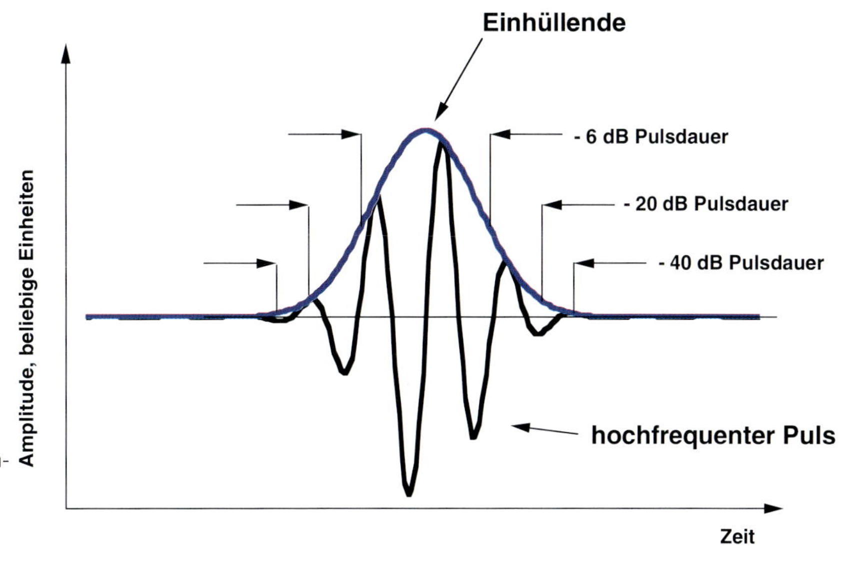

Abb. 17.**28** Die scheinbare Länge des Ultraschallpulses ist abhängig von der noch mit in Betracht gezogenen Intensität

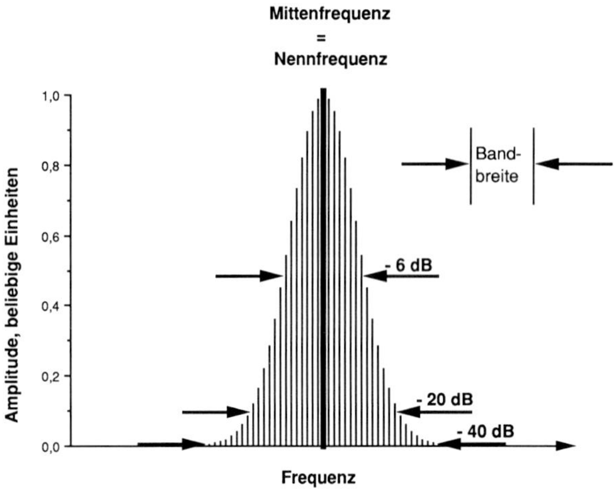

Abb. 17.**29** Die Bandbreite eines Ultraschallpulses kennzeichnet den Frequenzbereich, der eine gewählte Signalhöhe überschreitet. Im allgemeinen wird die Halbwertsbreite (−6 dB) bestimmt. Die Bandbreite wird häufig in Prozent der Mittenfrequenz angegeben

deutet nach Gleichung 17.7, daß die Pulslänge τ groß sein muß. Im Idealfall sollte die Pulslänge unendlich sein, was einem CW-Doppler entspräche. Beim Pulsdoppler-Verfahren bestimmt die Länge des Pulses und die Zeitdauer, für die das Gerät auf Empfang gestellt wird, die axiale Größe des Doppler-Tores. Dies ist ein Parameter, der vom Anwender eingestellt werden kann. Um sicherzustellen, daß der Streuer das Meßfenster während der Messung nicht verläßt, sollte ebenfalls das Ultraschallfeld sehr breit sein. Dies bedingt eine schlechte laterale Auflösung. Kleine Doppler-Meßfenster führen zu einer Verschlechterung der Frequenzauflösung. Die relative Frequenzauflösung $\Delta f_d/f_d$ ist umgekehrt proportional zur Anzahl der Wellenzüge im Meßfenster, die mit dem Streuer wechselwirken. Man spricht hier von der intrinsischen spektralen Verbreiterung (Intrinsic Spectral Broadening) (17). Hieraus ergibt sich sofort nach Gleichung 17.8 eine gegenüber dem B-Bild schlechte axiale Ortsauflösung für alle Doppler-Verfahren, sofern eine hohe Frequenzauflösung erwünscht ist. Für eine hohe Ortsauflösung des B-Bilds benötigt man einen zeitlich kurzen und somit breitbandigen Puls, der gleichzeitig eine geringe laterale Ausdehnung besitzt. Zum Erzielen einer guten Frequenzauflösung muß das gesamte Doppler-Meßvolumen möglichst groß sein. Eine Fokussierung ist entgegen der landläufigen Meinung gerade ungünstig. Wie so oft beim Ultraschall muß der Hersteller insbesondere bei der FKDS eine Kompromißlösung finden.

Dies soll noch etwas näher erläutert werden. Die Streuer sollten wie eben gesagt möglichst lange im Meßvolumen verweilen. Streuer, die während der Messung das Doppler-Tor verlassen oder in das Meßfenster hineinwandern, verbreitern das Doppler-Spektrum. Ihre Aufenthaltsdauer im Meßfenster ist kurz. Bildlich gesprochen kann nicht unterschieden werden, ob die Aufenthaltsdauer mit ihrer hohen Geschwindigkeit oder einem späteren Eintreten oder früheren Verlassen des Meßfensters begründet wird. Diese Ursache der spektralen Verbreiterung wird „Transit Time"-Effekt genannt. Dieser Effekt begrenzt die Frequenzauflösung. Man erhält eine Doppler-Verschiebung f_d mit einer Unsicherheit von Δf_d. Bei der folgenden Erläuterung wird der Diskussion von Angelsen gefolgt (27, 32). Δf_d entspricht der Bandbreite der Gleichung 17.7, und es gilt somit:

$$\Delta f_d = \frac{1}{T_t}$$

Weiterhin gilt nach Abb. 17.**30**:

$$T_t = \frac{L}{v}$$

mit T_t = Transitzeit des Streuers durch das Doppler-Meßfenster,
L = Länge des Weges des Streuers durch das Meßfenster,
v = Geschwindigkeit des Streuers.

Daraus folgt:

$$v = \frac{L}{T_t} = L\,\Delta f_d \qquad \text{(G 17.9)}$$

Nach Gleichung 17.12 gilt für die Doppler-Verschiebung und die Mittenfrequenz f_0 unter dem Doppler-Winkel α:

$$v = \frac{f_d}{2f_0}\,\frac{c}{\cos(\alpha)}$$

Gleichung 17.9 hier eingesetzt und anschließend umgeformt liefert:

$$\frac{\Delta f_d}{f_d} = \frac{c}{f_0 2L\cos(\alpha)}$$

Wird Gleichung 17.1 nach der Wellenlänge λ aufgelöst und hier eingesetzt, folgt schließlich für die relative Auflösung der Doppler-Frequenz:

$$\frac{\Delta f_d}{f_d} = \frac{\lambda}{2L\cos(\alpha)}$$

Je länger die Verweildauer des Streuers im Meßfenster, d. h. je größer L und somit das Doppler-Fenster, desto besser ist die Doppler-Frequenzauflösung. Eine Verkürzung der Pulslänge führt zu einer Verkürzung von L und somit zu einer Verschlechterung der Frequenzauflösung bei einer Verbesserung der Axialauflösung. Man sieht hieraus, daß auch eine Verbesserung der lateralen Ortsauflösung zu einer Verschlechterung der Doppler-Frequenzauflösung führt. Je näher der Doppler-Winkel an 90° kommt, desto schlechter wird die Frequenzauflösung.

Natürlich hat man es beim Blut nicht mit einem einzigen Streuer zu tun, sondern mit sehr vielen. Die Streueigenschaften sind nicht konstant, sondern fluktuieren stark. Weiterhin wird das Doppler-Meßvo-

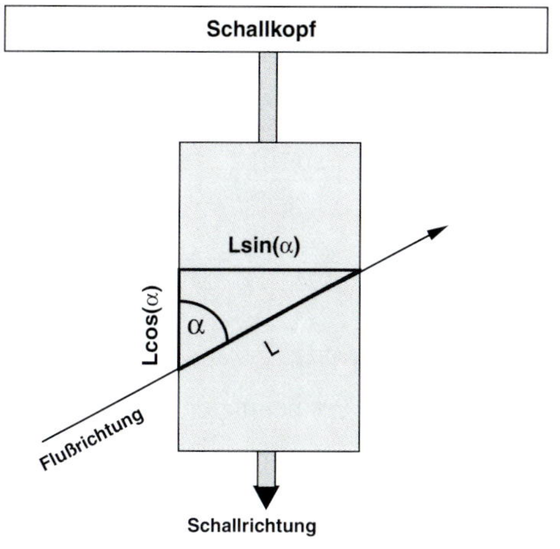

Abb. 17.**30** Ein Teilchen durchquert das Doppler-Meßfenster und legt dabei den Weg L unter dem Winkel α relativ zur Richtung der Schallausbreitung zurück

lumen nicht völlig homogen beschallt. Die Schallintensität variiert über das Meßvolumen. Insgesamt führt dies zu einer Glättung des Spektrums und zu einer Verschlechterung der Frequenzauflösung.

Eine nähere Betrachtung des Ultraschallfelds zeigt, daß die Schallintensität stark ortsabhängig und wesentlich komplexer ist als zunächst angenommen wird. Durch Beugungs- und Interferenzphänomene bedingt, verändert sich der Druck ständig. Eine geschlossene Lösung liegt für die akustische Achse des Kolbenschwingers vor (36). Es gilt:

$$\left|\frac{p}{p_0}\right| = 2\left|\sin\left(\frac{\pi}{\lambda}\left(\sqrt{a^2+z^2}-z\right)\right)\right| \qquad \text{(G 17.10)}$$

mit $\frac{p}{p_0}$ = normierter Druck,
a = äußerer Radius des Piezoelements,
λ = Wellenlänge des Signals,
z = Abstand vom Piezoelement auf der z-Achse.

Diese Funktion ist in der Abbildung 17.**31** aufgetragen worden. Weiterhin ist hier neben dem monochromatischen Fall der polychromatische Fall berechnet worden. Der monochromatische Fall liegt beim CW-Doppler vor. Der polychromatische Fall gilt für gepulste Abbildungsarten, d. h. für den PW-Doppler, das Grauwertbild und bei der Farbkodierung. Hierbei wurde eine 50%ige Bandbreite unter Berücksichtigung einer Gauß-Verteilung der Intensitäten angenommen.

Das Nahfeld, auch Fresnel-Zone genannt, reicht vom Piezoelement bis zum letzten Maximum der Funktion an der Stelle a^2/λ (Annahme: a » λ). Hiernach nimmt im Fernfeld oder in der Fraunhofer-Zone die Intensität gleichmäßig ab. Es ist zu beachten, daß im Nahfeld im CW-Fall sehr viele Druckmaxima und -minima auftreten. Es gibt also Bereiche, aus denen nur ein geringes Doppler-Signal kommen kann. Im polychromatischen Fall beim Pulsdoppler oder beim B-Bild ist das Nahfeld wesentlich gleichförmiger. Der Übergang zwischen Nah- und Fernfeld ist jedoch in beiden Fällen an der gleichen Stelle. Die Lage des letzten Maximums auf der akustischen Achse ist in der Tab. 17.**1** für einige spezielle Fälle aufgeführt. Man sieht sofort, daß der wesentliche Teil sämtlicher Ultraschallabbildungen im Bereich des Nahfelds liegen.

Aufgrund der Form des Ultraschallfelds ist die Lateralauflösung in x- und y-Richtung nicht so gut wie die Axialauflösung. Sie ist wie oben gesagt von dem Abstand des Beobachtungsortes vom Schallkopf abhängig. Zur Konstruktion und Berechnung des Schallfelds kann man das Huygenssche Prinzip heranziehen, wonach jeder von einer Lichterregung (Schallerregung) getroffene Punkt als Quelle einer sekundären Kugelwelle angesehen werden kann (7). (Um genau zu sein, rechnet man tatsächlich mit einer Zylinderwelle, die hier nicht erläutert wird.) Damit kann man sehr anschaulich das Schallfeld und die Fokussierung bei sämtlichen Schallkopfarten darstellen. Dieses Prinzip wurde in den Abb. 17.**25** und 17.**26** angewandt. Das Fernfeld eines Array-Schallkopfs entspricht dem Fall des optischen Gitters. Man erhält eine Überlagerung des Beugungsbilds des Einzelspalts (Einzelpiezoelement) mit dem Interferenzbild

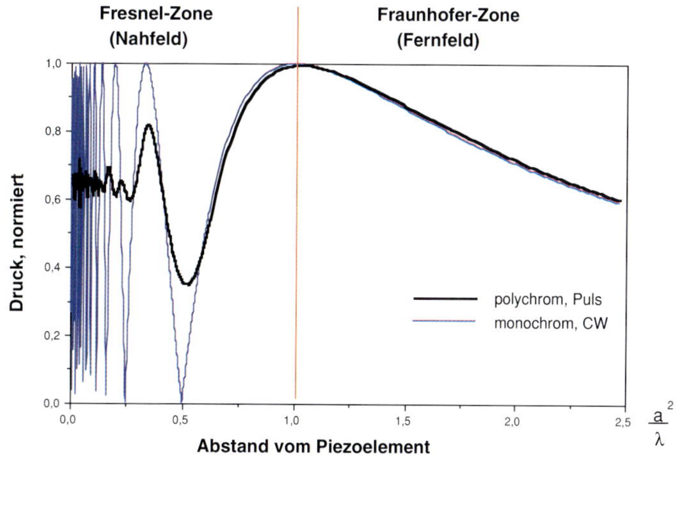

Abb. 17.**31** Verlauf der Schallintensität längs der akustischen Achse für einen Kolbenschwinger gemäß Gleichung 17.10. Es wird der monochromatische und polychromatische Fall betrachtet (50%-Bandbreite, Gauß-Verteilung). Im polychromatischen Fall ist die Mittenfrequenz gleich der Frequenz im monochromatischen Fall

Tabelle 17.**1** Nah- und Fernfeld-Übergänge für unterschiedliche Mittenfrequenzen und Piezoelementdurchmesser

Frequenz (MHZ)	Piezodurchmesser (mm)	Nah-(Fernfeld-) Übergang (mm)
3,0	10	49
	15	110
	20	195
5,0	5	20
	10	81
	15	183
7,5	5	30
	7,5	69
	10	122

aller Spalten (Piezoelemente). Danach ergibt sich die Schallintensität I im Fernfeld in der y,z-Ebene ($\varphi = 0$, Abb. 17.**22**) zu (8):

$$I = \frac{b^2L}{\lambda} \cdot \left(\frac{\sin(q)}{q}\right)^2 \cdot \left(\frac{\sin(mp)}{\sin(p)}\right)^2$$

mit: $p = \frac{\pi}{\lambda} g \sin(\Theta)$,

$q = \frac{\pi}{\lambda} b \sin(\Theta)$,

m = Anzahl der benutzten Piezoelemente.

Im Falle des Phased-Arrays wird $\sin(\Theta)$ durch $[\sin(\Theta) - \sin(\Phi)]$ ersetzt. Φ ist dabei der Ablenkungswinkel des Strahls.

Die Angabe der Schallintensität als Funktion des Winkels θ wird als Richtstrahlcharakteristik bezeichnet. In den Abb. 17.**32** und 17.**33** ist die Strahlungscharakteristik für 2 unterschiedliche Linear-Arrays aufgezeichnet worden.

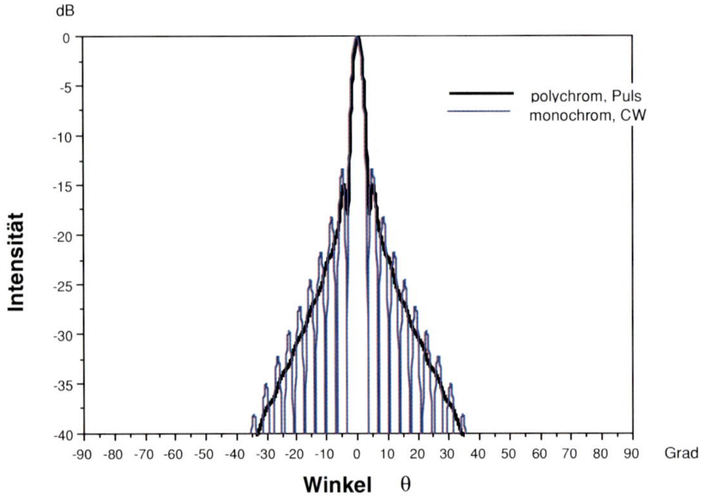

Abb. 17.**32** Strahlungscharakteristik eines 5 MHz-Linear-Arrays mit m = 12 Elementen und b = 0,38 mm, g = 0,43 mm sowie l = 10 mm im monochromatischen und gaußgewichteten polychromatischen Fall

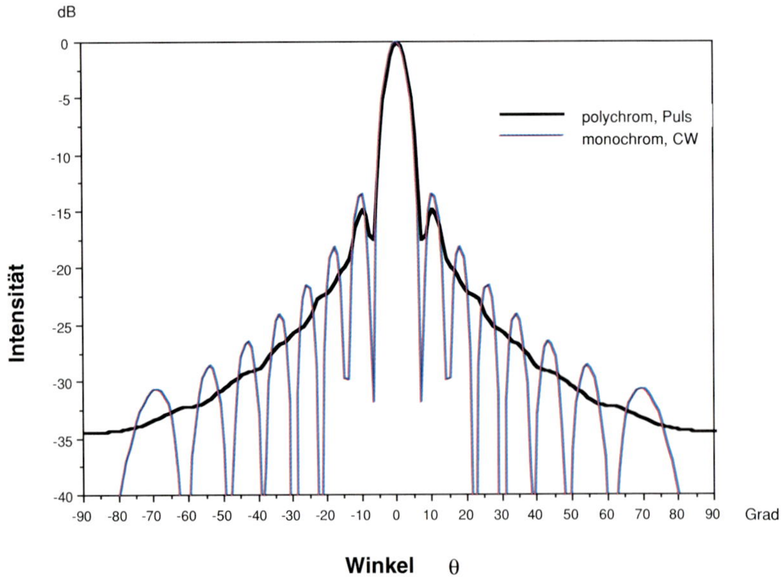

Abb. 17.**33** Strahlungscharakteristik eines 5 MHz-Linear-Arrays mit m = 16 Elementen und b = 0,15 mm, g = 0,154 mm sowie l = 10 mm im monochromatischen und gaußgewichteten polychromatischen Fall

Abb. 17.**34** Strahlungscharakteristik eines 5 MHz-Phased-Arrays mit m = 16 Elementen und b = 0,15 mm, g = 0,154 mm sowie l = 10 mm im monochromatischen und gaußgewichteten polychromatischen Fall. Der Ablenkungswinkel Φ beträgt 40°

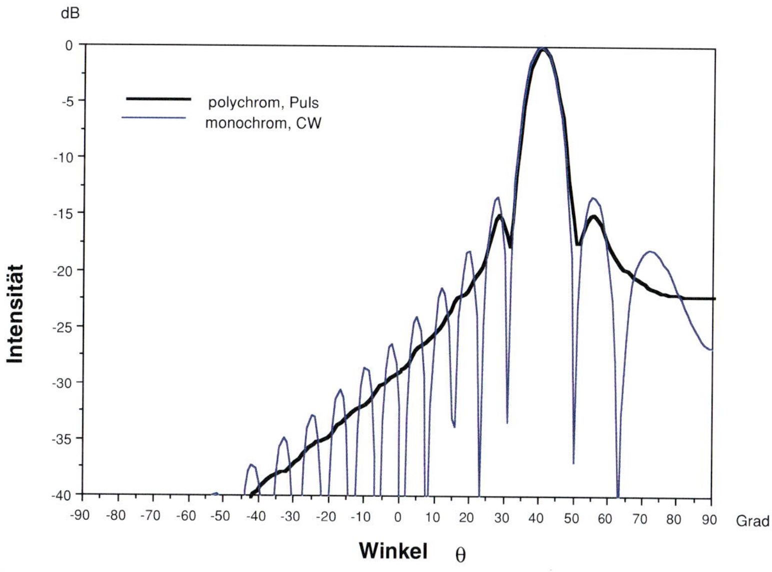

Man erkennt, daß man es nicht mit einem einfachen Schallkegel zu tun hat, sondern daß das Schallfeld aus einem zentralen Hauptmaximum besteht, der sogenannten Hauptkeule, und aus vielen Nebenmaxima, den Nebenkeulen. Die Nebenkeulen besitzen eine geringere Intensität. Sie zeigen in unterschiedliche Richtungen vom Schallkopf weg. Der Bezugspunkt ist hier jeweils das zentrale Piezoelement der angeregten Gruppe. Etwas anders liegt der Fall beim Phased-Array. Die gewünschte Ablenkung des Strahls um einen Winkel $\Phi \neq 0$ führt zu einer Verschlechterung der Richtstrahlcharakteristik. Hierbei wird die Hauptkeule erheblich verbreitert. Im Fall der Abb. 17.**33** und 17.**34** verbreitert sich bei einer Strahlablenkung um 40° der –6 dB-Wert der Hauptkeule um ca. 2°, und das erste Minimum wandert um insgesamt ca. 6° nach außen. Je größer der Ablenkungswinkel, desto ungünstiger wird auch das Haupt- zu Nebenkeulenverhältnis und somit auch die laterale Auflösung. Dies gilt auch für die Kleinwinkelablenkung beim LA-Schallkopf. Weiterhin verringert sich die effektive Größe der gesamten Piezofläche um den Cosinus des Ablenkungswinkels. Die Piezofläche ist hier ortsfest, und nur die Projektion der Fläche in Ablenkungsrichtung kann zum Empfang benutzt werden. Dadurch kommt es zu einer Verringerung der Signalintensität und somit der Dynamik, die nur bedingt elektronisch ausgeglichen werden kann.

Die Höhe der Nebenkeulen kann man verringern. Dies geschieht durch das Anlegen von Spannungspulsen unterschiedlicher Amplituden an die einzelnen Piezoelemente der gemeinsam emittierenden Gruppe. Man führt eine Gauß- oder Hamming-Wichtung der angelegten Spannungsamplituden durch. Dies führt zwar einerseits zu einer signifikanten Verringerung der Nebenkeulen, aber andererseits zu einer Verbreiterung der Hauptkeule. Weiterhin kann man die Piezoelemente mechanisch unterteilen, sie aber elektrisch verbinden. Auch dies führt zu einer Verminderung der Nebenkeulen (47).

Bei den Betrachtungen zur Ortsauflösung wurde die Fokussierung der resultierenden Schallwelle nicht mit in Betracht gezogen. Hier kann man keine geschlossenen Lösungen angeben, sondern muß eine numerische Lösung für den Einzelfall finden (43). Trotzdem sind die obigen Betrachtungen die Grundlagen der Bildentstehung. Durch die Fokussierung kann man den Übergang zum Fernfeld verschieben und auch die Breite des Schallschlauchs verändern. Durch eine Fokussierung kann man einerseits die Ortsauflösung im Fokusbereich erhöhen. Andererseits kann es auch zu einer Verringerung der Tiefenschärfe kommen. Auch hier ist wieder eine Kompromißlösung gefragt. Hierin begründet sich der größere elektronische Aufwand und der vom Anwender zu akzeptierende Zeitaufwand durch eine geringere Bildwiederholfrequenz bei Multifokussystemen im Sendefall. Die Fokussierung wird um so besser, je genauer die zeitlichen Verzögerungen im Sende- und Empfangsfall eingestellt werden können. Als Schätzwert nimmt man eine Genauigkeit vom 0,1fachen der Wellenlänge an. Z. B. sollten bei einem 5,0 MHz-Schallkopf die einstellbaren Verzögerungsschritte von Element zu Element etwa 20 ns ($20 \cdot 10^{-9}$= 20milliardstel Sekunden!) betragen.

Empfangsfall

Nachdem ein Ultraschallpuls vom Schallkopf ausgesandt wurde, schaltet das Gerät sofort auf Empfang. Man empfängt einen kontinuierlichen Strom von Echos mit unterschiedlichen Amplituden. Teilweise sind die Echos auch phasen- und frequenzverschoben.

Die von einem Ort im Bildfeld gestreuten Ultraschallsignale erreichen die Array-Strecken entsprechend dem Abstand der einzelnen Piezoelemente

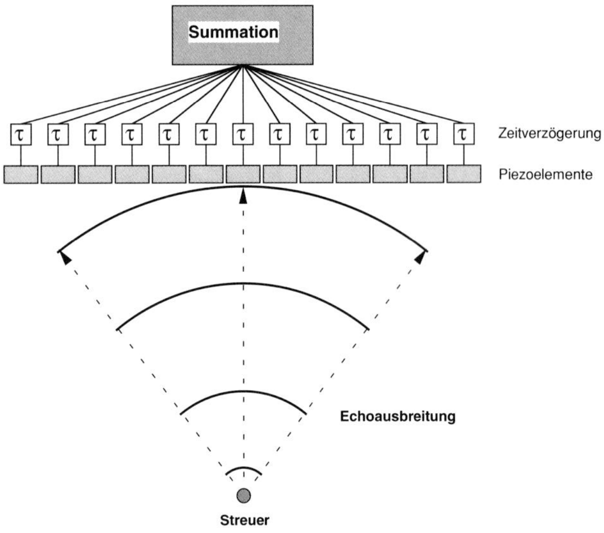

Abb. 17.**35** Beim Empfang der Echos werden die inneren Piezoelemente von der Kugelwelle zuerst erreicht. Damit die Echos, die nur von einer Echoquelle stammen, summiert werden können, müssen die Signale an den Einzelpiezoelementen verzögert werden. Je weiter das Piezoelement am Rande der Gruppe liegt, desto geringer ist die Verzögerung

vom Streuer zu unterschiedlichen Zeitpunkten. Man geht davon aus, daß die Schallaufzeit längs sämtlicher Wege vom Streuer zum jeweiligen Piezoelement konstant ist. Bildlich stellt man sich eine Kugelwelle vor, die vom Streuer zur Piezostrecke wandert. Diese Annahme ist z. B. im Abdomen nicht unbedingt richtig, da die Schallgeschwindigkeit von der Gewebeart abhängig ist. Eine große Apertur kann somit im Abdomen von Nachteil sein. Die inneren Elemente der Gruppe werden zuerst von der Welle erreicht, die äußeren Elemente zuletzt. Beim Phased-Array oder bei der Kleinwinkelablenkung sind die Verhältnisse ein wenig komplexer. Das Modell der Kugelwelle ist jedoch gleich. Um die richtigen Echos, die zu einem Ort im Bildfeld gehören, zu summieren, müssen die ankommenden Signale zeitverzögert werden. Je weiter das äußere Element der Gruppe vom zentralen Element entfernt ist, desto größer ist die Zeitverzögerung (Abb. 17.**35**). Die so ausgewählten Echos werden zeitrichtig summiert und dann zur weiteren Auswertung weitergeleitet.

Im Empfangsfall hat man gegenüber dem Sendefall einen entscheidenden Vorteil. Man kann dynamisch fokussieren ohne eine Verringerung der Bildwiederholfrequenz. Durch eine entsprechende Änderung der Zeitverzögerungen mit der Tiefe, aus der die Echos kommen, befinden sich die Streuer immer im Fokus. Das Analogon in der Optik ist die Zoomlinse, deren Brennweite sich mit dem Entfernen des Objekts von der Linse verändert. Die Änderung der Empfangsfokussierung erfolgt in praxi nicht kontinuierlich, sondern in Sprüngen. Die Umschaltungen der Verzögerungszeiten können Störungen, die sich im Bild bemerkbar machen können, verursachen. Diese werden auf unterschiedliche Arten unterdrückt. In der dynamischen Empfangsfokussierung liegt auch ein Vorteil der Array-Schallköpfe gegenüber den mechanischen Ein-Element-Schallköpfen.

Die Piezoelemente registrieren nur die Druckkomponenten senkrecht zur Piezooberfläche (von Scherwellen soll hier abgesehen werden). Dies führt dazu, daß die registrierte Amplitude der ankommenden Kugelwelle nach außen hin geringer wird. Im Falle des Phased-Arrays ist dies ein ernstes Problem.

Ein weiteres Problem großer Aperturen ist die schlechte Bildqualität in unmittelbarer Nähe des Schallkopfs. Die weiter vom Zentrum entfernten Elemente empfangen eine größere Schallnebenkeulenintensität als die zentralen Elemente. Die Nebenkeulen werden wie oben beschrieben seitlich von der Hauptkeule emittiert. Man behilft sich, indem man eine Wichtung der Signale, auch Apodization genannt, durchführt. Echos, die von den äußeren Elementen empfangen werden, tragen dadurch weniger zum Summensignal bei als die inneren Elemente. Außerdem läßt man die Apertur mit der Entfernung des betrachteten Streuers vom Schallkopf wachsen. Die Apertur wächst also dynamisch mit der Laufzeit des Pulses. Die Nebenkeulen stellen insbesondere bei Phased-Arrays ein großes Problem dar.

Mit Hilfe einer Wasservorlaufstrecke wird ein größerer Abstand zwischen Schallkopf und Haut erreicht. Ist die Wasservorlaufstrecke keilförmig ausgebildet, kann dadurch zusätzlich ein günstigerer Doppler-Winkel vorgegeben werden.

17.3 Doppler-Effekt

Bewegen sich ein Beobachter und eine Schallquelle relativ zueinander, so wird die vom Beobachter gemessene Frequenz je nach Bewegungsrichtung höher oder niedriger sein als die Frequenz, die von einem stationären Beobachter gemessen wird. Dieser Effekt wurde 1842 von Christian Doppler beobachtet und nach ihm benannt. In der Medizin wird er zur Bestimmung der Blutflußgeschwindigkeit angewandt. Im täglichen Leben hat jeder schon einmal den Doppler-Effekt bemerkt (Abb. 17.**36**). Das Sirenengeräusch des Peterwagens, der sich dem Beobachter nähert, ist hochfrequenter als das Sirenengeräusch des sich vom Beobachter entfernenden Wagens. Beim Vorbeifahren hört man einen deutlichen Frequenzsprung. Exakt das gleiche wäre im umgekehrten Fall zu beobachten, d. h. der Beobachter nähert sich der stationären Sirene, fährt an ihr vorbei, um sich dann von der Schall abstrahlenden Sirene zu entfernen. Bewegen sich Sender und Empfänger aufeinander zu, so kommt es zu einer Verkürzung der wahrgenommenen Wellenlänge und somit zu einer Erhöhung der Frequenz. Entfernen sie sich voneinander, so kommt es zu einer Verminderung der gemessenen Frequenz und somit zu einer Verlängerung der Wellenlänge.

Es gilt allgemein:

$$f_B = f_0 \frac{c + v_{Beobachter}}{c - v_{Quelle}}$$

mit f_B = beobachtete Frequenz,
f_0 = wahre abgegebene Frequenz (hier Mittenfrequenz des Schallkopfs),
$v_{Beobachter}$ = Bewegungsgeschwindigkeit des Beobachters,
v_{Quelle} = Bewegungsgeschwindigkeit der Quelle,
c = Schallgeschwindigkeit.

In unserem Fall sind die Geschwindigkeiten gleich ($v_{Beobachter} = v_{Quelle} = v$) und die obige Gleichung wird zu:

$$f_B = f_0 \frac{c + v}{c - v}$$

Man führt jetzt eine Taylor-Entwicklung durch und nimmt an, daß $v \ll c$, womit man Terme höherer Ordnung vernachlässigen kann. Das ergibt:

$$f_B = f_0 (1 + \frac{2\,v}{c}) \quad \text{oder} \quad f_B - f_0 = 2f_0 \frac{v}{c}$$

Die Differenz $f_B - f_0$ ist gleich der Doppler-Verschiebung f_d. Bewegen sich Quelle und Beobachter nicht direkt aufeinander zu, sondern in einem Winkel α zueinander, so ergibt sich:

$$f_d = 2f_0 \frac{v}{c} \cos(\alpha) \qquad \text{(G 17.11)}$$

Es wird also nur die Komponente senkrecht zum Schallkopf und somit parallel zu der Aussenderichtung des Schalls gemessen (Abb. 17.**37**). Der Winkel α wird im Folgenden kurz Doppler-Winkel genannt. Die Doppler-Verschiebung kann positiv oder negativ sein. Dies entspricht einer Bewegung zum Schallkopf hin oder vom Schallkopf weg. Bezugsfrequenz ist die Mittenfrequenz des Schallkopfs.

Die Gleichung 17.11 nach der Geschwindigkeit v aufgelöst ergibt:

$$v = \frac{f_d}{2f_0} \frac{c}{\cos(\alpha)} \qquad \text{(G 17.12)}$$

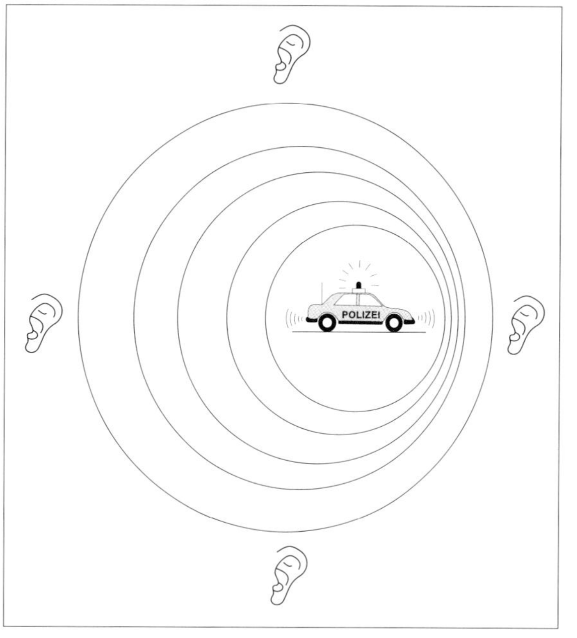

Abb. 17.**36** Aufgrund der Relativbewegung zwischen Schallquelle und Beobachter mißt der Beobachter eine andere Frequenz als die tatsächlich emittierte

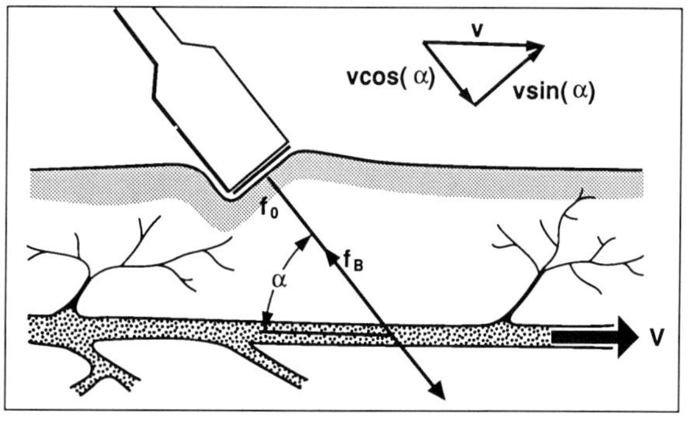

Abb. 17.**37** Winkelverhältnisse bei der Bestimmung der Doppler-Verschiebung

Die Gleichung 17.11 und die daraus abgeleitete Gleichung 17.12 sind die beiden wichtigsten Gleichungen in der medizinischen Anwendung des Doppler-Effekts. Bei der Interpretation der gemessenen Doppler-Verschiebung darf die Winkel- und Mittenfrequenzabhängigkeit des Effekts niemals außer acht gelassen werden. Die bloße Angabe einer gemessenen Doppler-Verschiebung ist für sich genommen bedeutungslos. Erst durch die Angabe der Mittenfrequenz des Schallkopfs und des Doppler-Winkels kann man die Blutflußgeschwindigkeit ermitteln und dadurch zu allgemein interpretierbaren Aussagen gelangen (Abb. 17.**38**). Bei Verwendung von Schallköpfen mit verschiedenen Mittenfrequenzen kommt man zu völlig unterschiedlichen Doppler-Verschiebungen trotz einer konstanten Blutflußgeschwindigkeit. Das gleiche geschieht bei Variation des Doppler-Winkels (Abb. 17.**39 a**, **b**).

Die Winkelabhängigkeit des Effekts ist besonders eindrucksvoll sichtbar bei der FKDS. An Bifurkationen oder bei nicht geradlinig verlaufenden Gefäßen kann dies leicht zu einer Fehlinterpretation führen. In der Abb. 17. **40a, b** ist die Bifurkation der A. femoralis superficialis mit der A. femoralis profunda gezeigt. Die scheinbare Flußbeschleunigung, die an der hellen Stelle im Gefäß zu erkennen ist, verschwindet sofort nach Durchführung einer Winkelkorrektur.

Da die Doppler-Verschiebung vom Kosinus des Doppler-Winkels abhängig ist, kann unter einem

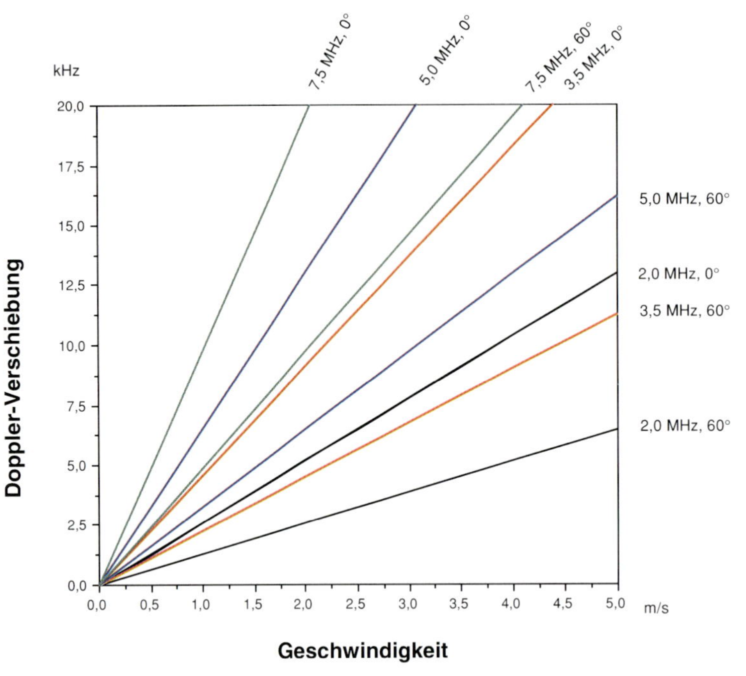

Abb. 17.**38** Eine bestimmte Blutflußgeschwindigkeit liefert unterschiedliche Doppler-Verschiebungen in Abhängigkeit von der Mittenfrequenz und dem Doppler-Winkel

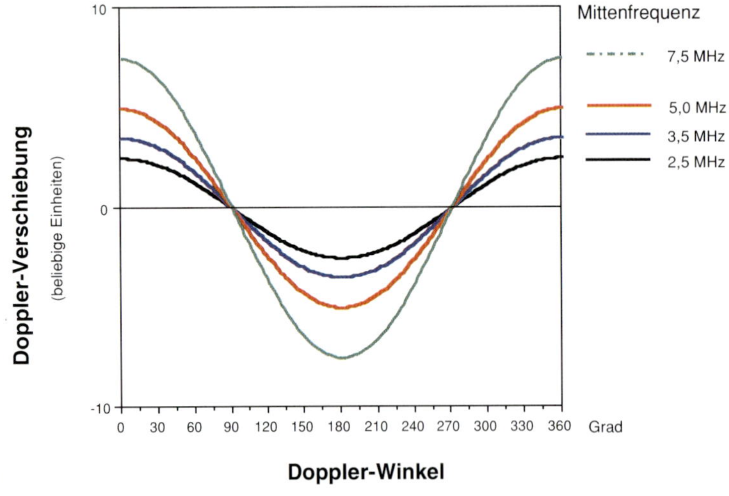

a

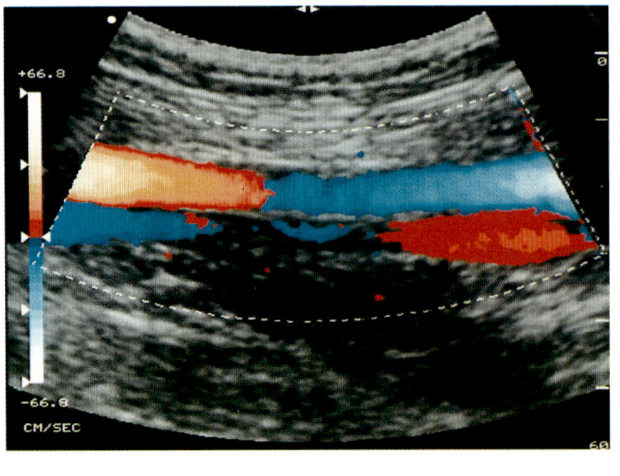

b

Abb. 17.**39a, b** Winkelabhängigkeit der Doppler-Verschiebung bei unterschiedlichen Mittenfrequenzen (**a**). FKDS-Aufnahme zweier blutdurchflossener Röhren. In der oberen Röhre fließt das Blut von links nach rechts. In der unteren Röhre fließt das Blut von rechts nach links. Die Flußgeschwindigkeit ist in beiden Röhren konstant, in der oberen Röhre aber etwa 10mal höher als in der unteren Röhre. Da ein CA-Schallkopf verwandt wurde, ändert sich der Flußwinkel relativ zum Schallstrahl kontinuierlich und somit auch die hier nicht winkelkorrigierte angezeigte scheinbare Flußgeschwindigkeit. Rot kennzeichnet einen Fluß zum Schallkopf hin und blau vom Schallkopf weg (**b**)

Winkel von 90° niemals eine Doppler-Verschiebung gemessen werden, da der Kosinus an dieser Stelle den Wert Null besitzt, unabhängig davon, ob ein Blutfluß vorliegt oder nicht. Da der Kosinus sich im Bereich von 90° am schnellsten ändert, kommt es hier bei der Bestimmung der Flußgeschwindigkeit auf eine möglichst exakte Winkelbestimmung an. Bei 90° wäre die scheinbare Flußgeschwindigkeit unendlich. Es dürfte, sofern ein Flußverlauf überhaupt erkennbar ist, möglich sein, den Doppler-Winkel auf ±2° einzustellen. Ab einem Doppler-Winkel von ca. 70° führt eine Fehlmessung des Doppler-Winkels von 2° zu einem Fehler bei der Geschwindigkeitsberechnung von >10%. Man sollte versuchen, den Doppler-Winkel so klein wie möglich zu wählen (Abb. 17.**41**). Dies ist aus anatomischen Gründen nur bedingt möglich.

17.3.1 Aliasing

Aliasing bezeichnet hier die Eigenschaft, daß die angezeigte Doppler-Frequenzverschiebung falsch dargestellt wird. Das Phänomen ist aus Kinofilmen bekannt. Ein Film ist eine Folge von Einzelbildern, die in einer bestimmten Frequenz aufgenommen werden (Abb. 17.**42**): Die Räder eines beschleunigenden Wagens drehen sich zuerst im Uhrzeigersinn, dann scheinbar im Gegenuhrzeigersinn und dann wieder im Uhrzeigersinn usw. Die Umkehrpunkte sind Vielfache der halben Abtastfrequenz, die in diesem Fall der Filmbildfolgefrequenz entspricht. Wird kontinuierlich gemessen, so tritt Aliasing nicht auf.

Es existieren 2 unterschiedliche Doppler-Methoden: CW-(Continuous-Wave-)Doppler und PW-(Pulse-Wave-)Doppler. Beim CW-Verfahren werden kontinuierlich Schallwellen mit einer bestimmten Frequenz vom Schallkopf emittiert und empfangen. Hierbei ist es nicht möglich, die Tiefe zu bestimmen, aus der die Echos kommen. Beim PW-Verfahren werden nur kurze Ultraschallpulse abgegeben. Aufgrund der bekannten Laufzeit des Schalls können die empfangenen Echos einer bestimmten Bildtiefe zugeordnet werden. Alle FKDS-Verfahren basieren somit zwangsläufig auf dem PW-Verfahren, das CW-Verfahren ist hier nicht anwendbar. Beim CW-Doppler tritt Aliasing also prinzipiell nicht auf. Beim PW-Verfahren kann man dies nicht verhindern. Tab. 17.**2** beinhaltet eine Zusammenfassung der Eigenschaften der einzelnen Doppler-Verfahren.

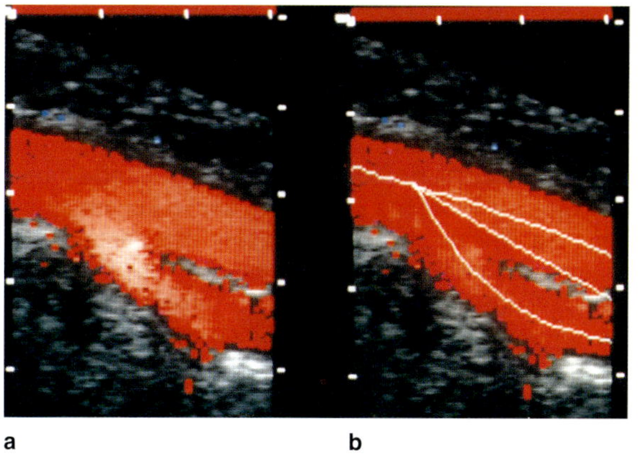

Abb. 17.**40a, b** Bifurkation der A. femoralis superficialis und der A. profunda. Die scheinbare Flußbeschleunigung, die an der hellen Stelle im Gefäß zu erkennen ist (**a**), verschwindet sofort nach Durchführung einer Winkelkorrektur (**b**)

Tabelle 17.**2** Vergleich der Doppler-Verfahren

	PW-Doppler	CW-Doppler
Aliasing	ja	nein
Tiefenauflösung	ja	nein
Lateralauflösung	ja	ja
Grundlage FKDS	ja	nein

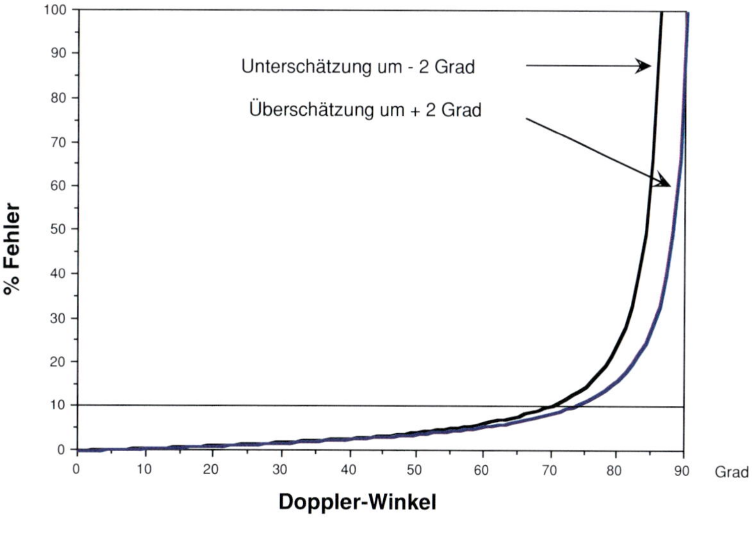

Abb. 17.**41** Fehler bei der Flußgeschwindigkeitsberechnung bei einem Winkeleinstellfehler von ±2°

Am Beispiel der Abb. 17.**42** ist deutlich geworden, daß eine Fehlmessung möglich ist. Wie eben gesagt, werden beim PW-Verfahren nur kurze Pulse vom Schallkopf abgeschickt. Das Ultraschallgerät wird beim Spektral-Doppler nur für Echos aus einer vom Anwender definierten Tiefe (Doppler-Tor, Doppler-Gate) auf Empfang geschaltet. Diese kurzen empfangenen Echos werden Samples genannt. Man nimmt quasi nur „Proben". Hieraus muß das Doppler-Signal rekonstruiert werden. Bei der farbkodierten Duplexsonographie werden vom Gerät selbst viele getrennte Tore aufgemacht und die jeweiligen Samples den Toren zugeordnet. Gesucht wird die Doppler-Frequenzverschiebung f_d, die nur wenige Promille der Mittenfrequenz beträgt. Man registriert also nur die niederfrequente Doppler-Verschiebung. Leider kann man aus einem einzigen kurzen Puls keine Doppler-Kurve gewinnen. Man erhält pro Puls nur einen diskreten Wert, den man allgemein als Stützstelle bezeichnet. Um das gesamte Doppler-Signal zu erhalten, benötigt man viele Stützstellen, je mehr, desto besser. Die Pulswiederholfrequenz bzw. Sampling-Frequenz f_{PRF} kennzeichnet den zeitlichen Abstand der Stützstellen.

In der Abb. 17.**43** sind in regelmäßigen Abständen Meßwerte aufgenommen worden. Durch Verbinden der Meßwerte entsteht die resultierende Kurve. Da f_{PRF} in diesem Beispiel kleiner ist als die Frequenz der Ist-Kurve, entsteht eine niederfrequente resultierende Kurve. Die Ist-Kurve wird nicht korrekt wiedergegeben. Damit die Ist-Kurve korrekt reproduziert werden kann, muß die Bedingung

$$|f_d| < \frac{1}{2} f_{PRF} \quad \text{bzw.} \quad f_{PRF} > 2|f_d| \qquad \text{(G 17.13)}$$

eingehalten werden. Die Frequenz $\frac{f_{PRF}}{2}$ wird als Nyquist-Frequenz oder Nyquist-Grenze bezeichnet. Bei Doppler-Verschiebungen oberhalb der Nyquist-Grenze verliert man die Eindeutigkeit des Ergebnisses.

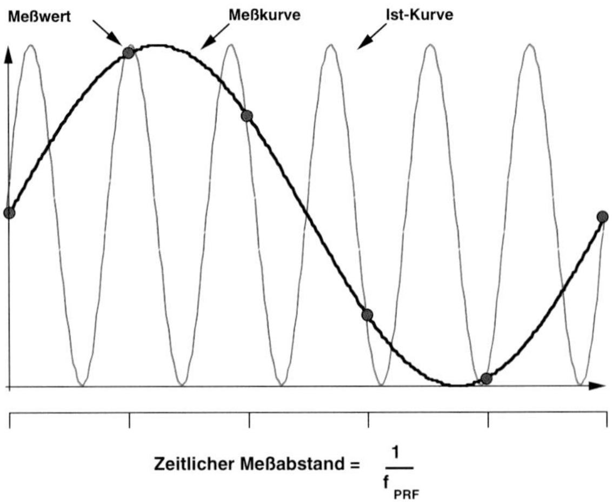

Abb. 17.**43** Ist die Samplefrequenz f_{PRF} kleiner als die doppelte Frequenz des zu messenden Signals, kann aus den Meßwerten die Ist-Kurve nicht rekonstruiert werden

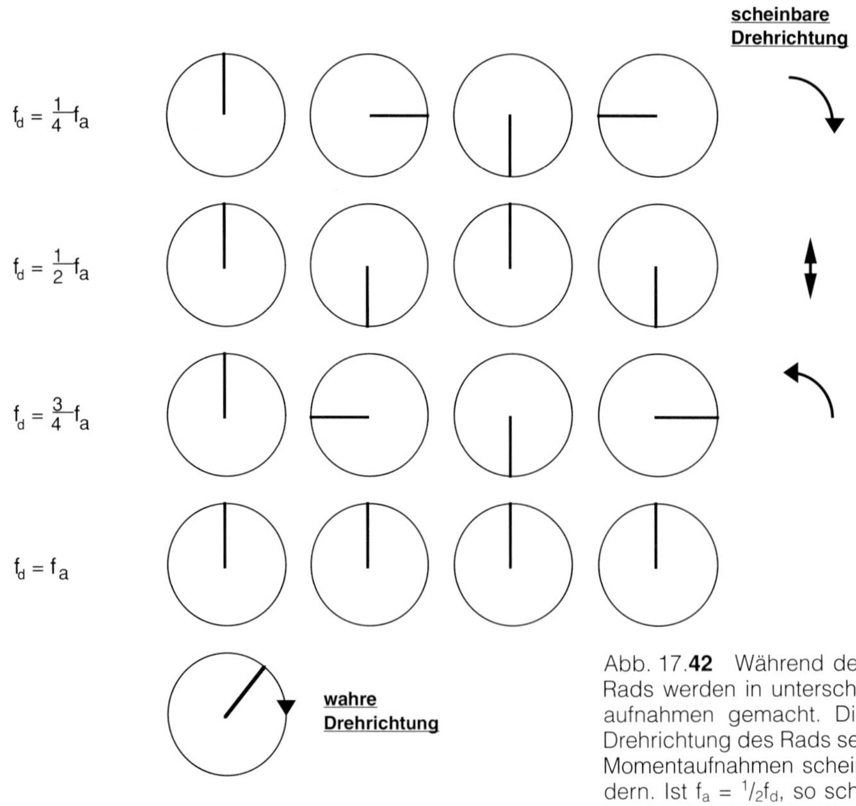

Abb. 17.**42** Während der Drehung eines einspeichigen Rads werden in unterschiedlicher Häufigkeit f_a Momentaufnahmen gemacht. Die wahre Drehfrequenz f_d und Drehrichtung des Rads sei konstant. Beim Betrachten der Momentaufnahmen scheint sich die Drehrichtung zu ändern. Ist $f_a = {}^1/_2 f_d$, so scheint das Rad umzuklappen. Im Fall $f_a = f_d$ scheint das Rad stillzustehen

Um zu verstehen, was passiert, wenn die Doppler-Verschiebung etwas oberhalb von $\frac{f_{PRF}}{2}$ ist, soll das Analogon des Rades in der Abb. 17.**42** wieder herangezogen werden. Es darf nicht vergessen werden, daß dem uneingeweihten Beobachter a priori die Drehrichtung des Rades unbekannt ist. Im ersten Fall soll das Rad zwischen dem 1. und dem 2. Sample (Messung) bis auf einen geringen Betrag δ eine halbe Umdrehung im Uhrzeigersinn vollführen. Es dreht sich somit fast mit seiner maximal eindeutig detektierbaren Geschwindigkeit. Im zweiten Fall soll das Rad zwischen dem 1. und 2. Sample eine halbe Umdrehung im Uhrzeigersinn plus dem Betrag δ vollführen. Dem Beobachter erscheint das Rad im 2. Fall eine Umdrehung im Gegenuhrzeigersinn mit fast der maximal eindeutig detektierbaren Geschwindigkeit vollführt zu haben. Mit anderen Worten: Wird die Nyquist-Frequenz überschritten, so springt die angezeigte Doppler-Verschiebung von der maximal meßbaren positiven Verschiebung zur maximal meßbaren negativen Doppler-Verschiebung und umgekehrt (Abb. 17.**44** und 17.**45a** u. **b**). Steigt die Geschwindigkeit des zu messenden Objekts weiter an, so sinkt die angezeigte Doppler-Verschiebung bis zum Erreichen der vollen f_{PRF} ($2 \times$ der Nyquist-Frequenz), dann steigt die angezeigte Doppler-Verschiebung in umgekehrter Richtung wieder an. Jeweils bei einem Erreichen eines ganzzahligen Vielfachen der Nyquist-Frequenz kommt es zu einer scheinbaren Richtungsumkehr.

Bei den obigen Erläuterungen zum Aliasing wurde implizit nur von dem Betrag der Doppler-Verschiebung ausgegangen. Tatsächlich sind Verschiebungen von $-\frac{f_{PRF}}{2}$ bis $+\frac{f_{PRF}}{2}$ eindeutig zulässig. Der Eindeutigkeitsbereich beträgt somit $2 \cdot \frac{f_{PRF}}{2} = f_{PRF}$. Durch einen manuellen Eingriff kann man nun den gesamten Eindeutigkeitsbereich durch eine Art Nullpunktverschiebung frei in einen Vorwärts- und einen Rückwärtsflußbereich einteilen. Es sei betont, daß sich die Größe des gesamten Eindeutigkeitsbereichs dadurch nicht ändert (Abb. 17.**46**). Dadurch ist es möglich, z. B. die Vorwärtsflußkomponente bis auf die volle f_{PRF} zu erweitern, aber auf Kosten der Rückwärtsflußkomponente, die in diesem Fall nicht mehr eindeutig darstellbar ist. Um diese Einstellung vorzunehmen, muß der Anwender aber bereits ein Vorwissen haben, nämlich daß in diesem Fall nicht mit Rückwärtsfluß zu rechnen ist.

Die Pulswiederholfrequenz ist nicht beliebig steigerbar. Im Abschnitt 17.2.2 wurde erläutert, daß vor dem Aussenden des 2. Pulses die Ankunft der Echos des vorherigen Pulses abgewartet werden muß. Dadurch ist die Pulswiederholfrequenz an die vom Anwender gewünschte Doppler-Torposition gebunden. Je tiefer sie liegt, desto niedriger ist f_{PRF}.

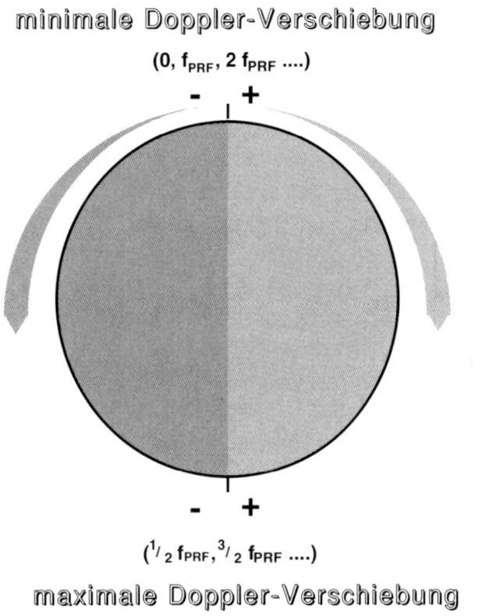

Abb. 17.**44** Wird die Nyquist-Frequenz überschritten, so springt die angezeigte Doppler-Verschiebung von der maximal meßbaren positiven Verschiebung zur maximal meßbaren negativen Doppler-Verschiebung und umgekehrt

Durch Multiplikation von Gleichung 17.12 und 17.4 erhält man:

$$vd = \frac{f_d}{2f_0} \frac{c}{\cos(\alpha)} \frac{ct}{2} \qquad \text{(G 17.14)}$$

mit d = Doppler-Torposition,
t = Pulslaufzeit Schallkopf – Doppler-Tor – Schallkopf.

Es gilt:

$$t = \frac{1}{f_{PRF}} \qquad \text{(G 17.15)}$$

Weiterhin gilt nach Gleichung 17.13 für die maximale ohne Aliasing meßbare Doppler-Verschiebung: $f_d < f_{PRF}/2$. Dies eingesetzt in Gleichung 17.14 liefert:

$$v_{max}d < \frac{c^2}{8f_0} \frac{1}{\cos(\alpha)}$$

Nach v_{max} aufgelöst folgt für die maximale eindeutig meßbare Flußgeschwindigkeit:

$$v_{max} < \frac{c^2}{8df_0} \frac{1}{\cos(\alpha)}$$

In der Abb. 17.**47** ist v_{max} für mehrere gebräuchliche Mittenfrequenzen im Falle eines 0°-Winkels aufgetragen worden.

Im Falle der FKDS ist d gleich der maximalen Bildtiefe oder, falls das System die Grauwert- und Farbinformation getrennt sammelt, entspricht d der maximalen Tiefe des Farbbereichs.

Als letzte Doppler-Ausführung soll noch kurz auf den HPRF-Doppler (High-Pulse-Repetition-Frequency) eingegangen werden. Es handelt sich hier um einen Sonderfall des Puls-Doppler-Verfahrens. Die Pulswiederholfrequenz ist jedoch höher als maximal

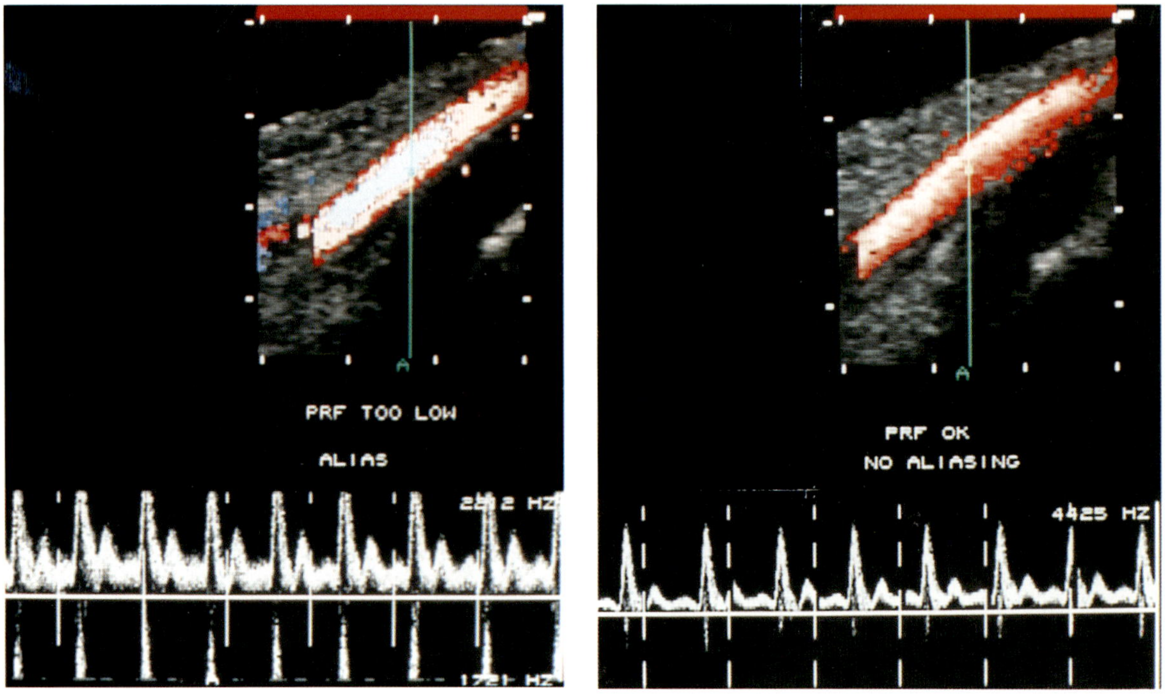

a b

Abb. 17.**45 a, b** FKDS-Aufnahme der ACC mit Doppler-Spektrum einmal mit (**a**) und einmal ohne (**b**) Aliasing durch Verdopplung respektive Halbierung von f_{PRF}

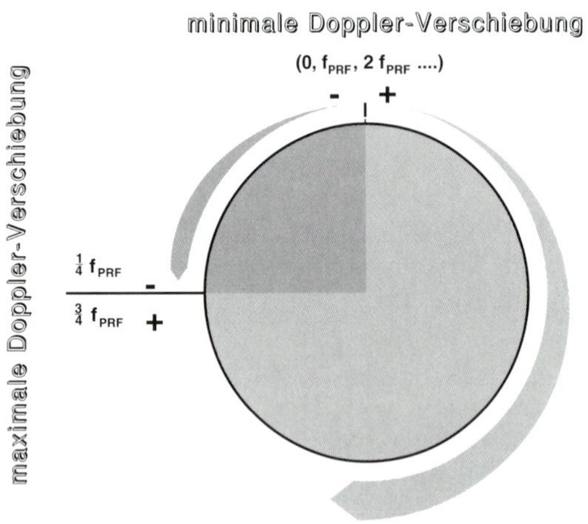

Abb. 17.**46** Der Aliasing freie Bereich ist insgesamt innerhalb der Pulswiederholfrequenz veränderbar. Die Einteilung in den Vorwärts- und Rückwärtsflußbereich kann jedoch der Anwender vornehmen. Vgl. Abb. 17.**44**

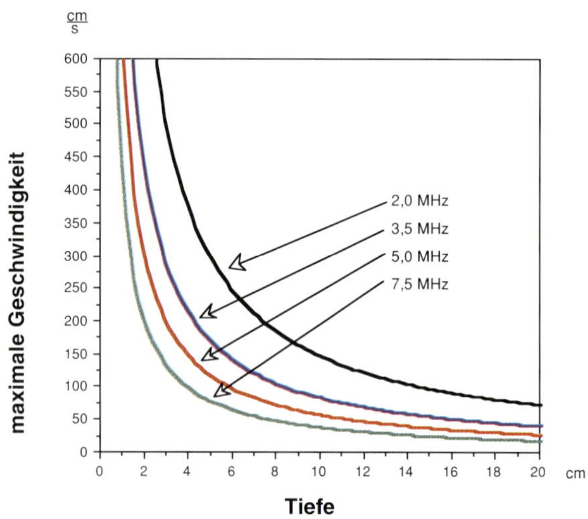

Abb. 17.**47** Maximale eindeutig meßbare Geschwindigkeit als Funktion der Doppler-Torposition für einen Doppler-Winkel von 0°

nach Gleichung 17.5 erlaubt. Das bedeutet, daß der Ort des Doppler-Tores nicht mehr eindeutig ist. Ist f_{PRF} z. B. doppelt so hoch wie nach Gleichung 17.5 zulässig, so findet man in dem halben Abstand zwischen dem Doppler-Tor und dem Schallkopf noch ein 2. Tor. Man kann jetzt nicht unterscheiden, ob die Doppler-Daten aus dem 1. oder dem 2. Tor stammen, da die Signale gleichzeitig am Schallkopf ankommen. Wird f_{PRF} noch weiter erhöht, so findet man noch weitere Tore. Der Vorteil dieses Verfahrens liegt in der Erweiterung des Aliasing freien Frequenzbereichs. Der Nachteil ist der Verlust der Eindeutigkeit bezüglich des Ursprungs der Doppler-Daten.

17.3.2 Amplitude, Frequenz, Phase

Um die verschiedenen Doppler-Auswerteverfahren zu verstehen, muß man zumindest eine bildliche Vorstellung der Begriffe Phase, Frequenz und Amplitude haben. Zum besseren Verständnis betrachte man die Abb. 17.**48**.

Die gleichmäßige Drehbewegung eines achsenfernen Punkts a eines einspeichigen Rads wird auf eine lineare Zeitachse t übertragen. Der Winkel zwischen der Speiche S und der positiven t-Achse wird als Phasenwinkel oder kurz Phase bezeichnet. Die Phase $\varphi(t)$ ändert sich kontinuierlich mit der Zeit. Hat die Speiche eine vollständige Umdrehung um 360° zurückgelegt, so liegt sie wieder parallel zur t-Achse, und eine neue Umdrehung kann beginnen. In der zeitlichen Darstellung schneidet die Kurve bei 0°, 180° und 360° ebenfalls die t-Achse. Die Drehgeschwindigkeit der Speiche S bestimmt die Anzahl der Radumdrehungen pro Sekunde. Die Anzahl der (Rad-)Umdrehungen pro Sekunde wird als Frequenz bezeichnet. Der senkrechte Abstand A des Punkts a von der Achse t ändert sich mit der Zeit. Dies entspricht der Auslenkung A des Punkts a in der Zeitdarstellung. Der maximale Abstand von der Achse t entspricht der Länge der Speiche S. Der Punkt a beschreibt eine wellenförmige Bewegung. Die Auslenkung A(t) wird als die Amplitude der Welle bezeichnet und ist eine Funktion der Zeit. Die Projektion des Wegs auf die t-Achse, den der Punkt a innerhalb der Zeitdauer einer Radumdrehung zurückgelegt hat, wird als Wellenlänge bezeichnet.

Ganz allgemein gilt, daß die Geschwindigkeit c gleich dem zurückgelegten Weg pro Zeiteinheit ist. Hier legt der Punkt a den geradlinigen Weg λ in der Zeit t zurück. In dieser Zeit hat das Rad eine Umdrehung ausgeführt. Die Drehfrequenz ist $f = 1/t$. Daraus folgt Gleichung 17.1: Die Schallgeschwindigkeit ist gleich dem Produkt aus Wellenlänge λ und Frequenz f.

$$c = \lambda \cdot f$$

Als nächstes sollen zwei Wellen unterschiedlicher Frequenz miteinander verglichen werden (Abb. 17.**49**). Es wird angenommen, daß beide Wellen zum gleichen Zeitpunkt angeregt werden. Zum Zeitpunkt t = 0 sind beide im gleichen Phasenzustand [$\varphi_1(t=0) = \varphi_2(t=0) = 0$]. Die Welle 1 läuft aber der Welle 2 voraus. Die Phasenwinkel $\varphi_1(t_1)$ und $\varphi_2(t_2)$ seien gleich. Die Welle 1 durchläuft den Phasenwinkel $\varphi_1(t_1)$ frü-

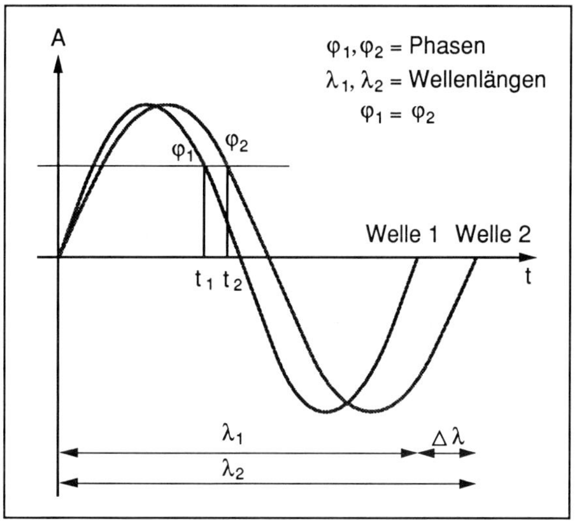

Abb. 17.**49** Zwei Wellen 1 und 2 unterschiedlicher Frequenz durchlaufen die gleiche Phase $\varphi_1(t_1) = \varphi_2(t_2)$ zu unterschiedlichen Zeitpunkten

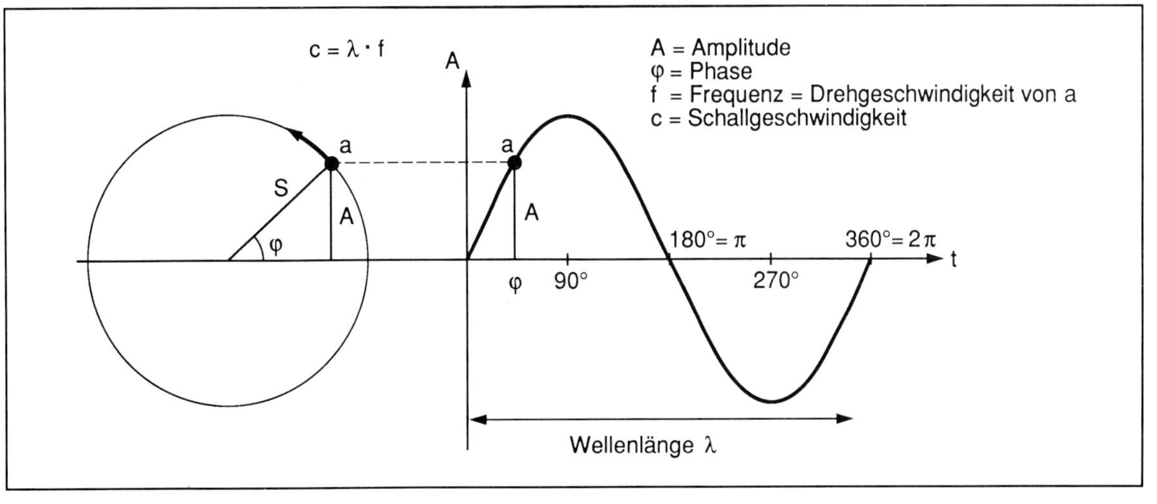

Abb. 17.**48** Definition der Größen Amplitude A, Frequenz f, Phase φ und Wellenlänge λ. Es gilt allgemein: die Schallgeschwindigkeit $c = \lambda \cdot f$

her als die Welle 2 den gleichen Winkel $\varphi_2(t_2)$. Mit anderen Worten, die Welle 1 mit der kürzeren Wellenlänge durchläuft einen bestimmten Phasenzustand früher als die Welle 2 mit der längeren Wellenlänge. Es ist also möglich, durch einen Phasenvergleich den Wert der Phasenverschiebung und somit die Frequenzverschiebung bzw. Wellenlängenänderung zu ermitteln. Allgemein gilt für die Beziehung zwischen Phase und Frequenz:

$$\varphi(t) = 2\pi f t \qquad \text{(G 17.16)}$$

Es soll nun gezeigt werden, wie aus der Phasendifferenz die Doppler-Frequenz ermittelt werden kann. Die Phase selbst wird über die Quadraturdemodulation gewonnen (s. 17.3.4).

Die Entfernung d zwischen dem Schallkopf und dem Reflektor wurde in Gleichung 17.4 definiert als:

$$d = \frac{ct}{2}$$

Hierbei ist c die Schallgeschwindigkeit und t die Puls-Echo-Laufzeit. Die Wegstrecke d_0 des 1. Pulses zum bewegten Objekt wird in der Zeit t_0 zurückgelegt. Die Wegstrecke d_n des n-ten Pulses zum bewegten Objekt wird in der Zeit t_n zurückgelegt:

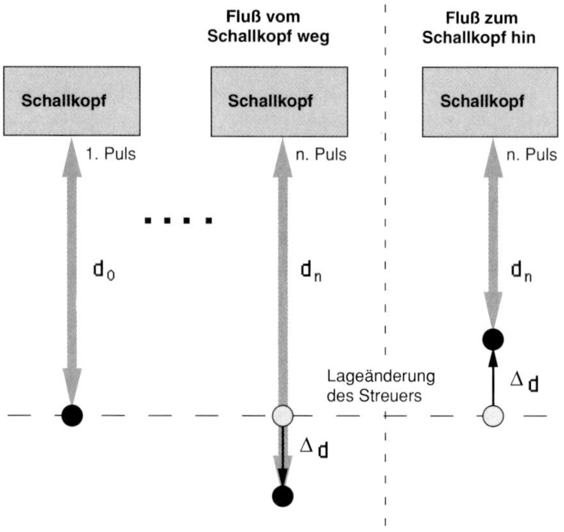

Abb. 17.**50** Bestimmung der Bewegung eines Streuers vom Schallkopf weg bzw. zum Schallkopf hin. d_0 und d_n sind Abstände des Streuers vom Schallkopf zu unterschiedlichen Zeitpunkten. Δd ist die Differenz der Abstände

$$d_0 = \frac{ct_0}{2} \quad \text{und} \quad d_n = \frac{ct_n}{2} \qquad \text{(G 17.17)}$$

Die Wegstrecke, die das Blut zwischen dem 1. und dem n-ten Puls zurückgelegt hat, ist Δd, wobei Δd gleich dem Produkt aus der Blutflußgeschwindigkeit v_{Blut} und dem zeitlichen Pulsabstand ist. Der Zeitabstand der Messungen ist nt_{PRF}, also n-mal der zeitliche Pulsabstand zweier nacheinander folgender Pulse:

$$\Delta d = v_{Blut} n t_{PRF} \qquad \text{(G 17.18)}$$

Gemäß der Abb. 17.**50** ist bei einer Bewegung zum Schallkopf hin:

$$d_0 = d_n + \Delta d$$

Bei einer Bewegung vom Schallkopf weg gilt:

$$d_0 = d_n - \Delta d \qquad \text{(G 17.19)}$$

Der Unterschied besteht also nur in dem Vorzeichen von Δd. Es soll hier vorerst nur die Bewegung vom Schallkopf weg betrachtet werden. Der Winkel zum Schallstrahl (Doppler-Winkel) sei 0°. Der zweite Fall folgt durch Vorzeichenänderung. Es sollen die Gleichungen 17.17 und 17.18 in Gleichung 17.19 eingesetzt und gleichzeitig nach t_n aufgelöst werden:

$$t_n = \frac{2}{c}(d_0 + v_{Blut} n t_{PRF})$$

Dies wiederum in Gleichung 17.16 eingesetzt ergibt:

$$\varphi_n = 2\pi f_0 \frac{2}{c}(d_0 + v_{Blut} n t_{PRF})$$

Hierbei ist f_0 die Mittenfrequenz des Schallkopfs.

Es gilt: $$\varphi_0 = 2\pi f_0 t_0 = 2\pi f_0 \frac{2d_0}{c}$$

Dies eingesetzt in die vorhergehende Gleichung, liefert:

$$\varphi_n = \varphi_0 + 2\pi f_0 \frac{2}{c}(v_{Blut} n t_{PRF})$$

Für die Doppler-Verschiebung gilt die Gleichung 17.11. Das Einsetzen dieser Gleichung mit einem Doppler-Winkel von 0° in die letzte Gleichung ergibt:

$$\varphi_n = \varphi_0 + 2\pi f_d n t_{PRF}$$

Es ist t_{PRF} gemäß Gleichung 17.15 gleich dem Kehrwert der Pulswiederholfrequenz f_{PRF}. Dies eingesetzt liefert:

$$\varphi_n = \varphi_0 \pm 2\pi n \frac{f_d}{f_{PRF}}$$

Hierbei gilt das obere (Plus-)Zeichen für Bewegungen vom Schallkopf weg und das untere (Minus-)Zeichen für Bewegungen zum Schallkopf hin.

Zieht man die Phase φ_n von der Phase φ_{n+1} ab, so erhält man:

$$\Delta\varphi = \varphi_{n+1} - \varphi_n = \pm 2\pi \frac{f_d}{f_{PRF}}$$

Dies nach der Doppler-Verschiebung f_d aufgelöst ergibt:

$$f_d = \mp \Delta\varphi \frac{f_{PRF}}{2\pi} \qquad \text{(G 17.20)}$$

Somit kann man aus der Differenz zweier Phasenmessungen die Doppler-Frequenzverschiebung bestimmen. Der letzten Gleichung läßt sich entnehmen, daß die Doppler-Verschiebung maximal $\frac{f_{PRF}}{2}$ betragen kann, da eine Phasenverschiebung größer π nicht mehr eindeutig ist (s. 17.3.1). Aus dem Vorzeichen der obigen Gleichung kann man sofort die Flußrichtung bestimmen.

Leider ist es nicht ganz einfach, die Phase zu bestimmen. Andererseits wird bei vielen Doppler-Verfahren die Doppler-Verschiebung über die Phasenverschiebung bestimmt. Dies gilt insbesondere im Fall der farbkodierten Duplexsonographie. Zum besseren Verständnis der Doppler-Verfahren muß das Modell in der Abbildung 17.**48** erweitert werden. Hierzu sollte die Abb. 17.**51** betrachtet werden.

Die gleiche Konstruktion, die in der Abb. 17.**48** zur Wellenbewegung führte, wird nun ebenfalls auf eine weitere Achse senkrecht zur t-Achse durchgeführt. Auf der neuen Achse nimmt die Amplitude B(t) zum Zeitpunkt $t = 0$ ihren maximalen Wert an. Überhaupt ist der Verlauf beider Kurven bis auf eine 90°-Phasenverschiebung gleich.

Die t-Achse der Abb. 17.**48** wird als imaginäre Achse (Im) bezeichnet. Die Gleichung, die die Kurve beschreibt, ist eine Sinus-Funktion, $A(t)\sin(\omega t + \varphi)$. Es ist $\omega = 2\pi f$. Die neue Achse wird als die reale Achse (Re) bezeichnet. Die Gleichung, die diese Kurve beschreibt, ist eine Kosinusfunktion, $B(t)\cos(\omega t + \varphi)$. Kombiniert man Realteil und Imaginärteil mit der imaginären Einheit $i = \sqrt{-1}$, so erhält man die komplexe Gleichung:

$$Y(t) = Re + Im = B(t)\cos(2\pi f_0 t + \varphi) + iA(t)\sin(2\pi f_0 t + \varphi), \quad (G\ 17.21)$$

wobei f_0 die Mittenfrequenz des Schallkopfs ist, mit

$$f_0 = \frac{\omega_0}{2\pi}$$

Es gilt für die Amplitude A:

$$A = \sqrt{Re^2 + Im^2} \quad (G\ 17.22)$$

und für die Phase φ:

$$\varphi = \text{arc tg}\frac{Re}{Im} \quad (G\ 17.23)$$

Durch diese einfache Umformung kann man nun sowohl die Phase als auch die Amplitude bestimmen.

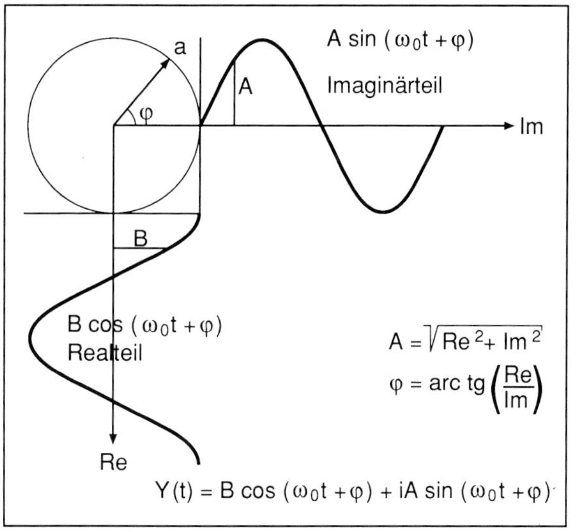

Abb. 17.**51** Veranschaulichung der komplexen Wellenbeschreibung durch Real- und Imaginärteile

17.3.3 Entstehung des Doppler-Spektrums – Fourier-Transformation

Jeder, der bereits mit einem Doppler-Spektrum gearbeitet hat, kennt wohl den Begriff FFT. Die FFT (Fast Fourier Transformation) ist eine Rechenvorschrift zur schnellen Durchführung einer Fourier-Transformation. Es soll hier nicht detailliert auf die Methode der FFT eingegangen werden, aber ein allgemeines Verständnis für den Begriff Fourier-Transformation ist wichtig. Es ergeben sich einige interessante Schlußfolgerungen, die für das Verständnis der Doppler-Spektren von Nutzen sind. Es existieren spezielle integrierte Schaltkreise (IC), die eine FFT schnell durchführen können. Zum Thema FFT und der Fourier-Transformation gibt es eine Vielzahl von Büchern (z. B. 9, 20, 46). Hier kann das Thema nur gestreift werden.

Als erstes muß der Begriff Spektrum etwas genauer erläutert werden. In diesem Abschnitt ist nicht das auf dem Bildschirm des Ultraschallgeräts gezeigte Geschwindigkeitsverhalten des Bluts über die Zeit gemeint, sondern die spektrale Zerlegung des Doppler-Signals und die anschließende Auftragung der Intensität als Funktion der Frequenz. Die zeitliche Auftragung des Blutflußverhaltens, das gewöhnlich in der „Umgangssprache" als Doppler-Spektrum bezeichnet wird, setzt sich zusammen aus vielen einzelnen Spektralzerlegungen des demodulierten Doppler-Signals – dem eigentlichen Intensitätsspektrum, das in diesem Abschnitt gemeint ist. Bei einer 128 Punkte FFT wird das zeitlich innerhalb der Gesamtmeßzeit als konstant angenommene Doppler-Signal in 128 Frequenzen innerhalb einer Bandbreite von der Größe der Pulswiederholfrequenz zerlegt und mit dem Rechenalgorithmus die einzelnen Amplituden als Funktion der Frequenz berechnet. Es soll jetzt die Fourier-Transformation kurz erläutert werden. Hieraus wird deutlich, warum sie eine so zentrale Bedeutung besitzt.

Durch Addition einer Anzahl von Sinus- oder Kosinusfunktionen kann man jede beliebige periodische Funktion erzeugen (Abb. 17.**52**). Wichtig ist, daß die einzelnen Funktionen unterschiedliche Amplituden besitzen können und daß die Frequenzen stets ganzzahlige Vielfache einer Grundfrequenz $\omega = 2\pi f$ sind. (Die eigentliche Ursache hierfür ist die endliche Meßzeit.) $n\omega$ sind die harmonischen Oberschwingungen, auch harmonische Obertöne genannt. Bei der Doppler-Spektralanalyse ist durch die Nyquist-Grenze bedingt die höchste auftretende Kreisfrequenz $n\omega$ durch die Pulswiederholfrequenz (f_{PRF}) bestimmt. Genau genommen erfolgt die Berechnung der Doppler-Verschiebungen in zwei Schritten für die Bereiche $-\frac{f_{PRF}}{2}$ bis 0 und 0 bis $+\frac{f_{PRF}}{2}$. Die höchste eindeutig meßbare Doppler-Verschiebung ist nach Gleichung 17.13 $\frac{f_{PRF}}{2}$. Die Fourier-Reihe lautet:

$$f(t) = \frac{a_0}{2} + a_1\cos(\omega t) + b_1\sin(\omega t) + a_2\cos(2\omega t) + b_2\sin(2\omega t) + \ldots + a_n\cos(n\omega t) + b_n\sin(n\omega t) + \ldots$$

$$f(t) = \frac{a_0}{2} + \sum_{n=1}^{\infty} [a_n\cos(n\omega t) + b_n\sin(n\omega t)]$$

Man benötigt die Fourier-Reihe nicht in der reellen, sondern in der komplexen Form. Es gilt allgemein die Euler-Relation:

$$e^{i(n\omega t)} = \cos(n\omega t) + i\sin(n\omega t)$$

Daraus berechnen sich die Sinus- und Kosinusfunktionen zu:

$$\cos(n\omega t) = \frac{e^{i(n\omega t)} + e^{-i(n\omega t)}}{2} \quad \text{und}$$

$$\sin(n\omega t) = \frac{e^{i(n\omega t)} - e^{-i(n\omega t)}}{2i}$$

Dies eingesetzt in f(t) liefert:

$$f(t) = \frac{a_0}{2} + \sum_{n=1}^{\infty} [a_n \frac{e^{i(n\omega t)} + e^{-i(n\omega t)}}{2} + b_n \frac{e^{i(n\omega t)} - e^{-i(n\omega t)}}{2i}]$$

Eine Umformung ergibt (33):

$$f(t) = \sum_{-\infty}^{\infty} A_n e^{i(n\omega t)}$$

mit
$$\left|A_n\right| = \frac{1}{2}\sqrt{a_n^2 + b_n^2} \quad \text{und}$$
$$\varphi_n = n\omega t = \text{arc tg}\,\frac{b_n}{a_n}$$

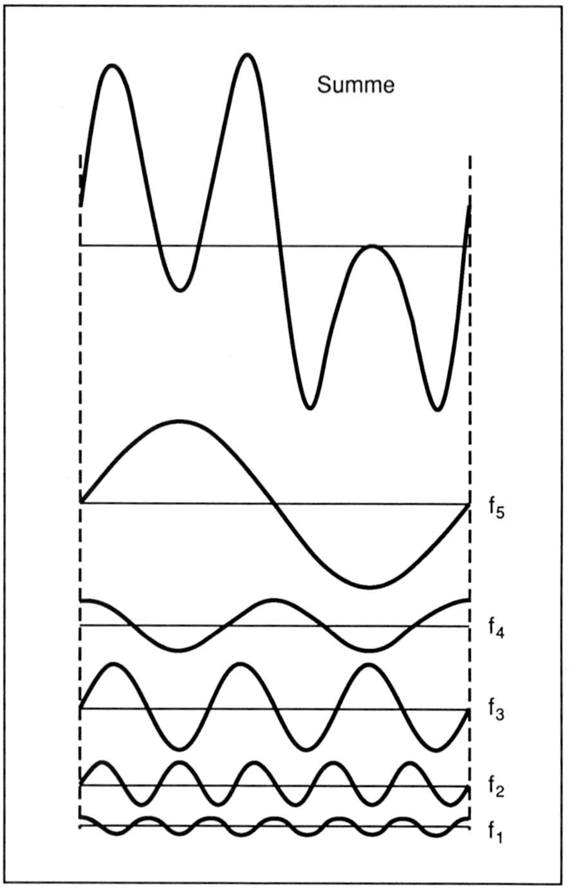

Abb. 17.**52** Durch die Addition mehrerer Sinus- und Kosinusfunktionen mit unterschiedlichen Frequenzen und Amplituden kann man jede beliebige periodische Funktion erzeugen

Diese Aussage wurde bereits im Abschnitt 17.3.2 erläutert, und die obigen Gleichungen entsprechen den Gleichungen 17.22 und 17.23.

Bei der letzten Gleichung für f(t) kann man die Summation in ein Integral übergehen lassen. Integriert (summiert) wird über alle Frequenzen. Waren oben nur diskrete Frequenzen $n\omega$ vorhanden, so werden jetzt alle Frequenzen im Kontinuum von $-\infty$ bis $+\infty$ berücksichtigt. Die Amplituden A_n zu den Frequenzen der einzelnen Schwingungen gehen entsprechend über in die Funktion $F(\omega)$. $F(\omega)$ wird die Spektralfunktion oder Spektraldichte oder Frequenzfunktion genannt. Der Betrag $|F(\omega)|$ wird Amplitudendichte und dessen Quadrat $|F(\omega)|^2$ wird das Intensitätsspektrum von f(t) genannt. Das Integral lautet:

$$f(t) = \int_{-\infty}^{\infty} F(\omega)e^{i\omega t}d\omega$$

Dieses Integral ist aber gerade die inverse Fourier-Transformation. Bei der Spektralanalyse liegt der zu dem obigen Beispiel umgekehrte Fall vor. Eine bestimmte Wellenform bedingt durch die empfangenen dopplerverschobenen Echos ist auszuwerten. (Um genau zu sein, betrifft dies das reine niederfrequente Doppler-Signal nach der Demodulation: s. 17.3.4.) Die auszuwertende Welle ist durch ihr zeitliches Amplitudenverhalten f(t) bestimmt. Es muß das Amplitudenverhalten als Funktion der Frequenz, also F(ω), bestimmt werden. In der diskreten Form ausgedrückt müssen die Amplituden A_n zu den diskreten Frequenzen nω der einzelnen Sinus- und Kosinusfunktionen bestimmt werden, die zusammengesetzt diese Wellenform ergeben. Genau dies wird von der Fourier-Transformation bewirkt. Man spricht von einer Transformation aus dem Amplituden-Zeit-Raum in den Amplituden-Frequenz-Raum (Abb. 17.**53**). Die graphische Darstellung der Intensitäten (Quadrate der Amplitudenbeträge) als Funktion der Frequenz ist gerade das Doppler-Spektrum. Bei der üblichen Kodierung entsprechen die hellsten Frequenzwerte den höchsten Intensitäten innerhalb eines Spektrums. Mathematisch lautet die Fourier-Transformation:

$$F(\omega) = \frac{1}{2\pi}\int_{-\infty}^{\infty} f(t)e^{-i\omega t}dt,$$

wobei f(t) das Doppler-Signal ist, dessen Intensitätsspektrum $|F(\omega)|^2$ letztendlich gesucht wird.

Die Fourier-Transformation beinhaltet eine Integration über einen unendlich langen Zeitraum. Dies ist beim Ultraschall und insbesondere beim Puls-Doppler nicht gegeben. Daraus folgt eine Beschränkung der Spektralauflösung des Doppler-Spektrums. Die Auflösung ist umgekehrt proportional zur Gesamtmeßzeit $\frac{1}{Nt_{PRF}}$.

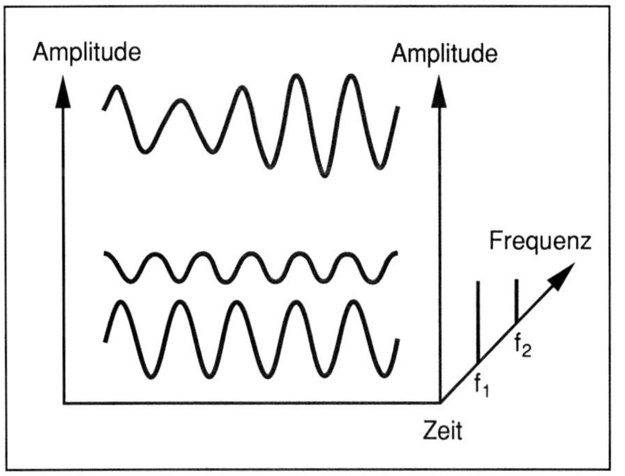

Abb. 17.**53** Veranschaulichung der Transformation vom Amplituden-Zeit-Raum in den Amplituden-Frequenz-Raum

Man hat es beim PW-Doppler mit einem zeitlich begrenzten und gepulsten Signal zu tun. Statt der obigen Gleichungen verwendet man die Diskrete-Fourier-Transformation (DFT), die auf zeitlich diskrete Werte anwendbar ist. Jeder Puls liefert gemäß Abb. 17.**54a, b** eine Stützstelle für das Doppler-Signal.

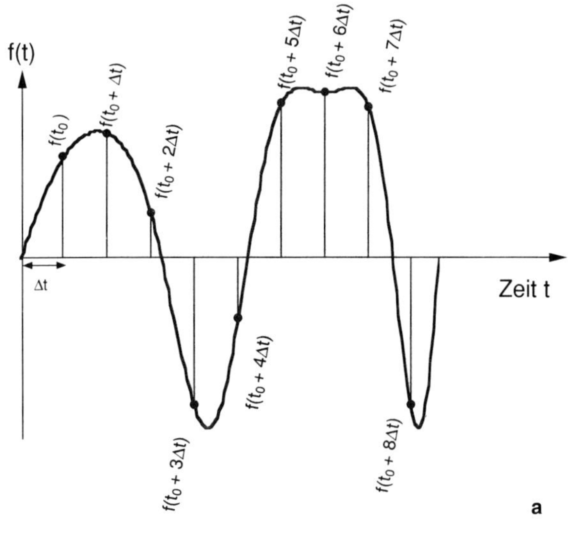

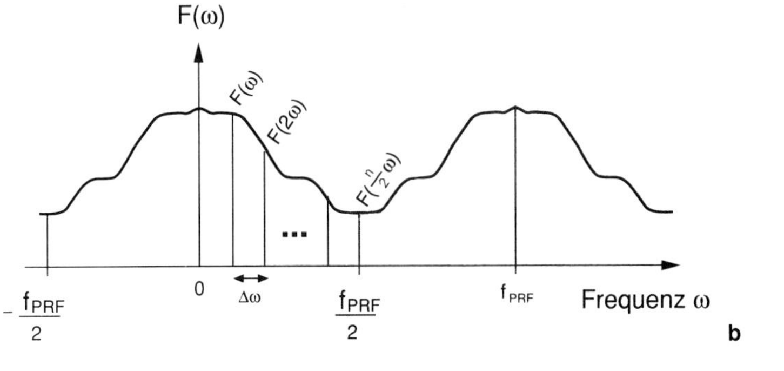

Abb. 17.**54 a, b** Veranschaulichung der DFT. Oben (**a**) ist ein Doppler-Signal mit den Stützstellen dargestellt und unten (**b**) schematisch die periodische Fouriertransformierte F(ω) mit der Periode f_{PRF}

Die DFT bzw. die inverse DFT mit $f = \frac{\omega}{2\pi}$ lauten:

$$F(nf) = \sum_{k=0}^{N-1} f(kt)e^{-i\frac{2\pi kn}{N}}$$

$$\text{mit } n = 0, 1, 2, \ldots, N-1$$

$$f(kt) = \frac{1}{N}\sum_{n=0}^{N-1} F(nf)e^{i\frac{2\pi kn}{N}}$$

$$\text{mit } k = 0, 1, 2, \ldots, N-1$$

F(nf) wird nach seinen Real- und Imaginärteilen getrennt ausgewertet. Das Intensitätsspektrum $|F(nf)|^2$ ist gleich der Summe aus den Quadraten der Real- und Imaginärteile von F(nf). Dies sind die I- und Q-Komponenten des Doppler-Signals, die im Abschnitt 17.3.4 beschrieben werden, multipliziert mit den Exponentialfunktionen in der DFT als Wichtung.

Die DFT arbeitet mit diskreten Signalabtastungen, im Englischen „Samples“ genannt. Es wird über alle N Pulse summiert. Der konstante zeitliche Abstand der Messungen ist der Kehrwert der Pulswiederholfrequenz f_{PRF}:

$$t = t_{PRF} = \frac{1}{f_{PRF}}$$

Ein kurzer Puls bzw. eine große Bandbreite führen zu einer schlechten Frequenzauflösung, da die Auflösung (Schärfe) Δf der einzelnen Spektrallinien gleich dem Kehrwert der Pulsdauer T_t ist:

$$\Delta f = \frac{1}{T_t}$$

Der Abstand der einzelnen Frequenzen im Intensitätsspektrum ist gleich dem Frequenzinkrement f. Dies ist gleich der Pulswiederholfrequenz geteilt durch die Anzahl der Messungen pro Spektrum. Eine gleichwertige Aussage wäre: Die Spektralauflösung der Fourier-Transformation ist gleich dem Kehrwert der Gesamtmeßzeit T zur Erzeugung eines Spektrums:

$$f = \frac{1}{T} = \frac{1}{Nt_{PRF}} = \frac{f_{PRF}}{N}$$

Bei einer f_{PRF} von z. B. 15 kHz beträgt das zeitliche Inkrement $t_{PRF} = 1/15\,000 = 66{,}7\ \mu s$. Die kleinste Doppler-Verschiebung, deren Amplitude mit der DFT berechnet wird, beträgt bei einer Anzahl von z. B. 128 Messungen pro Spektrum $f = \frac{1}{128t_{PRF}} = 117$ Hz. Die Gesamtmeßzeit für dieses 128 Punkte Spektrum beträgt $128 \cdot 66{,}7\ \mu s$ entsprechend 8,54 ms. Der Kehrwert beträgt wiederum 117 Hz. Der im allgemeinen verwandte Rechenalgorithmus ist die FFT. Man spricht in diesem Fall von einer 128 Punkte FFT.

Man sieht sofort, daß durch Erhöhung der Anzahl der Einzelmessungen die Anzahl der Doppler-Frequenzen und die Auflösung des Spektrums erhöht wird. Ebenfalls wird durch Reduktion der Pulswiederholfrequenz die Spektralauflösung erhöht. Dies wiederum führt zu einem entsprechend früheren Auftreten von Aliasing. Somit wird eine bessere spektrale Auflösung entweder durch eine Verkleinerung des Eindeutigkeitsbereichs erkauft oder durch eine Reduktion der Anzahl der pro Sekunde berechneten Spektren. Vorausgesetzt ist natürlich, daß die spektrale Verbreiterung, z. B. durch den Transit Time Effekt (siehe Abschnitt 17.2.4) oder eine zu kurze Pulsdauer der Einzelpulse, eine gewünschte spektrale Auflösung überhaupt zuläßt.

Weiterhin wird stets vorausgesetzt, daß während der Ermittlung des Spektrums der Blutfluß konstant ist. Bei einer 128 Punkte FFT im obigen Beispiel beträgt die gesamte Meßzeit 8,5 ms. Bei einer Untersuchung eines in 15 cm Tiefe liegenden Gefäßes beträgt die maximale Pulswiederholfrequenz 5,13 kHz. Die gesamte Meßzeit beträgt dann bereits 0,025 Sekunden. Die Voraussetzung eines konstanten Blutflusses während der Systole über diesen Zeitraum ist zumindest fraglich. Bei dieser Tiefe können also nur 40 Spektren pro Sekunde berechnet werden. Es ist auch fraglich, ob dann die zeitliche Auflösung des Blutflusses für eine Diagnose noch ausreicht. Es kann sinnvoll sein, die spektrale Auflösung durch Wahl einer geringeren Anzahl von Stützpunkten zu verringern und dadurch die Anzahl der Spektren zu erhöhen. Eine Verringerung der in Betracht gezogenen Pulse um einen Faktor 2 auf 64 Punkte liefert eine Verbesserung der zeitlichen Auflösung um ebenfalls einen Faktor 2 auf 80 Spektren pro Sekunde in diesem Beispiel.

17.3.4 Gewinnung des Doppler-Signals – Demodulation

Wie bereits im Abschnitt 17.3.1 (Aliasing) gesagt, sind die Doppler-Verschiebungen niederfrequente Änderungen des ausgesandten Ultraschallsignals. Man kann sagen, daß das niederfrequente Doppler-Signal (kHz) dem hochfrequenten Ultraschallsignal (MHz) aufgeprägt ist. Man nennt dies eine Modulation (Abb. 17.**55a–d**). Das gleiche geschieht beim Radio. Am Radioempfänger wird die Frequenz der hochfrequenten Trägerwelle (MHz) angezeigt. Die Musik oder Sprache ist die niederfrequente Modulation (kHz) der Trägerwelle. Im Radioempfänger erfolgt jetzt eine Demodulation, d. h. die Trägerwelle wird vom gesamten Signal abgezogen. Übrig bleibt die Modulation. Genau diese Demodulation wird im Ultraschallgerät auch durchgeführt. Beim CW-Doppler erfolgt dies kontinuierlich. Beim PW-Doppler und beim FKDS erhält man nur einzelne Stützstellen des Doppler-Signals mit dem beschriebenen Problem des Aliasing. Nach der Demodulation kommt die eigentliche Doppler-Spektralanalyse.

Um die Trägerwelle zu entfernen, benutzt man das Verfahren der kohärenten Demodulation (Abb. 17.**56**). Hierbei wird das empfangene Echo mit der nicht modulierten Trägerwelle multipliziert. Anschließend folgt eine Tiefpaßfilterung, die nur noch

Abb. 17.**55 a–d** Die Trägerwelle ist sowohl amplituden- (**b**) als auch frequenzmoduliert (**c**). Aus dem empfangenen Echo (**a**) muß das Doppler-Signal (**d**) extrahiert werden

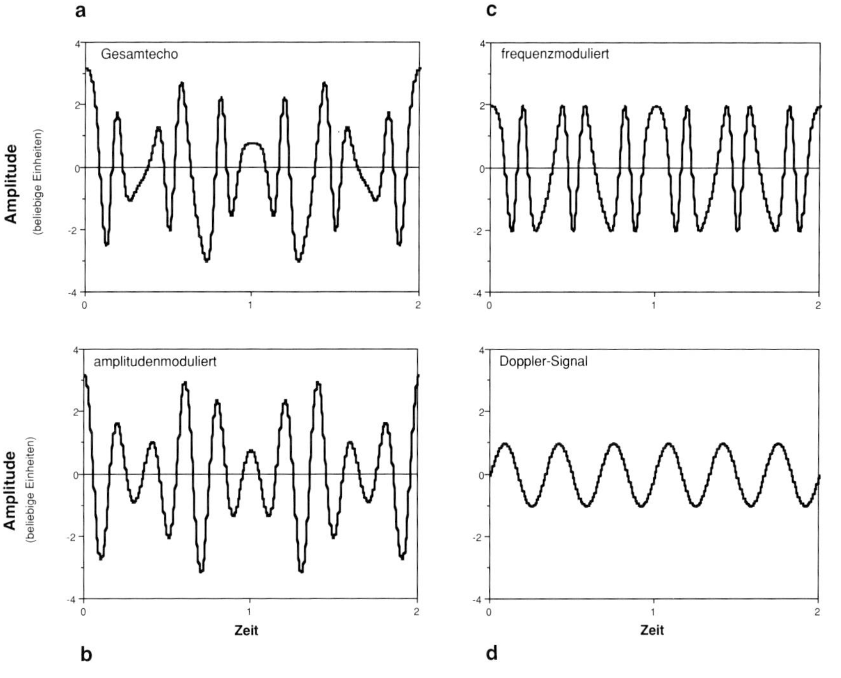

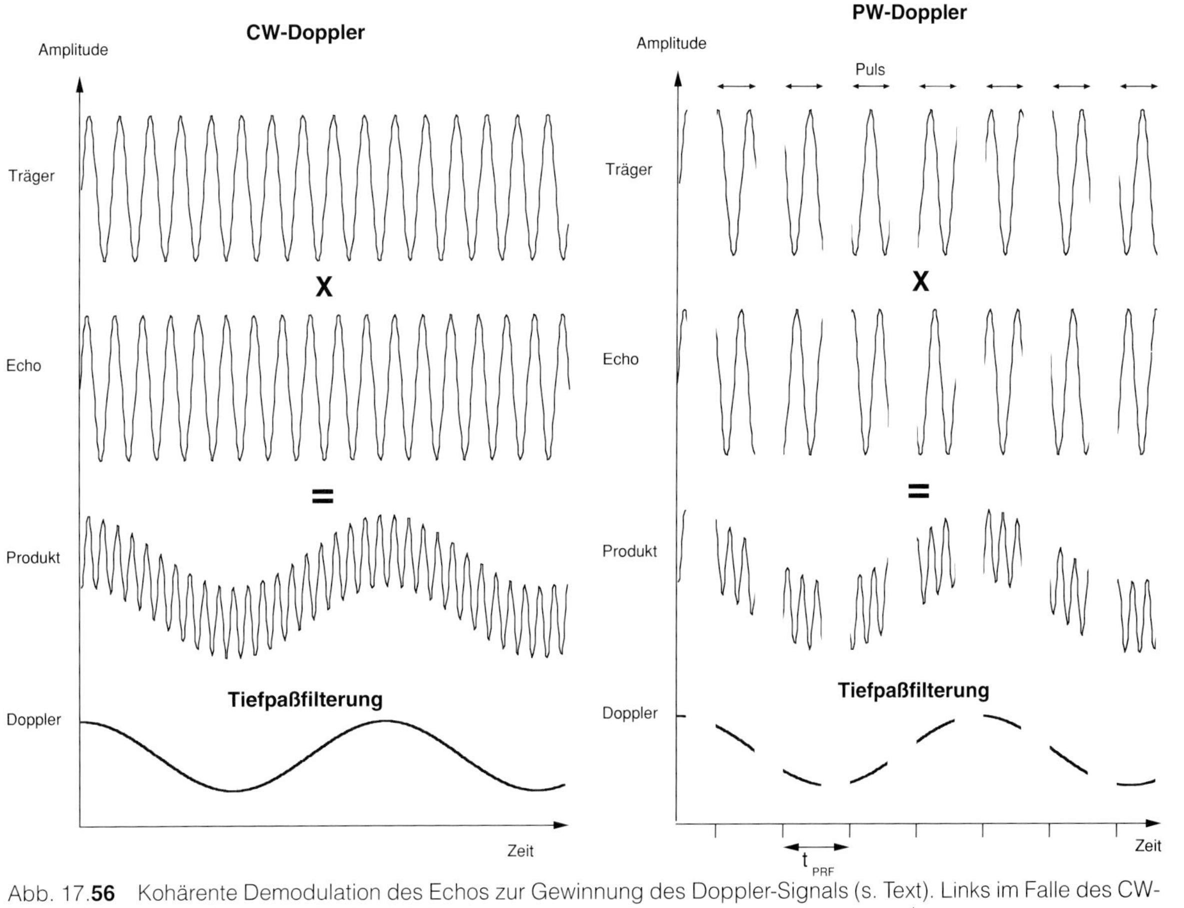

Abb. 17.**56** Kohärente Demodulation des Echos zur Gewinnung des Doppler-Signals (s. Text). Links im Falle des CW-Dopplers und rechts beim PW-Doppler. Die Modulationsfrequenz und die Abtastfrequenz ($\frac{1}{t_{PRF}}$) sind im allgemeinen 3 Zehnerpotenzen kleiner als die Frequenz der Trägerwelle. Dieses Verhältnis kann graphisch nicht richtig wiedergegeben werden. Im Fall des PW-Dopplers wird somit die Modulation nur punktweise erfaßt und nicht, wie hier dargestellt, kurze Wellenzüge

Frequenzen in der Größenordnung der Doppler-Verschiebung übrig läßt.

Führt man die Demodulation nach der oben beschriebenen Art durch, so geht leider die Richtungsinformation verloren. Man behilft sich, indem man diese Demodulation zweimal parallel durchführt. Einmal wird mit $\cos(\omega_t t)$ und parallel dazu mit $\sin(\omega_t t)$ demoduliert. ω_t ist die Frequenz der Trägerwelle. Die Ergebnisse sind gleich bis auf eine Phasenverschiebung um 90°. Man erhält die sogenannten I-(Direkt-, Kosinus-) und Q-(Quadratur-, Sinus-)Komponenten. Je nach Flußrichtung eilt nun eine Komponente der anderen voraus. Diese doppelte kohärente Demodulation wird als Quadraturdemodulation bezeichnet. Bei der Ermittlung des Doppler-Spektrums, des Doppler-Tonsignals und der Farbkodierung geht man von hier an unterschiedliche Wege (Abb. 17.**57**).

Als nächstes werden für die Doppler-Spektralanalyse die I- und Q-Signale durch ein Zeittor geführt. Dieses Tor wird nur für Signale geöffnet, die aus dem vom Anwender festgelegten Doppler-Meßfenster stammen. Danach laufen die Signale durch einen Inverter, der vom Anwender aktiviert wird, sofern er das Doppler-Spektrum invertieren möchte, um z. B. arterielle Flüsse positiv und venöse Flüsse negativ darzustellen. Der Inverter wird häufig an dieser Stelle weggelassen, und die digital gespeicherten Endergebnisse werden erst beim Auslesen aus dem Speicher invertiert. Der Inverter ist hier nur der Vollständigkeit halber mit aufgenommen. Im anschließenden Bandpaßfilter werden mit dem Tiefpaßfilter die Frequenzen oberhalb der halben Pulswiederholfrequenz entfernt. Diese Frequenzen würden sonst zwangsläufig als Aliasing interpretiert. Mit dem Hochpaßfilter werden Frequenzen unterhalb einer vom Anwender festgelegten Schwelle entfernt. Dieser „Wandfilter" schneidet je nach Wahl des Anwenders im allgemeinen Frequenzen unterhalb von 50 Hz, 100 Hz, 200 Hz, 400 Hz und 800 Hz ab. Hiernach werden die Signale entweder analog/digital-gewandelt (A/D) und dann einem FFT-Spektralanalysator zugeführt oder für die Doppler-Stereo-Tonausgabe vorbereitet.

Für die FFT-Spektralanalyse und die Stereo-Tonausgabe müssen die Vorwärts- und Rückwärtsflußkomponenten noch deutlicher getrennt werden. Das jeweilige Signal muß frei von der jeweils anderen Flußkomponente sein. Durch eine Phasenverschiebung um $\pi/2$ mit abschließender kreuzweiser Addition erhält man eine klare Trennung der Vorwärts- und Rückwärtsflüsse. Hierbei ist das Signal der jeweils nicht vorliegenden Flußrichtung gleich Null. Diese letzte Form der Signalverarbeitung wird als „Phase-Domain-Processing" bezeichnet.

Die Kanaltrennung dieser Verfahren beträgt etwa 40 dB. Aus diesem Grund erhält man bei hoher Signalverstärkung und bei starken Echos insbesondere aus dem Nahfeld gelegentlich ein zum wahren Spektrum (invertiertes) spiegelbildliches Spektrum. Dieser Artefakt wird in der Literatur auch als Mirrorartefakt bezeichnet. Durch Verminderung der Sendeleistung oder der Empfangsverstärkung kann der Anwender dieses „Schattenspektrum" unterdrücken.

Bei der Farbdarstellung wird bei der Demodulation nach der oberen Methode in der Abb. 17.**57** vorgegangen. Nach der Quadraturdemodulation kommt wiederum ein vom Anwender zu aktivierender Flußinverter. Dadurch wird es dem Anwender überlassen, welche Flußrichtung „blau" und welche „rot" kodiert wird.

Leider ist das empfangene Signal nicht nur mit dem sehr schwachen Doppler-Signal frequenzmoduliert, sondern auch mit Signalanteilen von stationären Streuern amplitudenmoduliert und von z. B. langsamen Gefäßwandbewegungen frequenzmoduliert. Der Signalanteil, der von diesen Streuern herrührt, ist wesentlich stärker als das Doppler-Signal und muß neben der Trägerwelle entfernt werden, bevor es zur FKDS-Auswertung kommt. Nach der Quadraturdemodulation setzt man die „Clutter Cancelor" ein, wozu auch der häufig genannte MTI-Filter (Moving-Target-Indicator) zählt. Dieser Filter wird auch Delay-Line-Filter oder Wandfilter genannt. In der Medizin ist er mehr unter dem zuletzt genannten Namen bekannt. Man geht im einfachsten Fall nach der Methode der Abb. 17.**58** vor. Die Echos zweier aufeinander folgender Puls-Echo-Zyklen längs derselben Ultraschallinie werden zeitrichtig (d. h. sie stammen von derselben Stelle) voneinander abgezogen. Das Ergebnis der Subtraktion ist bei Echos stationärer Objekte gleich Null, da sie identisch sind. Echos bewegter Objekte sind zueinander phasenverschoben, und somit ist das Ergebnis der Subtraktion ungleich Null. Um störende Wandechos geringfügig bewegter Objekte zu beseitigen, muß eine komplizierte Version des Filters gewählt werden (39).

Nach dem Bewegungsfilter kommt der Autokorrelator, der die eigentliche Doppler-Frequenzauswertung durchführt. Dies erfolgt über die Phasenanalyse. Es sei an dieser Stelle an die Abb. 17.**51** erinnert. Dort wurde die Kosinusdarstellung einer Welle als Realteil und die Sinusdarstellung als Imaginärteil der Wellenfunktion beschrieben. Dort wurde auch erklärt, daß man die Phase φ einer Funktion aus dem Realteil Re und dem Imaginärteil Im ermitteln kann. Durch ein entsprechendes Einsetzen der I- und Q-Komponenten aus der Quadraturdemodulation kann man somit die Phase der Doppler-Verschiebung berechnen.

$$\varphi = \text{arc tg}\,\frac{\text{Re}}{\text{Im}} = \text{arc tg}\,\frac{I}{Q}$$

Aus der Phasendifferenz kann man, wie im Abschnitt 17.3.2 erklärt, die Doppler-Frequenzverschiebung berechnen. Aus der Phasenverschiebung wird bei der Farbkodierung die intensitätsgewichtete mittlere Doppler-Verschiebung ermittelt. Die Autokorrelationstechnik ist die Grundlage der dopplerbezogenen FKDS-Technik. Das tatsächlich verwandte Verfahren verläuft etwas anders als oben beschrieben, wird aber im nächsten Abschnitt ausführlich erklärt.

Statt der Verwendung des Autokorrelationsverfahrens findet noch die Auswertung der Flußsignale nach dem Verfahren der Diskreten-Fourier-Analy-

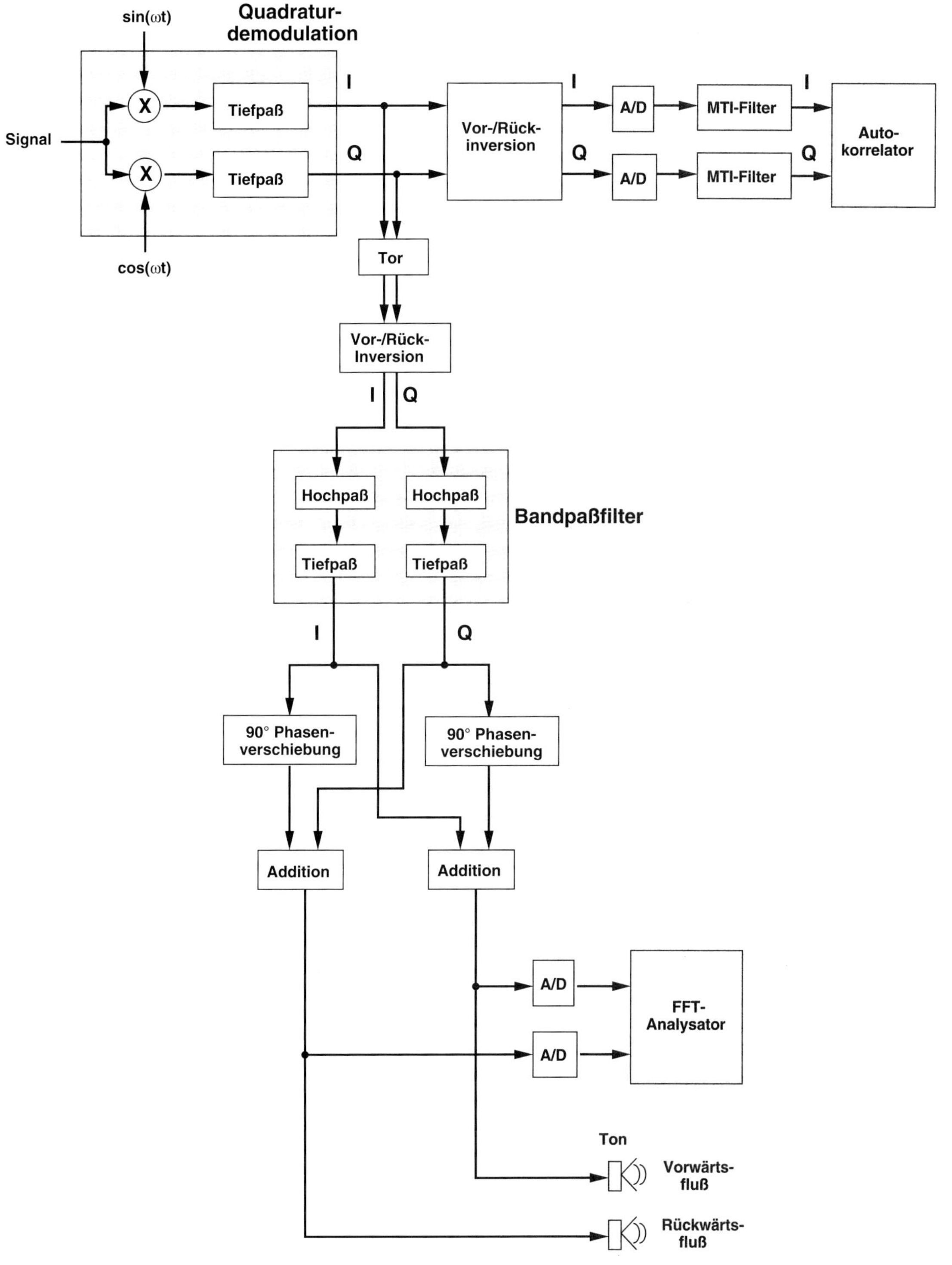

Abb. 17.**57** Aufbereitung des Echosignals für die Farbkodierung (Autokorrelator), die Frequenzanalyse mit der FFT-Analyse und der Ausgabe des Doppler-Tons (s. Text)

se Anwendung (40). Diese beiden Doppler-Verfahren erhalten inzwischen Konkurrenz (5). Dieses neue Verfahren wird „Time-Domain-Processing" genannt und darf nicht mit dem Richtungstrennungsverfahren gleichen Namens verwechselt werden (2).

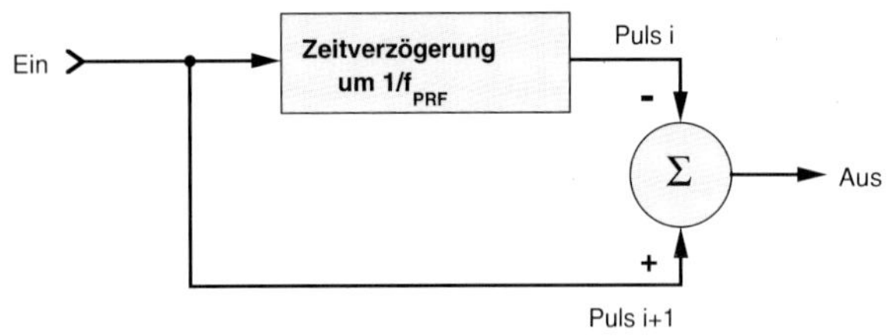

Abb. 17.**58** Wandfilter oder MTI-Filter bei der Farbkodierung. Durch zeitrichtige Subtraktion zweier nacheinander empfangener Echos verschwinden die Signale stationärer Objekte

17.4 Farbkodierte Duplexsonographie (FKDS/CFM)

Bei der farbkodierten Duplexsonographie (FKDS), auch Color-Flow-Mapping (CFM) genannt, wird jedem Ort im Bildfeld entweder ein Grauwert oder ein Farbwert zugewiesen. Die Grauwerte (B-Bild) beschreiben die Morphologie und die Farbwerte den Blutfluß. Die Farbe repräsentiert nur eine Komponente aus dem Doppler-Spektrum. Es handelt sich um die intensitätsgewichtete mittlere Doppler-Verschiebung. Bei Angaben eines Doppler-Winkels entspricht dies der intensitätsgewichteten mittleren Blutflußgeschwindigkeit. Dies entspricht in etwa der Geschwindigkeit, mit der das meiste Blut am Meßort fließt.

Es ist selbstverständlich erlaubt zu fragen, warum die Doppler-Spektralanalyse mittels Fourier-Analyse nicht für die Farbkodierung verwandt wird. Die Antwort liegt in dem Wunsch nach der Echtzeitfähigkeit der Abbildung. Es soll z. B. angenommen werden, daß eine Bildwiederholfrequenz von 20 Bildern pro Sekunde erreicht werden muß. Die Eindringtiefe soll 20 cm betragen. Die Anzahl der Ultraschallinien sei 50. Zur Erzeugung eines Ultraschallbilds stehen 1/20 s = 0,05 s zur Verfügung. Für jede Ultraschallinie bleiben nur 0,05/50 s = 1 ms. Bei der gewünschten Eindringtiefe können pro Ultraschallinie nur 4 Puls-Echo-Zyklen verwandt werden bei einer maximalen f_{PRF} von 4 kHz. Die Auflösung bei Verwendung der Fourier-Spektralanalyse entspricht dann 1 kHz. Diese bestmögliche Frequenzauflösung dieses Verfahrens in diesem Fall ist selbstredend nicht ausreichend. Es sei darauf aufmerksam gemacht, daß dies nichts mit der Rechnergeschwindigkeit zu tun hat.

Es muß aber beim FKDS-Verfahren nur ein einziger Wert pro Bildpunkt gefunden werden und nicht ein gesamtes Spektrum. Dadurch bieten sich andere Verfahren an.

17.4.1 Farbkodierte Duplexsonographie mittels Frequenz- und Phasen-Analyse

Es werden im wesentlichen zwei Verfahren in der farbkodierten Doppler-Flußanalyse verwandt. In einem Fall handelt es sich um eine spezielle Anwendung der Diskreten Fourier-Analyse. Die explizite Ausführung dieses Verfahrens soll hier nicht behandelt werden. Die Methode ist grundsätzlich aber bereits in dem Abschnitt 17.3.3 beschrieben worden. Hier soll das von der überwiegenden Mehrheit der Hersteller verwandte Autokorrelationsverfahren näher erläutert werden. Dieser Abschnitt ist mathematisch etwas anspruchsvoller. Es ist nicht notwendig, die Rechnungen nachzuvollziehen. Es ist aber andererseits für den Anwender des Verfahrens sinnvoll, die Voraussetzungen und Einschränkungen des Verfahrens zu kennen.

Kasai und Namekawa schlugen die Verwendung der Autokorrelationsfunktion vor. Das Verfahren wurde 1982 von ihnen entwickelt und 1985 publiziert (34, 35).

Eine Korrelation R(t) ist allgemein:

$$R(t) = g(t) \cdot h(t) = \int_{-\infty}^{+\infty} g^*(\tau)h(\tau + t)dt \qquad \text{(G 17.24)}$$

Hierbei sind g(t) und h(t) 2 stetige Funktionen, die miteinander korreliert werden. D. h. sie werden um die Schrittweite t übereinander verschoben, miteinander multipliziert, und anschließend wird das Produkt von $-\infty$ bis $+\infty$ integriert. Hierbei ist $g^*(t)$ das komplex Konjugierte von g(t). Das Ergebnis ist der Wert der Korrelation zum Zeitpunkt t.

Sind die Funktionen g(t) und h(t) gleich, so nennt man R(t) die Autokorrelationsfunktion, sind sie verschieden, so spricht man von der Kreuzkorrelationsfunktion. Die Kreuzkorrelationsfunktion wird uns im nächsten Abschnitt begegnen. Eine schöne Einführung in das Problem findet man bei (10).

Ganz allgemein gilt für die intensitätsgewichtete mittlere Kreisfrequenz $\overline{\omega}$ ($\omega = 2\pi f$) der Doppler-Verschiebung (wie für jeden beliebigen Mittelwert):

$$\overline{\omega} = \frac{\int_{-\infty}^{+\infty} \omega P(\omega) d\omega}{\int_{-\infty}^{+\infty} P(\omega) d\omega}$$

Hierbei ist $P(\omega)$ das Intensitätsspektrum des Doppler-Signals (s. 17.3.3). $\overline{\omega}$ wird kurz die mittlere Doppler-Verschiebung genannt. Wie im Falle der FFT-Analyse wird von einem konstanten Signal- (Geschwindigkeits-)Verhalten während der Gesamtmessung ausgegangen.

Weiterhin ist die Genauigkeit des Verfahrens von Interesse. Man berechnet hierfür den Mittelwert des Quadrats der Schwankung σ^2. Diese Größe wird als Quadrat der Standardabweichung bzw. als Varianz bezeichnet. Interessanterweise wird diese Größe bei der Farbkodierung als Grüneinfärbung den Rot- und

Blautönen zugemischt und dann in der Medizin häufig als „Turbulenzindikator" bezeichnet. Die Divergenz einer beliebigen Größe ist gleich der Differenz zwischen dem Mittelwert des Quadrates $(\overline{\omega^2})$ und dem Quadrat des Mittelwerts $(\overline{\omega})^2$ der Größe. Die allgemeine Definition der Varianz σ^2 auf diesen Fall bezogen lautet:

$$\sigma^2 = (\overline{\omega^2}) - (\overline{\omega})^2 = \frac{\int_{-\infty}^{+\infty} (\omega - \overline{\omega})^2 P(\omega) d\omega}{\int_{-\infty}^{+\infty} P(\omega) d\omega}$$

Zum Beweis der Gültigkeit s. (45).

Als letztes Hilfsmittel benötigt man noch die Beziehung:

$$R(t) = \int_{-\infty}^{+\infty} P(\omega) e^{i\omega t} d\omega$$

Dies bedeutet, daß die inverse Fourier-Transformation des Doppler-Intensitätsspektrums gleich der Autokorrelationsfunktion R(t) ist. Zum Beweis s. (11).

Kasai und Namekawa haben die obige Funktion 2mal nach der Zeit abgeleitet:

$$\dot{R}(t) = i \int_{-\infty}^{+\infty} \omega P(\omega) e^{i\omega t} d\omega$$

$$\ddot{R}(t) = -\int_{-\infty}^{+\infty} \omega^2 P(\omega) e^{i\omega t} d\omega$$

Die Funktionen an der Stelle t = 0 betragen:

$$R(0) = \int_{-\infty}^{+\infty} P(\omega) d\omega$$

$$\dot{R}(0) = i \int_{-\infty}^{+\infty} \omega P(\omega) d\omega$$

$$\ddot{R}(0) = -\int_{-\infty}^{+\infty} \omega^2 P(\omega) d\omega$$

Somit ergibt sich $\overline{\omega}$ zu

$$\overline{\omega} = -i \frac{\dot{R}(0)}{R(0)}$$

und σ^2 zu

$$\sigma^2 = \left(\frac{\dot{R}(0)}{R(0)}\right)^2 - \frac{\ddot{R}(0)}{R(0)}$$

Somit kann mit Hilfe der Ableitungen der Autokorrelationsfunktion an der nicht verschobenen Stelle t = 0 die mittlere Doppler-Verschiebung $\overline{\omega}$ und die Varianz σ^2 berechnet werden. Das Verfahren kann technisch vereinfacht werden.

Eine andere allgemeine Schreibweise der komplexen Funktion R(t) (wie jeder anderen komplexen Größe auch) lautet unter Ausnutzung der exponentiellen Darstellung einer komplexen Zahl:

$$R(t) = |R(t)| e^{i\varphi(t)}$$

Hierbei ist $|R(t)|$ der Betrag und $\varphi(t)$ die Phase der Funktion. Die Autokorrelationsfunktion in dieser Schreibweise haben Kasai und Namekawa ebenfalls abgeleitet und an der Stelle t = 0 berechnet unter der Voraussetzung, daß $|R(t)|$ eine gerade und $\varphi(t)$ eine ungerade Funktion ist. Für eine gerade Funktion gilt $f(-x) = f(x)$, und für eine ungerade Funktion gilt $f(-x) = -f(x)$. Die Ergebnisse haben sie in die obigen Gleichungen eingesetzt. Sie erhielten die einfacheren Ausdrücke:

$$\overline{\omega} \cong \frac{\varphi(T) - \varphi(0)}{T} = \frac{\varphi(T)}{T} \qquad \text{(G 17.25)}$$

und

$$\sigma^2 \cong \frac{2}{T^2}\left(1 - \frac{|R(T)|}{R(0)}\right) \qquad \text{(G 17.26)}$$

wobei $T = \frac{1}{f_{PRF}}$ der zeitliche Pulsabstand und $|R(T)|$ der Betrag der Autokorrelationsfunktion bei einer Verschiebung um T ist. Daß aus der Phasendifferenz die Doppler-Verschiebung berechnet werden kann, wurde bereits in dem Abschnitt „Amplitude, Frequenz, Phase" beschrieben. Die Gleichungen 17.20 und 17.25 stimmen prinzipiell überein, werden aber auf unterschiedliche Funktionen angewandt. Die Genauigkeit der Bestimmung der Doppler-Verschiebung wird von der Varianz σ^2 angegeben. Die Varianz ist abhängig von dem Verhältnis $|R(T)|$ zu R(0). Je ähnlicher R(T) und R(0) sind, desto kleiner wird die Divergenz. Dies ist gleichbedeutend mit der Aussage: Je ähnlicher die Flüsse zu den beiden Zeitpunkten sind, desto genauer ist der Mittelwert der Doppler-Verschiebung. Man kann auch sagen, je turbulenter die Strömung, desto schlechter kann die mittlere Flußgeschwindigkeit berechnet werden. Je länger die Integrationszeit ist, d. h. je mehr Puls-Echo-Zyklen berücksichtigt werden, desto genauer ist das Ergebnis.

Die praktische Ermittlung von $\overline{\omega}$ und σ^2 erfolgt über eine komplexe Multiplikation. Hierfür verwenden wir die allgemeine Kenntnis, daß eine komplexe Zahl gleich der Summe aus Realteil x(t) und Imaginärteil y(t) multipliziert mit der imaginären Einheit $i = \sqrt{-1}$ ist (Gleichung 17.21). Die Verschiebung der Funktion g(t) soll T betragen. Wir führen die Autokorrelation gemäß Gleichung 17.24 aus:

$$g^*(\tau) = x(t) - iy(t)$$

und

$$\begin{aligned} h(\tau + T) &= x(t+T) + iy(t+T) \\ g^*(\tau)h(\tau + T) &= x(t)x(t+T) + y(t)y(t+T) + \\ &\quad i[x(t)y(t+T) - y(t)x(t+T)] \\ &= Re + Im \end{aligned}$$

Die Integration wird durch eine Summation aller N-Echos aus der jeweiligen Tiefe ersetzt. Die Integrationszeit beträgt somit NT.

$$R(T,t) = R_r + R_i = \sum_{n=1}^{N} Re + \sum_{n=1}^{N} Im$$

Der Betrag einer komplexen Zahl $|R(T,t)|$ ist nach Gleichung 17.22

$$|R(T,t)| = \sqrt{R_r^2 + R_i^2}$$

Die Phase $\varphi(T)$ ergibt sich aus der Gleichung 17.23 zu:

$$\varphi(T,t) = \text{arc tg} \frac{R_r}{R_i}$$

Der unverschobene Fall R(0,t) ergibt sich durch Einsetzen in die obigen Gleichungen:

$$R(0,t) = \sum_{n=0}^{N} [x^2(t) + y^2(t)]$$

Jetzt muß nur noch in die Gleichungen 17.25 und 17.26 eingesetzt werden, und man erhält $\overline{\omega}$ und σ^2. Im Abschnitt 17.3.4 wurde die Demodulation des Doppler-Signals beschrieben. Das I-Signal entspricht x(t) und des Q-Signal dem iy(t). Somit ist das Schaltungsprinzip eindeutig definiert (Abb. 17.**59**).

Es darf nicht vergessen werden, daß dieser beträchtliche mathematische Aufwand für jeden Bildpunkt durchgeführt werden muß. Die Schaltung ist natürlich nur einmal vorhanden. Die einzelnen I- und Q-Werte müssen bis zur endgültigen Bearbeitung für jeden Bildpunkt einer Linie zwischengespeichert werden. Die Bildpunkte werden seriell abgearbeitet. Hiernach kommt die nächste Linie an die Reihe, bis sämtliche Linien eines Bilds bearbeitet wurden. Erst dann kann ein (!) gesamtes Bild am Monitor angezeigt werden.

17.4.2 Farbkodierte Duplexsonographie mittels Laufzeitanalyse

Eine weitere Methode zur Bestimmung der intensitätsgewichteten mittleren Flußgeschwindigkeit ist das „Time-Domain-Processing“, auch Color-Velocity-Imaging™ (CVI) genannt. Es wurde im wesentlichen von O. Bonnefous und P. Pasqué entwickelt und 1986 veröffentlicht (4, 5). Es ist zu erwarten, daß dieses Verfahren zunehmend in neue Ultraschallgeräte integriert wird. Bei diesem Verfahren wird nicht die Doppler-Frequenz- oder Phasenverschiebung der Echos gegenüber dem Sendepuls bestimmt. Es ist eine neue Formulierung des Doppler-Effekts im Orts-Zeit-Raum. Diese neue Formulierung beschreibt die Doppler-Verschiebung nacheinander folgender Puls-Echo-Zyklen als eine durch die Bewegung der Streuer verursachte fortgesetzte Zeitverschiebung.

Es wird die geschwindigkeitsbedingte Positionsänderung der charakteristischen Echos bestimmt, d. h. die Amplituden der A-Mode-Linien werden auf ihre Positionsänderung zwischen 2 Puls-Echo-Zyklen hin untersucht. Voraussetzung ist die Wiedererkennbarkeit der Echos, gleichbedeutend mit einem guten Signal-zu-Rausch-Verhältnis (> 6 dB) (29, 30). Im Gegensatz zu den Verfahren, die die Doppler-Phasen- oder Frequenzverschiebung auswerten, erfolgt hier keine Demodulation, sondern die empfangenen hochfrequenten Echofolgen werden in Echtzeit digitalisiert und verglichen. Ein Analogon ist der Vergleich zwischen dem Hören von Musik über Radio und dem Abspielen einer CD.

Zur Veranschaulichung betrachte man hierzu die Abbildung 17.**60**. Hier ist ein hochfrequentes, nicht demoduliertes Echo-Signal dargestellt, das von Erythrozytenansammlungen stammt. Aufgrund der Bewegung der Erythrozyten ist dieses Signal selbstverständlich dopplerverschoben. In der Abb. 17.**61** sind die Echo-Signale zweier nacheinander aus der gleichen Richtung empfangener Puls-Echo-Zyklen aufgezeichnet worden. Bei der 2. Echofolge wurde das Signal der 1. Echofolge innerhalb des Meßfensters überlagert eingezeichnet (gestrichelte Kurve). Man erkennt, daß die Signale im Meßfenster zwar den gleichen Verlauf aufweisen, jedoch zeitlich zueinander verschoben sind. Der Betrag der zeitlichen Verschiebung ist ein Maß für die Geschwindigkeit der unter Beobachtung stehenden Erythrozytengruppe.

Zur Quantifizierung des Verfahrens betrachte man die Abbildung 17.**62**. Wie bereits beschrieben (s. 17.2.4) ist das Schallfeld nicht unendlich schmal, sondern besitzt eine endliche laterale Ausdehnung. Lateralbewegungen innerhalb des Feldes eines Pulses werden nicht gemessen, sondern nur Axialbewegungen. Ein Streuer legt zwischen 2 Pulsen in der Zeit t_{PRF} den Weg $s_{1,2}$ zurück. Gemessen wird die Strecke Δd. Winkelkorrigiert ergibt sich aus den beiden Messungen die Geschwindigkeit v_{Blut} zu:

$$v_{Blut} = \frac{\Delta d}{t_{PRF} \cos\alpha} \qquad (\text{vorausgesetzt } v_{Blut} \ll c)$$

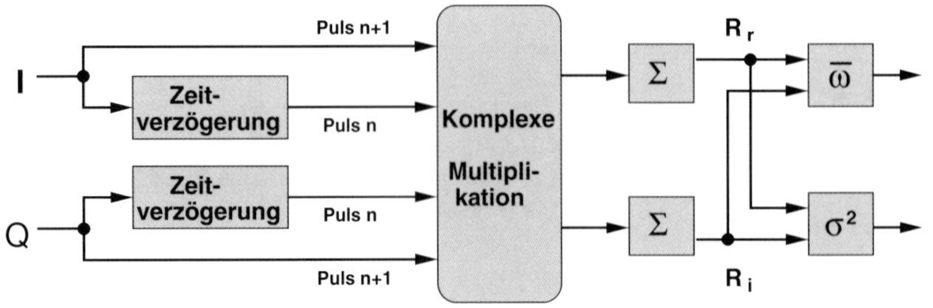

Abb. 17.**59** Prinzipschaltung zur Ermittlung von $\overline{\omega}$ und σ^2 (s. Text)

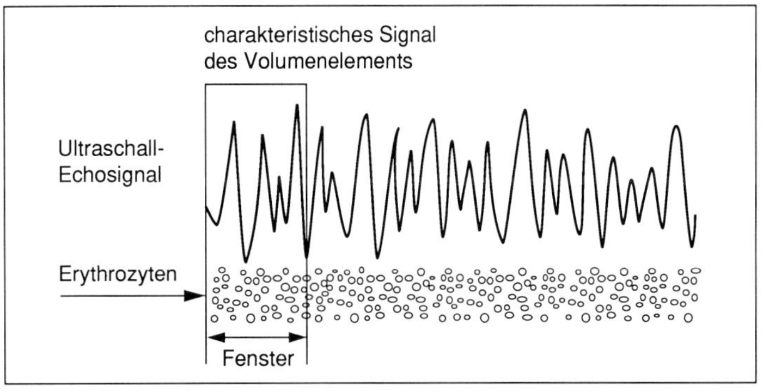

Abb. 17.**60** Ultraschall-Echosignal des Bluts

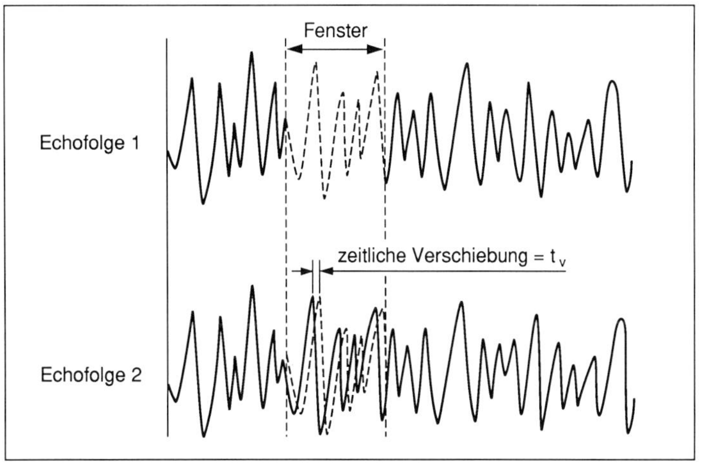

Abb. 17.**61** Vergleich zweier Ultraschall-Echosignalfolgen

Das Echo des Streuers kommt aus unterschiedlichen Tiefen und wird um die Differenz der Laufzeiten der beiden Puls-Echo-Zyklen $t_v = t_2 - t_1$ zeitverschoben empfangen, d. h. zu einem früheren oder späteren Zeitpunkt relativ zum Zeitpunkt der Pulsemission am Schallkopf. t_v ist positiv bei einer Bewegung vom Schallkopf weg und negativ im umgekehrten Fall. Gleichung 17.4 oben eingesetzt ergibt:

$$v_{Blut} = \frac{c}{2} \frac{t_v}{t_{PRF} \cos\alpha} \qquad \text{(G 17.27)}$$

Es wird im folgenden angenommen, daß die Pulse, die zur Bestimmung der Zeitverschiebung benutzt werden, einen zeitlichen Abstand von t_{PRF} besitzen, d. h. es werden unmittelbar aufeinander folgende Puls-Echo-Zyklen ausgewertet. Zur Vergrößerung des zeitlichen Pulsabstands zwecks Messung langsamer Flüsse ist es durchaus sinnvoll, mehrere Linien parallel zu bearbeiten. Es können z. B. parallel die Linien 1, 2 und 3 mit der Pulsfolge 1,2,3,1,2,3,..,1,2,3 ausgewertet werden. Hierdurch bleibt die Bildwiederholfrequenz konstant, obwohl sich der Meßabstand der einzelnen Linien und damit die Geschwindigkeitsauflösung (s. unten) um den Faktor 3 verbessert. Mit dieser einfachen Methode wird dem Streuer Zeit zur Positionsänderung gegeben.

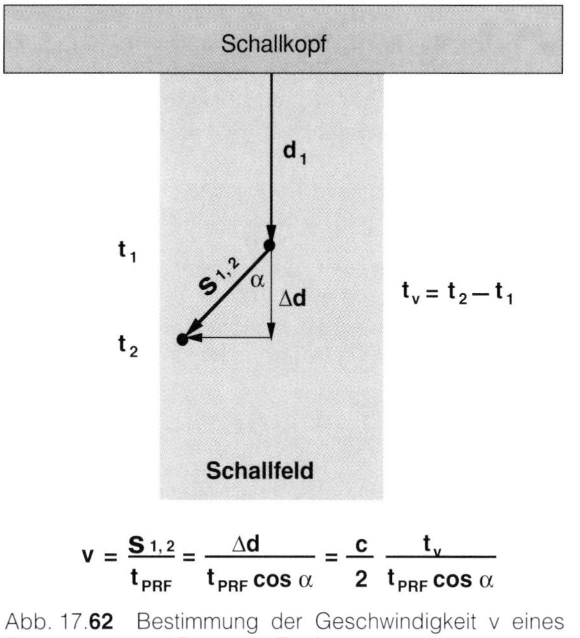

Abb. 17.**62** Bestimmung der Geschwindigkeit v eines Streuers mit zwei Pulsen (s. Text)

Das Problem besteht nun darin, ein bestimmtes Signalverhalten wiederzufinden. Man muß nacheinander zwei Echofolgen derselben Ultraschallinie g(t) und h(t) vergleichen und den Ort der maximalen Übereinstimmung finden. Hierzu sucht man die maximale Korrelation der Echos der Signale g(t) und h(t). Man sucht also das Maximum der Kreuzkorrelationsfunktion R(t) aus Gleichung 17.24:

$$\max[R(t)] =$$
$$\max[g(t)\cdot h(t)] = \max\left[\int_{-\infty}^{+\infty} g(\tau)h(\tau+t)d\tau\right]$$

Da man es hier nur mit reellen Größen zu tun hat, wurde gleich g*(t) durch g(t) ersetzt. Rein mathematisch wird so vorgegangen wie im vorherigen Fall der Autokorrelation. Die stetigen Funktionen werden um die Schrittweite t übereinander verschoben, miteinander multipliziert, und anschließend wird das Produkt von $-\infty$ bis $+\infty$ integriert. Das Ergebnis ist der Wert der Korrelation zum Zeitpunkt t. Danach wird nach dem Maximum der Korrelationsfunktion max (R(t)) über alle Verschiebungen t gesucht. Das Maximum der Kreuzkorrelationsfunktion liegt an der Stelle $t = t_v$. Es muß noch einmal darauf aufmerksam gemacht werden, daß nicht wie im vorherigen Fall die demodulierten Signale verwandt werden, sondern die tatsächlichen hochfrequenten Echosignale.

Leider hat man es nicht mit einem einzigen Streuer zu tun, sondern mit vielen Streuern, nämlich im wesentlichen mit den Erythrozyten. Die mit der Frequenz f_s digitalisierten Echosignalfolgen werden jetzt in gleich lange diskrete Segmente unterteilt (Abb. 17.**63**). In jedem Segment S_i befinden sich N diskrete zeitlich äquidistante digitale Werte. Die Größe der Segmente ist ein Kompromiß zwischen einer hohen axialen Ortsauflösung und der gewünschten Genauigkeit der Geschwindigkeitsermittlung im Segment. Die Segmentlänge L beträgt dann

$$L = c\frac{N}{f_s} = cNt_s$$

Je kleiner das Segment, desto unsicherer ist die Geschwindigkeitsermittlung (29). Je größer das Segment, desto schlechter ist wiederum die axiale Auflösung. Die diskrete Kreuzkorrelationsfunktion lautet:

$$R(n,s_i) = \sum_{k=0}^{N-1} g(k+s_iN)h(k+s_iN+n)$$

Hierbei wird $g(\tau) \rightarrow g[(k+s_iN)t_s]$, und $h(\tau+t) \rightarrow h[(k+s_iN+n)t_s]$, d. h. man zählt jetzt die diskreten digitalen Werte ab. Der zeitliche Abstand der Werte ist konstant $\frac{1}{f_s} = t_s$. Dieser Faktor wurde oben weggelassen. Man fängt mit dem nullten Segment an und geht dann nacheinander alle i Segmente bis zum letzten Segment s_i durch. Verschoben wird $h(k+s_iN+n)$ in jeder der untenstehenden Summen jeweils um den Wert n. Sinnvoll erscheint es, $h(k+s_iN+n)$ im Bereich $-N \leq n \leq +N$ zu variieren. Somit wird das jeweils mittlere Segment schrittweise über die beiden Nachbarsegmente geschoben. Das erste und letzte Segment stellen Sonderfälle dar.

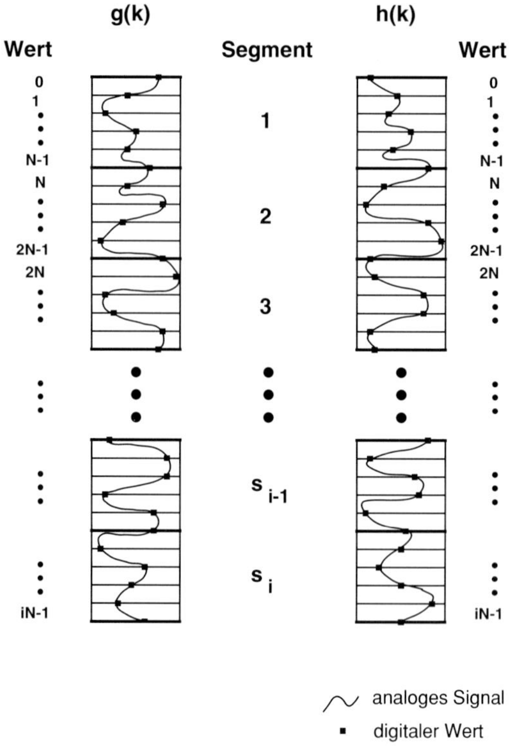

Abb. 17.**63** Segmentierung der A-Mode-Linien (s. Text)

Es müssen somit $f_s(2N+1)$ Multiplikationen und Additionen pro Sekunde durchgeführt werden. Danach muß nach dem maximalen Wert von $R(n,s_i)$ in jedem Segment gesucht werden. Der Ort der maximalen Übereinstimmung der Funktionen liefert die Zeitverschiebung $t_v = n_v t_s$ und nach der Gleichung 17.27 die Flußgeschwindigkeit in dem betrachteten Segment. n_v ist die Anzahl der digitalen Werte, um die die Signale relativ zueinander verschoben werden müssen, um zur Deckung zu gelangen.

$$R(n,0) = \sum_{k=0}^{N-1} g(k+0)h(k+0+n)$$

$$R(n,1) = \sum_{k=0}^{N-1} g(k+N)h(k+N+n)$$

$$\vdots$$

$$R(n,s_i) = \sum_{k=0}^{N-1} g(k+s_iN)h(k+s_iN+n)$$

In der Abb. 17.**64** ist ein Blockschaltbild zur Ermittlung der Flußgeschwindigkeit über die Zeitverschiebung nach der hier beschriebenen Methode zu sehen.

Jensen (29) gibt an, daß die digitalen Wertefolgen die analogen Signale richtig beschreiben, wenn:

$$f_s > 4\,(f_0 + \frac{B}{2})$$

mit B = Bandbreite und f_0 = Mittenfrequenz des Signals.

Bei Wahl einer zu niedrigen Digitalisierungsfrequenz (Samplefrequenz) könnte sonst eine Uneindeutigkeit der Aussage die Folge sein (s. 17.3.1). Bei einem 5-MHz-Schallkopf mit 50% Bandbreite sollte hiernach f_s mindestens 25 MHz betragen. Es sollte auf jeden Fall $f_s \geq 4f_0$ eingehalten werden, wobei dann auf die höchsten Frequenzkomponenten an der oberen Bandkante verzichtet wird. Bei einem 5-MHz-Schallkopf beträgt f_s dann mindestens 20 MHz.

Die axiale Ortsauflösung Δz des Verfahrens beträgt bei einem Puls-Echo-System die halbe Länge der Segmente (s. 17.2.2, Gleichung 17.4):

$$\Delta z = \frac{c}{2}\,\frac{N}{f_s} = \frac{c}{2} N t_s$$

Die minimale v_{min} und maximale v_{max} detektierbare Geschwindigkeit betragen:

$$v_{min} = \frac{c}{2}\,\frac{f_{PRF}}{f_s} \quad \text{und} \quad v_{max} = \frac{c}{2}\,N\frac{f_{PRF}}{f_s}$$

Foster et al. (21, 14) beschreiben ein System mit einem 5 MHz-Schallkopf, N = 40 und f_s = 50 MHz bei Verwendung eines 8-Bit D/A-Wandlers. Bei diesem System müßten bei einem Echtzeitbetrieb $4*10^9$(4 Milliarden!) Rechenoperationen pro Sekunde durchgeführt werden. Die axiale Auflösung Δz beträgt somit 0,616 mm entsprechend 2 Wellenlängen. Bei diesem System beträgt die maximale Pulswiederholfrequenz f_s = 30 kHz. Die minimal auflösbare Geschwindigkeit beträgt 46,2 cm/s und die maximal detektierbare Geschwindigkeit 1,848 cm/s bei Wahl einer f_{PRF} von 30 kHz. Bei Wahl einer f_{PRF} von 2,5 kHz folgen für v_{min} 3,85 cm/s und für v_{max} 154 cm/s. Werden z. B. 3 Ultraschallinien parallel bearbeitet wie oben beschrieben, so verbessert sich die Auflösung niedriger Blutflußgeschwindigkeiten um einen Faktor $^1/_3$ auf 1,3 cm/s.

Um zu einem sicheren Ergebnis zu gelangen, ist es sinnvoll, nicht nur zwei Puls-Echo-Zyklen miteinander zu vergleichen, sondern mehrere Puls-Echo-Zyklen pro Ultraschallinie zu verwenden und daraus den Mittelwert der Flußgeschwindigkeit zu gewinnen. Es ist nur möglich, diskrete Geschwindigkeitswerte zu ermitteln. Man gelangt durch eine Mittelwertbildung über mehrere Puls-Echo-Zyklen zu einer sichereren Ermittlung der tatsächlichen Flußgeschwindigkeit pro Segment. Die wahre Geschwindigkeit kann dann auch zwischen den diskreten Werten liegen. Bei der Verwendung von 6 Puls-Echo-Zyklen statt 3 verbessert sich der Wert um etwa einen Faktor 2 (29).

Die Verwendung von 8 oder mehr Bit für die Korrelation ist teuer. Deshalb schlugen Bonnefous und Pasqué vor (5), nur das Vorzeichen der Amplitudenwerte für die Korrelation zu verwenden. Somit muß zwar immer noch eine 8–12 Bit A/D-Wandlung der Echos durchgeführt werden, die anschließende Rechnung kann aber mit einem einzigen Bit, d. h. mit dem Vorzeichen der Amplitude realisiert werden. Dies verbilligt die gesamte Elektronik erheblich. Der Verlust an Genauigkeit ist dabei nur gering (29, 30).

Jensen (29, 30, 31) hat das Verfahren ausführlich untersucht und kommt zu den folgenden Ergebnissen. Am stärksten in die Zuverlässigkeit des Ergebnisses geht das Signal-zu-Rausch-Verhältnis ein. Es sollte in jedem Fall größer als 6 dB sein. Dies führt sofort zu einer Begrenzung der Eindringtiefe, was bereits in Abschnitt 17.2.1 dargelegt wurde. Je kürzer der Puls, d. h. je größer die Bandbreite, desto sicherer ist das Ergebnis. Die Bandbreite sollte hiernach mindestens 20% betragen. Interessant ist, daß die Zuverlässigkeit des Ergebnisses praktisch unabhängig von der Flußgeschwindigkeit ist. Je mehr Puls-Echo-Zyklen berücksichtigt werden, desto zuverlässiger ist die ermittelte Geschwindigkeit.

In den obigen Betrachtungen wurden der Transit Time Effekt und andere limitierende Effekte nicht berücksichtigt (s. 17.2.4). Die endliche Verweildauer der Erythrozyten im Meßvolumen, das von der Segmentgröße und der Breite des Schallfelds definiert wird, sowie die Tatsache, daß im Meßvolumen in realen Blutgefäßen die Erythrozyten unterschiedliche Geschwindigkeiten haben können, wurde von Bonnefous (6) untersucht. Sie kommt zu dem Ergebnis, daß diese realen Eigenschaften des Blutflusses zu einer Reduktion des Maximums der Kreuzkorrelationsfunktion führen, aber das Ergebnis dadurch nicht verschlechtern. Sie beschreibt weiterhin die Möglichkeit der Berechnung der Varianz. Dies soll an dieser Stelle aber nicht erläutert werden.

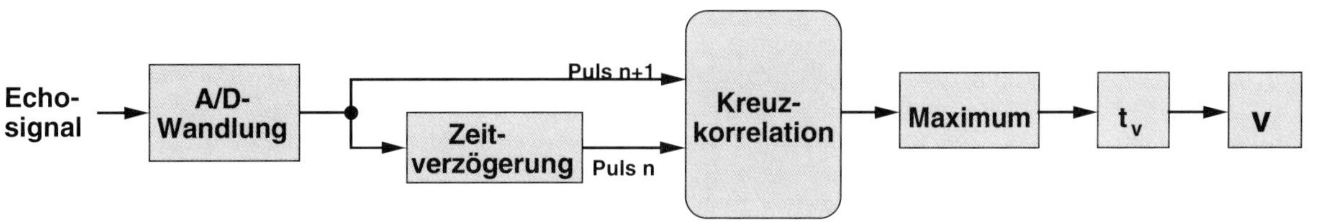

Abb. 17.**64** Prinzipschaltung zur Ermittlung der Flußgeschwindigkeit über die Zeitverschiebung (s. Text)

Das Verfahren des Time Domain Processing hat gegenüber den Doppler-Verfahren unter Verwendung der Demodulation eine Reihe von Vorteilen. Es gibt keine physikalisch bedingte Ober- oder Untergrenze für die erlaubten Geschwindigkeitswerte. Das bei existierenden Geräten beobachtete Aliasing ist eine Folge der begrenzten technischen Möglichkeiten. Liegt das absolute Maximum der Kreuzkorrelationsfunktion außerhalb des durch n definierten Verschiebungsbereichs, so wird das relative Maximum durch den obigen Algorithmus gefunden. Dies führt zu Aliasing. Es hat aber nichts mit der Nyquist-Grenze zu tun. Eine Begrenzung durch die Pulswiederholfrequenz existiert tatsächlich und soll hier nicht vergessen werden. Die vom Anwender benötigte Eindringtiefe begrenzt leider die Pulswiederholfrequenz.

Weiterhin existiert kein Widerspruch zwischen dem Ziel, gleichzeitig ein gutes Grauwertbild und eine hohe Geschwindigkeitsauflösung im Farbbild zu erzielen. Während die Doppler-Verfahren der Phasen- und Frequenzanalyse einen schmalbandigen Puls benötigen, braucht das Kreuzkorrelationsverfahren genauso wie das Grauwertbild einen breitbandigen Puls. Mit einer Steigerung der Eindringtiefe ist leider durch dieses Verfahren gegenüber den anderen Verfahren nicht zu rechnen. Die frequenzabhängige Absorption im Gewebe, die zu einer Verfälschung der Ergebnisse bei den Phasen- und Frequenzanalyse-Verfahren führen können, spielt hier keine Rolle. Man kommt gegenüber diesen Verfahren mit weniger Puls-Echo-Zyklen aus, was der Bildwiederholfrequenz oder je nach Wahl des Entwicklers der lateralen Auflösung zugute kommt.

17.5 Bildverarbeitung

Wie ganz am Anfang erwähnt besitzt der Mensch für Empfang und Verarbeitung von Signalen im Ultraschallbereich keine Sinnesorgane. Ultraschallbilder sind somit keine dem Menschen von Natur aus zugängliche Bilder. Zusätzlich beschränkt die Laufzeit des Schalls die Anzahl der zulässigen Puls-Echo-Zyklen, sofern eine Echtzeitbildwiedergabe gewünscht wird. Die Qualität der Bilder ist somit abhängig von der Art der Bildverarbeitung. Leider können hier aus Platzgründen nur einige wenige interessante Punkte willkürlich herausgegriffen werden. Es wird auf die spezielle Literatur zur Bildverarbeitung verwiesen (z. B. 22, 41).

Es sei angenommen, daß der Anwender das physikalisch Notwendige zur Optimierung des Bilds getan hat. Hierzu zählt die für den Zweck korrekte Schallkopfwahl sowie die optimale Einstellung der tiefenabhängigen Verstärkung und der Gesamtverstärkung. Der Sendefokus bzw. die -fokusse wurden der Aufgabe entsprechend gewählt und genügend Ultraschallkontaktgel appliziert.

Das Grauwertbild ist eine zweidimensionale Anordnung von Bildpunkten, Pixel (Picture Element) genannt. Jedem Bildpunkt wird proportional der Echointensität an diesem Ort ein Grauwert zugewiesen. Nach dem Empfang der Echos am Schallkopf werden die Signale verstärkt, gleichgerichtet und analog/digital gewandelt. Hiernach werden sie in einem digitalen Speicher abgelegt.

Die Farbwerte werden je nach Verfahren berechnet und ebenfalls in einem häufig getrennten digitalen Speicher abgelegt. Grauwerte und Farbwerte werden gemeinsam ausgelesen und digital/analog gewandelt. Beim Farbsystem benötigt man 3 getrennte D/A-Wandler für die Farben Rot, Grün und Blau. Liegt ein Grauwert vor, so werden alle 3 Wandler mit demselben Wert angesteuert. Gemäß der Größe der Zahl erscheint das Pixel dunkler oder heller auf dem Bildschirm, wobei z. B. die Zahl Null schwarz und die höchste mögliche Zahl weiß bedeuten. Bei den Farb-Pixeln werden unterschiedliche Zahlen an den D/A-Wandler übergeben.

Ein grundlegendes Problem ist die ortsrichtige Übertragung der gemessenen Rohdaten des 2-D-Bilds auf das Endbild auf dem Monitor. Das Koordinatensystem des Monitors ist das kartesische Koordinatensystem (x,y,z), das jedem aus der Schule bekannt sein dürfte. Längs der Oberkante des Monitors verläuft die y-Achse und parallel zum linken Bildrand verläuft die z-Achse. Jeder Pixel auf dem Bildschirm besitzt ein Koordinatenpaar (y_i,z_k). Hierbei kennzeichnet i die Spalte und k die Zeile, in dem der Bildpunkt zu finden ist. Bei der Verwendung eines Linear-Arrays wird zunächst ein Puls längs der Spalte i = 0 ausgesandt, und die zurückkommenden Echos werden nacheinander den Koordinaten (y_0,z_0), (y_0, z_1), (y_0, z_2), ..., (y_0, z_n) zugeordnet. Je nach Digitalisierungsfrequenz existieren z. B. n = 128 oder 256 Werte (Zeilen) je Spalte. Nachdem der 1. Puls-Echo-Zyklus abgearbeitet wurde, kommt der nächste dran. Die Daten werden den Koordinaten (y_1, z_0), (y_1, z_1), (y_1, z_2), ..., (y_1, z_n) zugeordnet. Dies geschieht für alle m Puls-Echo-Zyklen eines Bilds. Die letzte Spalte eine Bilds besitzt die Koordinaten (y_m, z_0), (y_m, z_1), (y_m, z_2), ..., (y_m, z_n).

Die Pulse und Echos werden stets senkrecht bzw. radial vom Schallkopf emittiert und empfangen. Die Laufzeit ist ein Maß für den Abstand r des Reflektors vom Schallkopf. Beim Linear-Array-Schallkopf sind die Laufrichtungen des Schalls parallel zueinander. Liegt kein Linear-Array-Schallkopf vor, so werden die Pulse stets in unterschiedliche Richtungen unter einem Winkel φ ausgesandt. Die Koordinaten der Bildpunkte lauten jetzt (r_i, φ_k). Hierbei ist r_i eine Länge und φ_k ein Winkel. Dieses Koordinatensystem ist das Polar-Koordinatensystem. Die Adressen der Rohdaten müssen jetzt in das kartesische Koordinatensystem des Datenspeichers umgerechnet und die Werte entsprechend übertragen werden. Dieser Prozeß der Koordinatentransformation (Abb. 17.**65a, b**) läuft im Scankonverter in Echtzeit ab. Leider trifft ein ganzzahliger Wert von (r_i, φ_k) nicht immer auf einen ganzzahligen Wert von (y_i, z_k). Es wird der am nächsten liegende ganzzahlige Wert genommen. Es liegen am Ende der Transformation insbesondere im Nahbereich eini-

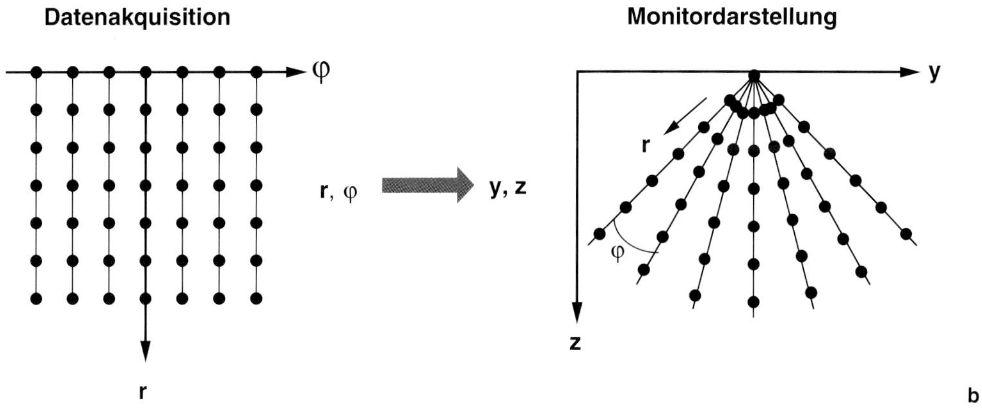

Abb. 17.**65a, b** Transformation der Polar-Koordinaten (**a**) der Rohdaten in die kartesischen Koordinaten (**b**) der Ausgabedaten

ge (r_i, φ_k)-Werte auf denselben (y_i, z_k)-Werten, und im Fernfeld sind einige (y_i, z_k)-Werte nicht besetzt. Es erfolgt nun eine Interpolation zwischen den vorhandenen Werten. Bei einer inkorrekten Interpolation und Umrechnung erhält man überlagerte Linienstrukturen (Moiré). Eine beliebte und einfache Interpolation beim Vektortransformationsverfahren besteht in dem Auffüllen der nichtbesetzten Werte durch den letzten echten Wert rechts oder links der unbesetzten Koordinaten. Sobald die Werte etwa ±45° deutlich übersteigen, führt diese Art der Interpolation in zunehmendem Maße zu schwarzen bzw. weißen Linien im Bild und somit zu einem unklaren Bild an den Rändern. Dieses eben beschriebene einfache und in den meisten Geräten angewandte Verfahren ist zwangsläufig nicht 360°-fähig.

Bei hochwertigen Geräten existiert ein anderes Verfahren, das Rücktransformationsverfahren. Hierbei ruft ein (y_i, z_k)-Wert im Endspeicher (dargestelltes Bild) den passenden (r_i, φ_k)-Wert im Rohdatenspeicher (Linienspeicher) auf. Der Abstand r wird mit dem Pythagoras berechnet ($r = \sqrt{x^2 + y^2}$). Der Winkel φ ergibt sich aus $\varphi = \mathrm{arctg}\,(^x/_y)$. Da die mathematische Operation Wurzelziehen und die Berechnung des arcus tangens auch bei ganzzahligen Ausgangswerten (y_i, z_k) zwangsläufig nicht immer ganzzahlige Ergebnisse liefern, muß ein Näherungsverfahren angewandt werden, da sämtliche Adressen stets ganzzahlig sind. Im einfachsten Fall wird nur der Pixelwert der gerundeten Adresse im Linienspeicher in den Endspeicher übertragen. Besser ist es, die Pixelwerte aus den die exakte Adresse im Linienspeicher umgebenden Adressen zu entnehmen und mittels einer gewichteten bilinearen Interpolation einen neuen Grauwert zu errechnen. Dabei wird dann jeder Pixelwert entsprechend seines Abstands zur berechneten Adresse berücksichtigt. Dieses Echtzeitverfahren ist voll 360°-fähig. Gleichzeitig kann man so leicht einen Read-Zoom des eingefrorenen Bilds realisieren. Die Auswahl eines beliebigen ROI (Region of Interest) ist möglich. Leider ist dieses Verfahren sehr aufwendig und somit teuer.

Bedingt durch den Wunsch, ein Echtzeitbildverfahren zu haben, können die Ultraschallbilder nur aus wenigen echten Ultraschallinien bestehen. Übliche Linienzahlen sind 64, 96, 128, 192 und 256. Die Axialauflösung eines Ultraschallbilds ist begrenzt durch die Wellenlänge und die endliche Digitalisierungsfrequenz. Üblicherweise werden nur 128, 256 oder 512 Punkte je Spalte ausgewertet (Abtastrate). Ein Videobild besitzt aber im VHS-System 625 Zeilen. Die Spaltenzahl beträgt etwa 240 Linien. Im S-VHS-System können etwa 400 Linien aufgelöst werden (3). Mit anderen Worten: die Anzahl der Zeilen und Spalten, die auf dem Monitor dargestellt werden, übersteigt deutlich die Menge der zur Verfügung stehenden echten Ultraschallbildpunkte. Hiermit gelangt man sofort zu dem Problem der Dateninterpolation. Man kann z. B. eine bilineare gewichtete Interpolation durchführen. Es werden also von zwei benachbarten echten ermittelten Bildpunkten ausgehend die dazwischenliegenden Werte berechnet. Durch Erhöhung der Abtastrate vermeidet man bei hochwertigen Geräten eine Interpolation in Schallausbreitungsrichtung. Man benötigt somit nur noch eine Interpolation in der Richtung senkrecht zur Schallausbreitungsrichtung. Noch einfacher ist es, den echten Wert auf die benachbarten, nicht besetzten Koordinaten nach rechts und sofern notwendig nach unten solange zu übertragen, bis man zu einem besetzten Bildpunkt kommt. Man kann sich leicht denken, daß im Fall eines reinen Read-Zooms diese Interpolation immer schwieriger wird. Bei einem Read-Zoom werden keine zusätzlichen Daten gesammelt, sondern es erfolgt nur eine Neuskalierung des Bilds. Beim Write-Zoom erhöht man die Ultraschalliniendichte.

Es gibt Ultraschallgeräte mit 16, 32, 64, 128 und 256 digitalen Grauwerten. Das Auge selbst kann nur etwa 35 Grauwerte unterscheiden (37) (Abb. 17.**66a–d**). Die digitalen Werte werden beim Auslesen aus dem Speicher über einen D/A-Wandler auf einen Videomonitor übertragen. Die Kennlinie (Grauwerttabelle) des D/A-Wandlers ist dem Sehempfinden des Auges angepaßt (γ-Korrektur). Auf dem Mo-

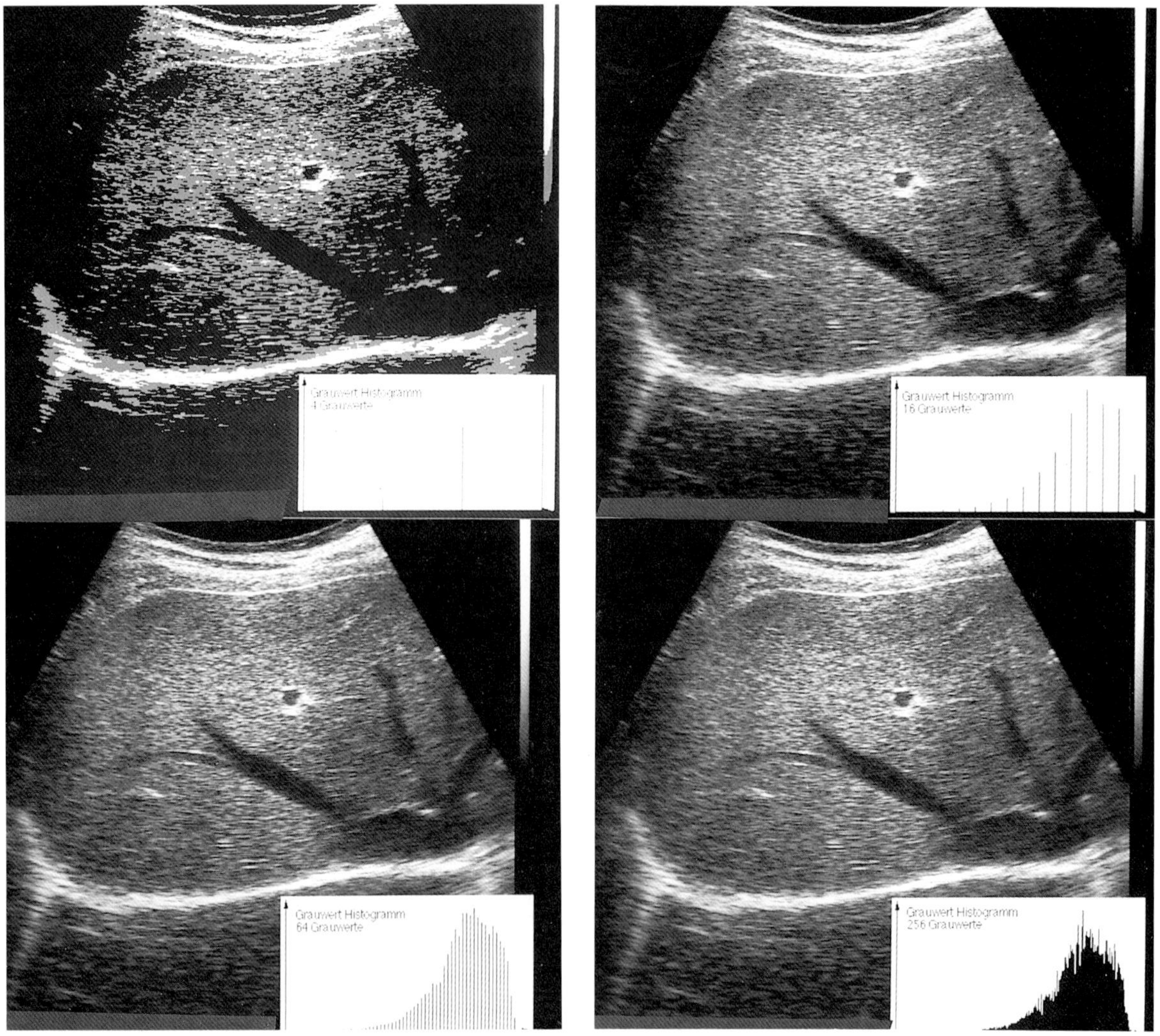

Abb. 17.**66 a–d** Die gleiche Aufnahme der Leber mit jeweils 4, 16, 64 und 256 Grauwerten aufgenommen. Das jeweilige Histogramm ist unten links im dazugehörigen Bild zu sehen

nitor wird das Bild vom Auge wahrgenommen. Die Bildröhre selbst ist mit einem Leuchtstoff (Phosphor) beschichtet. Die Lichtemission des Leuchtstoffs nimmt langsam ab. Dies allein führt bereits zu einer Bildglättung. Häufig werden die Amplituden der Bildpunkte beim Auslesen aus dem Speicher noch analog geglättet.

Fast jedes Ultraschallgerät gestattet dem Anwender, eine Bildglättung durchzuführen. Diese Bildglättung wird häufig Scancorrelation (SCC) genannt. Ziel ist es, das unvermeidliche Rauschen zu unterdrükken. Hierzu werden z. B. 2 oder mehrere Rohdatenbilder Pixel für Pixel addiert und die resultierenden Pixel-Werte durch die Anzahl der Bilder geteilt. Dies ist die einfachste Form der digitalen Bildglättung. In einigen Fällen werden die Bilder noch gewichtet, um den Nachzieheffekt der Bildmittelung zu reduzieren.

Bei den meisten Ultraschallgeräten besteht die Möglichkeit der Kantenanhebung. Dies kann analog durch Beimischung der Ableitung des empfangenen Echosignals zu demselben Signal erreicht werden. Hiermit bewirkt man eine Verstärkung der Grauwertunterschiede bei Änderung der empfangenen Signalintensität. Diese Funktion wird auf den Ultraschallgeräten häufig als „Enhance“ bezeichnet.

Bei der Farbverarbeitung werden ebenfalls Bildverarbeitungsalgorithmen angewandt. Zur Ermittlung der Flußinformation müssen je nach Verfahren ca. 5–17 Puls-Echo-Zyklen pro Ultraschallinie ausgewertet werden. Würde dies für die gleiche Anzahl von Ultraschallinien wie im Grauwertfall geschehen, käme man de facto zum Standbild. Man ist also gezwungen, zwischen den echten Pixel zu interpolieren. Dies kann auf die gleiche Art erfolgen wie beim Grauwertbild.

Weiterhin bietet sich noch bei der Farbe die Verwendung eines Medianfilters an. Hierbei ersetzt das Filter die Farbwerte des Pixels durch den Medianwert der Farbwerte in der Umgebung und nicht durch den Mittelwert. Hierdurch bleibt die gewünschte Kantenschärfe erhalten bei gleichzeitiger Glättung der Spitzen. Als Beispiel soll ein 3×3-Medianfilter genommen werden. Die 9 Pixelwerte sollen betragen:

$$\begin{Bmatrix} 25 & 30 & 10 \\ 30 & 100 & 35 \\ 25 & 40 & 25 \end{Bmatrix}$$

Der mittlere Wert (hier 100) soll ersetzt werden. Die Auflistung der Pixel nach ihren Werten ergibt:

$$10, 25, 25, 25, \mathit{30}, 30, 35, 40, 100$$

Der Mittelwert beträgt 320/9 = 35,56 → 36, der Medianwert beträgt hingegen 30. Der Wert 100 wird dann durch 30 ersetzt.

Viele weitere Filter sind möglich, solange sie echtzeitfähig sind. Zur weiteren Vertiefung wird die Lektüre der Spezialliteratur empfohlen.

17.6 Literatur

1 Abstracts des Drei-Länder-Treffens in Lausanne, Ultraschalldiagnostik 91, 16.–19. 10. 1991, Ultraschall Klin. Prax. 6, No. 3 (1991)
2 Atkinson, P., J. P. Woodcock: Doppler Ultrasound and its Use in Clinical Measurement. Academic Press, London (1982) 69–70
3 Bahr, H.: Alles über Video. Hüthig-Verlag, Heidelberg (1991) 169
4 Bonnefous, O., P. Pasqué: Time Domain Formulation of Pulse-Doppler Ultrasound and Blood Velocity Estimation by Cross Correlation, Ultrasonic Imaging 8 Academic Press Inc. (1986) 73–85
5 Bonnefous, O., P. Pasqué, X. Bernard: A New Velocity Estimator for Color Flow Mapping, IEEE Ultrasonics Symposium (1986) 855–860
6 Bonnefous, O.: Statistical Analysis and Time Correlation Processes Applied to Velocity Measurement. IEEE Ultrasonics Symposium (1989) 887–892
7 Born, M.: Optik. Springer, Berlin (1985) 142–147
8 Born, M.: Optik. Springer, Berlin (1985) 162–170
9 Brigham, E. O.: The Fast Fourier Transform. Prentice-Hall Inc., 1974
10 Brigham, E. O.: The Fast Fourier Transform, Prentice-Hall Inc., (1974) 50–75
11 Brigham, E. O.: The Fast Fourier Transform, Prentice-Hall Inc., (1974) 66–68
12 Chatigny, J. V.: Piezofilm – ein Sensorik-Basismaterial. Elektroniker 7 (1988)
13 Chivers, R. C., F. Santosa: Numerical Considerations for Interface Reflections in Medical Ultrasound, Phys. Med. Bio. 31, (1986) 819–837
14 Embree, P. M., W. D. O'Brien: Volumetric Blood Flow via Time-Domain Correlation: Experimental Verification, IEEE Transactions on Ultrasonics, Ferroelectrics and Frequency Control, Vol. 37, No. 2 (1990) 176–189
15 Evans, D. H., W. N. McDicken, R. Skidmore, J. P. Woodcock: Doppler Ultrasound. John Wiley & Sons (1991) 3
16 Evans, D. H., W. N. McDicken, R. Skidmore, J. P. Woodcock: Doppler Ultrasound. John Wiley & Sons (1991) 118–122
17 Evans, D. H., W. N. McDicken, R. Skidmore, J. P. Woodcock: Doppler Ultrasound. John Wiley & Sons (1991) 127–130
18 Fehske, W.: Praxis der konventionellen und farbkodierten Doppler-Echokardiographie. Huber, Bern 1988
19 Feigenbaum, H.: Echokardiographie, Beiträge zur Kardiologie, Bd. 12. Perimed Erlangen 1986
20 Föllinger, O.: Laplace- und Fourier-Transformation. AEG-Telefunken, 1982
21 Foster, S., P. M. Embree, W. D. O'Brien: Flow Velocity Profile via Time-Domain Correlation: Error Analysis and Computer Simulation, IEEE Transactions on Ultrasonics, Ferroelectrics and Frequency Control, Vol. 37, No. 2 (1990) 164–175
22 Gonzalez, R. C., P. Wintz: Digital Image Processing, 2nd ed., Addison-Wesley Pub. Co., Reading, Mass. 1987
23 Grewe, M. G., T. R. Gururaja, T. R. Shrout, R. E. Newnham: Acoustic Properties of Partical/ Polymer Composites for Ultrasonic Transducer Backing Applications, IEEE Transactions on Ultrasonics, Ferroelectrics and Frequency Control, Vol. 37, No. 6 (1990) 506–514
24 510(k) Guide for Measuring and Reporting Acoustic Output of Diagnostic Ultrasound Medical Devices (FDA), Appendix D, Center for Devices and Radiological Health, (12.1985) D-4
25 Haerten, R.: Technische Kenngrößen von Ultraschalldiagnosegeräten und ihre Bestimmung. Ultraschall 1 (1980) 1–11
26 Harris, R. A., D. H. Follett, M. Halliwell, P. N. T. Wells: Ultimate Limits in Ultrasonic Imaging Resolution, Ultrasound Med. Biol. 17, No. 6 (1991) 547–558
27 Hatle, L., B. Angelsen: Doppler Ultrasound in Cardiology. Lea & Febiger, Philadelphia (1982) 194–199
28 Jaffe, B., W. R. Cook, H. Jaffe: Piezoelectric Ceramics. Academic Press, London 1971
29 Jensen, J. A.: Artefacts in Velocity Estimation using Ultrasound and Cross-Correlation, Submitted to IEEE Transactions on Medical Imaging (7.91)
30 Jensen, J. A.: Stationary Echo Canceling in Velocity Estimation by Time Domain Cross-Correlation, Submitted to IEEE Transactions on Medical Imaging (8.91)
31 Jensen, J. A.: Implementation of Ultrasound Time Domain Cross-Correlation Blood Velocity Estimators, Submitted to IEEE Transactions on Biomedical Engineering (8.91)
32 Jones, S. A., D. P. Giddens: A Simulation of Transit Time Effects in Doppler Ultrasound Signals. Ultrasound Med. Biol. 16, No. 6 (1990) 607–619
33 Kaplan, W.: Advanced Calculus, 2nd ed. Addison-Wesley Pub. Co., Reading, Mass. (1973) 509–511
34 Kasai, C., K. Namekawa: Real-Time Two-Dimensional Blood Flow Imaging using an Autocorrelation Technique. IEEE Ultrasonics Symposium (1985) 953–985
35 Kasai, C., K. Namekawa; A. Koyano, R. Omoto: Real-Time Two-Dimensional Blood Flow Imaging using an Autocorrelation Technique, IEEE Transactions on Sonics and Ultrasonics, Vol. SU-32 (1985) 458–463
36 Krautkrämer, J., H. Krautkrämer: Werkstoffprüfung mit Ultraschall. Springer, Berlin (1961) 62
37 Krestel, E. (Hrsg.): Bildgebende Systeme für die medizinische Diagnostik, 2. Aufl. Siemens A. G., Erlangen (1988) 213
38 Millner, R. (Hrsg.): Ultraschalltechnik. Physik, Weinheim (1987) 41–46
39 Omoto, R. (Ed.): Color Atlas of Real-Time Two Dimensional Doppler Echocardiography, 2nd ed. Lea & Febiger, Philadelphia (1987) 14–15; 20–21
40 Powis, R. L.: A New Real-Time Look at the Vascular System. Appl. Radiol. 1 1986
41 Pratt, W. K.: Digital Image Processing. John Wiley & Sons, New York 1978
42 Safety Standard for Diagnostic Ultrasound Equipment, AIUM/NEMA Standards Pub. No. UL1-1981, J. Ultrasound Med. Suppl. 2, No. 4 (1983) 21
43 Schwarz, H. P., W. Gebhardt: Optimierung des Fokusschlauches von Phased-Arrays für die Impulsechoprüfung an dickwandigen Komponenten, Fraunhofer-Gesellschaft, Institut für zerstörungsfreie Prüfverfahren, Berichts-Nr. 820219-TW, 1982
44 Smith, W. A., B. A. Auld: Modeling 1–3 Composite Piezoelectrics: Thickness-Mode Oscillations, IEEE Trans. on Ultrasonics, Ferroelectrics and Frequency Control 38, No. 1 (1991) 40–47
45 Sommerfeld, A.: Vorlesungen über theoretische Physik, Band V, Thermodynamik und Statistik. Verlag Harri Deutsch, Frankfurt/Main (1977) 240–241
46 Spiegel, M. R.: Fourier-Analysis, Schaum's Outline. McGraw-Hill, New York 1976
47 Turnbull, D. H., F. S. Foster: Beam Steering with Two-Dimensional Transducer Arrays, IEEE Transactions on Ultrasonics, Ferroelectrics and Frequency Control. Vol. 38, No. 4, (1991) 320–333
48 Wassenaar, D.: Ultrasound Basic Training Course, S. 10, Philips Medical Systems, 1988, Drucksache 4522 984 14301/794 1988-08
49 Wells, P. N. T.: Biomedical Ultrasonics. Academic Press, London (1977) 124–125

18 Glossar

P.-M. Klews

Alias, Aliasing: Doppler-Verschiebungen oberhalb der Nyquist-Grenze (= halbe Pulswiederholfrequenz) werden um ein ganzzahliges Vielfaches der Pulswiederholfrequenz falsch dargestellt. Der Fluß scheint bei hohen Geschwindigkeiten in die falsche Richtung zu fließen.

A-Mode-Gerät: Ultraschallgerät zur Amplitudendarstellung der Ultraschallechos als Funktion der Laufzeit des Echos bzw. des Abstands der echogebenden Struktur vom Schallkopf. Die Darstellung ist ähnlich der Kurven auf einem Oszillographen: an den Grenzflächen mit einem großen Impedanzunterschied ergibt sich eine hohe Amplitude (großer Ausschlag) und den Grenzflächen mit einem niedrigen Impedanzunterschied eine niedrige Amplitude (kleiner Ausschlag).

Amplitudendarstellung bei der Doppler-Frequenzanalyse: s. Frequenzanalyse.

Annular-Array-Schallkopf: Mechanischer Sektorschallkopf mit konzentrisch angeordneten ringförmigen Piezoelementen.

Apodization: Methode zur Unterdrückung von Schallnebenkeulen durch unterschiedliche Wichtung der Signale an den einzelnen Elementen einer Sende- und/oder Empfangsgruppe von Piezoelementen.

Arbeitsfaktor (Duty Factor): Der Quotient aus der Pulsdauer und dem zeitlichen Pulsabstand.

Auflösung: S. Ortsauflösung, Frequenzauflösung, Zeitauflösung.

Auswertbarer Geschwindigkeitsbereich: Bedingt durch Aliasing (Nyquist-Grenze) ist der Eindeutigkeitsbereich (auswertbarer Geschwindigkeitsbereich) aller gepulster Doppler-Systeme eingeschränkt. Geschwindigkeiten (Doppler-Frequenzverschiebungen) außerhalb des Eindeutigkeitsbereichs können nicht mehr eindeutig einer Geschwindigkeit (Doppler-Frequenzverschiebung) zugewiesen werden.

Axialauflösung: Ortsauflösung in Richtung der Abstrahlrichtung der Schallwellen.

Bandbreite: Ein Schallpuls besitzt nicht nur eine Frequenz, sondern besteht aus vielen Frequenzen um eine Mittenfrequenz herum. Die Bandbreite ist gleich der Differenz zwischen der oberen und unteren Grenzfrequenz. Diese Grenzfrequenzen sind die Frequenzen oberhalb bzw. unterhalb der Mittenfrequenz, deren Amplituden die Hälfte der Amplitude der Mittenfrequenz betragen.

Beam Steering: Elektronisch gesteuerte Strahlablenkung beim Linear-Array-Schallkopf. Die gleiche Methode der Strahlablenkung wird auch beim Phased-Array-Schallkopf angewandt.

Beugung: Abweichung von einer geradlinigen Ausbreitung der Welle an Hindernissen.

Bildrate, Bildfolge, Bildwiederholfrequenz: Anzahl der vom Ultraschallgerät erzeugten Bilder pro Sekunde.

Bildspeicher: Digitaler Speicher (RAM), in dem die digitalen Grauwerte eines Bilds Pixel für Pixel abgelegt werden.

B-Mode, B-Mode-Bild, B-Mode-Darstellung: Zweidimensionales Grauwertultraschallbild (**B** von „**B**rightness" = Helligkeit). Die Helligkeiten der einzelnen Bildpunkte im Schnittbild entsprechen den Echosignalhöhen (Echoamplituden) an diesem Ort.

Brechung: Änderung der Ausbreitungsrichtung beim Grenzübergang zweier Medien.

Brechungsindex: Das Verhältnis der Schallgeschwindigkeiten zweier Medien.

Curved-Array-Schallkopf (CA): Schallkopf mit einer gekrümmten Oberfläche durch eine bogenförmige Anordnung nebeneinander liegender Piezoelemente. Das Bildfeld kann grob als trapezförmig bezeichnet werden.

CW-Doppler (*C*ontinuous *W*ave-Doppler)**:** Messung der Frequenz- (Phasen-) Verschiebungen bzw. Wellenlängenänderungen einer kontinuierlich emittierten und empfangenen Schallwelle. Das Verfahren besitzt keine Axialauflösung betreffend den Ort, aus dem ein Doppler-Signal gewonnen wird. CW-Doppler-Verfahren besitzen keine physikalische Obergrenze (Nyquist-Frequenz) bezüglich der Eindeutigkeit der Bestimmung der Doppler-Verschiebung.

Demodulation: Methode zur Eliminierung der Trägerwelle (in MHz) zur Gewinnung der eigentlichen Information (Doppler-Signal in der Ultraschalltechnik, Musik beim Radio).

Doppler-Effekt, Doppler-Verschiebung, Doppler-Shift: Frequenz-(Phasen-)Verschiebungen bzw. Wellenlängenänderungen eines Signals bedingt durch die Relativbewegung von Sender (Streuer, Reflektor) und Beobachter (Schallkopf) zueinander. Die Höhe der Frequenzverschiebung ist proportional zur beobachteten Geschwindigkeit.

Doppler-Formel: $F_d = (2 \cdot F_0 \, v \cos\alpha)/c$ mit F_d = gemessene Frequenzverschiebung, F_0 = Frequenz des Schallkopfs, v = Geschwindigkeit des gemessenen Objekts, α = Winkel zwischen der Schallwelle und der Bewegungsrichtung des gemessenen Objekts, c = Schallausbreitungsgeschwindigkeit im Gewebe.

Doppler-Information: Akustisch ausgegebene oder über die Frequenzanalyse angezeigte oder anderweitige Angabe der ermittelten Doppler-Verschiebungen des Ultraschallsignals.

Doppler-Schallrichtung: Richtung der Schallausbreitung im Gewebe.

Doppler-Signale: Die dopplerverschobenen Anteile der Echosignale (= Frequenz- und Phasenverschiebung).

Doppler-Spektrum: Zeitlich fortlaufende Darstellung nach Frequenz (Geschwindigkeit) und Amplitude der Ergebnisse der Spektralanalyse der Doppler-Signale.

Doppler-Tor, Doppler-Meßvolumen, Doppler-Gatter: Der Bereich des Bildfelds, aus dem das auszuwertende Doppler-Signal stammt. Bei den meisten Geräten kann die Größe und Position dieses Bereichs verändert werden.

Doppler-Winkel: Winkel zwischen der Ausbreitungsrichtung der Schallwelle und der Bewegungsrichtung des gemessenen Objekts (z. B. Erythrozyt).

Druck: Kraft pro Fläche (Pascal = Pa).

Duplexsonographie, Duplexscan: Ultraschallverfahren, bei dem mit einem Schallkopf sowohl ein B-Bild (Erfassung der Weichteilstrukturen) als auch ein Doppler-Spektrum (Erfassung von Bewegung) gewonnen werden kann. Bei der Duplexsonographie wird die Information über die Bewegung außerhalb des B-Bilds als Kurvenzug (Spektrum) dargestellt.

Dynamik: Verhältnis zwischen dem stärksten noch auswertbaren und schwächsten noch erkennbaren Ultraschallsignal. Die Maßeinheit ist dB.

Dynamische Fokussierung: Der Empfangsfokus wird kontinuierlich über die gesamte Bildtiefe verändert. Dadurch sind die empfangenen Echos immer fokussiert.

Einstrahlwinkel: Der Winkel, unter dem die Ultraschallsignale auf eine interessierende Struktur (z. B. auf ein Gefäß) treffen. Der Einstrahlwinkel liegt stets zwischen 0° und 90°. Bei 0° ist der Fluß parallel zur Schallausbreitungsrichtung gerichtet. Bei 90° ist der Fluß senkrecht zur Schallausbreitungsrichtung gerichtet. Nach der Doppler-Formel (s. dort) kann für diese Bedingung eine Frequenzverschiebung nicht gemessen werden.

Empfangsverstärkung: Elektronische Verstärkung der empfangenen Echosignale. Die Empfangsverstärkung ist abhängig von der Bildtiefe. Signale, die von weit vom Schallkopf entfernt liegenden Strukturen kommen, werden höher verstärkt als die Signale, die von schallkopfnahen Grenzflächen kommen. Durch die Empfangsverstärkung erreicht man eine gleichmäßige Darstellung der Strukturen unabhängig von ihrer Lokalisation.

Farb-Doppler: Begriff für die farbkodierte (Doppler-)Phasen-, Laufzeit- und Frequenzanalyse. Die Ergebnisse werden dabei nicht in Grauwerten, sondern in verschiedenen Farben dargestellt. Gelegentlich wird der Begriff auch synonym für die Farbkodierte Duplexsonographie benutzt.

Farbkodierte Duplexsonographie (FKDS), **Farbduplex, Color Flow Mapping** (CFM)**:** Methode zur simultanen Darstellung von Weichteilstrukturen und Blutbewegung. Die Information über die Blutbewegung wird dem Grauwertbild (= Weichteilstrukturen) farbig unterlegt. Wird eine Bewegung gemessen, so wird an dieser Stelle nur der Farb- und nicht der Grauwert dargestellt. Meist werden die Farben „Rot“ und „Blau“ verwendet, wobei jede Farbe eine Bewegungsrichtung bezüglich des Schallkopfs festlegt. Die Helligkeit der Farbe gibt die Höhe der Frequenzverschiebung wieder. Eine langsame Blutströmung in Richtung auf den Schallkopf kann z. B. in einem dunklen „Blau“ und eine schnelle Blutströmung vom Schallkopf weg in einem hellen „Rot“ kodiert werden.

FFT (Fast Fourier Transformation)**:** Numerischer Algorithmus zur Berechnung der Amplituden der (Doppler-) Frequenzkomponenten eines periodischen (Doppler-) Signals.

Fokusabstand: Der Abstand Schallkopfoberfläche-Fokusebene in der Ausbreitungsrichtung des Schalls.

Fokusbereich: s. Fokuslänge.

Fokusebene: Die Ebene senkrecht zur Ausbreitungsrichtung des Schalls, in der der Fokus liegt.

Fokuslänge: Der Bildtiefenbereich um den Fokus herum, in dem die Querschnittsfläche des Schallfelds bestimmte Grenzwerte nicht überschreitet (im allgemeinen das 4fache der Querschnittsfläche in der Fokusebene).

Freeze-Mode: Gerätezustand, bei dem alle Echtzeitfunktionen gestoppt sind.

Frequenz: Anzahl der Ereignisse (Schwingungen) pro Zeiteinheit. Die Maßeinheit ist Hertz, Hz = 1/s.

Frequenzanalyse, Spektralanalyse: Zerlegung der (Doppler-)Signale in ihre einzelnen Frequenzkomponenten mit den zugehörigen Amplituden der Komponenten (analog dem Prisma bei der Spektralzerlegung des Lichts).

Frequenzauflösung: Bei der Doppler-Frequenzanalyse handelt es sich um den kleinsten Betrag der Doppler-Verschiebung, der noch detektiert werden kann. Er ist gleich der Pulswiederholfrequenz geteilt durch die Anzahl der Messungen.

Gain: s. Tiefenausgleich.

Grauwertbild: s. B-Mode.

Grauwerte, Graustufen: Die analogen Echoamplituden werden in digitale Werte übersetzt (A/D-Wandlung). Diese digitalen Werte sind proportional den Helligkeitswerten des auf dem Monitor dargestellten Bilds.

Grenzfläche: Berührungsfläche zweier Medien unterschiedlicher Impedanz.

Hochpaßfilter: Ein Frequenzfilter, der nur Frequenzen oberhalb einer bestimmten Grenzfrequenz durchläßt. Er dient zur Eliminierung niederfrequenter Störungen wie z. B. der durch die Bewegung der Gefäßwand verursachten Frequenzverschiebungen im Doppler-Signal.

HPRF-Doppler („High-Pulse-Repitition-Frequency"): Erweiterung des eindeutig auswertbaren Doppler-Frequenz-Meßbereichs (durch Erhöhung der Pulswiederholfrequenz) unter Verlust der eindeutigen örtlichen Zuordnung.

Impedanz, Wellenwiderstand (Schall): Mathematisch das Produkt aus der materialabhängigen Schallausbreitungsgeschwindigkeit und der spezifischen Dichte. Die Impedanz ist eine Materialkonstante und kennzeichnet den Übergangswiderstand von einem Medium zum anderen. Je größer der Impedanzunterschied an einer Grenzfläche ist, umso größer ist der Anteil der reflektierten Energie.

Intensität: Die Schallintensität entspricht der Energie (Energiefluß der Schallstrahlung), die durch eine Einheitsfläche senkrecht zur Ausbreitungsrichtung pro Zeiteinheit (1 Sekunde) hindurchfließt. Eine gebräuchliche Einheit ist Milliwatt pro Quadratzentimeter (mW/cm^2). Der Momentanwert der Ultraschallintensität beträgt $I_{Momentan} = (p^2/\varrho c)$ mit P = Schalldruck, ϱ = Dichte und c = Schallgeschwindigkeit im Medium. Bei den unterschiedlichen Intensitätsdefinitionen wird über unterschiedliche Zeiträume und Flächen gemittelt bzw. nicht gemittelt:

- I_{SAPA}: (*S*patial *A*verage-*P*ulse *A*verage) räumliche Mittelung der Intensität über die Pulsquerschnittsfläche und zeitliche Mittelung der Pulse über die Pulsdauer.
- I_{SATA}: (*S*patial *A*verage-*T*emporal *A*verage) räumliche Mittelung über die Pulsquerschnittsfläche und zeitliche Mittelung über die gesamte Beschallungszeit.
- I_{SATP}: (*S*patial *A*verage-*T*emporal *P*eak) räumliche Mittelung über die Pulsquerschnittsfläche und zeitlicher Maximalwert der Ultraschallintensität.
- I_{SPPA}: (*S*patial *P*eak-*P*ulse *A*verage) räumlicher Spitzenwert und zeitliche Mittelung der Pulse über die Pulsdauer.
- I_{SPTA}: (*S*patial *P*eak-*T*emporal *A*verage) räumlicher Spitzenwert und zeitliche Mittelung über die gesamte Beschallungszeit.
- I_{SPTP}: (*S*patial *P*eak-*T*emporal *P*eak) räumlicher und zeitlicher Spitzenwert.
- I_M: Intensität des Schallpulses zeitlich gemittelt über eine halbe Wellenlänge („Pulse-Half-Cycle").

Kavitation: Die Bildung von Gasbläschen durch die Einwirkung von Ultraschallwellen.

Lateralauflösung: Ortsauflösung in einer Ebene senkrecht zur Abstrahlrichtung des Schalls. Man meint im allgemeinen die Richtung parallel zum Schallkopf in Scanrichtung.

Linear-Array-Schallkopf (LA)**:** Schallkopf mit einer geraden Anordnung nebeneinanderliegender Piezoelemente. Das Bildfeld ist rechteckig.

Longitudinalwellen (Schall): Eine Wellenausbreitung, bei der die Teilchen parallel zur Ausbreitungsrichtung der Wellen schwingen.

Marker, Cursor: Ein Zeichen (Meßkreuz) im Bild, das für Meßzwecke oder als Zeiger verwandt werden kann.

Meßvolumen: Beim PW-Doppler werden nur Echos, die aus einem vom Anwender festgesetzten Bereich kommen, der Doppler-Auswertung unterzogen.

Mittenfrequenz: Die Frequenz im Schallpulsspektrum mit der größten Amplitude.

M-Mode, M-Mode-Bild, M-Mode-Darstellung, TM-Mode, TM-Mode-Bild: Ein Grauwert-Ultraschallabbildungsverfahren (*T*ime *M*otion Mode), bei dem das zeitliche Verhalten von Gewebsstrukturen längs einer ausgewählten Ultraschallinie als Funktion der Zeit dargestellt wird. Die Helligkeiten der einzelnen Bildpunkte im Bild entsprechen den Echosignalhöhen an diesem Ort zu einem bestimmten Zeitpunkt. Die Auftragung erfolgt längs der Abszisse als Zeitachse. Die Ordinate ist die Skala für die Bildtiefe. Das Verfahren wird vor allem in der Echokardiographie verwendet.

Nebenkeulen, Seitenkeulen, Nebenmaxima: Schalldruckmaxima neben dem Hauptmaximum des Schallfelds.

Nennfrequenz: Die vom Hersteller und Vertreiber angegebene Frequenz des Schallkopfs. Schallköpfe besitzen zwangsläufig Fertigungstoleranzen und emittieren Schallwellen mit einer bestimmten (Mitten-) Frequenz, die in der Nähe der Nennfrequenz liegt. Zur Vereinfachung wird z. B. ein Schallkopf mit einer wahren Mittenfrequenz von 3,4 MHz mit der Nennfrequenz 3,5 MHz bezeichnet.

Nullinie (Base Line)**:** Die Linie bei der Doppler-Darstellung, die dem unverschobenen Signal entspricht. Diese Linie wird i.a. als Zeitachse verwandt.

Nullinienverschiebung (Base Line Shift, Zero Shift)**:** Verschiebung der Nullinie nach oben und unten, um den Aliasing freien Bereich in einer Richtung zu vergrößern. In der anderen Richtung wird der Bereich um den gleichen Betrag verkleinert.

Nyquist-Grenze: Die Frequenz, ab der die Doppler-Verschiebungen nicht mehr eindeutig bestimmbar sind (s. Aliasing). Sie ist gleich der halben Pulswiederholfrequenz.

Ortsauflösung: Der kleinste Abstand zweier Punkte, die noch im Bild als zwei Punkte erkannt werden.

Phase: Momentaner Schwingungszustand.

Phased-Array-Schallkopf: Schallkopf mit einer geraden Anordnung nebeneinanderliegender Piezoelemente. Das Bildfeld ist sektorförmig. Die Ablenkung der Schallpulse erfolgt durch eine zeitlich unterschiedliche Ansteuerung der einzelnen Piezoelemente einer Gruppe, die gemeinsam einen Schallpuls aussenden.

Piezoelement: Kleinste Einheit im Schallkopf, die bei mechanischer Deformierung (Auftreffen von Schallwellen auf den Schallkopf) die mechanische Energie in elektrische Signale und umgekehrt elektrische Signale in mechanische Energie umwandelt (Aussenden von Schallwellen).

Pixel (*Pic*ture *El*ement)**:** Bildpunkt.

Preprocessing: Signalverarbeitungsschritte vor der Abspeicherung in einem Bildspeicher, die nach dem Einfrieren des Bilds („Freeze") nicht mehr durchführbar sind. Viele Preprocessing-Funktionen können aber durch eine frühe Digitalisierung auch im Postprocessing durchgeführt (emuliert) werden.

Postprocessing: Signalverarbeitungsschritte nach der Abspeicherung der Signale in einem Bildspeicher.

Pulsabstand (zeitlich)**:** Kehrwert der Pulsrepetitionsfrequenz.

Pulsdauer: Die zeitliche Länge eines Pulses.

Pulsrepetitionsfrequenz (PRF), Pulswiederholfrequenz: Die Frequenz, mit der einzelne Ultraschallpulse vom Schallkopf ausgesandt werden. Der Kehrwert der PRF ist der zeitliche Sendepulsabstand. Die PRF ist eine Funktion der gewünschten Abbildungstiefe.

PW-Doppler, Puls-Doppler-Verfahren: Frequenz-(Phasen-) Verschiebungen bzw. Wellenlängenänderungen eines Schallpulses (*P*ulsed *W*ave) aufgrund des Doppler-Effekts. Da zeitlich kurze Schallpulse vom Schallkopf ausgesandt werden, kann mit diesem Verfahren ein Doppler-Signal aus einem definierten Ort gewonnen werden. Puls-Doppler-Verfahren besitzen eine Obergrenze (Nyquist-Frequenz) bezüglich der Eindeutigkeit der Bestimmung der Doppler-Frequenzverschiebung.

Quadratur-Demodulation: Spezielle Methode zur Eliminierung der Trägerwelle (in MHz) zur Gewinnung der richtungsabhängigen Doppler-Information.

Reflexion: Umkehr der Ausbreitungsrichtung an der Grenze zweier Medien (Einfallswinkel = Reflexionswinkel). Die Grenzfläche ist größer als die Wellenlänge des Schalls.

Richtungskanäle: Die Doppler-Signale werden getrennt gemäß der Blutflußrichtung vom Schallkopf weg oder zum Schallkopf hin über zwei unterschiedliche Signalwege ausgewertet und zur Darstellung gebracht.

Scan: Ein Ultraschall-Bilddurchlauf bestehend aus den einzelnen Ultraschallinien, bei dem sämtliche Ultraschallinien einmal nacheinander ausgewertet werden.

Scanconverter: Elektronische Baugruppe, in der bei Sektor- und Konvexschallköpfen die Koordinatentransformation von Polarkoordinaten in kartesische Koordinaten erfolgt. Vielfach wird „umgangssprachlich" der Bildspeicher dem Scanconverter zugeordnet.

Scancorrelation: Zeitlich gewichtete Bildmittelungsmethode.

Scanrichtung: Richtung, in der sich das Ultraschallbild Linie für Linie aufbaut.

Schallfeld: Der vom Schall erfüllte Raum.

Schallgeschwindigkeit: Die Ausbreitungsgeschwindigkeit des Schalls ist materialabhängig und differiert je nach Gewebeart und von Mensch zu Mensch innerhalb eines Geschwindigkeitsbereichs von ca. 10% um den Wert von 1540 m/s. Bei medizinischen Ultraschallgeräten wird von einer konstanten Schallausbreitungsgeschwindigkeit von 1540 m/s ausgegangen.

Schallkopf: Der Teil eines Ultraschallsystems, von dem aus der Schall emittiert und von dem die Echos empfangen werden. An den einzelnen Piezoelementen im Schallkopf erfolgt eine Umwandlung der elektrischen Signale in akustische (Schall-) Signale und umgekehrt.

Schalleistung: Die von der Schallwelle pro Zeiteinheit (Sekunde) übertragene Energie.

Schallwelle: Ausbreitung mechanischer Schwingungen. Teilchen werden zu Schwingungen um ihre Ruhelage angeregt. Der lokale Druck (Dichte) ändert sich periodisch. Die Welle transportiert Energie und Impuls. Im Gewebe treten im wesentlichen nur Longitudinalwellen auf.

Schichtdickenauflösung: Die „laterale" Ortsauflösung in Richtung quer zum Schallkopf und somit senkrecht zur Scanrichtung.

Sektorscanner, Sektorschallkopf: Ein elektronischer oder mechanischer Schallkopf, dessen Bildfeld einem Kreissektor (Kreisausschnitt) entspricht.

Sendefrequenz, Doppler-Sendefrequenz: Die Mittenfrequenz des ausgesandten Ultraschallsignals.

Sendeleistung, Schallsendeleistung: Die von der Schallwelle pro Zeiteinheit (Sekunde) übertragene Energie.

Signalverarbeitung: Die mit Hilfe des Ultraschalls gewonnenen Bilder sind abhängig von der Art der Datenakquisition und der Bildverarbeitung. Die gesamte Kette vom Empfang der Schallechos bis zur Darstellung auf dem Monitor ist eine Aneinanderreihung von Signalveränderungen. Zu den bekanntesten Signalveränderungen (Signalverarbeitungsschritten) gehören z. B. die Kantenanhebung (Enhancement) und der Tiefenausgleich.

Spektrum: Auftragung der Amplituden der einzelnen Frequenzanteile eines (Doppler-) Signals. In der Medizin betrachtet man viele zeitlich nacheinander folgende (Doppler-) Spektren, um das zeitliche Spektralverhalten zu erfassen. Dieser gesamte zeitliche Verlauf der Spektren wird in der Medizin kurz (Doppler-) Spektrum genannt.

Spektrale Anteile: Die einzelnen Frequenzen mit ihren Amplituden bei der Frequenzanalyse.

Streuung: Diffuse Reflexion, Brechung und Beugung an Strukturen (Grenzflächen, Inhomogenitäten), die kleiner sind als die Wellenlänge.

Strömungsrichtung: Doppler-Systeme messen nur die Geschwindigkeitskomponente der Blutströmung parallel zur Ausbreitungsrichtung des Schalls. Somit sind Flüsse senkrecht zur Ausbreitungsrichtung des Schalls, d. h. parallel zum Schallkopf (Kosinus 90° in der Doppler-Formel), nicht detektierbar.

Temperaturerhöhung: Die unvermeidliche Absorption von Schallenergie im Gewebe kann dort zu einer Temperaturerhöhung führen.

Tiefenauflösung: axiale Ortsauflösung.

Tiefenausgleich, TGC (Time Gain Compensation), DGC (Depth Gain Compensation): Bildtiefenabhängige elektronische Verstärkung der empfangenen Echosignale nach der Umwandlung der empfangenen Schallechos in elektrische Signale im Schallkopf.

Transversalwellen (Schall): Eine Wellenausbreitung, bei der die Teilchen senkrecht zur Ausbreitungsrichtung der Wellen schwingen.

Übersprechdämpfung: Trennung der beiden Richtungskanäle so, daß von dem Signal im einen Kanal möglichst wenig im anderen Kanal wahrgenommen werden kann. Ähnlich der Kanaltrennung beim Stereoradio.

Untere Grenzfrequenz: Die niedrigste Frequenz aus dem Doppler-Signal, die noch vom Gerät angezeigt oder ausgegeben wird.

Wandfilter: vom Anwender einstellbarer Hochpaßfilter (s. dort).

Wellenlänge: Der Abstand zweier gleichartiger Erregungszustände, z. B. bei der Schallwellenausbreitung. Die Wellenlänge ist der Quotient aus der Schallausbreitungsgeschwindigkeit und der Frequenz (z. B. für einen 5-MHz-Schallkopf = 0,3 mm).

Wellenwiderstand: s. Impedanz.

Zeitauflösung: Der kleinste zeitliche Abstand zweier Ereignisse, der noch gemessen werden kann. Bei der Doppler-Frequenzanalyse meint man hiermit die Zeit, die zur Erzeugung eines Doppler-Spektrums benötigt wird. Sie ist gleich dem Produkt aus dem zeitlichen Pulsabstand und der Anzahl der verwandten Puls-Echo-Zyklen pro Spektrum. Bei modernen Systemen begrenzt die digitale Signalanalyse die Zeitauflösung nicht.

Zweikanalige akustische Wiedergabe: Die Doppler-Signale werden getrennt gemäß der Blutflußrichtung vom Schallkopf weg oder zum Schallkopf hin über zwei unterschiedliche Lautsprecher in Stereo wiedergegeben.

Sachverzeichnis

A

T

U

V

W

Z